TRAUM UND SCHWANGERSCHAFT

REGINA ABT – IRMGARD BOSCH – VIVIENNE MACKRELL

Traum und Schwangerschaft

Eine Untersuchung von Träumen schwangerer Frauen

Angeregt durch Marie-Louise von Franz

Regina Abt – Irmgard Bosch – Vivienne MacKrell

DAIMON
VERLAG

Die Autorinnen und der Verlag danken der Marie-Louise-von-Franz-Stiftung
für die Förderung und Unterstützung der Arbeit an diesem Projekt.

Umschlagbild: „Die Beseelung des Kindes". Hildegard von Bingen.

ISBN 3-85630-557-2

© 1996 Daimon Verlag, CH-8840 Einsiedeln und
Marie-Louise von Franz Stiftung
Alle Rechte vorbehalten

Inhalt

1. Vorwort — 7
Marie-Louise von Franz

2. Einleitung — 9
Irmgard Bosch

3. Elemente

   3.1. Das Wasser und einige seiner Tiere — 17
Regina Abt

   3.2. Erde, Steine, Edelsteine — 49
Irmgard Bosch

   3.3 Das Feuer — 95
Irmgard Bosch

4. Pflanzenwelt

   4.1. Die Pflanze — 119
Regina Abt

   4.2. Der Baum — 135
Regina Abt

5. Tiere — 175
Regina Abt

   5.1. Die Schlange und die Schildkröte — 179
Vivienne MacKrell

   5.2. Spinnen — 203
Irmgard Bosch

   5.3. Vögel — 221
Regina Abt

   5.4. Die Katze — 241
Regina Abt

   5.5 Der Hund — 265
Vivienne MacKrell

5.6. Das Pferd *Regina Abt*	283
5.7. Das Schwein *Regina Abt*	309
5.8. Die Kuh *Irmgard Bosch*	319
5.9. Das Einhorn *Irmgard Bosch*	331
6. Der Mann – der Vater – der Alte Weise *Regina Abt*	341
7. Das Kind *Irmgard Bosch*	393
8. Zwillingsmotive *Irmgard Bosch*	431
9. Die Mutter *Irmgard Bosch*	449
9.1. Brust, Milch und Stillen *Irmgard Bosch*	479
10. Schöpfungsmotive *Regina Abt*	493
11. Zusammenfassung *Regina Abt*	509
Bibliographie	515
Verzeichnis der Träume	520
Verzeichnis der Bilder	525
Register	527

1. Vorwort

Marie-Louise von Franz

Bücher über Schwangerschaft gibt es heute in großen Mengen, sogar auch einige über Schwangerschaftsträume. Die vorliegende Studie ist ein Pilot-Test, der möglichst vorurteilslos auszuleuchten versucht, was es an Träumen gibt. Zu diesem Zweck wurde eine Sammlung von rund 700 Träumen schwangerer Frauen untersucht. Schon bei diesem ersten Versuch stellte sich heraus, daß die sogenannten archetypischen Traummotive stark überwiegen, wie eigentlich zu erwarten war. Nach C.G. Jung ist bekanntlich ein archetypisches Motiv eine symbolische Vorstellung oder Geste von allgemeinmenschlicher Natur, deren Funktion es zu sein scheint, typische Lebenssituationen bewältigen zu können. Archetypische Motive treten daher gehäuft auf in Übergangsphasen von vitaler Bedeutung, wie z.B. Schuleintritt, Pubertät, Eheschließung, Krise der Lebensmitte, Vorbereitung auf den Tod und eben auch in der Vorbereitung auf die Schwangerschaft oder Geburt. Was unsere Studie überraschend hervorbringt, ist der ungeheure Reichtum und die Vielfalt und Tiefe der auftretenden Motive. Die Schwangerschaft scheint eine ganze „Weltschöpfung" zu sein. Wie der Organismus des Fetus die biologische Evolution skizziert wiederholt, so wiederholt sich die Weltschöpfung psychisch in jeder Geburt eines Menschen, denn die Welt existiert nur für uns, insoweit sie in unserem Bewußtsein liegt. Das ist, was Jung die kosmogonische Bedeutung des menschlichen Bewußtseins nennt.

Die biologische und medizinische Forschung hat auf unserem Gebiet in den letzten Jahrzehnten ungeheure Fortschritte gemacht. So sehr, daß aber die seelische Bedeutung der Schwangerschaft für die Frau etwas aus dem Auge verloren wurde. Sie wurde zur technischen Platitüde erniedrigt. Das religiöse Staunen und das Geheimnisvolle der Entstehung eines neuen Menschen ging verloren. Die nachfolgenden, nach der Methode Jungs gedeuteten Träume helfen vielleicht, dieses Staunen wieder zu erwecken. Daneben ergeben sie zahllose neue Fragen, die aber natürlich nicht beantwortet werden konnten, von denen wir aber hoffen, daß sie eine neue Generation von Forschern anregen werden, in dieses noch unbekannte Terrain vorzustoßen.

Die Jung'sche Psychologie ist nicht nur eine neue Theorie, sondern eine neue Art zu sehen, die man eine heuristische psychozentrische Art zu sehen nennen könnte. Durch sie ergeben sich auch neue ethische Fragestellungen bezüglich Abtreibung, Empfängnisverhütung etc. Auch hier stecken wir noch in den Anfängen. Aber wenn das Buch vorläufig einigen schwangeren Frauen hilft, mehr mit sich selber in Einklang zu kommen, scheint uns sein Zweck erfüllt.

Küsnacht, 18. März 1996

2. Einleitung

Irmgard Bosch

Es gibt Frauen, die sich in der Zeit der Schwangerschaft selber wie in einer schützenden Hülle, „wie in einer Wolke", geborgen fühlen. Im Zusammenhang mit der für diese Zeit normalen Müdigkeit kommt es bei ihnen zu einer subtilen seelischen Einwärtswendung, einer Introversion, die die Einstellung auf das Kind begleitet und erleichtert. Manche Unsicherheit verschwindet und ein neues, konzentrierteres Selbstgefühl stellt sich ein.

Andere Schwangere fühlen sich in diesem Lebensabschnitt stark verunsichert, sie werden zusätzlich erschreckt durch Träume und sind mehr als sonst düsteren Ahnungen und schwankenden Stimmungen bis hin zur Depression ausgesetzt. Dafür gibt es viele Gründe, innere und äußere.

Einer davon ist sicher, daß Schwangerschaft bei uns nichts Selbstverständliches mehr ist. Der Wert von Berufstätigkeit oder Studium und die Wertschätzung der Freiheit läßt Frauen auch bei geplanter Schwangerschaft die Umstellung nicht leichtwerden. Dazu kommen häufig Probleme in der Partnerschaft.

Schwangerschaft bedeutet etwas wie „die Stunde der Wahrheit" für die Frau: Es kommt jetzt ganz auf ihre eigene innere Wirklichkeit an, und diese muß sie oft genug erst erkennen lernen. Für die Lösung solcher Fragen gibt es keine Ausbildung, sie sind schicksalhaft, und die allgemeine Meinung darüber ist durchaus widersprüchlich. Auch die früher übliche familiäre, besonders die mütterliche Unterweisung, ist fast untergegangen.

Uns fehlt heute das, was einst an wirksamen sozialen und religiösen Formen entwickelt worden ist, um die gefahrvollen Übergänge des Menschenlebens (Geburt, Pubertät, Heirat, Krankheit, Tod) zu regeln und zu ermöglichen, sogenannte „rites de passage"[1], Rituale des Durchkommens und Bestehens, die die Rolle von Entwicklungshilfen hatten. Ein Gefühl des Alleingelassenseins in schwierigen Lebenslagen ist heute weit verbreitet – eine Kehrseite der Freiheit.

---

[1] Arnold van Gennep

Die Frau ist durch die Schwangerschaft auf eine gänzlich andere Weise herausgefordert, als es dem Zeitgeist entspricht, der mehr und mehr die traditionell eingeübten Lebensformen verlassen und für sie neue, andere Ziele gesteckt hat. Wie kann für eine Schwangere Orientierung geschehen, wenn sie sich Fragen nach ihrer Identität gegenübersieht, mit denen sie wie fremd in der modernen Welt steht? Schwangerschaftskurse verschiedener Art können eine große Hilfe sein, aber die Schwangere will mehr über sich selber erfahren.

Was der Schwangeren niemand sagen kann, sagt ihr am unbestechlichsten die unbewußte eigene Natur. Das könnten z.B. ihre Träume sein. Besonders angesichts der schwer lastenden Fragen bei einer ungewollten Schwangerschaft werden manchmal nur durch ein behutsames Berücksichtigen der Träume Orientierungen möglich, die deswegen tragfähig sind, weil sie objektiv und zugleich persönlich sind. Die Träume zeigen den seelischen Ist-Zustand an, von dem sich das bewußte Denken möglicherweise weit entfernt hat. – „Nur das, was eine(r) wirklich ist, hat heilende Kraft", sagt Jung.

Ein Buch wie das vorliegende kann aber nicht wie eins der traditionellen Traumbücher zum Nachschlagen benutzt werden. Es breitet eine Fülle von aktuellen Schwangerschaftsträumen aus vielen Ländern aus und versucht, ihre Deutungsmöglichkeiten aus heutiger tiefenpsychologischer Sicht aufzuzeigen. Schwangere und Ärzte, Psychologen, Hebammen und Seelsorger können darin Hilfen für ein individuelleres und genaueres Verstehen des in jeder Schwangerschaft sich vollziehenden seelischen Prozesses finden.

Aber nicht nur für die Schwangeren selbst, es wäre für uns alle wichtig, die Zeit der Schwangerschaft und ihren objektiv-seelischen (d.h. archetypischen) Hintergrund mit Hilfe der Schwangerenträume wieder besser und differenzierter sehen zu lernen. Es scheint mir, als drohe uns gegenwärtig etwas höchst Wichtiges verlorenzugehen: nämlich der Blick auf einen inneren Lebenszusammenhang, an dem wir so oft zweifeln wollen, an den wir nicht mehr so leicht „glauben" können, über den wir auch manchmal recht gern hinweggehen, der aber unübersehbar da ist und sich mit Sicherheit auswirkt. Wenn wir Träume ernstnehmen und ihre rätselvollen Bilder dem Bewußtsein näherzubringen suchen, so erfordert dies allerdings eine ernsthafte Versenkung in eine fremdgewordene Welt.

Über Schwangerschaftsträume gibt es noch keine größere Arbeit aus Jung'scher Sicht[2]. Marie-Louise von Franz gab deshalb der nach ihr benannten Stiftung die Anregung, eine größere und neue Sammlung von Träumen schwangerer Frauen zu veranstalten. Alle Mitarbeiterinnen an diesem Projekt schulden Frau Dr. Marie-Louise von Franz tiefen Dank für inspirierende Hinweise, für Ermutigung und Hilfe über viele Jahre hinweg.

Zu Beginn des Projekts wurde an eine große Anzahl Jung'scher Analytiker in mehreren Ländern die Anfrage gerichtet, ob sie in der Lage und willens

2. EINLEITUNG

sind, zu einer Sammlung archetypischer Träume aus der Zeit der Schwangerschaft zum Zweck einer Untersuchung ihrer Motivik beizutragen. Anhand des Materials sollten folgende Fragen untersucht werden:

Unterscheiden sich Träume schwangerer Frauen von denen anderer Frauen oder von den übrigen Träumen im Leben einer Frau? Sagen diese unwillkürlichen Äußerungen ihrer Psyche etwas aus über jene Fragen, die die Menschen seit je bewegen, etwa nach dem Beginn oder der Herkunft des Lebens, den Geheimnissen des Werdens eines neuen Menschen oder über das Lebensschicksal des Kindes? Schwangere können durch Träume manchmal furchtbaren Schrecken ausgesetzt sein, wie sie nur mit den Schrecken alter Einweihungen vergleichbar sind. Sind in ihren Träumen auch heilende archetypische Lösungswege und Hilfen sichtbar, die für heutige Frauen gültig sind?

Jung schreibt: „Alle jene Augenblicke des individuellen Lebens, wo die allgemeingültigen Gesetze menschlichen Schicksals die Absichten, Erwartungen und Anschauungen des persönlichen Bewußtseins durchbrechen, sind zugleich Stationen des Individuationsprozesses"[3]. Es dürfte offenkundig sein, daß eine (gewollte, besonders aber eine ungewollte) Schwangerschaft genau das hier Gesagte verkörpert: eine Durchbrechung des persönlichen Planens und Denkens durch allgemeingültiges menschliches Schicksal. Sind demnach Stufen des Individuationsprozesses in den Schwangerschaftsträumen sichtbar?

Dies müßte auch in einer geplanten Schwangerschaft sichtbar sein. Sie geht ihren von der Natur und nicht vom Willen des Ich vorgeschriebenen Gang, so wie es ungezählte Generationen von Frauen erfuhren. Angesichts unserer stark auf individuelle Entwicklung hin orientierten Erziehung und Ausbildung von Frauen und Mädchen wird in der Schwangerschaft eine ihrer kostbarsten modernen Errungenschaften scheinbar dahingegeben: die schwer erkämpfte Selbstbestimmung. Wir wollten anhand der Träume erforschen, ob und inwiefern diese fundamentalen Veränderungen in Begleitung freiwilliger oder unfreiwilliger Opfer gleichzeitig Schritte auf dem Weg der Selbstfindung bedeuten. Es wäre zu fragen, ob und inwieweit es stimmt, daß das Eintauchen in die Familienphase – wie heute oft behauptet wird – die Gefahr eines Stillstands der geistigen Entwicklung der Frau mit sich bringt, bzw. wie die

---

[2] Eine amerikanische Querschnittstudie aus jüngerer Zeit befaßte sich mit Träumen aus dem ersten Drittel erster Schwangerschaften und stellte dort ein signifikantes Überwiegen archetypischer Motive fest: Thomas Schroer, Archetypal Dreams during the first Pregnancy, in „Psychological Perspectives", Vol. 15, Nr. 1, Los Angeles 1984. Carol Baumann interpretierte einige Schwangerenträume aus Jung'scher Sicht: „Seelische Erlebnisse im Zusammenhang mit der Geburt"; Edward Edinger behandelte einige wichtige Motive: Anatomy of the Psyche, Open Court 1985, wir zitieren daraus Nr. 588.
[3] GW 8, §§ 530, 557

Träume solche Fragen kommentieren. In den Träumen müßte daneben auch ersichtlich sein, ob die Schwangerschaft nur eine Art Ausweg oder Vorwand darstellt und eine echte Einstellung dazu erst erwachsen muß.

Die Auswahl aus der überaus großen Anzahl von eingesandten Schwangerenträumen (ca.700) geschah beispielhaft und vorwiegend hinsichtlich ihres archetypischen Gehaltes. Da wir die Schwangeren größtenteils nicht kennen, konnten zwar zuweilen Vermutungen über den kompensatorischen Bezug zum Persönlichen ausgesprochen werden, unser Interesse galt aber vorrangig dem archetypischen Gehalt eines Traums und seinem Bezug zur Schwangerschaft. Aus Kapazitätsgründen konnten bei weitem nicht alle relevanten Motive bearbeitet werden, manches nur im Zusammenhang anderer Themen. Die Zuordnung der Träume zu den Hauptkapiteln wäre manchmal auch anders denkbar, z.B. wenn mehrere Motive einen Traum bestimmen. Ein Stichwortregister am Ende des Buches soll das Aufsuchen erleichtern. Zahlen- und Datenmaterial sowie die Originale der Traumtexte können bei der Stiftung eingesehen werden.

Es soll an dieser Stelle zum Ausdruck gebracht werden, daß die Initiatorin und die Autorinnen des Forschungsprojekts allen Einsendern und Einsenderinnen von Träumen, sowie den Träumerinnen selbst, außerordentlich dankbar sind, daß so überaus viele und großenteils sehr beeindruckende Träume auf unsere Anfrage hin aus vielen Ländern bei der Marie-Louise-von-Franz-Stiftung in Zürich eingegangen sind. Die Erlaubnis zur Veröffentlichung und Deutung der Träume ist in allen Fällen eingeholt worden. Frau Regina Abt sind wir dankbar für herausgeberische Arbeiten, Frau Eva Wertenschlag und Frau Ursula Kiraly für ihr sorgfältiges Durchlesen, Frau Rigmor Robert, Nacka/Schweden, für die Klassifikation und Numerierung der Träume. Wir danken insbesondere der Marie-Louise-von-Franz-Stiftung, die uns die Veröffentlichung der Untersuchung ermöglichte.

Die theoretische Grundlage unserer Untersuchungen bildet das tiefenpsychologische Werk von Carl Gustav Jung und Marie-Louise von Franz. Ich möchte im Folgenden einige sehr kurzgefaßte Erklärungen zum methodischen Vorgehen geben, um nachher den Zusammenhang nicht unterbrechen zu müssen. Leser und Leserinnen, die mit der Jung'schen Psychologie nicht vertraut sind, mögen sich fragen, warum wir für das Verständnis der Träume so viel Parallelen aus Mythologie, Geistesgeschichte, Märchen und Folklore herangezogen haben. Passen solche Vorstellungen und Bilder, die doch einer fast gänzlich versunkenen Weltsicht entstammen, noch auf uns, so daß sie bei der Deutung heutiger Träume von Wert sein können?

Jung schreibt über die Tätigkeit des Unbewußten im Traum: „Es (das Unbewußte) entwickelt Motive, die zu allen Zeiten z.B. in Mythen und

2. EINLEITUNG

Märchen aller Völker der Welt immer wieder gleichartig auftreten. Dieselben Urbilder bestimmen auch unsere heutigen Träume, Phantasien und Ideen."[4]

Die notwendige Vorarbeit, um einen Traum-Sinn zu erfassen, besteht nach Jung deswegen neben der Vergegenwärtigung der Lebenssituation (die in unserem Fall ihr Hauptgewicht in der Tatsache der Schwangerschaft hat) im sogenannten Amplifizieren der Traummotive. Die Amplifikation, d.h. Erweiterung der Traummotive um ihre Parallelen und Analogien aus Zeugnissen aller Zeiten, bedeutet eine vergleichende Motiv-Erfassung, mittels der man sich mit der Funktion, Historie und Eigentümlichkeit der Figur oder Handlung vertraut macht, um ihrem psychologischen Sinn auf die Spur zu kommen.[5] Beim Verfolgen solcher Linien entsteht neben genauerer Kenntnis des Umfelds auch etwas wie eine persönliche Beziehung, ein Urteil und ein Gefühl für das Bild und seine Eigenart als Ausdruck eines bestimmten seelischen Prozesses. Eine Deutung wirkt erst dann überzeugend, wenn sie psychologisch stimmt. Bei der Suche nach dem Sinn ist es eine Sache der Übung der bildhaften Intuition, sich entlang gewisser, oft wiederkehrender Linien in der Fülle der Bilder zu orientieren und sich nicht in ein uferloses Assoziieren zu verlieren.

Jung lehrt, einen objektiven und einen subjektiven Gehalt der Träume zu unterscheiden. Eine „Deutung auf der Objektstufe" heißt, daß die auftretenden Personen oder Handlungen als vorrangig mit der äußeren Realität zusammenhängend verstanden werden können. Eine „Deutung auf der Subjektstufe" zeigt dagegen die handelnden Personen, Ereignisse und Verhältnisse als Aspekte oder Seiten des/der Träumenden selbst. Für die Bewußtwerdung des Individuums ist besonders dieser letztere, subjektive Gehalt der Träume wichtig. Jung geht hier so weit, das gesamte Traumgeschehen als innere Wirklichkeit des träumenden Subjekts aufzufassen., d.h. der Traum besteht aus aktuellen Bildern und Möglichkeiten seiner seelischen Gesamtpersönlichkeit, welche über das bewußte Ich in unbekanntem Maße hinausragt.[6] Deutungen auf der Subjekt- oder Objekt-Stufe schließen sich oft gegenseitig nicht aus. Es muß jeweils sorgfältig abgewogen werden, welcher Aspekt den Traumsinn überzeugender erschließt.

---

[4] Seminare, Olten 1987, Anm.148

[5] Dieser Weg unterscheidet sich stark von der Methode des freien Assoziierens von Sigmund Freud, der als Erster das Unbewußte als Quelle der Träume erkannte. Freud sah den Schlüssel zur Deutung darin, daß entsprechend der Kultur seiner Zeit im Unbewußten vor allem verdrängte sexuelle Wünsche zu finden sein müßten, die, wie er annahm, auch im Traum nicht offen, sondern zur Wahrung des Schlafes nur in verhüllter Form auftreten könnten. Um solchen verdrängten und deshalb krankmachenden, ineinander verhängten Impulsen („Komplexen") auf die Spur zu kommen, benützte er erfolgreich als Methode das freie Assoziieren, deutete aber die Bilder fast ausschließlich im Sinne seiner ödipalen Grundannahme.

Eine oftmals erkennbare Hauptfunktion des Traumes, sein von Jung entdeckter „finaler" Sinn, ist die Kompensation des Bewußtseins.[7] Indem der Traum auf seine Weise etwas darstellt, was das Bewußtsein (noch) nicht weiß, vernachlässigt, verkennt oder verdrängt, würde dieses durch den Traum erweitert, korrigiert, kompensiert, oft ganz gegen seinen Willen, aber stets im Sinne eines aktuellen seelischen Ausgleichs. Es erhebt sich die Frage: Wer komponiert oder schafft diese Bilder? Welche schöpferische seelische Funktion ist hier am Werk?

Jung beobachtete in vielen Jahren intensiver Traumforschung aus Tausenden von Träumen, daß in der Tiefe unseres Seins ein mächtiger, natürlicher Trieb existiert, der unsere verschiedenen und oft gegensätzlichen Wesensteile mit ihren disparaten Tendenzen zu einem lebensfähigen Ganzen anzuordnen und zusammenzuführen bestrebt ist. Es scheint dies ein geistig-seelisches Zentrum zu sein, das Jung im Unterschied zum bewußten Ich das SELBST oder die Ganzheit des Menschen nannte. Dies „Zentralorgan der Seele" umfaßt auch die unbewußten, die körperlichen ebenso wie die geistigen Seiten. Von dort können Impulse herkommen, die die Einseitigkeiten des Bewußtseins kompensieren und neue Lebensperspektiven aufzeigen.

Die aus dem Selbst heraufkommenden und vom Selbst angeordneten, bildhaften Traumvorgänge können z.B. Aufschluß darüber geben, wie eine Träumerin der Herausforderung einer Schwangerschaft gewachsen ist, was der Prozeß an Opfern verlangt, was ihn hemmt, und welche Kräfte zur Verfügung stehen, von denen sie oft vorher keine Ahnung hatte. Aus dem Blickwinkel dieser unserer „größeren Persönlichkeit" heraus gesehen, gibt es manchmal überraschend neue Perspektiven und tiefbewegende Einblicke, die wir spontan als wahr empfinden und manchmal nicht anders denn als göttlich oder numinos bezeichnen können.

Unsere Untersuchungen sollen helfen, auch schwerverständliche und dunkle Bilder genauer und mit weniger Angst anzuschauen, sowie anscheinend belanglose nicht für unwert zu halten, d.h. ganz allgemein dem Prozeß des Werdens und damit der Natur mehr zu vertrauen. Nach Jung ist uns schon ein annäherndes Verständnis dessen heilsam, was unsere Träume sagen. Mit einiger Geduld können wir lernen, die Sprache des Unbewußten besser zu verstehen, was nichts anderes heißt, als die besondere Art kennenzulernen, mit der unsere unbewußte größere Persönlichkeit unser eigenes Leben von innen her anschaut.

---

[6] Es ist klar, daß die Bezeichnungen „subjektiv" und „objektiv" in diesem Zusammenhang nicht wertend verwendet werden. Wenn das Subjekt alles und der eigentliche Traumgegenstand ist, wird es schwierig, überhaupt von subjektiv und objektiv zu sprechen. Gleichwohl haben sich diese Bezeichnungen als gute Arbeitshilfen für die Traumdeutung eingebürgert.

[7] C.G. Jung, GW 8, §509ff

2. EINLEITUNG

Es gibt im Deutschen einen Ausdruck für Schwangersein, der etwas altmodisch klingt: er heißt „guter Hoffnung sein". Wir könnten ihn auf unser Traumbuch anwenden: Dieses Kind ist nicht nur neun Monate, sondern über mehrere Jahre hinweg im Verborgenen gewachsen, es ist dabei auch selbst sehr dick geworden und es gab Krisen und regelrechte Wehen, aber wenn es nun endlich zur Welt kommt, so bin ich guter Hoffnung, daß es seine Aufgabe erfüllen wird!

*Bild 1 Isis als Fischgöttin mit dem Horusknaben
(Ägypten 1580-1100 v.Chr.)*

3. Elemente

3.1. Das Wasser und einige seiner Tiere

Regina Abt

Wir beginnen unsere Arbeit über die Träume schwangerer Frauen mit einem Motiv, das von seinem ganzen Wesen her zum Anfang gehört. Nicht nur das Leben eines neuen Kindes im Mutterleib beginnt im Wasser, sondern Leben überhaupt ist ohne Wasser nicht denkbar. Wo es auf der Erde fehlt, ist Wüste, totes Land, wo es fließt, ist Vegetation, Nahrung für Tier und Mensch, Leben.

So hatte im Denken der Alten das Wasser denn auch überall mit *dem Ursprung des Lebens* und mit der Entstehung der Welt zu tun. Es ist darum nicht erstaunlich, daß vor der Geburt eines Kindes, der Entstehung eines neuen Menschen, das Unbewußte in Träumen Bilder von Uranfang und Neuschöpfung heraufbringt, die eng mit dem Wasser verknüpft sind. Um solche Träume besser zu verstehen, wollen wir, wie auch in den folgenden Kapiteln, alte mythische Vorstellungen zu Worte kommen lassen, weil diese denselben Tiefen entstammen wie viele Träume schwangerer Frauen. Sie sprechen sozusagen dieselbe Sprache und können deshalb zur Anreicherung und Erhellung der Traumbilder beigezogen werden. Auch vermitteln sie uns gleichsam etwas von dem tiefen Gefühlseindruck, welchen Traumbilder aus großer seelischer Tiefe für den Träumer an sich haben, denn Mythen sprechen von großen Dingen, vom Anfang der Welt, von Göttern und Dämonen, von übermächtigen Geschehnissen. Allzuleicht tun wir heutige Träume als unwichtig ab, weil wir ihren größeren Bedeutungshintergrund, gleichsam ihren seelischen Nährboden, nicht erkennen können.

Da der Mensch schon früh in den Tiefen des Wassers das Geheimnis der *Weltentstehung* vermutete, steht in vielen Kosmogonien, das heißt Erzählungen von der Entstehung der Welt, am Anfang das Wasser. Auch unser eigener biblischer Schöpfungsmythus beginnt ja mit dem Wasser, über dem der Geist Gottes schwebt. Thales, ein griechischer Denker, erklärte das Wasser als das primäre Element, aus dem sich alles entwickelte. Die Erde ruhte nach ihm auf dem Wasser und war von ihm umgeben. Er sagte auch, daß die ursprüngliche Oberfläche der Erde Wasser war und die ersten Lebewesen im Wasser entstanden seien.[8] Bei Homer ist die Welt umgeben vom Okeanos, dem Strom des Ursprungs, wo auch die Götter herkommen. Der Okeanos enthält die Keimstoffe, aus der sich die Welt entwickelt hat.[9] In Babylon ruht die Erde auf dem Urwasser Apsu, das sie von allen Seiten umgibt. Aus ihm entspringen, wie auch aus dem Okeanos, alle Quellen und Flüsse. Von einer Schöpfung aus dem Urmeer spricht auch die germanische Kosmogonie: Der Riese Ymir, der „Rauschende", aus dessen Gliedern die Welt entstanden sein soll, wird mit diesem Urmeer identifiziert.[10] Die altägyptische Schöpfungslehre erzählt davon, wie es am Anfang weder Himmel noch Erde gab. „Von dichter Finsternis umgeben, erfüllte das All ein grenzenloses Urwasser – NUN genannt –, welches in seinem Schoße die männlichen und weiblichen Keime oder die Anfänge der zukünftigen Welt in sich barg."[11] Aus diesem Urzeitgewässer taucht die Erde auf, rund umgeben und getragen von ihm. NUN ist auch der „Alte", der „Vater der Götter", ein kosmischer Gott, der noch vor dem Weltschöpfer Atum, dem chthonischen Urgott, da war. Aus diesem Urwasser NUN stieg dann Atum als sein Sohn empor. Er ist auch der Urhügel, die erste Erde, die aus dem Wasser erschien, so wie alljährlich in Ägypten die Erde wieder aus den überschwemmenden Schlammfluten des Nil auftauchte.[12]

Solche großartigen Bilder zur Weltentstehung sind schon in alten Zeiten aus der Psyche des Menschen an die Oberfläche seines Bewußtseins aufgestiegen wie Inseln aus den Urwassern des unbewußten Lebens. Aber damit greifen wir bereits vor: In seiner geheimnisvollen Abgründigkeit, seiner fließenden, ewigen Beweglichkeit ist das Wasser eines der wichtigsten Symbole für das Unbewußte, aus dessen unerkennbaren Tiefen alles seelische Leben entsteht und genährt wird.

In vielen mythischen Erzählungen ist die Rede von einem *göttlichen Kind*, das in der Einsamkeit des Urelements heimisch ist, ein wunderbares Waisenkind, der Anfang der Schöpfung. In der indischen Kosmogonie des Rigveda ist Vishnu, der Schöpfer des Alls, der als Eber aus dem Meer die junge Erde heraufholt, auch selber der kosmische Ozean. Manchmal ruht er zu Beginn seiner Schöpfung als göttliches Kind auf den Windungen der riesigen Wasserschlange. Narayama oder Prajapati, das göttliche Kind in Indien, kroch nach anderen Erzählungen aus dem Ei, das im Wasser des Ursprungs entstanden war und ruhte nun im Kelch einer Wasserblume.[13] Auch Harpokrates, das

---

[8] R.B. Onians, The Origin of European Thought, 247f.
[9] W.H. Roscher, Lexikon der griech. und röm. Mythologie, 450f.
[10] Ders. 462
[11] Ders. 461
[12] H. Bonnet, Reallexikon der ägyptischen Religionsgeschichte 535, 71
[13] K. Kerényi, Humanistische Seelenforschung, 86, 91

3. ELEMENTE: DAS WASSER

ägyptische Sonnenkind, wurde wie Prajapati auf einer schwimmenden Lotosblüte dargestellt. Auch etwas näher bei uns findet sich das mythische Urkind, vor allem in altitalischen und kretischen Erzählungen und in altertümlichen Schichten der festländisch-griechischen Religion.[14] Im Kapitel über das Symbol des Kindes wird auf dieses wichtige Mythologem weiter eingegangen. Hier wollen wir nur den engen Zusammenhang von Wasser und Kind feststellen, weil es ja in der Schwangerschaft auch um das Kind geht, das heißt um die Schöpfung des Menschen oder des anfänglichen menschlichen Bewußtseins aus dem Urelement Wasser, dem Unbewußten.

Manchmal wurde die *Entstehung des Menschen* auch direkt aus dem Wasser erklärt. Anaximandros, ein griechischer Philosoph des zweiten Jahrhunderts v.Chr., vertrat die Lehre, daß aus erwärmtem Wasser Fische oder fischgleiche Wesen entstanden seien, welche zugleich pflanzenartig gewesen wären. Aus diesen sei schließlich der Mensch hervorgegangen. Der romantische Naturphilosoph und Naturforscher Oken in Jena anfangs des 19. Jahrhunderts behauptete, daß der erste Uterus das Meer gewesen sei, denn dieses habe Nahrung für den Fetus, Schleim und Sauerstoff. Die ersten Embryonen seien im Meer entstanden, viele seien umgekommen, andere seien sanft ans Land getrieben worden, wo ihre Hüllen zerrissen seien.[15] In einer solchen Lehre können wir, obwohl sie von einem Naturwissenschaftler und Philosophen des letzten Jahrhunderts geäußert wurde, die alte mythologische Vorstellung vom Urkind aus dem Wasser erkennen.

Obwohl wir nun schon ein ganzes Stück weit in die Symbolik des Wassers eingedrungen sind, ist es uns unmöglich, auch nur einen kleinen Teil der unendlichen Vielfalt der Bilder zu fassen. Man könnte buchstäblich darin ertrinken! Ich will darum hier nur auf einige wichtige Punkte hinweisen, um diese dann im Zusammenhang mit den Träumen zu vertiefen.

Die nahezu universale Bedeutung des Wassers als Ursprung und Träger alles Lebens spielt in alle Bräuche und Riten hinein, in denen es um *Fruchtbarkeit* von Pflanze, Mensch und Tier, um Zeugungskraft und Regeneration geht. Im alten Griechenland wurden Braut und Bräutigam im Fluß gebadet, Damit erhoffte man sich reichen Kindersegen. Bekannt war die Sage, daß wenn man im Wasser des Nil-(Ur-)Sprungs bade, es mehr als drei Kinder in einer Geburt gebe. Flüsse hatten zeugende Kraft und waren Spender von Samen. Sie förderten das Wachstum der Jugend, welche im Zeitpunkt der Pubertät dem Fluß eine Locke opfern mußte.[16] Kinder, aber auch Tiere, kamen nach altem mitteleuropäischem Volksglauben auch direkt aus Brunnen, Teichen, Seen und Bächen. Noch heute finden wir bei uns sogenannte Kinderbrunnen und Kinderteiche.

---

[14] Ders. 111
[15] Ders. 94f.
[16] Onians, 229

Fruchtbarkeit bedeutet immer auch Erneuerung im weiteren Sinne, und damit Heilung. Regeneration und Heilung hängen wiederum von vorangehender Reinigung ab. Überall wo der Mensch *Reinigung, Heilung, Regeneration* suchte, gab es Wasser als elementare Lebenssubstanz, in Quellen, Brunnen, in heiligen Gewässern. Viele unserer christlichen Kirchen entstanden ursprünglich auf einem vorchristlichen Quellheiligtum. So haben wir zum Beispiel im Riedertal im Kanton Uri noch heute angebaut an die Kapelle der schwarzen Madonna, in der die Frauen um Kindersegen bitten, einen Quellbrunnen. In besonderem Maße waren es natürlich weibliche Erdgöttinnen- und Mutterheiligtümer, wo es um die Entstehung von Leben und um Lebenserneuerung ging.

So wie im Wasser der Anfang alles Lebens vermutet wurde, so glaubte man auch, daß das letzte Wissen, das letzte Geheimnis des Lebens in der Tiefe ruhe. Das war eine allgemeine Uranschauung. Sie spiegelt sich im Glauben an die vielen Schicksalsgöttinnen, welche ihr Wissen aus der Erdentiefe und vor allem aus dem Wasser beziehen. Dazu gehören die drei Parzen, die drei germanischen Schicksalsgöttinnen, die an der Urd-Quelle sitzen, am Schicksalsbrunnen am Fuße des Weltenbaumes Yggdrasil. Das Wasser dieser Quelle enthält alle Keime und Möglichkeiten, und aus ihm sind alle Lebewesen hervorgegangen. Sie ist auch ein Jungbrunnen, in dem das, was hineinfällt, zu früherer Reinheit, zu seinem vorgeburtlichen Ursprung zurückverwandelt wird.[17]

Der Vorstellung, daß die Wassertiefe mit dem Schicksal und der Zukunft zu tun hat, begegnen wir überall in der Mythologie. Wir finden sie auch in ungezählten Bräuchen zur *Weissagung*. Mädchen sehen ihren Zukünftigen im Wasser. Wasser färbt sich rot, wenn Krieg droht usw.[18] Im Handwörterbuch des deutschen Aberglaubens, einer riesigen, sehr nützlichen Sammlung von alten Bräuchen und Vorstellungen, findet sich eine große Menge von Beispielen. Die sogenannte Hydromantik, die Wahrsagerei aus dem Wasser, spielte auch im Altertum eine große Rolle.

Wenn wir selber an einem tiefen, dunkeln Gewässer, an einem hell und farbig quirlenden Bergbach oder an einem reißenden, kalten Fluß stehen, der zwischen hohen Felswänden dahinströmt, so haben wir unter Umständen auch Phantasien, die wir nicht selber machen. Sie kommen uns gleichsam aus dem Wasser, bzw. aus unserem eigenen Inneren entgegen, angeregt durch die geheimnisvolle, fließende, spiegelnde, wechselnde Qualität des Wassers. Haben wir dichterische Fähigkeiten, so „bilden" sich in uns Worte, Ideen „fließen", der „Strom" des schöpferischen Gestaltens kommt in Bewegung. In alten irischen Texten wird beschrieben, wie für die irischen Dichter das Wasser Ort und Mittel zur *Inspiration und Offenbarung* war. Sie besangen es,

---

[17] Brosse 13
[18] Handwörterbuch d. dt. Aberglaubens, Bd. 7, 1564

um prophetische Einsichten zu erhalten.[19] Im *I Ging*, dem chinesischen Weisheitsbuch, stellt im Zeichen Nr. 7 („Das Heer"), das Grundwasser innerhalb der Erde die machtvolle, schöpferische Quelle aus der göttlichen Natur des Menschen dar.

Eine große Rolle spielte das Wasser auch in der romantischen Dichtung, als Ausdruck für ekstatisches Gefühl und visionäres Schauen, aber auch für ein Überwältigtwerden von den Wogen, Strudeln und Fluten einer melancholischen, herabziehenden Stimmung, die bis zur Todessehnsucht ging. In unendlich vielen Nymphen- und Nixensagen, die auch gerade in dieser Zeit besonders gesammelt wurden, wird von der suggestiven Kraft des Wellenspiels erzählt, welches den Menschen hinabziehen kann, bis er versunken ist im mütterlichen Gewässer. Das bedeutet psychologisch ein Eintauchen in die Schlaf- und Traumwelt des Unbewußten, in die Nachtwelt der Seele, die den Menschen aus dem realen Leben hinwegziehen kann. Wir werden sehen, daß es auch in unserer Sammlung Träume gibt, welche diese Gefahr deutlich machen.

Dabei werden wir auch dem Wasser als *Ort des Todes*, des Jenseits, begegnen. Denn von dort, woher das Leben kommt, dahin gehen auch nach archaischer Vorstellung die Toten. Im Wasser hausen, wie etwa die Australier glauben, die Geister, bevor sie in den Leib einer Frau hineingehen, um von dort als Kind geboren zu werden. Das Wasser ist neben Höhlen, Bäumen, Wurzeln also gleichsam der Ort, durch den die Toten ins Leben zurückkehren. Aber durch das Wasser führt auch der Weg ins Totenreich. Von Lethe, dem Strom des Vergessens, müssen alle Toten trinken, bevor sie in den Hades, die Unterwelt, eintreten, und über Acheron, den schauerlichen Unterweltsfluß, müssen die Seelen übersetzen, um ins Totenland zu gelangen.[20]

Wenn wir das bisher Gesagte zum Wasser überblicken, so wird deutlich, daß entsprechend der ständigen Bewegung des Wassers alle seine Aspekte mit Veränderung, mit *Wandlung* und Verwandlung zu tun haben: Entstehung und Vergehen von Leben ist ebenso Wandlung in einen neuen Zustand wie Heilung, Regeneration, Wachstum, Schicksalsablauf. Der Gedanke der Wandlung findet sich auch in unserer christlichen Idee der Taufe. Sie beinhaltet nun aber ausgesprochen eine geistige Wandlung. Das heilige Wasser der Kirche hat schöpferische und verwandelnde Eigenschaft. Durch die benedictio fontis, die Segnung des Wassers vor Ostern, erhält dieses die göttliche Eigenschaft zu verwandeln, also geistige Wiedergeburt zu vermitteln.[21] Im Taufbad wird der innere Mensch erneuert. Für die alchemistischen Denker trug das Wasser, welches sie in ihren Versuchen verwendeten, göttliche Eigenschaft, denn „es brachte für sie die verborgene Natur des Menschen" an die Oberfläche.[22] Es

---

[19] Dictionnaire des Symboles, Bd. 2. 230
[20] Lexikon der gr. und röm. Mythologie, Bd. 6, 9f.
[21] C.G. Jung, GW 11, Psychologie und Religion, § 161

war das „ewige Wasser", das auch die Kraft hatte, einen Körper in Geist zu verwandeln. Dahinter stand also im Grunde dieselbe Idee wie diejenige hinter dem Taufritus. In Joh. 7, 38 findet sich die Stelle von den Strömen lebendigen Wassers, die aus dem Leibe Jesu fließen. Und: „Wenn jemand dürstet, komme er zu mir und trinke!".

Wir sehen, wie der sichtbaren Erscheinung des Wassers ein symbolisches Bild im Menschen entspricht, nämlich das Bild einer Lebensquelle in der eigenen Seele. Jung sagt: „Unser Bewußtsein schafft sich ja nicht selber, sondern es quillt auf aus unbekannter Tiefe. Es erwacht allmählich im Kinde, und es erwacht jeden Morgen aus der Tiefe des Schlafes aus einem unbewußten Zustande. Es ist wie ein Kind, das täglich aus dem mütterlichen Urgrunde des Unbewußten geboren wird. Ja, eine genauere Erforschung des Bewußtseinsprozesses ergibt die Tatsache, daß es nicht nur vom Unbewußten beeinflußt wird, sondern in Form zahlloser spontaner Einfälle überhaupt beständig dem Unbewußten entquillt."[23]

Nun wurde aber auch das unbewußte „Nachtgeschehen", also all das, was nicht bis ins Bewußtsein aufsteigt, sondern in der Tiefe des Unbewußten ohne unser Wissen geschieht, also im Schlaf, im Traum, aber auch im Wahnsinn oder in der ekstatischen Entrückung, als stromhaft, quellend, fließend gedacht, und in diesem Sinne ist es auch schicksalhaft. „Im Traum sind wir Arbeiter und Mitwirker an den kosmischen Ereignissen …", sagt Heraklit.[24]

Ebenso wie das Wasser seinem eigenen Naturgesetz des ewigen Fließens folgt, so tut es das Traumgeschehen. Wir können diese unbewußte Quelle höchstens behindern, aber sie wird sich immer auf eine Weise ihren Weg suchen. Und weil sie Möglichkeiten, Lebenskeime und Wandlungssubstanzen enthält und weil diese inneren Bilderfolgen unser Schicksal bestimmen, deshalb bemühen wir uns in diesem Buche um die Träume schwangerer Frauen, den Trägerinnen neuen Lebens.

Ich glaube, es ist deutlich geworden, wie sehr auf dem Gebiete der Mythologie das Wasser mütterliche Bedeutung hat. In den Veden heißen die Gewässer matritamah = die Mütterlichsten. „Aus Quellen, Flüssen und Seen geboren, gelangt der Tote an die Wasser der Styx, um die Nachtmeerfahrt anzutreten. Jene schwarzen Wasser des Todes sind Wasser des Lebens, der Tod mit seiner kalten Umarmung ist der Mutterschoß, wie das Meer die Sonne zwar verschlingt, aber aus mütterlichem Schoß wieder gebiert."[25] In diesem Sinne trägt das Wasser die Projektion der Mutter und hat das Unbewußte mütterliche Bedeutung.[26]

---

[22] Ders., GW 11, Psychologie und Religion, § 161
[23] Ders., GW 11, Zur Psychologie der östlichen Meditation, 935
[24] Martin Ninck, Die Bedeutung des Wassers im Kult und Leben der Alten, 137
[25] C.G. Jung, GW 5, Symbole der Wandlung, § 319
[26] Ders. GW. 5, Symbole der Wandlung, § 320

3. ELEMENTE: DAS WASSER

Es geht in den folgenden Schwangerschaftsträumen beim Motiv des Wassers in besonderem Maße und in zweifacher Weise um das Mütterliche. Das, was aus den Quellen der unbewußten mütterlichen Natur der Frau empordringt, beschäftigt sich zugleich mit dem, was ihr Muttersein ausmacht, mit ihrer ganzen physischen und psychischen Befindlichkeit als Mutter. Wenn uns im Laufe der Betrachtung dieser Träume scheint, sie unterschieden sich eigentlich nicht sehr von Träumen anderer Menschen, so müssen wir sie immer vor diesem Hintergrund sehen.

Der folgende Traum wurde von einer 31-jährigen Frau im 2. Monat ihrer eigentlich nicht zu diesem Zeitpunkt gewünschten zweiten Schwangerschaft geträumt. Sie hatte in dieser Zeit mit Depressionen zu kämpfen.[27]

Traum Nr. 1[28]

Ich sehe einen Strand mit Bäumen und Blumen. Mir wird erklärt, daß dies der Urstrand ist, an dem das Leben oder alles Lebendige oder die Kinder geboren werden. – Ich reise und suche der Küste entlang Stätten, an denen jemand aus dem Wasser geboren wurde. Mir ist nur der Felsen bekannt, an dem Venus bei ihrer Geburt aus dem Wasser stieg. Ich finde ihn und erkläre anderen, daß er in Zypern liegt.

Der erste Teil des Traumes mutet wie eines der mythologischen Bilder an, wie sie zu allen Zeiten vom Menschen formuliert worden sind. Die Träumerin wird über den Ursprung des Lebens oder des Kindes belehrt. Vermutlich entgegen ihrer persönlichen Auffassung, daß sie selber ein Kind „mache", das heißt austrage und gebären werde, betont dieses Bild den Ursprung aus den Tiefen des Meeres, das heißt des kollektiven oder allgemeinmenschlichen Unbewußten. Im zweiten Traumteil sucht sie nach Venus – griechisch Aphrodite –, der Schaumgeborenen. Wir werden gleich sehen, wie sehr die beiden Teile zusammenhängen.

Dazu müssen wir wissen, daß Aphrodite (im Orient Astarte) eine von fast allen semitischen Völkern verehrte große Göttin des Mondes (oder des Venussternes) und zugleich aller weiblichen und irdischen Fruchtbarkeit war. Als Mondgöttin schien sie das weibliche Geschlechtsleben zu regeln, andrerseits den im Orient für die Fruchtbarkeit der Pflanzen so wichtigen Tau zu spenden. Sie war besonders eine Göttin der Frauen, in Babylon sogar die „Gebärenmachende", und wurde als diese vor allem von den Frauen verehrt. Sie war auch die Göttin des Kindersegens. Aus der ursprünglich der orientalischen Aphrodite zugehörigen Mondbeziehung ergab sich später auch in griechischer Zeit ihre Beziehung zum Wasser, zur lebenschaffenden Feuchtig-

---

[27] Von ders. Frau Nr. 108, Kap. Mann
[28] Alle Träume, soweit sie nicht übersetzt oder gekürzt sind, werden im genauen Wortlaut wiedergegeben, so wie sie von den Träumerinnen aufgezeichnet worden sind.

keit und zum Meer. Denn der Mond regelt die Gezeiten, Ebbe und Flut. Ihre Tiere waren der Fisch, der Delphin, die Taube, der Hase, der Sperling, das Kaninchen, der Widder, alles besonders fruchtbare Tiere. Insbesondere ist Aphrodite auch die Göttin der Gärten, der Blumen, der Lusthaine und des Frühlings, und immer erscheint sie mit Blumen geschmückt. Denken wir an den Anfang des Traumes: „Ich sehe einen Strand mit Bäumen und Blumen…" Natürlich wurde Aphrodite/ Venus immer mehr auch die Ehe- und Liebesgöttin, als welche wir sie aus späterer griechischer Zeit vor allem kennen.

Wir wollen uns noch jene Geschichte von der Entstehung der Aphrodite, wie sie bei Hesiod erzählt wird, vergegenwärtigen, denn sie gehört ganz stark zur Wasserbedeutung der Aphrodite: Als Urvater Uranos seine mit der Urmutter Gaia gezeugten Titanenkinder nicht aus dem Inneren der Erde auftauchen lassen wollte, schnitt ihm Kronos, der jüngste unter ihnen, mit Hilfe der Mutter das zeugende Glied ab und warf es ins Meer. Daraus entstand Aphrodite und tauchte aus schäumenden Wogen auf. Nach Homer wurde sie danach im weichen Schaume durch die Meereswoge vom Westwind nach Kypros (Zypern) getrieben.[29]

Wir sehen aus diesem Traum, daß die junge Frau, ohne es zu wissen, auf der Suche nach dem Geheimnis der Entstehung des Lebens und des Mütterlichen ist. Dort, wo Aphrodite aus dem Meer steigt, ist auch symbolisch der Moment der Bewußtwerdung dieser mächtigen psychischen Komponente, welche für eine schwangere Frau im wahrsten Sinne des Wortes schicksalsschwangere Bedeutung hat. Im Traum sucht sie den Felsen, bei dem Aphrodite / Venus aus dem Wasser stieg. Es ist nicht anzunehmen, daß die Träumerin wußte, daß Aphrodite in Paphos auch in vom Himmel gefallenen Steinen (Meteoriten) verehrt wurde. Der Stein hat in diesem Traum deshalb mit der verfestigten, größeren weiblich-mütterlichen Persönlichkeit zu tun, dem weiblichen Selbst, nach dem die Träumerin letztlich zu suchen scheint.

Die Träumerin weiß sogar, wo dieser Ort liegt, nämlich in Zypern. Wir wissen nicht, wieviel die Träumerin von der Beziehung der Aphrodite zu Zypern kannte. Vermutlich wußte sie nicht, daß in Zypern tatsächlich heute noch das Grab der Aphrodite gezeigt wird. Man erklärt sich heute die Erzählung vom Tod der Aphrodite mit der Tatsache, daß der Mond zeitweilig an den Tagen des Mondwechsels und bei Mondverfinsterungen verschwand, was bei den Naturvölkern die Angst auslösen mußte, die große Göttin sei gestorben. Auch gab es die Sage, nach der die orientalische Göttin zeitweilig in die Unterwelt oder das Totenreich herabstieg. Mit ihr verschwand z.B. in der trockenen Jahreszeit (bei uns wäre es der Winter) die Fruchtbarkeit auf der Erde bis zu ihrem endlichen Wiedererscheinen zur Regenzeit oder im Frühjahr.

---

[29] W. H. Roscher, Lexikon, 394ff

3. ELEMENTE: DAS WASSER

Was aber könnte diese Amplifikation für eine Bedeutung für unsere Träumerin haben? Wenn die große Wasser-, Fruchtbarkeits- und Muttergöttin in einem Frauenleben konstelliert ist, so ist immer auch ihre Beziehung zum Totenland dabei, wie schon durch ihre Nähe zur Wassertiefe deutlich wird. Das wäre auch die Nähe zu den „Nachtzuständen der Seele", zu den Verfinsterungen, in denen ein Mensch kein Licht mehr sieht. Wir wissen, daß diese Träumerin während ihrer Schwangerschaft unter Depressionen litt. Aphrodite/ Venus ist aber die Göttin, die immer wieder aufersteht, die Schutzgöttin der Frauen und der Geburt! Die Träumerin darf darum darauf vertrauen, daß ein tiefer weiblicher Instinkt ihr über die schweren Zeiten hinweghelfen wird.

Den nächsten Traum hatte eine 24-jährige Frau im 1. Monat ihrer ersten Schwangerschaft. Ein Mädchen kam 5 Wochen vor dem Termin gesund zur Welt. Beide Eltern promovierten in dieser Zeit an der Hochschule.[30]

Traum Nr. 2

Wir standen am Meer, dessen nicht sehr hohe Wellen lebhaft plätscherten. Da kam in der Ferne ein Wind auf, den man ganz tief grollen hörte. Ich erwartete, daß die Wellen sofort höher würden, aber nichts geschah. Dann sah ich in der Ferne hohe Wellengestaltungen der verschiedensten Ausformungen sich erheben. Es sah großartig und unheimlich aus. Sie waren jedoch weit entfernt am Horizont und so erschien die riesige, alles überspülende Welle ganz unerwartet. Sie setzte alles unter Wasser.

Auch dieser Traum beginnt gleichsam mit dem Zustand vor der Schöpfung. Das Meer plätschert friedlich vor sich hin. Aber dann hört man den Wind, der diese merkwürdigen Wellenformationen in Bewegung bringt und schließlich die alles überwältigende Woge herantreibt.

Schauen wir uns dazu folgenden indischen Schöpfungsmythus an: Vishnu, der selber das All ist, ging in das Wasser des Meeres ein, um das All noch einmal hervorzubringen. Leise kräuselten sich die Wellen des Ozeans, als er sie bewegte. Dann bildete sich zwischen den Wellen eine schmale Spalte, das war der Raum, der Äther, der Träger des Tons. Der Raum ertönte, und aus dem Klang erhob sich das zweite Element, die Luft in Gestalt eines Windes. Dieser dehnte sich rücksichtslos in die Weite aus, wild blasend und gewaltig rauschend, und erregte die Gewässer. Aus der Reibung und dem Aufruhr entstand das Feuer. Das Feuer verschlang eine große Menge des kosmischen Wassers und aus dieser Leere entstand der Himmel usw....[31]

Die Ähnlichkeit mit unserem Traum ist erstaunlich. Wir haben sogar den Ton darin, der dem Wind vorangeht. In vielen Schöpfungserzählungen verkör-

---

[30] Von ders. Träumerin: Kap. Pferd: Nr. 84, Kap. Hund: Nr. 81, Kap. Kind: 159, Kap. Spinnen: Nr. 7
[31] H. Zimmer, Mythus und Symbol in indischer Kunst und Kultur, Rascher 1951, 60

pert der Wind sozusagen das befruchtende Element. Der ägyptische Widdergott Chnum ist auch der Spender von Wasser und Urheber aller Lebewesen, der Hüter der Nilquelle, der Herr des Urwassers und zugleich der Luft- und Windgott.[32] Jung sagt in „Symbole der Wandlung": „Aus dem Wasser geboren sein, heißt ursprünglich, aus dem Mutterleib geboren sein; vom Geist heißt: vom befruchtenden Windhauch gezeugt sein." Wind und Geist sind mit demselben griechischen Wort pneuma bezeichnet. Und weiter zitiert er an derselben Stelle das neutestamentliche Jesuswort an Nikodemus: „Wahrlich, wahrlich, ich sage dir; wenn nicht jemand aus Wasser und Geist geboren wird, kann er nicht in das Reich Gottes kommen ... Wundere dich nicht, daß ich dir sagte: Ihr müßt von oben her geboren werden. Der Wind weht, wo er will, und du hörst seine Stimme, aber du weißt nicht, woher er kommt und wohin er fährt. So ist jeder, der aus dem Geist geboren ist." (Joh. 3, 3f)[33]

In unserem Traum geht es offensichtlich um eine Geburt aus Wasser und Geist. Aber die Befruchtung des mütterlichen Wassers durch das männliche pneuma verursacht eine gewaltige Flutwelle, die alles unter Wasser setzt. Wir müssen uns vorstellen, daß wohl weit weg, im Unbewußten der Träumerin die Zeugung des neuen Kindes eine heftige Emotion ausgelöst hat, welche nun das Bewußtsein zu überschwemmen droht. Der Traum vermittelt ein gewaltiges Bild von der Bedeutung der neuen Schwangerschaft, die offenbar auch ein geistiges Geschehen ist und nicht nur auf den Körper der Frau, sondern auch auf ihre geistige Seite, ihre Gefühle, Gedanken, Phantasien und Ideen einen großen Einfluß haben wird. Die Träumerin wirkt aber nicht sehr berührt, und man hat am Ende des Traumes das Gefühl, wie wenn sie nicht ganz erreicht worden wäre. Vielleicht ist das aber auch gut so, denn die alles überspülende Welle hätte sie auch ertränken können.

Zehn Tage später kam ein Traum, der im Kapitel Pferd besprochen wird (Nr. 85). Darin muß die junge Frau ins Wasser springen, muß dort ein Pferd ergreifen und sich auf einen wilden Ritt begeben. Das scheint wie eine Fortsetzung des eben besprochenen Traumes. Die Dinge werden konkreter und kommen ans Land, mehr in die Nähe! Nochmals etwa 14 Tage später wird dies noch deutlicher:

Traum Nr. 3

An einer Stelle meiner Zimmerdecke spritzte plötzlich Wasser wie aus einer Dusche hervor. Ich erschrak sehr und suchte nach einem Gefäß zum Auffangen. Das Wasser floß mal in die eine, mal in die andere Richtung, als sei ein Wind im Zimmer. Ich war sehr erschreckt von dem Vorgang.

---

[32] H. Bonnet, 138
[33] C.G. Jung, GW 5, Symbole der Wandlung, § 333, §33

3. ELEMENTE: DAS WASSER

Hier haben wir dieselben Elemente von Wasser und Wind, aber diesmal mitten im Zimmer der Träumerin. Sie ist verzweifelt bemüht, das Geschehen zu „fassen", denn jetzt betrifft es ihr ganz persönliches Alltagsleben. Der Wind, der weht, wo er will, bringt ihr geregeltes Leben in Unordnung. Sie muß einen Weg finden, hervordringenden unbewußten Gefühlen und Gedanken (Wasser und Wind) ein Gefäß und eine Richtung zu geben und damit umgehen zu können. Noch ist das Neue nur störend und erschreckend. Sie kann die „Befruchtung" ihres eigenen Seelenraumes noch nicht erfassen, d.h. begreifen.

In unsere Sammlung gibt es noch verschiedene Träume von hohen Wellen, wie z.B. der folgende von einer 29-jährigen Frau im 4. Monat, in Erwartung ihres zweiten Kindes. Die Frau begab sich wegen psychischer Schwierigkeiten, ausgelöst durch Schwangerschaft oder Geburt, in Behandlung.

Traum Nr. 4:

As I was walking on the beach, waves were high, but I did not think they reached me. We two were walking on the beach. When I looked back, very high waves came surging to us.

Wie wir am Strand gingen, waren die Wellen hoch, aber ich dachte nicht, daß sie mich erreichen würden. Wir zwei gingen auf dem Strand. Wie wir zurückblickten, kamen sehr hohe Wellen auf uns zu.

Und Traum Nr. 5

Ich bin mit anderen am Strand. Haushohe Wellen brechen sich, überfluten mich zum Teil. Das Wasser ist grauschwarz, ganz aufgewühlt. Ich setze alle Kraft und Schwimmkünste ein, um immer wieder hochzukommen und etwas Luft zu atmen. Meine Tochter, die weiter draußen am Strand war, wird weggeschwemmt. Aber jemand fängt sie aus dem Wasser und hält sie hoch, damit sie Luft bekommt. Ich muß mich erst selbst retten, um zu ihr hinüberzukommen und ihr helfen zu können.

Hier kommen die riesigen Wellen auf ganz bedrohliche Weise in die Nähe, und das Kind der Träumerin wird ebenfalls mitgerissen. Viele Frauen haben während der Schwangerschaft Depressionen, andere sind gefühlsmäßig labil, andere wieder haben Angst und fühlen sich überfordert. Kinder spüren solche Nöte, auch wenn man sie vor ihnen versteckt und werden oft mit hineingezogen. Deshalb muß sich die Mutter erst selber helfen. Die Nähe zum Archetypus der großen Wasser- und Muttergöttin scheint gleichsam die Türen zum kollektiven Unbewußten mit seinen oft fremdartigen Inhalten zu öffnen. Von solchen sprechen die folgenden Träume, in denen merkwürdige oder gefährliche Tiere aus dem Wasser auftauchen.

Traum Nr. 6 einer 25-jährigen Frau im 6. Monat:[34]

> *It was night. I was with my son on a deserted beach. After we walked to the other end I realized I was so far away from nature and from myself that I could barely see the sea. At this place where we were the sea was enraged, full of big waves. We were on a higher place. We were looking at the sea and I was showing my son the waves coming and going. Suddenly the sea went up and almost made us wet. I thought of leaving but there appeared many geese trying to bite us. Despite my pregnant belly I took my son in my arms and ran away. The geese came after us, biting my son's legs.*

> *Es war Nacht. Ich war mit meinem Sohn an einem verlassenen Strand. Nachdem wir bis zum anderen Ende gegangen waren, realisierte ich, daß ich so weit weg von der Natur war und von mir selber, daß ich das Meer kaum sehen konnte. An diesem Ort, wo wir uns befanden, war das Meer in Aufruhr, voller großer Wellen. Wir waren an einer erhöhten Stelle. Wir schauten aufs Meer und ich zeigte meinem Sohn, wie die Wellen kamen und gingen. Plötzlich erhob sich das Meer und durchnäßte uns fast. Ich dachte daran wegzugehen, aber da erschienen viele Gänse, welche uns zu beißen versuchten. Trotz meinem schwangeren Bauch nahm ich meinen Sohn auf die Arme und rannte weg. Die Gänse kamen hinter uns her und bissen in die Beine meines Sohnes.*

Der verlassene Strand und das Gefühl der Träumerin, sie sei so weit weg von der Natur und von sich selber, daß sie kaum das Meer sehen könne, zeigen die Verirrung und traurige Stimmung der jungen Frau. Was sind nun die Gänse? Die alten Ägypter verbanden die Gans mit dem Ursprung des Menschen. Der „Große Schnatterer" war ein kosmisches Urwesen, und aus seinem Ei entstand der erste Mensch.[35] Gänse wohnten in Rom beim Tempel der großen Muttergöttin Juno, der Hüterin von Ehe und Familie. Sie bewachten das Kapitol und warnten der Sage nach vor den angreifenden Germanen. In Griechenland wurde Aphrodite auf einer Gans reitend dargestellt.[36] Gänse bewegen sich im Wasser, auf der Erde und in der Luft, und haben deshalb oft eine Art Vermittlerfunktion zwischen den Elementen. Als Vögel haben sie mit Gedanken oder Intuitionen zu tun, die im Zusammenhang mit dem aufgewühlten Unbewußten den bewußten Standpunkt der Träumerin angreifen. Da sie zum Mütterlichen gehören und in Bezug auf dieses gleichsam Wächterfunktion vertreten, so müssen wir annehmen, daß die Träumerin, bzw. ihr Kind oder eine kindliche Seite in ihr sich irgendwie den Unmut der Muttergöttin zugezogen hat. Es könnte sein, daß eine andere Einstellung zum Mütterli-

---

[34] von derselben Träumerin: Nr. 1, Kap. Wasser
[35] Manfred Lurker, Lexikon der Götter und Symbole der alten Ägypter, 7
[36] Dictionnaire des Symboles, Bd. 3, 306

3. ELEMENTE: DAS WASSER

Bild 2 Aphrodite reitet auf einer Gans (Rhodos, 470-460 v.Chr.)

chen oder zu ihrer Mutterrolle in der Familie vom Unbewußten gefordert wird.

Das Kind kann in einem solchen Traum tatsächlich ihr eigenes Kind meinen, das durch den Ansturm des Unbewußten und die Angst und Gefühlsunsicherheit der Mutter wirklich in Gefahr kommt.[37] Kinder nehmen unbewußte Probleme der Mutter oft wie ein Schwamm über das Unbewußte auf, ohne daß sie sich dagegen wehren können. Es könnte aber auch eine eigene Kindlichkeit damit gemeint sein, die ihrer jetzigen Mutterrolle nicht mehr entspricht und deshalb vom Unbewußten angegriffen wird. Im ersten Fall deuten wir das Kind auf der sogenannten Objektstufe, als das tatsächliche äußere Kind, im zweiten auf der Subjektstufe, das wäre gleichsam als innere Figur auf der inneren Bühne des psychischen Geschehens. Diese zweite Art der Deutung, ein wesentlicher Teil des Jung'schen Traumverständnisses, ist nicht ganz einfach zu verstehen, aber wir werden im Laufe dieses Buches sehen, wie hilfreich sie ist und wie der Sinn eines Traumgeschehens oft nur gefunden werden kann, wenn wir dieses Traumgeschehen aus der Projektion auf die äußere Welt zurückziehen und auf der inneren Ebene betrachten. Damit fließt Energie zum Subjekt, zum Träumer zurück und kann dort oft eine Wandlung der inneren Einstellung bewirken. Manch-

---

[37] Vgl. Ausführliches zum Kind-Motiv im Kapitel „Kind".

mal hilft es mehr, wenn wir eine eigene Kindischkeit ins Auge fassen können, als wenn wir alles auf unsere Kinder beziehen, obwohl das letztere oft so viel einfacher wäre!

Wir kommen nun zu einem höchst eindrücklichen Traum, den eine 23-jährige Frau in der Nacht vor der Geburt ihres Kindes hatte:

Traum Nr. 7:

> *I was in a prehistoric landscape at sunrise, of the kind associated with the dinosaurs. I was on a slightly elevated spot looking down to a large lake surrounded by volcano-like mountains and the sort of trees, now extinct, that grew at that time. Playing inside the lake were a great many dinosaurs of all sizes. I got the impression, that there were a few adults and many young ones of various ages. The type of dinosaur in the dream is known to science as the Brontosaurus, whose long necks and massive bodies are distinctive traits. While watching them play, I realized that even the slightest „mistake" on their part, such as being hit by one of their tails as they dove under the surface of the water, would be utterly fatal for me. The sheer enormity of the animals was contrasted with the insignificance of myself, the human. At the same time the sight of these ancient animals in all their living vitality was so awesome and beautiful, strange and wonderful, that I could not tear myself away from the spot I was standing at and continued to watch them for a long time. Then I awoke. As soon as I awoke, the first thought that went through my semiconscious mind was: „Now, very soon, your baby will arrive." That evening I did go into labour.*
>
> *Ich war in einer prähistorischen Landschaft, wie man sie mit Dinosauriern assoziiert, zur Zeit des Sonnenaufgangs. Ich war auf einer leicht erhöhten Stelle und schaute hinunter auf einen großen See, der umgeben war von vulkanähnlichen Bergen und jener Art von Bäumen, welche damals wuchsen, die es heute nicht mehr gibt. Im See drin spielte eine große Anzahl von Dinosauriern von allen Größen. Ich gewann den Eindruck, daß da einige Ausgewachsene waren und viele junge von verschiedenen Altersstufen. Diesen Typ von Dinosauriern in dem Traum kennt die Wissenschaft als Brontosaurus, deren lange Hälse und massive Körper deutliche Unterscheidungsmerkmale sind. Während ich sie beim Spielen beobachtete, realisierte ich, daß der kleinste Fehler von ihrer Seite her, wie etwa von einem ihrer Schwänze getroffen zu werden, während sie unter der Wasseroberfläche tauchten, für mich ganz fatal wäre. Die enorme Größe der Tiere stand im Kontrast zu meiner eigenen, menschlichen Unscheinbarkeit. Gleichzeitig war der Anblick dieser Urzeittiere in all ihrer Lebenskraft so ehrfurchtgebietend und schön, fremd und wunderbar, daß ich mich nicht von dem Ort, wo ich stand, losreißen konnte und fortfuhr, sie eine lange Zeit zu beobachten. Dann wachte ich auf. Sobald ich erwachte,*

3. ELEMENTE: DAS WASSER

war der erste Gedanke, welcher durch mein halbwaches Bewußtsein ging: „Jetzt, sehr bald, wird dein Kind kommen". An diesem Abend begannen die Wehen.

Die Geburt dieses Kindes dauerte 27 Stunden!

Dinosaurier sind im Grunde die Vorgänger unserer mythologischen Drachen, die sich vermutlich von daher ableiten lassen. Jung sagt dazu: „Diese kaltblütigen Relikte (er meint damit auch die Schlangen, Krokodile etc.) sind wie unheimliche Mächte, weil sie die fundamentalen Faktoren unseres instinktiven Lebens symbolisieren, das aus dem Altertum der Erde stammt." Und: „Immer, wenn es also im Leben ernst wird, wenn sich die Dinge zuspitzen, dann wird man feststellen, daß ein Saurier unterwegs ist." Wenn er hilfreich ist, dann kommt er als „ungeheure Kraft des organisierten Instinkts heraus und stößt uns über ein Hindernis hinweg, von dem wir nicht glauben würden, daß wir durch Willenskraft oder bewußten Entschluß darüber hinwegklettern könnten".[38]

Gerade in der Situation der Geburt übernehmen die tiefsten Instinkte aus unendlich ferner Zeit unserer Vergangenheit und Existenz die Führung. Jung sagt, daß der Saurier oder Urwurm mit unseren ursprünglichen, elementaren Instinktzentren zusammenhängt, aus denen auch die frühesten psychischen Manifestationen herkommen. Der Saurier, so sagt er, bringt die Inhalte des Unbewußten zum Vorschein.[39]

Wie wir im Kapitel Schöpfungsmotive noch sehen werden, ist der Drache im *I Ging*, dem 6000 Jahre alten chinesischen Weisheitsbuch im 1. Zeichen die kosmische Energie, die hinter allen schöpferischen Vorgängen auf der Erde wirkt. Seine Kraft bewirkt alles Schöpferische! Er ist also gewaltige, urtümliche Energie, wie der Wind oder das fließende Wasser. Was er aus dem Unbewußten hervorbringt, ist reine, noch unbewußte Schöpfung, einerseits als Triebenergie, andrerseits mit psychischen Inhalten verbunden, also geistige Energie. Das wären die Bilder aus dem kollektiven Unbewußten, aus der Wassertiefe, die archetypischen Bilder, wie sie Jung genannt hat. Nicht nur auf der Instinktseite, sondern auch im Psychischen verkörpert der Drache darum (wie auch die Schlange, drako = griech. die Schlange) das „Wissen der Natur", das Wissen darum, wie es weiter geht!

Der Sonnenaufgang in der vulkanähnlichen, urtümlichen Landschaft ist ein menschheitsaltes Bild für die Geburt des Lichts oder psychologisch für den Anfang des Bewußtseins. Wir werden im Laufe der Arbeit an den vielen Träumen dieses Buches immer wieder auf dieses Motiv der Geburt des Bewußtseins im Zusammenhang mit der Geburt eines Kindes stoßen.

---

[38] C.G. Jung, GW, Seminare Traumanalyse, 691f
[39] Ders., Traumanalyse, 374

Wie die Träumerin sagt, merkt sie im Traum, daß ein „Fehler" der Saurier, zum Beispiel nur ein Schlag mit dem Schwanz, für sie selber fatal sein könnte. Die Nähe solcher gewaltiger Instinktkräfte ist für das kleine menschliche Bewußtsein immer gefährlich. So wie eine Geburt auch in unserer Zeit immer noch den Tod von Mutter und Kind bedeuten kann, so kann auch der Ausbruch einer sogenannten Schwangerschaftspsychose das Ertrinken des Bewußtseins im Unbewußten zur Folge haben. Hier ist eine Frau ganz und gar darauf angewiesen, daß die Natur keinen „Fehler" macht. Ganz viel gäbe es auch noch zu sagen zum Spiel der Dinosaurier und zum schöpferischen Spiel überhaupt. Denn der Anfang der Schöpfung geschieht oft im Spiel, wie auch das schöpferische Gestalten des Menschen oft nur spielerisch in Gang kommen kann.[40] Es scheint, wie wenn die Natur oder die schöpferische Phantasie während des Spiels am reinsten und am ungestörtesten aus dem Unbewußten hervorfließen könnte.

Etwas Ähnliches hat wohl die Frau während der langen Geburt erlebt, wenn sie, wie sie schreibt, die ganze Zeit wie in einem inneren Gespräch mit diesem Traum stand (*like a continuing active imagination*). Ein inneres Spiel von größtem Ernst!

Die nächsten beiden Träume stammen von einer 27-jährigen Frau in ihrer ersten Schwangerschaft, in der sie sich außergewöhnlich gesund und gut fühlte.

Traum Nr. 8:

> *I sat by the side of a river, fishing. The river was flowing strongly from left to right. I hooked something which proved to be very heavy. I raised it to the surface and was horrified to find I had brought up the skeleton of a prehistoric fish, „something very ancient". This frightened me extremely.*
>
> *Ich saß am Flußufer und fischte. Der Fluß hatte eine starke Strömung, von links nach rechts. Ich hatte etwas an der Angel, was sich als sehr schwer erwies. Ich hob es zur Oberfläche und war entsetzt zu sehen, daß ich das Skelett eines prähistorischen Fisches heraufgebracht hatte, etwas sehr Urtümliches. Das erschreckte mich über die Maßen.*

Und, wenige Monate später:

Traum Nr. 9:

> *I sat by the side of a river, fishing. Again I hooked something which proved to be very heavy. As it neared the surface, I could see a round dark shape, darkly iridescent, a huge dark „sunfish", 3-4 feet across when normally*

---

[40] Vgl. J. Huizinga, Homo ludens, und: U. Mann, Der Ernst d. hl. Spiels.

3. ELEMENTE: DAS WASSER

these are 2-3 inches across. Again I experienced enormous fear, and picking up my fishing knife, severed the line.[41]

Ich saß an einem Flußufer und fischte. Wieder hatte ich etwas an der Angel, was sich als sehr schwer erwies. Wie es sich der Oberfläche näherte, konnte ich eine runde, dunkle Form erkennen, welche dunkel leuchtete, ein riesiger dunkler „Sonnenfisch", 3-4 Fuß im Durchmesser, während diese sonst nur 2-3 Zoll im Durchmesser sind. Ich empfand wieder große Angst, und, indem ich mein Fischmesser zur Hand nahm, kappte ich die Schnur.

Bevor wir uns zur Deutung dieser zwei Träume dem Hauptmotiv zuwenden, nämlich den Fischen, wollen wir die Anfangssituation, das Fischen am Fluß, erst sorgfältig amplifizieren. Es könnte sein, daß uns daraus erste hilfreiche Hinweise entgegenkommen.

Im Denken der Alten stellte man sich das „Nachtgeschehen der Seele"[42] als stromhaft, fließend vor. Es gibt ungezählte Geschichten, wo einer auf dem Wasser in ein märchenhaftes oder unheimliches Jenseitsland fortgetragen wird. Vielleicht wird er wieder an Land geworfen, wie weiland Odysseus, vielleicht aber wird das Wasser für ihn zum Totenstrom, der zwischen Diesseits und Jenseits fließt, wie der Acheron, der Lethestrom in Griechenland oder der Fluß Leiptr der germanischen Edda.[43]

Die Erzählungen von dem Hinweggetragenwerden eines Menschen an ein unbekanntes Ziel schildern den Schicksalsstrom, der unaufhörlich dahinfließt wie der Bilderstrom der unbewußten Seele. Wir wissen, wie sehr ein Mensch durch weltfremde Phantasien und Gedanken aus der Realität getragen werden kann, im Extremfall bis ins Irrenhaus. Andrerseits aber können Ideen und Symbole aus dem Unbewußten in höchstem Maße motivierend wirken und gewaltige neue Kräfte freilegen. Der Fluß ist deshalb auch ein Symbol für Energie aus dem unbewußten Bereich, wie der Drache und der Wind.[44]

Flüsse beliefern uns ja auch tatsächlich mit Energie, nämlich durch Wasserkraft, z.B. mit Elektrizität. Bevor der Mensch auf die Idee kam, diese Energie mittels der Technik für sich nutzbar zu machen, bedeutete der Fluß ganz einfach Leben, Fruchtbarkeit. Bevor der Nilstrom durch den Bau des Assuandammes zur direkten Energiegewinnung genutzt wurde, bedeutete er jährlich Überschwemmung, Wachstum der Natur, Leben. Flüsse sind deshalb sehr oft auch weiblich-mütterliche Gottheiten.[45] Im Volksglauben ist das fließende Wasser des Flusses nicht nur befruchtend, sondern auch heilkräftig. Es reinigt und schwemmt Krankheiten weg, kann aber auch, wenn man nicht aufpaßt, die Gesundheit wegführen.[46] Psychologisch gesehen ist der Kontakt

---

[41] Von ders. Träumerin: Nr. 98, in Kap. Kind
[42] Martin Ninck, die Bedeutung des Wassers, 136
[43] Handwörterbuch d. dt. Aberglaubens, Bd. 2, 1693
[44] C.G. Jung, Seminare: Traumanalyse, 473
[45] Heinrich Zimmer, Mythen und Symbole, 117 und 123ff

mit dem Strom der unbewußten Gedanken und Gefühle auch heilkräftig und befruchtend, wenn er mit genügender Vorsicht geschieht. Fischfang ist übrigens überall mit ungezählten Tabus verbunden. Dasselbe gilt für die Beziehung zum inneren Fluß. Wenn es gelingt, sich dem Traumstrom in der richtigen Weise und mit dem gebührenden Respekt zu nähern, können falsche Einstellungen beseitigt werden und neue Impulse tauchen auf. Flüsse waren immer Gottheiten, nämlich übermächtige Faktoren in der Psyche, Naturkräfte, welche das Schicksal eines Menschenlebens bestimmen.

Wenn wir den Fluß als Strom der unbewußten Energien, der ungeformten seelischen Kräfte und geheimer unbekannter Motivationen ansehen, so muß das Fischen damit zu tun haben, aus dieser ungeordneten Menge etwas herauszuholen, was man essen kann, Nahrung, die aus diesem unbewußten Bereich herauskommen kann.

Wir wollen nun aber das Symbol des Fisches, eines der wichtigsten Symbole überhaupt, genauer ansehen. Jung hat ihm in seinem Werk „Aion" allein fünf Kapitel gewidmet. Die Gedanken, welche vergangene Jahrhunderte dazu in symbolischen Bildern ausgedrückt haben, sind für uns eine Hilfe, uns der allgemeinmenschlichen Bedeutung eines solchen Traumes anzunähern. Ein Symbol ist, wie Jung anhand seiner Forschungen zur Symbolik dargelegt hat, *die im Moment bestmögliche Bezeichnung und Formulierung eines nicht völlig erkennbaren Objektes.*[47] Wenn sich ein Traum eines alten Symbols wie des Fisches bedient, so kann man annehmen, daß das dahinter stehende Unbekannte eine ähnliche seelische Grundtatsache darstellt, wie sie hinter dem lebendigen Fischsymbol vergangener Zeiten stand. Die symbolischen Bilder, deren sich unsere Träume bedienen, scheinen oft wie einer älteren Schicht unserer Psyche zu entstammen, einer z.B. antiken oder mittelalterlichen oder gar prähistorischen Schicht, wo solche Bilder auftauchten und dargestellt wurden und auch auf ihre Art verstanden wurden.

Wenn es gelingt, diese durch vergleichende Betrachtung in unsere heutige psychologische Sprache zu übersetzen, so haben wir sie zumindest unserem Verständnis etwas angenähert. Jung meint, daß wir dadurch zwar gleichsam ein Symbol durch ein anderes ersetzen, aber unsere Erklärung sagt uns mehr, sie befriedigt uns mehr.

Nach diesem Exkurs zum Symbol also zurück zum Fisch: Wenn wir das Volksbrauchtum daraufhin ansehen, so fällt auf, wie respektvoll und vorsichtig der Fisch angegangen wurde. Man vermutete bei ihm besondere Zauberkraft. Die Annäherung an ihn, z.B. das Fischen, erforderte ein ganz bestimmtes Verhalten, etwa Eßverbote, Vorschriften zu Zeit und Ort des Fischfangs, Prozessionen, Opferhandlungen, Reinhaltung der Gewässer (!) etc. Auf der Insel Farö mußte die Begegnung mit einem Priester oder Pfarrer vor dem

---

[46] Handwörterbuch d. dt. Aberglaubens, Bd. 2, 1681
[47] C.G. Jung, Aion, GW. Bd 9 II, § 901

3. ELEMENTE: DAS WASSER

Fischfang gemieden werden.[48] Das könnte heißen, daß die Dämonisierung und Abwertung der alten numinosen Mächte durch die christliche Sicht, die ja überall geschah, wo christliche Missionare hinkamen, vermieden werden muß!

Durch ihre große Fruchtbarkeit waren Fische eng verbunden auch mit der Fruchtbarkeit der Frauen, also mit dem Kindersegen. Fischspeisen an Hochzeiten, rituelles Bad und Berührung mit Fischen gehören dazu. Fischgenuß bewirkt sogar Schwangerschaft in den Erzählungen vieler Völker. Als Fischlein stellte man sich auch die noch ungeborenen Kinder vor, bevor sie z.B. aus dem Brunnen in die Menschenwelt geboren wurden.

Fische verfügten auch über höheres Wissen. Viele Märchen erzählen von sprechenden und helfenden Fischen, z.B. das Grimms-Märchen vom „Fischer und siner Fru". Der babylonische Fischgott Oannes war ein Gott der Weisheit. Er brachte den Menschen das Wissen über die Landwirtschaft und die Kultur. So wie es heilige Quellen, Teiche und Flüsse gab, so gab es auch heilige Fische, die man zur Zukunft befragte, indem man ihr Verhalten beobachtete, z.B. bei der Fütterung. Von ihnen erhoffte man sich Auskunft über die geheimen, schicksalhaften Zusammenhänge, welche im Wasser (das wäre im Unbewußten) vorhanden sind.[49]

Immer wieder am Anfang der Schöpfung, dort wo der erste Mensch entstand, findet sich auch der Fisch. Das heißt in unserer Sprache dort, wo ein erstes menschliches Bewußtsein sich aus dem Unbewußten heraus formte. In Argos in Griechenland war der erste Mensch, Phoroneus, der Sohn des Flußgottes Inachos. In Indien wird erzählt, wie der große Schöpfergott Vishnu in Fischgestalt, auch als goldenes Fischlein, den Urmenschen Manu aus der großen Flut errettete.[50]

Bei den Urchristen, von etwa 200 n. Chr. an, wurde Christus, der menschgewordene Gott, als Fisch bezeichnet. In vielen Religionen ist der Fisch ein Symbol des Erlösers. Christus, griechisch Ichthys, der Fisch, ist auch die nie versiegende Nahrung der Gläubigen bei der Speisung der 5000, und die Gläubigen sind die Fische, die von den Jüngern, den Menschenfischern, gefischt werden (die durch Christus bewußt Gewordenen!). Christus selber ist wie ein Fisch aus dem Unbewußten der Menschen jener Zeit aufgestiegen als gleichsam eine Veranschaulichung des unbewußten Selbst, der umfassenden Ganzheit, wie Jung in Aion darstellt. Daß er ein Fisch ist, heißt, daß diese Ganzheit oder das Selbst dem Menschen sichtbar oder bewußt werden kann in seinen tiefen Instinktreaktionen, wie den biologischen Trieben, aber auch in Emotionen und Überzeugungen, „welche aus dem Unbewußten auftauchen und das Bewußtsein bedrängen oder auch ernähren und bereichern".[51] Daß

---

[48] Handwörterbuch d.dt. Aberglaubens, Bd. 2, 1529 ff
[49] Martin Ninck, Das Wasser 97
[50] Manfred Lurker, Wörterbuch der Symbolik, 209f
[51] Emma Jung / M.-L. von Franz, Die Grallegende, 199f

Bild 3 Vishnu als Fisch (Indien)

dies ein numinoses Geschehen ist, haben viele Religionen ebenso empfunden. Es war Jung, der dies in unserem Jahrhundert wieder ins Bewußtsein gehoben hatte, entgegen der von Freud vertretenen Ansicht, daß im Unbewußten vorwiegend verdrängte Triebwünsche, also gleichsam Abfallprodukte des Bewußtseins, existierten. Das wäre etwa zu vergleichen mit der Ansicht, daß

3. ELEMENTE: DAS WASSER

im Meer nur gestrandete Wracks von Schiffen und anderer Unrat des Menschen zu finden sei.

Wir müssen nun noch die besondere Beziehung des Fisches zum Weiblichen erwähnen, die ja in unserem Zusammenhang besonders wichtig ist. In den Kulten der vorderasiatischen Muttergöttin Kybele wurde der Fisch verehrt, und ihre Priester durften keine Fische essen. Er war auch das heilige Tier der Atargatis, der syrischen Muttergöttin. Diese wurde auch als Derketo in halber Fischgestalt verehrt, aber auch als Aphrodite in Kleinasien und Griechenland.[52] Bei den Tempeln der Atargatis fanden sich heilige Fischteiche. Dort ging es also um weibliche Inhalte des Unbewußten von ganz großer Numinosität.

Da unsere Träumerin eine schwangere Frau ist, so müssen wir bei der Deutung des Traumes die besprochenen Aspekte wie Zauberkraft, Fruchtbarkeit (Kindersegen), höheres Wissen, Christus der Fisch als Selbst, unter diesem für sie momentan wichtigsten Aspekt des Weiblich-Mütterlichen im Auge behalten.

Der Fluß, der machtvoll von links nach rechts strömt, das heißt in Richtung des Bewußtseins, entspricht offenbar einem seelischen Energiestrom in Richtung Bewußtsein. Die Träumerin will darin fischen, das heißt unbekannte Inhalte heraufholen, die mit der zauberhaften und unerklärlichen Macht, dem tieferen Wissen des Unbewußten oder der größeren weiblichen Persönlichkeit, dem Selbst, zu tun haben.

„Der Fisch, der in der dunkeln Wassertiefe lebt, veranschaulicht oft einen Inhalt des Unbewußten, welcher unter der Schwelle des Bewußtseins weilt und in welchem triebhafte und geistige Aspekte noch ununterschieden beisammen sind. Darum ist der Fisch inspirierend, Bringer der Weisheit und zugleich ein hilfreiches Tier – Erkenntnis und rettender, instinktiver Impuls zugleich."[53]

Das Überraschende und Merkwürdige des ersten Traumes besteht nun darin, daß die Träumerin zu ihrem Schrecken nicht einen Fisch, sondern ein prähistorisches Fischskelett heraufholt, etwas sehr Altes, wie sie sagt. Es könnte sein, daß sie nicht ganz realisiert was es heißt, die Inhalte des Unbewußten heraufzuholen. Der Traum versetzt ihr einen Schock: „Da, schau her, es ist noch viel tiefer und viel älter als du glaubst." Das Skelett, das die scheinbar unverwesliche Grundstruktur eines Körpers darstellt, kommt aus der alterältesten Schicht der Entwicklung des Lebens. Der Fisch, der mit der Schwangerschaft zusammenhängende neue instinktive und emotionale Impuls, der wesentlich mit der Entwicklung als Frau zusammenhängt, vielleicht aber auch mit dem neuen Kind selber, hat sein inneres „Gerüst" in einer prähistorischen Schicht. Das wäre die archetypische Struktur, das heißt eine

---

[52] Manfred Lurker, Lexikon der Götter und Dämonen, 50
[53] M.-L. von Franz / Emma Jung, Die Gralslegende, 195

unanschauliche Disposition oder strukturelle Anlage, wie sie Jung im Unbewußten vermutete. Diese tritt als mindestens ganzen Völkern oder Zeiten gemeinsame symbolische Bildvorstellungen oder Ideen in Erscheinung[54]. Der Traum sagt, daß es jetzt um Dinge geht, die das Leben und die Schwangerschaft der Träumerin mit den ältesten Schichten der Seele und der Entwicklung des Lebens in Zusammenhang setzen. Kein Wunder also, daß das kleine Alltags-Ich vor einem solchen Einblick erschrickt!

Jung vermutete, daß in diesen tiefsten Schichten des kollektiven Unbewußten, dort, wo allgemeine mythologische Motive und Bilder unabhängig von historischer Tradition oder Migration entstehen, Materie und Geist nicht voneinander geschieden seien, im Sinne eines unus mundus, einer alles umfassenden Einheitswirklichkeit.[55] Aus dieser Schicht scheinen, so beobachtete Jung, Ereignisse zu stammen, die in auffälligem Sinnzusammenhang gleichzeitig in der materiell konkreten Realität wie auch im psychischen Bereich auftreten, sogenannte synchronistische Ereignisse. Das prähistorische Fischskelett scheint auf eine solche (d.h. normalerweise unsichtbare) Einheitswirklichkeit hinzuweisen, aus der nicht nur die neuen Gefühle, Emotionen und die mit den gewaltigen körperlichen Veränderungen der schwangeren Frau zusammenhängenden Instinktreaktionen stammen, sondern letztlich auch das ganz konkrete Kind. Im Bereich der tieferen Schichten des kollektiven Unbewußten, so sagt Marie-Louise von Franz, können wir nicht mehr unterscheiden zwischen Materie und Geist, zwischen innen und außen.[56] Hier stoßen wir auf eine ganz wesentliche Schwierigkeit unserer Arbeit an den Träumen schwangerer Frauen. Wir werden nämlich durch das ganze folgende Buch hindurch sehen, daß sich archetypische Träume schwangerer Frauen immer wieder in diesem Bereich des unus mundus bewegen, wo wir nicht klar sagen können, ob sie sich mehr auf psychische Ereignisse, das heißt auf eine seelische Neugeburt in der Träumerin, oder auf das wirkliche erwartete Kind beziehen oder auf beides zugleich. Aber damit habe ich nun vorgegriffen.

Im zweiten Traum, wenige Monate später fischt die Träumerin wieder am Fluß. Diesmal zieht sie einen riesigen runden, dunkeln „Sonnenfisch" heraus, der dunkel leuchtet (darkly iridescent) und sehr schwer ist. Um uns diesem höchst eindrücklichen und paradoxen Bild anzunähern, bietet uns die Alchemie am meisten Hilfe.

Jung zeigte als erster auf, wie zur Zeit der Anfänge der Chemie und Physik wichtige seelische Inhalte auf die damals noch weitgehend unbekannten Stoffe projiziert wurden.[57] Unbewußte seelische Erlebnisse traten so dem

---

[54] M.-L. von Franz, C.G. Jung, Wirkung und Gestalt, 153
[55] Vgl. C.G. Jung, GW Bd. 8, Kapitel Synchronizität
[56] M.-L. von Franz, Spiegelungen der Seele, 112
[57] Vgl. C.G. Jung, GW Bd. 12, Psychologie und Alchemie

3. ELEMENTE: DAS WASSER

Laboranten oder Alchemisten von außen, aus seinen Experimenten entgegen und wurden von ihm in einer uns heute völlig fremdartigen Sprache und scheinbar abstrusen Symbolik formuliert. Über Jahrtausende hinweg (die Anfänge der Alchemie reichen in direkter Linie bis in die altägyptische Pharaonenzeit zurück[58]) drückte sich so das Unbewußte in seinen wesentlichen Inhalten in einem Medium aus, das auch von den Alchemisten selber nur intuitiv als seelische Realität empfunden wurde. Im Wesentlichen führte die Alchemie ein verstecktes Dasein im Schatten der offiziellen religiösen und philosophischen Strömungen. Jungs großes Verdienst war es, dieses kostbare Reservoir seelischer Erfahrungen, die sich oft mit im kollektiven Bewußtsein vernachlässigen Bereichen wie z.B. dem Weiblichen und der Natur beschäftigten, dem heutigen Bewußtsein erschlossen zu haben. Die Forschungen zur Alchemie wurden von Marie-Louise von Franz fortgeführt und sind noch lange nicht abgeschlossen.[59] Manche Träume scheinen geradezu alchemistische Symbolik zu „verwenden", so daß wir oft ohne die Alchemie nicht auskommen, wo es um archetypische Träume geht.

Jung zeigt in seiner breit angelegten Untersuchung zur mittelalterlichen Fischsymbolik, daß gerade in der Alchemie der runde Fisch schon vom 11. Jahrhundert an eine besondere Stellung hatte.[60] Dieser runde Fisch enthält Leuchtkraft. Als „stella marina" bezeichneten die Alchemisten einen runden, leuchtenden Fisch, der heiß und brennend sei.[61] Picinellus sagt, dieser Fisch glühe, aber er leuchte nicht. Er gehört zum „Feuer ohne Glanz, das zwar die Kraft zu brennen besitzt, aber des Lichtes beraubt ist."[62] Wir treffen hier auf unser merkwürdiges paradoxes Traumbild des „dunkeln Sonnenfisches", der dunkel ist und doch leuchtet. Es muß sich hier um das „lumen naturae" des Paracelsus handeln, einem Licht, das in der Weisheit der Natur sichtbar wird. Dieses „lumen naturae" leuchtet auch im Wasser. Es erhellt die Dunkelheit des Unbewußten, z.B. wenn wir den Sinn eines Traumes erkennen können. Das Überraschende, Hilfreiche des Traumsinnes leuchtet gleichsam aus der Dunkelheit des Unbewußten auf, steckt uns ein Licht auf!

Gewisse Alchemisten hatten die Ansicht, Gott selber glühe in diesem unterseeischen Feuer, in dem glühenden Fisch auf.[63] Das heißt, die menschliche Ganzheitsvorstellung wurde auf diesen Fisch projiziert. Das Runde ist an sich schon ein uraltes Gottesbild, wie wir im Kapitel über die Schöpfungsmotive näher ausführen werden. In einem Text des 15. Jahrhunderts trägt der „pisculus rotundus", der runde Fisch, auch einen Stein (auch ein Symbol des

---

[58] Vgl. die Forschungen von M.-L. von Franz und Th. Abt, noch unpubliziert
[59] Vgl. Ders.
[60] Vgl. auch das Folgende C.G. Jung, GW Bd. 9, II, Aion, Kap. 6 – 11
[61] Ders., § 197
[62] Ders. § 199
[63] Ders. § 200

Selbst), den sogenannten Drachenstein, in sich, der dunkel und schwarz und doch durchsichtig und strahlend ist.[64] Auch andere Alchemisten beschreiben diese Gegensätzlichkeit, wie denn auch die „stella maris" schöpferische ebenso wie zerstörerische Wirkung haben kann. Äußerste Gegensätzlichkeit ist auch im „Fischlein Echeneis" beschrieben, einem winzigen Fischlein in der Tiefe des Weltmeeres, das trotz seiner Kleinheit die Kraft hat, große Schiffe festzuhalten. Jung deutet es (und den runden Fisch überhaupt) als das Selbst, das als winzig Kleines im Meer des Unbewußten dennoch größte Kraft hat.

Wenn das Selbst als Fischsymbol dargestellt ist, dann befindet es sich im Zustand eines unbewußten Inhaltes.[65] Das Selbst ist einerseits das, was erst durch die Zuwendung des Menschen überhaupt sichtbar wird, andererseits „ist durch die Erfahrung erwiesen, daß es schon längstens vorhanden und älter als das Ich ist, und daß es nichts anderes als den geheimen spiritus rector unseres Schicksals darstellt."[66]

Wir verstehen nach diesen Amplifikationen nun besser, warum die Träumerin einen so furchtbaren Schrecken über die Erscheinung des dunkeln Sonnenfisches bekommt. Es ist ein Gottesbild in seiner ganzen überwältigenden und furchterregenden Gegensätzlichkeit und Größe, das ihr da aus den Tiefen des Unbewußten entgegenleuchtet. Hier ist „Gottesfurcht" die richtige Reaktion, wie es denn auch einer gewaltigen Überschätzung des Ich gleichkäme, wollte es das Selbst in seiner Ganzheit ins Bewußtsein heben. Deshalb scheint es hier auch richtig, daß die Träumerin die Fischleine kappt.

In diesem zweiten Traum wird der Träumerin nochmals in eindrücklichster und vertiefter Form gezeigt, daß all das, was in ihrer Schwangerschaft an körperlichen, triebhaften und emotionalen Impulsen aus dem Unbewußten auftaucht, zu ihrer unbewußten Ganzheit gehört oder, in mittelalterlicher Sprache, zu dem, was Gott mit ihr vorhat. Ein Kind zu bekommen, bedeutet auch immer unausweichliche Schicksalhaftigkeit, zum Guten oder zum Schlechten, und nur „Gottesfurcht" kann einer Frau letztlich die Bereitschaft geben, zu ertragen, was auf sie zukommt, was es auch sei, und ihrem Leben als Mutter den nötigen Wert zu verleihen, wie es auch werden möge. Der leuchtende, dunkle Fisch bedeutet ein Aufleuchten von Lebenssinn aus dem unbekannten seelischen Hintergrund der Persönlichkeit, der nicht mit Glück im üblichen Sinne zu verwechseln ist, weil er umfassender ist.

---

[64] Ders. § 213
[65] Ders. § 219
[66] Ders. § 257

3. ELEMENTE: DAS WASSER

Traum Nr. 10:[67]

> *A kissing fish (a tropical fish) jumped up from a glass fishbowl. The kissing fish changed it's appearance and became a colorful (like a rainbow) carp in front of me. It was so graceful.*
>
> *Ein küssender Fisch sprang von einem Fischglas auf. Der küssende Fisch wechselte seine Erscheinung und wurde zu einem regenbogenfarbigen Karpfen vor mir. Er war so anmutig.*

Diesen Traum, den eine Mutter in ihrer dritten Schwangerschaft träumte, will ich nach dem oben Gesagten nur kurz besprechen. Im Glasgefäß ist eine vergleichsweise zum Fluß oder Meer geringe Menge an Wasser gefaßt. Ein Fisch in einem solchen Gefäß kann man in Ruhe betrachten, er ist gleichsam in die Nähe gekommen. Er bewegt sich sozusagen im persönlichen Unbewußten der Träumerin (Näheres zum Glasgefäß im Kapitel Pflanzen). Das persönliche Unbewußte enthält „Inhalte der persönlichen Existenz, also Vergessenes, Verdrängtes, unterschwellig Wahrgenommenes, Gedachtes und Gefühltes."[68] Diese Dinge sind uns näher als die mythologischen Motive und Bilder des kollektiven Unbewußten, die überall und jederzeit ohne historische Überlieferung oder Wanderung neu entstehen können. Der Fisch, der unbekannte Inhalt, ist also hier viel näher am Bewußtsein. Der „küssende Fisch", der wohl mit Eros zu tun hat, wird zum Karpfen, dem infolge seines oft hohen Alters erklärten Tier der Weisheit. Man glaubte früher auch, der Karpfen trage über seinen Augen je ein Steinchen „in eines halben Mondes Gestalt". Dieser Stein spielt in volksmedizinischen Anweisungen eine große Rolle.[69] Durch den „Mondstein" erweist sich der Karpfen als ein Tier der Weisheit der Nacht, des nächtlichen Lichts und des Weiblichen. Außerdem enthält er im Traum alle Farben des Regenbogens, was wiederum auf eine potentielle seelische Ganzheit hinweist.

Es scheint in diesem Traum ein Wandlungsprozeß angedeutet, der sich im Unbewußten der Träumerin vollzieht, hin zu einer größeren inneren „Weisheit", welche den ganzen Farbenreichtum des Lebens enthält. In alten alchemistischen Drucken und Handschriften ist das Bild des Pfaus mit seinem vielfarbigen Schwanz ein beliebtes Motiv. Er gehört als Attribut zu Juno, der Göttermutter, welche ständige Erneuerung gibt, so wie der Pfau alljährlich seine Gefieder erneuert. Er hat darum eine enge Beziehung zu allen Wandlungen der Natur.[70] Im alchemistischen Prozeß erscheint die „cauda pavonis", der Pfauenschwanz, kurz vor der Vollendung des Werkes. Diese Wandlung spielt sich in unserer Träumerin auf einer tief instinktiven Ebene ab, aber das betrachtende Ich verspürt dabei ein beglückendes Gefühl. Die Wandlung der

---

[67] Von ders. Träumerin: Nr. 95, im Kap. Schwein
[68] C.G. Jung, GW Bd. 6, Definitionen, § 919
[69] Handwörterbuch d. dt. Aberglaubens, Bd. 4, 1008f.
[70] C.G. Jung, GW 14, II, § 58

Farben scheint die kommende „Vollendung des Opus", die bevorstehende Geburt anzukünden. Dieser Traum hat nichts von dem erschreckenden Auftauchen eines paradoxen Gottesbildes zu tun, sondern er scheint die Träumerin zu beruhigen. Dies bestätigt sich in einem ihrer anderen Träume, der in einem späteren Kapitel besprochen wird.[71]

In einem altägyptischen Grab der 19. Dynastie gibt es eine Darstellung, in der anstelle des mumifizierten Menschenkörpers ein Fisch, sorgfältig bandagiert, gezeigt ist. Auf einem späteren Sarg sieht man einen Fisch über der Mumie, statt des üblichen Ba-Vogels, des Seelenvogels. Beschriftet ist dieser Fisch mit dem Zeichen für „Körper".[72] Man kann vielleicht zum oben Gesagten beifügen, daß diese Träumerin jetzt nichts anderes tun soll, als das, was in ihrem Körper geschieht, nämlich das Entstehen eines neuen Kindes, ruhig zu „betrachten" und sich zu freuen! Sie ist dann ganz auf das Körperliche konzentriert, aber hinter dem Fisch steht das unbewußte Selbst, die in ihr angelegte Ganzheit. Ihr jetziges „im Körperlichen leben" scheint also im Sinne des Selbst und ihrer Entwicklung zu einer ganzen Persönlichkeit zu liegen.

Traum Nr. 11:[73]

I am in much pain. I am lying on the grass on the front yard. A cool breeze is blowing over me. I am as comfortable as possible with my pain. I am very weak and lifeless. My husband is worried. My brother-in-law suddenly appears and tells my husband to take me down to the lake, and have me swim out to the middle, where there is a large dead frog (the size of a car). He says this dead frog has a healing effect on people when they swim over it. My husband explains to me what my brother-in-law said. It all sounds very logical to me. My husband helps me down to the lake. We both jump in and swim towards the middle where the frog is. The water is a pleasing temperature, but very murky dark and horrible smelling. I fully believe that this will heal my pain. When I reach the point where the huge dead frog is, I am appalled by the way it looks. It is rotten. Suddenly the weakness I felt when swimming disappears. I soar out of the water and into the sky. I feel no pain. I don't know where I am going, but I feel a great deal of sorrow in leaving my husband behind.

Ich habe großen Schmerzen. Ich liege auf der Wiese im großen Vorhof. Eine kühle Brise weht über mich hin. Ich liege so bequem wie möglich mit meinen Schmerzen. Ich bin sehr schwach und ohne Lebensenergie. Mein

---

[71] Traum Nr. 366: „Reiten auf einem Eber", Kap. Schwein
[72] Erik Hornung, Geist der Pharaonenzeit, 168
[73] Dieser Traum stammt aus einem Aufsatz von Th. Schroer, „Archetypal dreams during the first pregnancy", in „Psychological Perspectives", Vol. 15, Nr. 1, 1984. Mit der freundlichen Erlaubnis des Autors werden wir in diesem Buch einige Träume daraus zur eigenen Deutung verwenden.

3. ELEMENTE: DAS WASSER

Mann ist bekümmert. Mein Schwager kommt plötzlich und sagt zu meinem Mann, er solle mich zum See hinunter nehmen und mich in die Mitte hinausschwimmen lassen, wo es einen großen toten Frosch hat (groß wie ein Auto). Er sagt, daß dieser tote Frosch eine heilende Wirkung habe auf die Menschen, die über ihn hinwegschwimmen. Mein Mann erklärt mir, was mein Schwager sagte. Es klingt alles sehr logisch für mich. Mein Mann hilft mir hinunter zum See. Wir springen beide hinein und schwimmen zur Mitte, wo sich der Frosch befindet. Das Wasser hat eine angenehme Temperatur, aber sehr trüb, dunkel und fürchterlich riechend. Ich glaube völlig, daß dies meine Schmerzen heilen wird. Wie ich die Stelle erreiche, wo der Frosch liegt, bin ich erschreckt, wie er aussieht. Er ist verfault. Plötzlich verschwindet alle Schwäche, welche ich beim Schwimmen verspürte. Ich schwinge mich aus dem Wasser und in den Himmel hinauf. Ich verspüre keine Schmerzen. Ich weiß nicht, wohin ich gehe, aber ich bin sehr bekümmert, daß ich meinen Mann zurückzulassen muß.

Der Traum beginnt damit, daß die Träumerin große Schmerzen leidet, wir wissen nicht weshalb. Wir wissen auch nicht, warum sie nicht in ihrem Bett, sondern draußen auf der Wiese liegt. Da die Träumerin im Moment mit ihrem ersten Kind schwanger ist, müssen wir ihre Schmerzen und ihre Schwäche wohl mit dem jetzigen Zustand zusammenbringen. Etwas geht in ihrer Schwangerschaft nicht gut, im körperlichen oder im seelischen Bereich, vielleicht auch in beiden. Da wir die Träumerin nicht kennen, so müssen wir es bei dieser Vermutung bewenden lassen. Auch zum Schwager können wir ohne Assoziationen der Träumerin nicht sagen, warum gerade er derjenige ist, der weiß, was zu tun ist. Auf dieser persönlichen Ebene müssen wir vieles offenlassen, was in einem Gespräch mit der Frau klarer würde. Soweit können wir nur sagen, daß er offenbar eine Animus-Seite darstellt, die aktiv etwas gegen die gefährliche Situation unternimmt und auch weiß, was zu tun ist.

Die Träumerin soll nun mit ihrem Mann in dem trüben, stinkenden Weiher bis zur Mitte schwimmen, wo ein großer, toter, faulender Frosch im Wasser liegt. Zuerst zum Weiher: Teiche und Weiher sind gegenüber dem Fluß stillstehende Gewässer. Man glaubte früher bei manchen solchen Teichen, sie seien so tief, daß sie unterirdisch mit dem Meer zusammenhingen.[74] Man empfand sie in ihrer stillen Dunkelheit als besonders unergründlich, ja unheimlich. In der Phantasie des Volkes waren sie von weiblichen und männlichen Wassergeistern, unheimlichen Wassertieren, z.B. schlangenartigen Fischen, Drachen (im Allgäu, in Mecklenburg, im Loch Ness!), von kinderraubenden Hexen und bösen Weibern, Aufhockern und manchmal auch von toten Seelen bewohnt. Es brauchte oft kultische Verehrung, Bittumgänge, ja Opfer, um diese unheimlichen Mächte aus der Tiefe zu besänftigen.

---

[74] Handwörterbuch d. dt. Aberglaubens, Bd. 7, 1558f.

Andrerseits wissen wir, daß Teiche sozusagen als „Kinderreservoir" galten, aus denen, so erzählte man, die Kinder und sogar Haustiere geschöpft wurden. Auch gehörte zu den ältesten christlichen Kirchen sehr oft ein heiliger Weiher, dem heilende Wirkung zugeschrieben wurde. Heute noch erhoffen wir uns in Moorbädern Heilung oder Linderung von Schmerzen!

Für die Träumerin scheint nun die Heilung in einem solchen trüben Weiher zu liegen, einem unbeweglichen tiefgründigen erdigen Gewässer. Dieses Bild des Unbewußten unterscheidet sich von dem des wogenden Meeres oder des klarströmenden Flusses. In ihm sind Tod, Verfaulen und Wandlung in neues Leben, das heißt Heilung besonders betont. Aus Abgestorbenem, Altem entsteht Neues. Es ist wichtig in diesem Traum, daß die Träumerin eintaucht ins Wasser und zur Mitte schwimmt. Symbolisch wäre dies ein aktives Eintauchen ins Unbewußte und eine Hinwendung zum Zentrum, zum Kern der Persönlichkeit, zum Selbst. In den vorhergehenden Träumen war manchmal eine eher betrachtende oder eine vorsichtige Haltung dem Unbewußten gegenüber angezeigt, oder gar Rückzug. Hier muß ganz eingetaucht werden, ohne Wenn und Aber, und die Träumerin spürt auch instinktiv, daß das für sie richtig ist.

Das Eintauchen und Schwimmen hat überall im Brauchtum mit Wandlung und Erneuerung zu tun, mit der Einführung oder Initiation in einen neuen äußeren oder inneren Zustand. Diese Symbolik steht auch hinter der Taufe. Es geht also bei der Heilung der Träumerin offenbar um eine tiefgreifende Wandlung.

Was bedeutet nun der tote, faulende Frosch, der groß wie ein Auto ist und der doch eine heilende Wirkung hat? Besonders viel zum Froschsymbol hat uns wiederum das Sumpf- und Flußland Ägypten zu sagen. Dort gehörten Frösche zu den 8 Urgöttern, die schon vor der Entstehung der Welt da waren. Sie sind Personifikationen der *Urkräfte des Chaos*. Der Frosch ist hier ein chthonisches Tier, das auf die Kräfte der *Lebensentstehung* hinweist.[75] Manchmal hat Nun, der Chaosgott, das Urmeer vor der Schöpfung, einen Froschkopf. Er hat auch eine weibliche Entsprechung, Naunet. Auch in Indien gehört der Frosch zur undifferenzierten Materie vor der Schöpfung. Außerdem ist er das heilige Tier der Heket, der ägyptischen Urgöttin und Geburtshelferin. Sie ist eine Spenderin des Lebens. „Mit den Gottheiten, die die Menschen bauen, bildet sie das Kind im Mutterschoß und leitet als ‚*Entbinderin*' seine Geburt."[76] Als Schutzgöttin und lebensschaffende Kraft für das Leben nach dem Tod findet man ihr Bild auch auf Särgen. Sie wird neben Chnum, dem Schöpfergott, verehrt.

Natürlich faszinierte den Menschen immer auch das Phänomen der Verwandlung eines Frosches über die Kaulquappe zu seiner eigentlichen Gestalt.

---

[75] Manfred Lurker, Lexikon der Götter und Symbole der alten Ägypter, 75
[76] H. Bonnet, Reallexikon der ägyptischen Religionsgeschichte, 285

3. ELEMENTE: DAS WASSER

Diese Metamorphose machte ihn deshalb zu einem Symbol der *Wandlung*. Das bedeutete auch Verwandlung in ein neues Leben nach dem Tod.

Das frühe Christentum griff diesen Gedanken auf, und so wurde der Frosch zum eigentlichen *Auferstehungssymbol*.[77]

Die Auferstehung der ganzen Natur bedeutete auch das erste Quaken der Frösche im Frühjahr. Überall verband man dieses mit kommendem Regen, mit Wasser, mit Erneuerung und Leben, vor allem natürlich in Gebieten, wo der Regen das ersehnte Ende der Dürrezeit anzeigte.

Bild 4 Heket führt die Königin zur Geburt

Im Traum liegt der Frosch im Zentrum des Sees. Symbolisch ist dies das Zentrum des Unbewußten oder der Ort des Selbst. Im trüben, faulig stinkenden Wasser, dem Chaos vor der Schöpfung, liegt der zentrale Inhalt, der neues Leben erzeugt, heilt und verwandelt. Das Motiv des Anfangschaos erinnert an die Vorstellung der Alchemie, nach der der ganze Prozeß der Herstellung des Goldes oder des philosophischen Steines (symbolisch was Jung den Individuationsprozeß genannt hat), mit der Phase der Nigredo, der Schwärze, beginnt. Sie bedeutet eine

Bild 5 Heket belebt mit dem Lebenszeichen „Ankh" das vom Schöpfergott Chnum geschaffene Kind mit seinem „Zwillingsbruder", seiner Ka-Seele (seine Lebenskraft)

Zeit, in der noch nichts erkennbar ist, eine Zeit der Unsicherheit und Verwirrung, der Auflösung oder Depression, die durchgestanden werden muß. Das ist der dunkle, zerstörerische Aspekt des Unbewußten, dem wir meist zuerst

---

[77] Manfred Lurker, Lexikon der Götter und Symbole der alten Ägypter, 65

begegnen, wenn wir uns damit auseinanderzusetzen beginnen. Dazu gehören die Instinkte mit ihrem archetypischen Hintergrund, die, wie Marie-Louise von Franz sagt, im Allgemeinen zuerst in einer chaotischen Form in der Erde, d.h. projiziert erscheinen. Wenn man aber die scheinbar schlechten Träume oder die Projektionen auf all das Schlechte, was einem außen begegnet, näher anschaut, so kann sich darin plötzlich ein Sinn zeigen, ein Lichtlein ist aufgegangen.[78] So geschieht auch die Geburt des „Göttlichen Kindes" fast immer aus einem Chaos oder einer Katastrophe, sei es eine Flut, sei es der Kindermord von Bethlehem. Inmitten der größten Dunkelheit wird das neue Symbol des Selbst geboren.

Am Anfang des Traumes scheint unsere Träumerin in einem solchen Zustand des Unglücklichseins. Sie ist krank, schwach und hat Schmerzen. Diesen Zustand erfahren viele Frauen, wenn sie schwanger werden. Sie fühlen sich erst einmal schlecht, unsicher, ängstlich, sind von Körperbeschwerden geplagt, haben die Kraft und die Möglichkeit verloren, über ihr Leben selber zu bestimmen. Der Traum sagt, daß die Träumerin noch tiefer hinein muß, daß sie sich dem Unbewußten, welches ihr so chaotisch vorkommt, ganz ausliefern muß, denn dort entsteht das Kind! Das Unbewußte ist die Welt der Instinkte, der tiefsten Körpervorgänge, und der dazugehörigen Vorstellungen und Bilder. Dort ist für sie Hilfe und Heilung zu finden.

Warum ist der Frosch aber so abstoßend, faulig, stinkend, tot? Und doch heilt er? Das ist ein Paradox, das wir fast nicht akzeptieren können. Das Unbewußte hat aber diese paradoxe Qualität des Chaos. Dazu gehören auch Inhalte, welche bewußt sein sollten oder es einmal waren, sei es in einer Kultur, sei es in einem Individuum. Sie verhalten sich oftmals im Unbewußten wie die Inhalte eines vergessenen Abfalleimers, sie faulen und stinken. Der Vergleich hinkt etwas, denn der Frosch ist ein archetypisches Symbol, etwas das nie ganz bewußt war. Er hat, wie wir gesehen haben, mit tief instinkthaften Lebenskräften zu tun, welche zur Geburt, Erneuerung, Wandlung helfen können. Das Faulende ist auch in der Natur geradezu eine Vorbedingung für neues Leben. Osiris, der Gott der Auferstehung, wird darum in den ägyptischen Totenbüchern als „der Herr der Verwesung und der Herr des üppigen Grüns" bezeichnet.[79]

Es könnte aber sein, daß der Zustand des Frosches mit der Tatsache zu tun hat, daß dieser unbewußt-chaotisch-instinkthafte Bereich, der Bereich in dem das Weiblich-Mütterliche seine Wurzeln hat, in unserer christlichen Kultur mit allen möglichen Tabus und Vorsichtsmaßnahmen gegen seine Unberechenbarkeit belegt wurde. Dadurch ist einer heutigen schwangeren Frau unter Umständen der Zugang zu diesem für ihr körperliches und seelisches Wohlsein so wichtigen Bereich fremd. Es fehlt ihr tatsächlich eine Froschgöttin

---

[78] M.-L. von Franz, Alchemy, 220, 221, 225
[79] Das Totenbuch der Ägypter, 215

3. ELEMENTE: DAS WASSER

Heket! Deshalb muß sie den Kontakt mit diesem wichtigen Archetypus wieder herstellen, indem sie sich ins Unbewußte begibt, sich gleichsam nach innen sinken läßt, ohne Angst und ohne Widerwillen und sich den chaotischen Gefühlen und Emotionen überläßt. Dem Traum nach zu schließen, darf und muß sie dies tun, ohne daß ihr Gefahr vom Unbewußten in Form einer überhandnehmenden Depression oder Dissoziation droht.

Der Schluß der Traumes, in dem sie sich aus dem Wasser in die Luft erhebt, muß positiv gesehen werden, da sie ja offenbar von ihrem Leiden geheilt ist. Dieser neue Zustand könnte auch mit der alchemistischen Phase der Albedo, der Weißung, verglichen werden, welche auf die Nigredo folgt. Marie-Louise von Franz schreibt, daß man in dieser Phase die Dinge ruhiger sehen kann, objektiver, weniger in das emotionale Chaos verwickelt. „Man hat einen Standpunkt *au dessus de la melée;* man kann auf der Bergspitze stehen und das Gewitter darunter beobachten, welches natürlich immer noch vor sich geht, aber man kann es ohne Angst ansehen oder ohne davon bedroht zu sein."[80]

Die Träumerin weiß zwar noch nicht, wohin sie dieser abgehobene Zustand führen wird und sie verspürt großen Kummer, weil sie ihren Gatten zurücklassen muß. Dieses Motiv des Zurücklassens des Ehemannes kommt in Schwangerschaftsträumen öfters vor.[81] Es muß damit zu tun haben, daß der Übergang in den Zustand einer zukünftigen Mutter oder die Initiation in einen urweiblichen Erlebnisbereich, z.B. den der Geburt, den Mann letztlich immer schon ausgeschlossen hat. Entgegen allen Bemühungen gewisser feministischer Tendenzen scheint das Unbewußte die Ansicht zu vertreten, daß der Mann einer Frau in diesen Bereich nicht folgen kann, so schmerzhaft das für eine Beziehung zwischen Mann und Frau auch sein mag. Offenbar aber kann er ihr helfen, sich dem Unbewußten, Unbekannten zu nähern, sei er hier eine innere Figur, ein aktiver, gesunder, zielbewußter Animus, sei er ein offener, toleranter Ehemann, der sich nicht scheut vor den ganzen chaotischen Gefühlen und Emotionen, in die eine Schwangerschaft eine Frau bringen kann. Aber er kann sie nur ein Stück weit begleiten. Danach ist sie allein und muß ihren Weg selber finden.

Mit diesem Traum wollen wir das Symbol des Wassers in Schwangerschaftsträumen verlassen. Wir werden sehen, daß sich dieses Thema in gewissem Sinne die Hand gibt mit unserem letzten Kapitel über Schöpfungsmotive, weil das Wasser so oft am Anfang der Schöpfung steht. Die dazwischen ausgewählten und bearbeiteten Motive beleuchten jeweils wieder andere Aspekte des seelischen Erlebens. Am Schluß werden wir versuchen zu sehen, ob es einen roten Faden durch alle die Kapitel gibt und ob wir einen Sinn hinter der Motivauswahl durch den Traum erkennen können.

---

[80] Vgl. M.-L. von Franz, Alchemy, 222
[81] Vgl. auch Th. Schroer, Archetypal dreams during the first pregnancy, 70

Bild 6 „Mutter Erde" Italisch. Vermutlich eine alte keltische Muttergöttin, bei den Römern Tellus, später Terra Mater genannt

3.2. Erde, Steine, Edelsteine

Irmgard Bosch

I. Erde

Die Fülle von Bedeutungen des Wortes „Erde" ist unabsehbar wie eine vielgestaltige Landschaft. Einige wenige Beispiele mögen zum weiteren Nachdenken anregen.

Es gibt jenen alten Begriff oder das alte Bild der Erde, welches in vielen Kulturen, auch bei uns, in einem deutlichen Gegensatz zu einem mehr geistig gedachten Himmel, und fast immer als untenliegend und weiblich gedacht wurde. Bildhaft wie die Landschaft unter dem Himmel gilt auch im chinesischen *I Ging* die Erde als das Untere, das Empfangende: Kun. Ganz anders hatten dagegen die alten Ägypter gedacht: Dort wölbte sich die Himmelsgöttin Nut über den Erdgott Geb (Bild 7).

Daß die Erde ein „Diesseits" im Gegensatz zu einem „Jenseits" sei, ist unsere heutige, christlich geprägte Anschauung. Bei den Griechen der klassischen Zeit waren die Erdgottheiten, die chthonischen Götter, die Jenseitigeren und Älteren, sie wohnten unter der Erde. Bei fast allen Völkern weisen sie auf einen Beginn, auf einen Weltenanfang. Nach einem an vielen Stellen im gesamten Mittelmeerbecken verbreiteten vorgriechischen Mythos gebar eine Urgöttin Erde – bei den Griechen hieß sie Gaia, die Erde als Gottheit – aus sich ganz allein ihren Gatten, Uranos, den gestirnten Himmel. Von ihnen stammen alle Götter und Menschen ab.[82]

Auch unsere Erde ist in jedem Sinne Mutter der Lebewesen, sie bringt sie hervor und nährt sie, bildet ihre Heimat, und sie müssen in einem ewig scheinenden Kreislauf wieder in ihren Schoß zurück. Ohne daß dies hätte bewußt werden können, finden wir auch in den bekanntesten christlichen Muttergottesdarstellungen seit dem Mittelalter (Maria mit dem Kind und Maria als Pietà) diese beiden alten Erdmutter-Aspekte: Sie hält den Sohn als das neue, aus ihr entsprossene Leben ebenso auf ihrem Schoß wie den zu ihr zurückkehrenden Toten. In deutlichem Gegensatz dazu empfand man im frühen Christentum aber das Große und Befreiende des jungen Glaubens gerade darin, daß dieser einzige Tote eben nicht in der Erde blieb: daß er in

---

[82] Karl Kerényi, Die Mythologie der Griechen, und *Der Kleine Pauly*, Lexikon der Antike in fünf Bänden, Gaia.

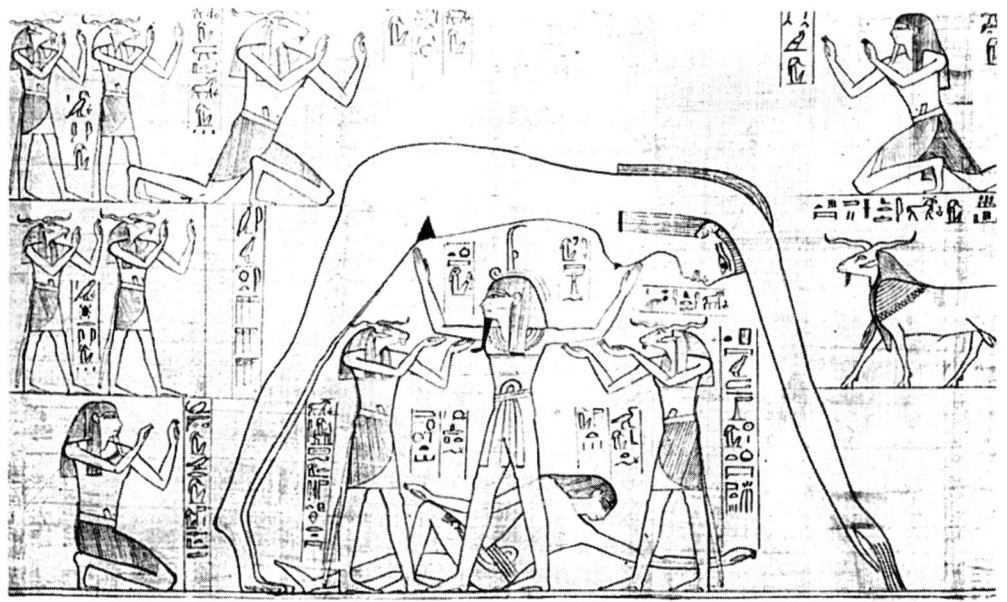

*Bild 7 Der Luftgott erhebt die Himmelsgöttin Nut über Geb, den Gott der Erde
(Zeichnung auf dem Papyrus Grennfield, 21. Dynastie)*

den Himmel zum Vater auffuhr und nicht in den Mutterschoß zurücksank. Mit der Marienverehrung kehrte etwas vom uralten Mutterglauben zurück, aber nur nachdem er in tausend Jahren seine Wurzeln aus der Erde genommen und sich ebenfalls im Himmel angesiedelt hatte.

Nach diesem kurzen geistesgeschichtlichen Rückblick kehren wir zu den Schwangerenträumen zurück. In den ersten zwei Träumen dieses Kapitels sind Anklänge an die oben gestreiften Aspekte der Erde als Urmutter der Lebewesen enthalten. Wir werden uns aufgrund der Träume dann mehr mit der Erde als Material befassen, zu welchem im symbolischen Sinn natürlich auch Schlamm, Lehm, Tonerde, Sand, Dreck und ähnliches gehören. Weiterhin sind es vor allem die Steine, Felsen, Klüfte, Schluchten, Grotten und Höhlen, mit denen wir uns zu befassen haben, denn viele Schwangerenträume führen in die Tiefe der Erde hinein. Die mütterliche Bauchhöhle selbst, in der das Kind heranwächst, und die enge Passage durch den Geburtskanal schwingen wohl in den archetypischen Höhlenträumen der Schwangeren mit.

Auch Hügel, Berge und Täler werden oft und seit ältesten Zeiten mit der Schönheit des weiblichen Körpers verbunden. Wir sind im Bereich der „Erde" überall umgeben von der reichen Symbolik des Weiblichen und besonders der Mutter.

Im Gegensatz zum Element Wasser kommt Erde in den Träumen schwangerer Frauen seltener vor. Vielleicht hängt dies damit zusammen, daß wir

3. ELEMENTE: ERDE, STEINE, EDELSTEINE

Menschen mit unserem gesamten Sein so innig mit der Erde verbunden, ja, nach 1. Moses 3, 19, „von ihr genommen sind" und zu ihr zurückkehren werden, so daß wir sie kaum wahrnehmen können als ein Anderes. Sie selbst ist ja im weitesten Sinn unser Material („Material" kommt von lat. mater, Mutter) und bildlich gesprochen dasjenige, auf dem wir stehen, unser „Standpunkt", und in jedem Sinne unsere unbewußte Lebensgrundlage.

Adolf Portmann, der große Schweizer Biologe und Anthropologe, sagt: „Die werdende Struktur selbst, das Kind, ist als uns unbekanntes Ganzes von Anfang an in diese (unsere) geozentrische Umgebung eingefügt, (so)daß alles unmittelbare Erleben des reifenden Organismus streng geozentrisch wird."[83]

Diese umfassende Abhängigkeit ist für uns heute unbewußt. Frühere Kulturen hatten davon noch mehr Ahnung und opferten der Erde als Muttergöttin in vielen Formen.[84]

Aber schon in sehr alten Sagen der Griechen gibt es auch den Aufstand gegen sie! Der junge Held erhebt sich gegen die Mutter. Gaia hatte allzu wahllos empfangen und auch scheußliche Monstren geboren. Es gibt z.B. die Geschichte vom Sieg des Perseus, den er mit abgewandtem Gesicht über die schreckliche, versteinernde Gorgo errang, die eine Tochter der Gaia ist. Auch die jüdischen Propheten wetterten fürchterlich gegen die benachbarten vorderasiatischen Muttergöttinnen und empfanden sie gegenüber dem Einen Gott Israels als Große Huren.

Schließlich erschienen dann alle die vielfältig gewachsenen himmlischen und chthonischen Götter und Göttinnen gegenüber dem strahlenden Bild des Menschensohnes als nicht mehr würdig. Das hohe Ziel der göttlichen Einheit von Vater, Sohn und Geist trat in den Mittelpunkt.

Nun hätte gerade die Erde durch das Erscheinen und Wandeln Gottes auf ihrem Boden in neuem, nie vorher dagewesenem Maße geheiligt und gewürdigt werden können. Dies wird aber christlicherseits nur im Mittelalter und auch da nur sehr begrenzt sichtbar, auf die Vorstellung des Heiligen Landes beschränkt, besonders beim Heiligen Grab (obwohl es leer war!). Bei den Juden blieb das Land Israel immer ein Numinosum.

Die Heiligung dieses Landes als ein Stück der Erde hat damals in Deutschland Walther von der Vogelweide besungen:

Kreuzfahrerlied (um 1228)[85]

Nun erst scheint mir mein Leben wirklich lebenswert,
seit meine sündigen Augen das von Reinheit strahlende Land
und jene Erde gesehen haben,
die man über alles ehrt und preist.

---

[83] Adolf Portmann, Die Erde als Heimat des Lebens, in: Eranos-Jahrbuch Bd. XXII, S. 473 ff
[84] Erich Neumann, Die Große Mutter, S. 99 ff.
[85] Prosaübersetzung von der Verf.

> Mir wurde zuteil, worum ich immer gebetet habe,
> Ich bin an die Stätte (die Stelle) gekommen,
> wo Gott als Mensch seinen Fuß hinsetzte.

Die Vorstellung, daß die ganze Erde durch die Inkarnation Christi geheiligt wäre, entwickelte sich nicht. In der Mystik und in einigen Liedern der Volksfrömmigkeit gibt es manchmal dennoch erstaunliche Wendungen, so z.B. in dem Weihnachtslied „O Heiland, reiß die Himmel auf", dessen zweite Strophe mit den Worten beginnt:

> O Erd, schlag aus, schlag aus, o Erd,
> daß Berg und Tal, grün alles werd!
> O Erd, hervor dies Blümlein bring,
> o Heiland, aus der Erde spring!

Gerade dieses Lied aber zeigt andererseits auch die besonders tiefe Spaltung von Himmel und Erde und deren unaufhebbar gewordenen Gegensatz deutlich: Die Erde ist auch das „Jammertal" (4. Str.) und das „Elend" (=Ausland), wo der Mensch sich nach der himmlischen Heimat sehnt[86]. Infolge der Faszination durch das Geistige und Immaterielle am Christentum wurde im christlichen Denken das Erdhafte, Irdische gegenüber dem Himmlischen immer mehr für das Niedrigere, Wertlosere, letzten Endes in der Neuzeit sogar für Nichts-als-Materie gehalten.

Man hatte sich in der Neuzeit nicht nur vom kirchlich-religiös gebundenen, sondern auch allgemein vom symbolischen Denken befreit, man wurde „aufgeklärt". Man erforschte die Erde zwar nun begeistert und minutiös, fügte ihr aber auch immer mehr tiefe Wunden zu. Wenn aber – nach Jung – die Verwandtschaft von „mater" und „Materie" nicht nur sprachlicher Art ist, sondern einen bedeutsamen Zusammenhang ausdrückt, so haben wir mit der Erde vielleicht die „Mutter", d.h. das mütterliche Prinzip, verletzt. Heute nämlich, nachdem die Erde naturwissenschaftlich zu nichts als Materie geworden ist, streckt uns geistig der Materialismus in vielfacher Gestalt eine ertötende Fratze entgegen – ganz als sei eine Art Gorgo wiedererstanden, deren Anblick schon den antiken Menschen versteinerte. Was ist mit uns, wenn alles nichts als Materie ist? – Ein anderes Beispiel: Starren uns nicht auch ähnlich lähmend die Schreckbilder furchtbarer Gefahren an, Reaktionen der Erde auf die unbedacht-ausbeuterische Ausnutzung ihrer Reichtümer, blicken wir nicht wie gebannt (versteinert) z.B. auf die drohende Klimaverschiebung durch Abholzung der Regenwälder? Heute sind wir von einer tiefen Unsicherheit darüber erfaßt, ob jene auch abwertende Unterwerfung der Erde im Lauf der Jahrtausende nicht uns selber in eine höchst gefährliche Lage geführt habe.

---

[86] Text vielleicht von Friedrich v. Spee. 1591-1635, einem der Vorkämpfer gegen Hexenwahn und Hexenprozesse

3. ELEMENTE: ERDE, STEINE, EDELSTEINE

Gegenüber der verbreiteten Angst vor dem Untergang der Erde als Lebensraum durch die Schuld der Menschen möchte ich hier die „ängstliche Hoffnung" C.G. Jungs anführen und darauf verweisen, daß seit der Renaissance, also der Zeit, als eben jenes a-symbolische, exakte (cartesianische), und so überaus erfolgreiche „neutrale" Denken sich durchzusetzen begann, auch eine neue, sich stets steigernde und nun viel bewußtere Liebe zur irdischen Schönheit, zum Irdischen überhaupt, zum Körper und zur Natur aufblühen konnte. Heute erstarkt hier und dort ein Gefühl und ein Wille zur Verantwortung für den Lebensraum Erde.

Traum Nr. 12: Mehrmals wiederholter Traum in der ersten Schwangerschaft. Träumerin ist gesund, 26 J., gute Geburt, Mädchen.

I am pulling up potato plants from a field.
An old unknown woman comes up to me.
Then I see, the potatoes are little nice dolls in the earth.
The woman tells me the dolls are my fetus.
I am amazed and filled with mixed emotions. I wake up very upset.

Ich ziehe auf einem Feld Kartoffelpflanzen heraus. Da kommt eine unbekannte alte Frau zu mir. Dann sehe ich, daß die Kartoffeln kleine hübsche Puppen in der Erde sind. Die Frau sagt mir, daß die Puppen mein Fetus sind. Ich bin höchst erstaunt und erfüllt von zwiespältigen Gefühlen. Ich wache sehr aufgeregt auf.

Das Bücken zur Erde und die Berührung mit dem Ackerboden haben eine unerwartete Folge: Es taucht eine alte, unbekannte Frau auf, als habe die Träumerin mit ihrer Gebärde sie herbeigerufen. Offensichtlich hat die Alte etwas mit demjenigen zu tun, was sich jetzt in der Erde abspielt, und mit dem Wachsen und Reifen des Fetus im Bauch der Schwangeren – eine Erdmuttergestalt, die mehr weiß als die junge Frau.

Was die Alte nun sagt, klingt wie ein uralter Mythos. Tatsächlich hatten z.B. die Etrusker eine Geschichte, wo Bauern einmal einen Knaben aus einer Ackerfurche pflügten, den Gott „Tages", welcher ihnen ihre Weisheitslehren spendete. Sie lernten also von der Erde.

Das Bücken zur Erde ist die uralte Gebärde der Verehrung für die Erdgottheiten. Die chthonischen Götter (von gr. chthonos, Erde) wurden durch tiefes Bücken und mit verhülltem Haupt angerufen – die Ehrfurcht und der Schrecken vor ihrer dunklen Macht waren so groß, daß die Menschen eine tiefe Scheu vor ihnen empfanden. Auch die Träumerin ist von einem unerklärlichen Schrecken befallen. „Vocata et invocata" könnten wir in Abwandlung jenes Spruches sagen, den Jung über seine Haustür meißelte – gerufen und ungerufen war die Göttin da, als gehörte sie zum Acker.

Häufig sind archetypische Träume von einem tiefen Schrecken begleitet. Die schlafende Seele hat manchmal eine wacheres Empfinden vom Ungeheuerlichen und ganz „Anderen", das sich in einem numinosen Erlebnis manifestiert, als unser waches Ich. Manchmal ist es auch gerade umgekehrt.

Was erschreckt die Träumerin so, daß sie ganz verwirrt und aufgeregt erwacht? Es ist, als habe sie nicht gewußt, daß ihre Schwangerschaft mit dem Leben der Erde und ihrer dunklen Tiefe zu tun hat. Es überkommt sie mit diesem Traum eine Ahnung davon, daß ihr Leib und sie selbst einbezogen sind in die Fruchtbarkeit der Natur und in das Leben der Erde – und auch in ihren Tod, wie dies unübersehbar durch das Ruhen in der Erde anklingt. Sie fängt an zu begreifen, daß sie und ihr Leib ein Teil der Natur und damit nicht nur dem Willen des Ich, sondern einem höheren, göttlichen Werden und Vergehen anheimgegeben sind. In der „unbekannten alten Frau" tritt ihr eine Urmutter Erde entgegen, die sie in diesen Zusammenhang einführt. Der Schrecken und die „gemischten Gefühle" sind nur zu verständlich und gerechtfertigt angesichts der Dimension, die die Schwangerschaft durch dieses Traumbild annimmt.

Die Mutter Erde ist uralt, und sie steht auch immer am Anfang. Wie im chinesischen *I Ging* ist sie auch dunkel, in vielfachem Sinne. Wie Marie-Louise von Franz schreibt[87], ist im Bild der Großen Mutter „schlechthin alles zu einem Ganzen zusammengehalten. Zu dieser weiblichen Göttin Allnatur gehört auch List, Grausamkeit, … abgründige Leidenschaft und die unheimliche Finsternis des Todesgeschehens, Leichengeruch und Verwesung ebensosehr wie die neue Geburt." Sie gebiert also und nährt nicht nur, sie verschlingt auch, wie es z.B. an den Muttergöttinnen Gaia, an der indischen Kali, an Ishtar und an Hekate zu sehen ist.

Von all dem weiß die Träumerin im Moment der Begegnung nichts, sie ahnt nur etwas Fremdes und Erschreckendes. Vielleicht muß sie daran denken, was an einem Grab gesprochen wird: „Erde bist du, und zu Erde sollst du werden."[88] Aber auch das Wort vom Weizenkorn, das in die Erde fällt und erstirbt, um zu leben[89], könnte ihr dazu einfallen, ja, es gibt diesem Zusammenhang den eigentlichen Sinn. Die Träumerin erfährt, daß ihr eigener Fetus in der Erde liegt, und somit „weiß" etwas in ihr, daß sie selber damit gemeint ist: daß ihr Bauch gewissermaßen die Erde ist, in der das neue Leben heranwächst.

Als wolle das Unbewußte ihr etwas Wichtiges mitteilen, hat sie diesen Traum mehrmals während der Schwangerschaft. Vielleicht kompensatorisch zum Bewußtsein, das sich mehr ein himmlisches Engelein, etwas ganz Lichtes und Reines von „oben", vom Himmel herunter, vorgestellt hatte, gibt ihr nun der Traum die irdische Seite, ihre eigene leibliche Fruchtbarkeit, bildlich als etwas Erdhaftes, Chthonisches hinzu. Um die Dimension dieses Wissens,

[87] Spiegelungen der Seele, S. 180
[88] 1. Moses 3, 19
[89] Joh. 12, 24

3. ELEMENTE: ERDE, STEINE, EDELSTEINE

welches ihr aus unerkennbaren Tiefen heraufsteigt, wird ihr Bewußtsein erweitert, um nicht ohne Ahnung von der anderen Seite in eine neue Lebensform hinüberzugehen. Man kann diesen Traum als einen klaren Initationstraum bezeichnen. Die Erdmutter selber weiht die Frau in ihr Geheimnis ein. Mit einem Schauder nimmt die junge Frau wahr, daß sie teilhat an einem übermenschlich-göttlichen Geschehen.

Zum Traum Nr. 13 ist mitgeteilt worden, daß es nach einer vorausgegangenen Abtreibung wieder zur Schwangerschaft gekommen ist. Nach der Abtreibung hatte das Paar zwar geheiratet, aber die Unsicherheit blieb, ob sie zusammenbleiben wollten. Die Frau ist stark künstlerisch engagiert, ist Architektin und seit Kindheit eine sehr gute Tänzerin. Es war dann ihr Entschluß, das Kind dennoch auszutragen, obwohl Schwangerschaft und Geburt schwer waren. Das Kind ist gesund, ein Mädchen. Zwei Jahre vor dieser zweiten Schwangerschaft war sie in eine psychoanalytische Gruppe eingetreten. Ihre damaligen Träume zeigten, daß ihr Unbewußtes stark mit dem Problem der Fruchtbarkeit beschäftigt war. Ihr Initialtraum in der Gruppe war z.B. gewesen, daß ihr eine alte Frau ein rosa gekleidetes kleines Mädchen übergab. Dieser Traum wie auch andere waren symbolisch auf eine neue kreative Tätigkeit hin gedeutet worden, denn eine Schwangerschaft stand damals überhaupt nicht zur Debatte.[90]

Traum Nr. 13 lautet:

I am playing with little figures of clay.
There is a little girl of clay
and she comes into life, like a human being.

Ich spiele mit kleinen Lehmfigürchen. Da ist ein kleines Mädchen aus Lehm, und sie wird lebendig, wie ein menschliches Wesen.

Die Lehmfiguren dieses Traums erinnern wiederum an den biblischen Schöpfungsbericht[91]. Wir bemerken aber einen entscheidenden Unterschied zur bekannten Überlieferung: Der Traum dieser Frau zeigt ein gleichsam absichtsloses Spiel, und zwar ein Spiel der Frau mit Lehmfigürchen. Dabei entsteht „wie von selbst" ein lebendes Wesen, ein Mädchen, als stecke die Möglichkeit dazu schon im Material des Lehms oder im Vorgang des Spielens selber. Die Frau ist bei diesem Tun allein.

Das Bild der mit Lehmfiguren spielenden Frau schließt sich an einen ersten Traumteil, der von einem Ur-Tier, einem Brontosaurus, handelt, an. Es deutet damit in eine Vor-Zeit, die in der mythischen Welt der Griechen selbst nur noch gleichsam als ferne Erinnerung faßbar ist: Wie schon oben ausgeführt,

---

[90] s. Nr. 13 im Schlangenkapitel
[91] 1. Moses 3, 19

besagte eine Überlieferung, daß Gaia, die Erde, alles Lebendige hervorbrachte, nachdem sie selbst ganz allein ihren Gatten Uranos, den gestirnten Himmel, hervorgebracht hatte.[92]

Es ist eigentlich nicht erstaunlich, daß es vor, neben oder außerhalb der Entwicklung stark patriarchalischer Gottesvorstellungen sogar im alten Judentum gewisse Mythen von weiblichen Urgöttinnen gab, Strömungen, die sich dort allerdings nur abseits von offiziellen Schriften im mystischen Schrifttum, wie dem Sohar und der Kabbala, äußern konnten[93]. Aber auch in der offiziellen Bibel finden sich verstreute Spuren von einer als weiblich gedachten Mitschöpferin der Welt, von Sophia, der „Weisheit" Gottes[94]. Die Weisheit spricht:

Der Herr hat mich gehabt am Anfang seiner Wege ... Ehe er etwas schuf, war ich da. Da er die Himmel bereitete, war ich daselbst ... da war ich die Werkmeisterin bei ihm und hatte meine Lust täglich und spielte vor ihm allezeit und spielte auf seinem Erdboden, und meine Lust war bei den Menschenkindern.

Dies ist eine geheimnisvolle Bibelstelle! Hier weht ein Hauch von einem lustvollen, spielerischen Tun bei der Schöpfung, und gerade dies wird eine gleichsam weibliche Seite Gottes genannt, seine Weisheit und Werkmeisterin, die ihn umspielt. Welch hohen Rang erkennt dieser Text dem weiblichen Mitschöpfertum zu, eine Rolle, ohne die Gott nichts, gar nichts Gescheites hätte schaffen können – denn Sophia ist ja seine Weisheit! Diese Stelle steht allerdings ziemlich allein und wurde im Lauf der abendländischen Geistesentwicklung vergessen.

Sehr lebendig dagegen sind in Indien Gedanken über die gemeinsame Schöpfungsrolle von Shiva und Shakti in der Tantrik, einer noch heute weit verbreiteten religiös-philosophischen Richtung. Dort ist Shiva, das absolute Sein, unerkennbar – alles Erkennbare von ihm ist Shakti, seine Kraft oder Dynamik, sie ist die „Welt". Beide sind untrennbar, aber, solange die Welt sich entfaltet, unterschieden. – Bei der Einseitigkeit, die in unserem Denken bezüglich des Schöpfergottes herrscht, wollte ich dieses fernliegende Beispiel als andere Denkmöglichkeit wenigstens streifen.

Ein Traum wie der vom Spiel mit den Lehmfiguren kann mit einem sogenannten „Großen Traum" verglichen werden. Ein solcher Traum gilt nicht nur für das Individuum, sondern enthält eine Botschaft für den ganzen Stamm. Er kompensiert dann das kollektive Bewußtsein aus dem kollektiven Unbewußten heraus, wenn er verstanden und ernstgenommen wird. Für uns Heutige, wo das kollektive Bewußtsein in einer ambivalenten, wenn nicht gar

---

[92] Karl Kerényi, Die Mythologie der Griechen, S. 24; und Erich Neumann, Die Große Mutter, S. 99 ff.
[93] Siegmund Hurwitz, Lilith, die erste Eva, passim
[94] Sprüche Salomos 8, 22

feindseligen Haltung der Schwangerschaft gegenübersteht, könnte er auf eine sichere und unverkrampfte Weise sagen, daß ein spielerisches und ein mehr weibliches Element für die Erschaffung, auch für das Werden des Menschen mindestens ebenso wichtig ist wie das männlich-willensmäßige.

Für die individuelle Träumerin könnte der Traum darauf hinweisen, daß sie auch als Mutter kreativ bleiben wird, ja, daß sie hier gleichsam absichtslos und ganz von selbst schöpferisch sein wird. Dies ist für eine künstlerisch interessierte Frau ein wichtiger Gesichtspunkt und eine beglückende Erfahrung im Hinblick auf die Opfer, die das Hintanstellen des Berufs für die Frau heute allgemein und für diese Träumerin im Besonderen bedeutet. Das Unbewußte dieser Frau hat als eine Antwort auf das Problem der ungeplanten Schwangerschaft gezeigt, worin ihr Wert für die Träumerin liegen könnte: Es ist eine andere Art von Kreativität damit verbunden als im Beruf, die aber nicht weniger schöpferisch ist.

Traum Nr. 14: 2. Schwangerschaft, Knabe. Die Träumerin hat aus ihrer Schwangerschaft viele Träume und ausführliche Kommentare beigesteuert. Zu diesem Traum bemerkt sie, daß sie am Vortag verzweifelt war und Auseinandersetzungen mit ihrem Mann hatte. Am darauffolgenden Tag ist sie wieder fröhlich und wohlauf, ergreift Initiativen, auch der Mann hilft mit. Über ihre Cousine Jackie schreibt sie: „sie ist freundlich, gütig. Sie kann Lösungen finden oder den richtigen Punkt, wenn alles aussichtslos erscheint."

Der Traum lautet, leicht gekürzt wiedergegeben:

> *Nach einem schwierigen Abstieg über steile, enge Treppen, wobei die Träumerin von einem dicken Kerl bedrängt wird, den sie mit Steinwürfen vertreiben kann, versteckt sie sich hinter großen runden Felsblöcken am Fluß, die in parallelen Reihen eine Art Durchgang zum Meer hin bilden. Dort herum spielen Gruppen von jungen Leuten sehr vergnügt, die Träumerin schaut ihnen von ferne zu. Von da ab ist sie mit ihrer englischen Cousine J. zusammen, die sie bewundert und liebt, denn J. ist gut, sie findet ganz locker die richtigen Lösungen in schwierigen Lagen, wenn man es nicht erwartet. Beide wollen nun zum anderen Ufer und suchen einen Durchgang durch die Felsen. J. geht voraus. „Aber wie ich zu der Höhle komme, scheint mir der Durchgang sehr eng zu sein. Am Ende ist es beschwerlich, sie kann kaum durchkommen, ihr Kopf geht nicht hindurch, aber sie ringt darum und schafft es. Ich bleibe auch stecken, aber indem ich den Kopf hochstrecke – ich weiß nicht wie –, kam ich durch."*

Träume von engen Durchgängen, von Tunnels und Höhlen in der Erde, könnten vielleicht von eigenen natalen Erfahrungen geprägt sein.[95] Symbo-

---

[95] wie Artur Janov („Der Urschrei") annimmt, jedoch gibt es hier keine gesicherten Erkenntnisse.

lisch genommen, bildet das Motiv des engen Durchgangs auf jeden Fall eine archetypische Situation ab, wie sie auch in Träumen vor dem Tod erscheint[96] sowie in anderen schweren Lebenslagen. Ein Durchgang durch dunkle Höhlen ist einer Introversion, einer seelischen Einwärtswendung zu vergleichen. Psychologisch wirkt auch jede schwere Entscheidung, jeder unerträgliche Druck durch eine Pflichtenkollision, jedes Bedrängtwerden von Sorgen wie ein enger Durchgang. Eine Schwangerschaft kann wirklich wie eine Felsenkluft empfunden werden, die immer enger wird! – Am unerkennbaren Grund solcher Bilder steht die Angst vor der „verschlingenden Mutter"[97].

Beim Abstieg auf engen Treppen will ein zudringlicher dicker, junger Kerl mit der Träumerin flirten. Das Ganze ist ein Bild dafür, wie die Träumerin auf dem bedrängenden Abstieg und schon nahe am Wasser eine männliche Einstellung als überaus störend empfindet und energisch von sich weist. Sie sucht jetzt keine männliche, sondern weibliche Hilfe und Begleitung. Die vergnügten jungen Leute, die da um die Felsen herum spielen, lassen sie für einen Augenblick Sehnsucht nach der verlorenen Unbeschwertheit der Jugend empfinden. Aber für sie ist nicht mehr das Spielen um die Felsen herum an der Reihe, sie muß durch die Felsenreihen hindurch und auf ein Ziel, zum Meer hin, gehen.

Die großen runden Steine erinnern deutlich an die vorgeschichtlichen Steinsetzungen der Bretagne oder anderer atlantischer Küstenregionen mit ihren Alignements, die seit vorgeschichtlicher Zeit für Fruchtbarkeitsriten aufgesucht wurden, wie im Abschnitt über Steine und Felsen beschrieben.

Da gesellt sich zum Glück J. zu ihr, ihre bewunderte englische Cousine. J. erfüllt hier die Rolle der in der Krise eingreifenden weiblichen Helferin auf ganz besondere Weise. Sie führt die Träumerin durch die Bedrängnisse der Felsenkluft sicher hindurch wie eine Ariadne, die weiß, wie der Ausgang aus diesem Felsenlabyrinth zu finden ist.

Es handelt sich um eine Hilfe, die seit Alters in den Nöten von Schwangerschaft und Geburt von Frauen für Frauen geleistet werden mußte. Nicht selten besteht sie aus einem geheimen Wissen, das über Generationen nur über Frauen weitergegeben wurde und daher Außenstehenden wie Magie oder Zauberei erschien. Der Verdacht von Zauberei ist denn auch sehr oft auf Geburtshelferinnen gefallen.

In unserem Traum besteht die Hilfe und Führung jedoch darin, daß J., wie es zu eng wird, um den Durchgang ernstlich „ringt, und sie schafft es." Dieses Ringen ist notwendig. J. macht vor, daß der Durchgang erkämpft werden muß. Auch der Beistand der Hebammen im Geburtsvorgang ist oft ein Ringen um Leben oder Tod. Unsere Träumerin bewundert ihre Cousine besonders wegen ihrer Fähigkeiten, immer die der Situation entsprechenden, richtigen Lösun-

---

[96] s. M.-L. von Franz, Traum und Tod, S. 84 ff
[97] C.G. Jung, Symbole der Wandlung, S. 520

gen zu finden. J. stellt eine Überlegenheit dar, wie sie spontan aus der Ganzheit eines Menschen kommen kann, aus einer Persönlichkeit also, deren Ich in Übereinstimmung mit dem tieferen Selbst agiert. Ob nun die reale J. einen Aufhänger dafür bietet, wissen wir nicht. Auf jeden Fall zeigt sie der Träumerin, daß man durchkommt, wenn man um den Durchgang ringt und die Angst (Enge) überwindet.

Diese Deutung wird durch den Schluß bestätigt. Es heißt da: „Ich bleibe auch stecken, aber indem ich den Kopf hochstrecke – ich weiß nicht wie –, kam ich durch." Die Träumerin ist durch das Beispiel J.s ermutigt und so gestärkt, daß sie aufrecht hindurchkommt. Und ganz nebenbei sagt sie hier noch den wichtigsten Satz: „Ich weiß nicht wie, ich kam durch." – das heißt, das Durchkommen selbst geschah ganz unbewußt, aber richtig.

Tatsächlich kann das Rettende fast nie vorher „gewußt" werden. Marie-Louise von Franz nennt es einmal ein instinktives „Hinübergleiten" in die richtige Lösung, die das bewußte Ich allein kaum gefunden hätte. Das Ich bleibt ja allzu leicht in der Klemme der unvereinbaren Standpunkte (hier Felsen) stecken, wenn nicht das regulierende Zentrum, das tiefere Selbst des Menschen, aus den unbewußten Möglichkeiten der Gesamtpersönlichkeit heraus, mit einer instinktiv richtigen Einstellung zuhilfe kommt.

II. Steine und Felsen, Monolithe

Das Element „Erde" konzentriert sich im Stein, als sei er etwas wie eine Essenz, ein Kern oder ein „Same" von ihr. Es gab auch die Anschauung, Steine seien die „Knochen" der Erdmutter[98].

Wo wir große natürliche Steine sehen, haben sie etwas seltsam Faszinierendes. Es scheint eine Kraft von ihnen auszugehen. Ist es ihre Unzerstörbarkeit, ihr Alter, sind es die gleissenden Flächen des Glimmer, sind es die schönen Farben von Graniten oder Sandstein, ist es ihr „redendes Schweigen", in dem sie dastehen, und seit Menschengedenken da standen? Mircea Eliade schreibt über den Stein in seiner Wirkung auf die Menschen der Vorzeit: „... nichts war unmittelbarer und eigenständiger in der Fülle seiner Kraft, nichts edler und nichts flößte mehr Ehrfurcht ein als ein majestätischer Felsen oder ein aufragender stehender granitener Stein. Vor allem muß man den Stein als ‚seiend' bezeichnen. Er bleibt immer er selbst, und existiert durch sich selbst." In dieser Formulierung ist das Bild des Steins nahe an das psychologische Bild des Selbst herangerückt.

Besondere Beziehungen zu Steinen gab es wohl in allen Kulturen der Welt seit Urzeiten, d.h. wir kommen im eigentlichen Sinne zurück zur „Steinzeit", in welcher Höhlen im Fels vor dem Wetter schützten und als der Mensch am

---

[98] Mircea Eliade, Schmiede und Alchemisten, S. 47 ff

Stein den ersten Begriff des Dauernden, nicht dem Verfall Preisgegebenen bilden lernte. Wir wissen nicht, ob die Herstellung von Steinwerkzeugen früher liegt oder das Malen oder Ritzen frühester Zeichen in den Stein. Sehr frühe Steinfiguren, die man als menschenförmig (anthropomorph) erkennt (vielleicht 20 000 J. alt), zeigen z.T. schwellend weiblich-fruchtbare Formen, wie z.B. die „Venus von Willendorf".

Bild 8 Statuette der „Venus von Willendorf", schätzungsweise 30 bis 40 Jahrtausende alt

Zu allen Zeiten wurden Steine in ihren natürlichen Gestaltungen selbst verehrt, z.B. in ihrer aufragenden, phallischen Form als Hermen, in ihren Höhlungen als Sinnbilder des weiblichen Schoßes (Lingam und Yoni der Inder)[99]. Die Alt-Europäer ritzten an manchen besonderen Stellen an Felsen und in Höhlen Vulven hinein[100]. Sie hatten ein Bewußtsein von der Terra Mater, die sich in den Steinen materialisierte.

Sehr frühe Kulte bestanden auch um den Steinsitz, den Vorläufer des Königsthrones, den der König, als ein Sohn der Großen Mutter, „bestieg", wenn er zur Macht kam. Das Zeichen der Göttin Isis ist überhaupt der Steinsitz[101].

Wohl jeder Mensch fühlt etwas von der uralten Beziehung zu Steinen noch heute. Man hat eine unerkläriche Vorliebe für Mineralien und Versteinerungen, für einen bestimmten runden Kiesel vom Meeresstrand, oder wir fühlen in Höhlen oder bei großen und hervorgehobenen Steinen ihre geheimnisvolle Anziehung. Steine können in hohem Maß „wakanda" haben, eine Eigenschaft, die C.G. Jung, ähnlich wie das „mana", so beschreibt: „… wakanda (der Oglala-Indianer) kann vielleicht eher mit ‚Geheimnis' wiedergegeben werden als mit irgendeinem andern Wort, aber auch dieser Begriff ist zu eng, als wakanda ebenfalls Kraft, heilig, alt, Größe, belebt, unsterblich bedeuten kann," Eigenschaften also, wie sie Steinen im Volksglauben noch heute beigelegt werden[102].

[99] s. C.G. Jung, GW 13, §132
[100] Marie König, Unsere Vergangenheit ist älter, Höhlenkult Alteuropas, Bild S. 143
[101] Erich Neumann, Die Große Mutter, S. 103
[102] zusammengefaßt in M.-L. von Franz, Spiegelungen der Seele, S. 85 f

3. ELEMENTE: ERDE, STEINE, EDELSTEINE

Besondere Natursteine in der Landschaft waren wohl die ersten Denkmale der Menschheit. Manche wurden als vom Himmel herabgekommen verehrt, so noch heute die Kaába der Mohammedaner in Mekka und einst der weiße Stein zu Delphi als omphalos, Nabel, der Erde. Man sah in gewissen großen Steinen gern ein Zeugnis der Götter, aber auch eines des bewußten Menschen in der Unendlichkeit und Weglosigkeit der ungeheuerlichen Natur (ein Denk-Mal). Steinhaufen am Weg gehörten Hermes, dem Wegekundigen und Beschützer der Wanderer. Diesen letzteren Sinn haben noch heute die Steinhaufen und Steinmännlein im weglosen Gebirge und in einsamem Gegenden. Sie wollen sagen: Hier ging schon ein Mensch, hier geht der Pfad weiter, oder: hier ist einmal etwas passiert, woran man sich erinnern soll (Sühnekreuze, Marterln). Aber solche Male wollen auch sagen: Hier ragte eine höhere Macht herein, derer der Mensch sich bewußt ist, hier hat sie sich manifestiert, hat schicksalhaft zugeschlagen wie das Wetter (Blitzmale), und der Mensch vergißt das nicht, das Steinmal bezeugt es.

Steinmauern umgaben den einem Gott gehörigen, geschützten Bezirk, später oft den Tempel. An diesem Ort sollte Gottesrecht und Frieden herrschen. Große Steine bezeichnen auch Grenzen und warnen wie Wächter vor dem Übertreten. Grenzsteine sind noch heute wichtige rechtliche Zeugen, das Verrücken von Grenzsteinen ein schweres Vergehen.

Die Errichtung riesiger steinerner Bauwerke kommt erstaunlicherweise in den verschiedensten Kulturen zu einem gewissen Zeitpunkt ihrer Entwicklung an vielen Stellen der Erde spontan vor: es sind die Sikkurats im Zweistromland, die Pyramiden am Nil und später in Amerika, die Steinkreise, Steinreihen und Dolmen der Megalithkultur in Alt-Europa, später die christlichen Dome. Wie die Steine in der Natur gehörten diese riesigen Bauwerke den Göttern oder Gott-Königen. Sicherlich stellten sie in ihrer Erhabenheit ursprünglich das Göttliche selbst dar.

Der Glaube an die magische Macht alter Steinmale hat sich bei späteren Völkern, z.B. bei den in Europa siedelnden Kelten, erhalten, als sie einst diese Steinsetzungen bei ihrer Landnahme schon antrafen. Wenn auch die ursprüngliche Bedeutung verloren war, so konnte man aus den eigenen Intuitionen und Träumen heraus neue, ebenso „richtige" Rituale, und neue Legenden mit ihnen verknüpfen.[103] Meist, und sicher zu Recht, brachte man sie weiterhin mit Fruchtbarkeit in Verbindung, d.h. man benützte ihre Orientierung nach Sonnen-, Mond- und Gestirnstand für die Bestimmung von Aussaat und Ernte durch die Priester. In vielen Riten und Gebräuchen haben sich Fruchtbarkeitsrituale um die Steine herum erhalten und sind bis heute noch nicht ganz verlorengegangen, z.B. in der Bretagne.[104] Schottischen Bauern ist bewußt, daß sie die alten „standing stones" niemals verrücken dürfen, sonst

---

[103] Ingeborg Clarus, Keltische Mythen, S. 46 f.
[104] Bächtold-Stäubli, a.a.O., Stein

kommt Unglück über sie[105]. Immer wieder mußte die katholische Kirche verbieten, daß – sogar durch ihre eigenen Priester – heidnische Feiern bei den alten Steinen abgehalten wurden. Es sollen noch in jüngerer Zeit (19. Jh.) Frauen, die nicht schwanger werden konnten, zur Hilfe zu den alten Steinen gegangen sein (s. Traum Nr. 15).

Bild 9 Bretagne, Presqu'île de Crozon

Wie Jung in seinen Erinnerungen[106] erzählt, hatte auch er als Knabe einen bestimmten großen Stein an der Grenze des Gartens, den er als „seinen" Stein empfand. Er saß oft auf ihm. Dann spürte er jedesmal eine geheimnisvolle Identität mit ihm, so daß er fast nicht wußte: Bin ich der, der auf dem Stein sitzt, oder denkt dies der Stein? – Immer, wenn er als Knabe beunruhigt und ratlos war, konnte er auf dem Stein Ruhe und Tröstung finden. Im Mittelalter glaubte man wie in der Antike, daß Steine Wachstum, Leben und Geschlecht haben. In vielen Sagen kommt es vor, daß Steine sich selbst an ihren Platz hinbewegt haben.

Die Tatsache, daß das Numinose als insgeheim im Stein anwesend empfunden wird, zeigt sich auch durch die auffallenden, von Schleif-, Kratz- oder Klopfhandlungen herrührenden Spuren an vielen heiligen Stätten. Man findet solche Schleifspuren sowohl in vorgeschichtlichen Höhlen, an Felsen, wie auch an gewissen Stellen in Pyramiden oder Tempeln, ja in christlichen Kirchen, manchenorts massenweise[107]. Nicht nur im Mittelalter, sondern bis heute berühren z.B. die Pilger und Pilgerinnen in Santiago di Compostela in Nordspanien, nachdem sie den Segen am Altar empfangen haben, alle den marmornen Sockel des Steinbildes

---

[105] Volkssagen aus Schottland, Nr. 2 Der Druidenstein von Birsay, und Nr. 43 Druidenkreise
[106] C.G. Jung, Erinnerungen Träume Gedanken, S. 26
[107] M.E.P. König, Unsere Vergangenheit ist älter, S. 143

von St. Jakob in der Vorhalle der Kathedrale. Erst dann hält man die Pilgerfahrt für voll wirksam. Von den Millionen Fingern hat der Marmorstein fünf tiefliegende Rillen bekommen! – Auch das Berühren der Steine der Westmauer des Tempels von Jerusalem durch fromme Juden und Moslems gehört dazu.[108]

Am steinigen Abhang zu einem Höhlentempel in Mittelindien, Karla, liegen – heute wie vor vielen hundert Jahren – viele große und kleinere Felsen, an denen entlang sich der steile Pfad zum Tempel emporwindet. Ich sah, wie von den zahllosen Pilgern und Pilgerinnen an die Felsen und Höhlungen am Weg Blumen und Opfer gelegt wurden, und es wurde im Vorübergehen roter Ocker, die uralte Farbe der Geisterwelt, liebevoll in die kleineren Löcher geschmiert. Nicht nur der aus dem Felsen gehauene Tempel also, sondern auch der ganze Berg und seine Felsen und Steine werden als heilig und geweiht gekennzeichnet. Nach Mircea Eliade[109] symbolisiert das Rot auch das Menstruationsblut der Göttin, es ist für die Fruchtbarkeit der Felder unabdingbar. Die Steine werden liebevoll berührt, ebenso das Steinbild der Göttin, ihre steinerne Brust und ihr Schoß.

Viele andere direkt aus dem Felsen gehauene Heiligtümer oder Steinfiguren (z.B. Abu Simbel, Oberägypten, oder der riesige, mandalaförmige, aus dem felsigen Berg herausgehauene Kailasa-Tempel bei Ajanta, Indien) symbolisieren als steinernes Riesengebilde die grandiose Vorstellung der Gottesmacht. Wenn man den Berghang bei diesem Tempel weiter hinaufsteigt, so findet man ihn durchzogen von zahllosen weiteren teilweise unvollendeten unterirdischen Tempelchen, Rosetten im Felsen und anderen Mandala-Formen, so daß hier wirklich der ganze Berg selber zum Tempel geworden ist[110].

Traum Nr. 15:

Es handelt sich um die fünfte Geburt bei einer Fehlgeburt. Die Schwangerschaft war ungewünscht und ungeplant, wie auch die vorhergehende. Wie damals denkt die Schwangere an eine Abtreibung. Sie leidet unter Bluthochdruck, Schlaflosigkeit, einer Venen- und einer ungeklärten Viruserkrankung. Die Träumerin und mit ihr die Familie erhalten psychotherapeutische Hilfe,

---

[108] Bei uns hat sich nur im „Anschlagverstecken" der Kinder, in ihrem „Sich-freischlagen", das magische Berühren erhalten.
[109] Schmiede und Alchemisten, S. 45
[110] Wie die heiligen Steine saß der südindische Heilige dieses Jahrhunderts, Ramana Maharshi, in „redendem Schweigen". Der Maharshi (Maha Rishi = Großer Lehrer) saß am Fuß oder in einer Höhle des Berges Arunachala (= Morgenröte), in dem sich für ihn Gott selber, Shiva, manifestierte; s. C.G. Jung, GW 11, Über den indischen Heiligen, Vorwort zu Heinrich Zimmer, Der Weg zum Selbst, Lehre und Leben des Ramana Maharshi, München 1989.

welche das Familienleben erleichtert. Ein gesunder Knabe wurde geboren. Der Traum lautet:

> *She goes towards a rock. She climbs it without difficulty and it seems natural to her that it should be so. She wants to urinate and she wants to enter the rock through a door, but she is not able to do so, though she had been able to do so other times before. Her belly doesn't permit her to go through the door. She decides to go back home. There is a WC there and so she is able to urinate. The house looks like a shanty and is near the rock.*
>
> *Sie geht auf einen Felsen zu. Ohne Schwierigkeit klettert sie hinauf und es scheint ihr ganz natürlich, daß es so ist. Sie möchte wasserlassen und will in den Felsen hineingehen durch eine Tür, aber sie kann das nicht, obwohl sie sich erinnert, das früher getan zu haben. Ihr Bauch erlaubt ihr nicht, durch die Tür einzutreten. Sie beschließt, heimzugehen. Dort gibt es ein WC und dann kann sie wasserlassen. Das Haus sieht aus wie eine Hütte und ist nahe neben dem Felsen.*

Steine und Felsen haben mythologisch manchmal männlichen, oft auch weiblichen Charakter. Im europäischen Volksglauben gab es viele Praktiken, um bei Steinen, durch Berühren oder Gleiten auf dem Felsen[111], durch Umwandeln oder Umtanzen von Findlingen Heilung oder Hilfe für die Schwangerschaft und Geburt zu bekommen. Das Handwörterbuch des deutschen Aberglaubens führt zum „Stein" aus: „Riten wie das Umtanzen des Steins ... sind meistens als Fruchtbarkeitsriten aufzufassen und haben sich bis in die jüngste Vergangenheit erhalten". In der vorderasiatischen Überlieferung wird von der Steingeburt des Mithras erzählt, der aus einem Felsen geboren wird („petra genetrix")[112]. Von Geburten aus dem Felsen erzählen auch viele andere Geburts-Sagen der Menschheit.[113]

Es ist offensichtlich, daß der Weg und der Felsen unseres Traumes etwas mit der Schwangerschaft zu tun haben, obwohl die Träumerin nur das Bedürfnis hat, Wasser zu lassen. Geistig und körperlich ist die Schwangerschaft ein steiler Weg, die Situation bei schon drei Kindern ist zweifellos bedrängend, und „Wasserlassen" bedeutet konkret und in übertragenem Sinn ein Ablassen von Druck, eine Erleichterung. Darüber hinaus ist der sogenannte Blasensprung, das Platzen der Fruchtblase im Geburtsvorgang, eine dem alltäglichen Wasserlassen vergleichbare große Erleichterung. Ist erst einmal die Fruchtblase gesprungen, so dauert es im Allgemeinen nicht mehr allzu lange bis zum ersehnten Ende des Gebärvorganges. Der Abgang des Fruchtwassers ist der erste Schritt zur Erlösung vom inneren Druck.

---

[111] „glissade", s. Mircea Eliade, Die Religionen und das Heilige, 252, zit. in Schmiede und Alchemisten, S. 202
[112] Der Kleine Pauly, Mithras
[113] Mircea Eliade, Schmiede und Alchemisten, a.a.O. 47 ff

3. ELEMENTE: ERDE, STEINE, EDELSTEINE

Die Träumerin strebt nun auf den Felsen zu, als könne ihr dort Erleichterung werden. Sie will ganz in den Felsen hineingehen. Aber es ist nun eine eigentümliche Situation entstanden: Die Schwangerschaft, der dicke Bauch, erlaubt ihr nicht, durch die Tür in den Felsen einzutreten, obwohl sich die Träumerin genau erinnert, das früher getan zu haben!

Wir müssen uns ihre konkrete Situation vergegenwärtigen. Diese fünfte Schwangerschaft ist ihr eine fast unerträgliche Last und Bedrängnis. Schon die letzte hatte sie nicht gewollt, sie endete mit einem natürlichen Abort. Inzwischen, in der fünften Schwangerschaft, denkt sie an Abtreibung. Das gesuchte WC hinge bei dieser Deutung wohl mit „Abort" zusammen. Aber nun ist „der Bauch zu dick", um dem Druck und Drang auf diese Weise ein Ende zu machen.

Mir scheint wahrscheinlich, daß der Felsen ein Symbol der Mutter ist, und diese ist es, die den Abort nicht zuläßt. Die Schwangerschaft selbst, der dicke Bauch, ist ja das Hindernis. Die Träumerin möchte ganz in dieses Symbol der Großen Mutter hineinschlüpfen, als suche sie Schutz und Hilfe. Auch das „leichte Ersteigen des Felsens" könnte bedeuten, daß ein großes Vertrauen zum Prinzip der Mutter herrscht, obwohl der Schwangeren zurzeit die Lage über den Kopf gewachsen ist. Aber es erweist sich, daß ein totales Aufgehen in der Großen Mutter, das Hineinschlüpfen, wegen des dicken Bauchs nicht möglich ist, obwohl die Träumerin sich erinnert, früher dazu in der Lage gewesen zu sein. Nun wird sie aber auf sich selbst, auf die Realität ihrer Lage hingewiesen.

Sie entschließt sich daraufhin, nach Hause zurückzukehren. Was heißt das? Die Erfahrung ihrer Lage geschah beim großen Stein und hat sie bewogen, in den menschlichen Bereich zurückzufinden, nach Hause, wo ein menschengemäßes WC ist, wo sie endlich Wasser lassen kann. Die Lysis dieses Traums ist eine echte Erlösung. „Wasserlassen" ist hier symbolisch gemeint. Es kann sich z.B. um erleichternde Gespräche, um ein Abladen von Problemen bei einer überlegenen Vertrauensperson handeln, oder um ein erlösendes Weinen, wobei Tränen fließen. Auch Weinen ist ein erleichterndes Wasserlassen.

Im Fortgang des Traums wird dann klar, daß die Träumerin sich nicht aus dem Bereich des Felsens, also aus dem Schutzbereich der Großen Mutter, ganz entfernen muß. Sie bemerkt, daß ihr kleines Häuschen, d.h. ihr eigener menschlicher Raum und ihr darin heimisches Ich-Bewußtsein, ganz nahe an jenem Felsen liegt, der die große Naturmacht des Mütterlichen verkörpert. Das bedeutet für den ganzen Traum: sie kann Erleichterung finden im Menschlichen, im Persönlichen, das klein im Vergleich zur Größe der Naturmacht sein mag, sich aber ganz in ihrer Nähe und unter ihrem Schutz befindet – eine Hütte neben dem Felsen!

Traum Nr. 16:

> 3. Woche, Schwangerschaft noch nicht bewußt. – Der Traum stammt aus einer großen Sammlung äußerst gehaltreicher Träume einer Frau, die aus den dramatischen Verwicklungen ihrer Beziehungen heraus (sie weiß z.B. nicht, von wem das Kind stammt, mit dem sie jetzt schwanger ist) an die einsamen Küsten Nordschottlands flieht, um dort im Angesicht des Ozeans mit mehreren Kindern im Wohnwagen zu leben und sich selbst zu finden. Sie führt sorgfältig Buch darüber.

> *I am sitting, straddled on a tree trunk or wooden bench. I must be part of a group or live in a community, for there are many „friends and lovers" around me and they are indulgingly teasing me as good friends do, because I „have visions".*
> *I, however, look up to the sky and see a vast hole in the sky, like a gigantic opening that is plugged with huge boulders and rocks of all sizes. In the very center there is a large knotted stick and I realize that there is a danger or possibility of this great opening being unplugged from above. This will cause both, a terrible cataclysm from the falling boulders and rocks but also – and here the dream becomes very numinous – our first view into the Beyond! – I am full of awe. I point this out to my companions, but they again tease me.*

> *Ich sitze rittlings auf einem Baumstamm oder einer Holzbank. Ich bin Glied einer Gruppe oder Kommune, um mich herum sind viele Freunde und Liebhaber, die mich freundlich bespötteln wie es Freunde tun, wegen meiner „Visionen". Aber ich schaue zum Himmel auf und sehe eine großes Loch darin, wie eine gigantische Öffnung, die mit riesigen Steinen und Felsbrocken aller Größe zugestopft ist. Genau im Mittelpunkt steckt ein großer Knotenstock, und mir wird klar, daß eine große Gefahr darin besteht, die weite Öffnung von oben her aufzumachen. Denn zweierlei würde geschehen: eine furchtbare Zerstörung durch die fallenden Felsbrocken, aber auch – und hier wird der Traum sehr numinos – ein erster Blick ins Jenseits würde möglich! Ich bin voll Angst und versuche, dies meinen Freunden zu erklären, aber sie necken mich weiter.*

Die Träumerin sitzt rittlings auf einem Baumstamm oder auf einer Holzbank. Wir wollen diesen Hinweis zusammen mit dem freundschaftlichen Spott der Freunde vor Augen behalten, wenn wir jetzt dem emporgerichteten Blick der Frau folgen und ihre grandiose Traumvision auf uns wirken lassen, denn aus diesen Angaben zur Situation scheint hervorzugehen, daß sie selber durchaus unten auf der Erde bleibt. Auch ist der Abstand zu den „Freunden" nicht abgrundtief, sie wird nur ein wenig verspottet und jene können zwar ihr Erlebnis nicht teilen, aber sie ist nicht grundsätzlich isoliert und unerreichbar von einer mehr nüchternen Sicht der Dinge, d.h. vom common sense. Dies verbessert den Gesamtaspekt des unheimlichen Traumes wesentlich.

3. ELEMENTE: ERDE, STEINE, EDELSTEINE

Ihre Vision läßt sie ein riesiges Loch im Himmel sehen, das mit Felsbrocken und Steinblöcken „gestopft" ist. Das Loch ist so zwar notdürftig verschlossen, aber die Träumerin kann nicht übersehen, wie gefährlich die Situation dennoch ist: im Zentrum des Loches steckt ein knotiger Riesenstock; was würde passieren, wenn der Stock von oben, d.h. vom Inneren des Himmels her, herausgezogen würde? Das wäre eine entsetzliche Katastrophe, aber gleichzeitig würde so der Blick in den Himmel frei – „unser erster Blick ins Jenseits"! – Man wüßte endlich, wie es dort aussieht, man könnte vielleicht Gott in seiner Herrlichkeit sehen, umgeben von den Cherubim, wie es Ezechiel sah – aber vielleicht würde man all dessen auch gar nicht gewahr, denn die herabfallenden Felsbrocken hätten die Erde und alles Leben im selben Augenblick unter sich begraben!

In einer großartigen Klarheit sieht das Traum-Ich hier Chance und Gefahr gleichzeitig. Die Faszination dieser geistigen Schau ist an der Formulierung „our first view into the Beyond" zu erkennen. Es klingt, als habe sie lange darauf gewartet, endlich in das Jenseits einen Blick tun zu dürfen, und als teile sie diesen Wunsch mit der ganzen Menschheit: „our" first view. Aus dieser Formulierung erkennt man eine gewisse Gefahr: einen Hang zur Inflation des Ich in einer menschheitlichen Aufblähung. Andererseits sieht sie die Katastrophe deutlich genug, in der alles zerschmettert würde. Der Blick ins Jenseits wäre auch ein Weltuntergang.

Die drohende Gefahr erfüllt die Träumerin mit Angst, aber ihre Begleiter können gar nichts sehen, sie lächeln darüber. Glücklicherweise ist die Haltung der Freunde eine gutartige Distanz zu solch seltsamen Visionen, für die unsere Träumerin bekannt ist – eine Distanz, die – bei subjektiver Deutung – in der Träumerin selbst vorhanden wäre und die sie möglicherweise vor einem völligen Aufgehen in der Faszination des Numinosen bewahren kann, d.h. vor dem drohenden Untergang ihres Ich.

Auf den ersten Blick berührt das mit Felsbrocken verstopfte Himmels-Loch, das notdürftig in der Mitte – sie betont, „genau" in der Mitte – von einem Aststock festgehalten wird, als ein skurriles, aber höchst bedrohliches Bild, und die von der Träumerin befürchtete Katastrophe scheint unausweichlich. Ein Gewölbe hält ja nur, wenn die Steine sorgfältig schräg (konisch) behauen und kunstgerecht zusammengefügt sind, vor allem am höchsten, zentralen Punkt, beim Schlußstein. Die Sicherheit dieses Punktes ist von höchster Wichtigkeit. Gerade hier aber steckt ein roher Stock, den einer der Himmelbewohner jederzeit herausziehen könnte – kennt man das Wesen dieser „Jenseitigen" denn? Könnten es Dämonen sein, und einer käme auf die gräßliche Idee, den Stock herauszuziehen und sich am Gepolter der Felsen zu erlustigen?

Die Vorstellung, der Himmel sei mit Steinen befestigt, ist in gewissem Sinne gar nicht abwegig. Im Altertum war die Anschauung in vielen Kulturen verbreitet, daß bei der Erschaffung der Welt Gott in einem allerersten Ordnungs-Akt das anfängliche Chaos in ein Oben und ein Unten trennte und dann das Himmelsgewölbe stärkstens befestigte, als sei es aus Stein. Auch in der jüdischen Überlieferung trennte Gott die oberen Urgewässer von den „Brunnen der Tiefe", indem er zwischen sie das Firmament, d.i. die „Feste des Himmels", baute, welche unermeßlich hart und stark gedacht war und die oberen Gewässer an ihrer Vereinigung mit den unteren hindern und damit die Wiederkehr des Chaos abwenden sollte, – was dann mit der Sintflut aber doch hereinbrach. (Luther schuf das Wort „Feste" für Firmament, von lat. firmus, fest.)

Allgemein betrachtet, würde ein „steinerner Himmel" deshalb ein sehr altes Bild für die Festigkeit des Himmelsgewölbes heraufholen, wie es über viele Jahrhunderte galt und formuliert wurde im „ptolemäischen Weltbild" um 100 n. Chr., welches den Menschen das beruhigende Gefühl gab, daß der Himmel nicht einstürzt, d.h. daß die wohlgeordnete Schöpfung bestehen bleibt.

Aber da besteht ein großer Unterschied im Bild: Der antike Himmel wurde gleichsam aus kristalliner Härte gedacht, ein wohlgefügtes Gewölbe von unermeßlicher Stärke, getragen von den gewaltigen Kräften eines Riesen oder Halbgotts (z.B. in der griechischen Sage vom Riesen Atlas oder dem Halbgott Herakles).

Interessanterweise gab es aber schon damals, nach einem Bericht des hellenistischen Arztes Galenos (geb. 131 n. Chr.) trotzdem auch die Angst, der Himmel könnte einstürzen: Galenos berichtet von einem Patienten, der unter der Wahnidee litt, daß Atlas, ermüdet vom Gewicht des Gewölbes, seine Bürde abschütteln und damit alle zermalmen und zugrunde richten könnte[114].

Was heißt es, der „Himmel könnte einstürzen"? Der Traum zeigt im Bild, daß die größte Gefahr „von oben" droht, d.h. aus dem Reich des Geistigen, Spirituellen, z.B. von gewissen Gedanken, welche die Menschen überrollen und zermalmen könnten, wenn sie auf die ungeschützten Menschen in ihrer Urgestalt herunterfallen würden. In diesem Sinne ist der Apostel Paulus bei Damaskus gerade noch einmal davongekommen, aber er war wie zerschmettert und betäubt vom Blitz der Erkenntnis und blieb drei Tage lang blind[115].

Eine solche Gefahr ist aus dem Traumbild schon jetzt herauszulesen.

Die Riesengestalten eines Atlas oder Herakles passen zu dem merkwürdigen „riesigen Knotenstock", der im Zentrum der Felsbrocken feststeckt. Warten etwa solche gewaltigen und gewalttätigen, d.h. archaischen Mächte darauf, ihn plötzlich herauszuziehen – ? Und was will ein Bild ausdrücken, das „riesige Felsbrocken", nur gehalten von einem Knotenstock, als Flickmaterial an den Himmel versetzt? Kann ein solches Gewölbe halten? Selbst im Traume

---

[114] in: Analytische Psychologie, Vol. 9, Nr. 2, Basel 1978, On Depressive Delusions, von H.-W. Wilke
[115] Apg. 9, 3

nicht! Die Träumerin wird bei dem Anblick von Entsetzen gepackt, neben und trotz ihrer Faszination.

Um unser Traumbild differenzierter kennenzulernen, möchte ich einen kurzen Blick auf einen berühmten anderen Traum werfen, den Traum Jakobs von der Himmelsleiter: Auch Jakob ist ja weit weg von zu Hause, er befindet sich, wie unsere Träumerin, in unsicherster Lebenslage, wandernd in der Einsamkeit. In 1. Moses 28, 11 ff lesen wir:

> ... er nahm einen Stein des Orts und legte ihn zu seinen Häupten und legte sich an dem Ort schlafen und ihm träumte: Eine Leiter stand auf der Erde, die rührte mit der Spitze an den Himmel, und die Engel Gottes stiegen daran auf und nieder, und der Herr stand obendrauf und sprach: Ich bin der Herr Abrahams, deines Vaters Gott, und Isaaks Gott; das Land, darauf du liegst, will ich dir und deinen Nachkommen geben ... und durch dich und deinen Samen sollen alle Geschlechter auf Erden gesegnet sein. Und siehe, ich bin mit dir und will dich behüten, wo du hin ziehst....
> Jakob fürchtete sich und sprach: hier ist Gottes Haus, hier ist die Pforte des Himmels ... und er nahm den Stein und richtete ihn auf zu einem Mal ... und nannte die Stätte Beth-El.

Ich denke, wenn man diese Erzählung auf sich wirken läßt, wird der Unterschied zu unserem Traumbild klar. Das Motiv der „Öffnung des Himmels" über einem Menschen ist beiden gemeinsam. Beide Träumer haben hohe Gedanken, beiden ist es ernst. Bei beiden kommt, erstaunlicherweise, auch das Motiv des „Steins" vor. Aber entscheidender sind die Unterschiede: im Traume Jakobs steht eine Leiter fest auf der Erde, sie berührt nur mit ihrer Spitze den Himmel, der offensteht. In Gestalt der Leiter besteht eine Verbindung zwischen Himmel und Erde, eine Vermittlung und Brücke, auf welcher die Engel, die Boten Gottes, auf- und niedersteigen können. Diese Vision versetzt zwar auch Jakob in Furcht, aber sie bedeutet ihm den höchsten Segen, Fruchtbarkeit und die Verheißung immerwährenden Schutzes durch Gott. Den Stein gelobt er zu einem unerschütterlichen Mal und Erinnern an Gottes Gnade auf diesem heiligen Boden aufzurichten (Beth-El). Die Engel sind als Vermittler zwischen der höchsten Macht und dem Menschen eingeschaltet, und so wird der abgründige Schrecken gemildert, so daß der Mensch die göttliche Botschaft als „Heil" aufnehmen kann[116].

Unser Bild vom unzureichend geflickten Loch im Himmel aber gehört zu den furchterregenden antinomischen Motiven, die in gewisser Weise sich selbst gegenseitig unmöglich machen, d.h. eine vernichtende Katastrophe beinhalten. Marie-Louise von Franz beschreibt sie als Verquickungen verschiedener Ordnungen oder Systeme. Sie tut das im Zusammenhang mit der

---

[116] Vgl. Mircea Eliade, Schamanismus und archaische Ekstasetechnik, S. 141, Stein-Stiege

Frage, wie „Zeit" und „Ewigkeit" ineinander gehören. Dabei entsteht nach ihrer Darstellung interessanterweise im Zentrum ein „Loch"[117]. Sie schreibt dort: „Der einzige Ort, wo die beiden Systeme sich verbinden, ist in dem Loch in der Mitte, was bedeutet, daß sie (d.h. Zeit und Ewigkeit) in einem Nirgendwo oder eben einem Loch oder Punkt verbunden sind." Die Verbindung von Mensch und Jenseits sehen wir in unserem Traumbild wiederum durch ein „Loch" im Zentrum dargestellt. Gerade auf dieses Zentrum, das „innere Guckloch" käme alles an – es ist, auch nach unserem Traumbild, „das Fenster zur Ewigkeit"[118].

Und genau damit hat unser Traum zu tun. Zwar gilt auch hier, was Marie-Louise von Franz dort schreibt[119]: „Das Loch als Erlebnis des Selbst durchbricht das Gefängnis unserer Bewußtseinsrealität," aber wir müßten für unseren Traum hier anfügen: Es durchbricht auch den Schutz der Grenzen unserer gegebenen inneren Gestalt. Insofern macht das Grenz-Erlebnis Angst, und mit Recht. Wenn das Unbewußte in so unübersehbar ernster Weise eine Gefahr darstellt, so sollte das Bewußtsein darauf hören.

Der Traum vom Knotenstock im steinverstopften Himmelsloch macht auf unnachahmliche Art die Ambivalenz numinoser Erfahrung klar, gültig zum mindesten für die Träumerin: Der ersehnte Blick ins Jenseits könnte das Individuum und das ganze irdische Leben aufs Äußerste gefährden, wenn nicht auslöschen. Das Spiel mit dem Gedanken „Zöge einer den Stock von oben heraus, so hätten wir zum ersten Mal einen Blick ins Jenseits" läßt ein starkes, ja leidenschaftliches religiöses Interesse erkennen, aber dieses scheint unmittelbar gekoppelt an einen gefährlichen Hang, sich den jenseitigen Geheimnissen allzu ungeschützt nähern zu wollen. Der Traum scheint die Schwangere davor zu warnen.

Traum Nr. 17: Der Schatz, die Musik und der Stein

11. Woche, 4. Schwangerschaft, davon zwei Fehlgeburten, vollständige Familie, gute Geburten. Mutter hat Berufstätigkeit vorübergehend aufgegeben.

Dieser Traum besteht nur aus einzelnen Bildern und lautet:

Traumbild von einem Schatz, den die Leute nicht finden sollen, weil sie ihn sonst ausrauben. Bilder von Musik machen und von einem Stein, der in eine sehr schöne Form gehauen war und noch den letzten Schliff bekam.

Zuerst mag man zweifeln, ob diese Bilder etwas miteinander zu tun haben? Aber wie man leicht fühlen kann, handeln alle drei in einem weiteren Sinn von etwas Wertvollem, zwei davon von etwas Schöpferischem. Jedes beleuchtet

---

[117] M.-L. von Franz, Wissen aus der Tiefe, S. 139 f
[118] von Franz, Wissen aus der Tiefe, 141
[119] a.a.O., 142

einen anderen Aspekt davon, gespeist aus einer reichen, formschaffenden Bewegtheit im Unbewußten.

Wie Marie-Louise von Franz[120] sagt, könnte man sich die unanschauliche Welt des kollektiven Unbewußten hypothetisch als „ein Feld von psychischer Energie" denken, „dessen erregte Punkte die Archetypen sind, und gerade so, wie man nachbarschaftliche Beziehungen in einem physikalischen Feld definieren kann, kann man auch benachbarte Beziehungen im Feld des kollektiven Unbewußten definieren." Unter diesen erregten Punkten entstehen die verschiedensten Konstellationen und Interaktionen. Dies enge Zusammenhängen, ja manchmal Enthaltensein verschiedener archetypischer Bilder ineinander bedeutet für die Interpretation auch eine eigenartige Schwierigkeit, die Gefahr des Sich-Verlierens in Assoziationen. Ein „Spielen" mit der Phantasie ist zwar unverzichtbar, kann aber auch in die Irre führen. Man muß sehr genau hinhorchen, ob Bild und Deutung wirklich zusammenstimmen. Zusammenfassend läßt sich hier sagen:

Die drei Bilder stammen alle aus einer zusammenschwingenden Bewegtheit (auch das Wort „Motiv" kommt von lat. movere, bewegen), aber wie differenziert äußert sich das Unbewußte dieser Frau zum aktuellen Problem und vielleicht zu Lebensfragen überhaupt! Die Bilder müssen deshalb auch einzeln betrachtet werden.

Als erstes wird eine Gefahr formuliert und eine Warnung ausgesprochen. Ein Schatz ist da, er muß versteckt werden vor den diebischen Leuten, einem Kollektiv also, das auf Schätze scharf ist. Ein Schatz ist immer ein hoher Wert, ein Besitz, der auf einen Punkt oder Ort konzentriert ist und sorgfältig gehütet werden muß.

Ich denke, hier ist die Notwendigkeit des „Fürsichbehaltens" solcher Werte ausgedrückt. Die Zeit der Schwangerschaft ist die große Herausforderung an die Frau, etwas Kostbares auszutragen, und es ist wichtig, daß sie sich darauf konzentriert, um das Werdende und Schwache nicht preiszugeben. Nicht nur, daß sich hier ein Individuum entwickelt, was immer gegenüber dem Kollektiven einen Schutzraum braucht, sondern es geht auch um Entwicklungen und Reifungsschritte im inneren der Frau, die sehr empfindlich sind gegen ein Hineingezogenwerden in das „Allgemeine", das allzu oft auch das Gemeine ist.

Einerseits kann eine Schwangerschaft zwar als eine im höchsten Maß kollektive weibliche Situation angesehen werden, denn sie ist ein absolut allgemeines Schicksal aller zur Geburt bereiten Frauen. Gleichzeitig ist aber jede dieser unzähligen Frauen als Person, als Individuum, einzeln herausgefordert. Es kommt da – vielleicht zum ersten Mal – ganz und gar auf die Frau selber an, sie ist gefragt, und zwar als ganzer Mensch.

Das Bild vom „Schatz, den die Leute nicht finden sollen, weil sie ihn sonst ausrauben" könnte somit bedeuten, daß etwas ganz Eigenes in der Schwange-

---

[120] Wissen aus der Tiefe, S. 82

ren vor sich geht, was eine Chance und einen Schritt zur Individuation bedeuten kann, der nicht ausgebreitet, begafft, zerredet und einer Massenmeinung untergeordnet werden darf – sonst würde er „geraubt", d.h. aus dem individuellen Schicksalszusammenhang dieser beiden, des Kindes und der Mutter, herausgerissen. Wie in Traum Nr. 23 ist die Gefahr des Beraubtwerdens durch kollektive Meinungen angedeutet.

Auch die Initiationsriten vieler Völker haben diesen auffallenden Charakter der Geheimhaltung. Obwohl es um Einweihungen in eine Lebensstufe geht, die jeder Mensch einmal durchläuft, also um einen quasi kollektiven Schritt, so müssen die Adepten sich doch meist verstecken, müssen sich, jeder für sich, den Prüfungen und Schmerzen oftmals einzeln unterziehen und dürfen sehr oft nicht darüber sprechen. So sehr also der Eintritt in eine neue Lebensphase ein allgemeines Schicksal ist, so muß doch jeder und jede – wie beim Tod – allein und persönlich hindurch.

Die „Bilder vom Musikmachen" lassen einen anderen Aspekt der Schwangerschaft aufleuchten: „Musik" bezeichnet in Träumen oft etwas Gemüthaft-Seelisches im positiven Sinn, das auf die Umgebung harmonisch und erfreuend einwirkt und eine geordnete Bewegung entstehen läßt. Beim Musikmachen geschieht etwas Schöpferisches, es entsteht Klang und es entfalten sich Schwingungen und Rhythmus.

Musikinstrumente haben darüber hinaus oft Ähnlichkeit mit einer Menschenfigur. Große Streich- oder Zupfinstrumente wie Cello, Laute oder Kontrabaß haben sogar einen dicken „Bauch" und einen „Hals", Gamben oft darauf ein kleines Köpfchen, und es entsteht aus ihnen etwas Lebendiges, der Ton wird „erzeugt". Vielen Musikern ist ihr Instrument die wahre Geliebte, die allein ihre Seele versteht.

Auch gibt es Mythen und Märchen, die das Musizieren und das singende Erzählen des Barden als ein tatsächliches „Machen" darstellen So läßt der altfinnische Barde Väinämöinen im Singen die Gegenstände real vor den Hörern erstehen. Die bedeutendste Bildvorstellung dafür ist das Bild vom tanzenden Gott, Shiva Nataraja, der den ganzen Weltkreis durch den Ton seiner Trommel erschafft. So ist das „Musikmachen" ein Bild für ein kreatives In-Schwingung-Bringen, für Erweckung zum Leben – ein schönes Bild für den Zustand der Schwangerschaft!

Noch unmittelbarer bringt das letzte der drei Bilder den künstlerischen Aspekt, das Entstehen von „Form", zum Ausdruck. Es spricht für sich selbst. Ich möchte höchstens an diesem Beispiel zeigen, wie wenig man trotz klar zutage liegendem „Sinn" kaum jemals direkt vom Traummotiv auf das Konkrete, hier das Kind, springen darf: Man käme völlig falsch an, wollte man das „Behauen eines Steines" und dessen „letzten Schliff" mit dem stillen Wachsen des Embryos im Mutterleib unmittelbar in Eins setzen. Im Traum haben wir immer die Übersetzung in eine symbolische Sprache vor uns, und die Aufgabe ist, auf den gemeinsamen Grund zu gelangen.

3. ELEMENTE: ERDE, STEINE, EDELSTEINE

So müssen wir uns hier zuerst fragen, was der „Stein" bedeutet. Wie oben besprochen ist er ein Bild für den Menschen in seinem wesentlichen Charakterzug des inneren, unzerstörbaren Kerns, des Selbst. Diese Deutung des Steins gab z.B. der Heilige Niklaus von Flüe aus seiner eigenen Erinnerung an einen „Traum im Mutterleib". Er sah da einen Stein, und erkannte in dem Stein „die Feste und Stetigkeit seines Wesens, darin er beharren und von seinem Vornehmen nicht abfallen sollte".[121]

Wenn der Stein in unserem Traum „in eine sehr schöne Form gehauen war", so könnte das heißen, daß ein wichtiger Prozeß des inneren Fest-Werdens kurz vor der Vollendung steht.

Ein anderer Schweizer, der Dichter Conrad Ferdinand Meyer, gebraucht ebenfalls das Bild vom Stein in seinem Gedicht „In der Sistina". Er läßt den Bildhauer Michelangelo sinnend sprechen, als er seinen gewaltigen, soeben vollendeten Fresken in der dämmerigen Kapelle gegenübersitzt:

Den ersten Menschen formtest du aus Ton –
Ich werde schon von härtrem Stoffe sein –
da, Herrgott, brauchst du deinen Hammer schon!
Bildhauer Gott, schlag zu! Ich bin der Stein.

Der zu formende Stein ist ein Bild für den Menschen selber. Der Mensch ist darin als widerstandsfähig, fest, irdisch und zugleich formbar beschrieben, und Gott ist es, der ihn durch das Schicksal formt. Im fast vollendeten Stein sehe ich deshalb sowohl den Werdeprozeß des neuen kleinen Menschleins als auch denjenigen der Schwangeren selbst. Der Traum zeigt, daß die Schwangerschaft innig mit der persönlichen Reifung der Frau zusammenhängen kann. Sie geht dabei, besser „es" geht mit ihr ihrer Werdegestalt entgegen.

So gehören die drei Bilder eng zusammen. Das Eingangsbild vom geheimzuhaltenden Schatz schlägt gleichsam das Thema auch für die beiden folgenden an, in denen der Schatz in Bildern ausgefaltet wird.

Traum Nr. 18: Das blau-rote Würfelspiel[122], in der 7. Woche

Die Träumerin kommt in ihre psychoanalytische Gruppe. Es ist ein Zusammengehörigkeitsgefühl spürbar, obwohl jeder Teilnehmer mit einem eigenen Spiel oder mit einer Erfindung individuell beschäftigt ist. Es wird etwas dabei herauskommen, etwas Neues. Es handelt sich um pädagogisches Spielzeug für Kinder, und die Spielenden haben würfelförmige Spielsteine mit blauen und roten Seitenflächen. Es wird angekündigt, daß Ana (die Träumerin) schwanger ist. Die Leiterin sagt „Ana is breathing another air" oder „someone else is talking through Ana" oder ähnlich. Der ganze Kreis ist glücklich darüber, aber sie verstehen es nicht ganz. R., ein

---

[121] M.-L. von Franz; Die Visionen des Niklaus v. Flüe, S. 16ff
[122] Siehe Kommentar bei Traum Nr. 13. Traum Nr. 18 ist auszugsweise wiedergegeben.

männlicher Teilnehmer, fragt, ob das Neue „is inside my lungs, my breasts and if it will come out through the lungs". Die Träumerin erklärt es. Dann setzen sie das Spiel mit den farbigen Steinen fort.

Die Ungewißheit der Zukunft ist schon oft einem Würfelspiel verglichen worden. Tatsächlich hat die Wissenschaft herausgefunden, daß das Geschlecht eines Menschen von einer unvorstellbar kleinen Winzigkeit, dem Vorhandensein oder Nichtvorhandensein eines einzigen Gens herrührt, und man nennt es heute auch dem Würfelspiel entsprechend gern einfach einen „Zufall", ob ein Junge oder ein Mädchen geboren wird. Wir wissen aber, daß der Zufall, d.i. das, was uns zu-fällt, in einem größeren, uns unbekannten Zusammenhang steht. Wissenschaftler setzten sich mit ihm auf dem Gebiet der Wahrscheinlichkeitsrechnung auseinander, C.G. Jung suchte ihm in seinen Gedanken über Synchronizität und „unus mundus" nahezukommen. Die Biologie geht ebenfalls von einem übergeordneten bisher unerforschten Organisationsprinzip der Natur aus, das im großen Ganzen ein Gleichgewicht zwischen den Geschlechtern herstellt.

Seit langem wird für die Buben blau, für die Mädchen rosa als passende Farbe gewählt. So zeigen in unserem Traum vielleicht die beiden Farben rot und blau an den Flächen der Spielsteine tatsächlich die beiden Möglichkeiten an, aus denen das „Neue" bestehen könnte, das beim Spiel der Gruppe „herauskommen" wird. Eine genauere Farbensymbolik wird allerdings blau für die mehr geistige, rot für die instinktive Basis der neuen „Erfindung" als passend empfinden, da auch die Spielsteine eine „rote Basis" haben.

Die Jung-Studiengruppe ist gewissermaßen jenem übergeordneten Hintergrund vergleichbar, der schaffenden Natur, innerhalb derer jeder sein individuelles Werk tut (übrigens ein sehr gutes Zeichen für diese Gruppe!) und wo doch im Ganzen etwas Sinnvolles, Neues und Lebendiges herauskommt. Das kollektive Bewußtsein dieser Gruppe ist durchaus konstruktiv im Sinne einer gemeinsamen Lust am Hervorbringen.

Spielsteine aller Art sind etwas vom Ältesten, was wir aus der menschlichen Urgeschichte kennen. Das Würfelspiel speziell dürfte durch die Jahrtausende hin auch Orakel gewesen sein: Was wird mir zu-fallen? Hieraus wird klar, daß erst später die abwertende Bedeutung von einem „nichts als" Zufall sich entwickelte, die dann in einen Gegensatz zum Schicksalsbegriff gebracht wurde; wörtlich genommen bedeuten beide Wörter dasselbe.[123]

Der Traum vom Würfelspiel zeigt auf eine sehr sichere Weise das Zusammenspiel von kollektiven und persönlichen Prozessen, wie sie in einer Schwangerschaft stattfinden.

Interessant ist das Unverständnis eines „männlichen" Teilnehmers, wir betrachten ihn als den Animus der Träumerin. Er kann nicht kapieren, wo das

---

[123] M.-L. von Franz, Spiegelungen der Seele, S. 81 und 110

3. ELEMENTE: ERDE, STEINE, EDELSTEINE

Neue herauskommen soll: aus den Brüsten? aus der Lunge? Das bedeutet, er setzt überhaupt zu weit „oben" an und traut sich nicht in die Leiblichkeit hinunter. Dies drückt sich auch in den großen Schwierigkeiten aus, die die Träumerin hatte, die Schwangerschaft überhaupt zu akzeptieren, s.S. 55. Man kann sie darin gut verstehen. Ihr Körpergefühl als Tänzerin tendiert zum Leichten und Schwebenden. Die Schwere eines dicken Bauches und die feste Orientierung zur Erde hin sind wirklich ein harter Gegensatz dazu.

Ein recht schöner Zug dieses Traumes ist auch, daß der ganze Spielkreis über die Nachricht von der Schwangerschaft „happy" ist. Dies bedeutet, daß aus dem kollektiven Untergrund der Persönlichkeit das Kind willkommen ist. Das wird ihr im Bewußtsein die Annahme erleichtern.

Traum Nr. 19: Der runde Stein (4. Woche)

In den Träumen schwangerer Frauen finden wir häufig besonders scharfe und erbitterte Angriffe eines (oft fremden, manchmal des eigenen) Mannes auf die Frau und auch auf das Kind. Öfters will er mit der Frau auf gewalttätige Weise intim werden, will sie regelrecht vergewaltigen. Für eine Deutung auf der Subjektstufe im Sinne C.G. Jungs handelt es sich, wie im Kapitel vom Mann ausgeführt, um einen autonomen, negativen, unbewußten Komplex, der sich des Ichs bemächtigen will. Im Gegensatz zum differenzierten Ich der Frau hat das „Männliche in der Frau" archaische, oft primitive Züge und ist zunächst noch undifferenziert.

Der Traum lautet:

> *Ich befinde mich bei einem fremden Mann, der mit mir Geschlechtsverkehr haben möchte. Als ich mich ihm widersetze, wird er so wütend, daß er mittels magischer Kräfte mein ungeborenes Kind aus Distanz aus meinem Bauch herausoperieren will.*
> *Nur weil ich in den Händen einen runden Stein halte – und ununterbrochen zu Gott bete – kann ich sein Vorhaben verhindern.*
> *Der Mann kommt in meine Nähe, drohend und gestikulierend. Rund um uns stehen Leute, die mich belächeln.*
> *Solange ich mich nicht ablenken lasse vom Beten, wird der Mann mir nichts antun können.*

In diesem Traum handelt es sich um den Angriff eines regelrechten Teufels. Wie auch in Traum Nr. 20 und 14 ist es ein „fremder Mann". C.G. Jung[124] führt die häufig erlebte Fremdheit von Traumfiguren auf ihre Unbewußtheit zurück.

Dieser Kerl nun hat magische Kräfte: Aus „Distanz" will er das Kind aus dem Bauch der Schwangeren herausoperieren.

---

[124] GW 9, I, § 518 f

Im Hinblick auf das Datum dieses Traums (4. Woche) ist nicht auszuschließen, daß im Unbewußten der Schwangeren noch Kämpfe pro und contra Kind stattfinden. Der Ausdruck „aus Distanz herausoperieren" erinnert einerseits an schwarze Magie, in fataler Weise aber auch an eine klinische Abtreibung. Auch da muß eine seelische Distanz, eine „neutrale" Haltung hergestellt werden.

Aber das Traum-Ich wehrt sich heftig gegen die Zudringlichkeiten des Fremden. Diese Träumerin kann die Angriffe des Kerls abwehren, weil sie in Händen einen „runden Stein hält und ununterbrochen zu Gott betet", und obwohl rundherum „Leute stehen und sie belächeln", kann der Mann ihr nichts anhaben.

Der Kreis von Leuten stellt die Öffentlichkeit dar. Man wird heutzutage ja schon fast belächelt, jedenfalls mögen manche Frauen dies untergründig befürchten, ein Kind auszutragen, den Beruf aufzugeben und bei den Kindern zuhause zu bleiben, „wo einem die Decke auf den Kopf fällt" … Um so mehr muß man hier die Haltung des Traum-Ichs bewundern. Es gelingt in der Seele dieser Frau, daß sie sich unbeirrt auf das Gebet und den Stein konzentriert, d.h. daß sie sich nach innen, dem Selbst entschieden zuwendet, indem sie „ununterbrochen zu Gott betet".[125] Das unverwandte Konzentrieren auf das Gebet mithilfe des runden Steins ist ein erstaunliches Beispiel einer unbewußten Kontemplation (contemplari = unverwandt beobachten).

Der teuflische Animus hat es nicht nur auf die Frau, sondern auf das Kind in ihr abgesehen. Er will sie beherrschen, will ihr selbst ein „Kind" machen, das heißt, ihr seine negativen und destruktiven starren Meinungen aufzwingen und damit das keimende Leben in ihr – was subjektiv gesprochen ihre eigenen, jüngsten Entwicklungsmöglichkeiten sind – radikal vernichten. In diesem Traum, d.h. in dieser Träumerin, ist der negative Animus nicht nur lebensfremd, sondern direkt lebensfeindlich, er bedeutet zu diesem Zeitpunkt jedenfalls eine schreckliche Gefahr für die Frau.

Das Festhalten einer Kugel beim Beten erinnert uns an die Perlen des Rosenkranzes, die ebenfalls eine Hilfe zur fortlaufenden Konzentration beim Beten bedeuten. Auch die Moslems haben eine Kette von Steinkugeln zum Beten, auch Hindus beten gern mit Ketten von Samenkugeln. Der Zweck der Kugeln ist überall derselbe, nämlich eine Hilfe bei der Konzentration auf das In-sich-Geschlossene, auf das Ewige und Ganze, Unzerstörbare, dessen greifbare Figur das Runde ist.

Ist der „Stein" bei seiner Härte und Dauerhaftigkeit zu allen Zeiten als ein Selbst-Bild aufgefaßt worden, so ist er es hier um so mehr in seiner Kugelgestalt, an deren vollkommenem Gleichmaß alles Störende abprallen muß. Ein runder Stein ist immer – sei er nun ein Produkt der Natur, z.B. durch jahrtausendelangen Gletscherschliff oder Meereswellen als ein ebenmäßiger

---

[125] Alfons Rosenberg, Das Herzensgebet, Mystik und Yoga der Ostkirche, S. 9

Kiesel, oder sei er durch mühsames und kunstvolles Schleifen entstanden – ein Bild der Vollkommenheit, das uns tief beeindruckt. Kugel oder goldener Ball bedeuten auch in Märchen den zentralen Wert der Seele, das Selbst[126].

Es sei hier an einen Traum C.G. Jungs erinnert. Wenige Tage vor seinem Tod sah er im Traum „einen großen runden Stein an einer hohen Stelle, ... und darauf stand: Dies sei dir ein Zeichen von Einheit und Ganzheit."[127] In diesem Sinn verstehe ich das Gebet und das Festhalten des runden Steines als dieselbe Konzentration auf den tiefsten Wesenskern dieser Frau in seiner Verbindung mit Gott. So kann sie den schrecklichen Angriff abwehren. Der Traum dürfte für die Frau von größtem Wert sein.

III. Edelsteine. Allgemeines

Gemäß dem ptolemäischen Weltbild (um 100 n. Chr.) waren die verschiedenen kosmischen Sphären geistige Kräfte, denen hier auf Erden die „Steinkräfte" entsprechen. Durch die Edelsteine werden sie dem Menschen vermittelt. Davon geht noch z.B. die Stein-Medizin der Hl. Hildegard v. Bingen (1098-1179) aus. Sie stammt aus einer Zeit, da antike Philosophie und Naturerkenntnis mit dem christlichen Glauben zusammen ein einheitliches Weltbild, einen neuen Bund zwischen Rationalem und Irrationalem, zu formen im Begriff waren[128]. Auch heute noch gehören die Steine, besonders die Edelsteine, zu denjenigen Dingen, deren Wirkungen nicht völlig geklärt werden können mit den Mitteln der chemisch-physikalischen Analyse.

Natürlich spielten Edelsteine und Edelmetalle als Symbole immer eine herausragende Rolle, und zwar seit uralter Zeit. Sie sind Abzeichen des Königs und bezeichnen seinen ursprünglich göttlichen Rang, dies tut besonders das unvergänglichste der Metalle, das Gold. Die Edelsteine in der Krone eines Herrschers sind im Denken der Völker wichtiger als ihr materieller Wert. Oft hatten solche Steine Eigennamen wie Personen und verfügten über entsprechende Kräfte, auch an Waffen (z.B. Siegfrieds Schwert Balmung). Man erzählt sich noch heute Geschichten über die glück- oder unheilbringende Wirkung großer Diamanten auf ihre Träger (Regenbogenpresse). Eine regelrechte Wallfahrt findet immer noch, wo doch die alte Reichs-Idee längst ihre geistige Bedeutung verloren hat, zu den Kronjuwelen und Reichs-Insignien

---

[126] Hedwig v. Beit, Gegensatz und Erneuerung im Märchen, S. 38 ff, und besonders M.-L. von Franz, Psychologische Märcheninterpretation, S. 72ff. Die beiden Bände des großen Nachschlagewerks zur Märchendeutung von H.v. Beit werden in der Folge immer H.v. Beit / M.-L. von Franz zitiert, da die Märchendeutungen alle von M.-L. von Franz stammen.
[127] nach M.-L. von Franz, C.G. Jung, S. 359
[128] Hildegard von Bingen, Heilkraft der Edelsteine

z.B. der Habsburger auf die Karlsburg in Böhmen oder zu den deutschen Reichskleinodien in Nürnberg, besonders zu den englischen Kronjuwelen im Tower zu London, statt. Es ist klar, daß mit solcher Aufmerksamkeit nicht der materielle Wert der Edelsteine gemeint ist, sondern letztlich dasjenige, was sich auch im wunderbaren Bild des „Himmlischen Jerusalem" mit seinen perlen- und edelsteingeschmückten Toren und Palästen ausdrückt: es ist etwas Zentrales, aber Unerklärliches, das alle Menschen in ihrer psychischen Tiefe als das „Kostbarste" anrührt, als ein Bild des Selbst.

Auch in vielen Märchen ist ein Edelstein als die schwer erreichbare Kostbarkeit ein Sinnbild für das Selbst. Es ist seine Härte, sein überaus langsames Reifen, seine Schönheit und seine kristallisch-geometrische, gesetzhafte Form, welche dafür die Anschauung bieten.[129] In allen Kulturen finden wir deshalb die Schönheit der Edelsteine gepriesen und in den grundlegenden und wichtigsten Begriffen für das „Ewige" verwendet. In der Bibel heißt es: (Ex. 24, 10) „Saphir ist der Boden unter Gottes Füßen" und bei Hesekiel (1, 26): „Sein Thron, gestaltet wie ein Saphir", denn „dies war das Ansehen der Herrlichkeit des Herrn". Der „Tisch Salomos" ist aus einem einzigen Smaragd.[130]

Mircea Eliade berichtet von vielen schamanistischen Überlieferungen, wonach heilende Kristalle vom Himmel herabgekommen seien bzw. vom Schamanen von seiner Jenseitsreise mitgebracht wurden.[131]

In der hochdifferenzierten Weisheit des Ostens gibt es den „Diamantweg" des tibetanischen Buddhismus, welcher dem „Diamant-Leib" der chinesischen Alchemie entspricht[132]. C.G. Jung erläutert die buddhistische Amitabha-Meditation, in der als Ziel ein „Boden aus durchsichtigem Lapislazuli" geschildert ist (also muß ein anderer Stein als heute darunter verstanden worden sein).[133] Dies bedeutet, daß am Ende des inneren Weges ein absolut unerschütterlicher, kristallklarer Bewußtseinszustand erreicht werden kann. Am ausführlichsten setzt sich Jung in GW 13 im Kommentar zu den Zosimos-Visionen, einem antiken alchemistischen Text, mit der Verknüpfung von Gott, Seele und Stein auseinander[134].

Der lapis der Alchemisten, der „Stein der Weisen", meint die im Selbst geeinte Seele des Menschen als Ziel. Dieses kommt auch besonders deutlich im Gralstein, dem zentralen mittelalterlichen Symbol und Ziel der ritterlichen Quest, zum Ausdruck. Schon in den ursprünglich keltischen Vorstufen der

---

[129] Hedwig v. Beit / M.-L. von Franz, Symbolik des Märchens I, S. 568, und Band II, S. 224
[130] Emma Jung, Die Gralslegende in psychologischer Sicht, S. 169
[131] Schamanismus und archaische Ekstasetechnik, S. 141 ff
[132] Jung / Wilhelm, Das Geheimnis der goldenen Blüte, Olten 1979
[133] GW 11, 605 ff
[134] GW 13, 110

3. ELEMENTE: ERDE, STEINE, EDELSTEINE

Gralsgeschichten gab es den „heilenden Stein", er ist nicht auf die christliche Symbolik begrenzt.[135]

Sehr schön drückt diesen geheimnisreichen Zusammenhang der Mystiker Angelus Silesius (1624-1677) aus, wenn er in seinem „Cherubinischen Wandersmann" sagt:

> Die Seel ist ein Kristall, die Gottheit ist ihr Schein,
> der Leib, in dem du lebst, ist ihrer beider Schrein.

Eine Frau träumte in der 12. Woche, in der ersten von drei Schwangerschaften, Traum Nr. 20:

> *I found many rings on the ground and put them on all my fingers. A strange guy tried to rob me of all the rings. Then, an old woman appeared. She was the mother of the strange, wild man. She told him to give me only one ring that I could have, the ruby ring.*

> *Ich fand viele Ringe auf dem Boden und steckte sie an all meine Finger. Ein fremder Kerl wollte sie mir alle rauben. Da erschien eine alte Frau. Sie war die Mutter des fremden wilden Kerls. Sie befahl ihm, mir nur einen Ring zu geben, den ich haben sollte, den Rubinring.*

Wie Marie-Louise von Franz ausführt[136], bedeuten Ringe auf der ganzen Welt und seit alters neben Schmuck eine Bindung und Verpflichtung, ja Zugehörigkeit. Wenn nun die Träumerin diese Ringe wie von selber findet, so liegen sie wohl auf ihrem Weg, d.h. sie trifft darauf innerhalb ihres Lebensweges. Da Ringe den hohen Symbolwert der Verbindlichkeit haben und sie sich umfassend damit schmückt, so dürfte sie damit schöne Möglichkeiten und Aufgaben aufgegriffen haben, Dinge, die sie sehr gern aufgreift.

„Alle Finger" sind alle ihre aktiven Handlungsmöglichkeiten oder Valenzen im menschlichen und beruflichen Bereich, d.h. in der Liebe, Arbeit, Stellung, Politik, Gesellschaft, Familie, kurz, sie ist in allen ihren Bezügen mit Verpflichtungen eingedeckt, was – wie eine Menge von Ringen – zwar auch eine kostbare Zierde ist, in solchem Übermaß aber Überladung und Überlastung darstellt. Das Traum-Ich gerät also psychologisch gesehen hierdurch in eine zwar brillante, aber erdrückende Gebundenheit. An jedem Finger einen Ring zu tragen, würde heißen, vor lauter inneren oder äußeren Verpflichtungen die eigene Freiheit und Spontaneität völlig aufgegeben zu haben, wofür Ruhm und Glanz kein ausreichender Ersatz sind. Damit droht aber innere Unordnung. Die Ich-Inflation wird von einem starken Selbstzweifel angegriffen.

Reziprok zum Übermaß an wertvollen Verpflichtungen können sich im Unbewußten einer Frau – wie wir sehen werden, letzten Endes zu ihrem Heil

---

[135] Emma Jung, M.-L. von Franz, Die Gralslegende in psychologischer Sicht, S. 111, 401 ff
[136] Psychologische Märcheninterpretation, S. 73 ff.

– kompensatorisch die furchtbarsten Angriffe des Selbstzweifels und der Selbst-Aggression erheben. Es mag ihr zwar nichts weiter zu Bewußtsein kommen als ein dumpfes, unüberwindbares Minderwertigkeitsgefühl oder Unmut und Ärger über sich selbst, aber diese sind es, die sich im Traum als der fremde Kerl darstellen, der sie aller jener Werte berauben will. Er ist jene Stimme, die in ihrer Tiefe all das heruntersetzt und anzweifelt, was ihr so wertvoll und kostbar ist. In dieser Lage könnte es leicht passieren, daß die quälenden Angriffe des Animus auf hierfür geeignet erscheinende reale Männer übertragen werden. Projektionen geschehen selbstverständlich und unbewußt. Die innere Welt wird dann im Außen erlebt, wozu immer Gelegenheit ist, und innere Möglichkeiten können dann u.U. verpaßt werden.

Unser Traum zeigt aber an diesem kritischen Punkt – vielleicht konstelliert durch die Schwangerschaft – einen positiveren Fortgang. Der inneren Dynamik gegenüber, die der Räuber darstellt, ist das Traum-Ich zwar hilflos: Diese Frau leidet zutiefst unter den Angriffen von Minderwertigkeitsgefühlen oder Zweifeln und Wut auf sich selbst. Aber der Traum bietet einen Einblick in die Richtung, wo Hilfe möglich ist: Unerwartet taucht eine „alte Frau" auf.

Erstaunlicherweise ist sie die Mutter des fremden wilden Kerls. Bezeichnenderweise hat gerade sie – wie im Märchen des „Teufels Großmutter" – die Macht und die Bereitschaft, dem Menschen-Ich in seiner Notlage zu helfen und die Dinge in Ordnung zu bringen. Es gibt in der Träumerin ein höheres – man kann es ebenso gut ein „tieferes" nennen – weibliches Prinzip, welches in einem absoluten Wissen um den Weg des Lebens besteht, und wie er zu fördern wäre. In unserem Traum und meistens dann, wenn sie überhaupt erscheint, hat diese Figur die Macht, die Seele ins Lot zu bringen, oft allerdings durchaus im Gegensatz zu den Intentionen des Ich.

Die Autorität der alten Frau – ihr wilder Sohn gehorcht ihr sofort – läßt uns deshalb von der Großen Göttin, oder der Weisheit der Natur sprechen, oder, auf das Individuum bezogen, vom Selbstbild. Es erscheint, um den Konflikt zwischen den inflationären Tendenzen des Ich und dem männlichen inneren Angreifer zu befrieden, und die Lage dadurch in Ordnung zu bringen, daß sie der Träumerin ausschließlich das ihr „Zu-kommende" zuweist: den Rubinring. Wörtlich genommen wäre das ihre Zu-kunft. Der Rubin hat im Volksglauben heilende Kraft, er gehört zur Wärme des Fühlens, zur leidenschaftlichen Liebe.

Entsprechend unserer Deutung würde dies heißen: Für diese Frau ist nur eine einzige Bindung und Verpflichtung wirklich maßgebend und wichtig, im Traum durch den Rubinring symbolisiert, der höchstwahrscheinlich die Bindung in der Liebe darstellt. Ob sich diese kostbare Bindung auf das zu erwartende Kind oder auf ihre Beziehung zu ihrem Mann – oder auf eine andere Liebesbeziehung richtet, ist aus dem Traum ohne nähere Kenntnis der persönlichen Verhältnisse nicht zu erschließen. Klar ist nur, daß jedes Übermaß abgelegt werden muß.

3. ELEMENTE: ERDE, STEINE, EDELSTEINE

Die alte Frau repräsentiert ohne Zweifel das regulierende, immer im Sinne der Ganzheit wirkende unbekannte Zentrum der Persönlichkeit, sie ist ein Selbstbild. Von dorther kommen Anstöße zur Individuation, aber dies selten ohne Opfer und Leiden. Im Sinne einer Matrix aller seelischen Faktoren wäre vermutlich so auch die Abstammung des „Räubers" von ihr aufzufassen.

Ein weiterer Aspekt des Traums soll noch kurz gestreift werden. In unserem Traum handeln alle beide Kontrahenten, das Traum-Ich und der wilde Kerl, in auffallend ähnlicher Weise. Beide wollen „alle" Ringe haben, beide sind von einem Totalitäts-Anspruch besessen. Vielleicht sollte man das Anstecken aller Ringe, das vielfache Sich-Schmückenwollen, deshalb auch als einen Ausdruck von Persona-Besessenheit des Ich anschauen. Nach Jung ist die „Persona" eine kollektiv bestimmte Macht, ein „Ausschnitt aus der Kollektiv-Psyche", sie kann das individuelle Ich gänzlich einnehmen, sich geradezu an seine Stelle setzen.

„Persona" ist diejenige äußere Form, die wir der Umwelt zeigen und in der wir gesehen werden wollen. Bei starker Persona verschmilzt das Individuum z.B. mit seiner Amtswürde, mit seinem Ansehen im Beruf und in der Gesellschaft, oder mit dem Idealbild der lieben Mutter oder des guten Vaters. Eine Persona aufzubauen ist zwar unumgänglich und notwendig – sie ist immerhin unsere bestimmte Form, unser „Kleid" in der Welt, woran sich die andern orientieren können, dadurch hat sie einen echten Anteil an unserer Identität. In unserem Traum wären dies aber mehr als „zehn Ringe". Ein solches Anschwellen auf ein Übermaß entfremdet das Individuum von sich selbst, trotz aller Erfolge. Eine so stark personahaft gebundene Frau wird häufig von innen her angegriffen, das Leben erkaltet, der Eros flieht sie, sie wird hohl oder mechanisch, ist nur noch äußere Form. Allerdings scheint der Traum zu zeigen, daß die vielen Ringe auf dem Weg der Frau tatsächlich gelegen haben, die schmückenden Verpflichtungen sind ihr also gewissermaßen schicksalhaft begegnet.

Im Ganzen scheint der Traum zu sagen, daß für diese Frau eine viel mehr persönliche, einzigartige, individuelle Bindung angemessen ist. Sie ist – subjektiv gesehen – in der Tiefe dazu fähig, denn auch die weise alte Frau ist eine Innenfigur von ihr selbst.

Diese kann eine Selbstfigur genannt werden, welche die divergierenden und lebensstörenden, miteinander streitenden Strebungen der Persönlichkeit ordnet und eint. Als positive Mutter ist sie besonders jetzt in der Schwangerschaft konstelliert.

Der Rubinstein hängt vielleicht speziell mit einer großen Leidenschaftlichkeit der Träumerin zusammen. Jedenfalls, so scheint der Traum zu sagen, liegt dort, im Individuellen, die besondere Entwicklungsmöglichkeit der Träumerin und die ihr zukommende Chance.

Traum Nr. 21:

Konzeption auf einer halbjährigen Indienreise. Der Traum wurde vier Monate nach der Geburt des ersten Kindes, eines gesunden Mädchens, geträumt:[137]

> *Sarabel lag schlafend in ihrem Körbchen, als ein älterer, bärtiger Mann hereinkam, von dem ich wußte, daß er eine Art Räuberhauptmann war. Der ging zu einem anderen, der etwas ähnlich war und an einem Tisch saß. Dann kam er in Sarabels Nähe und sie wachte auf und lachte mit ihm. Der Ältere erzählte nun dem Jüngeren: „Es ist etwas ganz Eigenartiges mit dem Kind. Es tut richtig ‚abstrahlen'." Der Beweis: Und dabei nahm er sie hoch und zog aus ihren Kleidern ein Ringlein heraus.*
> *In dem Augenblick sah ich einen jungen Hirten (griech. Pan) mit einem Aststock in der Hand. Von dem hatte Sarabel das Ringlein. Es war aus Altgold und hatte ein Herzlein aus geflochtenen Zweigen.*
> *„Ein Druidenherz", sagte der Alte.*

Wieder haben wir es hier mit einem Räuber zu tun, aber die Situation ist unvergleichbar anders. Im Traum treten drei bärtige Männer auf, einer ist alt, „eine Art Räuberhauptmann", ein anderer ähnlich, aber etwas jünger, und schließlich erscheint noch ein junger Hirte, den die Träumerin sofort als den griechischen Hirtengott Pan erkennt. Diese drei Männer, alle urwüchsig und bärtig, haben auf geheimnisvolle Weise mit dem Kind zu tun, das, ein Bild des Friedens, im Körbchen schläft. Die Träumerin ist nur als Zuschauerin beteiligt, und obwohl sie weiß, daß der hereintretende bärtige Alte „etwas wie ein Räuberhauptmann" ist, hat sie gar keine Angst, er könne dem Kinde etwas antun oder es rauben.

Ganz im Gegenteil scheint von Anfang an eine innige Vertrautheit zwischen dem Räuberhauptmann und dem Kinde zu herrschen: Es wacht auf und lacht sofort mit dem Mann.

Wie nun dieser sagt: „Es tut richtig abstrahlen"[138] – da geschieht gleichzeitig etwas Wunderbares: Aus den Kleidern des Kindes nimmt er ein goldenes Ringlein heraus, und im selben Augenblick ist der Hirtengott Pan im Raum, von dem hatte Sarabel das Ringlein mit einem Herzlein aus geflochtenen Zweigen, „ein Druidenherz", wie der Alte sagte.

---

[137] Von dieser Frau stammen auch die Träume Nr. 36: Kap. Pflanzen, Nr. 65: Kap. Vögel, Nr. 93: Kap. Pferd, Nr. 100: Kap. Kuh, Nr. 113: Kap. Mann, und Nr. 24 am Schluß dieses Kapitels.

[138] vgl. Avo Harnik, Seele und Kristall, Diplomthesis am C.G. Jung-Institut Zürich 1982, 28, 32: „Strahler" hießen in der Innerschweiz früher alle Kristalle und Edelsteine, die von den Leuten im Gebirge gesucht und gefunden wurden, die Steinsammler hießen ebenfalls „Strahler"

3. ELEMENTE: ERDE, STEINE, EDELSTEINE

Dieser Traum nimmt ein sehr vertrautes Bild auf: jeder Mensch kennt und liebt seit Kindertagen das Bild der Hirten um die Weihnachtskrippe. Unzählige Male ist dieses Motiv dargestellt worden, und so wenig wie Ochs und Esel dürfen die Hirten bei der Christgeburt fehlen! Sie gehören einfach dazu, teils wegen der biblischen Überlieferung, vor allem wegen der Entsprechung zu einem archetypischen Bild. Die eigenartige Anordnung der bärtigen Hirten beim Neugeborenen verstehe ich als die Naturkräfte, die das Kind zum Wachstum braucht (vgl. die Rolle der chthonischen und dunklen Kabiren als Begleiter der Großen Mutter). Auch der im Traum genannte Pan geht wahrscheinlich zurück auf einen vorgriechischen Fruchtbarkeitsgott.[139] Funde aus dem 7.-3. Jh. v. Chr. zeigen Pan zusammen mit schwangeren Frauen. Er wurde als Vegetations- und Fruchtbarkeitsgott verehrt.

Beim Betrachten dieses Traumbildes wird man vielleicht einen kleinen Schrecken empfinden. Hinsichtlich Pan erging es den Griechen genauso: in ihrer Vorstellung erschien Pan urplötzlich in der Mittagsstille und erschreckte Menschen, Vieh und die Nymphen im Wald. Daher haben wir noch heute den Ausdruck „Panik" und panischer Schrecken. Im Traum aber erschrecken hier weder das Kind noch die Mutter.

Ohne jeden Zweifel ist diese Traumszene ein numinoses Bild. Es ist ein Erleben, das tief im Unbewußten der Träumerin vor sich geht. Wir bemerken, daß sie mit diesen urwüchsigen Männern auf gutem Fuß steht und ganz ohne Angst zusieht, was nun geschieht. Dies ist eine sehr günstige Lage:

Drei bärtige Männer um das Körbchen des schlafenden Kindes herum lassen auf eine sehr starke und ausgesprochen naturhafte, unbewußte männliche (Animus-) Seite dieser Frau schließen, und sie scheint mit diesen Kräften in völligem Einklang zu leben, es besteht da kein Konflikt oder Angst. Der mittlere der Männer sitzt sogar am Tisch, d.h. dieser hat am menschlichen Leben teil, während der bärtige Alte von draußen hereinkam, aus der Natur. Der dritte aber, den sie sofort als den griechischen Hirtengott Pan erkennt, ist erst in einem bestimmten Moment der Handlung plötzlich da. Er trägt einen Aststock in der Hand, das Zeichen des Hirten, des Herrn der Herde.

Wir erinnern uns daran, daß der „Gute Hirte" auch einer der ältesten Namen Christi ist (z.B. Joh. 10, 12), und dies in einer Zeit, als auch noch die antiken Hirtengötter wie Pan im Gefolge des Dionysos, und der menschenfreundliche Hermes (der ebenfalls gleichzeitig Dieb war!) bekannt waren.[140]

„Dieses Kind tut richtig ‚abstrahlen'", sagt er und nimmt das goldene Ringlein aus dessen Kleidern. Welch schönes Bild für die „goldene", d.h. beglückende Ausstrahlung eines kleinen Kindes! In Märchen kommt es häufig vor, daß zur Charakterisierung der bereichernden und guten Wesensart einer

---

[139] *Der Kleine Pauly*, Lexikon der Antike, Kabiren, Pan
[140] bekannt ist z.B. das Mosaik vom Guten Hirten in der Kapelle Galla Placidia, Ravenna, 5. Jh.

Figur Edelsteine und Perlen aus dem Munde oder Perlen als Tränen aus den Augen fallen.[141] Meist ist dies die Gabe einer guten Fee, jedoch gerade in Grimms Kinder- und Hausmärchen Bd. 13 (im folgenden KHM abgekürzt) sind es ebenfalls drei männliche Naturgeister, die drei „Haulemännerchen" im Wald, die einem armen Mädchen jene Gabe verleihen!

Das „Abstrahlen" oder Abfallen von Gold oder Edelsteinen ist ein Bild für den seelischen Reichtum, den die Menschen von einem Kind oder Erwachsenen empfangen können.

Hier fällt ein besonderes Ringlein aus des Kindes Kleidern, ein Ringlein aus Altgold mit einem Herzlein aus Zweigen, das „Druidenherz" genannt wird. Der Ring bedeutet mehr als Liebe, er bedeutet auch enge Zugehörigkeit.

Pan kennen wir aus dem griechischen, das Druidentum aus dem keltischen Altertum. Beide Erscheinungen sind Gestaltungen aus dem kollektiven Unbewußten, die überall manifest werden können, hier im Traum einer Schweizerin.

Die keltische Religion scheint eng mit der Natur verbunden gewesen zu sein, und die Druiden hatten ein großes Naturwissen. Deutsche Landschafts-, Fluß-, See- und Gebirgsnamen sind vielfach keltischen Ursprungs, und etwas von der Vertrautheit und dem Einklang, der die keltische Religion im Verhältnis zur Natur durchzogen hat, herrscht auch in diesem Traum. Ihren Götter- und Heldensagen nach zu schließen müssen die Kelten daneben recht rauhe Burschen gewesen sein.

Das „Herz des Druiden" wäre eine Art Quintessenz des keltischen Glaubens und Fühlens, es wäre ein höchster Wert der Liebe in jener Religion. Hier würde es deshalb die Gabe einer besonders naturnahen und naturliebenden inneren Einstellung bedeuten, die für Mutter und Kind gültig und bindend wäre (der Ring).

Wenn Pan der Schenker dieses Ringleins ist, so ist er zweifellos kein gewöhnlicher Hirte, oder gar ein Räuber. Vielleicht ist er ein solcher, der den Menschen ihr falsches, ich-haftes Beiwerk, ihre allzu starke „Persona", raubt, um sie mit ihrem tieferen Selbst in Verbindung zu bringen. Vielleicht dürfte man sogar das Jesuswort hier anführen: „Siehe, ich komme wie ein Dieb in der Nacht" (Offb. 16, 15).

Von solchen starken, vielleicht recht urwüchsigen, durchaus gutartigen Kräften in der Mutter ist das Kind umgeben und erhält von ihnen die Gabe einer unvergänglichen, verbindlichen Liebe zur Natur und zu einem Verstehen ihrer Geheimnisse. Da muß es wohl gut gedeihen!

Traum Nr. 22. Alter der Träumerin 36, seit 7 J. verheiratet, geplante Schwangerschaft, gesund. Die Eltern sind beide in Jung'scher Analyse. Die Frau war

---

[141] z.B. Grimms Kinder- und Hausmärchen (KHM) 13, Die drei Männlein im Walde

3. ELEMENTE: ERDE, STEINE, EDELSTEINE

sehr interessiert daran, wie ihr Unbewußtes auf die Schwangerschaft reagieren würde.

> *Going to the doctor to get my last vitamin-injection to become stronger for pregnancy. An unknown man, helping me to get the coins into the parkmeter, „he slams the meter with his fist and suddenly it is as if I have hit the jackpot on a slot machine – piles of coins, then jewels begin to pour out into my arms – diamonds, emeralds, etc.!" Putting all these into the car it has changed into a family-car, a station wagon. The doctor gives me the last injection and then „starts to roll me around his office, like a ride at an amusement park. I am laughing."*

> *Ich ging zum Arzt für meine letzte Vitaminspritze, um für die Schwangerschaft kräftiger zu sein. Ein Unbekannter half mir, die Münzen in die Parkuhr zu werfen, er schlug mit der Faust darauf, und plötzlich – als ob ich den Jackpot an einem Spielautomaten getroffen hätte – kommen ganze Geldhaufen und Juwelen herausgepurzelt, direkt in meine Arme, Diamanten, Smaragde, usw.! Als ich alles ins Auto schaffen wollte, hatte sich dieses in einen Familien-Großraumwagen verwandelt! Der Doktor gibt mir die letzte Spritze und rollt mich dann rund herum in der ganzen Praxis, wie auf einem Vergnügungspark. Ich lache.*

Der Doktor und der fremde Mann sind positive Animusfiguren. Obwohl die Träumerin schon ein gewisses Alter hat und sieben Jahre ohne Kind verheiratet ist, tritt die Schwangerschaft im gewünschten Moment ein. Allerdings könnten die Schwierigkeiten, die sie im Traum bei dem Versuch hat, ihre Parkmünze in den Schlitz des Parkmeters zu stecken, auch auf irgendwelche sexuellen Probleme hindeuten – jedenfalls würde eine mehr Freud'sche Deutung dies wohl sicher annehmen. Jung spricht von dem Schlitz im Opferstock, in welchen der geschuldete Wert geworfen werden muß. Er deutet dies so: Wenn dabei Schwierigkeiten auftreten, so kann offenbar das richtige Opfer nicht leicht gebracht werden. Es bedarf aber nur eines kräftigen Faustschlags eines „unbekannten Mannes", der ihr zu Hilfe kommt, und es ist, als habe sie den Gewinn in einem Glücksautomaten erzielt!

Hier half ein männlich entschlossener, unbewußter Impuls, ein positiver Animus, das geschuldete Opfer einzubringen, ehe sie den so unglaublich vermehrten Schatz in die Hand bekommen und bewahren kann. Der Faustschlag auf den Parkmeter zeugt von beträchtlicher unbewußter Energie, die hier zielsicher mitarbeitet – ein seltener Glücksfall, der auch die Träumerin, nachdem sie die Juwelen ins Auto gepackt und noch eine Kraft-Spritze bekommen hat, hellauf lachen macht. Der Doktor fährt sie nämlich zum Abschluß noch auf der Liege rundherum in der Praxis, wie in einem Vergnügungspark. Auch dieser Mann bringt sie also in einen glücklichen Schwung, in den Schwung einer Kreisbewegung, die immer ein Bild für die Ganzheit ist, und dabei entsteht auch noch versteckterweise das ersehnte Bild des Fahrens eines Kinderwagens.

Hier bedeutet die Schwangerschaft offensichtlich „das große Glück", was nach sieben kinderlosen Ehejahren gut vorstellbar ist. Reizend ist auch das Detail, daß sich plötzlich der Personenwagen schon in ein Familienauto verwandelt hat, um den Schatz heil heimzubringen. Man kann an diesem ganzen Traum sehen, wie sehr das Unbewußte der Träumerin die Tatsache der Schwangerschaft begrüßt und sich dafür bereithält.

Traum Nr. 23[142]

Geträumt in der 8. Woche. Die Träumerin assoziierte mit dem Diamanten ihre Schwangerschaft.

> *I am on the lower level of the subway system. A young black woman gives me a diamond. I put it deep in my pocket, not wanting people to know for fear they will steal it. When I reach the upper level I feel safer.*
>
> *Ich bin auf der untersten Ebene des U-Bahnsystems. Eine junge schwarze Frau überreicht mir einen Diamanten. Ich stecke ihn tief in meine Tasche, weil ich nicht will, daß es die Leute wissen. Sie würden ihn stehlen. Wie ich die obere Ebene erreiche, fühle ich mich sicherer.*

Ist schon der Schlaf gegenüber dem Wachen ein „abaissement du niveau mental", so geht es innerhalb dieses Traumes noch weiter hinunter, dorthin, wo ein unterirdisches Netz von Tunnels und Gängen die oberirdisch getrennten Wohnorte der Menschen miteinander verbindet. Das System der U-Bahnen ist – ähnlich wie z.B. das Grundwasser – ein Bild für das kollektive Unbewußte.[143] Viele Volksmärchen beginnen mit einem vergleichbar undurchsichtigen, dunklen Bereich, nämlich mit einem dichten Wald, in den sich der Held auf der Suche nach der „schwer erreichbaren Kostbarkeit" verirrt hat.

Warum das Traum-Ich sich in diesem Dunkelbereich befindet, wird nicht näher erklärt. Das Erleben der Schwangerschaft mag sie so tief hinunter ins Unbewußte geführt haben, vermutlich bis in die körperlichen Funktionen hinein. Diese Lage gibt ihr die Möglichkeit zu einer ganz außerordentlichen Begegnung: Eine schwarze junge Frau überreicht der Träumerin dort unten einen Diamanten. Da die schwarze Farbe ausdrücklich erwähnt wird, nehmen wir an, daß die Träumerin selbst eine Weiße ist. Sie verbirgt den Stein sofort

---

[142] aus: Edward Edinger, Anatomy of the Psyche, 1985
[143] Es verbindet die Bewohner der Oberwelt, die bewußte Welt, in einer tiefliegenden Schicht, mittels derer alle Menschen kommunizieren. Neuere Forschungen innerhalb der Biologie scheinen ebenfalls zu belegen, daß, analog zum Prinzip der kommunizierenden Röhren, gewisse Verhaltens-Phänomene an verschiedenen Stellen der Welt sich gleichzeitig bemerkbar machen können.

tief in ihrer Tasche, aus Angst, „die Leute" könnten ihn ihr rauben. Erst oben fühlt sie sich sicherer. Sie hat dort, psychologisch gesprochen, den Bereich eines bewußtseinsnäheren Erkennens und Wahrnehmens wieder erreicht, dies ist auch ein mehr persönlicher Raum im Gegensatz zu dem von unbekannten Leuten erfüllten, d.h. kollektiven, dunklen Untergrund. Begegnungen auf der kollektiven Ebene können für das Individuum tödlich oder lebenswichtig sein – entscheidend ist die Reife des Ichs, hier des Traum-Ichs, der Begegnung auf eine lebendige eigene Weise standzuhalten und ihre Botschaft zu verstehen.

Was heißt es, der Schatz könnte dort unten geraubt werden? Es will sagen, daß ein solcher Schatz im Unbewußten leicht wieder verschwinden könnte. Das kollektive Unbewußte könnte ihn gleichsam wieder in sich zurückschlucken. Das könnte z.B. bedeuten, daß dieser persönliche Wert durch die Meinungen der Masse mißbraucht, mißachtet, verraten und verkauft würde, und es kann auch heißen, daß er im chaotischen Getriebe einfach verlorengehen, d.h. vergessen würde. Auch dann hätten ihn die Leute „geraubt".

Wer ist jene dunkle Frau? Wenn in Träumen gleichgeschlechtliche, aber auf irgendeine Weise gegensätzliche Figuren auftauchen, so könnte es sich theoretisch um Schattenfiguren handeln. Hier läge dieser Gedanke besonders nahe, da die fremde Frau schwarz ist und tief unten im Dunkelbereich auftritt. Allgemein versteht C.G. Jung unter dem „Schatten" jene Persönlichkeitsanteile, die man – bewußt und unbewußt – in den Schatten stellt, d.h. sie vor sich und besonders vor anderen verbirgt. Er enthält diejenigen Erfahrungen, Wesensseiten und Eigenschaften, die man lieber nicht hätte und bei denen es einem gelungen ist, sie zu unterdrücken. Man nimmt sie dann selber nicht oder kaum mehr wahr und ist höchst erstaunt, wenn sie von anderen trotzdem sehr wohl gespürt und abgelehnt werden. Meist sind es negative oder peinliche Dinge persönlicher Art (z.B. unterdrückter Ehrgeiz), von denen man sich auf diese leider unzulängliche Weise befreien möchte. Unter dem Schatten eines Menschen verstand Jung zwar wie Freud abgedrängte, dem Tagesbewußtsein unzugängliche Persönlichkeitskomponenten, besonders – wie Freud – solche, die tatsächlich bewußtseinsfähig wären, wenn man den Mut zu ihnen hätte. Ihnen zu begegnen ist ein dunkles Kapitel in jeder Analyse, wäre aber die wichtigste Bedingung einer ganzheitlicheren Persönlichkeit. Nach Jung gibt es aber auch „helle" Schatten: Bilder positiver Wesensseiten, die man sich nicht zutraut oder die man vergißt und unentwickelt läßt.[144]

Wenn nun eine weiße junge Frau von einer schwarzen jungen Frau träumt, die ihr im Untergrund einen Edelstein überreicht, so sind Licht und Schatten scharf getrennt, aber ungewöhnlich und doppelt ineinander verflochten. Betrachtet man die (weiße) Träumerin als ein Ich, so ist zweifellos die

---

[144] Grundsätzliches zum persönlichen und zum kollektiven Schatten bei M.-L. von Franz, Der Schatten und das Böse im Märchen, S. 9 ff.

schwarze junge Frau ein Schattenbild der Weißen, eine Art Doppelgängerin; aber nur die Tatsache, daß die Weiße hinuntergestiegen ist, ließ sie ihrer dunklen Schwester begegnen.

Es wird nicht näher erklärt, warum sie hinuntermußte. Meistens sind dies schmerzvolle, deprimierende Prozesse. Der Abstieg kann eine bestimmte Stufe im Reifungsprozeß bedeuten. Die Alchemisten nannten sie nigredo, die „Schwärzung", um die keiner herumkommt. Da wird die Seele (die Alchemisten sprachen von der prima materia, der Wandlungssubstanz) in die Schwärze getaucht, begegnet Dämonen von vielerlei Gestalt, d.h. letztlich sich selbst als schwarz und finster. Man begegnet sich gleichsam als das eigene Negativ.

Ein Abstieg in tiefe Schichten des Unbewußten kann einer Depression sehr nahe kommen. Von Depressionen und Heimsuchungen durch Dämonen berichten denn auch nicht wenige Heiligenbiographien, gerade auch großer Heiliger, deren Versenkung wirksam in die Tiefe führte (z.B. der Heilige Niklaus von Flüe, oder der Hl. Franziskus, am bekanntesten ist dafür wohl das Beispiel des Hl. Antonius). Es bedarf einer starken und instinktsicheren Ich-Organisation, um den Weg nach oben wieder zu finden.

Ich glaube jedoch, daß in unserem Traum nicht die Situation einer eigentlichen Depression beschrieben ist. In unserem allgemeinen (kollektiven) „Untergrund", d.h. in dem in unserer Kultur eher abgedrängten, dunklen, d.h. unbewußten, gemeinsamen Basisbereich befindet sich heutzutage z.B. unser natürliches Instinktwesen, unsere kulturell und moralisch zweifelhafte körperliche und sexuelle Seite – neben vielen anderen vergessenen oder noch nie gewußten Inhalten. Heute müßte man vielleicht hinzufügen: auch die religiöse Seite ist vielfach im Untergrund, d.h. unbewußt geworden und archaisch-unentwickelt. Es hängt wohl mit dem starken Erleben der Schwangerschaft zusammen, daß die Träumerin in diesen kollektiven Bereich hinabstieg und einen Bezug dazu findet.

Die „Schwarze" hat keinerlei negativen Beigeschmack oder irgendein bedrohliches Attribut. Es ist, als ob dieser Traum auch deutlich sage, daß schwarz nicht böse sein muß, obwohl es in der Symbolsprache oft so ausgedrückt wird. Das Dunkle schenkt in diesem Traum den höchsten Wert – den Diamanten.

Die „Schwärze" darf im Traum aber nicht zu lang dauern: Die Träumerin steckt den Diamanten tief in ihre Tasche und strebt rasch ins Helle hinauf. Psychologisch gesprochen befand sie sich vielleicht weniger in einem „Stimmungstief", sondern, wie das Traumbild klar aussagt, einfach auf dem Niveau des kollektiven Unbewußten, und dieser Bereich ist dem Individuum entgegengesetzt. Die „Leute" sind ein bedrohliches, amorphes Kollektiv. Nachdem die schwarze Frau den Edelstein überreicht hat, darf dieser daher keinesfalls der Masse preisgegeben, d.h. zerredet, angestarrt, zerpflückt und heruntergerissen werden, ehe die Träumerin ihn sich ganz klar (in der Helle) und auf persönlichem Niveau zu eigen, d.h. bewußt gemacht hat.

3. ELEMENTE: ERDE, STEINE, EDELSTEINE

Die „Tasche", in welche die Träumerin den Edelstein steckt, könnte, wie sie selbst vermutet (s.o.), bildlich auf ihre Schwangerschaft hinweisen. Daraus wäre zu schließen, daß ihr die Schwangerschaft tatsächlich ein Geschenk, das Kind einem Juwel vergleichbar erscheint. Dies ist zweifellos eine Deutungsmöglichkeit dieses schönen Traumes. Aber das ganze Traumbild ist damit nicht erfaßt. Wenn der Träumerin ihre Schwangerschaft als eine so große Kostbarkeit offen vor Augen liegt, warum dann die geheimnisvolle schwarze Frau im Untergrund? Zu ihr hätte sie vermutlich nicht hinunterzusteigen brauchen, wenn dieser Traum ihre Einstellung zur Schwangerschaft gewissermaßen nur spiegelte.

Schauen wir das Bild noch einmal an: Die Träumerin begegnet in einem dunklen, kollektiven, Raum, d.h. in einer allgemeinmenschlichen Tiefenschicht, einer Schattenfigur, die ihr – ganz persönlich – eine große Kostbarkeit übergibt, einen Diamanten.

Die schwarze Frau hat ihr also einen einzigartigen Reichtum zu schenken. Wer ist sie, dieses dunkle, unbekannte Gegenbild der Träumerin, das sie reich macht, wenn sie die Gabe akzeptiert und hinaufrettet? Ich glaube, daß in ihr ein Selbstbild gesehen werden kann, und dies ist kein Widerspruch zum oben dargestellten „Schatten", sondern wohl im Gegenteil. Das Selbst umfaßt die Gegensätze, es ist das reichere, tiefere, umfänglichere Zentrum der Träumerin, welches zusammen mit ihr – sichtbar im Diamanten – ihre Ganzheit vollendet. „Der Schatten und das Selbst können als die gleiche Figur erscheinen, oft in den Anfängen einer Analyse", sagt Barbara Hannah[145]. Eine Schwangerschaft hat manche Entsprechung zu einer Analyse.

Wenn man den Edelstein auf die Schwangerschaft bezieht, wie die Träumerin es laut Kommentar tut, so ist das gewiß nicht falsch, aber wir dürfen in dem ganzen Geschehen insgesamt, genauer gesagt, einen tiefgreifenden Entwicklungsschritt zur Individuation hin sehen. Die Träumerin scheint eine Selbst-Erkenntnis erfahren zu haben, welche die Frucht einer eigentlichen Einweihung ist. Sehr zu Recht erscheint das Geschenk der dunklen Frau im Traum als ein zu hütendes, kostbares Geheimnis, weil es ihr eigenstes, innerstes Wesen betrifft. Es muß bewußt gehütet werden. Es hat ganz den Anschein, als ob die Reaktion des Traum-Ichs diesem gerecht würde, und das würde bedeuten, daß die Träumerin den Schatz ihrer dunklen Seite in ihr Bewußtsein integrieren und heil zur Ebene des wachen und individuellen Lebens heraufbringen kann. Wenn wir uns fragen, um was es sich konkret handeln könnte, was denn das Kostbare aus der Tiefe eigentlich sei, so könnte man im Diamanten die durch das Erlebnis der Schwangerschaft ermöglichte, tiefempfundene Gabe ihrer weiblichen Ganzheit sehen, die sie nun ins Bewußtsein heben kann. Da sie aus einer dunklen Tiefe stammt, so wird es sich

---

[145] Das Problem der Beziehung zum Animus, In: Jungiana Reihe A Band 3, 139

wahrscheinlich um die erdhafte, instinktive Seite ihrer Weiblichkeit handeln, die ihr bewußt wird.

Der Diamant symbolisiert das Selbst. Da wir von den persönlichen Umständen der Träumerin nichts wissen, können wir nur sagen, daß es in diesem Traum mindestens ebenso stark wie um die Schwangerschaft um den Prozeß der Ganzwerdung, bzw. um die Schwangerschaft als einen Schritt zur Individuation, geht. Der Traum zeigt dabei eine sehr gute seelische Reaktion.

Traum Nr. 24:

Dieser Traum wurde in der 7. Woche auf der Rückreise von Indien, also mehr als ein Jahr vor Nr. 21, geträumt, und ein gesundes Mädchen wurde geboren. Er lautet:

Ich träumte, Felicitas brachte uns die Schlüssel der Schwiegermutter, und in dem Kästchen war noch ein mattgoldner Ring mit einem klaren durchsichtigen Stein in der Form eines Kreuzes und einer Kugel. Wenn man in den klaren Stein schaut, sieht man im Zentrum des Kreuzes ein weiches Rosenrosa – wie eine höchste Konzentration von allem.

Die Träumerin verbindet mit dem Namen Schaffhausen das Gefühl einer großen Liebe zur Mutter ihres Mannes, die von dieser auch – wie man aus der Übersendung des Kästchens sehen kann – mit dem vollsten Vertrauen erwidert wird. Das Überbringen der Schlüssel zur Wohnung der Mutter bedeutet die Möglichkeit, mehr noch, die Einladung zum Öffnen und Erschließen des Bereiches der Mutter.

Die Schwiegermutter ist für die Träumerin die geliebte, bewunderte und größere Mutter, also eine ideale Verkörperung der Großen Mutter in ihrem positiven Aspekt. Glückhaft erscheint daran neben der starken Liebesbeziehung (die auch aus anderen Träumen der Frau hervorgeht) das im Verhältnis von Mutter und (Schwieger-)Tochter keineswegs immer gelingende Belassen von Freiheit. Das Mutterwerden der Träumerin, die zu jenem Zeitpunkt schon um die Schwangerschaft weiß, geschieht gleichsam wie eine vertrauliche Einladung, wie ein liebevolles Öffnen des neuen Lebensbereichs, und vor allem ganz ohne Zwang. Das Kästchen kommt wie ein Geschenk zu ihr.

Der Schlüssel zur Wohnung der „Mutter" ließ mich von fern an jenen magischen Schlüssel denken, den Faust für seine Suchfahrt in das Reich der „Mütter" erhält. Dort[146] führt der Schlüssel den Sucher hinunter in eine nächtliche Tiefe. Schon das Wort „die Mütter" klingt ihm so „sonderbar". Dies ist nicht die Welt der Menschen, es ist das „Unbetret'ne, nicht zu Betretende" – die ganz entfernte, unirdische Welt der Schöpfungsgeheimnisse. Faust soll einen ahnungsvollen Blick tun dürfen in den unzugänglichen archetypischen Hintergrund allen Werdens und Vergehens. Wenn wir diese Schlüssel-Stelle in

[146] Faust II, 1. Akt

3. ELEMENTE: ERDE, STEINE, EDELSTEINE

Goethes Faust betrachten, so haben wir die unerhört eindrucksvolle Vision eines Dichters, eines Mannes, vor uns. Das Weibliche, so intensiv er es liebte und studierte, ist ihm fremd, für ihn ist es das Reich der Anima, und der Schlüssel führt ihn notwendig zum Abgründigen, Unbewußten. – Ganz anders unser gegenwärtiger Traum! Hier soll der Schlüssel gerade die Welt der Mutter aufschließen und betretbar machen. Es ist der Traum einer schwangeren Frau, für sie wird ihre eigene menschlich-persönliche Wirklichkeit aufgeschlossen. Hier erscheinen nicht Schemen und Schatten, sondern sie wird liebevoll eingeladen, die Welt der Mutter zu betreten. Auch hier wirkt der Archetyp der Mutter, aber diese ist nicht das ganz Andere, Nicht-zu-Betretende, sondern die Mutter eröffnet ihr das ihr Zukommende.

Um was es dabei geht, d.h. was der Sinn dieses Schlüssels ist, das ist ebenfalls im Kästchen enthalten (welches auch schon selbst ein gleichsam mütterliches Symbol darstellt): Neben dem Schlüssel liegt noch ein „mattgoldenes Ringlein mit einem klaren Stein". Der mattgoldene Schimmer könnte bedeuten, daß es ein altes Ringlein ist, vielleicht ein Erbstück, das von der Mutter auf die Tochter vererbt wird. Solche Familienstücke gibt es. Vielleicht liegt im „matten" Goldschein auch der Hinweis, daß der volle Wert des Goldes, d.h. seine geistige Bedeutung, noch nicht voll erkennbar ist. Ein Ring ist jedenfalls seit eh und je das Symbol einer starken und verpflichtenden Verbindung unter Menschen und wird auf der ganzen Welt so verstanden. In der Form des Ringes wird die „Ewigkeit", die Dauer einer Beziehung, und im Gold ihr hoher Wert symbolisiert.[147]

Das Ringlein in unserem Traum „hat einen klaren, durchsichtigen Stein in der Form eines Kreuzes und einer Kugel". Die Träumerin hat sich auch bemüht, diese räumliche Form durch eine Skizze zu verdeutlichen, aber dies zu zeichnen ist äußerst schwierig (noch schwieriger als die Quadratur des Kreises!). Es muß sich jeder ein eigenes Bild davon machen. Tatsächlich bestehen überwältigend viele Sinnbilder des zentralen Symbols, des Selbst, aus der Vereinigung von Kreuz und Kugel, oder Kreis und Quadrat, es sind vor allem die mannigfachen Mandalaformen aller Kulturen[148]. Besonders bekannt ist die Form der Vereinigung von Kreis und Kreuz in der Gestalt der irischen Steinkreuze. Auch der altchristliche Heiligenschein Christi besteht aus Kreis und Kreuz, um nur einige wenige Beispiele zu nennen, nicht zu vergessen viele herrliche Rosetten an Kirchenfenstern, sowie tibetische Tangkas.

Der Stein des Ringleins ist klar und durchsichtig. In seiner Durchsichtigkeit ist seine Reinheit, aber auch das klare Verstehen ausgedrückt, welches die Träumerin für die Botschaft des Traumes besitzt: sie kann „bis ins Zentrum

---

[147] Ausführliches zur Symbolik des Ringes s. M.-L. von Franz, Psychologische Märcheninterpretation, a.a.O. S. 71 ff. und 83 f.
[148] zu diesem Thema s. C.G. Jung, Aion, S. 323ff

hindurchschauen". Wie die Träumerin nun hindurchsieht, sieht sie „im Zentrum des Kreuzes ein weiches Rosenrosa wie eine höchste Konzentration von allem."

Das Ergreifende an diesem Traumbild liegt für mich neben seinem Inhalt auch in der Schlichtheit der Worte, mit denen die Träumerin es zum Ausdruck bringt. Jene „höchste Konzentration von allem" ist bestimmt etwas, das in Worten eigentlich überhaupt nicht aussagbar ist. „Von allem" ist der einfachste Ausdruck der Ganzheit, d.h. der Einheit allen Lebens und aller Gegensätze, die im Mittelpunkt des Kreuzes zusammenkommen – an dem Punkt, wo das „Herz Jesu" gedacht werden kann. Kein Ausdruck könnte diesen mystischen Punkt besser beschreiben als die einfachen Worte „höchste Konzentration von allem".

Dieser Mittelpunkt hat im Traum eine bestimmte Farbe, es ist ein weiches Rosenrosa, und gerade dies kommt der Träumerin recht eigentlich wie eine Quintessenz von allem vor. „Alles", das ist unser Leben und Denken, unser ganzes Sein, unser Schicksal, insbesondere unsere Religion, denn das Rosenrosa erscheint ja in der Mitte des Kreuzes.

Vielleicht ist im Bild des Kreuzes hier ausgesagt, daß zur Vollkommenheit – wie sie durch die Kugel ausgedrückt ist – auch das Leiden gehört. Jedenfalls wäre dies nach christlicher Grundanschauung eine Quintessenz unserer Religion, ihre „höchste Konzentration", und zwar, wie der Traumtext ebenso wie die Traumbilder es ausdrücklich sagen, „von allem". Hier schwingt für mich unüberhörbar die Gegensatznatur des Lebens mit, nämlich Leiden und Freuden, Arbeit und Leichtsinn, Fülle und Leere. All dies wird sichtbar im Farbton des weichen Rosenrosa. Eine Farbe ist immer ein Attribut zur näheren Bezeichnung des seelischen Gehalts eines Trauminhalts. Auch im Bild der Rose sind zwei starke Gegensätze enthalten: Die vollkommenste der Blumen hat neben ihrer Schönheit auch spitze Dornen, und in der Farbe Rosa ist Rot, die Farbe der Leidenschaft und des Blutes, vereint mit dem Weiß der Reinheit und Unschuld. Die Spannung zwischen diesen Gegensätzen ist gleichsam aufgehoben, wie es die Träumerin beschreibt, in der Weichheit des Rosenrosa. Diese Weichheit steht auch wieder im Gegensatz zur Härte des Kristalls. Sie ist seine gleichsam menschliche Essenz. Das „rosenfarbene Blut" wird auch in der alchemistischen Tradition als Bild für die christliche Liebe verwendet.[149]

Jung geht in weiten Teilen seines Werkes davon aus, daß alles Psychische aus Gegensätzen, aus ihrer polaren Spannung und ihrer Vereinigung, bestehe. Das weiche Rosenrosa im harten Stein wäre eine solche Polarität, so wie wir sie auch schon allein am Bild der Rose selbst und in der Verbindung von Kreuz und Kugel sahen. Die Polarität geht durch den ganzen Traum hindurch.

---

[149] s. Jungiana Reihe A Band 3: M.-L. von Franz, C.G. Jungs Rehabilitation der Gefühlsfunktion in unserer Zivilisation, S. 28f.

3. ELEMENTE: ERDE, STEINE, EDELSTEINE

Wenn die Träumerin das weiche Rosenrosa als die höchste Konzentration *von allem* bezeichnet, so dürfen wir den Stein im Sinne der Alchemie auch als *lapis* erkennen – es ist jener Stein, der ein Sinnbild für den neuen, d.i. den ganzen und vollständigen Menschen ist, welcher in jeder Schwangerschaft für die Mutter ebenso wie für das Kind von neuem gemeint und möglich ist.

Dieser Traum läßt in besonders klaren Bildern die Vorgänge im archetypischen Hintergrund einer Schwangerschaft aufleuchten.

Bild 10 Ex. Voto. Nidwalden 1741

3.3 Das Feuer

Irmgard Bosch

Wo Feuer brennt, ist notwendig Bewegung, Verwandlung, Veränderung. Feuerträume könnten deshalb in der Schwangerschaft eine besondere Bedeutung besitzen. Bei der starken Ambivalenz des Elements „Feuer" möchte ich mich der Deutung aber mit einiger Vorsicht nähern und zunächst allgemeine Aspekte der Feuersymbolik betrachten.

Unübertrefflich hat der Dichter Friedrich Schiller den zwiespältigen Charakter des Feuers in seinem epischen Gedicht „Das Lied von der Glocke" (1800) beschworen. In den folgenden Zeilen faßt er Grundsätzliches zum Feuer lapidar zusammen:

> Wohltätig ist des Feuers Macht,
> wenn sie der Mensch bezähmt, bewacht,
> und was er bildet, was er schafft,
> das dankt er dieser Himmelskraft;
> Doch furchtbar wird die Himmelskraft,
> wenn sie der Fessel sich entrafft,
> einhertritt auf der eignen Spur
> die freie Tochter der Natur.
> Wehe, wenn sie losgelassen, ...

Hier folgt die grandiose Schilderung einer Feuersbrunst, an deren grausigem Ende es heißt:

> Hoffnungslos
> weicht der Mensch der Götterstärke,

womit noch einmal die Dimension genannt ist, mit welcher man hier konfrontiert ist.

Bei Feuerträumen sind wir ganz besonders auf das Ganze des Traumes und auf den Kontext angewiesen, um bei der starken Ambivalenz des Feuers den Gehalt des Bildes zu erkennen. Feuer ist „das Agens der Wandlung"[150], sein Wesen ist immerwährende Bewegung, gewaltsame Veränderung durch Hitze, seelisch gesehen die Kraft der Libido, welche den Lebensprozeß vorantreibt: „Die Licht- und Feuerattribute schildern die Intensität des Gefühlstones und

---

[150] Mircea Eliade, Schmiede und Alchemisten, S. 182

sind daher Ausdrücke für die als Libido sich kundgebende psychische Energie. Wenn Gott, die Sonne oder das Feuer, verehrt wird, so verehrt man unmittelbar die Intensität oder die Kraft, also das Phänomen der seelischen Energie, der Libido."[151]

Auch und vor allem gilt dies für das Leben des Geistes: Die Lehre des Buddha wird im Bild des Sonnenrades verehrt[152], auch in der Bibel wird die Herrlichkeit des Herrn[153] „wie Feuer" beschrieben, oder mit den Worten des 104. Psalms: „Der du machst Winde zu deinen Engeln und zu deinen Dienern Feuerflammen". Der vorsokratische griechische Denker Heraklit[154] sah den Ursprung aller Dinge überhaupt im Feuer, wohin auch alles zurückkehren werde. Stete, feurige Wandlung zwischen Gegensätzen war für ihn der Urgrund des Seins[155]. In Platos berühmtem Höhlengleichnis ist es das Feuer, das die Erscheinungswelt sichtbar macht. In der Lehre der Stoiker[156] steht ebenfalls am Urbeginn das alles erschaffende Urfeuer, und als Logos durchdringt das feurige Pneuma alle Dinge[157]. Darauf weist auch C.G. Jung hin[158]: „... schon die Antike (hat) die heimarmene (das unbedingt zwingende Schicksal) in Beziehung gesetzt zum ‚Urlicht' oder ‚Urfeuer', zur stoischen Vorstellung der letzten Ursache, der überall verbreiteten Wärme, die alles geschaffen hat", und er fügt hinzu: „Diese Wärme ist ein Libidobild".

Auch die Gnostiker, z.B. Simon Magus[159], gehen von einem „Urfeuer" aus. Das Neue Testament stellt die Erscheinung des Christus auf Erden in denselben Zusammenhang, wenn es sagt[160]: „der nach mir kommt, ... der wird euch mit dem Heiligen Geist und mit Feuer taufen" oder Lc. 12, 49f: „Ich bin gekommen, daß ich ein Feuer anzünde auf Erden."

Die Einstellung Goethes zum Feuer war bekanntlich höchst ambivalent. Abgestoßen von dessen Gewalttätigkeit, vom „rohen Vulkanismus", besang er das Feuer dort, wo es Liebe bedeutet und durch die Liebe mit dem klärenden (abklärenden) Element des Wassers versöhnt ist[161]:

> ... ringsum ist alles vom Feuer umronnen;
> So herrsche denn Eros, der alles begonnen!
> Heil dem Meere! Heil den Wogen,
> Von dem heiligen Feuer umzogen!

---

[151] C.G. Jung, GW Bd. 5, Symbole der Wandlung, § 161 f.
[152] ebd. Abb. 20
[153] 2. Moses 24, 17
[154] 6. Jh. v. Chr., aus Ephesos
[155] *Der Kleine Pauly*, Heraklit
[156] 3. Jh. vor bis 3. Jh. nach Chr.
[157] *Der Kleine Pauly*, Stoa
[158] Symbole der Wandlung, GW Bd. 5, § 152, Anm. 49
[159] s. Apg. 8, 9
[160] z.B. Mt. 3, 11 aus dem Munde des Täufers Johannes
[161] Faust II, II. Akt, Klassische Walpurgisnacht, 8479

3. ELEMENTE: DAS FEUER

Heil dem Wasser! Heil dem Feuer!
Heil dem seltnen Abenteuer!

Hier ist freilich die Natur des Feuers verändert. Sie ist durch die seltene Verbindung mit dem Wasser verklärt. Wie im Phänomen des Regenbogens erschaut Goethe hier eine erste Stufe einer „Vereinigung der Elemente", so wie er auch ein besonders schönes Gedicht aus dem West-Östlichen Diwan mit den Worten beginnen läßt: „Wenn zu der Regenwand Phoebus sich gattet ..." – Es ist kein Zweifel, daß Goethe hier in der geheimen Tradition der Alchemisten dachte[162].

Zu Moses aber sprach Gott unverhüllt und rein aus dem feurigen Dornbusch, der wunderbarerweise nicht verbrannte[163]. Selbst der starke (gehörnte!) heilige Mann Moses konnte den Glanz nicht ertragen[164]. In der öden nächtlichen Wüste wies Jahwe als wandernde Feuersäule dem verzagten Volk Israel den Weg[165].

Die Gotteserfahrungen vieler Heiliger und Mystiker waren nach ihrem eigenen Zeugnis oft von überwältigenden Feuer- und Lichterscheinungen begleitet, so wie es z.B. vom Apostel Paulus auf dem Weg nach Damaskus,[166] und im authentischen Bericht der Hl. Hildegard v. Bingen (1098 – 1179) über die Erfahrung ihrer Erleuchtung überliefert ist[167]:

Es geschah im Jahre 1141 ... Aus dem offenen Himmel fuhr blitzend ein feuriges Licht hernieder. Es durchdrang mein Gehirn und setzte mein Herz und die ganze Brust wie eine Flamme in Brand; es verbrannte nicht, war aber heiß ... und plötzlich erhielt ich Einsicht ...

Immer wurde das Feuer als Numinosum empfunden[168]. Die Bemeisterung des für göttlich oder dämonisch gehaltenen Feuers durch den Menschen, eine der höchsten Leistungen in der menschlichen Kulturentwicklung, wurde im Mythos deshalb bezeichnenderweise oft als ein Raub, ein listiges „den Göttern Wegnehmen", aufgefaßt. Von diesen Geschichten ist uns am bekanntesten diejenige von Prometheus, der als Räuber des Feuers ein Wohltäter der Menschen ist, aber von den Göttern deswegen bitter bestraft wird. Ähnliche Geschichten gab es in Indien (Raub des Feuers und des Göttertrankes durch Indra).

Auch die konkrete Feuererzeugung selbst wurde bei alten Völkern und bei den Primitiven stets mit starken Tabus belegt, sie war vielfach nur wenigen Eingeweihten und nur durch rituelle Initiationen und Opfer zugänglich. Die

---

[162] vgl. C.G. Jung, GW. 8, §26, und M.-L. von Franz, Traum und Tod, S. 115 f.
[163] 2. Moses 3, 2
[164] s. dazu auch Faust II, 1. Akt, 4707 ff!
[165] 2. Moses 13, 21
[166] Apg. 9, 3
[167] z.B. am Anfang ihres Buches „Scivias", S. 5
[168] C.G. Jung, Symbole der Wandlung, GW Bd. 5, § 322f.

Wissenden, d.h. die Schmiede, Alchemisten, Zauberer oder Schamanen, hatten deshalb große Macht und bildeten Geheimbünde, ihre Herkunft wurde manchmal von den Göttern abgeleitet, bei anderen Völkern waren sie dagegen verrufen[169]. Immer war die Feuererzeugung mit Erregung, Ekstase, mit starker Emotion und Erhitzung des Körpers, vor allem aber mit ihrer Bemeisterung verbunden. Deshalb ist die Fähigkeit zur Feuererzeugung ein starker Zuwachs an Macht und an Bewußtsein.

Manchmal sind die Rituale und Techniken des Feuermachens deutlich mit denjenigen des sexuellen Bereichs und seiner Einweihungen verknüpft, wie z.B. das Feuer-Reiben, -Bohren und -Quirlen[170]. So wie die Feuererzeugung ist die menschliche Zeugung ein uraltes Tabu, das noch heute wirksam ist.

Es ist auffallend. daß in den Volksmärchen dämonisch lockende Frauen oft mit dem Feuer, mit dem Bereich starker Affekte also, zu tun haben: Sie schüren es immer, manchmal jammern sie auch, als ob sie Wärme suchten: „Hu, hu, wie mich friert!" (KHM 193) – ein Bild für den listig aussaugenden, defizitären Charakterzug negativer Mächte. Der Gedanke, irgendwie seien sie selbst auch Opfer und Geschädigte, kann einem kommen. Was sie in ihrer Gier aber an sich bringen, stärkt nur das Böse (wie im Märchen „Frau Trude", KHM 53). Öfters werden Hexen letzten Endes in ihrem eigenen Feuer verbrannt, wie in „Hänsel und Gretel" (KHM 15), in „Fundevogel" (KHM 51) und in „Der Trommler" (KHM 193), was psychologisch heißen könnte, das Feuer negativer Affekte ist auch selbstzerstörerisch. Manchmal könnte es auch Wandlung bedeuten – nie aber ohne starkes Leiden. Auf die historischen Hexenverbrennungen wird unten kurz eingegangen.

Feuer ist ein niemals ruhendes Element, Feuer ist überhaupt nur im Prozeß des Brennens denkbar und vorhanden und darum ein Urbild des Lebendigen. Es ist deshalb bedenkenswert, daß das Feuer so besonders oft Attribut Gottes ist, obwohl Gott als der Unwandelbare auch unter dem Bild des Steines, als der Allesdurchdringende unter dem des Wassers, oder als der Geisthauch, ruach oder pneuma, im Element der Luft gesehen wird. Es überwiegt aber, wie mir scheint, in den Bildern für Gott das feurige Element, und wenn es in 2. Moses 24, 17, heißt: „Das Ansehen der Herrlichkeit des Herrn ist wie ein Feuer", so ist darin auch die Tatsache ausgedrückt, daß der Mensch diese Herrlichkeit nicht ungeschützt schauen kann.

Zahllos sind die Bilder feuriger Gottheiten, ihrer feurigen Gespanne, Geschosse und Strahlen in allen Religionen (um nur wenige zu nennen: Zeus mit dem Blitz, Helios, Jahwe, Elias u.v.a.). Auf dem Licht- und Feuer-Erlebnis beruht auch der christliche Heiligenschein. Die persische Parsi Religion basiert seit Zarathustra[171] ganz auf der zentralen Bedeutung der Feuer-Riten.

---

[169] s. Mircea Eliade, Schmiede und Alchemisten, a.a.O., 91 ff.
[170] s. C.G. Jung, Symbole der Wandlung, GW 5, z.B. § 211 ff
[171] 6. Jh.v. Chr.

3. ELEMENTE: DAS FEUER

Feuer ist der Erneuerer des Lebens, was, irdisch gesehen, immer auch einen Tod des Bisherigen bedeutet. Feuer ist untrennbar verbunden mit Zerstörung[172], selbst da, wo das Feuer rituell oder profan in menschlichen Dienst gestellt ist: Immer ist der Tod des Opfertiers, die Hingabe irdischer Materialien (z.B. auch das Kerzenwachs) mit eingeschlossen. Es muß fast immer etwas ver-brennen, sonst ist keine Erneuerung möglich. An Pfingsten ergoß sich der heilige Geist in „Feuerzungen" über die Häupter der Apostel[173], so daß sie zum Zeugnis „entbrannten", und die nachfolgenden Leiden der Apostel waren bis zur physischen Vernichtung davon durchglüht.

Das konkrete Feuer aber wärmte die Menschen seit unerdenklichen Zeiten. Es tröstete sie in der Winterkälte und hielt sie zusammen, es ließ schon Brotfladen und Grütze gar werden, längst ehe die umwälzende Metallurgie erfunden war, die den Wissenden zu großer Macht verhalf und die Kulturgeschichte entscheidend bestimmte[174]. Mittels seiner Verwandlungskraft kann das Feuer die Opfergaben zu den Göttern emporbringen[175]. Das Feuer vernichtet das Alte und verleiht der Gabe eine neue, höhere Seinsform, sichtbar in Duft und Rauch, das Materielle fällt ab. Auch die Einäscherung des Toten soll den Leichnam unmittelbar, mindestens schneller als durch Verwesung, in den geistigen Leib verwandeln. In der Idee des „Fegefeuers" steckt dieselbe Vorstellung. Das Feuer der Reue verbrennt die Sünde und macht schon auf Erden das Volk von Schuld frei, so z.B. im jüdischen Reinigungsopfer. Mittels Feuer wollte man sich bis vor wenigen Jahrhunderten von Hexen und Hexern befreien. Zu Hunderten wurden Irrlehrer und Ketzer verbrannt, um die Erde vom Bösen zu reinigen, so z.B. die Verbrennung von 200 Katharern in Südfrankreich am Fuß des Mont Segur im 12. Jh. – Es mutet heute als Tragödie des Christentums an, daß man lange Zeit nicht wagen konnte (wollte) zu erkennen, daß der eifernde Haß der Inquisitoren psychologisch ein nicht minder höllisches Feuer darstellte, ganz zu schweigen vom Massenmord an Juden, der zu Unrecht mit dem jüdischen Reinigungsopfer („Holocaust") verglichen wird.

Noch viel früher als die männlichen Schmiede waren die Frauen als Hüterinnen und Bewahrerinnen des Feuers in einer heiligen Rolle für die Gemeinschaft: von der Feuerstelle mit dem mütterlich zu verstehenden Kessel, oder vom Kochherd aus, der der Mittelpunkt der Familie ist, und als Spenderinnen einer wohlzubereiteten Nahrung hatten sie schon immer eine ganz spezielle Macht inne, zusammen mit ihrer Rolle als Gebärerinnen, selbst in patriarchalen Kulturen. Es waren hohe Staatsämter, die die Vestalinnen im

---

[172] Shiva als Shankara (d.h. Zerstörer), Tod der Semele, s.a. Goethes Ballade „Der Gott und die Bajadere"
[173] Apg. 2, 3
[174] Mircea Eliade, a.a.O. 83
[175] s. Kain und Abel, 1. Moses 4, 4

alten Rom als Hüterinnen des Staatsfeuers im Tempel der Vesta bekleideten: In diesem Feuer hatten sie das Leben und die Wohlfahrt der ganzen Stadt und des ganzen Staates zu hüten, es durfte niemals verlöschen. In Griechenland war Hestia die Göttin des Herdes. Im Herd wohnten die Geister der Ahnen, die das Leben der Familie garantierten, und die Frauen waren dafür verantwortlich. Möglicherweise ist dieses ein Urbild: die Männer entzünden das Feuer, die Frauen bewahren und hüten es. Eines ist so wichtig wie das andere.

Die Ambivalenz des Feuers ist nicht nur eine Frage des Maßes. In archaischen Zeiten muß eine Faszination, auch eine ähnlich irrationale, totale Scheu vor dem Element des Feuers bestanden haben, vielleicht mit derjenigen vergleichbar, die wir gegenwärtig gegenüber der Energiegewinnung aus der Atomspaltung empfinden.

Als ein echtes Symbol – nicht ein fest umrissenes Zeichen für einen definierten Inhalt – gab es die vielschichtige und gegensätzliche Bedeutung des Feuers schon bei den Ägyptern: In der 11. Stunde des Amduat, des ägyptischen Totenbuches, wird gezeigt, wie die Feinde REs, des Sonnengottes, in Feuergruben geworfen werden[176], auch bei den Griechen floß ein Feuerstrom, Phlegeton, in der Unterwelt, in den Verbrecher geworfen wurden, und doch wurden zugleich auch heilige Feuer entzündet, z.B. das olympische Feuer, welches ein Garant des Friedens während der Wettkämpfe war.

Für eine psychologische Betrachtung der Feuersymbolik finden wir das reichste Material in C.G. Jungs „Symbolen der Wandlung"[177]. Nach C.G. Jung stellt das Feuer in Träumen und Phantasien als lebhaftester Ausdruck von Gefühlen und Leidenschaften vor allem die schmerzhafte Wandlung der Seele dar. Es ist als das Bewegende vor allem die Intensität des Lebens. Über seinen positiven Wert für die Individuation sagt Marie-Louise von Franz[178]: „Ohne das Feuer der Emotion findet keine Entwicklung statt und kann kein höheres Bewußtsein erreicht werden (s.o. die Worte Hildegards!), weshalb Gott sagt: Weil du aber lau bist und weder kalt noch heiß, werde ich dich ausspeien aus meinem Mund" (Offb. 3, 16). Und von Origines[179] wird das apokryphe Jesuswort überliefert: „Wer mir nahe ist, der ist dem Feuer nahe. Wer aber ferne von mir ist, der ist vom Reiche fern." – „Fern vom Reich" heißt ohne Verbindung mit dem Leben, oder mit Gott.

So kann auch, wie das Feuer, die menschliche Lebenswärme und Kraft der Leidenschaft von einem falsch eingestellten Ich des Menschen regelrecht erstickt werden. Dann erkaltet das Leben. Dies geschieht oft unter der Macht unüberwindlicher Geltungssucht bei schwach entwickelter Schattenintegration des Ich, z.B. unter dem Joch rigider moralischer Prinzipien und Ideale,

---

[176] s. Erik Hornung, Die Nachtmeerfahrt der Sonne, S. 176
[177] Olten 1971, besonders ab S. 158 ff.
[178] Einführung in die psychologische Märcheninterpretation, S. 185
[179] frühchristlicher Lehrer, 185-253

hinter welchen manchmal eine besonders tiefe Angst vor den möglichen Feuern des wirklich gelebten Lebens steckt. Dante hat in seiner Divina Commedia noch unterhalb der Feuerhölle an den allertiefsten Punkt des Inferno den schrecklichsten aller Orte, die Eishölle, gelegt. Erst diese ist der absolute Tod, während im Feuer, selbst im zerstörenden, noch immer Wandlungsmöglichkeiten stecken.

Werfen wir zum Abschluß noch einen Blick auf einige bekannte Feuerbräuche! Von der christlichen Kirche immer noch (oder wieder) gepflegt ist die uralte Sitte des Osterfeuers als Sinnbild der Auferstehung. Auch brennt in katholischen Kirchen in der Nähe des Altars stets das Ewige Licht, Symbol der immerwährenden Anbetung Gottes durch seine Kirche, und damit Symbol seiner Anwesenheit in ihr. In Frühlingsfeuern auf Hügeln, mit „Funken"-Abbrennen und feurigen Rädern, mit denen hierzulande seit alters die Auferstehung nach Winter und Tod gefeiert wird, sind alte heidnische mit christlichen Riten zusammengeflossen. Die Sommersonnenwende wird mit Johanni-Feuern gefeiert, und gar nicht wegzudenken sind für uns die brennenden Lichter am Christbaum in der Dunkelheit des Winters. Die Bedeutung fortdauernden, ewigen Lebens haben auch die Kerzen an der Bahre des Toten und auf Gräbern (Allerheiligen, Weihnachten, Ostern).

In den heiligen Feuern geht es fast immer um eine Neugeburt im Spannungsfeld starker Gegensätze, an denen sich ein neuer Aspekt des Lebens entzünden kann.

Feuerträume

Ambivalent und vielgestaltig erscheint das Feuer auch in Schwangerenträumen. Seine Verwandlungskraft drückt sich klar in folgendem Traum aus:

Traum Nr. 25: in der 9. Woche

> *I live in B. in Ö. I am both as young as I was then, about ten, and at the same time in my actual age.*
> *The fire is loose and it has started in the houses in the west part of the area. The fire is now spreading in our direction.*
> *There is only time to save a few things, and I will not have space for much in the car that will take us away from the fire.*
> *I decide to save this dream journal, my dark altar painting (the same painting as in the dream of the 1.12.83) and a couple of my most precious books. That is in fact all I need from the home.*
> *I am most upset and register with surprise that my father and the rest of the family seem rather indifferent.*
>
> *Ich lebe in B. in Ö. Ich bin so jung als ich dort war, ungefähr zehn Jahre alt, und gleichzeitig habe ich auch mein jetziges Alter. Ein Feuer ist*

ausgebrochen, es hat im Westen der Gegend angefangen. Nun breitet es sich in unserer Richtung aus. Es bleibt nur Zeit, wenige Dinge zu retten, und auch in dem Auto, das uns vom Feuer wegbringen wird, kann kaum Platz für viele Sachen sein. Ich beschließe, das Traumjournal, mein dunkles Altarbild und einige meiner kostbarsten Bücher zu retten. Das ist tatsächlich alles, was ich von daheim noch brauche. Ich bin sehr aufgeregt und registriere mit Verwunderung, daß mein Vater und die übrige Familie ziemlich gleichgültig scheinen.

Die Frage: Was würdest du mitnehmen, wenn du auf eine einsame Insel verbannt würdest? wird oft spielerisch und als Persönlichkeitstest gestellt. Was brauche ich auf Dauer am dringendsten? Jeder Mensch fragt sich bei einer wichtigen Lebenswendung so oder ähnlich. Die Schwangerschaft bedeutet einen solchen Abschied vom Vergangenen.

Angesichts des Feuers ist keine Zeit zu langem Besinnen. Die Träumerin entscheidet sich für drei Dinge: zum ersten für die analytische Traumarbeit, d.h. das sorgfältige Beachten der Bilder aus dem Unbewußten, dann für ein Altarbild, also vermutlich ihr Heiligstes, das sie selbst gestaltet hat, und Bücher, also Anregungen für den Geist – das ist alles, was sie mitnehmen will. Hier zeigt sich in aller Kürze etwas wie ein Lebensprogramm, und zwar ein spontan im Unbewußten formuliertes. Der Traum stellt hier wohl weniger eine Kompensation als eine Bestätigung des Bewußtseins dar.

Eine Schwangerschaft mag wie wenige Dinge im Leben der Frauen eine Gelegenheit sein, erwachsen zu werden, d.h. sie hilft, auch unbewußt die richtigen Schritte zum richtigen Zeitpunkt zu tun – allerdings tut man sie, wie auch hier, nicht freiwillig.

Denn diese Schritte sind sehr schwer: das Verlassen des Kindheitshauses bedeutet gleichzeitig einen überwältigenden schmerzlichen Affekt. Das Feuer stellt die Erregung der Träumerin dar, es sagt eindeutig: dieses Haus wird bald nicht mehr existieren, es bietet nun keinen Schutz mehr, die Epoche der Kindheit ist vorbei, und das ist ein großer persönlicher Schmerz. Vater und Familie, die mehr kollektive Seite, bleiben ungerührt, als Verlust geht es nur die Träumerin selbst an: Vom kollektiven Hintergrund her gesehen (d.i. hier die Familie) ist das Abbrennen des Kindheitshauses ein normaler und natürlicher, schicksalhafter Prozeß, trotz seiner Normalität ist er aber im Persönlichen schrecklich wie Brand und Zerstörung.

Der Träumerin selbst ist dennoch klar, daß sie von dort außer den drei Dingen in Wahrheit nichts mehr braucht. Die Dreizahl weist wie so oft in Volksmärchen auf den dynamisch-drängenden Charakter der Situation, auf den Fortgang des Geschehens hin, hier sogar im Wortsinne. Die drei Kostbarkeiten erinnern z.B. an die drei Blutstropfen, die eine Königin im Märchen ihrer Tochter beim Abschied ins fremde Land mitgibt[180]. Sie können als magischer Schutz durch die Rückverbindung zur Mutter aufgefaßt werden,

3. ELEMENTE: DAS FEUER

und sie sollten der Tochter in allen Lebenslagen beistehen[181]. In unserem Traum weiß die Träumerin sofort, was sie mitnehmen will, und sie entscheidet so, wie es auch das wache Ich nicht klarer hätte tun können. Dies ist erstaunlich, weil die Schwangere im Traum „auch noch das Kind von 10 Jahren ist, wie sie es damals war". Es ist wohl das Kind in ihr, das gleichzeitig den brennenden Schmerz um das Elternhaus empfindet.

Genau wie im Märchen sind es „drei Dinge", die sie ins neue Leben hinüberretten will. Wie in der „Gänsemagd" wählt sie ebenfalls etwas wie einen magischen Schutz, aber ihr Talisman hat nicht die Form eines weiblichen Symbols wie Blutstropfen der Mutter (die eine frühere, unbewußtere Stufe des Frauseins bedeuten könnten und durch die Mutterkräfte die weibliche Reifung bezwecken und ausdrücken), sondern sie will auf eine modernere Art und viel bewußter eine Verbindung mit der eigenen Tiefe aufrechterhalten. Allenfalls könnten die Bücher eine Irritation auf dem Individuationsweg darstellen. Sie stellen einen hohen Anteil an theoretisch erworbenem Wissen dar, welches bekanntlich manchmal in die Irre führt, zumal es „einige" sind. Aber der Traum kritisiert die Bücher in ihrer Quantität keineswegs (es ist z.B. nicht von einem ganzen Stapel oder einem Koffer voller Bücher die Rede), aber sie bilden immerhin ein Drittel des „Wichtigsten". Alles in allem dürften sie ausdrücken, wie dringend diese Träumerin daran interessiert ist, in der gegenwärtigen Krise auch ihre Studien fortzusetzen.

Wenn im brennenden Feuer, d.h. im Schmerz des Abschiednehmens, ein Opfer- und Verwandlungsfeuer erblickt werden darf, so kann man im Bild des Autos mit seinen vier Rädern, das sie jetzt fortbringen soll, ohne Zweifel ein ganzheitlich zusammenfassendes, bergendes und rettendes Motiv, nämlich ein Selbstbild sehen: „Auto" heißt ja „selbst", und das Auto-mobil ist das Selbst-Bewegte[182]. So zeigt die Traumgeschichte den aus Märchen und Sagen wohlbekannten Rhythmus.

Ähnlich ist die Bedeutung des Feuers im Traum Nr. 26:

> *A neighbour came up to me and told that there had happened a big fire near my house. I ran to the hill where my house was located. Many houses along the road were burnt out completely. There were two new and splendid houses beside mine. I felt pity on the owners.*
> *Fortunately my house was safe. The windows were bright for the lights of the lamps, which made me feel relieved.*

---

[180] KHM 89, „Die Gänsemagd"
[181] so verhält es sich in Volksmärchen oft mit den „drei Gaben", z.B. auch beim Aschenputtel KHM 21, bei Allerleirauh KHM 65 u.v.a., s. Max Lüthi, Das Europäische Volksmärchen, z.B. S. 38
[182] Robert Bosch, Das Automobil als Selbst-Symbol, a.a.O.

> *Ein Nachbar kam herauf zu mir und sagte, daß es in der Nähe meines Hauses ein Feuer gebe. Ich rannte zu dem Hügel, wo mein Haus ist. Viele Häuser entlang der Straße waren gänzlich ausgebrannt. Zwei neue und schöne Häuser hatten sich neben dem meinen befunden. Ich fühlte Mitleid mit den Besitzern. Glücklicherweise war mein Haus in Sicherheit. Durch die Fenster strahlte das Licht der Lampen, was mich sehr erleichterte.*

Auch hier ist das Haus der Träumerin in großer Gefahr, aber das Feuer hat bei näherem Hinsehen nur die Nachbarhäuser ergriffen. Was heißt das? Dieses Traumbild stellt dar, daß ein starkes Feuer ganz nahe daran war, den eigenen Bereich der Träumerin, ihren schützenden Seelenraum, zu zerstören. Aber das Feuer, d.h. wohl überschießende, destruktive Emotionen, griffen nicht darauf über, und die Träumerin sieht mit Erleichterung, daß „Licht aus den Fenstern strahlt": So hat das Feuer zwar viel von dem vernichtet, was ihr nahe war, im Kern sie aber nicht erfaßt. Im Gegenteil, die Fenster sind erleuchtet, d.h. im Inneren hat eine Erleuchtung stattgefunden. In Schmerzen hat sie ein höheres Bewußtsein erlangt.

Die Flammen haben hart daneben schöne und neue Gebäude zerstört. Das bedeutet bei einer subjektiven Deutung, daß auch die Träumerin Verluste und Opfer hat bringen müssen, die sie jedoch im Kern nicht trafen. Erleichterung erfüllt sie.

Im Traum Nr. 27, in einer ersten, geplanten Schwangerschaft, träumt die junge Frau von „Juwelen aus dem Feuer":

> *There was a big fire. I picked up a small box from the fire. Opening the box I found some shining jewels. The jewels were beautiful in my hands. It was an amazing experience.*
>
> *Es gab ein großes Feuer. Ich holte ein kleines Kästchen aus dem Feuer. Ich öffnete es und fand einige glänzende Juwelen. Die Kostbarkeiten waren wunderbar in meinen Händen. Es war ein erstaunliches Erlebnis.*

In diesem Traumbild bedeutet das Feuer entschieden einen kreativen, produktiven Prozeß, denn es findet sich ein kleines Kästchen darin, das die Träumerin beherzt herausgreift. Dieses Herausholen aus dem Feuer zeigt ihren Mut und ihre Entschlossenheit den Schmerzen, d.h. der Hitze der Emotionen gegenüber. Sie kann die Frucht des Brennens herausgreifen, „die Kastanien aus dem Feuer holen", d.h. sie kann dasjenige erfassen, was in einer seelischen Glut sich als unzerstörbar und beständig erwiesen hat.

Es muß darum etwas sehr Kostbares sein, was durch das „Kästchen" noch besonders betont wird. Dieses gleicht einem Schrein, welcher – z.B. im alten Judentum – in Gestalt der Bundeslade das Allerheiligste des ganzen Volkes Israel barg (genauer gesagt, die Lade konnte zum Sitz Gottes werden). Auf den christlichen Altären steht ebenfalls der Schrein des Allerheiligsten, das Taber-

3. ELEMENTE: DAS FEUER

nakel. Die höchste Kostbarkeit braucht eine schützende, vermittelnde Form. Der glänzende Inhalt deutet auf einen allgemeinen höchsten Wert. Für diesen bedeutet das Kästchen die „Auf-fassung", die Hülle, die der Frau den kostbaren Inhalt faßbar macht.

Worauf sich der Prozeß des „großen Feuers" bezieht, wird in diesem Traum nicht angedeutet. Auf der persönlichen Ebene wird es die Träumerin wissen! Auf jeden Fall ist dasjenige, was im Feuer entstanden ist, etwas, womit die Träumerin etwas anfangen kann (die Juwelen leuchten in ihren Händen), sie hat damit die Frucht oder den Sinn des Brennens voll „erfaßt".

In diesem Traumbild ist etwas über ein höheres Ziel ausgesagt, das hinter persönlicher Leidenschaft, Liebe oder Leiden, stehen könnte. Wenn leuchtende Edelsteine aus dem Feuer geborgen werden, so können wir in ihm einen Prozeß erkennen, der etwas Unvergängliches, Überzeitliches hervorbringt, so wie es die Alchemisten mit Hilfe ihres komplizierten opus versuchten, das den geheimnisvollen lapis zum Ziel hatte – ein nicht mehr nur materielles, sondern seelisches oder geistiges Ziel. Im Feuer dieses Traums liegt deutlich die alchemistische Symbolik auf dem Grunde verborgen. Darüber ist im Abschnitt über Edelsteine ausführlicher berichtet.

Ein altes Beispiel des Schatzes oder der Gnade, die im Aushalten des brennenden Feuers erlebbar werden kann, sehen wir in der Geschichte von den „Drei Männern im Feuerofen"[183]: Im Feuer blieben sie standhaft, sie wandelten unversehrt darin umher, und ihre Peiniger sahen zu ihrem Entsetzen einen „Vierten" bei ihnen stehen, der gottgleich anzusehen war.

Es gibt einen oberen, himmlischen Ursprung des Feuers, den Blitz, und einen unteren, chthonischen, das Feuer aus der Erde, den Vulkanismus. Sie sind auch verschieden zu deuten. Der Traum Nr. 28 wurde um die Zeit der Empfängnis geträumt und lautet:

> *My husband and I are in the South East of Africa and I am told by my father that there are great volcano eruptions at Buenos Aires and in Honolulu. I see the places like in an earth globe. Buenos Aires seems to be situated at Madagascar.*
> *We are in a town at the coast and across the water we see the island of Madagascar with an enormous volcano mountain. Burning and glowing material is thrown up from it's center, and smoke raises to the sky from it. We are not afraid of the volcano.*
> *I ask Thomas S. if it is true that Hitler offered this island to the Jewish people. Thomas answered that now Madagascar is the last safe place, where all wise people try to move.*

---

[183] im Alten Testament, Daniel 3

We are going to be shipped across the water by a ferry. There is a problem with our two dogs. They are not allowed to come with us. Stress and worry. The boat is to leave soon.
We ask two Swedish tourists if they can care for our dogs during two weeks. They hesitate and say no. The man's father has pheasants in cages, therefore he cannot have our lively dogs running about. We try to find a dog pension. I also consider to try to smuggle them along with me in the car.

Ich fasse zusammen: Die Träumerin befindet sich mit ihrem Mann auf der Südhalbkugel der Erde, also am andern Ende der Welt. Das Erleben in der Zeit der Empfängnis hat sie aus ihrem gewohnten Rahmen herausgerissen. Sie träumt von riesigen Vulkanausbrüchen an weit auseinanderliegenden Orten der Welt, Honolulu und Buenos Aires, die sie dennoch gleichzeitig beobachten kann, d.h. das Traum-Ich ist mit „welterschütternden", umfassenden Ausbrüchen einer großen unterirdischen, d.h. unbewußten Hitze konfrontiert, die überall am Überkochen ist, aber dies vollzieht sich in weiter Ferne. Die Träumerin beobachtet mit ihrem Mann über das Meer hinweg die riesigen Eruptionen, sie sehen glühende Lava, herausfliegende Steine und riesige Rauchwolken auf der Insel Madagaskar. Dies alles macht dem Ehepaar keinerlei Angst, im Gegenteil, sie wollen mit der Autofähre auf die Vulkaninsel übersetzen, um das Schauspiel aus der Nähe zu erleben. Ein Freund erklärt die Bedeutung der Insel Madagaskar, wovon sie schon gehört hatte: Einerseits wäre Madagaskar beinahe eine „Insel der Verdammten" geworden, nämlich der Ort, wohin Hitler die Juden hatte deportieren wollen, ein schrecklicher Verbannungs-Ort also, heute aber wird die Insel als der letzte Zufluchtsort der Klugen und Weisen betrachtet. In dieser Antwort steckt eine positive Entwicklung in der Träumerin selbst: war „Madagaskar" früher ein Schreckens- und Straf-Ort, wohin ein ganzes Volk verbannt werden sollte, so ist es jetzt eine sichere Zuflucht der Klugen und Weisen. Dies könnte heißen, die Träumerin hat selber eine positivere Beziehung zur geistigen Welt gewonnen, welche ihr in früheren Jahren eher wie eine „Isolation" (isola) erschienen war, ein Gefängnis, wo ein schrecklicher Diktator das Sagen hatte. Das ist jetzt vorbei, jetzt explodiert der Vulkan.

Wir müssen fragen, was „Madagaskar" bedeutet, nachdem der Traum diese Insel so stark hervorhebt.

Madagaskar, schon der Name klingt geheimnisvoll, ist für uns Europäer auf jeden Fall sehr fern und fremd, seine Lage fast antipodisch vor allem zu Nordeuropa, aber nicht nur die Ferne läßt Madagaskar seit alters märchenhaft, gleichsam „jenseitig", erscheinen, sondern besonders seine isolierte Lage weit draußen im Indischen Ozean. „Madagaskar" ist deshalb der Inbegriff des Exotischen. Es gibt fremdartige Pflanzen und Tiere dort, die es sonst nirgends gibt. Um hinzugelangen, ist ein großes Wasser zu überqueren, was im Traum,

3. ELEMENTE: DAS FEUER

genau wie in Märchen, oft einen Übergang in eine andere Welt, noch weiter in das Unbewußte hinein, bedeuten kann.

Über solche Fernreisen hören wir viel in Märchen und Erzählungen, auch in der Mythologie: die mannigfachen Suchfahrten des Helden oder der Heldin nach unbekannten Inseln, zum „Glasberg", oder zu Mond und Sonne, oft geht es dabei um das „Wasser des Lebens" für den alternden König, oder um eine andere „schwer erreichbare Kostbarkeit", d.h. um ein Mittel zur Erneuerung des Lebens. Letzten Endes spüren wir darin auch die Suchfahrt der Einzelseele auf ihrem mühsamen Weg der Individuation. Oft müssen dafür tiefe Wasser, d.h. unbewußte Gebiete, überquert werden, und fast immer lauern drüben große Gefahren.

Aber das Traum-Ich, begleitet von ihrem männlichen inneren Partner, will die Überfahrt ohne weiteres wagen, um die faszinierenden Ausbrüche näher zu betrachten. Im letzten Augenblick stellt sich jedoch ein wichtiges Hindernis in den Weg: die Reisenden dürfen ihre Hunde nicht auf die Insel mitnehmen. Sie suchen verzweifelt nach einer Unterbringungsmöglichkeit, und die Träumerin erwägt sogar sie hinüberzuschmuggeln, weil partout kein Platz, keine Hundepension gefunden werden kann. Hunde stellen als tierische Begleiter ihrer Besitzer deren tierhafte Seite, die Instinkte, dar. Die unbewußte Sicherheit im Gefühlsleben ist in ihnen verkörpert, das Ahnungsvermögen, die Intuition (Witterung), wie im Kapitel „Hund" beschrieben.

Wenn es daher nicht möglich ist, diese wichtigen und oft lebensrettenden Kräfte bei sich zu behalten, so wäre die Überfahrt niemals zu einem glücklichen Ende zu bringen, das Abenteuer wäre nur „vom Kopf her", von einer gewissen tollkühnen Neugier angetrieben gewesen, und so müßte es höchstwahrscheinlich scheitern: Die Träumerin gliche dann jenem unreifen Mädchen, das in dem Märchen „Frau Trude"[184] aus trotziger Neugierde und ganz ohne Scheu, gegen allen guten Rat, hinaus zur gefürchteten Unholdin geht, nur um sie einmal aus der Nähe anzugucken, und ihr auch prompt zum Opfer fällt: Frau Trude benützt das kleine Mädchen kurzerhand als Brennholz für ihr Feuer.

Wir werden beim Betrachten unseres Traums den Eindruck nicht los, daß der globale, dabei aber kühle Blick auf die Vulkanausbrüche, ohne Gefühle wie Angst oder Erschrecken, und der Plan, auf die von Eruptionen erschütterte Feuerinsel zu gelangen, wo Asche und Steine herumfliegen, ähnlich instinktlos wäre. Ohne die Hunde und deren Spürnasen wären die Reisenden in höchster Gefahr. Aber die Frau ist keineswegs von allen guten Geistern verlassen, sie besteht trotz großer Schwierigkeiten darauf, daß die Hunde mitkommen, „und wenn ich sie schmuggeln müßte": Glücklicherweise ist die Träumerin, zwar voll Faszination durch exotisch-eruptive Naturvorgänge, dennoch untrennbar mit ihren instinktiven Kräften verbunden, so daß sie

---

[184] KHM Nr. 43, s. a. Sibylle Birkhäuser-Oeri, Die Mutter im Märchen, S. 141 f.

diese niemals zurücklassen würde. Es wird ihr somit nichts anderes übrigbleiben, als dem gewaltigen Naturgeschehen abwartend und geduldig gegenüberzustehen, bis sich die Lage beruhigt hat.

Aber was vollzieht sich denn da draußen, was auch die Träumerin so gern aus der Nähe sähe, d.h. analysieren möchte? Wenn wir uns vergegenwärtigen, daß der Traum „around conception" geträumt wurde, so kann man den Grund für Ausbrüche und Erschütterungen wohl ahnen! Ein Vulkanausbruch entspricht einer riesigen emotionalen Entladung, gespeist aus Tiefen, die weit weg vom Persönlichen liegen, ja, das Persönliche überfluten könnten. Sehr interessant an diesem Traum ist gerade, daß diese Eruptionen in so weiter Ferne geschehen, und wir verstehen den Wunsch der Träumerin, näher an das Geschehen heranzukommen. Vielleicht drückt sich tatsächlich eine etwas große Distanz zur feurig bewegten Gefühlswelt aus, der sie nicht ohne weiteres beikommen kann, obwohl sie fasziniert davon ist.

Jedoch zeigt der Traum klar, daß es sich hier um etwas handelt, das einen weit über das Persönliche hinausgehenden Naturvorgang darstellt. Deutlich zeigt daher das Beharren der Träumerin auf der Mitnahme der Hunde, daß im Unbewußten dieser Frau neben einem starken Erkenntnisdrang doch ein guter Zusammenhalt zwischen ihren wissensdurstigen und ihren instinktiven Kräften besteht, der sie davor bewahrt, sich dem Steinehagel und dem Feuer, d.h. den mit Urgewalt ausbrechenden Emotionen, aus Neugier auszuliefern.

Der Wunsch, näher an „Vulkanausbrüche" heranzukommen, könnte, subjektiv verstanden, den Versuch des Ich darstellen, mit gewissen überstarken und unbeherrschten Emotionen in besseren Kontakt zu kommen, um z.B. etwa Wutausbrüche besser kontrollieren zu können. Der Traum zeigt die große Diskrepanz zwischen einem gewaltigen seelischen Geschehen und einem Traum-Ich, welches ausschließlich von Männern begleitet erscheint, also stark animushaft ausgerüstet ist. Auch deswegen gibt es keinen adäquaten Übergang, er wäre instinktlos, wie das Traumbild sehr klar sagt. Gut erscheint die Haltung des Traum-Ichs, die Überfahrt ohne die Hunde zu unterlassen.

Im nächsten Beispiel rumort es in bedrohlicher Nähe unter der Erde. Wie die Träumerin im ausführlichen Kommentar zu diesem Traum sagt, fühlt sie sich am Morgen schlecht, hat Minderwertigkeitsgefühle, ist erschöpft und bedrückt. Sie steht nicht auf und weigert sich, zu kochen, weil sie sich von Vater und Ehemann unterdrückt fühlt.

Der Traum Nr. 29 lautet, leicht gekürzt (ca. 26. Woche):

> *I dream that in front of my terrace, they carry out or make disappear a mountain, that looks like leaning against the wall and door under our terrace. Then, it appears again, like a volcano, black, with prolonged stone slabs. But the lava doesn't appear.*

3. ELEMENTE: DAS FEUER

People come to look.
I want to go to Andorra or Catalonia, that are near, rounding the hill that the volcano has made, but L. says that it will be dangerous and doesn't want me to. When we are there, I awake.

Ich träume, daß man vor meiner Terrasse einen Berg aufwirft und wieder verschwinden läßt. Es sieht aus, als gehe er bis zur Wand und Tür unter unserer Terrasse. Dann erhebt er sich wieder wie ein Vulkan, schwarz, mit länglichen Steinplatten. Aber die Lava kommt nicht heraus. Leute kommen und schauen zu. Ich möchte nach Andorra oder Katalanien gehen, die ganz nahe sind, ich brauche nur um den Hügel herumzugehen, den der Vulkan gemacht hat. Aber L. sagt, es sei gefährlich, und will nicht, daß ich gehe. Wie wir dort sind, wache ich auf.

Was die Lage wahrlich doppelt drückend macht, zeigt sich im Traum: Die Lava kommt nicht heraus, obwohl der untergründige Druck riesig ist und schon in nächster Nähe der Träumerin einen Vulkanhügel in die Höhe getrieben hat, der sich bis an die Haustür schiebt. Zu diesem hat sie (im Kommentar) die unerwartete Assoziation eines mechanisch-kalten Vorhängeschlosses, woran sie durch die länglichen, schwarzen und kalt wirkenden Steinplatten auf dem Vulkanhügel erinnert wird. Sie schreibt, dieses Vorhängeschloß befinde sich konkret auf einem „Sticker", einer Applikation auf einem Pulli ihrer dreijährigen Tochter E. aufgemalt, auch dort gefiel es ihr nicht, denn es ist silbrig-schwarz, unheimlich, mechanisch und kalt. Der Anblick des Vulkans macht ihr Angst, und heiß, auf der Terrasse ist es dagegen kalt.

Hier wirkt vieles auf merkwürdig feindliche Weise gegeneinander. Deutlich ist die bedrohliche Auf- und Ab-Bewegung des Bodens im Garten. Der Vulkan ist heiß, seine schwarze Farbe jedoch „drohend kalt". Alles steht sich in Gegensätzen gespannt und unversöhnlich gegenüber, aber es gibt keinen Ausbruch. Die kochende Lava findet keinen Ausweg.

Dies wird die Ursache dafür sein, daß sich die Träumerin wachend wie schlafend äußerst erschöpft und frustriert fühlt, wie sie selbst angibt: Sie muß wohl dauernd mit gewaltiger Anstrengung eine große Erregung und Wut unterdrücken, die sonst jederzeit ausbrechen und viel zerstören würden. Was diese Frau offenbar besonders stört, ist das „Mechanische", Kalte, Harte, mithin Herzlose ihrer Situation, es gibt keine menschliche Antwort auf ihr Leiden, denn da ist ein Vorhängeschloß.

Auffallend ist, daß sich das gräßliche Schloß an einem Gegenstand ihres Kindes befindet: Sollte sie aus Rücksicht auf das Kind in das drückende Schweigen gefallen sein? Oder ist das Kind ihr eine allzu schwere Last? Vielleicht kann sie es niemandem sagen, was sie quält – was sich eben in dem nicht zum Ausbruch kommenden Vulkan und in der quälenden Hitze ausdrückt. Die Angst verhindert wohl wie ein Stahlschloß eine Entladung. Sie sieht ihre Lage so: Sie findet, Mann und Vater seien „klare Machos" und allein auf ihr liege – wie immer – alle Last.

Hier ist ein Ausweg schwer zu sehen, so lange der Vulkan nicht ausbrechen kann. Im Traum kommt es nur zu dem dringenden Wunsch, hier herauszukommen, ins Gebirge oder nach Katalonien, also in die Natur zu fliehen, vermutlich vor allem aus der belastenden menschlichen Umgebung weg. Vielleicht ist momentan nichts anderes als eine Flucht möglich, aber die Träumerin sollte sich bewußt werden, daß es ungeheure Kräfte sind, die da von unten ans Licht wollen, sie rumoren immerhin in ihrem eigenen Garten, direkt unter ihrer Terrasse. Diese chthonischen Mächte sind „heiß", d.h. es will ein triebhaft-hitziger Prozeß in ihr selbst dringend losbrechen. Aber statt ihm seinen Lauf zu lassen beängstigt und irritiert er sie, er stört ihre Kreise, und ihr ganzer gepflegter Lebensgrund kommt ins Wanken.

Ich könnte mir vorstellen, daß die Träumerin bisher den Herausforderungen ihres Lebens einigermaßen passiv begegnet ist und sich recht als Opfer fühlte. Aber jetzt will sich etwas „von Grund auf" wehren, und zwar etwas ungeheuer Starkes, ein unterirdisches Feuer, was ihre bisherigen Standpunkte (der Garten, die Terrasse: die eigene, kultivierte Welt) durchbrechen müßte und auch nicht mit ihrer Opferrolle in Einklang zu bringen ist. Es könnten z.B. ihre eigenen, bisher unter Kontrolle (Vorhängeschloß) gehaltenen sexuellen Leidenschaften oder / und ihr Freiheitsstreben sein, die sich regen und leben wollen. Freilich wird das Rumoren des verborgenen Feuers nicht aufhören, ehe sie sich nicht einigermaßen darüber klarwerden kann, daß es ihr eigenes Feuer ist, und daß es ungeheuer stark ist. Und erst dann wird sie sich, mit Hilfe eben dieser Kräfte, ihrer Haut auch wehren können und mehr sie selbst werden. Das Erleben der Schwangerschaft könnte eine große Hilfe dazu sein, aber es ist verständlich, daß sie vor den Erschütterungen zunächst vor allem Angst hat.

Als nächsten wollen wir folgenden ebenfalls bedrohlichen Feuer-Traum betrachten: Traum Nr. 30, 7. Woche.

> *I'm in a haunted house, my house. I'm playing a board game with my mother, father and my brother. There are plastic mice on the board. The lights are all on in the house. But the mother wants to turn them off to see the mice glow in the dark. We each have a pack of matches. We light the entire pack at once and turn off the lights. It gives me an edgy feeling because I know I'll be left alone in the house later.*
>
> *Ich bin in einem verwünschten Haus, meinem Haus. Ich spiele ein Brettspiel mit meiner Mutter, meinem Vater und meinem Bruder. Auf dem Brett sind Plastik-Mäuse. Im Haus sind alle Lampen angezündet. Aber die Mutter will sie ausschalten, um die Mäuse im Dunkeln glühen zu sehen. Wir haben jeder ein Paket Streichhölzer. Wir zünden das ganze Paket auf*

3. ELEMENTE: DAS FEUER

einmal an und schalten die Lichter aus. Das macht mir ein ängstliches Gefühl, weil ich weiß, daß man mich später in dem Haus alleinläßt.

Das Bild der Familie um ein Spielbrett herum könnte ein friedliches und glückliches Bild sein, aber nicht in einem verfluchten Haus. Die vierköpfige Familie bildet eine konzentrisch zur Mitte hin ausgerichtete Gruppe, im Kreis oder besser im Quadrat angeordnet bildet sie eine Einheit, die ein einfaches und geordnetes Mandala darstellt[185]. Vielleicht können wir deshalb auf eine für die Träumerin zentrale Bedeutung der Familie schließen, subjektiv gesehen aber vielleicht mehr noch auf ein Problem, das ihre eigene Ganzheit betrifft, worauf nach Jung auch die Vierzahl der Personen hindeuten könnte.

Im Traum geht es offensichtlich um die Spielfiguren auf dem Brett, die die auffallende Form von selbstleuchtenden Plastik-Mäusen haben. Obwohl es sogar besonders hell in diesem Hause ist – es brennen ja, wie die Träumerin sagt, sämtliche Lampen – so ist es doch nicht „richtig" darin. Offenbar soll die Lichtfülle etwas Dunkles vertreiben oder ausschließen. Es herrscht also Angst vor irgend etwas. Es gibt keine näheren Angaben darüber im Text, man weiß nicht, was mit dem Fluch gemeint ist, aber es herrscht von Anfang an eine ungemütliche Atmosphäre.

Zunächst müssen wir uns die Konstellation näher verdeutlichen. Wenn Vater, Mutter, Sohn und Tochter versammelt sind, so stellt diese Gruppe den Urbestand, die Urzelle von „Familie" dar. Bruder und Schwester scheinen noch bei Vater und Mutter und völlig im Schoß der Familie integriert zu sein, obwohl wir wissen, daß die Träumerin 28 Jahre, verheiratet und schwanger ist (7. Woche). Es herrscht hier offensichtlich ungebrochen die „Verwandtschaftslibido" der Ursprungsfamilie, d.h. eine kollektive Gruppenlibido, deren Dynamik sich hier (wie überhaupt) vor allem in der Mutter äußert. Die Mutter drückt das Leben und die Bedürfnisse dieser Einheit aus.

Psychologisch müssen wir das Bild der um das Spielbrett versammelten Familie aber nicht in erster Linie als die äußere Familiensituation der Träumerin ansehen, sondern das Bild deutet auf etwas Zentrales in der Träumerin selbst. Die versammelte Kernfamilie und das verwünschte Haus sind ein Bild für ihren seelischen Gesamtzusammenhang. Was hier geschieht, betrifft sie im Innersten, in ihrem Ordnungszentrum, wo offenbar etwas Wesentliches, nämlich die Beleuchtung, nicht stimmt. Es herrscht eine falsche, übertrieben helle Sicht.

Wenn die Familie eine so regelmäßige, mandala-artige Form beim Spielen bildet, so ist in dieser Anordnung ein früher, noch fast gänzlich unbewußter, kollektiver Zustand abgebildet, die „Urfamilie" mit Vater, Mutter, Tochter und Sohn, noch ehe irgendeine Störung von außen hereingekommen ist. So steht

---

[185] C.G. Jung, GW 9/I, § 627 ff.

sie wohl noch gänzlich unter dem Einfluß der Mutter, der sich hier eher wie ein Bann anfühlt.

Wenn wir die Mitte des Mandalas suchen, so befindet sich dort das Spielbrett mit Mäusen. Dort müßte wohl etwas Entscheidendes geschehen, alle blicken darauf. Da wir das „Mäusespiel" nicht kennen, fragen wir zunächst allgemein: Was heißt „spielen", was geschieht dabei? Man weiß, daß das Spielen eine der ältesten gemeinschaftlichen Tätigkeiten des Menschen ist, ja, das Spiel ist als triebhafte Lebensäußerung sogar viel älter als der Mensch (Tierkinder!). Schon aus vorgeschichtlicher Zeit fand man mutmaßliche Spielsteine[186], und man könnte manche in Stein geritzte Liniensysteme aus dem Neolithicum vielleicht als eine Art magische Felder, als „Spielbretter", deuten, denn sie sind den Spielfeldern auffallend ähnlich, wie sie noch unsere Kinder mit Kreide auf das Trottoir zeichnen. In Kinderspielen haben sich manche Elemente magischer Weltsicht erhalten.[187] Die Spielregeln sind nichts anderes als Modelle unseres Lebenswegs selber, den man absolvieren muß, ohne gravierende Fehler zu machen. Wie beim Würfelspiel, beschert uns das uns Zu-Gefallene Vorwärtskommen oder Stillstand, Pech oder Glück, je nachdem, wie die Würfel fielen. Brettspiele, meist mit Würfeln oder Figuren, sind sicherlich auch verwandt mit den unzähligen Formen des Orakelns aller Zeiten und Völker, und besonders diese Form des Spielens mit dem Schicksal dürfte uralt sein[188]. Die Übergänge von Spiel zu Ernst, von Spaß zu tieferer Bedeutung, von Übung bis zu Magie sind dabei fließend und vielfältig. Gerade dies macht ja das Reizvolle des Spielens aus, daß es Grenzen souverän überspringt: „Ein König ist der Mensch, wenn er spielt," sagt Schiller. Die Spielfiguren sind dabei, genau wie Puppen, natürlich nichts anderes als wir selber, es sind kleine Menschen, die sich als unsere Stellvertreter und Modelle auf dem Spielfeld fortbewegen. Spielen fordert Aufrichtigkeit und auch die Bereitschaft zu verlieren. Wir spielen dabei letzten Endes unser eigenes Leben und bewältigen es in einer Art Ritual, halb ist es Ernst, halb Spaß. Jeder kennt die gefühlsmäßige Identifikation mit den eigenen Spielfiguren, die man auch zu opfern bereit sein muß[189]. Hier sind es Mäuse.

Was bedeuten die Mäuse? Sie sind im Allgemeinen keine gern gesehenen Gäste im Haus. Sie gehören zur Dunkelwelt, zum Schmutz, huschen unerwartet über den Boden, nagen unsere Vorräte an, beißen sich durch Schränke und

---

[186] vgl. Marie König, a.a.O. S. 195
[187] Es geht bei diesem uralten Kinderspiel, das den bezeichnenden Namen Himmel und Erde, oder Himmel und Hölle hat, darum, einen bestimmten Weg, den man durch das Werfen (den Zufall) eines Steinchens festgelegt hat, durch die aufgemalten Kästchen hindurch zu hüpfen, ohne dabei auf einen Strich zu treten. Beim geringsten Berühren muß man von vorn anfangen. Dieser Weg wird sukzessive erschwert, bis man schließlich in den Himmel oder in die Hölle kommt
[188] vgl. M.-L. von Franz, Wissen aus der Tiefe, Über Orakel und Synchronizität
[189] M.-L. von Franz, Wissen aus der Tiefe, S. 150

3. ELEMENTE: DAS FEUER

Türen (d.h. sie machen dort Verbindungen, wo wir es nicht wünschen!), sie erschrecken vor allem ordnungsliebende Frauen. Mäuse sind Schädlinge und daher Teufelstiere (Mephisto, der dunkle Apollo), und sie können zur Plage werden. – In ihrem Verhältnis zu den Menschen fällt besonders auf, daß Mäuse ein weitverzweigtes Leben dicht bei uns, in unserem eigenen Haus, führen, so ist es jedenfalls auf dem Land – aber wir bekommen sie kaum je zu Gesicht, und dabei kennen sie sich in allen Winkeln unseres Hauses besser aus als wir selbst – gerade in denjenigen Winkeln, in die wir nicht zu gucken pflegen. So sind sie ein gutes Bild für gewisse unliebsame Aspekte unseres eigenen Wesens, die wir scheuen, d.h. für unsere Schattenaspekte. C.G. Jung erklärte[190]: „Die Maus ist ein Seelentier, ein Bild der schwer zu fassenden psychischen Realität. Es ist eine Seelenform, die nahe Beziehung zum Muskel, lat. *mus*, zum Fleisch, zum Körper, zur Sexualität und Fruchtbarkeit und zum Teufel hat," und später: Die Maus ist „ein Tier, das mit dem Dunkel der Seele in Beziehung steht." – Die Mutter will nun alle Lampen im Haus löschen lassen, denn zu dem Spiel paßt ihr offensichtlich die oben beschriebene schattenlose Helle nicht. Wir erfahren auch, warum: Man sieht dabei die Mäuse nicht gut, sie glimmen zu schwach, um bei der Helle des elektrischen Lichts wahrgenommen zu werden.

Die Situation wird jetzt noch mehr einem Orakel ähnlich. Seit uralter Zeit hat man in gewissen Augenblicken des Menschenlebens versucht, das undurchdringliche Dunkel der Zukunft zu erforschen. Alle Kulturen haben Orakel entwickelt, um Hinweise zu bekommen über das Schicksal und über das angemessenste Verhalten dazu. Es gab und gibt viele Geburts-Orakel. In der Art eines solchen Orakelspiels hat das Unbewußte unserer Träumerin das Spiel von den Leuchtmäusen auf dem Spielbrett erfunden, vielleicht, um aus einer lebenshemmenden Situation herauszufinden, von welcher wir sie auch in zwei vorausgegangenen Träumen, Nr. 160 und 477, bedroht sahen. Eine starke äußerliche Beleuchtung, d.h. ein nur rationales Analysieren oder Erhellen stört beim Orakeln mehr als es hilft, und so befiehlt die Mutter, alle Lampen zu löschen.

Aber nun passiert in diesem Traum etwas ganz Unerwartetes. Was die Mutter forderte, versetzt die Spielerschaft auf einen Schlag in eine panische und hysterisch anmutende Aktivität, und in einem einzigen Aufflammen, als hätten sie alle Angst vor dem Dunkeln, zündet jeder noch vor dem Löschen der Lampen seinen ganzen Packen Streichhölzer auf einmal an (es werden alle von der Angst „angesteckt"). Es muß etwas wie eine einzige Stichflamme oder eine Explosion gegeben haben, und dann schwarze Nacht. Es konnte kein behutsames Dämmerlicht erreicht werden, das aus dem Spiel der Mäuse etwas gemacht hätte, was vielleicht weitergeholfen hätte. Ich halte diesen Schluß für eine zerstörerische Panik-Reaktion, und ich glaube nicht, daß das

---

[190] im Kindertraumseminar 1939/40, 351 ff

schlagartige Abbrennen aller Streichhölzer etwa als „Erleuchtung" zu deuten wäre wie eine plötzliche Erkenntnis, sondern eher als eine Katastrophe. Jetzt sind aus Angst alle persönlichen Reserven auf einmal verbraucht. Wenn dann alle Streichhölzer abgebrannt sind, so war die Flamme nicht mehr wert als ein Strohfeuer. Die Träumerin fühlt sich am Schluß des Traumes sehr ängstlich, denn ihr kommt zu Bewußtsein, daß sie in dem verwünschten Haus später „alleingelassen" wird.

Dieser Schlußsatz wirkt sprachlich wie die Ausdrucksweise eines Kindes, das Angst vor dem Dunkeln hat. Das „Spiel" ist mißlungen, es trat eine Art Kurzschluß ein. Vielleicht liegt in dem Schluß die Erklärung für den ganzen Verlauf: Das künftige „Alleingelassenwerden", d.h. das selbstverantwortliche Stehen für sich selbst, mit eigener Familie, macht dieser Schwangeren immer noch allzu sehr Angst.

Traum Nr. 31:[191]

> *Es war im Mittelalter. Ich verlor die Gnade der Fürstin und des Fürsten, als ich Hexen verteidigte, eine entwischen ließ und schrie: „Das Böse, das ihr an den anderen seht, ist in Euch. Jesus hat gesagt: laßt das Unkraut zusammen mit dem Weizen wachsen, damit nicht aus Versehen der Weizen ausgerissen wird." Ich sollte auch als Hexe verbrannt werden und floh, wurde verraten, von einem Priester verborgen, entdeckt und zusammen mit ihm zum Scheiterhaufen verurteilt. Ich sah eine Nische, aus der Licht strahlte und ein blauer dünner Schleier. Ich beugte mich nieder und sah in der Nische eine liebliche Marienstatue. Ich dachte, selbst dieses liebliche Bild nützt dir nun nicht mehr. Den Verbrennungstod stellte ich mir in allen Stufen vor.*

Der Traum handelt im „Mittelalter", als seien die Probleme, die er behandelt, längst Vergangenheit. Wenn so der Traum einen passenden Rahmen für das Geschehen erfunden hat, so stellt er doch ein Bild für ein gegenwärtiges seelisches Geschehen in der Schwangeren dar. Die Frau muß den Verbrennungstod in allen Stufen in ihrer Vorstellung selbst durchleiden, muß die Leiden selbst fühlen.

„Die Gnade der Fürstin und des Fürsten" verloren zu haben bedeutet, im Widerspruch zur allgemein herrschenden Bewußtseinshaltung zu stehen. Die Träumerin fühlt sich nicht aufgehoben in den für ihre Zeit geltenden Ordnungen, die durch Fürst und Fürstin verkörpert werden. Das Traum-Ich steht in einer umfassenden Weise in Widerspruch dazu: sowohl das weibliche Leitbild (die Fürstin) als das männliche (der Fürst) hat ihr die „Gnade" entzogen, d.h. sie steht nicht mehr in einem beglückenden Einklang damit.

---

[191] Der erste Teil dieses Traumes wird im Kap. Hund besprochen, Nr. 83

3. ELEMENTE: DAS FEUER

Hier ist auf deutliche Weise einerseits ein persönliches Problem der Träumerin, andererseits auch ein kollektives Frauenproblem angesprochen, etwas Ungelöstes, dem wir in unserer christlich-abendländischen Kultur seit langem ausgesetzt sind.

Abweichende Lebensformen und Ansichten werden zwar in keiner Gesellschaft ohne Weiteres geduldet. Das Ideal einer religiösen Toleranz ist erst ein Kernpunkt der Aufklärung. Im Mittelalter sind bei uns im christlichen Europa diejenigen ganz leicht der Teilhaberschaft am Teufelspakt verdächtigt worden und es ist solchen der Prozeß gemacht worden ist, die „Hexen" verteidigten.

Das Unbewußte unserer Träumerin weist im Traum unmißverständlich darauf hin, daß diese Handlungsweise zutiefst unchristlich war. Jesus selbst war es, so sagt sie im Traum, der vor fast zweitausend Jahren für eine ganz andere Einstellung dem Bösen gegenüber plädierte[192], nämlich, das Unkraut mit dem Weizen wachsen zu lassen. Dieses Gleichnis geht aber noch weiter, indem Jesus fortfährt: „Lasset beides miteinander wachsen bis zur Ernte. Dann bindet das Unkraut, daß man es verbrenne, aber den Weizen sammelt mir in meine Scheune." Ich verstehe diese Stelle so, daß erst nach der Reifungszeit, bei der „Ernte" (ein Sinnbild für Tod und Ewiges Gericht) eine Sonderung stattfinden muß, d.h. dann, wenn ein Überblick gegeben ist. Dem „Unkraut" wird nach diesem Gleichnis auf Erden noch eine Chance gelassen, sich zu wandeln.[193]

Wir Menschen allerdings neigen dazu, dasjenige vorschnell zu verurteilen, was nicht allgemein anerkannt ist. Es gab Zeiten, da es genügte, daß eine Frau wagte, Hosen zu tragen, so wurde sie schon als Hexe verdächtigt. Man kann daran sehen, daß die kollektiven Anschauungen im Punkt der Leitbilder von Mann und Frau äußerst empfindlich, intolerant und wechselhaft sind.

Ein Priester, der gewagt hatte, die Träumerin vor ihren Verfolgern zu verbergen, soll im Traum ebenfalls verbrannt werden. Auch historisch gab es solche Männer. Der Priester des Traumes stellt eine bemerkenswerte, positive Animusfigur dar, die dem weiblichen Traum-Ich im seinem Leiden brüderlich zur Seite steht.

Das Schlußbild klärt sehr eindrucksvoll noch einmal den Hintergrund des Konfliktes auf. Ehe die Träumerin den Scheiterhaufen besteigen muß, sieht sie ein geheimnisvolles Licht aus einer Nische strahlen und einen „blauen dünnen Schleier". Sie beugt sich nieder und erblickt eine liebliche Marienstatue. Das durchsichtige Blau des Marienschleiers kann wie ein Zeichen ihrer himmlischen, geistigen Reinheit aufgefaßt werden. Die Träumerin weiß aber, daß auch „dieses liebliche Bild" ihr nun nicht mehr hilft – sie muß den Verbrennungstod leiden. Wenn wir das Bild des Schleiers weiterverfolgen, so

---

[192] in Matth. 13, 25
[193] ähnlich sind die Worte aus Joh. 8, 7 zu verstehen: Wer ohne Sünde ist, der werfe den ersten Stein.

fällt uns der Schleier der Maya ein, mit der Maria in ihrer Eigenschaft als Weltenmutter verwandt ist. Aber hier enthüllt sich uns auch der tiefgreifende Unterschied im Frauenideal des Christentums zum alten indischen Symbol. Der „Schleier der Maya" schimmert betörend in allen Farben dieser Welt, und dies so sehr, daß er dem Menschen die wahre, höhere Wirklichkeit verhüllt[194], der dünne blaue Schleier der Muttergottes aber ist das Zeichen ihrer überirdischen geistigen Schönheit.

Obwohl im Lauf der christlichen Symbolgeschichte immer wieder, vor allem von der Volksfrömmigkeit, also von unten her, in die christliche Gottesmutter auch Züge der alten Erd- und Himmelsgöttinnen hineinflossen (mehr Erdhaftigkeit in den Schwarzen Madonnen, mehr Natur im Bild der Madonna im Rosenkranz, mit der Ährenkrone oder mit dem Apfel, mehr Kosmisches in ihrer Sternenkrone und im Bild der Mondsichel zu ihren Füßen, etc. etc.), so blieb doch beherrschend ihr „blauer Schleier", der sie als die vollkommenste, makellose Jungfrau, ihre Weiblichkeit also mehr geistig als leiblich, vorstellte. Auf ihrem Schoß darf sie nur den kleinen Jesusknaben oder den toten Jesus halten.

Jung zeigte, daß die schon mehrfach erwähnte, spirituell offenbar notwendige Erhebung der Maria in einen himmlischen Status der Vollkommenheit und absoluten Reinheit zu Beginn der Neuzeit im kollektiven Unbewußten einen furchtbaren Zwiespalt aufriß, indem alles Dunkel nun den Menschen, in diesem Fall den Frauen, aufgebürdet wurde, so daß der immer vorhandene Hexenwahn sich verheerend ausbreiten konnte.

In diese Situation führt unser Traum. Er wurde von einer modernen Frau, einer Intellektuellen, geträumt, deren Träume bis in die Tiefen der Seele von Fragen nach ihrer Identität als Frau aufgewühlt sind. Solche Fragen hängen immer auch mit den kollektiven Leitbildern zusammen, aber hier erscheinen die Zeitfragen als ihre eigenen Fragen, mindestens als konfliktgeladene Prozesse in ihrem Unbewußten. Die innere Rebellion ist offenbar so stark, daß sie verbrannt werden soll, weil sie Hexen verteidigte, und sie führt zu ihrer Rechtfertigung ein Jesuswort an, das in seiner Essenz allgemein nahezu vergessen wurde. Obwohl nicht unbekannt, bildet es doch keinen bewußten und wesentlichen Punkt in der offiziellen christlichen Haltung. Dieses Gleichnis Jesu ist keineswegs eine Verteidigung von Hexen, auch nicht von anderen Bösewichtern. Es sagt nur, daß in diesem Leben nicht das letzte Wort gesprochen werden soll, wie er es auch der Sünderin Maria Magdalena gegenüber vertrat. Ob jemand eine Hexe oder Hure war, wird erst bei der „Ernte" klar. Solche Auseinandersetzungen sind brennend in der Seele dieser Frau, sie haben den Charakter starker, für sie höchst gefährlicher Leidenschaften.

---

[194] Auch dieses Bild deutet also auf eine einseitig geistige Einstellung, die im Hinduismus und im Buddhismus zu einer vielleicht noch strengeren Askese führte

3. ELEMENTE: DAS FEUER

Sie weiß im Traum bessere, christlichere Lösungen, aber dennoch muß sie durch ein Feuer gehen, muß selbst alles durchleiden, was die tiefe Kluft zwischen der lieblichen Muttergottes und der Hexe ausmacht, d.h. bis ein ganzheitlicheres, wahreres Frauenbild gefunden ist. Dies ist ein so großes und langwieriges kollektives Problem, daß es einer rückhaltlosen Hingabe dafür und großer Leiden bedarf, wie sie in dem Feuertod ausgedrückt sind.

Es müßte, um in der Sprache des Traumes zu reden, ein neuer Fürst und eine neue Fürstin gefunden werden, die den jetzt regierenden Archetyp verkörpern, der einen weiteren, größeren Horizont verlangt.

Bild 11 Getreideernte (Grab des Sennedjem, Ägypten, 18. Dyn.)

4. Pflanzenwelt

4.1. Die Pflanze

Regina Abt

In der Schwangerschaft, so dachte der mit der Natur verbundenere Mensch vergangener Zeiten, gehen die Dinge wie in der Pflanzenwelt. Die Befruchtung durch einen Samen bewirkte das Wachstum eines Kindes neun Monate lang an einem abgeschlossenen, dunklen und feuchten Ort, dem Schoß der Erde vergleichbar. Der Fetus war wie eine Pflanze, deren Wachstum und Entwicklung nach der Geburt weiterging. Nach der Befruchtung mußte die Frau alles dafür tun, daß der Fetus reifen konnte. Das Kind in ihrem Leib war wie eine Blume in einer Vase mit lebensspendendem Wasser, wie ein Sämling, der in fruchtbarer Erde gezogen wird: Es entzieht dem Leib den Saft, den es zum Wachsen braucht.[195] Wie die Bauern und Gärtner sich für die Saat und die Neupflanzung nach dem Mondzyklus richteten, so war es gut, die Empfängnis möglichst in die Zeit des Neumonds zu legen, damit die Pflanze oder der Fetus gut wuchs. Der Leib der Frau war wie ein Feld, ein Acker, der sich öffnete, um den Keim des Kindes zu empfangen. „Er war der Pflanzgarten des Menschengeschlechts, in den geheimnisvolle Kräfte den Samen einbrachten. Eine Frau wurde Mutter durch die direkte Einpflanzung des Kindes in ihren Schoß, der diesem menschliche Form geben sollte. Bis dahin war der Mann noch gar nicht in Erscheinung getreten. Natürlich sah man durchaus einen Zusammenhang zwischen dem Liebesakt und der Befruchtung, jedoch verkannte man die biologischen Ursachen der Empfängnis. Ohne Vater ging es zwar nicht, jedoch kam er erst an zweiter Stelle. Er half bei der Fixierung des Keims, den er anschließend ‚bearbeitete', ... und es war gewiß, daß er dadurch dem Kind seine familiäre Prägung gab. Die Frau selbst war nicht mehr als Trägerin, der Nährboden, die Keimschale des Fetus. ... Letztlich aber war es doch die Frage, ob die Menschen nicht eher die Kinder ihres Landes, des Bodens ihres Vorfahren als diejenigen ihrer eigenen Eltern waren. ... Diese alte Auffassung

---

[195] Vgl. J. Gélis, Die Geburt, Volksglaube, Rituale und Praktiken von 1500 – 1900. 89f.

vom Ursprung des Lebens blieb bis Mitte des 19. Jahrhunderts bestimmend für viele Verhaltensformen der europäischen Landbevölkerung."[196]

Dieser überpersönliche Aspekt der Empfängnis eines Kindes und die Nähe zum pflanzenhaften Wachstum ist in unserer heutigen Zeit der medizinischen Erkenntnisse und der technischen Hilfsmittel wie etwa dem Ultraschall weitgehend verlorengegangen. Obwohl die Entwicklung eines neuen Kindes heute nicht anders vor sich geht als früher, so hat doch die heutige Mutter dieses hilfreiche Bild nicht mehr zur Verfügung. Wir finden es dennoch wieder in den Träumen.

Der folgende Traum stammt von einer 22-jährigen Frau, die sich zuvor unter schwierigen Umständen zu einem Abort entscheiden mußte. Vom Tage ihrer späteren Hochzeit an mit einem anderen Mann erhoffte sie eine neue Schwangerschaft. Sie hatte also eine ausgesprochen positive Haltung zum Mutterwerden.[197]

Traum Nr. 32:

> *The scene of the dream was in my new home to which I had moved only 3 weeks earlier following our wedding. The time in the dream was the morning shortly after breakfast. I was wearing my red dressing gown. The dream was thus placed into the morning following the night during which it was being dreamed. The doorbell rang and I went to answer it. Standing outside was a young man carrying a big box of the type florists use for very large and expensive flowers. He asked me, „Are you Mrs. X?" I replied, yes, I was, and he handed me the box. I said, very surprised, „But I don't know of anybody who would send me flowers. Who sent these?" He smiled and motioned towards the card which was in an envelope attached to the box with tape. I opened the little envelope and found written on the card: „With love from the New Life". I was utterly thrilled, took the box inside and opened it on the dining room table which was in actual fact as well as in the dream, a totally square, dark 19th century mahogany table. Inside the box were 4 large white bulb-chrysanthemums. I took them out of their wrappings and placed them in a vase and deliberately put the vase exactly into the centre of the square table. The young man who had delivered the box and I smiled and looked with utter pleasure at the wonderful white flowers. I said good-bye and left and I ran into the bedroom to call my husband and show him what had arrived for us.*
> *(I should add, that I had decorated the house for our wedding with such large bulb-chrysanthemums, as they are among my favorite flowers. I was told at the florist that in Canada they are used only for funerals and were not appropriate for a wedding. I stuck to my guns and explained that I had*

---

[196] Ebenda S. 74f.
[197] Von ders. Tr: Nr. 7: Kap. Wasser, Nr. 33 in diesem Kap. und im Kap. Kind

lived in the East most of my life, studied Chinese and philosophy for many years and associated something quite different with these flowers, which were the most auspicious symbols for marriage.)

Die Szene des Traumes war in meinem neuen Heim, in welches ich drei Wochen vorher, nach unserer Hochzeit eingezogen war. Es war Morgen, kurz nach dem Frühstück. Ich trug meinen roten Morgenrock. Der Traum spielte sich so an dem Morgen ab, welcher auf die Nacht folgte, in der der Traum geträumt wurde. Die Hausglocke läutete und ich ging, um zu öffnen. Draußen stand ein junger Mann mit einer großen Schachtel, wie sie die Floristen für sehr große und kostbare Blumen benützen. Er fragte mich: „Sind Sie Mrs. X?" Ich sagte ja, und er gab mir die Schachtel. Ich sagte sehr überrascht. „Aber ich weiß von niemandem, der mir Blumen schicken könnte. Wer hat diese geschickt?" Er lächelte und zeigte auf eine Karte, welche in einem Umschlag mit Klebband an das Papier angeheftet war. Ich öffnete den kleinen Umschlag und fand auf der Karte geschrieben: „Mit Liebe vom Neuen Leben." Ich war völlig aufgewühlt, nahm die Schachtel hinein und öffnete sie auf dem Eßzimmertisch, welcher auch in Realität da steht, einem quadratischen, dunklen 19.-Jahrhundert-Mahagoni-Tisch. In der Schachtel waren vier große, weiße Kugelchrysanthemen. Ich nahm sie aus dem Papier, stellte sie in eine Vase und setzte diese genau mitten in das Zentrum des quadratischen Tisches. Der junge Mann, welche die Schachtel abgeliefert hatte, und ich lächelten und schauten die wunderbaren weißen Blumen mit äußerstem Vergnügen an. Ich verabschiedete mich und rannte ins Schlafzimmer, um meinen Mann zu rufen, um ihm zu zeigen, was für uns angekommen war.
(Ich muß beifügen, daß ich das Haus für unsere Hochzeit mit solchen großen Kugelchrysanthemen dekoriert hatte, da sie zu meinen Lieblingsblumen gehören. Man sagte mir im Blumengeschäft, daß man in Kanada diese Blumen nur für Begräbnisse brauche und daß sie unpassend wären für eine Hochzeit. Ich blieb jedoch dabei und erklärte, daß ich die meiste Zeit meines Lebens im Osten gelebt hatte, daß ich viele Jahre Chinesisch und Philosophie studiert hatte und daß ich etwas ganz Anderes mit diesen Blumen assoziierte, welche das glückbringendste Symbol für Hochzeit seien.)

Dieser Traum wurde zum exakten Zeitpunkt der Empfängnis geträumt. Neun Monate später war das „Neue Leben" da! Die Träumerin brauchte wohl keine Deutung. Wir wollen uns aber doch fragen, wer denn der Absender der geheimnisvollen Blumen ist, und warum der Gruß des „Neuen Lebens" gerade in dieser Form erscheint, denn damit scheint eine der grundlegenden Fragen dieser Arbeit angeschnitten.

Blumen erhalten wir zu allen wichtigen Ereignissen des Lebens. Bei uns jedoch werden Blumen am meisten um Tod und Beerdigungen verwendet.

Blumen galten auch als Todeszeichen und besonders Grabblumen durften nicht gepflückt werden, sonst brachte das Unglück. Kleine Kinder, Kranke, und Wöchnerinnen sollten keine Blumen erhalten. Blumen, einer Wöchnerin geschickt, so dachte man, werden Nägel zu ihrem Grab.

Im Gegensatz zu diesem Todesaspekt der Blumen verkörpern sie andrerseits auch gerade das neue Leben. Wir finden im Volksglauben häufig das Motiv, daß eine Frau durch das Berühren einer Blume, eines Baumes oder das Essen einer Frucht, bzw. eines Gemüses ein Kind empfängt. Die römische Muttergöttin Juno empfängt etwa den Mars ohne die Mitwirkung Jupiters, nur durch die Berührung einer Blume. In verschiedenen Varianten des Märchens von Rapunzel wird ein Kind von der Mutter nach dem Genuß von Rapunzeln, Peterli oder Äpfeln empfangen. Verbreitet ist in der Volksüberlieferung auch die Erklärung der Kinderherkunft direkt aus Blumen, Gemüse oder Früchten[198]. Die Mutter der Heiligen Roseline de Villeneuve träumte, daß sie eine süß duftende Rose ohne Dornen gebären sollte.[199]

Wir wollen dieser Doppelbedeutung von Blumen noch etwas nachgehen. Im griechischen Demeter-Kore(Persephone)-Mythos wird die blumenpflückende Kore von Hades, dem Gott der Toten, in die Unterwelt entführt. Darauf läßt Demeter, die große Korn- und Vegetationsgöttin, das Korn auf der Erde nicht mehr sprießen, bis Hades endlich in den Ratschluß der Götter einwilligt, Kore zwei Drittel des Jahres bei ihrer Mutter auf der Erde weilen zu lassen. So erscheint im Blühen der Narzissen alljährlich Kore wieder auf der Erde und bringt die Fruchtbarkeit von Pflanze, Mensch und Tier zurück. Wir leben selber ein Stück weit diesen Mythus, wenn wir im Herbst Tulpen und Narzissenzwiebeln in der Erde „begraben", um im Frühjahr sehnsüchtig ihr Blühen zu erwarten, als eine Verkörperung von Lebenshoffnung.

Das Werden und Vergehen der Vegetation wurde schon immer als eng mit dem menschlichen Leben verbunden empfunden. Man glaubte, daß die Seelen im Schoß der Mutter Erde gleichsam darauf warteten, sich in einem pflanzlichen, tierischen oder menschlichen Körper zu inkarnieren. Der Tod aber wurde in vielen Kulturen, in denen ein Weiterdauern des Lebens positiv bejaht wird, wie ein Absterben einer Pflanze angesehen, die immer wieder aus dem Wurzelwerk nachwächst.

Ein von Marie-Louise von Franz gedeuteter alter alchemistischer Text, der Komariustext[200], stellt dar, wie die Pflanzen, d.h. Körper und Geister, geschwächt in der Unterwelt leiden und dann vom einströmenden Lebenswasser erweckt und wiedergeboren werden. Die Blumen stellen in diesem Text eine prima materia dar, die Ausgangsmaterie des Auferstehungsprozesses. Für die alten Ägypter verkörperten die Blumen wie das Korn einen Aspekt des

---

[198] Handwörterbuch d. dt. Aberglaubens 1, 1431-1433
[199] Jacques Gélis, Die Geburt, 93
[200] Siehe M.-L. von Franz, Traum und Tod

4. DIE PFLANZE

Auferstehungsleibes.[201] Wenn sie Körner und Blumenzwiebeln in den Mumienbinden der Toten keimen ließen, so empfanden sie dies als ein Zeichen der vollendeten Auferstehung des Toten.[202] So wie aus dem gleichen scheinbar toten Korn oder der Zwiebel neues Leben sproß, so glaubten sie an ein neues Leben, das aus dem toten Körper herauswuchs. Deshalb sagt der Komariustext, daß in der Auferstehung die Pflanzen blühen. Blumen sind überhaupt ein verbreitetes Bild für die postmortale Existenz des Menschen.[203]

Zugleich gehören sie, wie wir gesehen haben, auch zur Geburt, d.h. zum Neuwachstum aus der Erde, in der sich das Abgestorbene zum neuen Keim, der Tod zur Wiedergeburt verwandelt, wie im Demeter – Kore – Mythus. Die Blume als Bild der postmortalen Existenzform, der unsterblichen Seele, ist andrerseits die Seele des noch Ungeborenen. Eine Pflanze kann der Sitz der Seele eines gestorbenen Menschen sein, aber ebenso derjenigen eines neuen Kindes. Deshalb erscheint es auch sinnvoll, daß im vorliegenden Traum das neue Kind als eine weiße Blume erscheint, welche bei uns bei Beerdigungen verwendet wird, im Osten jedoch als ein glückbringendes Zeichen für Ehe und damit für Kindersegen gilt. Weiß ist bei uns die Farbe des Jenseitigen. Geister und jenseitige Figuren sind weiß oder tragen weiße Gewänder. Ins Jenseits gehen die Toten und von daher kommen die neugeborenen Kinder. Die Vegetation stellte für alle bäuerlichen Kulturen das psychische Geheimnis von Tod und Auferstehung dar.[204]

Das Paket mit den vier weißen Chrysanthemen erhält die Träumerin von einem Unbekannten zugeschickt. Es enthält ein Wissen, das die Träumerin noch nicht haben kann, nämlich das Wissen über die in dieser Nacht geschehene Empfängnis. Der Absender ist ein Traumgeist, der offenbar mehr weiß. Er ist die Instanz in der Psyche, welche uns in Träumen sinnvolles Wissen übermitteln kann. Dieser Traumgeist, von den Alchemisten als Mercurius benannt, ist ein Geist der Liebe (... with love). Das Geschenk, das sie von ihm bekommt, enthält das Geheimnis des neuen Lebens, nämlich das Wissen der Natur über Tod und Geburt. Die Zahl vier hat dabei ihre besondere Bedeutung.

Jung legt dar, daß die Vierheit symbolgeschichtlich als die Auffaltung des Einen erscheint. Die Aufteilung des Chaos, der unerkennbaren Vielheit in eine Vierheit der Orientierung, z.B. der vier Himmelsrichtungen ist psychologisch gesehen das Abbild der Bewußtwerdung eines vorher unbewußten Inhaltes. Sobald dieser unbewußte Inhalt nämlich in den Bereich des Bewußtseins tritt, so zerfällt er in die Vier, das heißt er kann nur dank der vier Grundfunktionen des Bewußtseins überhaupt Gegenstand der Erfahrung werden. Er wird als

---

[201] Siehe auch den Traum 279
[202] Vgl. Kap. Mutter
[203] M.-L. von Franz, Traum und Tod, S. 56
[204] Ders. S. 63

etwas Vorhandenes wahrgenommen (die Empfindungsfunktion), er wird als dieses erkannt und von jenem unterschieden (Denkfunktion), er erweist sich als annehmbar, angenehm oder das Gegenteil (Gefühlsfunktion), und schließlich wird geahnt, woher er kommt und wohin er geht (Intuition).[205]

Die Vierteilung ist also eine Ganzheitseinteilung in vier Grundaspekte, etwa wie der Jahreslauf in die vier Jahreszeiten aufgeteilt wird. Die Vier stellt demnach eine bewußtgewordene Ganzheit dar. In Träumen deutet sie darum häufig auf die Bewußtwerdung der Persönlichkeit, auf die Individuation oder die Geburt des Ganzen Menschen.

Das Unbewußte verwendet für das Werden eines neuen Kindes oder die Inkarnation einer Seele aus dem Jenseits dasselbe Bild wie für die Bewußtwerdung einer Ganzheit. Vielleicht hat das Geheimnis des neuen Lebens damit zu tun, daß es schon in diesem vegetativen Stadium in sich eine vollendete Ganzheit darstellt. Auch ist der Ausgangspunkt seines Werdens zugleich sein Ziel, und so schließt sich der Kreis von Geburt und Tod. Im Symbol der vier weißen Chrysanthemen muß dann aber auch eine Art Bewußtheit schon vorhanden sein. Wie ist dies möglich?

In ihrer Untersuchung von Schöpfungsmythen der verschiedensten Völker stellt Marie-Louise von Franz fest, daß alle Mythen um ein Geheimnis zu kreisen scheinen, „(das wir niemals werden lösen können) oder es auf symbolische Art und Weise beschreiben: weshalb es Bewußtsein gibt und weshalb das Bewußtsein aus dem Unbewußten hervorgekommen ist oder immer mit dem, was wir jetzt das Unbewußte nennen, zusammenhing und immer in ihm existierte. Wir stoßen in jedem Menschen auf die gleiche Tatsache, nämlich auf eine vorbewußte Ganzheit, in der alles schon enthalten ist, einschließlich des Bewußtseins, und gleichzeitig so etwas Ähnliches wie eine aktive Tendenz dazu, ein gesondertes Bewußtsein aufzubauen."[206]

Etwas von diesen tiefen Zusammenhängen lassen sich im Symbol der weißen Chrysanthemen erahnen. Die Träumerin spürt offenbar instinktiv die Bedeutungsschwere des geheimnisvollen Geschenkes und tut das Richtige: Sie stellt die vier Blumen mitten auf ihren quadratischen Eßzimmertisch. Dieser Tisch ist nicht nur das Zentrum des Familienlebens, wo man sich gemeinsam zum Essen zusammenfindet, sondern ebenfalls ein Symbol der Ganzheit. Indem die Träumerin die Blumen genau in die Mitte dieses Tisches stellt, plaziert sie das neue Leben in den Mittelpunkt ihres eigenen ganzen Lebens. Dies ist genau der richtige Platz und das der Wichtigkeit des Geschenkes angemessene Verhalten.

Der Tisch, auf dem die Mahlzeiten eingenommen werden, also Nahrung gespendet wird, ist ein weiblich-mütterliches Symbol. Zugleich ist er in seiner Vierheit ein Bild für die reflektierte Ganzheit oder für die menschliche

---

[205] Vgl. C.G. Jung, Ein moderner Mythus, GW 10, §774
[206] M.-L. von Franz, Schöpfungsmythen, S. 92f.

4. DIE PFLANZE

Anstrengung um Bewußtwerdung.[207] Es geht hier also um die Mutter, bzw. die Träumerin. Vielleicht könnte man sagen, daß man der Ganzheit des Kindes als Mutter mit seiner eigenen Ganzheit begegnen muß, eine Aufgabe, die im konkreten Leben oft schwerer zu bewältigen ist, als man sich das zum Zeitpunkt der Empfängnis und auch später noch vorstellen kann. Die Einsicht wird oft erst mit den Jahren erfolgen können, daß alles, was die Mutter nicht gewillt ist, von ihrer eigenen vorbewußten Ganzheit ins Bewußtsein zu heben und zu verwirklichen (soweit dies vom Unbewußten her gefordert wäre), das Leben und die Entwicklung ihres Kindes stören kann.[208]

Jung sagt, daß es neben den Vererbungsgesetzen eine Art psychischer Kausalität zwischen Eltern und Kindern gibt, also eine Wirkung aus dem unbewußten Hintergrund. Deshalb ist die größtmögliche Bewußtheit der Eltern über ihre eigenen Probleme und Konflikte von größter Bedeutung für die Entwicklung des Kindes. Was in der Regel am stärksten auf das Kind wirkt, so sagt Jung, „ist dasjenige Leben, das die Eltern (und Voreltern, denn es handelt sich um das psychologische Urphänomen der Erbsünde) nicht gelebt haben". Es handelt sich dabei um dasjenige Leben, das möglicherweise auch hätte gelebt werden können, wenn sich die Eltern nicht davor gedrückt hätten. Oft ist es Fahrlässigkeit, Ängstlichkeit oder Konventionalität und dazu die Ausrede vom „Nichtwissen", welche die Eltern daran hindert, dem Kind die bestmöglichen Bedingungen für sein seelisches Wachstum zu schaffen. „Gegen die Natur gilt die Ausrede vom Nichtgewußthaben nicht. Nichtwissen wirkt wie Schuld."[209] Dies ist der Anteil der persönlichen Verantwortung, ein moralisches Problem, welches die Eltern tragen.

Darüber hinaus gibt es aber einen Bereich, der sich unserer Verantwortung entzieht. Das ist der Ursprungsbereich der kindlichen Seele, die Kollektivseele der Menschheit, aus der das Kind mit dem Erwachen des ersten Bewußtseins erst aufzutauchen beginnt. Vorher ist es wie ein Tropfen im Meer. „Die unbewußte Seele des Kindes hat einen geradezu unabsehbaren Umfang und ein ebenso unabsehbares Alter".[210] Das ist seine unbewußte Ganzheit, welche das Fassungsvermögen unseres Bewußtseins weit übersteigt, eine Kombination von kollektiven Faktoren, die aus der Ahnenreihe hervorgeht. Etwas davon leuchtet im Symbol der vier weißen Chrysanthemen auf. Von daher kommen später, zum Beispiel besonders angriffig während der Pubertät, auch

---

[207] Emma Jung und M.-L. von Franz, Der Gral, S. 174. „Es ist als ob das Selbst des aus den vier Funktionen bestehenden Bewußtseins des Menschen als Basis seiner Verwirklichung bedürfte..."
[208] C.G. Jung, Mysterium coniunctionis I, GW 13, § 267. Ganz ist, wie Jung sagt, natürlich nur relativ gemeint. Es handelt sich in Wirklichkeit bloß um die hauptsächlichen Aspekte der individuellen Psyche sowohl wie des kollektiven Unbewußten.
[209] C.G. Jung, Einführung zu Frances G. Wickes „Analyse der Kindesseele." In GW 1, §90f
[210] Ders., §95

immer wieder Teufel und Dämonen in Form von Projektionen auf uns los. Ihnen können wir nur standhalten, wenn wir sie nicht persönlich nehmen, denn sie sind überpersönliche Mächte. Wir dürfen auch nicht durch eigene Unbewußtheit unseren eigenen Teufeln und Dämonen erlauben, sich mit ihnen zusammenzutun. Dadurch würden wir uns mit den Emotionen des Kindes identifizieren, gleichsam mit ihm im selben Morast schwimmen und genauso wenig daraus herausfinden wie es selber. Das ist alles, was wir tun können, aber es ist schwer genug, und der Vorsprung, den wir allenfalls vor dem Kind haben, ist nur ein Stücklein mehr Bewußtsein. Für den Umgang mit göttlichen Mächten scheinbar nicht viel, aber doch von größter Wichtigkeit.

Ein Kind zu bekommen, kann nach all dem für diese Mutter eine höchste Anforderung an ihre eigene Persönlichkeitsentwicklung darstellen, im Sinne einer Art schicksalhaften, übergeordneten Absicht. Mit einem solchen Traum kann das Kinderkriegen keine „Sache nebenbei" mehr sein. Noch weniger könnte man sich vorstellen, daß diese Frau ihr Kind abtreiben könnte.

Wie Jung aber immer betonte, gibt es auf dem Gebiet der Psychologie des Unbewußten keine Regel, von der nicht auch das Gegenteil gültig sein kann. Von der folgenden Träumerin wissen wir, daß sie mit 19 Jahren unter äußerst belastenden Lebensumständen eine Abtreibung durchführte. Sie litt sehr darunter, und außerdem wußte sie, daß ihre streng religiösen Eltern, für die das ein Verbrechen bedeutete, sie deswegen verurteilen und ausstoßen würden. Später heiratete sie einen anderen Mann, bekam von ihm zwei Kinder und adoptierte außerdem zehn Waisen dazu. Mit ihrem Mann gemeinsam gründete sie eine Vermittlungsorganisation für Kriegswaisen aus Ostasien und Südamerika. Während dieser Abtreibung, am Ende der Narkose träumte sie:

Traum 33[211]

> *I dreamed that I saw 4 tulips. Two were yellow and two were red. They were completely closed and in their bud-state. They were arranged in a square with their stems meeting below in a bunch. A voice said: „Look!" I looked carefully at the buds and while doing so, they slowly began to unfold, the green encasing petals pulled back and allowed the golden and red flowers to emerge fully. As the buds opened in this way, the light changed too. An increasingly stronger, golden light from above appeared until the four tulips were fully open and stood in all their splendor in the full, golden light that flooded them. I was astonished and amazed at this beautiful sight and asked: „What does this mean?" The voice replied: „This means light and life." It was said in a tone of calm reassurance and caused a sense of peaceful certainty with which I awoke.*

[211] Derselbe Traum auch gedeutet im Kap. Kind

4. DIE PFLANZE

Ich träumte daß ich vier Tulpen sah. Zwei waren gelb und zwei waren rot. Sie waren ganz geschlossen und in ihrem Knospen-Stadium. Sie waren in einem Viereck angeordnet und ihre Stengel kamen unten in einem Bund zusammen. Eine Stimme sagte: „Schau!" Ich schaute die Knospen sorgfältig an, und indem ich dies tat, begannen sie sich langsam zu entfalten, die grünen umgebenden Blätter zogen sich zurück und erlaubten den goldenen und roten Blumen ganz zum Vorschein zu kommen. Wie die Knospen sich auf diese Art öffneten, wechselte auch das Licht. Ein zunehmend stärkeres, goldenes Licht von oben erschien, bis die vier Tulpen ganz offen waren und in ihrer ganzen Schönheit in dem vollen, goldenen Licht standen, welches sie umflutete. Ich war erstaunt über diesen wunderbaren Anblick und fragte: „Was heißt das?" Die Stimme antwortete: „Das heißt Licht und Leben." Dies wurde in einem Ton von ruhiger Versicherung gesagt und bewirkte ein Gefühl von friedlicher Gewißheit, mit welcher ich erwachte.

Nach dem oben Gesagten müssen wir zu diesem wunderbaren und tröstlichen Traum nicht mehr viel beifügen. Dem Todesaspekt der Blumen in der Abtreibung, unter der die Träumerin sehr litt, hält das Unbewußte das Bild der „reflektierten Ganzheit" (durch das Licht erhellt) entgegen, welche das Leben, oder auch das Ziel ihres Lebens bedeutet. Im Lichte dieses Traumes ist es klar, daß die Abtreibung der Träumerin keinesfalls aus moralischen Gründen verurteilt werden darf und sich die Träumerin selbst nicht zu verurteilen brauchte.

Während ihrer ersten Schwangerschaft träumte eine 26-jährige Frau sogar mehrmals den folgenden Traum:

Traum Nr. 34:

I am pulling up potato plants from a field. An old unknown woman comes up to me. Then I see that the potatoes are little nice dolls in the earth. The woman tells me the dolls are my fetus. I am amazed and filled with mixed emotions. I wake up very upset.

Ich ziehe Kartoffelpflanzen auf einem Feld. Eine alte unbekannte Frau kommt zu mir. Dann sehe ich, daß die Kartoffeln kleine, hübsche Puppen in der Erde sind. Die Frau sagt zu mir, daß diese Puppen mein Fetus sind. Ich bin erstaunt und erfüllt mit gemischten Gefühlen. Ich wache sehr verwirrt auf.

Dieser Traum wurde ausführlich an anderer Stelle besprochen.[212] Wir finden darin das Motiv des neuen Kindes als Gemüse, bzw. Kartoffel, wie wir es aus der Volksüberlieferung her kennen. Ohne auf das Besondere der Kartoffel hier nochmals einzugehen, wollen wir uns fragen, wieso vom

---

[212] Ders. Traum bei Kap. Kind, ebenso bei Kap. Erde, Steine, Edelsteine

Unbewußten oder vom Traum her wohl überhaupt eine Pflanze als Bild für ein neues Kind gewählt wird.

Rein biologisch gesehen hat die Pflanze, wie Jung in einem Traumseminar erklärte, kein sympathisches Nervensystem. Es „gibt überhaupt keinen Zusammenhang zwischen dieser Form von Leben und irgendwelchen nervlichen Strukturen. Es ist ein vornervlicher Zustand, absolut unvorstellbar für uns. Es gibt keine mögliche Verbindung in unserem Bewußtsein, aber die Funktionsweise dieses vegetativen Zustandes bringt eine Frucht hervor...." An derselben Stelle sagt Jung: „... wir können das vorbewußte Leben mit dem vegetativen Leben der niederen Tiere vergleichen, denn all dies erfüllt sich beim Individuum im embryonalen Zustand. Was anfangs rein vegetativ ist, entwickelt sich später zum sympathischen Nervensystem, dann zur Wirbelsäule, dann zum Gehirn. Wir wiederholen also in geraffter Form die Evolution vom pflanzlichen zum menschlichen Leben.[213] Die Pflanze korrespondiert mit dem frühesten Stadium der menschlichen Existenz, dann folgt ein Stadium schwachen, geistigen Lebens, das noch zu keinem Bewußtsein fähig ist...."[214]

Aus dieser Sicht stellen die Puppen-Kartoffeln in der Erde eine früheste Entwicklungsstufe des neuen Kindes dar, welche aber in ihrer Puppenform bereits das zukünftige Menschlein andeutet. Man könnte darum annehmen, daß eine Art Bewußtsein im Unbewußten, eine Art formgebender oder vorbewußter Ganzheit auch in diesem Traumbild sichtbar wird.

Der Träumerin verursacht dieser Traum gemischte Gefühle, ja eine heftige Emotion. Es ist, wie wenn dieses einfache Traumbild, das die Schwangerschaft als einen selbstverständlichen Naturvorgang darstellt, dem man nur seinen Lauf lassen muß, für die Träumerin etwas Neues, Unbekanntes, Beunruhigendes wäre. Vielleicht macht sie sich zu viele Gedanken über das zukünftige Kind. Sie könnte es dem Traum nach einfach geschehen lassen. Sie kann der Natur den Lauf lassen, dann gibt diese ihre Früchte schon her, wenn sie reif sind.

---

[213] M.-L. von Franz, Traum und Tod, S. 57. In den sogenannten „Stundenwachen" der Osirismysterien findet in der 4. Tagesstunde die *vegetalische* Auferstehung statt (und dann direkt anschließend die *animalische*, die ein Wiedergeburtsritus gewesen zu sein scheint). In der 6. Stunde heißt es dann, daß nun die Himmelsgöttin Nut den Toten empfangen und als Kind wiedergeboren habe. (Siehe dort das Bild der vegetalischen Auferstehung, der Kopf des Toten aus einer Lotosblume)
[214] C.G. Jung, Seminare Traumanalyse. S. 271

4. DIE PFLANZE

Traum Nr. 35: (gekürzt) Die Träumerin ist 26-jährig, erwartet ihren ersten Buben.[215]

My husband and I are together with another couple. They seem to be animal doctors or plant researchers. There are dogs around that she judges and treats. I am particularly impressed by a growing plant in full blossom. One of her pupils has cared for it with intense love and attention. The plant grows in a glass jar and it radiates health and comfort.
We pass through large halls, like in the Museum of Nature History. I see large stuffed animals. Among them two giant whales, two giant otters in the size of lions, with huge teeth showing that they were beasts of prey. I am told that these animals once, in former ages, have inhabited the largest lake of Sweden, Vänern. I catch glimpses of many prehistoric animals, like the majestic Mammoths ...

Mein Mann und ich sind mit einem anderen Paar zusammen. Sie sind scheinbar Tierärzte oder Pflanzenforscher. Es hat Hunde, die sie beurteilt und behandelt. Ich bin besonders beeindruckt von einer wachsenden Pflanze in voller Blüte. Einer ihrer Schüler hat sich mit intensiver Liebe und Aufmerksamkeit darum gekümmert. Die Pflanze wächst in einem Glaskrug und sie strahlt Gesundheit und Behaglichkeit aus. Wir gehen durch große Räume, wie im naturhistorischen Museum. Ich sehe große, ausgestopfte Tiere. Unter ihnen zwei riesige Wale, zwei riesige Otter in der Größe von Löwen, mit riesigen Zähnen, welche zeigen, daß sie Raubtiere waren. Man sagt mir, daß diese Tiere einmal, in alten Zeiten, den größten See von Schweden, Vänern, bewohnt haben. Ich sehe noch kurz viele prähistorische Tiere, wie die majestätischen Mammuts. ...

Es ist, als ob hier der weitere Entwicklungsweg von der Pflanze über die urweltlichen Wassertiere über die prähistorischen Landtiere bis zu den heutigen Haustieren sichtbar würde. Mit all dem beschäftigt sich das wissenschaftliche Interesse der Träumerin, die auch selber Ärztin ist. Das wichtigste aber, das sie besonders zu beeindrucken scheint, ist die Pflanze, welche ein Schüler mit Liebe und Aufmerksamkeit gepflegt hat. Sie blüht und strahlt Gesundheit und etwas Tröstliches aus. Sie verkörpert das neue Leben, das im Gefäß des mütterlichen Uterus heranwächst. Sie wächst nicht im Garten oder auf dem Feld, sondern in einem Glasgefäß. Diesem Symbol wollen wir noch etwas nachgehen.

---

[215] Von ders. Tr: Nr. 28, Kap. Feuer, Nr. 92: Kap. Pferd, Nr. 81: Kap. Hund, Nr. 76: Kap. Katze, Nr. 44: Kap. Baum

Nach dem Liber Quartorum, einem alchemistischen Text, den Jung erwähnt,[216] hat das Gefäß mit der Erschaffung des Menschen zu tun. Das Gefäß, „das vom Wasser nicht gelöst und vom Feuer nicht geschmolzen wird," sei wie das Werk Gottes im Gefäße des göttlichen Keimes, „weil es den Lehm aufgenommen, geformt und mit Wasser und Feuer durchmischt hat." Andrerseits wird aus dem ganzen Text offenbar ersichtlich, daß es auch um die Erschaffung der Seelen geht, die aus den Keimen der Himmel hervorgehen. Zugleich ist das Gefäß auch selber die Seele, wie bei Caesarius v. Heisterbach: Die Seele sei eine geistige Substanz von sphärischer Natur, wie die Mondkugel oder wie ein Glasgefäß, das vorne und hinten mit Augen versehen sei und das ganze Universum sehe.[217] Das Gefäß bzw. die Seele ist hier gleichsam der Uterus für die Erschaffung der Menschen in der Schöpfungsgeschichte.[218]

Das Glasgefäß, welches Gesundheit und Trost ausstrahlt, erinnert auch an das im Mittelalter wichtige Symbol des Gralsgefäßes aus der Artus-Geschichte. Dieses spendet nach mittelalterlicher Vorstellung materielle Speise und seelischen Trost, erhält die Jugend und das Leben überhaupt, heilt verwundete Ritter, verbreitet Licht und Wohlgeruch und erfreut das Herz.[219] Im Gralsgefäß überlebt nach der Legende auch das Blut Christi, seine unsterbliche Seelensubstanz. Es ist letztlich ein Bild für die menschliche Psyche, in der alles Religiöse, das scheinbar gestorben ist, überleben kann.[220] Dort, in der individuellen Psyche, kann der Gott neu gefunden werden. Er kann neu geboren werden.

Der Glaskrug unseres Traumes mit der darin wachsenden Pflanze wäre nach all dem eine Art „zweiter Uterus" und in einem weiteren Sinne ein Bild für die Seele als Grundlage der ganzen Schöpfung und der Geburt des menschlichen Bewußtseins. Die Seele ist aber auch der Inhalt des Gefäßes, die blühende Pflanze, die Seelenblume, der Auferstehungsleib und die Seele des neuen Kindes. Das Glasgefäß könnte auch verstanden werden als eine Art seelischer Bereitschaft, das Neue aufzunehmen, zu pflegen und in sich wachsen zu lassen. Dies wäre nicht nur für das wirkliche Kind gültig, sondern auch im Sinne einer seelischen Geburt oder eines Bewußtwerdungsprozesses.

Um diese Art seelischer Auffassung geht es vielleicht auch im nächsten, in seiner Einfachheit berührenden Traum. Die Träumerin erwartete ihr drittes Kind. Zuvor hatte sie die sehr schwere Geburt einer Tochter und davor eine Totgeburt im 4. Monat.

---

[216] C.G. Jung, Von den Wurzeln des Bewußtseins, GW 13, § 113, Theatr. chem (1622) § 168
[217] Ders., § 114
[218] Die Augen, welche das ganze Universum sehen, stellen sozusagen die Augen Gottes dar oder dieses für uns unvorstellbare „Bewußtsein im Unbewußten", welches hinter dem wunderbaren Naturplan zu stehen scheint, nach dem die Schöpfung funktioniert.
[219] Emma Jung und M.-L. von Franz, Die Gralslegende, S. 161
[220] M.-L. von Franz, Die Erlösung des Weiblichen im Manne, S. 264

4. DIE PFLANZE

Traum 36:[221]

> *Heute nacht hatte ich einen Traum, von dem ich zum Schluß mit einem Blumenstock in der Hand erwachte. Und zwar hatten wir in einem Holzlattenraum im Keller vom Kinderheim eine Art Pflanzen- oder Gewächshaus. Ich hatte da wohl Schlüssel und Kompetenzen und wollte für eine Lehrerin dort zum Elternabend eine Pflanze holen. Eine mich begleitende Kollegin hielt das zwar für überflüssig und ich fand auch nichts Blühendes, aber ich war so entzückt von den vielen zarten, frischgrünenden Pflanzen, daß ich eine für mich mitnahm.*

Der Keller hat symbolisch ausgesprochen mit dem Weiblichen zu tun. Im Gegensatz zum Estrich, in dem es luftig, trocken und oft durch ein Fenster erhellt ist, wo man früher Wäsche und Fleisch zum Trocknen aufhängte und den Rauch abziehen ließ, so ist (oder war) der Keller feucht, dunkel, in der Erde. Man bewahrte dort die Erträge des Gartens, des Tätigkeitsfelds der Frau, auf. Da waren Saatgut, Pflanzen, Zwiebeln, Blumentöpfe, Kartoffeln, Wintergemüse, Früchte, Konserviertes aller Art, auch die Butter, das Sauerkraut, das Salzfleisch und außerdem, wie wir bei J. Bonnet nachlesen können, auch die Menstruationswäsche der Frauen, die man natürlich nur in monatelangen Abständen wusch. Die weiblichen „Nahrungskeller" waren etwas anderes als die sozusagen männlichen Wein- und Werkzeugkeller.[222]

Zu diesem ausgesprochen weiblichen Ort hat die Träumerin den Schlüssel und die Kompetenzen. Dort holt sie sich das zarte frische Pflänzchen aus den vielen Gewächsen des Kinderheims, ein individuelles ganz für sich. Der Keller ist gleichsam die Gebärmutter des Hauses und das Aufziehen der Pflänzchen wie auch das Aufbewahren und Konservieren von Nahrungsmitteln eine kulturelle Aufgabe, um das Überleben der Menschen über die Winterzeit zu gewährleisten. Aus diesem Reservoir kommen auch die neuen Pflanzen, symbolisch die neuen Kinder, welche das Überleben der Menschheit sichern. Der einzelne Blumentopf ist das persönliche „Gefäß", welches die Träumerin als werdende Mutter darstellt im großen, sinnvoll auf Überleben eingerichteten Haushalt der Natur. Schön ist dabei die aktive Rolle der Träumerin. Sie hat das Kind gewollt und nun ist es da!

In einem anderen Traum hat eine Frau eine Plantage mit wachsenden Rüben auf ihrem Fenstersims.[223] Rüben sind in ihrer oft menschenähnlichen Form Präfigurationen der zukünftigen Menschlein wie bei den Kartoffelpuppen in Traum 34. Auf den ersten Blick mag es vielleicht eigenartig erscheinen, daß in dieser Traumsammlung zum Pflanzensymbol so wenig natürliches

---

[221] von ders. Tr: Nr. 24: Kap. Stein, Nr. 64: Kap. Vögel, Nr. 5: Kap. Blumen, Nr. 9: Kap. Kuh
[222] Jocelyne Bonnet, La terre des femmes et ses magies, 242
[223] Traum 242 der Sammlung

Wachstum aus der Erde, dem Feld vertreten ist, dafür um so mehr kultivierte Pflanzen in Töpfen und Vasen. Nach näherem Zusehen jedoch kann deutlich werden, daß das Austragen eines Kindes, für welches das Unbewußte das Bild des Wachsens einer Pflanze in einem Gefäß verwendet, viel individueller ist als dasjenige einer Pflanze in einem bebauten Feld.

Außerdem scheint es auch auf die „Fassung" oder das Fassungsvermögen anzukommen. Der Körper der Frau, das Gefäß, ist nicht nur eine Art biologischer Nährhülse für den wachsenden Keim, sondern es könnte symbolisch auch auf die Auffassung oder die innere Einstellung der Frau gegenüber dem ganzen Neuen angespielt sein. Zwar ist das Wissen und Verstehen, intellektuell gesehen, durch die modernen Untersuchungsmethoden bis hin zum Ultraschall weit genauer als in vergangenen Zeiten. Aber sind die medizinischen Einblicke für die seelische Auffassung, die innere Zuwendung zum Kind und für die Bewältigung der fundamentalen Änderung, die nun das Leben der Frau erfährt, ausreichend? Wird nämlich das Kind oder, symbolisch gesehen, der neue kostbare Inhalt nicht „gefaßt", so kann es in unserer Realität nicht zum Leben kommen.

Dieses weibliche Vermögen des „Fassens" erscheint in der altchinesischen Beschreibung des Yin, des weiblichen Prinzips als Symbol des Hauses. Einerseits war das Haus natürlich der Wirkungsort der Frau. Wichtiger erscheint daran jedoch heute, daß das „Weibliche" jener Ort ist, wo etwas Lebendiges in der individuellen Beschränkung wachsen kann. Marie-Louise von Franz schreibt darüber: „Auf etruskischen Gräbern steht ein kleines Haus, wenn es das Grab einer Frau ist." Und: „Es scheint ein Aspekt der weiblichen Schöpferischkeit zu sein, gewisse Rahmen- und Realitätsausschnitte wahrzunehmen, in denen sich keimhaft Wirkliches wie in einem Ei ausbrüten, ausdifferenzieren und realisieren läßt." Wenn so das Wesen des Weiblichen, des Yin im Symbol des Hauses dargestellt ist, so deswegen, „weil das Haus ein Stück Raum aus dem unendlichen All ausschneidet und zum Lebensrahmen des Menschen macht, in dem er wie in einem Schoß geborgen ist."[224]

Aus dieser Sicht gesehen, ist das Gefäß oder der weibliche Schoß und Körper der Frau zugleich ein Bild für ein grundlegendes Entwicklungsprinzip, nämlich daß jedes Wachstum die angemessene Fassung oder seelisch richtige Auffassung braucht, die zugleich eine Beschränkung darstellt. Dieses Prinzip des Schöpferischen, das zugleich ein Einschränken und Ausschneiden darstellt, ist für jeden Lebensbereich wichtig, wo etwas wirklich Neues entstehen soll. Die Möglichkeiten der Frau, sich im Haus, oder auch in der Introversion aufzuhalten, dürfen darum auch für ihre geistige Entwicklung nicht unter-

---

[224] Vgl. M.-L. von Franz: C.G. Jung und die Probleme der modernen Frau. Die obigen Gedanken zum Gefäß entwickelten sich aus einem Gespräch mit Irmgard Bosch.

4. DIE PFLANZE

schätzt werden. Diese Frau brachte diesmal in einer glücklich verlaufenen Geburt einen gesunden Buben zur Welt.

Bild 12 Die Geburt des Adonis aus einem Baum (Urbino 16. Jh.)

4.2. Der Baum

Regina Abt

Der Baum, wie er uns in den folgenden Träumen begegnet, ist eines der tiefsten Symbole, welches dem Menschen seit jeher aus seiner eigenen Seelentiefe entgegentrat.

„Vor Zeiten, lange bevor der Mensch auf der Erde erschienen war, erhob sich ein mächtiger Baum bis in den Himmel. Als Achse des Universums durchdrang er die drei Welten. Seine Wurzeln reichten bis in die Unterwelt, seine Zweige erstreckten sich bis zur Wohnung der Seligen. Das Wasser, das er aus der Erde sog, wurde zu seinem Saft; Sonnenstrahlen brachten seine Blätter, seine Blüten und seine Früchte zur Reife. Durch ihn kam das Feuer des Himmels herab; seine Krone glich den Wolken und ließ den befruchtenden Regen fallen. Senkrecht stand der Baum da und gewährleistete die Verbindung zwischen dem uranischen Universum und den chthonischen Abgründen. Ständig regenerierte sich in ihm der Kosmos. Quelle allen Lebens, bot der Baum Tausenden von Lebewesen Schutz und Nahrung. Zwischen seinen Wurzeln krochen Schlangen, auf seinen Zweigen saßen Vögel. Die Götter selbst erwählten ihn als ihren Aufenthaltsort."

Diesen Abschnitt setzt J. Brosse, Dendrologe, d.h. Baumkundler aus Leidenschaft, an den Beginn seines Buches über die Mythologie der Bäume. „Diesen Weltenbaum", so sagt er, „findet man in fast allen Überlieferungen, von einem Ende des Planeten bis zum andern, und man darf annehmen, daß es ihn überall gab, selbst da, wo sein Bild heute verblichen ist."[225]

Die herrlichste und eindrücklichste Darstellung des Weltenbaumes verdanken wir, so Brosse, den überlieferten Texten der germanischen Mythologie, wie sie im Mittelalter von skandinavischen Dichtern festgehalten wurden. In der Edda, aufgezeichnet von dem Isländer Snorri Sturluson, findet sich die berühmteste Schilderung der Riesenesche Yggdrasil, welche Achse und Stütze der Welt darstellt.[226] Ihre Äste reichen in den Himmel. Sie wächst hindurch durch Midgard, wo die Menschen leben, bis zu Asgard, wo die Götter thronen. Von ihren drei Wurzeln taucht die eine in den Äsir, die Unterwelt der Asen, der Götter, die zweite zu den Frostriesen, den Vorgängern der Menschen, und die

---

[225] J. Brosse, Mythologie der Bäume, S. 11
[226] Edda, 276 f

dritte reicht bis zu Niflhel, dem Reich der Toten. Bei dieser Wurzel im Totenreich entspringt Hvergelmir, die Quelle aller Flüsse, welche die Erde bewässern und sie fruchtbar machen. Neben der zweiten Wurzel sprudelt die Quelle von Mimir, welche Wissen und Weisheit schenkt.[227] Unter der dritten Wurzel liegt die heiligste der Quellen, der Brunnen Urd, welcher von den drei Nornen, den Schicksalsgöttinnen, bewacht wird. Sie begießen mit dem Wasser die Esche. Dieser Schicksalsbrunnen ist ein Jungbrunnen. Hier versammeln sich die Götter zum Ratschluß und um Gericht zu halten. Aus diesem Brunnen gehen alle Lebewesen hervor, jeder Lebenskeim, jede Möglichkeit. Odin (oder Wotan), der höchste und älteste der Götter, der nicht nur Kriegsgott, sondern auch Meister der Weisheit und der jenseitigen Künste ist, befragte einst Mimir, den Hüter der Quelle der Weisheit. Dieser erlaubte ihm, von der Quelle zu trinken, wenn er ihm sein eines Auge opferte. Dadurch erwarb sich Odin trotz seiner Blindheit die Seherkraft, also inneres Wissen, und die Kenntnis der Runen. Nachdem Odin auch noch den „Met der Dichter", der göttlichen Ursprungs war, entwendet hatte, hing er neun Nächte lang am Baume Yggdrasil, um noch mehr magische Kräfte zu erlangen.[228] Durch dieses Opfer am Weltenbaum, seinen rituellen Tod, stellte Odin die Verbindung her zur unteren, unsichtbaren Welt der Naturweisheit, zur Quelle, aus der der kosmische Baum genährt wird. Dies bedeutete höchste Einsicht für ihn, auch wenn oder gerade weil er dabei die Sicht der äußeren Welt hingeben mußte.

Den Weltenbaum, wie ihn Yggdrasil darstellt, finden wir auch bei den mittel- und nordasiatischen Völkern, bei Iranern, Indern, Babyloniern und Ägyptern.[229] Bei den nordischen Völkern hat er oft die Form einer Weltsäule, welche zugleich die Achse und die Stütze für das Himmelsgewölbe darstellt. Sie steht im Nabel der Erde. Deshalb gibt es auch viele sogenannte „Nabelheiligtümer". „Manche germanische Völkerstämme errichteten auf Hügeln Pfeiler, die aus dem Stamm eines gewaltigen Baumes gemacht waren ... Eine davon ist Irminsul, die Weltensäule, die im Glauben der Sachsen das Himmelsgewölbe trug. Ebenso errichteten die Germanen ihre Häuser um einen behauenen Baumstamm herum ... Das Dach stand für das Himmelgewölbe, das von der Weltachse getragen wurde."[230]

Bei den Völkern Mittel- und Nordasiens entspricht der 7- oder 9-kerbige Schamanenbaum der Weltsäule, an der der Schamane in den Himmel und durch die Himmelsschichten steigen muß.[231] Der Schamanenbaum ist meist eine Fichte, bei den sibirischen Schamanen eine Birke. Diese Bäume werden

---

[227] A. v. Ström / H. Biézais, Germanische und baltische Religion, 975, 254
[228] Ders., 117 f
[229] Holmberg, Weltenbaum, 52 f
[230] J. Brosse, Mythologie der Bäume, 17
[231] Holmberg, Weltenbaum, 133f

4. PFLANZENWELT: DER BAUM

im Wald, wo die Toten begraben sind, geholt, denn sie beherbergen die Seelen der Ahnen.²³² In dem ganzen Ritus, in dessen Zentrum der Baum steht, begibt sich der Schamane außerhalb von Zeit und Raum, wo die Ahnenvergangenheit zur Gegenwart wird und die 9-gekerbte Birke zur Himmelsleiter und zum Bild des Kosmos überhaupt. Die Zahl 9 spielt dabei die größte Rolle: 9 Stufen der Himmelsleiter, 9 Opferschalen auf dem Opferaltar, 9 Opferer, 9 Opfertiere etc. Aber auch alle 9 Jahre trafen sich die schwedischen Stämme bei dem Baum, der Yggdrasil darstellte, im Zusammenhang mit der Erneuerung der königlichen Kräfte.²³³ Die Zahl 9 ist die Zahl der Schwangerschaftsmonate, nach denen beim Menschen eine Geburt erfolgt.

Bild 13 Schamanenbaum

Nicht nur die Königserneuerung, sondern auch die Schamanenriten haben mit Geburt zu tun, nämlich mit der Erneuerung der Bewußtseins durch die Verbindung mit der jenseitigen Welt. Denn das herrschende kollektive Bewußtsein, für das der König stellvertretend steht, ist immer wieder in Gefahr, zu verhärten, unangepaßt zu werden, zu altern. Deshalb muß es von Zeit zu Zeit erneuert werden, wie wir das als Thema aus vielen Märchen kennen.

Yggdrasil ebenso wie der Schamanenbaum wurzeln in der Tiefe der Totenwelt, der Ahnenvergangenheit und reichen mit ihren Ästen in den Himmel. An vielen Orten herrscht der Glaube daran, daß die Sterne mit einem Faden oder Seil am kosmischen Baum (oder am Zentralberg) befestigt seien. Die Tungusen Nordsibiriens glaubten, jeder Mensch habe seinen Stern am Himmel. Nach Auffassung der Türkvölker erscheint jedesmal bei der Geburt eines Menschen ein neuer Stern. Diese Vorstellungen sind weit verbreitet und sind auch uns irgendwie vertraut. Sie gehörten in Europa im Mittelalter zur

---

²³² J. Brosse, Mythologie der Bäume, 17
²³³ Ders., 37

allgemeinen Auffassung. Man sagt etwa „sein Leben stehe unter einem guten Stern" oder „es steht in den Sternen geschrieben" und meint damit das Schicksal dieses Menschen. Die Slawen glaubten, daß für jeden Menschen im Augenblick seiner Geburt ein Stern am Himmel und zugleich auf der Erde die Geburtsgöttin erscheine.[234] Sterne bedeuteten für den Menschen immer schon die unumstößlichen Gesetze der Weltordnung. Außerdem hatten sie eine große Bedeutung als regelmäßige, nie schwankende Zeitmesser.[235] Sie stellten also gleichsam den schicksalhaften Rahmen dar, innerhalb dessen sich das Leben des einzelnen Menschen erfüllt.

Die Lebensbaumvorstellung hängt, wie Holmberg ausführt, eng zusammen mit der Vorstellung eines zentralen Weltberges oder eines Nabelsteins im Zentrum der Welt und außerdem mit der Quelle. Alle drei sind oft verbunden mit einer großen Fruchtbarkeits- und Muttergöttin. In Osteuropa gehören Nabelstein, Zentralberg, Lebensbaum und Quelle mit dem Lebenswasser alle zum Aufenthaltsort der Gottesmutter. Im alten Ägypten ist die Schicksalsgöttin oft am Fuße eines großen, den Himmel vorstellenden Baumes dargestellt. Die sumerische Göttin Nin-harsag thront auf einem zentralen Weltenberg, wie auch diejenige der Iraner auf dem Paradies- oder Nabelberg. Sie ist also eine Regina coeli, eine Himmelskönigin. Die große orientalische Geburtsgöttin wohnt an der Weltachse, am Zentrum und spinnt die Länge des Lebensfadens, welche einen jeden Stern eines Menschen mit dem Zentrum verbindet. Eine alte litauische Schicksalsgöttin Verpeja (Spinnerin) sitzt im Mittelpunkt des Himmels und beginnt sofort bei der Geburt eines Kindes seinen Lebensfaden zu spinnen. Das Fadenende bindet sie an den neuen Stern, der dafür am Himmel erschienen ist. Beim Tode reißt sie den Faden ab, der Stern fällt und verlöscht. Die kosmische Muttergöttin ist oft mit einer Spindel dargestellt. Eine Spindel hat auch Urd (Schicksal), die älteste der drei am Urdbrunnen an der Wurzel von Yggdrasil spinnenden Nornen.

Wir wollen nun noch den Baum ansehen, der am Anfang des christlichen Mythos steht, den Paradiesbaum. Sein Vorläufer ist der sumerische Lebensbaum Kishkanu, der wiederum den Prototyp der mesopotamischen Lebensbäume darstellt. Eigentlich stehen im Paradies zwei Bäume, der Baum mit der Schlange, welche die Ureltern versuchte und der Lebensbaum. „Und Gott der Herr sprach: Siehe, der Mensch ist geworden wie unser einer, daß er weiß, was gut und böse ist. Nun aber, daß er nicht seine Hand ausstrecke und auch vom Baum des Lebens breche und ewig lebe!"[236] Daraufhin wurden Adam und Eva aus dem Paradies vertrieben. So erzählt es uns das Alte Testament. Später, im Neuen Testament, wird der Paradiesbaum zum Lebensbaum inmitten des himmlischen Jerusalems, welches mit dem Paradies identisch ist. Durch die

---

[234] Holmberg, Weltenbaum, 110
[235] Ders. 104
[236] Genesis 3, 22f

4. PFLANZENWELT: DER BAUM

unterdessen erfolgte Erlösung durch den Messias am Kreuz wird der Lebensbaum zum Kreuzbaum, einem Todesbaum eines wiederauferstandenen göttlichen Toten. Von den Kirchenvätern bis hin zu den modernen Mystikern werden Kreuz und Lebensbaum als eine Einheit betrachtet.[237] Der Berg Golgatha wird zum Pol der Welt und das Kreuz zum kosmischen Baum. Sogar in mexikanischen Darstellungen aus vorchristlicher Zeit findet sich diese Verbindung von Kreuz und Lebensbaum als Kreuz mit Blättern und Zweigen an den Enden. Dieses stellt das Universum, den gesamten Kosmos dar.[238]

Obwohl also christliche und vorchristliche Vorstellungen letztlich auf demselben Archetypus fußen, ruhten die christlichen Missionare und Bischöfe nicht in ihrem Kampf gegen die germanischen und keltischen heiligen Bäume, gegen den heidnischen Aberglauben, der diese uralten Baumriesen als göttlich ansah. Schließlich gab es nach dem „Sieg der Kirche über die barbarischen Kulte nur noch einen einzigen Baum, den man verehren konnte: das behauene Holz, an dem der Erlöser starb."[239] Trotzdem finden wir in den Träumen heutiger Menschen das Bild des Baumes wie eh und je. Nur daß wir einen religiösen Bezug dazu erst wieder finden müssen, auf einer inneren Ebene, so wie vermutlich auf einer äußeren.

Marie-Louise von Franz hat in ihrer Untersuchung über die Träume von Sterbenden gesehen, daß der Baum oft als Symbol für die geheimnisvolle Beziehung des Todes zum Leben steht.[240] Es scheint, wie wenn der Baum irgendwie mit dem über den Tod hinaus weiterdauernden Leben zu tun hat. Im Baum wohnen nach volkstümlicher Anschauung die toten Seelen, weshalb z.B. die Bäume auf Friedhöfen so oft von Geistern und Gespenstern bevölkert sind. Aus dem Baum kommen aber auch die neugeborenen Kinder. In der Schweiz gibt es vielerorts den sogenannten „Kindlibaum". Jung sagt zu dem Glauben, daß die Menschen aus Bäumen kommen und wieder in Bäume verschwinden: „Die Welt des Bewußtseins weicht dem Vegetativen. Der Baum ist das sich erneuernde unbewußte Leben, das ewig weiterdauert, wenn das menschliche Bewußtsein erlischt."[241] In der Symbolik des Baumes scheinen, wie beim unbewußten Leben, die Grenzen des Raumes und der Zeit aufgehoben, die Grenzen zwischen den Toten und den Lebenden, die Grenzen zwischen dem Immer-schon und dem Ewigen, zwischen der Vergangenheit und der Zukunft.

Deshalb wohl hat die Alchemie, wie Jung ausführt, die Vereinigung der Gegensätze unter dem Symbol des Baumes gesehen, „und es ist daher nicht weiter erstaunlich, daß das Unbewußte des heutigen Menschen, der sich in

---

[237] J. Brosse, Mythologie, 267
[238] Ders. 268
[239] Ders. 273
[240] M.-L. von Franz, Traum und Tod, 48
[241] M.-L. von Franz, Traum und Tod, 49

seiner Welt nicht mehr zu Hause fühlt und sein Dasein weder auf dem nicht mehr seienden Vergangenen noch auf dem noch nicht seienden Zukünftigen begründen kann, wieder auf das Symbol des in dieser Welt wurzelnden und zum Himmelspol emporwachsenden Weltenbaumes, welcher auch der Mensch ist, zurückgreift. Die Symbolgeschichte überhaupt schildert den Baum als den Weg und das Wachstum auf das Unveränderliche und Ewigseiende hin, welches durch die Vereinigung der Gegensätze entsteht und durch sein ewiges Schon-vorhanden-Sein die Vereinigung auch ermöglicht. Es scheint, als ob der Mensch, der vergeblich seine Existenz sucht und daraus eine Philosophie macht, nur durch das Erlebnis symbolischer Wirklichkeit den Rückweg in jene Welt, in der er kein Fremdling ist, wiederfindet."[242]

Wo der Baum in den Träumen werdender Mütter auftaucht, verbindet er diese mit dem zeitlosen Mysterium von Tod und Erneuerung, welches innen und außen gleichermaßen stattfindet. Die Frau ist dabei nur Mitwirkende, ihre Leistung besteht darin, sich dem zu ergeben. Sie trägt für das zukünftige Kind auch nur bedingt die Verantwortung, denn es ist gleichsam ein Stern am Schicksalsfaden der großen Mutter oder eine Frucht am kosmischen Baum des Lebens. In manchen Heiligenlegenden wird von der Geburt des Heiligen erzählt, daß seine Mutter vorher einen Baum mit köstlichen Früchten oder einen wunderbar duftenden Baum aus ihrem Schoß hervorsprießen sieht.[243]

Der Baum an sich, so wie er Wind und Wetter trotzend, im Tageslicht und im Nachtdunkel, tagein tagaus, jahre- und jahrzehntelang fest verwurzelt an seinem Ort steht, um so zu sein, wie er ist, und so zu werden, wie er werden muß, hat von jeher die Menschen berührt und tut es heute noch. Er ist ein Bild für unser eigenes immer weiterwachsendes Leben, aus unserer Ahnenvergangenheit in die schicksalhafte Zukunft. Was unsere Eltern, Großeltern und Vorväter waren, spielt als Erbkomponente oder als Prägung eine entscheidende Rolle für unser zukünftiges Leben. So wie sich der Baum innerhalb seiner vorgegebenen Art zu seiner individuellen Form entwickelt, so empfinden wir auch unsere eigene individuelle Entwicklung. Der Baum ist ein Bild für den Individuationsprozeß, den langsamen Wachstumsprozeß, den der Mensch in seinem Leben durchläuft. Der im Zentrum des Weltalls verwurzelte Riesenbaum ist darum auch ein Bild für den im Zentrum, d.h. im Selbst verankerten Menschen.

Die Träumerin des folgenden Traumes war damals 36-jährig, seit 7 Jahren verheiratet, jetzt endlich im zweiten Monat schwanger. Vor der Nacht, in der sie den Traum hatte, bat sie das Unbewußte um einen Traum zu ihrer bevorstehenden Geburt. Darauf träumte sie tatsächlich:

---

[242] C.G. Jung, Die psychologischen Aspekte des Mutterarchetypus, GW 9, I, §197
[243] Vgl. Jacques Gélis, Die Geburt.

4. PFLANZENWELT: DER BAUM

Traum Nr. 37[244]

I am on a line with a group of Indian women (India, not America). All the women are pregnant. They are waiting in a line until their turn comes to go up to a big tree and give birth. I am dressed like them, in a sari. One by one the women go up to the tree, stoop down and give birth to their babies. My turn has not come yet.

Ich stehe an mit einer Gruppe von indischen Frauen. Alle Frauen sind schwanger. Sie warten in einer Warteschlange bis es an ihnen ist, zu einem großen Baum zu gehen und zu gebären. Ich bin wie sie gekleidet, in einem Sari. Eine nach der anderen gehen die Frauen zu dem Baum, kauern sich nieder und gebären ihre Babies. Ich bin noch nicht dran.

Den Glauben, daß gewisse Bäume die Niederkunft erleichtern, finden wir bei vielen Völkern. Beispielsweise in Afrika sowie in Schweden gibt es heilige Bäume, welche von schwangeren Frauen umarmt wurden, um eine leichte Geburt zu haben.[245] Der griechischen Sage nach bringt Leto Apollo und Artemis zur Welt, nachdem sie einen Palmbaum und einen Ölbaum berührt habe. Buddhas Mutter Maya soll ihn zu Füßen eines Baumes geboren haben, indem sie einen seiner Äste umklammerte. Die Häufigkeit des Brauches, daß Frauen in der Nachbarschaft vor oder unter Bäumen niederkommen, ist reichlich belegt, denn „der Baum ist der Schützer der Neugeborenen. Er erleichtert die Geburt und wacht über das Leben der kleinen Kinder. ... Der Akt der Berührung oder Annäherung an einen Baum ist wohltuend, kräftigend, befruchtend."[246]

Alte, besonders oft hohle Bäume werden aus diesem Grunde geschützt und verehrt. Solche Bäume haben mütterliche Qualität. Sie tragen Früchte, sie geben Schutz vor Wetter, sie sind der Inbegriff von Verwurzelung, von Festigkeit, aber auch von Tod und alljährlicher Wiedererneuerung der Lebenskraft. Dieser weibliche, mütterliche Aspekt des Baumes, welcher sich durch den Jahresablauf hindurch ständig wandelt und nach dem Winter scheinbar gänzlich erneuert, vermittelt das Gefühl von unaufhörlicher Wandlung oder Neugeburt und damit von Zeitlosigkeit.

Bevor die Geburtshilfe von Spezialärzten in Kliniken übernommen wurde, spielte die Hebamme überall eine wichtige Rolle. Hebammen waren hoch angesehen und man glaubte oft, daß sie mit besonderen Kräften begabt seien. In Frankreich wird eine Hebamme als „sage femme" bezeichnet, als weise Frau. Sie ist wohl dieselbe alte, weise Frau der Grimm'schen Märchen, die wie die „sage femme" oft mit einer Spindel dargestellt wird. Als „sages femmes" werden in Frankreich aber auch die Feen bezeichnet, die vermutlich in den

---

[244] Von ders. Tr: Nr. 22: Kap. Stein
[245] J.G. Frazer, Der goldene Zweig, 175
[246] M. Eliade, Das Heilige, 352

archaischen Gesellschaften auch als Geburtshelferinnen angesehen wurden. Die Fee ist zugleich aber auch Wissende und Zauberkundige und steht in enger Verbindung mit den dunklen Kräften des Lebens. Wie die germanischen Nornen am Fuße der Weltesche oder die griechischen Moiren spielt sie bei der Geburt des Kindes eine wichtige Rolle.[247] Manche gallische Priesterinnen, die in den Wäldern lebten, übernahmen diese Rolle vermutlich. Die Vorläuferinnen der Feen sind die gallischen Fatae, welche wiederum mit den präkeltischen Matres oder Matrones verschmolzen sind. Die letzteren sind zu dritt und mit einem Säugling auf den Knien dargestellt, offenbar Ahnfrauen auch der germanischen „weisen Frauen" und der Hebammen.[248] Sie gehen zurück bis auf die neolithischen Kulte der Mutter Erde, des fruchtbarkeitsspendenden Wassers und des Mondes. Wir sehen, daß das Unbewußte der Träumerin die bevorstehende Geburt mit zum Baum gehörigen mütterlichen und schicksalsbestimmenden Mächten verbindet, welche bis in die Steinzeit zurückreichen. Eine ganz tiefe archaische Schicht in der Träumerin scheint jetzt aktiviert.

Nie so im Leben, wie wenn es um Schwangerschaft und Geburt geht, wird sich eine Frau in diesem Maße den ewigen und sich immer wiederholenden Lebensprozessen verbunden fühlen können. Diese Verbundenheit kann ihr das Gefühl von Schutz und Festigkeit geben, ein Vertrauen in den unabdingbaren Ablauf eines Vorganges, den alle Mütter seit eh und je durchlaufen haben. Dann, wenn ihre Zeit gekommen ist, geht es darum, in der Nähe des Baumes zu sein, d.h. ganz nahe bei dem zeitlosen naturnahen Wandlungsprozeß, der seit jeher das Geschehen von Schwangerschaft und Geburt bestimmte. Hier ist die Frau ganz kollektives Wesen. Wenn der Moment da ist, muß sie sich dem hingeben können, wie es die indischen Frauen tun. Diese stellen vermutlich für die Träumerin Schattenfiguren dar, die irgendwie besonders weiblich (der Sari ist eine besonders weibliche Kleidung) und naturnah sind. Die indische Welt mag dabei für „die andere", die geistige, weit entfernte Welt, ein Bild für das Unbewußte, stehen. Der Baum, in der Mythologie mit den drei Schicksalsgöttinnen und den „Weisen Frauen", d.h. den Hebammen verbunden, ist das große Mütterliche in ihr selber, dem sie sich anvertrauen muß. Ein wunderbarer, beruhigender Traum vor der Geburt!

Eine 29-jährige Frau, welche schon fast die Hoffnung verloren hatte, schwanger zu werden, träumte im 5. Monat:

Traum Nr. 38:

> *The image of the birth: a secular olive tree.*[249]
>
> *Das Bild der Geburt: Ein hundertjähriger Olivenbaum.*

[247] J. Brosse, Mythologie, 197
[248] Ders. 204

4. PFLANZENWELT: DER BAUM

Der hundertjährige Baum ist ein „uralter" Baum, der den Wechsel von Tag und Nacht und den Wechsel der Jahreszeiten schon hundertmal erlebt hat. Das Überdauern von langen Zeiträumen, von Monden und Jahresabläufen muß den Menschen schon früh beeindruckt haben. Diesen unablässig wiederkehrenden Ablauf der Zeiten können wir nicht beeinflussen. Er ist höherer Gewalt unterstellt. Daher der Zusammenhang von Baum und Schicksal, der, wie wir gesehen haben, besonders in der germanischen Mythologie deutlich wird.

Warum ist es im Traum nun aber gerade ein Olivenbaum? Von Olivenbäumen gibt es Öl, den wunderbaren, haltbaren Lebenssaft, der in allen Ländern, wo es Olivenbäume gibt, ein Grundnahrungsmittel darstellt. Das griechische Wort elaion für Olivenöl und dann auch das lateinische Wort oleum wurde generell für Öl gebraucht, denn in der Antike kannte man sozusagen kein anderes. Dieses allgemeine Wort hat sich deshalb auch für Öle aus anderen Pflanzen gehalten.[250] Der Olivenbaum war für die Hebräer eines der wertvollsten Geschenke Jahwes, das eigentliche Symbol des Bundes, den er mit den Menschen geschlossen hatte. Das Olivenöl diente zur Weihe. Das griechische Wort Christos war „der mit dunklem Öl Gesalbte." Salbungen gehörten in der christlichen Kirche zu den häufigsten Sakramenten während des ganzen Lebens. Nach dem Vorbild von Christus, dem Gesalbten des Herrn, und den Propheten wurden auch die Könige gesalbt. Dafür verwendete man nur Olivenöl. Im homerischen Griechenland[251], aber auch im alten Ägypten stellte das Öl Lebenssubstanz dar, mit welcher in regelmäßigen Abständen die Götterstatuen gesalbt wurden. Dahinter stand nach Marie-Louise von Franz die Idee, daß die Götter nur dann leben, wenn ihnen die Menschen Leben, das heißt Zuwendung geben.[252] Öl hat demnach auch mit Verbindung schaffen, mit Eros zu tun. Öl verbindet Dinge, die sonst aufeinander reiben, z.B. Eisenteile etc. Es hat also die Eigenschaft, daß es Gegensätze zusammenbringen kann.

Im Islam ist der Olivenbaum der Weltenbaum schlechthin, das Zentrum und der Stützpfeiler der Welt. Er ist ein Lebensbaum, aber wegen des Öls, das auch für die Lampen verwendet wurde (das einzige Licht außer dem Feuer, das man damals vermutlich hatte), gilt der gesegnete Olivenbaum vor allem als Quelle des Lichts. Er ist ein wunderbarer und geheimnisvoller Himmelsbaum, der das göttliche Licht entzündet.[253] In Griechenland waren die Olivenbäume der Ebene von Eleusis der Demeter, der großen Korn- und Fruchtbar-

---

[249] Von ders. Tr: Nr. 495: Kap. Mutter, Nr. 497: Kap.Vögel. Nr. 496: Kap. Schöpfungsträume, Nr. 500: Kap. Mutter (Nummern der Sammlung)
[250] J. Brosse, Mythologie, 231
[251] P. Faure: La vie quotidienne en Grèce au temps de la guerre de Troie, 194
[252] M.-L. von Franz, Die Erlösung des Weiblichen im Manne, 150
[253] J. Brosse, Mythologie, 229f

keitsgöttin, heilig. Wer ihnen Schaden zufügte, wurde streng bestraft. Vor allem aber war der Olivenbaum der heilige Baum Athenes. Die der Athene geweihten Bäume wurden moria genannt, nicht elaia, das übliche Wort für Olivenbaum. Mories bedeutet „als Erbe gegeben" (d.h. durch die Götter, das Schicksal) Im 2. Jahrhundert soll es in der Nähe des heiligen Olivenbaums der Athene auf der Akropolis eine goldene Lampe (mit Öl) gegeben haben, welche ein ganzes Jahr lang brannte, bis man sie neu füllte.[254] Das Licht der Athene hängt aber mit der Weisheit der Eule zusammen, die zu der Göttin gehört. Eulen schlafen am Tag und sehen in der Nacht. Das Licht der Athene hat deshalb irgendwie mit dem Licht der Nacht, mit nächtlichem Wissen, mit dem Wissen des dunklen Seelenhintergrundes zu tun.

Wenn wir diese Amplifikationen zusammenfassen wollen, so könnte man vielleicht sagen, daß der Olivenbaum mit der Nahrung, dem Licht und der nächtlichen Weisheit des weiblich-mütterlichen Seelenhintergrundes zu tun hat. Er enthält den die Gegensätze verbindenden Lebenssaft, die eigentliche Lebenssubstanz der Seele und er ist unvergänglich, die Zeiten überdauernd. Das verbindende Prinzip des mütterlichen Unbewußten ist denn auch das einzige, was einen scheinbar unlösbaren Konflikt oder Gegensatz auf wunderbare und unerwartete Weise zu lösen vermag. In diesem Sinne bedeutet der unbewußte Seelenhintergrund Schicksal, denn von unserer Verbindung damit, mit den Göttern, hängt es ab, ob es gelingt, Gegensätze zu vereinen.

Die Geburt eines Kindes, die Entstehung eines neuen Lebens wird mit diesem wunderbaren, beruhigenden Bild des uralten Olivenbaumes in einen größeren Zusammenhang hineingestellt. Es ist gleichsam eine überpersönliche zeitlose Nahrung und Erkenntnis spendende Mutter, welche hinter dem Vorgang der Geburt und hinter dem Schicksal des zukünftigen neuen Lebens steht. Er bringt der menschlichen Mutter eine religiöse Haltung näher, welche überall dort, wo die Große Mutter im Kult verehrt wurde, selbstverständlich war.

Traum Nr. 39

Während des Schlafens spüre ich, wie schön es ist, wieder einmal genügend Platz im Bett zu haben, da Mann und Kind nicht da sind. Ich erlebe träumend die Wohltat, mich ausbreiten und ganz entspannen zu können. Ich breite meine Arme aus – sie werden zu Ästen. Meine entspannten Beine und das Becken werden schwer: werden zu Wurzeln und Ästen. Wie schön! Ich bin ein Baum. Ruhig und glücklich wache ich auf.[255]

---

[254] J. Brosse, Mythologie, 229f
[255] Jacques Gélis, Die Geburt. Vgl. das Titelbild: Die Niederkunft der Myrrha. Majolikaschale, Urbino, 16. Jh. Die Myrrha ist als Frau dargestellt, aus deren Armen Äste wachsen, ebenso aus dem Kopf und deren Füße im Boden wurzeln. Dieselbe Tr. wie Traum Nr. 66, im Kap. Pferd.

4. PFLANZENWELT: DER BAUM

Die Träumerin erlebt hier die Erdgebundenheit und Verwurzelung des Baumes als etwas Wunderbares. Wir wissen, daß diese Träumerin im Folgenden tatsächlich stillzuhalten hatte, da die akute Gefahr einer Frühgeburt bestand. Ihre äußeren Umstände schienen zwar in jener Zeit gerade besondere Aktivität von ihr zu verlangen Doch das Unbewußte bereitete sie auf völlige Immobilität vor, nicht im Sinne von Gefängnis und Freiheitsberaubung, sondern von naturhaftem Verschmelzen mit dem langsamen Wachstumsprozeß, einem gleichsam Versinken im Vegetativen. Es ist ein weiblich-mütterliches Ausgebreitetsein im natürlichen Schöpfungs- und Wachstumsprozeß, ein Gegengewicht zum von allen natürlichen Bindungen losgelösten Mobilitätsdenken der modernen jungen Frau.

Die Träumerin wird selber zum Baum. Bei gewissen persischen Nomaden wird auf den Körper der Frau ein Baum tätowiert, der seine Wurzeln auf ihrem Unterleib, die Äste bis zur Kehle hinreichen hat.[256] Der Baum, welcher entsteht, wächst und stirbt, wird als analog zum menschlichen Leben angesehen. Marie-Louise von Franz sagt, daß hinter dem sichtbaren äußeren Leben ein innerer Wachstumsprozeß vor sich geht, welcher von der Geburt bis zum Tod wie ein Baum seinen eigenen Gesetzen folgt. Deshalb ist mythologisch gesprochen, der „größere Mensch", der Anthropos, an einen Baum geheftet. „Der Mensch erscheint an dem Baum aufgehängt, weil uns das bewußte Menschsein ständig wegdrängt, im Versuch, sich zu befreien und frei und bewußt zu handeln, und dann wird man schmerzlich zurückgestoßen auf seinen inneren Prozeß."[257]

Bild 14 Nut als Baumgöttin nährt die Toten im Totenreich

Der Baum, welcher den inneren Prozeß der Bewußtwerdung, das heißt die Individuation darstellt, entwickelt sich im Hintergrund der Psyche, ohne auf das Bewußtsein Rücksicht zu nehmen. „Wann immer die bewußte Persönlichkeit in Konflikt mit dem inneren Wachstumsprozeß gerät, erleidet sie eine Kreuzigung. Sie ist dann in der Situation des am Baum hängenden Gottes und

---

[256] Dictionnaire des Symboles, 106
[257] M.-L. von Franz, Der Schatten und das Böse im Märchen, 49

ist gegen ihren Willen an eine unbewußte Entwicklung angenagelt, aus der sie ausbrechen möchte, aber nicht kann."[258] Das wunderbare Traumerlebnis der Träumerin, zum Baum zu werden, kompensiert möglicherweise ein Bewußtsein, welches unter demjenigen litt, was uns „festnagelt", in unserer Freiheit zu behindern scheint. In Wirklichkeit meint dieses „festgenagelt sein" letztlich ein zu dem Werden, was man werden muß, einen naturhaften inneren Wachstumsprozeß, der mit dem Mysterium der Erschaffung neuen Lebens in der Frau zu tun hat. Interessant ist, daß diese Träumerin im Traum vom Adler und vom weißen Pferd (Nr. 89, Kap. Pferd) so lange verwurzelt auf dem Boden stehen muß, bis ihre Haare zum Boden gewachsen sind. In ganz ähnlicher, eindrücklicher Weise erinnert das Traumbild sie daran, daß Schwangerschaft, Geburt und Mutterdasein für sie mit viel Geduld und Verzicht auf Mobilität verbunden sein wird, wenn sie den Bedürfnissen ihrer Seele Rechnung tragen will.

Traum Nr. 40 im 2. Monat, 30-jährige Träumerin:

There was a beautiful peach tree, and I am about to eat the fruit.

Da war ein wunderschöner Pfirsichbaum, und ich war daran, die Früchte zu essen.

Von der Frau, welche diesen Traum hatte, wissen wir, daß sie unverheiratet ist und berufstätig, daß sie bereits drei mal einen gewollten Abort hatte, mit zwei verschiedenen Partnern. Die gegenwärtige Schwangerschaft endete beinahe mit Spontanabort in der 26. Woche. Zur Geburt war wegen des überhöhten Blutdrucks frühzeitiger Kaiserschnitt nötig. Der Traum kam in der Nacht, nachdem die Träumerin erfahren hatte, daß sie schwanger war. Sie wollte das Baby nicht. Ihr Partner kam erst zu ihr zurück, wie das Kind frühzeitig, aber gesund geboren wurde.

Die Antwort, welche das Unbewußte auf die negative Bewußtseinseinstellung gegenüber der Empfängnis gibt, ist kurz, aber irgendwie zutiefst tröstlich. Die Träumerin ist in eine Paradiesgarten-Situation versetzt, welche überhaupt nicht ihrer bewußten Lebenssituation zu entsprechen scheint. Das Essen der Frucht und die damit zusammenhängende Empfängnis ist ein weit verbreitetes Märchenmotiv. Die Königin im rumänischen Märchen „Die Katze" merkt erst durch einen Apfel vom Baum der Maria, daß sie schwanger ist, die Mutter im Grimm'schen Märchen vom Machandelboom empfängt durch das Essen der Wacholderbeeren einen Knaben.[259] In unserem Traum ist es ein Pfirsich.

---

[258] Ders. 50
[259] Joh. Bolte / Georg Polivka, Anmerkungen zu den Kinder- und Hausmärchen der Brüder Grimm, II, 125, IV 257, und A. Aarne & St. Thompson, The types of the folktale (Motiv Index), V 302

4. PFLANZENWELT: DER BAUM

Der Pfirsich war im Gegensatz zum Apfel im Mittelmeerraum eine exotische Frucht und wurde, wie alle mehr oder weniger wie Äpfel aussehenden exotischen Früchte als malum, d.h. Apfel, griechisch melon, bezeichnet. Melon citrion war die Zitrone, melon cydonion die Quitte, melon armeniacon die Aprikose, melon persicum der Pfirsich. etc. Die Äpfel des Lebensbaumes, z.B. die Äpfel des Hesperidenbaumes, waren vermutlich nicht unbedingt einer bestimmte Obstsorte zugeordnet, sondern bezeichneten einfach die „Früchte der Unsterblichkeit", die mythischen Früchte.[260] Dieser Bedeutungshintergrund muß auch für den Pfirsichbaum gesehen werden, obwohl wir natürlich für eine persönliche Deutung auch die persönlichen Assoziationen der Träumerin zum Pfirsichbaum in Betracht zu ziehen hätten.

Beide oben erwähnten Märchen beginnen damit, daß die Ehe kinderlos ist. Wenn ein König keinen Sohn erhält, so bedeutet das, daß die Nachfolge, bzw. die Erneuerung seines Königtums gefährdet ist. Daß die Königin nun endlich durch eine Frucht zur Mutter wird, hat eine besondere Bedeutung. Nahrungsspendende Bäume und vor allem Obstbäume genossen bei den Alten große Verehrung. Die Latiner hatten sogar eine Göttin Pomona, die über das Reifen der Früchte wachte.[261] Früchte bedeuteten Kinder des Baumes oder der mütterlichen Göttin. Im Ave Maria ist von der „Frucht des Leibes" die Rede. Früchte sind Gaben der Naturmutter, welche im Baume verehrt wurde. Die germanischen Nornen wurden auch mit einem überquellenden Fruchtkorb im Schoß dargestellt. Aschenputtels Mutter im Bäumchen ist zugleich eine kosmische Muttergöttin, denn sie hilft Aschenputtel mit einem Sonnen-, einem Mond-, und einem Sternenkleid. Die Erneuerung am Königshof, das heißt in psychologischer Sprache im herrschenden kollektiven Bewußtsein, geschieht also durch eine mächtige Mutterfigur. Diese wird vorerst nur im Baum mit seinen Früchten sichtbar, d.h. in einem ganz unbewußten vegetativen Bereich. In unserem Traum wie im Märchen „Die Katze" ist es eine Art Paradiesbaum. Wenn wir nun an die Früchte im Paradies denken, mit welchen Adam und Eva verführt wurden, so ging es dort einerseits um Eros, andrerseits um Erkenntnis. Im Märchen von der „Katze" ist der wunderbare Apfelbaum oder der Bereich des Vegetativen und des Eros bei der dunklen großen Mutter, welche weit weg im Meer draußen auf einem Schloß wohnt. Das heißt, er ist nicht mehr bewußt gelebt. Dort muß er wiedergefunden werden für das erwartete Kind, welches im Märchen die künftige höhere Persönlichkeit und deshalb eine Ganzheit darstellt.

Wie Jung in seiner Arbeit „Der philosophische Baum" darstellt, spielt der früchtetragende Baum in der Alchemie eine wichtige Rolle. Er zitiert aus der Turba philosophorum: „… wie dieser kostbare Baum gepflanzt wird [von dem es heißt, daß] wer dessen Früchte ißt, nie mehr hungern werde."[262] Auch: „Ich

---

[260] J. Brosse, Mythologie, 247
[261] Ders. 227

sage, daß jener Greis nicht aufhört, von den Früchten jenes Baumes zu essen, bis jener Greis zum Jüngling wird."²⁶³ Die Frucht an diesem Baume ist demnach eine wunderbare geistige Speise, welche ewig nährt und verjüngt.

Der Baum wird in der Alchemie als Bild für das alchemistische Opus angesehen und die Früchte als das Resultat desselben.²⁶⁴ In der goldenen Frucht des Philosophenbaumes erscheint sogar Gott selber. Es findet eine Art Gottesgeburt im Baum statt, ein archetypisches Motiv, das wir z.B. aus Ägypten kennen, wo der Sonnengott Ra aus einem Baum geboren wird. Man könnte also sagen, daß die „wunderbare Speise" am Baum des Lebens im Traum nicht nur mit der Geburt des neuen Kindes zu tun hat, sondern zugleich ein Bild ist für etwas Nährendes geistiger Art, das am Baum der Individuation wächst. Das in der Alchemie damit in Verbindung gebrachte Motiv der Gottesgeburt zeigt, daß es irgendwie um etwas Göttliches geht, das durch einen solchen Wachstumsprozeß, wie ihn der Baum darstellt, in unser Leben hereinkommen kann. Dieses Göttliche ergänzt den diesseitigen Menschen, den irdischen Menschen zu einem vollständigeren Wesen, das die Alchemisten im Bild des „Anthropos", des ewigen Menschen, darstellten. Unser Traumbild findet sich fast wörtlich in einer von Jung zitierten Erleuchtung eines Alchemisten: „Allhier sah ich die Früchte und die Kräuter des Paradieses, die mein ewiger Mensch nunmehr essen und davon leben sollte."²⁶⁵

Hinter unserem Traumbild zur Empfängnis scheint also letztlich dieser „ewige Mensch" zu stehen. In diesem Lichte ist eine Abtreibung gar nicht auszudenken! Es ist, wie wenn es der Träumerin vergönnt wäre, einen Blick hinter die Kulissen ihres bewußten Lebens zu tun, bei dem Liebe, Empfängnis, Abtreibung und Geburt leicht nur als sinnlose Komplikationen empfunden werden könnten.

Traum Nr. 41 im 8. Monat:

> *I am with the women who are collecting their dreams for this research project. When I come home my husband and son have brought home a Christmas tree. I am surprised because it is like a tall pole with only a few branches at the top with decorative red apples. My husband and son are very proud and happy.*
>
> *Ich bin mit den Frauen, welche ihre Träume für diese Forschungsarbeit sammeln. Wie ich nach Hause komme, haben mein Mann und mein Sohn einen Christbaum nach Hause gebracht. Ich bin überrascht, weil er wie*

---

²⁶² C.G. Jung, Der philosophische Baum, GW 13, §403, Fn. 157
²⁶³ Ebenda, §403, Fn. 159,
²⁶⁴ Ebenda, §404
²⁶⁵ Ebenda, §403, Fn. 164

4. PFLANZENWELT: DER BAUM

eine große Stange ist, nur mit wenig Ästen oben dran, mit dekorativen roten Äpfeln.

Die Träumerin kommt gerade von dort zurück, wo man sich mit den Träumen zur Schwangerschaft befaßt. Die Ausgangslage des Traumes ist also zuerst einmal der Ort, wo man sich um seelische Hintergründe bemüht, wie es auch in Wirklichkeit geschehen ist. Das Unbewußte nimmt diese Bemühung offenbar höchst positiv auf, denn es bringt das Symbol des Weihnachtsbaumes, des Baumes der Geburt des göttlichen Kindleins und der Geburt des neuen Lichts in ihr Haus. Eigentlich ist es der Mann und ihr Sohn, d.h. hier vermutlich ihr eigener Animus und seine Weiterentwicklung im Sohn, welcher durch diese geistige Aufgabe die Möglichkeit bekommen hat, Tieferes zu erkennen und „heimzubringen", ins Bewußtsein zu bringen. Die Träumerin ist überrascht über das merkwürdige Aussehen des Christbaumes, der offensichtlich nicht so aussieht wie ein gewöhnlicher Christbaum. Er ist mehr ein Pfahl als ein Tannenbaum, und an seinen wenigen, oberen Ästen hängen Äpfel.

In dieser Form erinnert der Traumbaum etwas an einen Maibaum oder Maipfahl, wie wir ihn heute noch in ländlichen Gegenden sehen können. Dieser ist ein Baum oder eine Stange, welche man im Mai aus dem Walde holt, oft mit Zweigen, Blumen, Früchten, farbigem Papier etc. behängt und festlich umtanzt und feiert. Die Bräuche um den Maibaum gehören zu den vielen Frühlings- und Fruchtbarkeitszeremonien, welche alle die Erneuerung von Wachstums- und Schöpfungskraft der Natur zum Ziele haben.[266] Früchte und Zweige, Äpfel, Granatäpfel, Mohnkapseln etc. aber gehören, wie wir schon gesehen haben, zur weiblichen Göttin, z.B. zu den Bildern von Ishtar, der babylonischen Muttergöttin oder zur kretischen Muttergöttin, schließlich in alle heidnisch-bäuerlichen Lebenskreise, wo die Verehrung des Baumes üblich war.[267]

Bis hierhin können wir schon sagen, daß der Traumbaum zwar ein Christbaum ist, wie wir ihn kennen, aber er ist offenbar noch mehr, als wir bis jetzt von ihm wußten. Er betont noch mehr die große Mutter Natur, als dies im lichtertragenden Christbaum der Fall ist. Zur Natur gehört das Absterben und Neuwachsen aus dem Gestorbenen. Deshalb ist die vorchristliche Muttergöttin mythologisch immer auch mit dem Tod, den Toten und der Unterwelt verbunden. Dies wird etwa sichtbar im Mythus von Aphrodite (welcher der Apfelbaum geweiht war) und Adonis, ihrem Sohn-Geliebten, dem kleinasiatischen alljährlich sterbenden und wiedererstehenden Vegetationsgott. Nach diesem Mythos veranlaßte die in ihrem Stolz gekränkte Aphrodite eine Königstochter Smyrna (oder Myrrha) zum Inzest mit ihrem Vater. Als dieser die Tat realisierte, verfolgte er seine Tochter, welche die Götter um Hilfe

---

[266] J.G. Frazer, Der goldene Zweig, 179
[267] E. Neumann, Die Große Mutter, 248

anflehte und durch diese in einen Baum verwandelt wurde. Daraus wurde neun Monate später Adonis geboren, den Aphrodite sogleich für sich beanspruchte.[268] Persephone, die Göttin der Unterwelt aber begehrte ihn ebenso, weshalb Zeus den Streit entscheiden mußte. So kam es, daß schließlich Adonis ein Drittel des Jahres bei Persephone in der Unterwelt, zwei Drittel aber bei Aphrodite auf der Erde zubrachte. Adonis wurde schließlich von einem Eber bei der Jagd getötet.[269]

Aphrodite und Persephone stellen die beiden Aspekte der Großen Naturmutter dar, welche für das alljährliche Absterben und Wiedererstehen der Natur verantwortlich sind, denjenigen des Todes und denjenigen des neuen Lebens. Die Naturmutter ist die große Wandlerin, welche den Tod in neues Leben verwandeln kann. Diese Fähigkeit zur Wandlung gehört auch zum Baum und damit zum Weiblichen überhaupt.

In unserer Kultur finden sich wunderbare Bäume mit ihren ebenso seltsamen Früchten oft bei den Jenseitigen, im unterirdischen Reich der Frau Holle, in Rübezahls Garten, im Märchen bei der Schönen der Welt oder gar unter der See.[270]

Im christlichen Mythus gehört der Apfelbaum ausgesprochen zur Schlange, zur Verführung und damit zum christlichen Gegensatz von Gut und Böse. Eva, die menschliche Frau vergeht sich, indem sie den Apfel von der Schlange nimmt, an Gottvater. Damit hebt sie den ganzen Gegensatz von männlich und weiblich, von gut und böse ins Bewußtsein, denn vorher lebte sie mit Adam in unwissender Unschuld im Paradies. Diese Handlung wurde von der christlichen Kirche als Ursünde gestempelt, von Eva begangen, was heute noch tief in der Frau auf ihrem weiblichen-mütterlichen Selbstverständnis lastet. Denn wenn das Weibliche verantwortlich ist für das Erscheinen der Sünde in der Welt, dann kann auch das ewige weibliche Mysterium von Wandlung und Wiedergeburt kein anerkannter Wert sein.

Die Alchemie kennt viele früchtetragende Bäume, wie Jung im Kapitel vom Philosophischen Baum darstellt[271], etwa den Paradiesbaum, der Sonne und Mond statt Äpfel in seinen Zweigen trägt, oder eine Art Weihnachtsbaum, mit den 7 Planeten als Allegorien der 7 Stufen des alchemistischen Prozesses. Der Baum ist oft lebendig, beblättert, aber auch oft abstrakt. Blüten- und früchtetragende Bäume weisen symbolisch in Farbe und Anzahl auf die Ganzheit hin, auf die allumfassende Einheit als Ziel des alchemistischen Prozesses. Dort wo die Früchte als goldene Äpfel der Hesperiden bezeichnet werden, stehen diese für das Gold der Philosophen, für das „aurum non vulgi"[272], für das Unzerstörbare, Kostbarste, das Ziel aller Bemühungen, das aber nicht das gewöhnliche

---

[268] Siehe Titelbild von J. Gélis, Die Geburt. Die Niederkunft der Myrrha.
[269] J. Brosse, Mythologie der Bäume, 132
[270] Enzyklopädie des Märchens, Bd. 1, 622f.
[271] C.G. Jung, Der philosophische Baum, GW 13, §398f
[272] Ebenda, §404

4. PFLANZENWELT: DER BAUM

Gold ist, sondern ein geistiger Wert. Der lichtertragende Christbaum ebenso wie der Baum, in dessen Wipfel die Sonne aufgeht, ein anderes Bild der Alchemie, meinen letztlich Wachstum zu höherer Bewußtheit.

Daß die Früchte Äpfel, oft auch Lichter oder Gold sind, heißt, daß dieser Prozeß von weiblicher Wandlung und Geburt ein psychischer Entwicklungsprozeß ist, ein Bewußtwerdungsprozeß wie derjenige, den Eva mit ihrer Tat in Gang gesetzt hat. Das Ziel ist am Ende die Geburt eines neuen kostbaren Wertes, einer neuen Erkenntnis. Der Apfel enthält dabei besonders das christliche Problem von Gut und Böse, welches, wie wir gesehen haben, für die Frau die Spaltung ihres eigenen weiblichen Selbstbildes bedeutet.

Zusammenfassend könnte man vielleicht sagen, daß der Christbaum des Traumes eigentlich drei Ebenen oder drei Bäume zusammenbringt. Das rein vegetative, unbewußt ablaufende, naturhafte Drama von Tod und Erneuerung (das Bild einer ruchlosen emotionalen, tötenden und reichlich schenkenden Muttergöttin, ein archaischer Lebensbaum), Eros und die weibliche Art von Erkenntnis (Eva und der Paradiesbaum) und schließlich die Verschmelzung beider Aspekte mit der geistigen Dimension oder dem Sinnaspekt (der arbor philosophorum).

Jung sagte in einer Tischrede an Weihnachten 1957: Der Weihnachtsbaum „ist ein archetypisches Symbol, das die Entstehung des inneren, größeren und höheren Menschen bedeutet, nämlich des Menschen, der entsteht, wenn er alle numina aus der Welt in sich selbst zurückgezogen hat. Dann merkt er nämlich, daß er einen Mikrokosmos in sich hat, einen verborgenen Schatz im Acker. Der Mensch und seine Seele werden wunderbar." Daraufhin erhob er das Glas „als ein memento der Lebenden und der Toten."[273] Wir können hinzufügen: und derjenigen die im Begriffe sind, von der einen in die andere Welt geboren zu werden!

Traum Nr. 42, im 6. Monat:[274]

> *I ascend the stairs of a solemn official building, a church or a palace. As I have passed some stairs, I see that some trees are growing inside the building. There are a couple of ordinary fir trees with reddish-brown, high, strait trunks. The remarkable tree is a huge oak, with a wet, black, shiny trunk. It is very, very old. It grows twisted and with large bumps. The trunk divides into immense branches that seem to support the ceiling of the huge hall. Every branch, diameter like a mans wrist, ends with a rounded club. It has no leaves or bars.*
> *I know it is a divine tree. I stand in front of it. I call for my husband, who is left on a lower store, to come and see it. He comes up and has our grand dog with him.*

---

[273] In: Aniela Jaffé, C.G. Jung. Bild und Wort. Eine Biographie. S. 143f
[274] Von ders. Frau: Nr. 82: Kap. Hund, Nr. 25: Kap. Feuer.

Ich steige die Treppen in einem feierlichen offiziellen Gebäude, einer Kirche oder einem Palast, hinauf. Wie ich einige Treppen hinter mir habe, sehe ich, daß Bäume in dem Gebäude wachsen. Da sind ein paar gewöhnliche Tannen mit rötlich-braunen, hohen, geraden Stämmen. Der bemerkenswerte Baum ist eine riesige Eiche, mit einem nassen, schwarzen, glänzenden Stamm. Sie ist sehr, sehr alt. Sie wächst verdreht und mit großen Beulen. Der Stamm teilt sich in dicke Äste welche das Dach der riesigen Halle zu stützen scheinen. Jeder Ast, mit Durchmesser eines Männerhandgelenks, endet mit einer abgerundeten Keule. Er hat keine Blätter oder Seitenäste. Ich weiß, daß es ein heiliger Baum ist. Ich stehe davor. Ich rufe meinen Mann, welcher in einem unteren Stock zurückgeblieben ist, zu kommen und zu sehen. Er kommt und er hat unseren großen Hund mit sich.

Der Traum beginnt damit, daß die Träumerin die Treppen in einem feierlichen Gebäude, einer Kirche oder einem Palast hinaufsteigt. Dabei sieht sie, daß in dem Gebäude Bäume wachsen, gewöhnliche Tannen und dann diese riesige heilige Eiche. Das Stufe für Stufe hinaufgehen erscheint in Träumen oft als ein Weg zu mehr Übersicht, als ein Erkenntnisvorgang also, der mit langsamem Fortschritt und geistiger Arbeit zu tun hat. Da sich die Treppe in einem öffentlichen, wichtigen Gebäude befindet, so muß es um etwas allgemein Gültiges gehen, um etwas für die Allgemeinheit Wesentliches. Dieses hat entweder mit der Kirche, also der religiösen Obervorstellung zu tun, oder aber mit einem Palast, also einer regierenden weltlichen Einstellung oder Vorstellung. Kirche und Palast, das heißt kirchliche und weltliche Macht beherrschen während Jahrhunderten das ganze kulturelle und geistige Leben. Ein solches Gebäude steht für eine ganze geschichtliche Epoche und zugleich für eine kollektiv gewachsene Geisteseinstellung. Die Träumerin befindet sich auf dem Weg, diese zu erkunden.

Dabei erkennt sie etwas ganz Merkwürdiges, nämlich daß das ganze Gebäude von einem gewachsenen, mächtigen, heiligen Baum, einer Eiche gestützt wird. Auch andere Bäume wachsen in dem Gebäude. Dies wäre realistischerweise in einem so großen Gebäude gar nicht möglich. Für die Vorstellung der Alten wäre so etwas nicht erstaunlich gewesen, denn im Zentrum ihrer Hütten oder Häuser stand oft ein Baum, um den herum man das Ganze gebaut hatte. Für die nordasiatischen Völker stellte dieser Baum das Zentrum der Welt und die Himmelssäule dar, welche das Himmelgewölbe stützte und dem Schamanen den Aufstieg durch die Himmelssphären ermöglichte. In der jüdisch-christlichen Tradition wird der Baum mit dem Pfeiler verglichen, welcher den Tempel und das Haus stützt wie das Rückgrat den Körper.[275] Der Baum ist also wie in unserem Traumbild die Stütze von Tempel und Gebäude. Bevor wir auf den tieferen Sinn dieses Bildes eingehen, wollen

---

[275] Dictionnaire des Symboles

4. PFLANZENWELT: DER BAUM

wir versuchen herauszufinden, warum der Traum gerade eine Eiche zu diesem wunderbaren, heiligen Baum macht.

Für die Alten war die Eiche einer der wichtigsten Nahrungsspender, bevor man die Obstbäume kannte. Man gewann aus den Eicheln eine Art Mehl, aus dem man Brot buk. Später wurden die Eichenwälder und die Eicheln in den heiligen Wäldern seltener. Vergil stellte, alte Glaubensvorstellungen aufgreifend, in seinem Lied vom Landbau fest, daß das Seltenerwerden der Eicheln das Ende des goldenen Zeitalters ankündigte.[276] Die Eichel galt als das Hauptnahrungsmittel der Menschen des goldenen Zeitalters.

Die Eiche war früher nicht nur im ganzen Mittelmeerraum (der in der Antike noch weitgehend bewaldet war), sondern auch in ganz Europa ein heiliger Baum. Das älteste griechische Orakel war die heilige Eiche von Dodona, dem Zeus geweiht, wo drei weibliche Priesterinnen, die Peleiaden, aus den Geräuschen der sich bewegenden Eichenblätter wahrsagten.[277] Die Peleiaden waren eigentlich Priesterinnen der Dione, der Göttin, mit der sich Zeus in Dodona vermählt hatte. Diese war jedoch eine archaische Göttin, die ganz am Anfang der Entstehung der Welt schon erscheint. Wie bei Yggdrasil soll sich am Fuße der heiligen Eiche von Dodona eine heilige Quelle befunden haben. Dione entspricht der kretischen großen Muttergöttin (die wir nur unter lokalen Namen kennen, z.B. Diktynna). Diese war eine große Baumgöttin, die Herrin der Pflanzenwelt und die Spenderin aller Nahrung. Sie wird von Tauben (die Peleiaden waren auch als Tauben bezeichnet) und Schlangen begleitet. Sie wird oft als Säulenstatue dargestellt, das heißt sie war unten zylindrisch wie ein Baumstamm und daraus wuchs die Büste der Göttin hervor.[278]

Die Eiche von Dodona war nicht nur das wichtigste Orakel in Griechenland, sie war, wie andere heilige Eichen, auch Regenspenderin. Auch die heilige Eiche, die auf dem römischen Capitol wuchs, wurde um Regen angefleht Die sieben Hügel von Rom waren ursprünglich mit Eichenwäldern bedeckt, die dem Jupiter geweiht waren. Der Tempel der Vesta war von einem Eichengehölz umgeben, denn das ewige Feuer, das die Vestalinnen unterhielten, durfte nur mit Eichenholz genährt werden.[279]

Der Eichenkult war in vorchristlichen Zeiten auch in ganz Europa verbreitet und er lebte auch nach der Christianisierung noch lange weiter. Die heiligen Eichen waren riesige, uralte Bäume, die zum Teil vermutlich mehrere tausend Jahre alt waren.[280] Die Germanen sahen in diesen Rieseneichen göttliche Vorfahren, waren sie doch die ältesten Wesen, die noch auf der Erde lebten und bis zur Schöpfung zurückreichten. Die alten Arkadier in Griechen-

---

[276] J. Brosse, Mythologie der Bäume, 231
[277] Ebenda 61f
[278] Ebenda 70
[279] Ebenda 81

land glaubten ebenso, die Eiche, die viel früher auf der Erde erschienen sei, habe die Menschen geboren und sie seien selber Eichen gewesen, bevor sie zu Menschen wurden. Auch die alten Hellenen, so berichtet eine alte Quelle, hätten die Eichen als „ihre ersten Mütter angesehen".[281] Die Eiche steht also, psychologisch gesprochen, an der Geburt des menschlichen Bewußtseins.

Die Eiche in germanischer Zeit war der Baum Donar-Thors, des Donnergottes. Slawen, Littauer und Letten, aber auch die finnisch-ugrischen Esten verehrten in der Eiche den obersten Blitz- und Donnergott. Bei den Finnen ist die Eiche noch eindeutiger der kosmische Baum, dessen goldene Zweige den Himmel ausfüllen. Die alten Slawen wie auch Kelten und Germanen hielten Gericht im Schatten einer alten heiligen Eiche und dieser Brauch hielt sich sehr lange, denn „der allerchristlichste König Ludwig IX befolgte ihn noch."[282]

Bei Kelten und Germanen war jede heilige Eiche auch ein Vertreter des kosmischen Baumes, der als tragende Säule das Himmelgewölbe über der Erde stützt. Eines Tages werde, so glaubten sie, Ragnarök, die Weltenkatastrophe eintreten, und dann werde diese Säule einstürzen und der Himmel auf die Köpfe der Menschen fallen. Dann aber kommen aus Hel, der Unterwelt der Gott Baldur und sein Bruder Hödur auf die Erde zurück und finden im Grase die goldenen Tafeln Odins mit den heiligen Runen, die dieser einst am Fuße des kosmischen Baumes gefunden hat.[283] So überlebt das Wissen des Weltenbaumes.

Die wesentlichsten Züge der heiligen Eiche könnten wir, um das reiche mythologische Material etwas zu bündeln, etwa so darstellen. Sie ist mütterliche Nahrungs- und Regenspenderin, sie ist Orakelbaum (wobei wir auch hier die archaische Dreiheit der „Mütter" wiederfinden), sie ist von „unendlichem Alter" und darum Schöpferin und Ahne des Menschengeschlechts, sie ist als kosmischer Baum Weltensäule und Stütze des Himmels. Die Eindrücklichkeit einer 2000-jährigen Eiche, der all dies zugeschrieben wurde, können wir uns heute überhaupt nicht mehr vorstellen und ebensowenig den Frevel, eine solche in missionarischem oder anderem Eifer zu fällen.

Die Träumerin muß im Traum also entdecken, daß die Kirche oder der Palast von einer solchen heiligen Eiche gestützt ist. Auf jeden Fall bestand diese lange vor dem Gebäude, das offenbar um sie herum gebaut wurde. Sie hebt sich ab von den gewöhnlichen Bäumen und sie ist urtümlich und feucht wie ein urweltliches Tier. Das feuchte Element oder das Wasser gehört zum Baum der großen Mutter, denn im Wasser ist der Ursprung allen Lebens.[284]

---

[280] Ebenda, 81: „In seiner 1686-1704 veröffentlichten Historia plantarum berichtet der berühmte englische Botaniker John Ray von einer Eiche, deren Stamm einen Durchmesser von 10 Metern hatte, was bedeuten würde, daß sie weit über 2000 Jahre alt war."
[281] Ebenda, zit. aus der Anthologia Palatina des Zonas aus Sardes
[282] J. Brosse, Mythologie der Bäume, 83
[283] Ebenda, 91

4. PFLANZENWELT: DER BAUM

Der Ursprung alles Lebens aber ist das Unbewußte, weshalb in Träumen das Wasser oft auf das Unbewußte hindeutet.

Diese Eiche muß also als Symbol einen ganz zentralen Inhalt des Unbewußten darstellen, welcher nicht nur am Ursprung des Menschen steht, sondern auch Zentrum und Stütze unserer ganzen kultur- und geistesgeschichtlichen Entwicklung. Kultur und Geistesgeschichte, im Traum sichtbar in dem „feierlichen Gebäude", sind Ausdruck dafür, wie der Mensch die Welt erlebt und verstanden hat. Kirche und Palast stellen seine „Auffassung" der Welt dar, das heißt das, was sein Bewußtsein aus der Welt oder aus dem Ganzen des Unbewußten heraus „fassen" konnte. Allzu leicht vergißt er ob dieser Leistung, daß sie überhaupt nur möglich ist, weil es im Unbewußten eine Art zentraler Instanz gibt, nämlich das Selbst, welches am Anfang und Ende jedes Bewußtwerdungsprozesses steht. Deshalb steht die Eiche als Urahne oder Urmutter an der Geburt des menschlichen Bewußtseins, wie auch beim Weltenende am Untergang desselben. Als kosmischer Baum stützt sie das ganze kulturelle und geistige „Gebäude", welches menschliches Bewußtsein errichtet hat und welches menschliches Bewußtsein auch darstellt.

Die heilige Rieseneiche ist, wie Jung sagt, „der Prototyp des Selbst, ein Symbol des Ursprungs und Ziels des Individuationsprozesses."[285] In diesem numinosen Traum scheint irgendwie dasjenige sichtbar zu werden, „was die Welt im Innersten zusammenhält." Es ist dasselbe, was das Schicksal der Träumerin und das ihres zukünftigen Kindes bestimmt. Alles Äußere, alles Menschgeschaffene, auch alle menschliche Fassade ist im Grunde nur da, weil es gestützt wird durch etwas zutiefst im Unbewußten verwurzeltes, unverrückbar durch die Zeiten Überdauerndes, was das Unbewußte nicht eindrücklicher als mit dem Bild der heiligen Eiche ausdrücken konnte. Jung nannte es das Selbst, ein unanschauliches Wort, das uns nur die Bilder des Unbewußten selber erhellen können.

Traum Nr. 43, im 5. Monat:[286]

> *I come out of my „hut", and look towards the place where my friends' caravan used to stand. In precisely that space there I now see 3 mighty beech trunks. I am enchanted and delighted, indeed quite overpowered (because the area so near the sea never allows for anything more than scrub and the odd gnarled pine or bent birch). I consider it as a miracle.*
> *But then I look up and notice that they are trunks only, lacking all upper branches and leafy crown. First I am puzzled and somewhat disappointed, when suddenly a voice speaks to me and explains: „These are the three*

---

[284] Vgl. Kap. Wasser
[285] C.G. Jung, Der philosophische Baum, GW 13, §241,
[286] Dieselbe Tr.: Nr. 59 und 60: Kap. Vögel. Nr. 16: Kap. Stein, Nr. 115: Kap. Männer.

supporting pillars. It is just a preparation – for they will soon hold the great glass roof – the protecting dome."
The implication seemed to be, that the roof was going to be the really important part – the crowning glory. This was both saddening for it set the fourth apart from the other three, but at the same time the thought of this great protective dome filled me with security and comfort and warmth and growth.

Ich komme aus meiner „Hütte" und schaue zu dem Platz, wo der Wohnwagen meines Freundes zu stehen pflegte. Genau an diesem Ort sehe ich jetzt drei mächtige Buchenstämme. Ich bin entzückt und erfreut, in der Tat ganz überwältigt (weil in dem Gebiet so nahe dem Meer nichts anderes wächst als Gestrüpp und vereinzelte Föhren und gebogene Birken.) Ich betrachte es als ein Wunder. Aber dann schaue ich auf und bemerke, daß da nur Stämme sind, ohne alle oberen Äste und Blätterkronen. Zuerst bin ich verwirrt und etwas enttäuscht, wie plötzlich eine Stimme zu mir spricht und erklärt: „Dies sind die drei stützenden Säulen. Es ist nur eine Vorbereitung – denn sie werden bald das große Glasdach halten, den schützenden Dom." Die Folgerung schien zu sein, daß das Dach der wirklich wichtige Teil sein werde – die krönende Herrlichkeit. Das war traurig, weil es den Vierten weg von den andern drei setzte, aber zur selben Zeit erfüllte mich der Gedanke an diesen großen, schützenden Dom mit Sicherheit und Behaglichkeit und Wärme und Wachstum.

Zur Zeit des Traumes erwartete die Träumerin ihr viertes Kind. Es würde wohl naheliegen, die drei Bäume mit den drei Kindern in Verbindung zu bringen, da Baum und Leben eines Kindes im Brauchtum oft zusammengehören. Noch heute pflanzt man häufig bei der Geburt eines Kindes einen Baum. Dies wäre aber vermutlich eine zu oberflächliche Deutung. Die Bäume im Traum sind nun wiederum solche in der Art der schon besprochenen blatt- und astlosen Bäume. Es sind außergewöhnliche Bäume, welche die Träumerin vorher noch nie bemerkt hat. Es sind gewaltige Buchen, nicht kärgliche, vom Seewind zerzauste, verkrüppelte Nadelbäumchen oder Birken. Buchen galten seit Urzeiten als wichtiger Nahrungsmittelspender durch die ölhaltigen Bucheckern. Die Sage kennt Buchen, bei denen die Hexen tanzen, aber auch Kleinkinderbuchen. Buchen sollen auch nicht vom Blitz getroffen werden.[287] Uns fallen Buchen oft dadurch auf, daß sie sich gegenseitig auf merkwürdige Art anzuziehen scheinen. Sie wachsen oft in ganz auffälliger Weise zusammen, sei es unten am Stamm, sei es irgendwo, wo sie sich nahezu berühren. Sie sehen dann aus, wie sich umarmende Menschen. Man glaubte früher etwa, daß in solchen Bäumen die Seelen eines liebenden Paares den Tod überdauerten.[288] Wir kennen das Motiv auch aus der Sage von Philemon und Baucis. Die

---

[287] Handwörterbuch d. dt. Aberglaubens, 2, 1692

4. PFLANZENWELT: DER BAUM

Buchen haben vielleicht deshalb im Gegensatz zu anderen Bäumen besonders mit Eros, in unserem Falle mit mütterlichem Gefühl und enger Verbundenheit mit den Kindern zu tun, auf einer ganz tiefen, sozusagen vegetativen Ebene.

Die Stimme bereitet die Träumerin nun nicht auf einen vierten Baum vor, sondern auf das Glasdach, das mit den Bäumen als Pfeiler einen Dom bilden soll. Das Vierte ist also das Glasdach und damit der schützende Dom. Die Träumerin ist etwas enttäuscht, denn irgendwie erwartete sie einen vierten Pfeiler, einen vierten Baum. Die Geburt des Vierten scheint aber offenbar nicht mehr im rein vegetativen Bereich des mütterlichen Eros, sondern an anderem Ort stattzufinden.

Was bedeuten nun die drei Bäume? Die Drei gehört hier symbolisch zum unteren, zum erdhaften Weiblichen. Alte, der Muttergöttin geweihte Erdheiligtümer zeigen eine Dreiheit des Aufbaus (Wände und deckender Stein), die oft durch einen phallischen Einzelpfeiler als Viertes ergänzt wird.[289] Dreiheit gehört auch zum dunkeln Schicksalsaspekt der Großen Mutter, z.B. zur Unterweltsgöttin Hekate mit den drei Hundeköpfen, zu den drei germanischen Schicksalsgöttinnen, den Nornen, zu den drei griechischen Moiren, zu den römischen Schicksalsgöttinnen, zu den keltischen und ägyptischen Mondgöttinnen etc.[290] Sie hängt mit den Zeiten zusammen, innerhalb derer unser Schicksal abläuft: Vergangenheit, Gegenwart und Zukunft. Dort, wo es also letztlich unausweichlich um

Bild 15 Die dreigesichtige Hekate

Schicksalhaftes geht wie bei Schwangerschaft und Geburt, ist im Unbewußten das Bild einer ganz archaischen, weiblichen Dreiheit konstelliert. Sie hat mit dem dynamischen Naturablauf des Wachstums neuen Lebens zu tun.

---

[288] J. Brosse, Mythologie der Bäume, 187. Besonders bei den Kelten war dieser Glaube verbreitet
[289] E. Neumann, Die Große Mutter, 157
[290] Ebenda 217f

Der schützende Glasdom, der die Bäume überspannt, bedeutet eine Ergänzung der Dreiheit zur Vierheit. Glas ist durchsichtig und darum, wie Jung ausführt, „etwas wie solides Wasser oder feste Luft, welches beides Synonyme des ‚Geistes' sind."[291] Er spricht an dieser Stelle auch vom gläsernen vas hermeticum, dem alchemistischen Gefäß, das, wie wir wissen, auch als Uterus bezeichnet wird. Außerdem erwähnt er eine Vision des Cesarius von Heisterbach, in welcher die Seele als sphärisches Glasgefäß erschien. Das Glasdach mit den stützenden Bäumen erinnert an die Vorstellung der vom Weltenbaum gestützten Himmelskuppel. Als ergänzendes Viertes kann es nur auf den drei Bäumen oder Pfeilern entstehen, welche es stützen. Die drei Bäume scheinen die „Himmelsleiter" zu sein, welche durch das vergangene weiblich-vegetative Leben mit Schwangerschaften, Geburten und Kindern, dem Bereich der Erdmutter hat heranwachsen können. Aber so wie offenbar die alten Höhlen und Erdgrotten der Erdgöttin mit einem Pfeiler, einem männlichen nach oben zeigenden und zeugenden Symbol ergänzt werden wollten, so könnte hier die Dimension des Geistigen oder der Sinnaspekt des Mutterseins sich manifestieren wollen. Denn der schützende Dom ist ein mütterliches Symbol, wie es die mater ecclesia, die Kirche, darstellt.

Ungleich der christlichen Kirche ist er aber gestützt durch die drei Bäume, welche zum dunklen, erdhaften, zum körperhaften, zum schicksalhaften Aspekt des Weiblichen gehören. Da zuerst die Bäume wachsen mußten, bevor das Glasdach den Dom zu seiner Vollendung ergänzen kann, so muß es um ein Neuwachstum der geistigen oder religiösen Obervorstellungen von unten her gehen, das heißt aus dem Unbewußten, aus schicksalhafter Tiefe. Die wohlgemeinten Bemühungen der heutigen Kirche, sich populärer zu gestalten, um sich den Leuten wieder als sinnvoll darzustellen, haben nichts mit wirklicher Erneuerung von unten zu tun. Der mütterliche Dom des Traumes aber ist eine neue Kirche, das heißt eine aus dem weiblichen Selbst gewachsene neue religiöse Einstellung. Darauf bereitet der Traum die mit der bevorstehenden Geburt des natürlichen Kindes beschäftigte Frau vor. „Es ist noch viel mehr", scheint er zu sagen.

Das Vierte ist etwas Neues, etwas vom anderen Getrenntes, und das erfüllt die Träumerin mit Schmerz. Eine geistige Entwicklung bedeutet denn auch für die Frau immer auch eine zum Teil schmerzhafte Loslösung aus dem naturhaft-biologischen Leben, ein Abtrennen vom Naturhaft-Weiblichen, das seinen Gang ohne unser Zutun nimmt. Das Vierte bedeutet das Ganz-Andere, welches aber erst das Vorherige zur Ganzheit ergänzt. „… immer wenn es sich um eine Totalität handelt, spielt die Quaternität eine große Rolle, mag es dabei um primitivste wie auch um höchste Vorstellungen gehen. Die Vier drückt immer das Entstehen des eigentlich Menschlichen aus, das Werden des menschlichen Bewußtseins."[292]

---

[291] C.G. Jung, Der Geist Merkurius, GW 13, § 245

4. PFLANZENWELT: DER BAUM

"This great protective dome filled me with security and comfort and warmth and growth." So wie das schützende Glasdach erst durch die drei Bäume entstehen kann und durch diese gestützt werden muß, so entsteht Sicherheit und Geborgenheit erst durch eben dieses Glasdach. Wenn wir die drei stützenden Bäume als das biologische Leben der Träumerin nehmen wollen, welche die Pfeiler bilden für einen „geistigen Überbau", das Glasdach, so wird deutlich, daß der schützende Dom, das sakrale Gebäude, nicht ohne das eine oder das andere entstehen kann. Der Dom wäre wohl eine gewachsene, neue religiöse Einstellung, ein echter Schutz und Hort, das Ziel offenbar des ganzen weiblichen Lebens. Eine stark „biologisch" orientierte Mütterlichkeit könnte durch einen solchen Traum in Richtung einer notwendigen geistigen Dimension erweitert werden: *„The important part – the crowning glory."*

Traum Nr. 44, im 9. Monat[293]

The baby is born ... I have to feed it, but I have hardly place to do it, because the car is full of people.
(es folgt eine längere Szene, in der die Träumerin mit Ehemann, Tante, Freunden und anderen Leuten unterwegs ist und schließlich zum Meer kommt)
I see some apples on the floor, and look where they come from. There are two apple trees, one with a normal size, and an other, enormous, giant one. We get up to it, and upwards, excavating a tunnel through its inside. Now we are wearing black costumes like divers to protect ourselves from what could happen. Now it is a strange story. The excursion inside is leaded by a woman, who sees danger of water dripping over us and drowning the trunk inside with us in it. This water is a very clean, sweet and transparent sap that goes on its direction. We notice it doesn't cause trouble for us. We go on upwards, and come out to one of the lower side branches, considering the trees size. There is a romanic structure on it. We have to explore it, and each one of us must get a nave. I place myself in front of the main nave, and look at all of them. There are symbols sculptured on the stone, a ram and other things. There isn't a roof, only stone arches that don't cover the naves. They look as if they have never been covered. I try to find the center, but I don't get it. It seems asymmetric. I awake.

Ich sehe Äpfel auf dem Boden und schaue, woher sie kommen. Da sind zwei Apfelbäume, einer von normaler Größe, und ein anderer, riesiger. Wir gehen zu ihm und aufwärts, indem wir einen Tunnel graben durch ihn hinauf. Nun tragen wir schwarze Kostüme wie Taucher, um uns vor dem

---

[292] Ders., Kindertraumseminar 1939/ 40, 96
[293] Von dieser Tr. gibt es fast 100 Träume in unserer Sammlung, also fast in jedem Kapitel davon zu finden.

zu schützen, was passieren könnte. Nun ist es eine seltsame Geschichte. Die Exkursion im Inneren des Baumes wird von einer Frau geführt, welche die Gefahr sieht, daß Wasser auf uns hinunter tropft und uns im Stamm drin ertränken könnte. Dieses Wasser ist ein sehr sauberer, süßer und durchsichtiger Saft, welcher in eine Richtung fließt. Wir bemerken, daß er uns keine Schwierigkeiten bereitet. Wir gehen aufwärts und kommen auf einem der unteren Seitenäste hinaus, wenn man die Größe des Baumes in Rechnung zieht. Da sind romanische Strukturen auf ihm. Wir müssen dieses erforschen, und jeder von uns muß ein Schiff (Kirchenschiff?) nehmen. Ich plaziere mich vor dem Hauptschiff und schaue alle an. Es hat Symbole in den Stein gehauen, ein Widder und andere Dinge. Es hat kein Dach, nur Steinbogen welche die Schiffe nicht decken. Sie sehen aus, wie wenn sie nie gedeckt gewesen wären. Ich versuche das Zentrum zu finden, aber ich finde es nicht. Es scheint asymmetrisch zu sein. Ich wache auf.

Zu diesem Traum wissen wir nur, daß die Träumerin sich in Erwartung ihres zweiten Kindes befindet, einem Buben nach einem Mädchen. Im Traum befindet sie sich zuerst mit ihrem Mann unter Verwandten, Freunden und anderen Leuten in einem Wirbel von extravertierter Tätigkeit und Mobilität, so daß sie kaum ihr Kind nähren kann. Dies scheint vorerst die Problemstellung des Traumes zu sein. Sie hat zu wenig Ruhe für sich und ihr Kind. Dies kann einer bewußten Einstellung entsprechen, die dem Stillehalten, dem Seelischen, der Introversion, dem, was in ihr wachsen und genährt werden möchte, zu wenig Gewicht beimißt. Im Folgenden führt sie der Traum gerade in jene Dimension, ins Innere eines Baumstammes nämlich, dem Inbegriff von Dunkelheit und Introversion. Zuerst aber kommt sie zum Meer, das heißt an den Rand des großen Unbekannten, das Bild für das kollektive Unbewußte. Tatsächlich geht es ja nachher um eine Art Einstieg ins Wasser, für den man Taucheranzüge benötigt. Hier, am Meeresufer, liegen am Boden Äpfel. Die Träumerin wundert sich, woher diese wohl kommen, schaut nach oben und entdeckt die beiden Bäume.

Der Apfel gehört, wie wir gesehen haben, zur Liebesgöttin und zur weiblichen Verführung, also zum Eros, aber auch zur Erkenntnis als einer Gabe der weiblich-mütterlichen Natur. Das wäre eine Erkenntnismöglichkeit aus dem Unbewußten oder aus einem vorbewußten Zustand, wie ihn die Paradiessituation darstellt. In einer solchen befindet sich die Träumerin offensichtlich zu Beginn des zweiten Traumteiles. Die beiden Apfelbäume entsprechen dem Baume der Erkenntnis und dem Lebensbaum, letzterer nach Gen. 9, 10 umflossen vom Fluß mit den vier Armen, dem Paradiesstrom. Die Träumerin sieht zuerst nur die Äpfel, also den nährenden, verführenden Aspekt des mütterlichen Unbewußten. Sie wird gleichsam dazu verführt, das zu sehen, was dahinter steht, nämlich den kosmischen Baum oder so etwas wie schick-

4. PFLANZENWELT: DER BAUM

salhafte Lebensbestimmung. Mutter Natur verführt uns ja immer dann, wenn wir ein biologisches Ziel erfüllen, sei es in der Liebe oder in der Familiengründung und Mutterschaft. Früher oder später wird uns bewußt, daß wir damit viel mehr auf uns genommen haben, als wir uns anfangs so schön ausmalten, nämlich ein Schicksal. Die Angst vieler junger Leute, sich zu binden, zu heiraten, Kinder zu haben, ist letztlich die Angst, Schicksal auf sich zu nehmen, die drei Aspekte der Schicksalsgöttinnen!

Nun beginnt im Traum die Wanderung ins Unbekannte, geführt von der anderen Frau. Wie bei den zwei Bäumen taucht hier das Motiv der Verdoppelung auf, welches damit zu tun hat, daß ein vorher unbewußter Inhalt sich jetzt dem Bewußtsein nähert. Marie-Louise von Franz erklärt dies folgendermaßen: „Wenn wir über das Unbewußte sprechen, benutzen wir einen Begriff, nach dem es als eine Art Kontinuum gekennzeichnet wird, ähnlich einem magnetischen Feld. Dann taucht ein Inhalt auf, und in dem Moment, da er die Bewußtseinsschwelle berührt, wird er in zwei Teile geschnitten: in das eine und das andere. Das eine ist der Aspekt, den ich feststellen kann, während der andere im Unbewußten verbleibt. Das trifft im allgemeinen zu, wenn man Traumbilder von einer duplizierten Person hat, oder von zwei Hunden, zwei Katzen, zwei Bäumen, zwei ähnlichen Häusern usw. träumt."[294] So wird mit dem Essen des Apfels vom Baum der Erkenntnis im Paradies plötzlich für Adam auch der Lebensbaum mit den Früchten der Unsterblichkeit sichtbar, wie Gottvater besorgt bemerkt. Ein Bewußtwerdungsprozeß hat stattgefunden.

Dies könnte auch bei der Träumerin der Fall sein. Nachdem sie die Äpfel gefunden hat, interessiert sie sich auch dafür, woher sie kommen. Dabei entdeckt sie die beiden Bäume. Es ist, wie wenn ihr jetzt bewußt werden könnte, daß hinter den Äpfeln, dem Geschenk der Mutter Natur, das heißt hinter ihrer Ehe und Mutterschaft, ein kosmischer Baum stünde, ein kosmisches Lebensprinzip, etwas was viel mächtiger ist als sie selber. Dieses gilt es zu erforschen.

Die fremde, zweite Frau muß als eine innere Figur der Träumerin verstanden werden, eine Unbekannte, also eine Seite in ihr, die sie vorher nicht kannte. Diese ist offenbar fähig, eine solche Exkursion ins Ungewisse zu führen. Sie kennt auch die Gefahren, die da drohen könnten, sie steht dem Unbewußten näher als das Traum-Ich. Eine Seite der Träumerin weiß also, daß der Einstieg in die Welt des kollektiven Unbewußten unter vernünftigen Vorsichtsmaßnahmen geschehen muß, denn man könnte im Wasser ertrinken.[295] Die Quellen des Unbewußten, das Wasser im Baum drin, bedeuten zwar Lebenssaft, das heißt belebende innere Bilder, Phantasien, Intuitionen und schöpferische Gedanken, aber man kann davon auch überschwemmt

---

[294] M.-L. von Franz, Die Suche nach dem Selbst, 35
[295] Vgl. Kap. Schlange

werden. Eine vorsichtige Haltung des Bewußtseins ist deshalb angebracht, die schwarzen Taucheranzüge sind richtig. Wenn sich jemand zum Beispiel mit Hilfe von Drogen ins Unbewußte sinken läßt, so fehlen ihm sozusagen die Taucheranzüge, welche das kleine menschliche Bewußtsein vor der Übermacht des kollektiven Unbewußten schützen könnten. Es ist deshalb besser, sich dem Unbewußten in vorsichtiger Weise zu nähern, zum Beispiel anhand von Träumen langsam einzusteigen, anstatt in naiver Weise einen Kopfsprung in ein unbekanntes Wasser zu machen. Wir stoßen später im Traum mit dem Motiv des Kirchenschiffes nochmals auf dieses Problem.

Mit dem Einstieg in den Stamm des Riesenbaumes kommt die Träumerin mit ihren Begleitern zuerst einmal ins Dunkel. Dies entspricht der Anfangssituation vieler Märchen, in denen der Held oder die Heldin sich zuerst in einem tiefen Wald verirrt etc. Es ist damit ein Zustand der Introversion gezeichnet, der in unserem Falle bewußt auf sich genommen wird. Damit verbunden ist, daß man nichts sieht, vorläufig auch keinen Ausweg aus einer dunklen Situation. Leute, die eine Analyse machen wollen, ziehen sich manchmal schon an diesem Punkte zurück, denn sie wollen ja sofort wissen, wie ihnen zu helfen ist. Die erste Arbeit ist aber oft mit dem Graben eines Tunnels durch einen dunklen Baumstamm zu vergleichen! Und nicht immer wird so bald deutlich, daß es da ein Lebenswasser gibt, das einem nicht gefährlich wird.

Der Einstieg ins kollektive Unbewußte ist hier kein Abstieg, wie er oft beschrieben wird, sondern ein Aufstieg. Es geht nach oben, in Richtung Licht, Himmel, Zweige, (auch wenn dies die Träumerin noch nicht weiß) also vermutlich in Richtung eines geistigen Ziels. Von dort her, nicht von unten aus der Erde, von woher gewöhnlich das Wasser im Baume kommt, tropft auch der klare, durchsichtige, süße Saft, das Lebenswasser. Das ist ein merkwürdiges Bild, aber zutiefst sinnvoll, wenn wir denken, was nachher im Traum folgt, nämlich eine sonderbare Kirche, also ein religiöses oder geistiges Problem. Die Träumerin muß sich aus dem dunkeln Bauminnern hinaus- und hinaufgraben. In diesem Anfangszustand könnte man eine unbewußte Identität mit der Großen Mutter sehen oder ein ganz sich Hingeben an das biologischnährende Mütterliche in sich selbst, welches sie in Richtung eines geistigen Zieles überwinden muß. Sie muß aber doch am Anfang hinein. Das könnte heißen, daß sie diese Art von gänzlichem Aufgehen im Muttersein erst noch kennenlernen muß, daß sie das in ihrem extravertierten Leben noch gar nicht erfahren hat. Deshalb kann sie auch ihr Kind nicht richtig nähren, denn Babies leben von dieser unbewußten pflanzen- oder tierhaften Mütterlichkeit. Durch diese mütterliche Aufgabe hindurch geht ihr Weg nun in Richtung des süßen Lebenssaftes, nach oben. Dieser bedeutet keine Überschwemmung, denn die Bemühung der Frau, etwas Licht in das Dunkel ihrer biologischen Bestimmung zu bringen, ist ein langsamer Weg, der immer nur tropfenweise mit Weisheit belohnt werden wird und doch ständige geistige Nahrung bedeutet!

4. PFLANZENWELT: DER BAUM

Zum Wasser, das im inneren des Baumes nicht von unten nach oben, sondern von oben nach unten fließt, finden wir in der Mythologie den indischen Götterbaum Asvatta, von dem gesagt wird, daß er den Unsterblichkeitstrank des Soma von oben herunterschüttet. Die göttliche Nahrung kommt von oben. Der Asvatta ist ein umgekehrter Baum, dessen Wurzeln im Himmel sind und dessen Äste zur Erde reichen. Im Mittelalter war die Vorstellung des umgekehrten Baumes als Bild des Menschen verbreitet. Jung zitiert Platon: „... in Anbetracht, daß wir keine irdische, sondern eine himmlische Pflanze sind."[296] Dahinter steht die Vorstellung, daß der Mensch gleichsam seine Nahrung, das Lebenswasser aus dem himmlischen, aus dem geistigen Bereich bezieht, also ein geistiges Wesen ist.

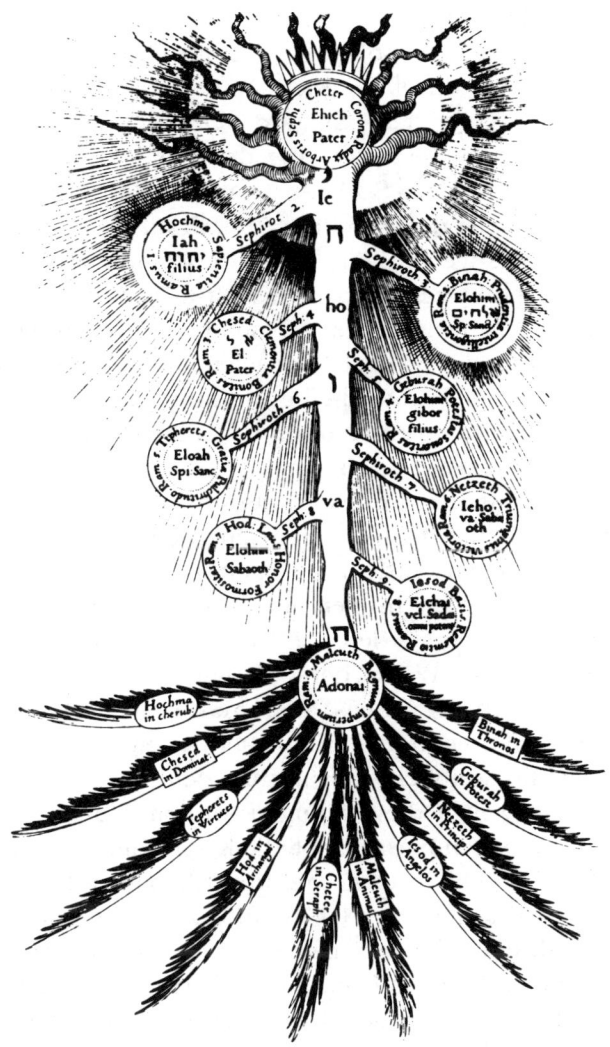

Bild 16 Umgekehrter Baum: Der Sephiroth-Baum (1626)

Unser Traum geht aber nicht so weit in der Betonung des Geistigen, denn der Riesenbaum ist fest in der Erde verwurzelt. Es ist hier eine Entwicklung von unten nach oben gezeichnet, ausgehend vom unteren, vom vegetativen, weiblich-mütterlichen erdhaften Bereich. Von hier aus muß offenbar der Tunnel-Durchstich nach oben stattfinden. Manchmal scheint es, wie wenn die Ideale der Frauenemanzipation die Frauen dazu verführen könnten, wie ein entwurzelter Baum zu werden, frei von allen weiblichen Pflichten und Be-

---

[296] C.G. Jung, Der philosophische Baum, GW 13, § 412, § 412 Fn.

schränkungen, um zu einer Selbständigkeit kommen zu können, die eigentlich eine geistige sein sollte. Die Gefahr besteht dann, daß kein Lebenswasser von unten mehr durchkommen kann, aber auch keines von oben, denn oben und unten sind im lebenden, in der Erde verwurzelten Baum eine natürliche Einheit und die Bewegung des Wassers ein Kreislauf von Aufsteigen und Hinuntertropfen. So kann wohl oft eine Freiheit errungen werden von den einschränkenden Pflichten einer Frau, aber diese Freiheit ist nicht immer eine echte geistige Freiheit, denn diese muß offenbar erst in einem langsamen Entwicklungsprozeß von der Frau durch ihre weibliche Bestimmung hindurch errungen werden. Deshalb ist emanzipierter Frauengeist so oft ungenießbar und wird auch von vielen Männern nur schwer geschluckt. Warum für viele heutige Frauen die Verbindung von naturhaftem, weiblichem Leben und geistiger Entwicklung ein solches Problem ist, scheint in der Fortsetzung des Traumes angeklungen.

Der Aufstieg durch den Stamm endet vorläufig bei den ersten Seitenästen. Dort finden sich alte romanische Bogen und (etwas unklar) eine Art verschiedene Kirchenschiffe ohne Dach. Diese sollen erforscht werden. Gewöhnliche Schiffe wurden immer als weiblich empfunden, denn wie ein weibliches Wesen tragen sie den Schiffer in ihrem Bauch und beschützen ihn vor den Gefahren der Wassertiefe. Sie haben meist weibliche Namen. Die Schutzgöttin der Schiffer ist Isis, auch Maria, die Stella Maris. Das Kirchenschiff muß im Zusammenhang mit diesen Vorstellungen verstanden werden. Es hat ebenfalls weibliche Bedeutung, denn es repräsentiert den Schoß der Mutter Kirche, welche die Gläubigen vor dem Meer, vor den Gefahren des Unbewußten schützt. Jung sagt, daß die Kirche ein fest organisiertes Dogma und Ritual aufrechterhält, welche die unmittelbare religiöse Erfahrung ersetzen durch eine Auswahl passender Symbole.[297] Riten und Dogmen sind deshalb, so sagt er, seit undenklichen Zeiten ein sicherer Weg gewesen, mit den unberechenbaren Kräften des Unbewußten fertig zu werden.[298] Sie sind eine Art regulierender Bilder, aus dem Unbewußten entstanden wie Träume. Dort wo sie nicht mehr geglaubt werden und noch nicht neu verstanden werden können, brechen die Stützmauern ein, welche das Bewußtsein vor dem Ansturm überwältigender Inhalte des Unbewußten schützten. An ihre Stelle treten etwa Wissenschaftsgläubigkeit, Staatsgläubigkeit und andere Abhängigkeiten, in deren Schatten die destruktiven Drachen des Unbewußten wie Macht, Gewalt, Lüge und alle Arten von Begehrlichkeit unberücksichtigt ihr Wesen treiben können. Das Kirchenschiff, welches für die Mater Ecclesia steht, ist wie ein Gefäß, welches eine symbolische Auffassung und damit einen Umgang mit den Inhalten des kollektiven Unbewußten ermöglicht.

---

[297] Vgl. C.G. Jung, GW 12, §36f
[298] Ebenda, § 40

4. PFLANZENWELT: DER BAUM

Wenn nun die Träumerin auf ihrem Weg durch den Baum nach oben auf eine Kirche trifft, so trifft sie auf ein wesentliches religiöses oder geistiges Problem. Die menschengeschaffene, aber nicht vollendete Kirche, deren Schiffe kein Dach haben, ist nur von romanischen Bogen überwölbt. Zu jener Zeit wurde der Bau offenbar unterbrochen.

Die romanischen Bogen weisen ins Mittelalter. Die runden, geduckten, noch an Höhle und Grotte erinnernde Form der Romanik geht der Auflösung der Strukturen nach oben, in den geistigen Bereich, in der Zeit der Gotik voraus. Das Mittelalter ist die Zeit, in der durch eine größere Beachtung des Gefühls und des Weiblichen und der individuellen Beziehung im Minnedienst gleichsam die Grundlage für eine Aufnahme der unteren Erdgöttin, welche Liebe, Eros und Mutterschaft umfaßt, in die kirchlich-christliche Auffassung der jungfräulichen Maria entstanden war.[299] Dieser Anfang wurde aber von der Kirche selber unterdrückt, so daß, mit dem Traumbild gesprochen, die neue Kirche kein Dach, die neue Auffassung keinen geistigen Überbau erhielt. Sie blieb unvollendet bis zum heutigen Tag. Das naturhaft Weibliche ist im kirchlich-religiösen Weltbild nicht enthalten, weshalb sich das Untere mit dem Oberen nicht verbinden konnte. Dieses Problem kann der Träumerin jetzt bewußt werden. Sie muß es anschauen, es ist offenbar bedeutungsvoll für ihren Weg.

Unter den Symbolen, welche sich auf den Mauern finden, erkennt die Träumerin nur einen Widder. Es ist anzunehmen, daß diese Symbole, welche sie nicht erkennen kann, die Zeichen des Tierkreises darstellen. Der Widder wäre dem Frühjahr zugeordnet, dem Monat des aufbrechenden neuen Wachstums. Marie-Louise von Franz sagt, daß er für aggressive Impulsivität steht, für eine Art von unreflektierter, naiver Initiative.[300] Für die Frau kann dies einen Animus darstellen, der sich etwa in dem bekannten plötzlichen „Dreinfahren" äußert, über das sie sich oftmals nachher selber ärgern muß. Der Widder hat unversehens jemandem einen Stoß versetzt, ohne daß sie dies eigentlich wollte. Der Widder gehört mit Löwe, Stier und vielen anderen Tieren zur großen Tiergöttin und stellt mit diesen ihre aggressive, männliche Seite dar. Es ist also, wie wenn in jener Vergangenheit der romanischen Mauern diese für christliches Denken schwer annehmbaren und schwer zu handhabenden Instinktaspekte irgendwie dabei gewesen wären. Das heißt, diese männlichen Seiten der Großen Mutter waren in der damaligen Zeit mindestens teilweise ins kirchliche Weltbild aufgenommen.[301] Mit den Ideen der heutigen Frauenemanzipation scheinen sich diese Seiten wieder mächtig ins Bewußtsein zu drängen, mit all den Schwierigkeiten, damit umzugehen.

---

[299] Vgl. den Aufsatz von M.-L. von Franz, Bei der schwarzen Frau.
[300] Ders., Die Erlösung des Weiblichen im Manne, 136
[301] Maria versteckt die Sünder unter ihrem Mantel, Vgl. C.G. Jung, Der Mensch und seine Symbole, 118

Weshalb sind nun aber diese unvollendeten Mauern in den Ästen des riesigen Baumes? Als kollektives Symbol stellt der Riesenbaum oder der kosmische Baum das Universum dar, das alle Bereiche des Lebens umfaßt, von der Erde und den Schlangen in den Wurzeln bis zu den Vögeln in den obersten Ästen und bis zu den Sternen. Er ist ein Bild für das biologisches Wachstum, das die Ganzheit des Lebens trägt. Nach dem stünde hinter allem Lebendigen ein natürlicher, großangelegter Naturplan, wie er im Wachstum eines Baumes sichtbar wird. Da es ein Wachstum von unten nach oben ist, könnte man sagen, daß eine Entwicklung zuunterst bei den Wurzelquellen der Großen Muttergöttin beginnt, also tief im Erdhaft-Unbewußten und sich mit den Ästen in Richtung Himmel oder Bewußtsein differenziert. Wenn der Mensch sich als getragen von einem solchen naturhaften Wachstumsplan empfindet, wie es die alten Völker taten, denen das Symbol des kosmischen Baumes heilig war, so ist er Teil eines göttlichen Ganzen. Die Entwicklung des Ganzen liegt seiner persönlichen Entwicklung zu Grunde, so wie das Leben der Archetypen im Hintergrund der Kollektivpsyche die Einzelpsyche trägt und beeinflußt.

Die unvollendete Kirche bedeutet ein Problem, das im Laufe der geistigen Entwicklung des christlichen Kollektivs ungelöst geblieben ist. Es muß deshalb von der Träumerin erforscht, betrachtet werden, denn es beeinflußt auch ihr Leben.

Der kosmische Baum oder Lebensbaum, der alles Leben trägt, ist, wie wir gesehen haben, ein mütterlich-weibliches Symbol von umfassender Bedeutung. Dort, wo er sich in die verschiedenen Äste aufteilt, findet sozusagen eine erste Differenzierung dieses großen Weiblich-Mütterlichen nach oben, in Richtung des Geistigen statt. An dieser Stelle findet sich die romanische Kirche. Dies könnte darauf hindeuten, daß zu jener Zeit eine Differenzierung des Erdhaft-Weiblichen-Mütterlichen zum Teil bewußt in der religiösen Auffassung der Kirche aufgenommen werden konnte. Die Träumerin muß realisieren, was der damalige Abbruch der Bauarbeiten, der Abbruch dieser Entwicklung für sie bedeutet.

Sie versucht nun, den Überblick zu gewinnen, indem sie sich in die Mitte begibt. Dabei merkt sie, daß die unvollendete Kirche kein richtiges Zentrum hat. In Wirklichkeit haben sehr alte romanische Kirchen, wie z.B. die Michaelskirche in Fulda ein sehr betontes Zentrum, eine wunderbar einfache Mandalaform mit der zentralen, von acht Säulen umgebenen Rotunde. Das Zentrum spielt in der Alchemie eine große Rolle. Es wird das „punctum invisibile" genannt, das nicht zersetzbar und darum ewig ist. Ihm entspricht das philosophische Gold. Dieses punctum invisibile, das unzersetzbare und unsichtbare Zentrum, entspricht dem von Jung geprägten empirischen Begriff des Selbst, der in Ganzheitssymbolen wie Kreuz, Kreis, Viereck, Mandala erscheint, aber auch in „Träumen, Mythen und Märchen in der Figur der ‚übergeordneten Persönlichkeit' wie König, Held, Prophet, Heiland etc."[302]

4. PFLANZENWELT: DER BAUM

Das Selbst ist eine „archetypische Vorstellung, die sich von anderen Vorstellungen solcher Art dadurch auszeichnet, daß sie entsprechend der Bedeutsamkeit ihres Inhaltes und auch ihrer Numinosität eine zentrale Stellung einnimmt."[303] *Es bezeichnet „den Gesamtumfang aller psychischen Phänomene im Menschen. Es drückt die Einheit und Ganzheit der Gesamtpersönlichkeit aus."*[304] Wenn die heute noch unvollendete Kirche kein Zentrum hat, so deutet dies darauf hin, daß sie dem zentralen Wert, dem unsichtbaren, ewigen Wert, also dem Selbst, keinen Ausdruck zu geben vermochte und heute noch immer nicht kann. Die Träumerin erwacht über der Suche nach diesem Zentrum, welches gleichzeitig eine Ganzheit darstellt. Das wäre die Lysis des Traumes, welche auf das Ziel hinweist. Sie sollte eigentlich über diesem Problem „erwachen", das heißt sich darüber bewußt werden, denn es geht um ihre eigene psychische Ganzheit. Der Traum ist in diesem Sinne ein Individuationstraum, der zu der Träumerin zu sagen scheint: Dies ist die Aufgabe, welche der Geburt deines Kindes zu folgen hat.

Traum Nr. 45, im 6. Monat, Träumerin 31-jährig[305]

Es war eine Gruppe von vielen Frauen, in offener Atmosphäre. Ein paar Frauen machten Musik, ich tanzte sehr vertieft dazu. Dann sollten wir zu uns einen Baum malen. Bei mir entstand eine Art Kreuzform, fast wie ein T, möglicherweise mit einer Schlange umwickelt, locker und noch frisch und zart die Blätter. Mir gefiel der Baum. Dann mußte sich eine andere Frau zu uns begeben, zu mir kam meine Cousine Pia, die schon vorher meine Nähe gesucht hatte. Jetzt sollten wir zu dieser Frau einen Baum zeichnen und mit ihr darüber reden. Ich wußte sofort, wie der Baum auszusehen hatte, konnte aber gar nicht mit Zeichnen beginnen. Ich war blockiert und wußte, daß dies mein Gegenbild war. Alle Äste gingen vom Boden aus, waren dick, die Blätter zäh und dunkel.

Die Gruppe, in der sich die Träumerin befindet, ist offenbar eine Art Selbsterfahrungsgruppe. Es herrscht eine harmonische Atmosphäre, man macht Musik. Die Träumerin tanzt dazu, bevor sie daran geht, ihren Baum zu malen. Der Baum, den die Träumerin in der Frauengruppe malen muß, hat offenbar mit Selbsterfahrung, mit tieferer Erfahrung über den hintergründigen Wachstumsprozeß in ihrer Psyche zu tun. Vorher tanzt sie sehr vertieft zur Musik der anderen Frauen. Getanzt wird wohl fast in allen Kulturen dann, wenn es um irgend etwas geht, was den Menschen bewegt, das heißt um etwas Größeres als er selber ist. Getanzt wird vor oder nach der Jagd, dem Kriegszug, überall wo es um Fruchtbarkeit geht, im Opferkult zur Ehrung der Götter oder

---

[302] C.G. Jung, GW 6, § 891
[303] Ebenda, § 891
[304] Ebenda, § 890
[305] Von ders. Frau: Nr. 17, Kap. Stein

aus vielen anderen Gründen. Der Tanz aktiviert gleichsam den ganzen Menschen, also seelische Kräfte, die mächtiger sind als sein Bewußtsein und die sein Leben in allen wichtigen Situationen beeinflussen. In diesem Traum ist das Tanzen ein weiblicher Ritus, durch den sich die Frau mit ihren tieferen weiblichen Schichten in Verbindung setzen kann. Tanzen hat auch eine schöpferische Bedeutung, denn tanzend erschuf Shiva die Welt. Getanzt wird auch in Frauenmysterien.[306] Tanzen wäre sozusagen, Körper und Seele in Gleichschwingung zu versetzen oder in eine harmonische Beziehung mit dem Unbewußten zu kommen.

Danach kann die Träumerin *ihren* Baum malen. Das entspricht dem, was wir im allgemeinen psychologisch vom Baum wissen. Wir kennen den Baumtest, wir lassen die Kinder in der Schule Bäume malen, wenn wir mehr über sie wissen wollen, Bäume werden in Selbsterfahrungsgruppen gemalt etc. Das Seltsame und eigentlich äußerst Überraschende des Baumes, den die Träumerin malt, ist aber seine Kreuzform und die Schlange daran. Das Unbewußte bringt etwas herauf, was für die Träumerin sicher neu ist. Trotzdem reagiert sie nicht sehr darauf. „Mir gefiel der Baum". Angesichts der merkwürdigen und eindrücklichen Symbolik des Bildes wirkt diese Reaktion irgendwie ungenügend. Das Bild wird zu persönlich genommen, wie wenn es nur ein Abbild des Ich wäre, das Fremdartige, Numinose des Archetypischen wird noch nicht mit dem Gefühl wahrgenommen.

Wenn wir diesen Motiven nachgehen, so finden wir die Verbindung des Baumes mit einem Kreuz zum Beispiel in der christlichen Legende, dort, wo das Kreuz als Todesbaum bezeichnet wird, der zugleich aber auch der Lebensbaum ist.[307] So hängt der Gekreuzigte in manchen Darstellungen an einem grünenden, früchtetragenden Baum (z.B. in der Marienkirche des Frauenklosters in Fulda). Denn das Leiden und der Tod des Erlösers deuten zugleich auf die Verheißung der Erlösung und des ewigen Lebens hin. Als Baum hat das Kreuz auch die Bedeutung der großen Lebens- sowie Todesmutter, welche die äußersten Gegensätze in sich enthält. Im christlichen Mythus werden die Gegensätze (welche im Baum noch verbunden sind) zum zerreißenden Konflikt, in dem Christus am Kreuz und jede menschliche Natur aufgespannt ist: im Konflikt zwischen oben und unten, zwischen Himmel und Erde, Geist und Natur, Gut und Böse etc.

Baum und Kreuz finden wir auch im Manichäismus eng verbunden. Bäume enthalten für die Manichäer einen großen Teil der in der Materie leidenden göttlichen Weltseele oder Lichtsubstanz, welch letztere sie oft mit dem zeitlosen, über der Materie gekreuzigten Jesus gleichsetzten. Für sie war Jesus, Leben und Heil des Menschen, in jedem Holz gekreuzigt, „wodurch die Wunden der Passion offenbar werden, die unsere Seele erleidet und die Welt

---

[306] Vgl. Carol Baumann, Seelische Erlebnisse im Zusammenhang mit der Geburt.
[307] Vgl. C.G. Jung, Symbole der Wandlung, GW 5, Abb. 71, § 369

4. PFLANZENWELT: DER BAUM

einen Sinn erhält."[308] Die Leidensgeschichte Jesu spielt sich in jedem Mensch ab und entsprechend hängt die Erlösung des Menschen mit der Erlösung des Gottes, an dessen Lichtnatur der Mensch durch seine lebendige Seele teilhat, zusammen.[309] Hier ist der im Individuum sich abspielende Aspekt des göttlichen Leidens besonders betont oder, mit anderen Worten, die enge Verbindung, ja Zusammengehörigkeit von Persönlichem und Archetypischem, wodurch das persönliche Leiden einen Sinn erhalten kann.

Im Traum zeigt das im Baum angedeutete Kreuz eher die Form einer ägyptischen „crux ansata", eines Tau-Kreuzes, welches die Bedeutung von Leben Fruchtbarkeit und Lebenserneuerung hat.[310] Es ist denn auch ein fröhlicher, grüner Baum, locker und frisch, mit zarten Blättern. Noch ist nichts Dunkles, was auf Leiden hindeuten könnte, dabei.

Was hat nun die Schlange damit zu tun? Naheliegend ist als Amplifikation das Motiv der Schlange am Paradiesbaum, welche erstmals den Konflikt von Gut und Böse sichtbar machte und damit die Vertreibung des Urelternpaares aus dem Paradies bewirkte. Sie hat hier mit Bewußtwerdung über etwas zu tun, das einem paradiesischen Zustand ein Ende bereitet. Im Traum passiert dies später durch das Bild des dunkeln Baumes, aber es kündet sich gleichsam im Bild der Schlange an. In der Gnosis finden wir Christus selber als Schlange, und die Manichäer stellten Christus gar als Schlange am Paradiesbaum dar.[311] Für die gnostischen Sekten der Ophiten und Naassener (Ophis und Naas = die Schlange) vereinigte die Schlange nicht nur die Gegensätze von gut und böse in sich, sie stellte im Bild des Ouroboros, der sich in den Schwanz beißenden Schlange, auch den ewigen Kreislauf jeglichen Werdens dar, also Leben-Tod-Leben, Gott-Welt-Gott, Anfang-Ende-Anfang, Sünde-Erlösung(Unschuld)-Sünde, Geist-Materie-Geist etc.[312] In der Alchemie findet sich die Merkurschlange als Symbol des psychischen Wandlungsprozesses.[313]

In den gnostischen Systemen wie in der Alchemie geht es um einen kreisförmigen Entwicklungs- und Wandlungsprozeß, wie er allen Naturabläufen zugrunde liegt. Unser Denken ist gewohnt, Entwicklung als gerade Linie zu sehen, beginnend im Nullpunkt des Koordinatensystems und irgendwo anders endend. Ein solches Denken kann einen dazu verführen, Schwangerschaft und Geburt und das zukünftige Leben des Kindes als zu dynamisch zu sehen, sozusagen als aufsteigende Linie, die irgendwie auf das Lebensglück von Mutter und Kind hinzielt. Mit der Schlange ist gleichsam die eigene

---

[308] Geo Widengren, Manichäismus, Darmstadt, 1977, 180
[309] Ebenda, 186
[310] C.G. Jung, Symbole der Wandlung, GW 5, § 407 / § 411
[311] Vgl. C.G. Jung, Symbole der Wandlung, GW 5, § 593 und Abb. 23, § 171, mit der erhöhten Schlange als Kehrseite des Kruzifixus
[312] Vgl. Hans Leisegang, Gnosis, Kröner Verlag, Leipzig 1924, 35, 99
[313] Vgl. C.G Jung, Symbole der Wandlung, GW 5, § 150, Abb. 15

Dynamik der Natur angedeutet, die ganz anders verläuft als unser auf lineares Denken getrimmtes Bewußtsein es haben möchte.

Bild 17 Göttin mit Schlange (Legarit, ca. 2500 v.Chr.)

Die Verehrung der Schlange als erlösende und rettende Macht ist in gewissen gnostischen Sekten weit verbreitet, obwohl sich die Gnostiker der paradoxen Natur der Schlange durchaus bewußt waren.[314] Jung sagt, daß die Schlange das unheimliche Numen der „Mutter" veranschaulicht, welche tötet, aber zugleich die einzige Möglichkeit, sich vor dem Tode zu sichern, darstellt, da sie ja auch die Lebensquelle ist.[315] Sie ist, psychologisch gesehen, ein Symbol für das Unbewußte. Sie bedeutet plötzliche und unerwartete Manifestationen aus dem Unbewußten, schmerzhafte und gefährliche Interventionen in unsere bewußte Welt und unsere bewußten Angelegenheiten mit all ihren erschreckenden Wirkungen. Sie steht für irgendwelche autonomen Impulse, welche ihre Wurzeln in den tiefsten Schichten der Psyche haben. Sie reichen bis in den biologischen Teil des psychischen Spektrums, bis in die Körpervorgänge hinab. Da die Schlange ein Kaltblüter ist und zudem ein Tier, zu dem wir nie in eine Beziehung treten können wie z.B. zu einem Hund, so steht sie oft für einen Aspekt der Natur, der für uns erschreckend und unverständlich sein kann. Die meisten Menschen haben ja auch eine Einstellung zu Schlangen, die von Angst, Abwehr und Widerwillen dem gänzlich Fremden und Unheimlichen gegenüber geprägt ist.

Wie im Kapitel über Schlangenträume ausgeführt wird, gehören Schlangen zu den Schicksalsgöttinnen, denn wenn die „kaltblütige Natur" sich durchsetzt, dann sind wir ihr schicksalsmäßig ausgeliefert, zum Guten und zum Schlechten. Das gilt auch für die Schwangerschaft, die für viele Frauen nicht nur Glück, das Gefühl von Fruchtbarwerden, von Wärme und Wachstum bedeutet, sondern ebensosehr Übelkeit, Müdigkeit und andere Störungen des Körperbefindens. Ungeachtet dessen schreitet der Entwicklungsprozeß weiter, zu Geburt oder Tod, wobei jede Geburt auch schon wieder den Tod in sich trägt.

---

[314] Vgl. Wilhelm Bousset, Hauptprobleme der Gnosis, Göttingen und Zürich 1973, 124
[315] Vgl. C.G. Jung, Symbole der Wandlung, GW 5, § 452

4. PFLANZENWELT: DER BAUM

Nicht nur Schwangerschaft und Geburt selber sind dem dunkeln Naturgesetz unterworfen, auch die Zukunft des Kindes ist für uns in Dunkel gehüllt, und wir wissen nicht, was für Schrecken die Schicksalsgöttinnen für es bereithalten. Als junge Mutter muß oder darf man wohl darüber etwas dämmrig sein, man sollte nicht zu viel daran denken, denn sonst verliert man die dem Kinde so nötige Gelassenheit und Ruhe. In diesem Falle aber scheint aus dem Unbewußten eine notwendige Ergänzung zu kommen. Die Träumerin sieht im grünenden Lebensbaum zuerst vorwiegend den schönen, lebensspendenden, belebenden Aspekt der Schwangerschaft dargestellt. Das gefällt ihr. Mit der Schlange, die sie undeutlich wahrnimmt, kommt etwas Umfassenderes hinzu. Darüber ist sich offenbar die Träumerin zu wenig bewußt, wie der Traum in der Folge deutlicher zu zeigen scheint.

Was die Träumerin bis jetzt nicht sehen und annehmen wollte, ist eine Schattenfigur, die im Traum als Cousine Pia erscheint. Wir wissen von dieser Cousine nicht mehr, als daß sie schon vorher ihre Nähe gesucht hat. Das heißt, eine auf der inneren Traumbühne zur Träumerin gehörige eigene Seite möchte zu ihr, möchte, psychologisch gesprochen, bewußt werden. Ihr entspricht der andere Baum, dessen Äste vom Boden ausgehen, zäh und dunkel sind, und den die Träumerin zwar sofort kennt, aber nur mit Widerstreben malt. Dieser Baum ist ihr Gegenbild, wie der Traum sagt, das Bild ihrer „anderen Seite". Dieser fehlt nun alle lichtgrüne Leichtigkeit. Sie haftet am Boden, ist dunkel und zäh. Man könnte sagen, er stellt gleichsam den unerfreulichen, schwer zu bewältigenden Anteil des naturhaften Wandlungsvorganges hinter der Schwangerschaft dar. Wenn im Bewußtsein zu sehr der lichte Aspekt vorherrscht, Muttersein nur aus Glück und Liebe besteht, dann wird ein solcher dunkler Anteil verdrängt, weil er ja sonst das harmonische Bild stören würde. In Wirklichkeit stört er die Harmonie trotzdem, denn Kinder können den damit zusammenhängenden unbewußten Schatten der Mutter bewußt oder unbewußt meisterhaft provozieren. Er bricht dann etwa los in Verärgerung, Gereiztheit, bis zu unbezwingbaren Wutanfällen.

Die Nähe des Traumbildes zum mythischen Bild der gekreuzigten Schlange rückt das persönliche Drama der Träumerin in die Nähe des größeren Zusammenhanges: Es geht um die Bewußtwerdung der in der Schlange vereinten Gegensätze der Natur. Kreuz und Kreuzigung bedeuten Leiden durch Bewußtwerdung der Gegensätze. Man könnte sagen: In dem Maße, in dem die dunkeln Seiten von der Träumerin gesehen und bewußt angenommen werden können, in dem Maße kommt das Bewußtsein in ein sozusagen „natürliches Gleichgewicht". Das eigene Leiden am Dunkeln kann dann vielleicht als eingebettet empfunden werden in den großen Naturzusammenhang, der die Gegensätze von Hell und Dunkel, von Gut und Böse, von Freude und Kummer umfaßt. Dies hebt das persönliche Leiden nicht auf, aber es verbindet mit dem Ganzen und, so sagt das Symbol, es enthält die Verheißung der Erlösung. Was dies bedeutet, kann wohl nur erahnt werden als das letzte

Geheimnis unserer Existenz, wenn wir uns eine Erlösung nicht mehr im engeren christlichen Sinne als das Paradies vorstellen können, in das wir nach dem Tode einmal kommen sollen. Es muß mit einem Gefühl der Erlösung von den quälenden Gegensätzen zu tun haben, in denen jedes natürliche Leben aufgespannt ist. Der Baum oder Kreuzbaum ist das biologische Leben des Menschen. Er ist der Träger dieses Leidens und dieser Erlösung. Dort und nirgendwo anders hängt die Schlange, welche zugleich das Symbol der Wandlung und (in schamanistischen Religionen) der Erneuerung, der Heilung und der Wiedergeburt ist. Dies bedeutet zugleich eine Aufwertung des individuellen Lebens und des alltäglichen Leidens des in der Masse scheinbar hoffnungslos untergehenden modernen Menschen.[316]

Der Traum scheint darauf hinzuweisen, daß in der Träumerin infolge einer allzu optimistischen Auffassung eine neurotische Spaltung stattgefunden hat, wie sie überall dort auftritt, wo Persönlichkeitsteile vom Bewußtsein verdrängt werden. Der dunkle, zähe Baum stellt gleichsam das dunkle Lebensprinzip dar, welches hinter dem Schatten steht. Den Schatten anzunehmen bedeutet hier deshalb wohl gleichzeitig einen Blick zu tun auf das Unheimliche, Bedrohliche, Schicksalhafte der dunklen weiblichen Natur. Nur so aber können die beiden Bäume oder die zwei Seiten des Mutterarchetypus zusammenkommen, denn so lautet die Aufgabe im Traum (sie sollen beide gemalt werden). Auf diese Weise kann die Spaltung aufgehoben, die „unnatürliche", einseitige Bewußtseinshaltung ergänzt werden.

---

[316] Vgl. dazu Gotthilf Isler, Das rätoromanische Margaretenlied – eine seelische Tragödie.

Bild 18 Keltische Herrin der Tiere

5. Tiere

Regina Abt

Zumindest in der ländlich-bäuerlichen Bevölkerung gehörte das Tier bis vor kurzem zum täglichen Leben. Es bestimmte den Tagesrhythmus des Menschen, der sich in seiner Regelmäßigkeit nicht sehr von dem des Tieres unterschied. Noch näher stand der archaische Jäger dem Tier, dem er sich so gut wie möglich anpassen mußte, weil sein Leben direkt von ihm abhing. Selber noch so sehr Instinktwesen, war er besonders stark mit dem Tier verbunden, von dem er lebte. Mit zunehmender Bewußtseinsentwicklung, welche ihm zwar geordnete Anpassungsleistungen d.h. Triebhemmungen ermöglichte[317], entfernte sich der Mensch jedoch von dieser Instinktverbundenheit und damit von der Einfühlung in das Tier. Er gewann mehr und mehr Macht über das Tier. Heute ist vielen Menschen das Tier gleichgültig oder gilt ihnen nur noch als Nutzobjekt, vielen erscheint es als Bedrohung. Für zahlreiche Menschen aber verkörpert es sozusagen die Sehnsucht nach dem verlorenen Paradies, nach der Welt, in der die Natur die Lebensabläufe regelt und das Tier als ein Bestandteil dem sinnvollen Ganzen eingefügt ist. Sein unverfälschtes Wesen, das sich ohne „Wenn und Aber" dem Naturgesetz unterzieht, berührt den Menschen in seinem eigenen innersten Wesen, und oft blutet sein Herz ob dem stillen Leiden des Tieres. Ihm selber, dem Menschen, scheint sein Bewußtsein die Möglichkeit zu geben, sein eigenes Leiden zu vermindern. Und wenn er trotzdem daran verzweifeln muß, so produziert seine Seele doch die Bilder, die seinem Leiden einen Sinn verleihen können. Damit ist er wieder angeschlossen an jenes höhere Naturgesetz, welches die Lebensvorgänge auf der Ebene der Instinkte als Handlungen regelt, auf der seelischen Ebene aber als Bilder oder Auffassungen. Wenn der Mensch dem Gesetz der Natur vertrauen kann, so kommt er von selber zu seinem eigenen Gesetz, sagt Jung in einem Seminar.

Tiere stehen für uns immer irgendwie für „instinktives Verhalten", das heißt, wie Jung sagt, für ein Verhalten, „bei dem weder Grund noch Zweck

---

[317] C.G. Jung, GW 8. Instinkt und Unbewußtes, § 412

völlig bewußt sind und zu dem nur eine gewisse dunkle innere Nötigung Anlaß gegeben hat."[318] Instinktives Verhalten kann für uns lebensrettend sein. Barbara Hannah schreibt in ihrer Vorlesung über Haustiere, daß in allen natürlichen Situationen die Instinkte ein besserer Schutz seien als alle intellektuelle Weisheit der Welt.[319]

Darum bewirkt die bewußte Rückverbindung mit dem Tierinstinkt (und nicht die Regression auf Tierstufe, welche ein unbewußt Werden wäre) ein Gefühl von Zurückkehren zur Natur. Eine Beziehung zu einem Tier hat ebenso wie die Begegnung mit dem Tier in Träumen deshalb oft etwas Heilendes. In Märchen sind es die helfenden Tiere, denen unter allen Umständen gehorcht und vertraut werden muß, weil sie allein dem Helden die richtigen Ratschläge geben können, die ihn zu seinem letzten Ziel führen.

Die Schwangerschaft verbindet eine Frau in besonderem Maße mit dem Tier in dem Sinne, als sie jetzt den biologischen Abläufen genauso unterworfen ist wie das Tier. Es geht ihr am besten, wenn sie sich ihnen genau so unterwirft wie ein Tier. Je weniger ihr Verstand ihr instinktives Verhalten stört, desto wohler wird sie sich fühlen.

Tiere in Träumen stellen aber nicht nur die körperlichen Instinkte dar, die Jung als *typische Formen des Handelns* bezeichnet.[320] Zugleich mit den instinktiven Handlungen erlebt der Mensch nämlich auch innere Bilder oder er hat Emotionen. Jung bezeichnet sie am selben Ort als *typische Formen der Auffassung*. „Diese Emotionen, Ideen und geistigen Bilder sind ebenso typisch und kollektiv wie die Muster der Instinkthandlungen. Manchmal liegt der Akzent unserer Erfahrung mehr auf der körperlichen Ebene, auf der Instinkthandlung selbst, manchmal mehr auf den begleitenden Phantasien und Emotionen."[321] Zwischen diesen beiden Polen bewegen wir uns. Manchmal sind wir zuviel auf der Instinktseite, manchmal zu viel auf der archetypischen geistigen Seite Aber es besteht insofern eine Verbindung zwischen den zwei Seiten, als manchmal auf der Instinktseite, im Körperlichen, beginnt, was erst später als Idee gefaßt werden kann. Andrerseits vermag eine neue Idee oder veränderte Einstellung unser Instinktverhalten zu beeinflussen. Die Einstellung der Frau in der Schwangerschaft ist aber äußerst wichtig. Frauen, für die das Mütterlich-Weibliche eine negative Prägung hat, leiden oft unter mannigfachen körperlichen Schwangerschaftsbeschwerden.

In den Träumen sehen wir, daß manchmal eine zu einseitig instinkthafte Haltung der Frau durch die Betonung einer geistigen Anschauung kompen-

---

[318] Ebenda, §265
[319] B. Hannah, Cat, Dog and Horse. Seminar. In Vorbereitung für die erstmalige Herausgabe in Jungiana, Beiträge zur Psychologie von C.G. Jung, Reihe A
[320] C.G. Jung, GW 8. Instinkt und Unbewußtes, § 273
[321] M.-L. von Franz erklärt diesen komplizierten Sachverhalt auf unnachahmlich einfache Weise in: Erlösungsmotive im Märchen, 62. Vgl. auch das Folgende.

siert oder ergänzt werden kann. Andrerseits scheint aber auch sehr oft das instinkthafte, körperbetonte Verhalten mehr Gewicht zu erhalten.[322] Wir können annehmen, daß heute, wo sich die Frauen im Allgemeinen viel weniger auf natürliche Weise instinktiv richtig verhalten als etwa eine Bauernfrau vergangener Jahrhunderte, besonders häufig Tiere in Träumen vorkommen. Die Schwangerschaft ist ja in besonderem Maße eine Zeit, in der die Instinkte die Führung übernehmen müssen. Zugleich aber ist die heutige Frau vielleicht auch mehr um den Sinn ihrer Aufgabe bekümmert, als dies früher die Frauen waren. Hier ist sie aber auf schwankendem Boden, denn der Sinn, der für jene noch selbstverständlich da war, bzw. nach dem man gar nicht fragte, ist für die heutige Frau mit dem Verlust religiöser und sozialer Traditionen weitgehend untergegangen. Sie will selten mehr Kinder haben, weil der Familienname weitergeführt oder der Hof einen Nachfolger haben soll, weil es sich so gehört oder weil es die Kirche vorschreibt. Ohne aber einen Sinn darin zu sehen, ist man schlecht dazu vorbereitet, den Schritt in eine neue Lebensform zu machen. Die „Initiation" ins Muttersein wird allzu schwierig.

Tiere in Schwangerschaftsträumen können somit als Sinn-Bilder, d.h. Symbole, nicht nur Hinweise darauf vermitteln, was der Instinkt für den Körper ist, sondern auch was er im Seelischen bedeutet. Sie ermöglichen also eine Auffassung von dem, was „instinktiv richtiges" oder „falsches" Leben auf der seelischen Ebene heißt. Man könnte auch sagen, daß über das Tier in Träumen eine Frau wieder mit ihren seelischen und körperlichen Instinktgrundlagen verbunden werden kann.

Wo die Träume von Hund, Katze, Pferd, Kuh und Schwein, also von domestizierten Haustieren handeln, ist zu vermuten, daß diese Inhalte dem Bewußtsein näher stehen und sich ihm leichter erschließen, als wenn es sich um wilde Tiere oder Tiere auf sehr primitiver Entwicklungsstufe handelt. Pferd und Hund sind denn auch nach mythologischer Aussage oft Vermittler zwischen der jenseitigen und der Menschenwelt.[323] Manchmal sind Tiere in Träumen bedrohlich, gefährlich, übernatürlich groß oder klein oder verhalten sich sonstwie merkwürdig. Aber immer sagen sie etwas aus über unsere Instinkte und über unsere Beziehung zu ihnen und damit über unsere Treue zum eigenen, höheren Gesetz oder zur inneren Natur. Und damit zu unserem Lebenssinn.

---

[322] Von Körpertherapie-betonten Richtungen der Psychologie wird der Jung'schen Psychologie gelegentlich der Vorwurf gemacht, sie sei zu geistig und beziehe den Körper zu wenig ein. Die Traumbilder sind aber der unbestechlichste Ratgeber, um das individuelle Gleichgewicht zwischen Körper und Geist zu suchen.
[323] Zum Beispiel Anubis als Totengeleiter in Ägypten, oder etwa die Orakelpferde der Germanen, welche als die Vertrauten der Götter galten.

Bild 19 Phanes-Eros im Ei, von Schlange umwunden

5.1. Die Schlange und die Schildkröte

Vivienne MacKrell

In der Geschichte unserer Tierwelt begannen sich vor rund 190 Millionen Jahren, nachdem amphibisches Leben aus dem Meer gekrochen war, die landbewohnenden Reptilien zu entwickeln. Das Zeitalter der Reptilien erreichte in den Dinosauriern seinen Höhepunkt. Als dann das Klima kälter wurde, ging die Vorherrschaft der Reptilien zu Ende, die Tiere starben zum Teil aus, womit das Zeitalter der Säuger anbrach. Heute sind vergleichsweise nur wenige Reptilien übrig, und sie leben meist in wärmeren Gebieten. Reptilien sind alle Lungenatmer und sind als Wechselwarme von der Umgebungstemperatur abhängig. Im kalten Klima fallen viele in einen Winterschlaf, da sie extreme Temperaturen nicht aushalten. Alle Reptilien legen Eier, die meisten verlassen sie, nachdem sie sie gelegt haben. Es gibt aber auch solche, welche die Eier im eigenen Körper ausbrüten und so ihre Jungen „lebend gebären". Mütterliche Fürsorge ist jedoch selten. Krokodile, Alligatoren und Schildkröten haben sich seit der Urzeit kaum verändert. Einige (gewisse Schlangen und Echsen) sind wieder ins Wasser zurückgekehrt, müssen jedoch zum Luftholen auftauchen. Alle Reptilien haben eine hornige oder mit Schuppen versehene Haut, die bei der Schildkröte einen harten, unnachgiebigen Panzer bildet, unter welchen das Tier Kopf, Schwanz und Extremitäten einziehen kann. Die Tiere können sehr alt werden, einige Riesenschildkröten leben mehr als 200 Jahre. Eidechsen und Schlangen gehören zur Ordnung der schuppigen Reptilien, entwicklungsgeschichtlich sind sie aber nicht so alt wie Krokodile und Schildkröten. Schlangen entwickelten sich erst gegen Ende des Zeitalters der Reptilien. Sie haben keine Extremitäten und entwickelten die charakteristische schwingende, wellenförmige Fortbewegungsart. Reptilien treffen wir häufig in den tropischen und subtropischen Gebieten an, und je mehr wir uns den Polkappen nähern, desto seltener kommen sie vor. Dennoch sind gewöhnliche Vipern auch auf 67° nördlicher Breite und im südlichen Sibirien anzutreffen. Der Gehörsinn ist bei den Schlangen degeneriert, aber die Sehleistung ist besonders für Objekte, die sich bewegen, hoch entwickelt. Schlangen riechen und fühlen mit ihrer Zunge, aber auch mit den Schuppen. Die Grubenottern haben ein temperaturempfindliches Organ, welches die Strahlungswärme der Beutetiere entdeckt, um diese damit zu orten.

Der Mensch hat gegen die meisten Reptilien eine große Abneigung. Krokodile und Alligatoren reagieren auf den Menschen sehr aggressiv, Schildkröten nehmen von ihm kaum Notiz. Die meisten Eidechsen und Schlangen meiden den Menschen, und es sind wenige, die wirklich angreifen. Kinder von Menschen und Affen haben bis zum Alter von 2-3 Jahren keine Angst vor Schlangen und spielen sogar damit, wenn sie aber älter werden, haben sie, vielleicht unter dem den Einfluß der Erwachsenen, Angst davor. Um ans Futter zu gelangen, greifen Reptilien an, und es ist nicht möglich, mit ihnen eine Beziehung aufzubauen oder sie gar zu dressieren. Besonders die Schlangen wirken unmenschlich, abstoßend und dennoch faszinierend, was wahrscheinlich mit den starren Augen und der schwingenden Bewegung zu tun hat. Eine ganz besondere Eigenschaft hat die Phantasie der Menschen angeregt: Schlangen können ihre ganze Haut auf einmal ablegen, wenn sie zu klein geworden ist. Aus diesem Grund glaubte man, Schlangen wären im Besitz des ewigen Lebens, könnten den Tod bezwingen und sich durch Häutung erneuern. Nicht alle Schlangen sind giftig, aber man dachte, daß die Schlangen das Antidot gegen ihr eigenes Gift besitzen.

Wegen des Mangels an Beziehungsfähigkeit, der Unberechenbarkeit und der möglichen Gefahr wurden die Schlangen für den Menschen zum Gegenstand der Verehrung und der Angst. Der Tod war dem Menschen ein nur zu offensichtliches Schicksal, die Schlange jedoch war ewig. Das Unbekannte und Numinose zieht Projektionen an, und je unbekannter es ist, desto mehr Emotionen ruft es hervor, und desto größer sind Anziehung und Angst. Für den primitiven Menschen ist die Psyche außerhalb des Individuums, und nur mit der Zeit ist es uns gelungen, die Projektionen aus den Dingen zurückzuziehen. Entwicklungsgeschichtlich sind die Reptilien vom Menschen weit getrennt. Psychologisch stellen sie entsprechend weit entfernte, unbezogene, unpersönliche psychische Schichten im kollektiven Unbewußten dar, das heißt Schichten unterhalb der persönlichen Psyche. Wenn ein Reptil in einem Traum erscheint, dann steht etwas Tiefgreifendes und von großer Tragweite früher oder später bevor, das man zu verstehen versuchen, aber nicht willentlich beeinflussen oder kontrollieren kann.

Anatomisch sind das vegetative Nervensystem und die motorischen Reflexe, jene ungefähr achtzig Prozent des Nervensystems, welche nicht dem Willen unterstellt sind. Sie sind phylogenetisch mit dem Schlangengehirn verwandt und verantwortlich für die Gefühlsteilhabe der Menschheit, über welcher alle höheren kognitiven und willentlichen Aktivitäten sich aufbauen. Analoges könnte vom kollektiven Unbewußten gesagt werden, auf und von welchem die persönliche Psychologie unsicher ausgewogen und abgeleitet ist. Im Altertum glaubte man, daß die Psyche, die Lebensseele, welche nach dem Tod weiterlebt, mit dem Rückenmark in Zusammenhang steht. Man glaubte, daß sie sich nach dem Tod in eine Schlange verwandelt, sich im Grab aufhält und den Genius darstellt, das Lebenselement, für das man die Psyche hielt.[324]

5. TIERE: DIE SCHLANGE UND DIE SCHILDKRÖTE

Die Schlange ist sowohl chthonisch, wie geistig und entspricht psychologisch dem Unbewußten, dem geheimnisvoll heilenden, aber auch gefährlichen Aspekt. Die Giftschlange trägt ihr eigenes Gegengift; die Heilung, im Sinne von ganzmachend, kommt aus dem Unbewußten. Träume und andere Botschaften aus dem Unbewußten kompensieren den Standpunkt des Bewußtseins. Sie versuchen, das Ich auf etwas aufmerksam zu machen, das außerhalb seiner Reichweite liegt. Psychische und psychosomatische Symptome (die sehr zehrend sein können) sind ein weiterer Ansporn, um ein zu enges Bewußtsein zu erweitern. Für Jung war die Neurose der Versuch des Unbewußten, Heilung zu bringen.

Ein Schlangentraum weist darauf hin, daß sich das Bewußtsein besonders weit vom Instinkt entfernt hat. Die bewußte Einstellung ist zu sehr nach äußeren, kollektiven und konventionellen Regeln ausgerichtet, was ganz besonders für Frauen in der westlichen Welt ein Problem ist. Leider verfügen wir nicht über ein religiöses Bild für eine instinktbezogene Schwangerschaft, und daher ist es zu erwarten, daß kompensatorische Symbole wie Schlangen und Reptilien in Schwangerschaftsträumen auftreten.

Die Schlange ist ein paradoxes Symbol und steht sowohl für den Instinkt als auch für den Geist; sie enthält die Gegensätze. Im Christentum wurde die Schlange mit Satan gleichgesetzt. In der nordischen Mythologie war die Midgard-Schlange der Feind der oberen, göttlichen Welt. In Delphi tötete Apollo die Pythonschlange und übernahm das Orakel von Gaia. Aber in Epidaurus war die Schlange der heilende Begleiter von Asklepios. Im Märchen „Die Drei Schlangenblätter" bringt die Schlange die Heilung, und in „Die Weiße Schlange"[325] erlangt der König durch das Essen der Schlange Zugang zur göttlichen Weisheit der Natur. In der Alchemie war die Schlange Ouroboros und Mercurius zugleich. Letzterer enthält alle Gegensätze – der mercurianische Schlangenaspekt. Er stand für den Lapis, die verwandelnde Substanz. Jung zog in einem Modell über die Aktivität der Psyche den Vergleich mit dem Lichtspektrum. Er nannte das infrarote Ende den Instinkt, und das ultraviolette den Geist; die Schlange trägt beides. Der Instinkt manifestiert sich in der Materie und im Geist, sein Sinn zeigt sich als archetypisches Bilde. Manchmal wird die Schlange auch mit Flügeln beschrieben, ein Hinweis auf ihren geistigen Aspekt. Die Symbolik der Schlange ist dermaßen groß, daß es unmöglich ist, das Thema an dieser Stelle umfassend zu diskutieren, denn dazu wäre ein ganzes Buch notwendig. Der nachfolgende Text gibt kurze Hinweise, der Leser wird durch die Fußnoten auf nützliche Amplifikationen[326] hingewiesen.

---

[324] R.B. Onions: The Origin of European Thought about the Body, the Mind, the Soul, the World, Time and Fate. 206 und 249
[325] Grimm, Gebrüder: Kinder- und Hausmärchen, Bd. i, 132.
[326] Ein ausgezeichnete Übersicht der Schlangensymbolik von M.-L. von Franz findet sich bei C.G. Jung, Kindertraumseminar, 254.

Der erste Traum stammt von der Frau, die im Kapitel über Hunde den Traum mit dem jungen Hund und dem Pfau hatte (Nr. 78), sowie den Traum über Anubis (Nr. 84). Zur Zeit des vorliegenden Traumes war die Frau im dritten Monat schwanger.

Traum Nr. 46:

Ich träume von einer metallischen Schlange, sie hat etwas wie Abschnitte, in meinem Garten. Ich nehme meine kleine Tochter zur Seite. Dann wird die Schlange lebendig, giftig, widerlich, schwarz, dann rollt sie sich zusammen. Mit einer großen, schwarzen Zange für das Kaminfeuer nehme ich den Kopf und bezwinge die Schlange oder töte sie (sie ist nicht mehr gefährlich).

Die Träumerin sagte, die Schlange wäre ein mechanisches Spielzeug, zuerst schwarz und dann gelb. Zangen für das Kaminfeuer verwendet man beim Feuermachen, aber die Zangen im Traum waren größer. Ich nehme an, daß mit solchen Zangen Holz oder Kohle ins Feuer gelegt oder so arrangiert wird, damit es besser brennt. Es war der Garten der Großmutter, wo man sie als Kind hütete. Sie wuchs da (mit ihren Eltern) völlig abgeschlossen bis zum achtzehnten Lebensjahr auf.

Die Träumerin verbrachte ihre Schuljahre und die Adoleszenz in Unterordnung unter der strikten Kontrolle in Form von Geboten und Anweisungen der Familie. Alles, was von außerhalb kam, wurde wahrscheinlich als bedrohlich angesehen, und die Träumerin durfte sich nicht nach ihren eigenen Instinkten entwickeln oder selbst entscheiden; die Familie wußte alles besser. Die Träumerin war ein Einzelkind, d.h. man konnte sich noch mehr auf sie konzentrieren. Das konnte in der Träumerin ein unbewußtes, starres Gerüst von unbewußten Vorschriften aufgebaut haben, welche sie automatisch befolgte. Zwingend für sie wurde, das zu erkennen und mit ihrem Bewußtsein zu konfrontieren. In der Religion, insbesondere im Katholizismus, hat jede spontane psychische Manifestation, jede religiöse Erfahrung, egal ob in der Vergangenheit oder in der Gegenwart, einen Platz zu finden im religiösen Dogma innerhalb der Kirche. Der persönliche Kontakt mit dem Göttlichen wird von der Kirche geregelt und vermittelt, um in die bestehenden Regeln zu passen, Abweichung ist nicht erlaubt. Viele meditative Sekten schreiben ein bestimmtes Thema vor, über das zu meditieren ist, man hat sich an den Guru und seine Regeln zu halten. Vor nicht all zu langer Zeit wurden jene, die sich nicht den gültigen Vorschriften anpaßten, als Ketzer auf dem Scheiterhaufen verbrannt. Der individuelle Zugang zum Weiblichen, mit einer persönlichen Beziehung zwischen Mann und Frau, begann erst mit den Troubadouren und den Liebeshöfen im 10.-11. Jahrhundert, was aber prompt wieder unterdrückt wurde. Außergewöhnliche Frauen, d.h. solche, die eher individuell waren und nicht dem kollektiven Bild entsprachen, wurden als Hexen verbrannt; das war

5. TIERE: DIE SCHLANGE UND DIE SCHILDKRÖTE

noch vor weniger als 200 Jahren der Fall. Natürlich machen wir das heute nicht mehr, aber wer nicht in die allgemeinen Vorstellungen paßt, wird mit Mißtrauen und Argwohn betrachtet. Das trifft nicht nur im Religiösen zu, sondern auch bei weltlichen Ansichten. Diese Konventionen im kollektiven Bewußtsein mögen sich immer verändert haben, aber wer nicht hinein paßt, wird wie das schwarze Schaf in der weißen Herde angesehen. Im größeren Zusammenhang läßt sich dies als tyrannischer Despotismus mit Unterjochung oder Auslöschung der Opposition beobachten. Und in der Familie könnte es heißen „So macht man das, tue es so wie wir das machen", „Nimm unseren Rat", „Du bist nur ein Kind, tue was wir Dir sagen". Hinter solchen wohlklingenden Ratschlägen liegt der Anspruch auf Macht „Unser Weg ist *der Weg*, folge ihm". Ein solcher Machtanspruch kann mit der Fürsorge um das Wohl des Kindes verschleiert werden, wobei dieses als Individuum mit persönlichen Bedürfnissen manchmal ganz ignoriert wird.

Schwangere Frauen werden meist mit Ratschlägen überhäuft. Ich erinnere mich an eine Frau, die während der Geburt mehrmals sagte „Wartet nur, bis ich meine Großmutter sehe". Anscheinend waren gräßliche Geschichten erzählt worden, über all das, was passieren könnte, und was man tun müsse, wenn es so weit sei. Die Geburt war nicht besonders schwierig, und wie die Frau sagte, wollte sie „der alten Hexe ihre Meinung sagen". Vielleicht der einzige Ratschlag, den Schwangere annehmen sollten, ist jener, keine Ratschläge anzunehmen. Sie sollten statt dessen auf das hören, was ihnen ihr Herz und der Bauch sagt.

Bei dieser Träumerin werden eine ganze Reihe starrer, mechanischer Vorschriften belebt. Und jene Richtlinien, in denen der chthonische Geist erscheint, den Lebensprozeß darstellend, tief im Unbewußten, sind abgeteilt worden. Jung sagt: „Die Schlangenträume weisen immer auf eine Diskrepanz zwischen der Haltung des Bewußtseins und dem Instinkt, die Schlange personifiziert die Bedrohlichkeit eines derartigen Konfliktes."[327] Zuerst war die Schlange schwarz, das Unbekannte, dann wurde sie gelblich. Gelb bedeutet für uns Licht und Intuition und weist auf eine mögliche Bewußtwerdung hin. Man muß sich seiner unbewußten Komplexe bewußt werden, bevor man sich damit auseinandersetzen kann. Im vorliegenden Traum wird die Frau durch den Konflikt bedroht, der zwischen ihren eigenen Instinkten und den althergebrachten Vorschriften besteht, die ihr in der Kindheit eingetrichtert worden waren. Sie schiebt ihre kleine Tochter zur Seite, ihre kindliche Weiblichkeit kann damit nicht umgehen, das erwachsene Ich muß eingreifen. Die Träumerin empfindet die Schlange als widerlich und giftig, sie muß mit Kraft und Entschlossenheit getötet werden. Die starren Werte in ihr selbst müssen mit der gleichen Sturheit zerstört werden. Freunde und Verwandte

[327] C.G. Jung, GW Bd. 5, § 615

mögen sagen: „Tue dieses oder jenes nicht", aber die Träumerin kann sich im äußeren Leben nur behaupten, wenn sie ihre eigenen, inneren Werte befestigt hat. Symbolisch macht sie das, indem sie die Schlange beherrscht oder tötet, womit sie nicht länger gefährlich ist. Die Träumerin nimmt dazu eine Zange, die man für das Feuer braucht. Feuer ist ein wandelndes (oder destruktives) Element, und es kann mit der Libido oder den Emotionen gleichgesetzt werden, die für eine Wandlung nötig sind. Die Retorte muß für den Wandlungsprozeß erhitzt werden. Mit jenem Instrument, mit dem sie ihre eigene Wandlung in Gang hält, entmachtet sie die Bedrohung und tötet die Gefahr. Kollektive Werte kann man nicht zerstören, sie bleiben so wie sie sind. Interessanterweise wird der Schwanz der Schlange, der zweifelhafteste Teil, im vorliegenden Traum jedoch nicht erwähnt. Diese Frau sollte aufhören, auf die Ratschläge anderer zu achten, welche ihre eigene Verletzlichkeit konstellieren. Sie sollte mit Fleiß und Ausdauer ihre eigenen Gefühlswerte und Instinkte bewußt machen und dadurch ihre eigenen, starren Muster zerstören. Das Kindische muß in diesem Fall zur Seite gestellt werden, und es bedarf der Entschlußkraft des Ichs, um Feuer zu unterhalten und sich zu wandeln.

Der folgende Traum erfolgte in einer geplanten, ersten Schwangerschaft einer 26-jährigen Frau. Angaben zum Zeitpunkt seines Auftretens in der Schwangerschaft sind nicht vorhanden.

Traum Nr. 47:

Mein Mann und ich wanderten auf dem Lande. Wir stiegen einen Berg hinauf. Plötzlich trat ich beinahe auf eine Viper. Ich habe große Angst vor Schlangen. Ich war etwas schockiert, aber ich sagte mir: „Nur keine Panik. Gehe einfach in die andere Richtung." Der Berg war ziemlich steil hinter mir, so daß ich nicht zurück gehen konnte. Dann ging ich rechts, aber da war wieder eine Schlange! Ich war völlig schockiert und es war, als hätte ich eine Gedächtnislücke. Ich weiß nicht, wie ich vom Berg wieder herunter kam, mein Mann muß mir geholfen haben. Ich hatte nur einen Gedanken im Kopf. „Das ist zu viel, ich schaffe diesen Durchgang nicht."

Zwei Tage später erfolgte ein Spontanabort. Die Träumerin sagte, sie hätte immer das Gefühl gehabt, daß das Erlebnis mit der Schlange den Abort ausgelöst habe, und im Traum habe sie das gemerkt, als sie die zweite Schlange sah. Später erfolgten zwei komplikationslose Schwangerschaften, die erste nach einem Jahr.

Eine Verdoppelung im Traum deutet darauf hin, daß etwas an der Schwelle zum Bewußtsein ist, im vorliegenden Fall sind es zwei Schlangen. Die erste wurde als Viper beschrieben, was heißen kann, eine bösartige Giftschlange. Sie ist plötzlich da, die Träumerin tritt beinahe darauf. Die Eigenschaft, plötzlich zu erscheinen oder zu verschwinden, macht die Schlange für den Menschen so unheimlich und fremd. Das Unvorhersehbare kann Angst verur-

5. TIERE: DIE SCHLANGE UND DIE SCHILDKRÖTE

sachen, insbesondere wenn es nicht verstanden wird. Die Träumerin glaubt, diese Schlange vermeiden zu können, indem sie nach rechts, in die Richtung des Bewußtseins geht. Sie versucht, das Problem zu verdrängen. Dieser Weg ist aber ebenfalls blockiert, zurück geht es auch nicht, da der Weg zu steil ist. Die Träumerin hat mit ihrem Gatten einen zu steilen Weg gewählt, und dadurch wurde sie von ihren Instinkten abgetrennt. Möglicherweise sind beide Schlangen giftig und weisen auf eine entschiedene Bedrohung und physische Gefahr; in der äußeren Welt geschieht etwas mit ihrem Körper. Der Traum war für die Frau ein großer Schock. Das Ich geriet in Panik und versagte; sie merkt nicht mehr, wie sie vom Berg herunter kam. Wahrscheinlich half ihr der Animus, da sie auf ihre autonomen Reflexe reduziert war. Sie hat das Gefühl, hier nicht durchzukommen, was bedeuten könnte, ihre Schwangerschaft nicht austragen zu können – den Übergang von der jungen Frau zur Mutter. Ein Abort bedeutet, daß die mütterlichen Instinkte ihre stoffliche Verwirklichung nicht ausleben können. Die Träumerin hatte von ihren Instinkten keine Unterstützung.

Die Träumerin meinte, der Traum hätte den Abort ausgelöst. Grundsätzlich ist das durch einen Schock möglich, aber mir scheint, daß es sich im vorliegenden Traum eher um eine Warnung vor dem bevorstehenden Ereignis handelt.

Der nächste Traum erfolgte in den „letzten Tagen der Schwangerschaft", einer dreißigjährigen Frau, welche vor vier und sechs Jahren zwei problemlose Schwangerschaften hatte. In der 28. Woche bestand die Gefahr vorzeitiger Wehen, die sich aber nach einer Woche Bettruhe wieder gelegt hatten. Es gab keinen äußeren Grund, weshalb diese Geburt zum Problem werden sollte. Aber zwei Wochen nach dem Geburtstermin war ein Kaiserschnitt notwendig, wegen Notlage des Kindes, und es stellte sich heraus, daß die Nabelschnur doppelt um den Hals des Kindes gewickelt war. Das Kind erlitt jedoch keinen Schaden und kam gesund zur Welt.

Traum Nr. 48:

> *Ich war im Spital, da kam eine Krankenschwester und legte mir das Kind in den Arm. Da war eine Badewanne, in der die Geburt stattfinden sollte. Das Wasser war sauber. Plötzlich bewegte sich eine Schlange darin. Zuerst war sie flach und durchsichtig, aber bald wurde sie hart und hatte die Form einer Spirale. Ich fand das interessant, da ich die Form mit den Bewegungen des Ungeborenen in meinem Bauch verglich. Die anderen Leute hatten Angst und wollten die Schlange töten. Ruhig und ohne Angst sagte ich ihnen, das Tier würde weggehen und niemandem etwas machen.*

Es wird nicht gesagt, ob die Träumerin Angst hatte, weil die Schwangerschaft übertragen war. Nach meiner Erfahrung sorgen sich die Mütter in der Regel, ob alles noch in Ordnung sei oder ob es ein Problem mit dem Kind gebe.

Die Träumerin wurde früher durch vorzeitige Wehen erschreckt. Im Hinblick auf die späteren physischen Ereignisse könnte es sich um einen präkognitiven Traum handeln.

Im Traum geht es um die Geburt des Kindes. Der Ort der Handlung ist das Spital als ein Ort der Heilung, wo Kinder zur Welt gebracht werden und wo die Krankenschwester ihr das Kind sicher in die Arme legt. Das Wasser in der Badewanne ist noch sauber, noch ist die Geburt nicht erfolgt. In allen Religionen stellt Wasser die Lebenssubstanz dar, seine Notwendigkeit für das vergängliche Leben macht es zu einem passenden Träger für das symbolisch Notwendige für das innere und unsterbliche Leben, das Leben der Weisheit und des Geistes. Dann tritt im Wasser, wo die Geburt des neuen Lebens erwartet wird, ein angsterregendes Element – die Schlange – auf. Etwas außerhalb ihrer Kontrolle bedroht jenes Gebiet, wo das Kind geboren werden soll. Zuerst ist die Schlange kaum sichtbar, dann aber wird sie dreidimensional und hart in einer Spirale; dabei weist sie vielleicht auf ein negatives Schicksal für Mutter und Kind. Neues Leben und neuer Tod liegen nahe beisammen, und die Träumerin vergleicht die Bewegung der Schlange mit jenen des Kindes im Mutterleib. Die ängstlichen Begleiter, unbekannte Teile ihres Schattens und vielleicht auch des Animus, wollen die Schlange töten, aber die Träumerin bleibt ruhig, da sie weiß, daß das Tier weggehen wird. Wenn bei der Geburt etwas Unerwartetes geschieht, sind Mutter und Anwesende meist beunruhigt. Es soll rasch etwas getan werden, Hast und Angst können einen kopflos machen, besonders die Mutter, bei der Angst vor dem bevorstehenden Unbekannten aufsteigt und sie in Panik versetzt. Der Traum betont, daß die Träumerin ruhig bleiben soll. Eine Gefahr wird zwar kommen, aber auch wieder verschwinden. Und wie der Traum ihr zu Beginn sagte, erhält sie das Kind von einer hilfreichen, weiblichen Figur sicher in den Arm gelegt.

Die nachfolgende Träumerin war 30 Jahre alt. Vor sechs Jahren wurde eine Abtreibung vorgenommen. Der Traum erfolgte in der 35. Schwangerschaftswoche. Vier Wochen zuvor bestand die Gefahr vorzeitiger Wehen. Am Termin traten Wehen ein, doch bekam die Mutter hohes Fieber. Obwohl der Muttermund gut geöffnet war, befand sich das Kind in einer ungünstigen Lage, so daß es nicht normal geboren werden konnte. Schließlich wurde mit einem Kaiserschnitt ein gesundes Mädchen ohne Anzeichen einer Infektion entbunden. Die äußeren Umstände der Träumerin waren ungewiß. Die Frau hatte sich die Schwangerschaft zwar gewünscht, sie war jedoch nicht geplant. Der Ehemann war voller Zweifel, und eine Scheidung war nicht ausgeschlossen.

5. TIERE: DIE SCHLANGE UND DIE SCHILDKRÖTE

Traum Nr. 49:

> *Ich erinnere mich, wir wollten das Geheimnis des Lebens lüften. Mein Mann, ich und andere Leute (an die ich mich nicht mehr gut erinnern kann) sitzen alle auf einem Bett. Es hat braune Samen darauf mit einem Durchmesser von ca. 3 cm. Im Inneren der Samen sieht man kleine, graue Schlangen. Drinnen ist auch ein starkes Licht, wie ein leuchtendes Auge. Wir haben ein bißchen Angst. Dann beginnen drei kleine Schlangen zu keimen und vor uns in der Luft zu tanzen. Jetzt haben wir große Angst. Wir versuchen, uns vorsichtig zu den Schlangen zu verhalten, um ein Geheimnis zu entdecken.*

Der Traum weist an erster Stelle darauf hin, das Lebensgeheimnis zu verstehen, statt sich um äußere Probleme zu kümmern. Zusammen mit ihrem Ehemann, vielleicht einer ambivalenten oder negativen Animus-Figur und weiteren unbekannte psychischen Faktoren sitzt sie auf einem Bett. Das Bett ist ein Ort des instinktiven Lebens, es ist der Platz von Geburt und Tod, man liebt sich, Gegensätze werden sichtbar oder können sich vereinigen. Am wichtigsten jedoch: es ist der Ort, wo im Schlaf und Traum Botschaften des Unbewußten erhalten werden. Die Samen sind braun, die Farbe der Erde, die materielle Wirklichkeit der Mutter Natur. Samen sind neue Lebenskeime, neue Möglichkeiten. Sie sehen aus wie leuchtende Augen mit eigenem Licht. In seiner Diskussion über das Unbewußte als vielfaches Bewußtsein sagt Jung: „Da das Bewußtsein seit alters durch Ausdrücke, die von Lichterscheinungen genommen sind, charakterisiert wird, liegt die Annahme, daß die multiplen Luminositäten kleinen Bewußtseinsphänomenen entsprechen, meines Erachtens nicht zu fern."[328] Das ist nicht Ichbewußtsein, sondern ein Bewußtsein, das zum Unbewußten gehört. Das leuchtende Auge mit seinem eigenen Licht setzt die Gegenwart eines Subjekts im Unbewußten voraus. Soweit als das Auge als Mandala aufgefaßt werden kann, können diese Augen für das Selbst stehen. Ein unpersönliches, irrationales Etwas ist lebendig und beobachtet, etwas anderes als das Ich hat ein Bewußtsein. Für den intellektuellen, rationalen und kontrollierenden Geist, kann dies beängstigend sein. Dann entwickeln sich aus den Samen (drei Zentimeter im Durchmesser) drei graue Schlangen, die in der Luft tanzen. „Drei bedeutet Einheit, welche dynamisch sich ausbreitend, linear-irreversible Prozesse in der Materie und in unserem Bewußtsein erzeugt."[329] Grau ist eine Farbe „dazwischen", eine Mischung, Bewußtsein und Unbewußtes, der Gegensätze schwarz und weiß. Die eigentlich erdhaften Tiere, die Schlangen tanzen hier in der Luft, im geistigen Element. Luft und Erde kommen zusammen, schwarz und weiß sind vereint, und der dynamische Prozeß ist irreversibel. Etwas mit eigenem Licht möchte oder muß ins

---

[328] Ders. GW Bd. 8, § 388-396, Zitat § 396. Vgl. auch Bd. 14: die Scintilla § 41-45
[329] M.-L. von Franz Zahl und Zeit, 104. Vgl. auch Kap. 6

Bewußtsein gelangen, um die vielleicht zu enge, konventionelle Einstellung der Träumerin zu ergänzen.

Man erinnert sich an Kekulé, als er versuchte, die chemische Struktur von Benzol zu erforschen und zu jener Zeit von tanzenden Atomen und Schlangen träumte, wobei sich die eine in den eigenen Schwanz biß, was ihm die Idee zur ringförmigen Struktur von Benzol, einem bislang unbekannten Baustein der organischen Chemie gab.[330] Der vorliegende Traum ist eine Parallele zu den zwei Träumen von Kekulé, und sie weisen auf ein Mysterium hin. Tanzen bedeutet eine Harmonie mit etwas außerhalb, und der Tanz der Atome unterliegt nicht der bewußten Kontrolle, genauso wenig wie die Erzeugung und Entwicklung von neuem Leben. Man kann versuchen, schwanger oder nicht schwanger zu werden, und es passiert, oder auch nicht. Aber dadurch, daß wir es akzeptieren und nicht abtreiben, wie in der ersten Schwangerschaft dieser Träumerin, läuft der Prozeß unabhängig von unserem Bewußtsein. Die Schwangerschaft war nicht geplant, das Schicksal hatte mitgespielt, es handelt sich um einen wichtigen Teil im Schicksal dieser Frau. Die Idee für den Benzolring, die Kekulé im Traum erhielt, mußte er noch ausarbeiten und entwickeln. Analog dazu muß sich diese Frau mit dem Traum befassen und sich fragen, was diese Schwangerschaft und der neue dynamische Prozeß, für sie persönlich und im Allgemeinen bedeutet. Sie sollte sich auch über die Inkarnation des weiblichen Geistes in der Materie Gedanken machen und verstehen, inwiefern sie diesem Geheimnis dient und dabei eine Rolle spielt. Die Lösung des Traumes zeigt ihre Bereitschaft, dabei mitzumachen. Die Schlange könnte aber eine Warnung vor einer in der Zukunft drohenden Gefahr im materiellen Bereich der Träumerin sein, wie es tatsächlich auch der Fall war.

In der Woche nach der Geburt hatte die gleiche Frau in einer Nacht zwei weitere Träume. Der zweite Traum wird im Kapitel „Erde, Steine und Edelsteine" diskutiert (Tr. 13).

Traum Nr. 50:

Ich kämpfe mit einem vorweltlichen Wesen, vielleicht einem Dinosaurier. Alle seine Eingeweide kommen im Kampf heraus, aber etwas bleibt latent als Samen für eine nachfolgende Entwicklung. Aber ich habe das Gefühl, wenigstens dieses Mal den Kampf gewonnen zu haben.

Das Thema dieses Traumes ist der Kampf mit einem prähistorischen Gegner, die Träumerin kämpft mit einer kaltblütigen, destruktiven Kraft. Im äußeren Leben bestand tatsächlich ein Konflikt, aus welchem Mutter und Kind jedoch gesund hervorgingen. In der Schwangerschaft und im Moment

---

[330] Sie werden zitiert und interpretiert durch: M.-L. von Franz: Spiegelungen der Seele. S. 89 und 90

5. TIERE: DIE SCHLANGE UND DIE SCHILDKRÖTE

der Geburt ist der weibliche Archetyp der Mutter konstelliert, sowohl als Mutterleib die positive Lebensquelle, als auch als destruktiver, todesähnlicher Aspekt des Grabes. Die Eingeweide, jener Teil im Körper, welche die Nahrung verdaut und aufnimmt, werden herausgerissen, und die Schlacht ist gewonnen. Die negative Mutter, der regressive Sog zurück ins Unbewußte, kann nicht mehr alles auffressen. Eine Frau mit negativem Mutterkomplex ist sich ihrer Weiblichkeit nicht so sicher, und der negative Animus (das Wesen wurde als männlich beschrieben) kann in einem solchen Fall „alles auffressen", was ihr angeboten wird. Ich erinnere mich an eine Frau, die sich in ihrer ersten Schwangerschaft entschlossen hatte, das Kind an ihrer Brust zu ernähren. Aber ihre Mutter meinte, daß sie das nicht konnte, und daß demzufolge die Tochter das auch nicht könne. Dadurch wurden die Zweifel über die eigenen Fähigkeiten gestärkt. Die negative Mutter und der negative Animus, welche oft gemeinsam die natürliche Entwicklung der Weiblichkeit einer Frau unterdrücken, verloren ihr Spiel, und die Frau konnte dann doch das Kind mit ihrer Brust ernähren. Man könnte sagen, der positive nährende Aspekt triumphierte, und die positiven Instinkte gewannen. Im vorliegenden Traum war der Kampf wenigstens für diesmal gewonnen, aber etwas blieb für eine spätere Entwicklung übrig. Archetypen sind ewig, und können nicht zerstört werden. Man wird sehen, unter welchem Bild sie das nächste Mal auftreten.

Der nächste Traum stammt von der ersten Schwangerschaft einer 27-jährigen, verheirateten Frau. Der Traum stammte von der Nacht, bevor das Resultat des Schwangerschaftstestes vorlag (etwa im dritten Monat). Die Träumerin sagte, daß die Atmosphäre im Traum unheimlich und sehr eindrücklich war. A. war ihre beste Freundin mit 12 Jahren und ist jetzt verheiratet und hat zwei Kinder.

Traum Nr. 51:

Ich war im Hause von A., aber es war ein unbekanntes Haus. Es war Nacht und ich wollte alle Türen schließen, ich fürchtete, daß jemand von der Straße kommt und versucht, ins Haus zu gelangen. Jetzt bin im Zimmer meiner Freundin, ich schaute durch eine Türe nach draußen, da bemerkte ich zwei ca. 12-jährige Burschen, die sich nähern. Ich wollte sie aus dem Hause sperren, aber dann sah ich, daß beim Hauseingang eine riesengroße Schlange lag.
Dann gehe ich in das Hauptzimmer, und da waren viele andere Schlangen, sie waren groß, farbig und mit seltsamen Zeichnungen auf der Haut, wie geometrische Muster – Spiralen, Labyrinthe usw. Ich habe Angst und steige auf einen Tisch, aber die Schlangen tun mir nichts und bleiben unbeweglich auf dem Boden.
Dann schaue ich vom Tisch rechts hinunter und sehe zwei riesengroße Eier, jedes etwa 25 bis 30 cm im Durchmesser. Sie sind voneinander

verschieden und gehören zu zwei Schlangen, jedes Ei hat die Farbe der entsprechenden Schlange.
Dann kommt ein kleines Kind und nimmt jenes Ei, das näher beim Tisch ist. Ich sage dem Kind, es solle das Ei wieder auf den Boden legen. Das Kind läßt es fallen, doch zu meiner Überraschung ist das Ei nicht kaputt gegangen, es ist hart wie eine Kokosnuß.

Der Traum handelt nachts in einem unbekannten Haus, wo A. wohnt, die sie aus ihrer Adoleszenz kannte, jener Zeit, wo das Weibliche an einer Frau sich zu formen beginnt. In der alten Welt wurden die chthonischen Mysterien, wie zum Beispiel die Initiationsriten von Isis und Eleusis, nachts gefeiert. Das Licht des solaren Bewußtseins mit seinen rationalen, kollektiven Regeln ist verschwunden, und die Erleuchtung kommt vom Unbewußten selbst in der Form eines Geheimnisses. In den Sabazius-Mysterien war die Schlange der heilende, verwandelnde Vertreter Gottes. Im heiligen Tempel von Asklepios erfolgte in der Nacht der Traum oder die Vision der Heilung. Asklepios wurde meist mit einer Schlange abgebildet. Sie wickelte sich um den Stab, und dieses Bild blieb als Caduceus als Emblem der heutigen Medizin erhalten. Das Aufsteigen der Schlange vom Boden zum Lichte hin symbolisiert das Aufsteigen der Psyche zu bewußtem Verstehen. A. hat zwei Kinder, die Träumerin noch keine. Sie befindet sich also im Haus eines freundlichen, mütterlichen Schattens, psychologisch einer unbekannten Seite ihres Wesens, die ihr gut gesinnt ist. Die Träumerin will keine Eindringlinge im Hause, sie hat Angst vor äußeren Einflüssen. Eine Frau mit negativem Mutterkomplex ist grundsätzlich unsicher über ihre eigene Identität, sie hat keinen festen Boden unter den Füßen und neigt zu Pessimismus. Nur wenn sie in sich selbst hineinschauen kann, findet sie ihre eigentliche Identität, so daß sie nicht mehr abhängig ist von dem, was die anderen im Guten oder Schlechten von ihr sagen. Das eigene Zimmer ist in der Regel der Ort für sich, wo man alleine sein kann, und genau das braucht sie, einen Ort, wo sie überlegen und ihre eigenen Wertmaßstäbe finden kann. Dann sieht sie durch eine Türe zwei junge Burschen, jugendliche Animi. Ihr Logos-Prinzip ist noch jung, vielleicht ist ihre kollektive Weiblichkeit, die sie früher erworben und seither beibehalten hat, zu alt. Jung sagt, daß ein junger Mann im Traum einer Frau ein ehrliches Bestreben bedeutet. Die Verdoppelung weist auf die Möglichkeit zur Bewußtheit hin, die Träumerin bedarf junger Spontaneität und des Enthusiasmus. Wenn sie aber versucht, die Burschen aus dem Haus zu bringen, findet sie eine große Schlange, welche sie daran hindert. Seit langem gelten Schlangen in der Mythologie als Schatzwächter. In Griechenland bewachte eine Schlange im Garten der Hesperiden den Baum mit den goldenen Äpfeln; im alten Rom wurde die Schlange als Fruchtbarkeitsdämon angesehen. In Indien dachte man, die Schlangen würden einen Edelstein im Kopfe tragen und sie besäßen die Lebensenergie im irdischen Wasser, und Schlangen bewachten die großen Schätze unten im

5. TIERE: DIE SCHLANGE UND DIE SCHILDKRÖTE

Meer. „Eine wichtige Funktion von ihnen war jene des Torwächters ... als solche erscheinen sie häufig an den Portalen hinduistischer und buddhistischer Tempel."[331] Eine riesengroße Kobra beschützte Buddha vor einem Gewitter, während er im Zustand der Seligkeit meditierte. Die Träumerin muß ihre eigene Persönlichkeit zusammenhalten, es ist ihr Schatz, Einflüsse abwehren und das bei sich behalten, was zu ihr gehört – die beiden Burschen. Das würde bedeuten, daß sie ihre Introversion pflegen sollte, über ihre Träume meditieren, über ihren Sinn, aber auch über ihre neue Herausforderung, in diesem Fall die Schwangerschaft.

Im Zimmer sind viele farbige Schlangen, die Träumerin hat Angst, aber keine Panik und steigt auf einen Tisch, d.h. sie erhebt sich eher ins Geistige. In der Regel wird Nahrung auf einen Tisch gestellt. Man könnte sich als jene Nahrung bezeichnen, durch die sich die innere Welt manifestiert. Wenn ein Kind empfangen wird, ein anscheinend banaler Vorgang, wiederholt sich das ganze Mysterium des Kosmos. Die reglosen Schlangen greifen nicht an, die Träumerin beobachtet ein unpersönliches, irrationales Ereignis. Die Schlangen sind farbig, was eher Leben als Tod bedeutet. In ganz Australien haben die Ureinwohner eine mythologische Figur, die Regenbogenschlange, welche manchmal männlich, gelegentlich aber auch weiblich ist. Sie verkörpert die Fruchtbarkeit und steht immer mit dem Auftreten von Regen im Zusammenhang. Es heißt, die Schlange würde jene Straße machen, auf welcher präexistente Geister der Kinder in den Mutterleib gelangen. In einem Schamanenkult hat der Schamane ihn als Hilfsgeist und kann den Regenbogen verwenden, um damit durch den Himmel zu reisen. Wir kennen auch die farbige Schlange Quetzalcoatl, die gefiederte Schlange in Mexiko, der sterbende und auferstehende Held, und der Bringer der Kultur. Die Schlangen haben in diesem Traum Zeichnungen auf der Haut, geometrische Muster und nicht zufälliges Gekritzel. Verschiedene Labyrinthe, manchmal zusammen mit Spiralen, finden wir oft auf prähistorischen Felsritzungen, oft zusammen mit weiblichen Figuren. Abstrakte und geometrische Muster sind ein Versuch, etwas in seinem Wesen auszudrücken, statt der äußeren Form. Spiralen bedeuten einen Entwicklungsprozeß mit einer Rotation um das Zentrum, was Jung als vergleichbares Bild für den Individuationsprozeß benutzte. Man erinnert sich auch an die Schlange des Kundalini (im Tantra Yoga), wo sich Shakti, die weltschaffende Energie, auf der untersten Chakra Muladhara ruhig in Form einer Spirale um den Phallus des Shiva legt. Das Labyrinth wird als Schutz für das Zentrum entworfen, welches ein religiöser Temenos sein kann, oder ein heiliger Grund mit einer Verbindung zur Welt Gottes und des Menschen. In ein solches Labyrinth hineinzugehen, um seinem Pfad zu folgen, ist eine Initiation, ein Versuch, das Zentrum zu erreichen, den Ort der psychologischen Wiedergeburt. Theseus, ein Held der griechischen Mytholo-

---

[331] H. Zimmer, Indische Mythen und Symbole. Kap. III. Die Wächter des Lebens. S. 72

gie, erschlug den Minotaurus im kretischen Labyrinth. Wir finden aber auch Labyrinthe auf dem Fußboden europäischer Kirchen. In der Kathedrale von Chartres gingen die Büßer auf den Knien dem Labyrinth entlang, was einer Pilgerreise zu den heiligen Stätten gleichgesetzt wurde. In Malekula sitzt eine weibliche, verschlingende Geisterfigur vor einer Höhle, und vor ihr liegen Zeichnungen von Labyrinthen. Um zu den Vorfahren zu gelangen, müssen die neu Verstorbenen die Labyrinthe durchqueren und erneuern dadurch das Leben. Der Geist entfernte jeweils die Hälfte des Musters, und um ins Jenseits zu gelangen, müssen die neu Verstorbenen die andere Hälfte ergänzen.

Bild 20 Labyrinth auf dem Boden der Kathedrale in Chartres

In den ersten Jahrhunderten des Christentums gab es gnostisch-christliche Sekten, welche Christus als Schlange verehrten. Die Peraten glaubten, daß der Sohn, der Logos, genau zwischen Vater und Materie gesetzt wurde, und als Schlange sich ewig zwischen den beiden bewege. Die Schlange bringt die väterlichen Modelle und Ideen und prägt sie in der Materie ein. Und bringt jene Personen hinauf, die aus ihrem Schlaf erwacht waren und die Züge des Vaters angenommen hatte. Die Ophiten verehrten die Schlange im Paradies als das erste Erscheinen Christi. Sie feierten das Abendmahl mit einem Brot, in das sich eine lebendige Schlange gelegt hatte, und küßten sie. Damascius berichtet von einem orphischen Mythos zur Kosmogonie, worin eine Schlange namens „unendliche Zeit" (Chronos) oder „Unveränderlicher Herakles" aus Wasser und Erde geboren wurde. Sie war mit Flügeln versehen und hatte den Kopf von je einem Stier und Löwen mit dem Gesicht eines Gottes in der Mitte. Diese Schlange produzierte ein Ei, aus welchem der orphische Gott Phanes (der Scheinende), und in einer anderen Version Zeus, der Ordner aller Dinge, geboren wurde (Bild S. 178). In einer nochmals anderen Version teilte sich das Ei entzwei und erzeugte Gaia (die Erde) und Uranos (der Himmel). Phanes und der Deus Leontocephalus, Zurvan (unendliche Zeit), werden mit einer Schlange abgebildet, die sich um sie wickelt. Der erstere wird in einem mit den Sternzeichen versehenen Kranz um das Ei abgebildet. Der letztere trägt sie zwischen den Windungen der Schlange auf dem Körper. Es heißt, daß der Tierkreis auf dem Rücken einer Schlange geboren wurde, was auf den zeitlichen Aspekt der Ewigkeit im Vergleich zu den Sternkonstellationen hinweist, und damit auch auf die Projektionen, die die Menschen darauf gemacht haben.

5. TIERE: DIE SCHLANGE UND DIE SCHILDKRÖTE

Die Schlangen im Traum könnten als Träger eines zeitlosen Schöpfungsmysteriums gesehen werden, als Vermittler zwischen dem Jenseits und dieser Welt, zwischen dem Göttlichen und der Materie. Die Schlangen sind mit Linien versehen, die Verbindung zwischen göttlicher und menschlicher Welt ausdrückend. Die Spiralen stellen die schöpferische Energie als Entwicklungsprozeß dar. Obwohl die Schlangen sich nicht bewegen, tragen sie die Farben des Lebens. Im Bezug zur Bewußtseinsentwicklung bedeuten sie eine Weltschöpfung, und zwei dieser Schlangen haben Eier der eigenen Farbe, wiederum die Zahl zwei, als Übergang zum Bewußtsein. Psychologisch gesehen ist das Ei ein Bild für einen schöpferischen Keim der vorbewußten Ganzheit. Es enthält alles für die Entwicklung Notwendige in sich selbst, aber es muß, um seine Möglichkeit zu erfüllen, bebrütet werden, Raum und Zeit haben. Das heißt, es muß geschützt werden, man muß darüber nachdenken, es warm und lebendig halten durch konzentrierte Aufmerksamkeit. In diesem Fall sind es riesengroße Eier, das heißt ein entsprechend großes Potential, zu ihrer Rechten. Dann wird jenes Ei, das näher beim Tisch liegt, von einem unbekannten Kind aufgehoben und fallen gelassen. Das könnte bedeuten, daß der kindliche Schatten die Möglichkeiten nicht zerstören kann, oder daß der göttliche, kindliche Teil ihr zeigen will, daß das Ei unzerbrechlich ist. Das Selbst ist unzerstörbar, aber das Ichbewußtsein muß zusehen, daß es sich realisieren kann. In diesem Fall wird der Träumerin das Potential gezeigt und als eine Aufgabe vor sie hingelegt.

Der weitere Verlauf der Schwangerschaft ist nicht bekannt, aber es scheint, daß die Schlangen diesmal nicht vor speziellen physischen Problemen gewarnt haben. Sie sind bewegungslos und zeigen der Träumerin, die einen negativen Mutterkomplex haben soll, die schöpferischen Möglichkeiten ihrer Schwangerschaft für die psychische Entwicklung. Sie muß zu ihren Instinkten Beziehung aufnehmen, deren geistigen Sinn finden, der zu beiden, der Schlange und zum Ei gehört. Die Träumerin und ihre psychischen Komponenten müssen dabei aktiv sein, auf dem durch die Schlangen gelieferten Hintergrund.

Dies ist ein sehr großer Traum mit einem Nebensinn zur Möglichkeit einer Weltschöpfung durch die Entwicklung des Ichbewußtseins von und in Harmonie mit dem Selbst. Die Schlange ist ein zeitloses Verbindungsglied zwischen dem Jenseits und der Träumerin mit den Möglichkeiten zur Entwicklung eines Mikrokosmos in und vom Makrokosmos. In der Zahlensprache hat das Pleroma, das Nicht-Eine Eine, am Übergang die Zukunft geboren, denn man kann das Eine nicht ohne das Andere denken.

Der nächste Traum erfolgte schätzungsweise in der neunzehnten Schwangerschaftswoche der dritten Schwangerschaft einer 32-jährigen Frau. Die erste Schwangerschaft endete in einem spontanen Abort im dritten Monat, die zweite mit der normalen Geburt eines gesunden Mädchens. In dieser dritten Schwangerschaft war ein Kaiserschnitt wegen Notsituation des Kindes notwendig, da die Nabelschnur extrem lang war, einen doppelten Knoten aufwies und um Kopf und Arm des Kindes gewickelt war. Der Knabe wurde dennoch gesund geboren, und es entstanden für Mutter und Kind keine weiteren Probleme. Die Mutter sagte, während der Wehen hätte sie nie das Gefühl einer Panik verspürt, auch nicht dann, als ein Kaiserschnitt notwendig wurde. Die Träumerin sagte, daß im Moment als die Schlange den Mund öffnete, sie das Gefühl hatte, diese wolle ihr etwas sagen. Die Träumerin hatte nach dem Traum ein gutes Gefühl.

Traum Nr. 52:

> *Ich bin im Eßzimmer meiner Eltern mit meiner Schwester und meinem Bruder. Da kommt eine dicke Ringelnatter mit einem gelben Streifen auf dem Rücken vorbei. Mein Bruder will sie töten, ich aber nicht, denn ich weiß, daß diese Schlangen nützlich sind. Ich gehe hinaus in den Garten, die Schlange folgt mir. Sie scheint nervös und ich schlage ihr vor, sie könne sich unter den Hühnerstall begeben, aber das ist kein guter Platz. Es hat da zwar ein Loch bei einer Wurzel, aber die Erde ist zu feucht. Dann, weiter hinten im Garten ist eine kleine, verlassene Hütte, etwa einen Meter hoch. Die eine Seite ist vom Regen geschützt und die Erde ist recht trocken. Mein Bruder folgt mir. Ich sage ihm, daß die Schlange hier sicher sein würde, und daß mein Vater ihr keinen Schaden zufügen könne. Ich öffne etwas wie eine Tür, und mit einem Gegenstand wie einem Pickel mache ich ein Loch in den Boden. Ich sage meinem Bruder, daß wir hier vielleicht sogar einen Schatz finden könnten. Dann schaut mich die Schlange an und öffnet den Mund. Sie scheint zu pressen und legt sich in die Vertiefung, die ich für sie gemacht habe. Ich erkläre meinem Bruder, daß sie jetzt wohl ein paar Eier legen würde. Aber sie gebärt eine zweite Schlange, genau wie sie selbst, aber kleiner. Es war höchste Zeit! Ich schließe die Türe und fühle mich bestätigt. Dann suchen wir einen Namen, ich erinnere mich, wir fanden etwas, das mit „Pump..." beginnt. Dann kommt ein Reisecar mit vielen Passagieren in den Garten, eines der Gesichter lacht wie verrückt.*

Der Traum beginnt im Elternhause der Träumerin. Sie ist mit Bruder und Schwester im Eßzimmer; wo alle jene Vorschriften und Werte verfüttert werden, nach denen sich die Kinder zu richten haben. Die Träumerin sagte, ihr Vater wäre ein dominanter, destruktiver Alkoholiker gewesen – ein negativer Einfluß. Das väterliche Logos-Prinzip war negativ. Die Mutter wurde ebenfalls vom Vater beherrscht. In diesem Zimmer sind die Eltern nicht anwesend, und das Essen wird nicht erwähnt; dort gibt es anscheinend nichts mehr was sie braucht. Der Bruder ist extrem introvertiert und dürfte den Animus der Träumerin darstellen, die Schwester wäre eine Schattenfigur. Drei Figuren, und dann kommt die Schlange, das unbekannte Vierte, um das Quaternio zu vervollständigen, und vier ist die Zahl der Individuation. Der

5. TIERE: DIE SCHLANGE UND DIE SCHILDKRÖTE

Bruder möchte die Schlange töten, das Irrationale ist im elterlichen Hause nicht annehmbar, aber die Träumerin sagt nein und akzeptiert das Tier. Sie sagt ihm, daß Schlangen nützlich sind und Nützlichkeit heißt auch gutmütig. Dann verläßt die Träumerin das Haus und die Schlange folgt ihr. Schlangen bewegen sich nicht in einer geraden Linie, sie bewegen sich um eine Mitte herum. Jung sagt: „Unsere Natur will sich schlangenartig bewegen. Die Schlange ist das Symbol für die große Weisheit in der Natur, und der direkte Weg ist nicht der beste; der gewundene Weg, der Umweg ist kürzer."[332] Die Schlange hat einen gelben Streifen auf dem Rücken, was darauf hinweist, daß der Weg, auf dem sie sich bewegt, erleuchtet ist. Die Träumerin läßt die Familienkomplexe hinter sich und geht hinaus in die Natur. Dort versucht sie mit der Schlange einen Platz zu finden, außerhalb des Hauses der Familie. Der Schwester-Schatten bleibt jedoch im Hause, und die Träumerin sollte sich über den regressiven Drang, zurück zum alten Stil, bewußt werden. Der Garten ist in Wirklichkeit (wie auch im Traum) sehr groß, es werden dort Haustiere und Hühner gehalten. Beim Hühnerstall war der Boden zu naß, das heißt zu unbewußt. Da sie schwanger ist, muß sie ein beglückerndes Verhalten vermeiden mit seinen vorgeformten Löchern. Sie findet eine kleine, verlassene Hütte mit trockener Erde und öffnet die Türe. Kinder mögen kleine Hütten, um darin zu spielen, es könnte bedeuten, daß die Träumerin zum Ort ihrer kindlichen Unschuld zurückkehren sollte. Es könnte auch als Notwendigkeit, sich ihrer viel zu rationalen Ansichten zu entledigen, erscheinen. Manchmal muß man eine Türe öffnen wie Jung es tat, als er am See mit Steinen kleine Dörfer und eine Kirche am Ufer baute. Nun folgt ihr der Bruder-Animus und die Träumerin sagt ihm, daß sie eine neue Stelle gefunden hat, einen Ort, wo der negative Vaterkomplex die Naturweisheit nicht stören kann. Das erste Bild des männlichen Prinzips ist der persönliche Vater. Wenn er negativ ist, kann er seine Tochter lähmen und sie von ihren weiblichen Instinkten abschneiden, so daß sie nur noch über kollektive Meinungen und falsche Spontaneität verfügt. Das wird gut dargestellt im Märchen „Das Mädchen ohne Hände", welches von Marie-Louise von Franz ausführlich gedeutet wird.[333]

Man muß dem Animus sagen, wie man fühlt (seine eigenen Werte), wobei man aber auch die kollektiven Werte akzeptiert, dabei braucht man diese aber nicht als die eigenen zu übernehmen. Das hat die Träumerin gemacht, und nun folgt ihr der Animus und sie glaube, daß in ihrer eigenen Erde der Schatz liege. Sie muß arbeiten, sie muß hineingraben und ein Nest machen, damit die Schlange in Sicherheit ist. Man hat manchmal eine Ahnung, aber dann muß man daran arbeiten und die Möglichkeiten ausloten. Die Träumerin hatte den Eindruck, die Schlange wolle ihr etwas sagen, weiter oben im Traum schien das Tier aufgeregt, aber jetzt legt es sich in die Vertiefung, welche die

---

[332] C.G. Jung, Vision Seminars, Book I, 84-85
[333] M.-L. von Franz, Das Weibliche im Märchen, 71-94

Träumerin gemacht hat. Sie ist den Bedürfnissen der Schlange gefolgt, und dadurch ist sie dem absoluten Wissen des Unbewußten gefolgt, und sie gräbt. Die Träumerin hat das Gefühl, daß die Schlange Eier legen wird, Möglichkeiten produzieren wird, das Tier schien Wehen zu haben. Aber im Gegensatz dazu gebiert sie eine zweite Schlange, gleich wie sie selbst, aber kleiner. Die mütterliche Weisheit der Natur, wenn beschützt und gehegt, in der eigenen Erde mit der eigenen Anstrengung, kann die eigenen Instinkte wiedergebären. Es war für die Träumerin wichtig, das Elternhaus verlassen zu haben, die Schlange schien dort unruhig, und gemäß dem, was anschließend geschah, mußte sie dringend gebären. Die Träumerin dachte, es wäre höchste Zeit gewesen; es war ihr gelungen, sich vom elterlichen Einfluß zu trennen, um ihre eigenen Möglichkeiten zu finden. Sie schließt die Türe, um äußere Einflüsse fernzuhalten und fühlt sich bestätigt, daß sie sich selbst werden kann. Die Suche nach einem Namen bedeutet, daß etwas gefunden werden soll, das das Wesen des Unbenannten ausdrückt. Jung sagt: „Der Akt der Namengebung ist, wie eine Taufe, etwas für die Schöpfung der Persönlichkeit ungemein Wichtiges, indem dem Namen seit alters eine magische Gewalt zugetraut wird ... Den Namen geben, heißt daher, Macht geben, eine bestimmte Persönlichkeit oder Seele verleihen."[334] In der Bibel schuf Gott alle Lebewesen bevor Er Adam erschaffen hatte, und dann brachte Er sie zu ihm, um zu schauen, wie er sie nennen würde. Ein Name bringt etwas ins Bewußtsein. Eine Pumpe ist etwas, um Flüssigkeiten oder Gase zu heben, indem man Druck ausübt. Es scheint also, daß die Schlange dieser Träumerin eine bessere Möglichkeit bietet, um die beiden wichtigsten Dinge für das Leben zu finden, Wasser und Luft.

Der Traum zeigt, daß der Mensch an seiner eignen Realität zu arbeiten hat, um herauszufinden, was die eigenen Instinkte wirklich sind, und es genügt nicht, bloß das zu glauben, was man über die Instinkte belehrt wurde. Man muß aus dem Rahmen der kollektiven Ansichten heraustreten, mit der Schlange gehen und herausfinden, was sie braucht, damit ihre innere Weisheit, geboren aus der ewigen Weisheit der Natur gefunden werden kann, die ihr eigenes Licht trägt. Die Schlange ist in diesem Traum hilfreich und weist der Träumerin den Weg und den Ort, wo sie arbeiten muß. Sie muß ihr inneres Leben pflegen, in ihre eigene Erde gehen. Sie muß ihren Träumen und Phantasien folgen und dadurch der fruchtbaren Naturweisheit die Möglichkeit verleihen, sich auszudrücken.

---

[334] C.G. Jung, GW Bd. 5, Symbole der Wandlung, §274

5. TIERE: DIE SCHLANGE UND DIE SCHILDKRÖTE

Bild 21 Das Buttern des Milchmeeres

Die Schildkröte

Unter den nordamerikanischen Indianern und in Asien herrscht der weitverbreitete Glaube, daß die Erde auf dem Rücken einer Schildkröte ruht. Ein Schöpfungsmythos der Irokesen erzählt, daß bevor die Erde erschaffen war, eine Frau vom Himmel ins Urmeer gefallen war. Sie fiel auf die große Schildkröte, und diese trug die Frau zusammen mit der Erde aus den Tiefen auf ihrem Rücken. So wurde der erste Boden durch die Schildkröte zum tragenden Zentrum gemacht. In Zentralasien gibt es bei den Buriäten eine Geschichte, und es heißt, daß am Anfang nur Wasser und eine Schildkröte war. Dann drehte Gott sie auf den Rücken und schuf auf ihrem Bauch die Erde. In Indien ruht die Erde auf dem Rücken von vier schwarzen Elefanten, die ihrerseits auf einer großen Schildkröte stehen. Als die Götter das kosmische Milchmeer bearbeiteten, um Amrita, das Elixier des ewigen Lebens zu erhalten, stützten Schildkröten als eine Avatar von Vishnu den Berg Mandara. In China ist die Schildkröte mit Yin, dem weiblichen Prinzip verbunden und verkörpert das Universum. Der kuppelförmige Rückenpanzer stellt dabei die Himmel dar, und der flache Bauchpanzer die Erde. Zwischen diesen beiden liegt die Schildkröte, die Vermittlerin zwischen Himmel und Erde – die transzendente Funktion. Es hieß, die mathematische Ordnung des Lo Shu sei ein Geschenk der Schildkröte aus dem Fluß Lo. Der durch Feuer erhitzte Panzer wurde als Orakel verwendet, um den Willen der Götter zu offenbaren.

Man konnte aber auch ein Lebenselixier aus dem Panzer herstellen. In Ägypten sind Schildkröte, wie der Käfer und der Frosch die Verkünder vom Anstieg des befruchtenden Nils. Die Dogon sind ein Stamm in Mali nahe bei Timbuktu, entlang der alten Handelsstraße zwischen Ägypten und Westafrika. Gemäß ihrer Mythologie teilte Amma, der Schöpfungsgott eine „Plazenta" und verwandelte sie in Sonne und Schildkröte. Die Plazenta war wahrscheinlich eine produktive Prima Materia. Die auf diese Art gebildete Schildkröte stellte demnach die Welt und alle lebenden Dinge dar; der obere Panzer wurde zu den Himmeln, der untere zur Erde. Das Tier entsprach der Sonne, die zu einem der Wächter der Welt wurde. Sonne und Erde sind aber auch Zwillinge, weil sie beide von der gleichen „Plazenta" abstammen. Die Schildkröte als Diagramm stellt den Gang der Sonne über den Himmel dar, ihre Leber spiegelt die scheinbare Größe der Sonne, wenn ihre Höhe über dem Horizont wechselt. Bei den Dogon hält der Ranghöchste in der Familie eine Schildkröte als Hüter der Welt, und immer bevor die Familie ißt, erhält die Schildkröte etwas von ihrer Nahrung und Wasser.[335] Bemerkenswert ist, daß dieser afrikanische Mythos über die Schildkröte, als Himmel und Erde jenem der Chinesen ganz ähnlich ist.

In der griechischen Mythologie stellte Hermes aus dem Panzer einer Schildkröte die Lyra her und gab sie Apollo als Gegengeschenk für die von ihm gestohlenen Kühe. Wenn man die Saiten der Lyra zupft, erklingt Musik aus der bewegten Luft, ein Geschenk Apollos. Durch die Lyra bekam Apollo Zugang zur Welt der Natur. Somit verbindet die Schildkröte den himmlischen Apollo mit dem irdischen Hermes, dem Führer der Seelen. Zusammen mit der Energie von Wasser und Erde ermöglicht so die chthonische Schildkröte den Zugang zur himmlischen Sphäre des Apollo, dessen Maxime hieß „Erkenne Dich selbst".

Eines der auffälligsten Merkmale der Schildkröte ist die Fähigkeit, Beine, Kopf und Schwanz in das eigene Haus einzuziehen. Die Tiere bewegen sich ruhig und gleichmäßig und können sehr lange leben. In einem Traum würde das auf eine Veränderung hinweisen, die vielleicht in der fernen Zukunft liegt, mit ungewissem Ausgang. Es könnte auch bedeuten, daß man sich vorsichtig und bedächtig wie eine Schildkröte verhalten sollte, im eigenen psychischen Hause verharren und sich nicht zersplittern.

Der folgende Traum erfolgte in der siebzehnten Woche der geplanten, ersten Schwangerschaft einer einunddreißigjährigen Frau. Es war eine mühsame Schwangerschaft mit Übelkeit, Rückenschmerzen, starken Gebärmutterkontraktionen und einem Leistenbruch. Ein gesundes Mädchen wurde durch Kaiserschnitt geboren, wegen zu engem Becken.

---

[335] Für nähere Angaben siehe: Griaule, Marcel / Dieterlin, G: Le renard pale. 196-200.

5. TIERE: DIE SCHLANGE UND DIE SCHILDKRÖTE

Traum Nr. 53:

Plötzlich hatte ich meine Schildkröte wiedergefunden. Sie war völlig vernachlässigt. Der Bauchpanzer war aufgeweicht aus Mangel an Kalk und Nahrung. Ich gebe ihr zu essen, und sie torkelt emsig in der ganzen Küche umher.

Diese Träumerin hatte ihre Schildkröte verloren, welche weiblich ist, d.h. sie verlor ihre persönliche, weibliche Identität aus den Augen. Sie war nicht mehr in Verbindung mit ihren Instinkten und deren geistiger Bedeutung oder Möglichkeit, sie aufeinander zu beziehen. Anscheinend war die größte Vernachlässigung auf der erdhaften, oder materiellen Seite erfolgt. Es hieß, die Schwangerschaft sei mühsam und von vielen körperlichen Symptomen begleitet gewesen. Die Erwartung für Frauen ist, sie sollten einfach so weitermachen wie bisher, egal was passiert, und vielleicht hat die Träumerin das auch versucht. Manchmal steht die Idee, ein Kind zu haben, im Vordergrund, und die Wichtigkeit der psychischen und physischen Bedürfnisse wird nur ungenügend berücksichtigt. Es besteht dann keine Harmonie zwischen Geist und Instinkt. In diesem Fall wäre Apollos „Erkenne Dich selbst" von größter Wichtigkeit. Zum Glück findet die Träumerin ihre Schildkröte wieder, was heißt, daß sie danach suchen muß. Sie muß sich vorsichtig in ihr eigenes, psychisches Haus zurückziehen. Falls die Träumerin extravertiert ist, muß sie vermehrt introvertieren und ihrem inneren Leben mehr Zeit und Aufmerksamkeit geben. Ist sie introvertiert, muß sie sich vermehrt um ihre physische Realität kümmern, dabei aber auch die äußeren Anforderungen nicht vernachlässigen. In jedem Fall muß sie versuchen, die beiden Welten zu vereinigen. Sie füttert die Schildkröte, das bedeutet, sorgfältig zu berücksichtigen, was die Träume oder andere Produkte aus dem Unbewußten sagen, und zu hören, was der Körper braucht und ihr sagt. Psyche und Materie könnten zwei Seiten vom gleichen Unbekannten sein, und dieses kann durch das eine oder das andere „sprechen", oder durch beide gleichzeitig. Kalzium ist der Hauptbestandteil des Kalks, und in der Schwangerschaft ist der Kalziumbedarf wegen der Knochenbildung des Ungeborenen etwas erhöht. Vielleicht ist dies als Hinweis zu verstehen, daß die Träumerin besonders jetzt eine ausgewogene Ernährung braucht. Das Resultat des Fütterns der Schildkröte ist, daß sie emsig in der Küche umher geht. „Historisch gesehen ist die Küche das Zentrum des Hauses und deshalb der Ort der Hauskulte. Die Hausgötter wurden auf dem Küchenherd verehrt, und in prähistorischen Zeiten wurden die Toten unter der Feuerstelle begraben. Als der Ort, an dem Essen chemisch umgewandelt wird, entspricht die Küche dem Magen. Sie ist das Zentrum von Emotionen, in ihrem verbrennenden und verzehrenden Aspekt und in ihrer erleuchtenden und wärmenden Funktion, und beide zeigen, daß das Licht der Weisheit nur aus dem Feuer und der Leidenschaft aufsteigt".[336] Die Schild-

---

[336] M.-L. von Franz: Psychologische Märcheninterpretation. 115

kröte würde etwas darstellen, dessen Aktivität sich im emotionalen Bereich zeigt. Das kaltblütige Reptil und das, was es symbolisch bedeutet, muß für ein Verständnis mit der Wärme und dem Licht der Emotionen in Kontakt gebracht werden. Es ist vielleicht nicht ganz einfach, in einer Schwangerschaft enthusiastisch zu sein, wenn man von physischen Symptomen geplagt wird, aber negative wie auch positive Emotionen enthalten ihr eigenes Licht.

Diese Träumerin hat vielleicht einen negativen Mutterkomplex, und es scheint mir, daß ihr mit einer gründlichen Tiefenanalyse geholfen werden könnte, ihre eigene, psychische und physische Realität zu finden. Anscheinend stand schon zu Beginn dieser Schwangerschaft ein Kaiserschnitt in Aussicht. Heute legt man viel Gewicht auf natürliche Geburten, und man könnte sich als Versager fühlen, wenn die Geburt anders erfolgt. Gemäß der Natur der Schildkröte braucht es Zeit, und der Traum weist darauf hin, daß die Frau ihren eigenen Himmel und die eigene Erde finden kann, wenn sie sie sucht und genügend Energie und Emotionen hineinbringt. Hier handelt es sich um die erste Schwangerschaft, bei der es abgesehen von der äußeren Geburt um einen wichtigen Teil ihrer Individuation geht. Für sie ist es ein neuer Schritt in die Welt des mütterlichen, weiblichen Geheimnisses, und es ist ein Teil der Schöpfung des Lebens.

Aus so wenigen Träumen lassen sich keine definitiven Schlüsse ziehen. Es scheint mir jedoch, daß beim Auftreten von Reptilien, insbesondere von Schlangen, in der Schwangerschaft die Möglichkeit physischer Komplikationen in Betracht gezogen werden müßte. Bei drei Träumerinnen hatten Komplikationen einen unerwarteten Kaiserschnitt notwendig gemacht. Zum Glück waren alle Neugeborenen wohlauf und ohne Probleme. Erstaunlich ist, daß jene Träumerin, welche die mechanische Schlange getötet hatte, keine Probleme hatte. Bei einer Träumerin erfolgte eine Fehlgeburt. Und jene Frau, welche von der gebärenden Schlange geträumt hatte, sagte, daß sie gleich zu Beginn der Wehen das Gefühl gehabt hatte, daß etwas „nicht ganz stimmt", doch als Schwierigkeiten auftraten, geriet sie nicht in Panik. Ihr Instinkt hatte sie gewarnt, ihr aber auch geholfen.

Besonders im Zusammenhang mit der Schlange sollten wir nicht vergessen, daß die Schwangerschaft durch physische und psychische Elemente gesteuert wird, von denen das Ich nur wenig weiß und kaum etwas ausrichten kann. Träume bringen Botschaften, objektive Bilder vom Selbst – dem Gottesbild in der Psyche des Menschen. Jung hat das Selbst sowohl als kreatives, inneres Führungs- und Regulationszentrum definiert, als auch als die Gesamtheit der Psyche, von der das Ich nur ein kleiner Teil ist. Der Traum kompensiert den Mangel der bewußten Persönlichkeit und bietet dabei eine Ausweitung des bewußten Gesichtswinkels an. Ein Symbol trägt eine wichtige Mitteilung, welche wenn verstanden, die Persönlichkeit des Träumers bereichern kann. Das symbolische Bild soll dabei nicht nur durch persönliche Assoziationen verstanden werden, sondern auch durch Erwägungen und

5. TIERE: DIE SCHLANGE UND DIE SCHILDKRÖTE

Amplifikationen der Bedeutung, welche durch die Geschichte der gesamten Menschheit beigefügt wurden. Besonders bei der Schlange finden wir einen großen Bereich von symbolischen Bedeutungen, und beide, Schlange und Schildkröte, haben mythologische und religiöse Verbindungen zur Weltschöpfung. Die vorliegenden Träume zeigen, daß die Beziehung zu den Instinkten verbessert werden muß, denn die Entwicklung des Ichbewußtseins war zu einseitig. Im persönlichen Bereich könnte das Erscheinen solcher Tiere auch darauf deuten, daß das individuelle Ichbewußtsein bei der Weltentstehung mitbeteiligt ist. Und einige der Träume weisen darauf hin, daß die Schwangerschaft als Teil des weltschaffenden Prozesses mehr bedeutet, als bloß „ein Kind zu bekommen". Die Schwangerschaft muß auch als Station in der Entwicklung zur psychischen Reife verstanden werden.

Wir können nicht aus uns heraustreten und dadurch Psyche und Materie in ihrer absoluten Form anschauen. Wir können die Schöpfung nur mit jenen Augen ansehen, welche das Geheimnis der Schöpfung selbst geschaffen hat. Die Schöpfung des Lebens ist ein Geheimnis, im kosmischen aber auch im persönlichen Sinn, und wir können sie nur umkreisen und mit heiliger Scheu und Ehrfurcht verehren.

5.2. Spinnen

Irmgard Bosch

Als Auftakt zu den Spinnen-Träumen möchte ich von einem Traum berichten, in dem Spinnen nur als Massenwesen erscheinen. Ihm füge ich noch einen anderen bei, der einen Floh in einem ähnlichen Zusammenhang zeigt, nämlich als Glied in einer Kette von Verwandlungen. Beide Träume zeigen den Wandlungs- und Wachstumsprozeß in einer Schwangerschaft beispielhaft. Sie stammen aus einer Studie von Thomas Shroer, „Archetypal Dreams during the first Pregnancy"[337], und wurden im ersten Drittel von ersten Schwangerschaften geträumt. Auf das Spinnen-Symbol im Besonderen will ich anschließend eingehen. Der erste dieser Träume lautet:

Traum Nr. 54

> *I was in the shower and suddenly I noticed a clear plastic sack coming out of my body. I looked up and the school nurse was standing outside the tub as if to comfort me. The clear sack was near the drain now. It looked like it was filled with ants or little black objects. They were crawling all over each other inside the sack. They frightened me.*
> *I tried to get them down the drain. But they started to grow and change. They looked more like spiders now. I was frightened even now and tried again to get them down the drain.*
> *I looked up at my arms and there appeared to be leeches hanging on both of my arms. The nurse tried to help me free them from my arms. I kept pulling at my arms and succeeded in getting all but one down the drain. I was tired and relieved.*
> *But then the one leech began to grow. It was flesh in colour and looked like a tiny seal. It was wet looking. When it dried, it looked like a Maltese puppy.*
> *I was shocked at first but relieved that it was no longer an ant, spider, or seal but rather a puppy I was familiar with in childhood.*
> *Ich war in der Duschkabine und auf einmal sah ich einen durchsichtigen Plastiksack, der aus mir herauskam. Ich schaute auf und bemerkte, daß die Pflegerin vor der Duschkabine stand, als ob sie mich beruhigen wolle.*

---

[337] in Psychological Perspectives, Vol. 15, Nr. 1

Der Plastiksack war jetzt nahe beim Auslauf. Es sah aus, als ob er voller Ameisen oder anderem kleinen schwarzen Dingen wäre. Sie krabbelten im Sack, alle übereinander. Mich graute vor ihnen.
Ich wollte sie in den Ablauf schieben. Aber sie fingen an zu wachsen und sich zu verändern. Jetzt sahen sie wie Spinnen aus. Ich hatte immer noch Angst und wollte sie im Ablauf verschwinden lassen.
Ich schaute auf meine Arme, und es sah aus, als hingen Blutegel an beiden Armen. Die Pflegerin half mir beim Versuch, sie von meinen Armen abzulösen. Ich zog immer an meinen Armen und konnte alle fassen, und alle bis auf einen in den Abfluß bringen. Ich war müde und erleichtert. Aber dann fing der eine Blutegel zu wachsen an, wurde fleischfarben und sah aus wie ein kleiner Seehund, ganz naß. Als er trocknete, sah er aus wie ein kleines Malteserhündchen.
Zuerst war ich erschrocken, aber doch auch erleichtert, daß es keine Ameise, Spinne, oder ein Seehund war, sondern mehr ein junger Hund, wie ich ihn in meiner Kindheit sehr gut kannte.

Die Träumerin befindet sich in der Duschkabine, einem Ort der Reinigung. Was aber nun in der Dusche geschieht, ist eine fundamentale Verwandlung, keine Reinigung im alten Sinn, sondern ein von einer Lehr-Schwester, einer weiblichen Helferin, unterstützter Erkenntnisprozeß über das Geschehen in ihrem Leib, der schwer zu bewältigen ist. Insofern wird die Duschkabine zur Einweihungshütte, und die Schwester erfüllt die uralte Rolle der „female helper", wodurch das Mädchen zur Frau werden kann[338]. Warum stehen am Anfang dieses Prozesses Ekel und Abscheu, was bedeuten die kleinen wimmelnden Tiere im Sack?

Es ist eine merkwürdige Tatsache, daß der Anfangs- ebenso wie der Endzustand des Organisch-Lebendigen uns zunächst und als Nicht-Eingeweihte fast immer mit Angst und Entsetzen erfüllt. Ekel ergreift uns z.B. beim Anblick wimmelnder Maden in einem Tierkadaver, viele Menschen schüttelt es auch beim Anblick von Milchhaut oder einem Nest voll junger blinder Mäuse, und nun gar ein Sack voll Ameisen „oder kleiner schwarzer Objekte", die unter- und übereinander kriechen, und das in der Dusche, wo alles sauber sein soll – Ungeziefer! Wir werden dem Ekel vor wimmelnden kleinen Tieren im Folgenden noch näher zu kommen suchen, hier aber vor allem ihre verwirrende Massenhaftigkeit anschauen.

Es scheint zuerst nicht einmal ganz klar, ob es überhaupt Tiere wie Ameisen – oder eben krabbelnde schwarze Punkte sind, die also noch nicht einmal die Tierstufe erreicht haben. Es ist ein Bild für eine noch gänzlich chaotische, kollektive Elementarwelt, die aber lebt und sich wimmelnd be-

---

[338] Alfred Winterstein, Die Pubertätsriten der Mädchen, S. 56ff, in: Märchenforschung und Tiefenpsychologie, Wissenschaftliche Buchgesellschaft

wegt. Diese Schicht ist dem höher organisierten Leben offenbar bedrohlich und so fern, daß das Individuum Angst vor ihr hat.

Die Träumerin hat diesen Sack in ihrem Körper gehabt, hat ihn gewissermaßen soeben geboren. Der ganze Traum stellt einen grandiosen Einweihungs- und Übungsprozeß für die Geburt selbst dar. Die Träumerin kann durch den Sack hindurch sehen. Das bedeutet, daß sie einen Einblick hat und einen tiefgreifenden Prozeß der Erkenntnis dessen durchmacht, was in ihr wächst und geboren werden will. Ihr Verständnis wächst von Stufe zu Stufe. Am Anfang steht die Angst, aber es ist auch von Anfang an die tröstende Stimme der Schwester von draußen zu hören. Trotzdem hält der Impuls, die grauslichen Tiere wieder loszuwerden, an. Es klingt mehrmals etwas wie die Möglichkeit des Abortes an, aber nicht er ist gemeint, sondern die Verwandlung, die sich unabänderlich vollzieht, unbekümmert um die Versuche des Individuums, freizukommen.

Nach C.G. Jung[339] bedeuten viele kleine Tiere wie Insekten, Ameisen usw. körperlich eine Irritation des Sympathicus, d.h. Störungen oder Disharmonie im vegetativen Nervensystem, also in einer sehr bewußtseinsfernen, autonom funktionierenden Sphäre der Körper-Seele-Einheit. Es kann sich seelisch um eine Dissoziation handeln, die bekanntlich in der Schwangerschaft manchmal auftritt (Schwangerschafts-Psychose, Ausbruch von Schizophrenie). Aber auch bei seelischer Robustheit pflegen die Gefühle in einer Schwangerschaft oft widersprüchlich zu sein, und es ist nur natürlich, wenn die Freude auf das Kind mit Angst und Abwehr streitet. Hier hilft die „school-nurse", also eine erfahrene, leitende Schwester, trotz des Schreckens der weiteren Entwicklung zuzusehen.

Nun sieht die Träumerin, wie sie eben den gräßlichen Sack in das Rohr schieben will, daß die Ameisen im Sack anfangen zu wachsen und schon wie Spinnen aussehen. Sie hat immer noch Angst und versucht erneut, sie loszuwerden. Dabei bemerkt sie, daß sie nun viele Blutegel an den Armen hat. Verzweifelt versucht sie, diese abzustreifen, und die Schwester hilft dabei – d.h., daß auch dieses Stadium überwunden werden muß, denn das Wachstum hat ein anderes Ziel. Tatsächlich gelingt es, alle Blutegel abzustreifen und im Ablauf verschwinden zu lassen, nur ein einziger bleibt an ihr hängen.

Die kollektive und beängstigende Vielzahl ist nun überwunden, und die verwirrenden Bilder des werdenden Lebens in ihr sind nun auf ein einziges zusammengezogen, dieses ist allerdings ein sehr bezeichnendes: Tatsächlich ist ja das Kind in ihrem Leib einem kleinen Blutegel vergleichbar, der an ihren Kreislauf angeschlossen ist! Sie fühlt sich müde und erleichtert. Eine große Arbeit ist getan.

Nun geht das Wachstum unbeirrbar weiter – der kleine Egel verdreifacht seine Größe, wird fleischfarben, und nun ist er plötzlich ein kleiner nasser

---

[339] Über die Archetypen des kollektiven Unbewußten, Eranos 1934, S. 227

Seehund! Wie nun dieser trocknet, erkennt die Träumerin voll Erleichterung, daß das Wesen nun einem kleinen Malteserhündchen gleicht, mit dem sie in ihrer Kindheit vertraut war.

Welche frappante bildhafte Entsprechung zum tatsächlichen Heranwachsen des Embryos bis zum geburtsreifen Kind zeigte sich in dieser geträumten Bilderfolge! Immer noch animalisch, reicht das Wesen jetzt an die menschliche Sphäre nahe heran, und die Schwangere kann in eine echte, liebevolle Beziehung zu ihm eintreten, die sie mit ihrer eigenen Kindheit verbindet.

Man kann an diesem erstaunlichen Traum, in welchem das Unbewußte einer Schwangeren klar den Entwicklungsgedanken formulierte, einen doppelten Vorgang im Träumen erkennen. Einerseits ist die Entwicklung eines Kindes im Mutterleib ein Naturvorgang, und der Traum gibt dazu seine bildhaften Kommentare. Gleichzeitig stellt der Traum aber auch die Wandlung in der Einstellung der Schwangeren zum Geburtsgeschehen dar. Auch ihre subjektive Auffassung hat sich differenziert, sie konnte den Vorgang „durchschauen" und stellte erleichtert die Höherentwicklung fest.

Daß in diesem Traum Spinnen vorkommen, ist weniger wegen der Spinnen als wegen der Masse von kleinen, ekligen Tieren typisch. Sie stehen hier für eine frühe Stufe des Lebendigen.

Eine stufenweise Verwandlung ist auch Thema eines weiteren Traumes aus der Sammlung von Shroer, in dem ein vergleichbares Stadium durch einen Floh vertreten wird. Auch dieser Schwangerentraum faßt die Entwicklung in einem quasi naturgeschichtlichen Sinn in Form einer Verwandlungsreihe auf. Ich kann mir nicht versagen, diesen Traum wegen seiner besonderen Schönheit gekürzt hier wiederzugeben. Statt der Spinnen erscheint ein Floh.

Traum Nr. 55:

> *I was on the back porch. I had a little bird. – The little bird became a tiny little flea, I followed it and grabbed it. It became a big bug, like a daddy long legs, and I didn't like it, but I couldn't leave it. Finally, I blew on it. It came to me. I had mixed emotions. I still loved it, but I didn't like the bug. Then it turned to be a wooden soldier, and I lifted it like a baby. Then it turned into a plant in a glass dish, and frogs were all over it. I felt a longing for it to share with me what the frogs were saying to it. I knew it could understand the frogs ...*

> *Ich war auf der hinteren Terrasse. Ich hatte einen kleinen Vogel. Der kleine Vogel wurde ein winzig kleiner Floh, ich verfolgte ihn und fing ihn. Er wurde eine große Wanze, wie ein „Zimmermann", ich mochte sie nicht, aber verlassen konnte ich sie auch nicht. Schließlich blies ich darauf. Da kam sie zu mir. Ich hatte gemischte Gefühle. Ich mochte das Tier, aber nicht die Wanze. Dann verwandelte sie sich in einen kleinen Holz-*

5. TIERE: SPINNEN

Soldaten, den ich in meine Arme nahm. Daraufhin verwandelte er sich in eine Pflanze in einem Glasgefäß, und viele Frösche waren darauf. Ich fühlte das Bedürfnis daran teilzuhaben, was die Frösche zu der Pflanze sagten. Ich wußte, die Pflanze konnte die Sprache der Frösche verstehen.

Mir gefällt sehr gut das Motiv des Lebengebens durch den Atem, es erinnert an die Belebung Adams durch den Odem Gottes (1. Moses 2, 7), sowie das innige Verlangen des Traum-Ichs, an dem geheimnisvollen Gespräch der Frösche mit der Pflanze teilnehmen zu können.

Auch dieser Traum führt hinunter in frühe Stadien des Lebens, er stellt eine Einweihung in einem noch elementareren Sinn dar, nämlich auf der Stufe der Pflanze, die von Fröschen, Symbolen der Fruchtbarkeit, etwas erfährt, was die Frau noch nicht weiß. Ist es das Geheimnis des werdenden Lebens? Zugleich erinnert das Glasgefäß an das alchemistische vas, in dem die Verwandlung stattfinden soll.

Die Spinne erscheint auch als Einzeltier in unserer Sammlung äußerst selten, verschwindend gegenüber der Häufigkeit von Schlange, Pferd oder Katze. Nur in 2 von 600 Träumen kommen Spinnen oder spinnenähnliche Gebilde vor, in einem einzigen sind Spinnweben erwähnt.

Man könnte deshalb meinen, das, was Spinnen symbolisieren, sei wohl eine sehr seltene Sache, eine seltene Reaktion des Unbewußten auf den Prozeß, den das Bewußtsein einer Schwangeren durchmacht?

Wir sind zu solchen Schlüssen in unserer Studie nicht in der Lage, denn wir wissen nichts über die Streuung von Spinnen-Träumen im Allgemeinen, und vor allem sind unsere Untersuchungen auf qualitative Unterscheidungen ausgerichtet, so daß quantitative Merkmale keine oder nur eine geringe Rolle spielen.

Fast alle Menschen fühlen Ekel gegenüber Spinnen. Manche sonst tapfere Menschen geraten sogar in eine panische, hilflose Angst, sie erbleichen und fliehen. Es kann auch sein, daß sie in eine rasende Wut geraten und alles daran setzen, das Tier zu erschlagen. Wie gegenüber Schlangen gibt es eine ausgesprochene Spinnen-Phobie. Die Reaktionen des bewußten und fühlenden Ichs werden unversehens unvernünftig und irrational. Dieser Ekel ist allverbreitet und fast unüberwindlich, auch die Angst ist irrational, denn es gibt bei uns fast keine giftigen Spinnen, bis auf den äußersten Süden Europas.

Allerdings hat sich mit dem Import tropischer Pflanzen vereinzelt tatsächlich ein giftiges Insekt nach Europa verirrt, und für eine neue Sammlung „moderner Sagen" hat der Verlag denn auch den Titel „Die Spinne in der Yucca-Palme" als besonders erfolgversprechend gewählt.[340] Unabhängig

---

[340] Rolf W. Brednich, Die Spinne in der Yukkapalme, dtv. München 1990

davon bedienten sich die Erfinder von Horrorfilmen schon lange ebenso mit Erfolg der allverbreiteten Spinnen-Angst.

Anders als bei anderen ekelerregenden Tieren wie Läusen, Würmern, Ratten, Mäusen – wem fällt nicht Mephisto ein! –, aber ähnlich wie bei Schlangen, geht von Spinnen andererseits eine große Faszination aus. Sie rührt natürlich auch vom Wunderwerk des Spinnengewebes her, aber wohl auch vom achtbeinigen, absonderlichen Körperbau und von ihrem bemerkenswerten Verhalten. Vielleicht spielt die Achtbeinigkeit sogar gar keine ganz kleine Rolle – als Verdoppelung der Vier weist sie auf eine gleichsam „erhöhte Vier", nämlich eine spirituelle, höhere Ganzheit, wie sie im Rosse Odins oder im Pegasus der Griechen zum Ausdruck kommt, oder in der Achtgliedrigkeit indischer Gottheiten als einem Sinnbild ihrer Totalität.

Die Spinne war, z.B. bei australischen Eingeborenenstämmen, Totemtier[341], sie verkörperte also trotz ihrer Kleinheit Schutz und Heimat für einen ganzen Stamm oder Clan. Bei südamerikanischen Indianern war sie Bild des Sonnengottes. Denken wir auch daran, daß bis in jüngere Zeit die Buschleute Afrikas ein ähnlich gestaltetes, räuberisch-lauerndes Insekt als höchsten Schöpfergott verehrten – Laurens van der Post hat noch etwas zu spüren bekommen von dem numinosen Schauder, den die Gottesanbeterin, der Mantis, den Buschleuten einjagte.[342]

Die Spinne wird andererseits auch oft mit dem segensreichen Wirken der Frau als Spinnerin und Weberin verbunden, so daß die Spinne geradezu als Sinnbild weiblicher Kreativität angesehen werden kann.[343] Ein alter vedischer Spruch sagt aus, daß die ganze Weltschöpfung, der Kosmos, aus dem Brahman, der göttlichen All-Einheit. so wie der Faden aus der Spinne hervorgegangen sei[344]. Die Vorstellung von der Welt als „Schleier der Maya" ist ebenfalls uralt. Die Spinne führt uns im Bild des Spinnens „aus sich selbst", aus dem Selbst, zur untergründigen Bedeutung der Spinne als „Zentralem Symbol".

In der Literatur überwiegt allgemein das Grauen vor ihr. Die Begegnung mit dem Selbst ist erschreckend. Todesvorstellungen werden durch ihre langen, dürren Beine erweckt, sie haben etwas Drohend-Skeletthaftes. Das erbarmungslose Aussaugen, besonders das Bild der Spinnenfrau, die unmittelbar nach der Hochzeit ihren Mann umbringt und aussaugt, macht die Spinne zu einem sehr negativen, vamp-haften weiblichen Symbol.

Der Horrorgeschichten mit spinnenartigen Vampiren gibt es viele, besonders im Science-fiction-Bereich. Wir treffen sie auch in modernen Märchen

---

[341] Bächtold-Stäubli, Handwörterbuch des Deutschen Aberglaubens, Bd. 8, S. 268ff
[342] Erik Holm, Tier und Gott, 45ff; Laurens van der Post, Die verlorene Welt der Kalahari.
[343] M.-L. von Franz, Das Weibliche im Märchen, S. 95ff, „Märchen von der Frau, die zur Spinne wurde"
[344] zitiert nach Melita Maschmann, Eine ganz gewöhnliche Heilige

5. TIERE: SPINNEN

wie z.B. in der farbenreichen Erzählung vom „Kleinen Hobbit" (Tolkien, *Der Kleine Hobbit*) als alles erstickende Würgerinnen im Düsterwald. Ihren teuflischen Aspekt hat am eindrucksvollsten Jeremias Gotthelf in seiner Erzählung „Die schwarze Spinne" dargestellt: Das Weib, das Trägerin der Spinne ist, hat sie vom Teufel empfangen. Die Spinne bringt Mißtrauen, Habgier, Pest und Tod ins liebliche Emmental. Gotthelf benützt für diese Geschichte eine Emmentaler Sage, sie ist also alt.[345]

Eine geheimnisvolle Kälte und Einsamkeit gehen von dem Bild der „langsamen Spinne im Mondschein" aus, das Nietzsche im Zarathustra zu seiner Idee von der „Ewigen Wiederkehr des Gleichen" inspirierte.[346]

Im Handbuch des Deutschen Aberglaubens werden zahllose Bräuche und Meinungen zur großen Macht und Giftigkeit der Spinnen aufgezählt. Noch heute kennen wir ein harmloses Spinnen-Orakel, über dessen Bezug man sich nicht gänzlich klar ist: „Spinne am Morgen – Unglück und Sorgen, Spinne am Mittag – Glück am dritten Tag, Spinne am Abend – erquickend und labend!" Manche meinen, es handle sich dabei um das Spinnen der Mädchen: schon vom Morgen an taten es nur die Armen, die sich damit ihr Brot verdienen mußten, am Mittag spannen die Bräute für die Aussteuer, am Abend dagegen pflegte man es zur Unterhaltung im geselligen Kreis. Ich neige mehr dazu, in den verschiedenen Tageszeiten einen unterschiedlichen „Angang" zu sehen, und halte den Spruch für ein echtes Orakel.

Von der Giftigkeit der Spinnen, besonders der Kreuzspinnen, war man so sehr überzeugt, daß man mit ihnen böse Tränke zum Vergiften herstellte. Wer eine 7 Jahre lang getrocknete Spinne um den Hals trug, wähnte sich gegen alles gefeit. Rekruten trugen zur Musterung eine Kreuzspinne bei sich und hofften so, der Aushebung zu entgehen. Hier tritt uns vielleicht eine geheime Beziehung zur Großen Mutter entgegen, die machtvoll schützte, oder wähnte man sich mit dem Teufel im Bunde? Jedenfalls mit einer Macht, die etwas gegen die Staatsgewalt vermochte!

Zu Heilzwecken wurden Spinnen getrocknet, zerrieben, im Mörser zerstoßen und abgekocht, d.h. es wurde der bösen Krankheit ein noch böseres Gegenüber bereitet!

Mit einiger Überwindung habe ich einmal eine mittelgroße Spinne beobachtet. Sie lauerte unsichtbar am Rande ihres Netzes unter einem Blatt. Als eine Schnake daran hängenblieb, sauste sie blitzschnell herbei, stach sie geschickt in den Hinterleib und entfernte sich wieder. In aller Ruhe ließ sie die Beute zappeln, bis die Spritze wirkte. Derweilen kümmerte sie sich gemächlich um eine andere Mücke im Netz, die sich noch etwas regte, spann ihr noch einige Fäden um den Leib, stach sie auch noch einmal zur Sicherheit, daneben schaute sie immer wieder nach, wie der Zustand der frischgefangenen Schna-

---

[345] Bächtold-Stäubli, Handwörterbuch d.dt. Aberglaubens, Bd. 8, s. 265ff
[346] Friedrich Nietzsche, Zarathustra, III

ke war, indem sie einige Schrittchen auf sie zu machte, ließ sich aber das Verpacken der alten Beute angelegen sein, ehe sie nach ihrem völligen Ruhigwerden auch die neue vollends fesselte. Offenbar hatte sie im Moment keinen Hunger, sondern legte Vorräte an. – Jede ihrer Bewegungen war zielsicher und schnell, sie arbeitete mit allen acht Beinen wie mit acht geschickten Fingern gleichzeitig. Besonders das Verpacken und das lauernde Beobachten waren derart menschenähnlich, daß ich über der Verwandtschaft einen leichten Schauder bekam.

Wenn aber die Spinne ihr Netz baut, so wird sie zur Künstlerin, zur wahren Zauberin. In Süditalien heißt das Spinnennetz auch „magaria", Hexenwerk. Wir sind nirgends wie im Falle der Spinnen Zeugen des Herstellens von derart regelmäßigen, konzentrischen Formen in der Natur. Blumen und Kristalle erscheinen uns ebenfalls als Wunder an mandala-artiger Konzentriertheit, aber wir können nicht beobachten, wie sie entstehen und wer sie so wunderbar baut. Deshalb rührt uns der kunstvolle Bau des Spinnennetzes geradezu mystisch oder magisch an, besonders wenn Tautropfen darauf funkeln. Man meint, in der konzentrischen Regelmäßigkeit etwas vom „Geist" der Natur, von einem verborgenen Bauprinzip oder vom lumen naturae des Paracelsus zu ahnen[347] und kann nicht begreifen, wie die kleine Spinne es „weiß".

Es ist nicht nur das Wunderbare der Netzbau-Technik, das beim Gewebe der Spinne fasziniert. Die Faszination hängt auch speziell mit dem zur Mitte hin konzentrierten Bau zusammen, wie er z.B. von der Kreuzspinne so meisterhaft beherrscht wird. Untergründig wird der Mensch hier an seinen eigensten psychischen Prozeß erinnert, dem er sich in keinem Fall entziehen kann – oder nur zu seinem Schaden. Jung schreibt[348]: „Man kann sich kaum des Eindrucks erwehren, als ob der unbewußte Prozeß sich spiralförmig um ein Zentrum bewege, dem er sich langsam annähert, wobei die Eigenschaften der ‚Mitte' sich immer deutlicher abzeichnen. Man könnte

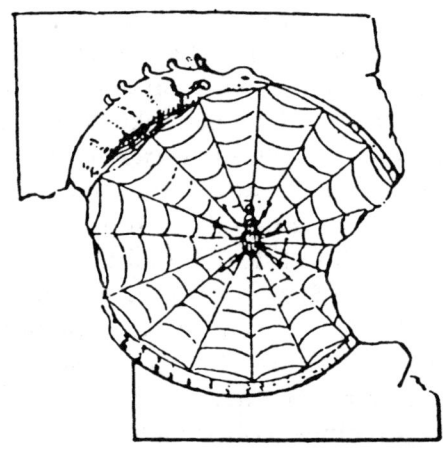

Bild 22 Maja, die ewige Weberin der täuschenden Sinnenwelt, umschlossen von Ouroboros

vielleicht auch umgekehrt sagen, daß der an sich unerkennbare Mittelpunkt wie ein Magnet auf die disparaten Materialien und Vorgänge des Unbewußten wirke und diese allmählich wie in ein Kristallgitter einfange. Nicht selten wird

---

[347] C.G. Jung, GW 13, Paracelsus als geistige Erscheinung, §148f
[348] ders., GW 12, 325

5. TIERE: SPINNEN

darum auch in anderen Fällen die Mitte als Spinne im Netz[349] dargestellt, namentlich dann, wenn im Bewußtsein noch die Einstellung der Angst vor den unbewußten Vorgängen überwiegt ..."

Wir könnten fortfahren: dann, wenn wir leichte Mückchen sind, die sich im Netz verfangen, sind wir arme Gefangene des Weges, dem wir doch auf keine Weise ausweichen können. Dessen Ziel, die Mitte, oder das „Zentrale Symbol", ist das zentrale Anliegen der Individuation, unserer eigenen Ganzheit, aber Jung läßt in seinem ganzen großen Werk nirgends einen Zweifel daran, daß der Prozeß der Annäherung mit tödlichen Gefahren verbunden ist.

Negativ gesehen ist die Spinne im Netz insbesondere das Bild eines festhaltenden, aussaugenden und verschlingenden Unbewußten, das Zerrbild der „Großen Mutter", subjektiv das Bild eines negativen Mutterkomplexes. Darum erscheinen Spinnenträume öfters im Zuge der heftigsten Auseinandersetzung mit der eigenen Mutter. Es ist das Festhalten und Lähmen, oft durch liebevollste Fürsorge, gegen welches der junge Mensch ankämpft. Oft sitzt die giftige Spinnerin dabei schon in der Tochter selbst und überzieht ihr ganzes Inneres mit ihren erstickenden Fäden von Selbstzweifeln und Haß.

Die Träumerin des nächsten Traumes hatte einen Abort gehabt im 3. Monat der ersten Schwangerschaft. In der zweiten, ebenfalls gewünschten Schwangerschaft setzten im 3. Monat wiederum Blutungen ein und die Schwangere mußte 3 Wochen liegen. Der weitere Verlauf war gut, ebenso die Geburt eines Knaben termingerecht und ohne Komplikationen. Der Vater lebt mit der Familie. Beide Kinder waren erwünscht. – Andere Träume dieser Frau zeigen Szenen heftigen Streits mit ihrer Mutter. Es ist sehr wahrscheinlich, daß die Träumerin zur Zeit des Traumes unter Angst litt, denn gerade da hatten Blutungen eingesetzt, aber im Traum wird wohl noch auf das andere, versteckte Problem hingewiesen. Der Traum lautet:

Traum Nr. 56:

Ich träume von Spinnen in der Wohnung, einer toten Maus, einer toten Katze und einem toten Hund.

Wenn Spinnen in der Wohnung sind, so ist die einfachste Erklärung die, daß da nicht geputzt wurde. Die „Wohnung" sind die Räume, in denen man sich gewöhnlich aufhält, der alltägliche, gewohnte Bereich. Offenbar aber haben sich in dunklen, unkontrollierten Ecken des Lebens und Denkens negative Gedanken oder Gefühle festgesetzt. Man schaut da lieber auch nicht hin, und so werden es immer mehr. Negatives Denken einer Frau rührt von einem negativen Animus her, es kann deshalb ganz unbewußt sein. Im Stillen haben sich böse Gedanken, alte (überlebte) Vorwürfe oder Neid eingeschli-

---

[349] Maya, die ewige Weberin der täuschenden Sinnenwelt, als Spinne im Netz, Vignette vom Titelblatt einer brahmanischen Spruchsammlung, GW 12, 326

chen oder erhalten, die, wenn sie bewußt wären, wie Ungeziefer, als Schmutz empfunden würden, um den man sich kümmern müßte, vor allem in der Schwangerschaft angesichts des noch so empfindlichen neuen Lebens.

Das andere Hauptelement des Traumes sind drei tote Tiere: eine tote Maus, eine tote Katze und ein toter Hund, „Tiere des Hauses", relativ menschennahe Wesen also, die man als normalerweise hilfreich funktionierende Instinkte deuten kann[350]. Diese Tiere sind nun im Traum allesamt tot.

Es ist auffallend, daß es sich im Ganzen um vier Dinge handelt, um vier Tierarten. Wir dürfen vielleicht annehmen, daß es auch hier irgendwie um den Prozeß der Ganzheit geht, aber zunächst ist das einzig Lebendige in der Vierzahl, die Spinnen, durchaus etwas Unerwünschtes. Die Tatsache, daß drei „gute" Tiere, die wir als Instinkte deuten, tot sind, zeigt, daß im Unbewußten Ratlosigkeit und Hilflosigkeit herrschen, ja, daß Entsetzen herrscht. Denn es ist momentan kein Instinkt mehr lebendig, um über eine unangenehme und vielleicht gefährliche Situation hinwegzuhelfen, z.B. um Gegensätze zu verbinden oder irgendeine Brücke zu bauen, um aus einer offenbar festgefahrenen oder verstockten Lage herauszukommen.

Es ist zu fragen, ob diese Situation von der Schwangerschaft erst hervorgerufen wurde, wenn es sich um Äußerungen des Unbewußten zu den sehr heftigen, ja giftigen Streitigkeiten mit der Mutter handelt, die im Kommentar der Analytikerin erwähnt sind. Sie könnten nun in der Schwangerschaft aktualisiert werden, wie sie auch aus anderen Träumen erhellen. Mit dem Mutterwerden tauchen alle Aspekte des Mütterlichen auf und verlangen nach Stellungnahme und Klärung, nach einem Putzen in der Wohnung.

In einer solchen Situation wären denn auch die Instinkte sehr wichtig. – Instinkte sind die Einrichtung und Gabe der Natur selber, spontan richtig zu handeln im Sinne des Fortgangs des Lebens. Hier könnte man etwa sagen: mit feiner Nase den Ausweg zu wittern und Spuren zu finden (der Hund), sich anschmiegen zu können, ohne abhängig zu sein (die Katze) oder schnell in ein Loch verschwinden zu können, wenn Gefahr des Eingesperrtwerdens im Verzug ist (die Maus). Die Instinkte können verhindern, daß in scheinbarer Ausweglosigkeit und in der Gefahr Panik ausbricht. Durch ihr quasi automatisches Funktionieren sind sie dem umständlichen Abwägen eines rationalen und moralischen Bewußtseins in solchen Lagen weit überlegen. Daß sie leben, wäre also absolut lebenswichtig.

So gesehen ist das Traumbild keinesfalls harmlos, und ich glaube nicht, daß hier das Bild der Spinnen positiv zu werten ist. Die Zahl 4 weist tatsächlich darauf hin, daß es ums Ganze geht, d.h. es wäre jetzt für die Träumerin äußerst wichtig, sich um ihre Instinkte ebenso zu kümmern wie um die dunklen Ecken in ihrer Wohnung. Die Auseinandersetzung mit dem Mutterproblem scheint bedrohlich zu sein. Angesichts der toten Tiere kann es

---

[350] s. Kapitel „Tiere" und „Pferd"

5. TIERE: SPINNEN

sich nicht um das Bild jener positiven „Spinnerin" handeln, die den Lebensfaden spinnt, sondern vielmehr um jene, die ihn der Tochter abgeschnitten hat!

Der Konflikt zwischen Mutter und Tochter, die sich so grausam „spinnefeind" werden können, begegnet uns auch in einer antiken Sage, die Ovid nach einer hellenistischen Vorlage erzählt[351]: Das Mädchen Arachne fordert die Göttin Athene zum Wettkampf im Bild-Weben heraus. Sie webt in ihr Werkstück Szenen der Liebesabenteuer der Götter hinein, während Athene Szenen der Überhebung der Menschen darstellt. Athene wird wütend über das vollkommenere Werkstück Arachnes und zerreißt es, woraufhin Arachne sich erhängen will. Athene aber verwandelt sie in eine Spinne, die nun am Faden unaufhörlich webt. – Nach Arachne heißen in allen romanischen Sprachen die Spinnen: frz. araigné, it. ragno, span. aranea.

Man könnte den Ehrgeiz der Arachne als archetypisches Bild für einen negativen Mutterkomplex ansehen. Es wäre die Problematik einer Frau, „die mit der Göttin auf Kriegsfuß steht", und indem sie ihr Konkurrenz macht, erfährt sie ein Schicksal wie Prometheus. Der Machtkampf zwischen Frau und Göttin endet in jedem Fall zuungunsten der Menschenfrau, der Tochter. Die nach moralischen Maßstäben ungerechtfertigt erscheinende Gewalt oder der Neid einer Göttin-Mutter kann in der Konkurrenzsituation bis zur Selbstzerstörung der Tochter gehen. Aber es ist dies ein uralter, immer neuer Streit auf Erden, Streit von Frauen voll von Ehrgeiz und Eifersucht aufeinander, Leidenschaften, die in der Auseinandersetzung besonders zwischen Mutter und Tochter eine große und verhängnisvolle Rolle spielen.[352]

Das Hängen am Faden ist darüber hinaus ein Bild jener Gefahr für Frauen, wenn sie zu kopfig werden, d.h. den Boden unter den Füßen verlieren[353]. Ihre Fähigkeiten zur lebendigen Vermittlung zwischen Luft, Himmel und Erde gehen dann verloren, ihre negativen Gedanken können – vor allem in der Einsamkeit – ein wahres Gespinst von heimlichem Neid und Selbstaggression werden. In England heißen alte unverheiratete Frauen „spinster", aber es kann genau so jungen Verheirateten passieren, daß ihr negativer Mutterkomplex sie zum Raub eines negativen Animus macht, was gleichzeitig den Tod positiver Instinkte bedeutet.

Im nun folgenden Traum kommen keine Spinnen, sondern neben toten Tieren nur Spinnweben vor. Immerhin finde ich die Parallelität bemerkenswert: dreimal erscheint das Spinnenthema, dabei zweimal mit toten Tieren gekoppelt! Der Traum stammt aus den dramatischen Tagen, da es so aussah, als ob der Ehemann der Träumerin durch das Doktorexamen gefallen sei. Die Träumerin erlebte dies nach ihren eigenen Worten als „Schock". Als sich

---

[351] *Der Kleine Pauly*, Arachne
[352] Über die „ödipale" Komponente ist hier nicht der Raum zu sprechen.
[353] M.-L. von Franz, Das Weibliche im Märchen, S. 95ff

herausstellte, daß der Ehemann doch durchgekommen war, fuhr das Paar wie geplant nach Indonesien – nicht ahnend, daß die Frau schwanger war. Die Konzeption war in diesen Tagen der Angst „passiert".

Traum Nr. 57:

> *Ich bin auf einer gefährlichen Station und muß zur Seite springen. Was war, ist unklar.*
> *Ich springe zu meiner Rettung auf einen Lastwagen, der unter der Plane zugleich ein Kellergewölbe hat.*
> *Der Lastwagen wird von zwei Männern gefahren.*
> *Im Keller liegen ein totes Reh und ein toter Hund, und es hat auch viele Spinnengewebe, wie es sie eben in einem Kellergewölbe hat.*

Die Träumerin befindet sich in Gefahr und macht einen „Seitensprung", offenbar kommt etwas Schreckliches auf sie zu, dem sie ausweichen will. Aber wohin springt sie zu ihrer „Rettung"? Auf einen von zwei Männern gesteuerten Lastwagen!

Wenn sie sich auf ein doppelt männlich besetztes Fahrzeug von solcher Größe und Wucht rettet, so handelt es sich wohl um eine Flucht in den Animus. Der Lastwagen ist ein Transportmittel für Güter, was bedeutet, daß sie nun in der Not zu kollektiven Werten und Grundsätzen Zuflucht nimmt. Dieser Impuls ist sogar doppelt männlich besetzt und demzufolge gewaltig, aber unbewußt.

Unmittelbar darauf aber fällt die Träumerin in einen Keller, der sich erstaunlicherweise unter der Lastwagenplane befindet. Es ist ein zweistöckiger Lastwagen, dessen Unterstock ein gutes Bild für eine tiefere Schicht des Unbewußten bietet, die der Träumerin vielleicht ohne die starke Emotion und die Verzweiflung in der damaligen Bewußtseinslage nie zugänglich geworden wäre. Auch ihr geschieht ein Durchfallen, wo sie doch eigentlich fortfahren wollte (Lastwagen!).

Was sie aber dort unten entdeckt, ist zwar grausig, bietet aber eine Chance, etwas von dem zu erfahren, was im Untergrund der starken Animus-Bewegung steckt: im Keller liegen Tierleichen, „und es hat auch viele Spinnengewebe, wie es sie eben in Kellergewölben hat."

Wie im vorigen Traum möchte ich die Tiere subjektiv, d.h. als diejenigen Wesensteile der Träumerin deuten, welche sie – wie alle Menschen – mit der Tierwelt gemeinsam hat: ihre Instinktseiten. Sie stehen zu dem doppelt männlich besetzten Lastwagen in einem starken Spannungsverhältnis, da es ebenfalls ihrer zwei sind, aber zwei sensible, machtlose, tote, in der Tiefe verborgene Naturwesen.

Wir erfahren nichts über ihre Todesursache, oder warum sie im Keller liegen. Wir können uns aber vorstellen, was ihr Tod für die Träumerin bedeutet: Das freie und leichtfüßige Reh und der zuverlässig witternde Hund,

5. TIERE: SPINNEN

das sind ihre eigenen Impulse freier Beweglichkeit und feiner Orientierung, d.h. eben gerade jene instinktiven Kräfte, derer die Träumerin in ihrer schweren Bedrängnis so dringend bedurft hätte. Sie flüchtet sich stattdessen in den Lastwagen, d.h. ein gewaltiger kollektiver Impuls sollte sie aus der „gefährlichen Situation retten," vielleicht spielte auch das Fortfahren-Wollen noch herein.

Neben den toten Tieren bemerkt die Träumerin im Kellergewölbe noch etwas anderes, nämlich viele Spinnengewebe. Sie betont sofort, daß diese ja in einem Keller üblich sind – als wolle sie einen Anflug von Schauder von vornherein mit Vernunftgründen übertönen. Die Spinnennetze erhöhen die Unheimlichkeit des Ortes jedoch beträchtlich. Hat man die toten Tiere hier versteckt, hat man sie verhungern lassen, ist ein Verbrechen geschehen? Die Spinnengewebe wirken an diesem düsteren Ort wie Spuren eines unheimlichen Einspinnens und Abtötens, sie erinnern allzusehr an Leichentücher, und so finden wir auch hier hinter oder mit der Flucht in den Animus im Bild der Spinnengewebe den lebensfeindlichen Aspekt der Großen Mutter konstelliert. Hier wurde etwas Böses gesponnen oder gewoben, wovon das Bewußtsein keine Ahnung hatte, aber es kann als Chance gewertet werden, daß dieser Traum die Träumerin in eine Tiefe führte, in der sie mit den Folgen ihrer falschen Reaktionsweise konfrontiert wurde.

Auch im nächsten Traum aus der 20. W., geht es um Angst, aber nicht die spinnenähnlichen Gebilde sind es, die Angst einjagen, wie denn in den Spinnen-Träumen unserer Sammlung nie die Rede davon ist, daß es die Spinnen selbst wären, die Angst machen oder drohen – Spinnen und Angst treten aber immer gemeinsam auf und so sind sie wohl als Ausdruck ein und derselben Sache zu verstehen. C.G. Jung schreibt, daß beim Vorherrschen von Angst vor den unbewußten Vorgängen sich sogar das zentrale Symbol in Form der Spinne im Netz darstellen könne[354]. Insofern hat das Bild eine ganz umfassende Bedeutung. Im Besonderen beobachten wir in unserer Studie die Beziehung des Spinnen-Symbols zum Weiblichen, speziell zur Schwangerschaft bzw. zu den während der Schwangerschaft sich vollziehenden archetypischen Vorgängen.

Der Traum Nr. 58 lautet:

> *Auf einem Weg. Ich rupfte meine Zehen ab, die ganz morsch geworden waren, und stopfte sie mit der Hand in den Mund. Ich ekelte mich ganz unbeschreiblich und kaute darauf herum, was ein widerliches Kaugefühl ergab. Ich konnte das alles irgendwie nicht ausspucken und puhlte das Fleisch einzeln aus dem Mund. Dabei stieg mein Ekel noch.*

---

[354] C.G. Jung, GW 12, 325

An der Wand krochen sehr fix spinnenartige Gebilde, die ihre langen Beine in Form eines Blumenkelches hinter sich herschleifen ließen. Die Gebilde hatten bei näherem Hinsehen schöne Frauengesichter und Frauenoberkörper. Es war dann nichts Böses oder Erschreckendes an ihnen, nur Erstaunliches.
Wir kehrten in das Klassenzimmer zurück. Ich bat, ein Fenster zu öffnen. Ich machte den Spaß, daß das, was ein Gespenst war und vor dem Furcht zu bestehen schien, auch durchs Fenster kommen könne.
Die zweite B. aus unserer Klasse, die ich gebeten hatte, blieb am Fenster stecken. Sie konnte gar nichts mehr tun vor Angst. Ich erkannte plötzlich, daß sie nur noch ans Fenster geklammert hing, die Augen nach oben verdreht, gelähmt und wie irrsinnig vor Angst. Ich sah, es war bitter ernst und sie drohte aus dem Fenster in den Schulhof zu stürzen.
Ich mußte ein Buch offen halten und meinte, nicht fort zu können und rief: Helf doch mal einer der B., das Fenster zu schließen! Ein Mann und eine Frau griffen zu und wurden wie angesteckt, von der gleichen Angst gepackt und geschüttelt.
Eine 3. Frau, auch nicht frei von Angst, schloß das Fenster schließlich.
Etwas ging durchs Zimmer und sagte: Ich bin die kleine Bewacherin.

Der Traum wird eröffnet durch die Feststellung, daß die Träumerin „auf einem Weg" sich befinde. Alles Folgende können wir als Erfahrungen ihres Weges auffassen, der „Weg" bleibt in übertragenem Sinn ein Bild für die Art der Handlung, die sich im zweiten Teil des Traumes in das „Klassenzimmer" verlagert, d.h. ein Lernprozeß anderer Art geht dort weiter, aber, wie wir sehen werden, er wird dort empfindlich gestört.

Von Anfang an sind also Erfahrungen eines Weges im Gange. Die Träumerin ist auf ihrem Weg aktiv damit beschäftigt, ihre eigenen morschen Zehen, d.h. ihre alten, überholten und brüchig gewordenen „Standpunkte", zu entfernen, sich von ihnen zu distanzieren. Zu diesem Zweck stopft sie sie mit der Hand in den Mund, um sie zu zerkauen, was ihr größten Ekel und „ein widerliches Kaugefühl" hervorruft.

Aber das verfaulte Fleisch ist offenbar zäh, sie kann es nicht verarbeiten mit den Zähnen und ausspucken, sondern muß es einzeln aus dem Munde puhlen – wirklich widerlich. Sie kann sich offenbar von ihren alten Standpunkten nur äußerst schwer trennen, obwohl sie ihr elementar widerstehen. Auch ein Vereinzeln, d.h. Analysieren und Zergliedern, um Distanz zu bekommen, sie loszuwerden, gelingt kaum. Es wird aber deutlich, daß das Traum-Ich ehrlich bemüht ist, Altes und Überholtes zu verarbeiten, nur ist das aus noch nicht erklärten Gründen mit dem bisherigen Verarbeitungswerkzeug, ihren Zähnen, fast unmöglich.

Trotzdem widerfährt dem Traum-Ich eine Begegnung, die bei aller Seltsamkeit für die Träumerin „nichts Erschreckendes" hat: an der Wand –

offenbar hat sie sich dem Schulgebäude genähert oder befindet sich schon auf dem Flur – „kriechen sehr fix spinnenartige Gebilde", die bei näherem Hinsehen schöne Frauengesichter und Frauenoberkörper haben und ihre langen Beine als „Blumenkelche" hinter sich herschleifen – also gänzlich phantastische, rätselvolle Wesen, aber lebendig und fix. Die Träumerin bringt es fertig, sie näher anzuschauen, und da haben sie nichts Erschreckendes, nur Erstaunliches an sich.

Jakob Grimm berichtet in seiner „Deutschen Mythologie"[355] vom Spinnen-Orakel. Oftmals sei es guter Vorbedeutung, und „so kriecht die hilfreiche Zauberin als Spinne an die Decke und fällt als Frau wieder herab", wobei er sich auf ein Märchen von Arnim bezieht. Auch im Handwörterbuch des deutschen Aberglaubens[356] wird unter „Spinne" eine Sage aus Tirol erwähnt, in welcher sich der hilfsbereiten Bäuerin im Wochenbett eine Spinne als wunderschöne Frau zeigte und sich ihr wohltätig erwies. Diese Geschichte steht auch im Einklang mit der Beobachtung von Marie-Louise von Franz, daß ein guter Kontakt zu den kleinen Tieren in Volksmärchen so gut wie immer wichtig und günstig ist – man braucht unweigerlich einmal ihre Hilfe in der Not und wäre ohne sie verloren.

Auf geheimnisvolle Weise werden in unserem Traum wiederum spinnenartige Wesen mit der Frau verbunden, sie tragen Frauengesichter, Frauenbrüste, und sind schön. Die Träumerin empfindet keinen Ekel und keine Angst, obwohl sie mit gänzlich bewußtseinsfernen Mischwesen konfrontiert ist, deren Art keineswegs eindeutig ist. Aber sie schaut sie sich näher an – ich sehe darin eine ähnlich aktive, unerschrockene Haltung wie bei ihrem Bemühen, die morschen Zehen, d.h. Teile ihrer selbst, zu verarbeiten und loszuwerden. Dies bedeutet, daß sie sich einem elementaren Erneuerungsprozeß unterwirft, in dessen Verlauf sie auch „seltsame Dinge" anschauen kann, ohne zu erschrecken – aber nur, solange sie sich nicht im „Klassenzimmer" befindet.

Dorthin zurückgekehrt bittet sie als erstes, ein Fenster zu öffnen. Es ist ihr irgendwie zu eng dort, oder es herrscht schlechte Luft – hat sie doch inzwischen Dinge gesehen, von denen die „Schulweisheit sich nicht träumen läßt", und sie hat versucht, die bisherige Grundlage ihrer Einstellung zu erneuern. Dabei hat sie tiefe Emotionen gehabt. So hat sie draußen etwas erlebt, was hier drinnen offenbar für ein „Gespenst" gehalten wird, und es reizt sie jetzt, etwas davon hereinzulassen.

Aufgrund der Ambivalenz ihrer Erfahrungen teilt sich nun das Traum-Ich in mehrere Personen, erkennbar am gleichen Namen „B.". Eine „B." blieb am Fenster stecken, derjenige Teil ihrer selbst, der noch unerfahrene Studentin ist und beim Blick nach draußen von Entsetzen gepackt wird: wie irrsinnig vor Angst klammert sich diese B. ans Fenster. Das Traum-Ich selber aber hält sich

[355] Jakob Grimm, Deutsche Mythologie, a.a.O. S. 203
[356] a.a.O, Spinne, S. 265ff

nun plötzlich ans Studium und meint, ein „Buch offen halten zu müssen", d.h. sie will nun doch lieber nichts mehr mit dem „Gespenst" oder dem unerklärlichen Wesen, das von draußen hereinkommen könnte, zu tun haben. Sie klammert sich ans Buch, d.h. an das Bücherwissen, so wie die „andere B." an das Fensterbrett, will ihr aber helfen lassen, das Fenster zu schließen. Sie selber rührt sich nicht mehr und schaut zu, wie zunächst ein Mann und eine Frau – also sind auch Vernunftgründe gegen die Angst mobilisiert worden – ebenso scheitern und von Angst geschüttelt werden. Eine „3. Frau" endlich, „auch nicht frei von Angst, schloß das Fenster schließlich." Aber umsonst, es ist schon „etwas" hereingekommen und „ging durchs Zimmer".

Ein Hauch, ein Geistwesen, eine Stimme? Vielleicht am ehesten eine Ahnung, die sich den angstgeschüttelten Wissenschaftlerinnen auf unerklärliche Weise mitteilte: „Etwas ging durchs Zimmer und sagte: Ich bin die kleine Bewacherin."

Vom Klassenzimmer aus war der Anblick dessen, was sich da draußen – vielleicht in der Natur? – befand, völlig unerträglich. War es – wie das verständlicherweise bei vielen Studentinnen der Fall ist – die Angst vor dem Gespenst einer Schwangerschaft überhaupt? Aber auch abgesehen von der Angst vor ungewollter Schwangerschaft ist die kollektive Situation während intensiver intellektueller Schulung meist so gut wie unvereinbar mit dem rätselvollen Naturgeschehen. Das Unerklärliche und Unabweisliche des Werdens bereitet dort panische Angst, wo man sich bemühen muß, alles auf eine rationale und willensmäßige Grundlage zu stellen und hinter dem Erforschlichen nichts Unerforschliches mehr zu belassen. Aus Büchern kann man für Letzteres nichts lernen. Deshalb ist die doppelte Belastung in einer mit ernsthaftem Studium verbrachten Schwangerschaft äußerst schwer und reißt die Schwangere hin und her:

Ein Teil von ihr weiß, das Studium muß sein und darf nicht unterbrochen werden (sie meint, ein Buch offen halten zu müssen), sie wehrt dem Herandrängenden und hat Angst, die Sicherheit der intellektuellen Schulung verlassen zu müssen. Ein anderer Teil, hier das Traum-Ich, bemühte sich anfangs mit äußerster Anstrengung um eine Erneuerung. In diesem zerreißenden Prozeß war sie sich nicht klar, ob sie das, was kommen will, hinaussperren oder hereinlassen will. Sie kommt als Schwangere dabei in Gefahr, die beiden Welten nicht miteinander verbinden zu können. Diese Zerreißprobe macht ohne Zweifel Angst.

In dieser Lage aber taucht im Traum eine nur mit „etwas" bezeichnete Figur auf, ein Wesen, das sich selbst die „kleine Bewacherin" nennt. Es schien sich bei dem, was „ein Gespenst zu sein schien", und vielleicht auch bei den „spinnenähnlichen Gebilden", welche schöne Frauengesichter haben, um Wesen aus einer sehr bewußtseinsfernen Sphäre zu handeln, vielleicht sogar um dasselbe „Wesen". Die „kleine Bewacherin" mag auch aus jener Welt stammen. Sie scheint ein weiblicher (Schutz-)Geist zu sein, der die Angst

5. TIERE: SPINNEN

mildern und für eine gewisse Ordnung sorgen will – vielleicht, um das neue Leben zu behüten? Jedenfalls empfindet man die rätselvollen Worte jenes unsichtbaren Etwas kaum mehr als angsterregend, sondern eher beruhigend. In diesem Traum ringt etwas darum, hereinkommen zu können. Es macht Angst. Wenn aber eine kleine Bewacherin da ist, wird wohl alles gut gehen.

Bild 23 Wiedehopf (ägyptisches Relief)

5.3. Vögel

Regina Abt

Vögel müssen, seit es den Menschen gibt, etwas Unglaubliches für ihn gewesen sein. Ihre Leichtigkeit, ihre Unabhängigkeit von jeder Erdenschwere, ihr Erscheinen von irgendwoher und Verschwinden nach irgendwohin übersteigt jede konkrete menschliche Erfahrung. Der Vogel stellt darum wie kein anderes Tier die Verbindung dar zwischen der menschlichen Welt und dem Bereich der Jenseitigen, zwischen Erde und Himmel.[357] In Märchen sind es fast immer Vögel, die mehr wissen und die den Märchenhelden das letzte Stück übers Meer bis ans Ende der Welt bringen. Das griechische Wort „Vogel" bedeutet „Vorhersage, Botschaft" des Himmels. Die Sprache der Vögel, von der der Koran spricht, welche Salomon verstand, war die Sprache der Götter. Vögel sind nicht nur im Koran oft Engel, auch unsere Engel tragen Flügel. Das Wort ist im Koran häufig gleichbedeutend mit „Schicksal", welches von den Jenseitigen bestimmt wird.

In Rom wurden Flug und Gesang der Vögel zur Weissagung beobachtet, um so den Willen und die Absicht der Götter zu erkunden.[358] In den Veden gilt der Vogel als Symbol der Freundschaft zwischen den Göttern und den Menschen. Er holt Soma (Ambrosia) von einem unerreichbaren Berg und bringt es den Menschen. Er hilft auch den Menschen gegen die dämonischen Angriffe des Bösen. Keltisch gilt der Vogel als der hilfreiche Götterbote, z.B. der Rabe und die Gans. Vögel gehören auch zu Odin bzw. Wotan. Die gallische Göttin Rhiannon (große Königin) ist von Vögeln umgeben, welche durch die Süße ihres Gesangs die Toten zum Leben und die Lebenden zum Tode bringen. Im Taoismus besteht die Vorstellung, daß die Götter sich in Vogelkörpern inkarnieren. Vögel gehören also überall irgendwie zum Göttlichen, zur jenseitigen Welt.

In Kurdistan stehen sie sogar am Anfang jeglicher Schöpfung. Gott ist dort als Vogel mit goldenen Flügeln dargestellt, noch bevor Himmel und Erde existieren. In unserer eigenen Schöpfungsgeschichte (Genesis 1/1) schwebt Gottes Geist wie ein Vogel über den Wassern.[359]

---

[357] Siehe auch das Folgende in: J. Chevalier, A. Gheerbrant, Dictionnaire des Symboles, Bd. 3, 307ff
[358] Ström, Ake v. / Biezais H.: Germanische und baltische Religion, 258
[359] Das Wort „Schweben" geht auf ein urtümliches Verb zurück, welches zugleich „weben" und „brüten" heißt. H. Hoerni, Maria, Bild des Weiblichen, 57

Das Schicksalhafte, das von den Göttern Gesandte, das am Anfang aller Schöpfung Stehende weist darauf hin, daß der Vogel etwas mit der geistigen Welt, d.h. mit geistigen Ahnungen, Gedankenflügen und Einfällen zu tun hat, welche aus dem Unbewußten auftauchen. Es sind letztlich immer Einfälle aus dem Unbewußten, welche irgendeiner Schöpfung vorausgehen und welche so das Bild unserer Welt und unser Schicksal gestalten.

Paracelsus hat dies auf seine Art ausgedrückt: Für ihn ist die Weissagung der Vögel auf dem Licht der Natur, dem lumen naturae gegründet, welches auch der Traumgeist ist. Jung zitiert diesen schönen Abschnitt:

„So ist auch also zu wissen, das die auguria der vögel von disen angebornen geisten sind, als die hanen die da kreen zukünftiges wetter und die pfauen ires herren tot und ander mer, dis alles ist aus dem angebornen geist und ist das liecht der natur: so es im tier ist und ist natürlich, so hats der mensch auch in im und mit im auf die welt bracht. der rein ist, der ist ein guter weissager, natürlich wie die vögel, und deren vögel weissagung seind nicht wider die natur sonder aus der natur, ein ietlicher wie er dan ist. dise ding, die die vögel also verkünden, präsagirt auch der schlaf: dan es ist der traumgeist, der do ist der unsichtige leib der natur ..." [360]

Christlich ist die Inspiration in der Taube verkörpert, dem Bild des hl. Geistes. Sie entspricht, wie Jung sagt, dem weiblichen Aspekt des hl. Geistes im Frühchristentum. In den Akten des hl Thomas ist der hl. Geist einfach das Weibliche der Gottheit, die „Frau Gott".[361] Diese entspricht dem lumen naturae des Paracelsus.

Vögel können auch Negatives, nämlich verrückte oder teuflische Ideen darstellen. In China ist das Chaos durch einen runden gelb-roten Feuervogel mit vier Flügeln und sechs Beinen dargestellt. Die Chinesen fragten sich auch, ob wohl der Vogel sein Nest zerstöre, wenn Chaos und Unordnung im Reich ausbrach. Im Buddhismus stellen Vögel, welche ungeordnet herumfliegen, die destruktive Zerstreuung dar. „Einen Vogel haben" heißt auch in unserem Sprachgebrauch Unordnung im Kopf haben, unmögliche Gedanken haben („bei dir piepst es"). Schwarze Vögel in Träumen haben auch oft mit depressiven Ängsten zu tun. In dieser Form erscheinen sie auch in einem der folgenden Träume.

Der Vogel ist nicht nur auf der ganzen Welt, sondern auch schon in der Frühzeit der Menschheit das Tier der Seele. Auf den prähistorischen Felszeichnungen von Lascaux und Altamira ist die Seele als Vogel dargestellt, wie sie den Körper verläßt. In Gestalt eines Vogels steigen die Seelen auch hinunter in die Materie, bei verschiedenen Berberstämmen, in Indien, in der keltischen Welt, bei den altaischen Schamanen etc. In Ägypten ist der unsterb-

---

[360] C.G. Jung, GW Bd. 13, Paracelsus als geistige Erscheinung, § 148
[361] Ders. Seminare: Kinderträume, 72

5. TIERE: VÖGEL

liche Teil des Menschen, der nach dem Tode überlebt, in den Hieroglyphen als Vogel dargestellt, die sogenannte Ba-Seele. In zentralasiatischen, sibirischen und indonesischen Mythen sitzen die Seelen der Menschen als Vögel in den Ästen des Weltenbaumes.[362] Die Seelen der Toten werden zu Vögeln, steigen auf zum Weltenbaum, von wo sie der Schamane als Vögel in seinem ekstatischen Flug zur Neugeburt auf die Erde bringen kann.[363]

Kleine Vögel repräsentieren oft Seelen der Kinder. Eine schwangere Frau, die von einem Vogel träumt, muß versuchen, sein Geschlecht zu erkennen, dann weiß sie, ob es ein Bub oder Mädchen wird, sagt eine zentralasiatische Volksweisheit. Als Vogel zeigt sich der Frau die Seele des Kindes, oder mit anderen Worten, als eine Intuition kann sie es in seiner zukünftigen Form erkennen.

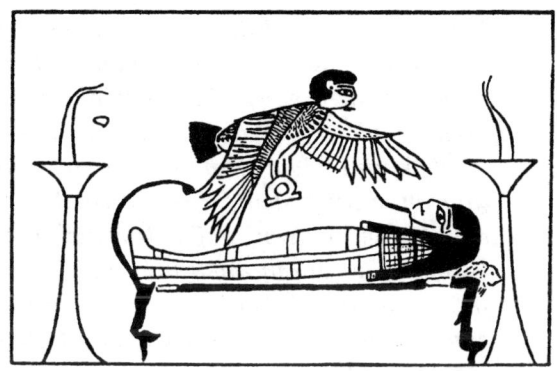

Bild 24 Der Ba des Ani über der Mumie im Grab

Unser Volksglaube, daß der Storch die Kinder bringe, geht zurück auf den germanischen Glauben, daß er die Seelen der Abgeschiedenen, die im Brunnen der Hulda erneuert wurden, wieder zur Erde bringe. Der Storch, wie der Vogel überhaupt ein Seelengeleiter, ist also mit Tod und Wiedergeburt, das heißt mit seelischer Wandlung verbunden.

Ich möchte jetzt zuerst die gekürzte Fassung eines Traumes bringen, den eine Frau einige Monate vor ihrer Schwangerschaft hatte.[364]

Traum Nr. 59

> *I am in my kitchen, looking south at a wide open sky. In the brilliant blue air an enormous „craft" is approaching. Its shape resembles that of an aeroplane, but it is gleaming white and silent like a bird, like a gigantic, stylized white dove. This image, the sight of it in the blue sky is very numinous. I stand entranced and open myself wide to what ever this beautiful unearthly, shining bird is or brings. I know it is coming for me, will come straight into me or through me, shatter the house – anything ... The next thing I see is the bird-craft gliding off in a beautifully stung curve to the East, still gleaming white and slowly loosing size ... Suddenly two*

---

[362] Vgl. Traum 77, Kap. Katze
[363] Dictionnaire des Symboles, Bd. 3, 307f
[364] Von ders. Frau: Nr. 16: Kap. Stein

messengers stand next to me (insubstantial creatures, young and with golden curls – I take them to be angels.) I presume that they had issued from the craft. They speak together: We have come to bring you a message. I rescue one word only and write it on a scrap of paper. It is „Glocke", and the message had been that „the bell had been tolled"... I took it to mean „your hour has struck", and attached great meaning to his message from another world.

Ich bin in meiner Küche und schaue gegen Süden in einen weiten offenen Himmel. In der glänzenden blauen Luft nähert sich ein riesiges „Fahrzeug". Es sieht einem Flugzeug ähnlich, aber es schimmert weiß wie ein Vogel, wie eine gigantische, stilisierte weiße Taube. Dieses Bild, sein Anblick im blauen Himmel ist sehr numinos. Ich stehe da wie in Trance und öffne mich dem, was immer dieser unirdische leuchtende Vogel ist oder bringt. Ich weiß daß er für mich kommt, daß er direkt in mich hinein kommt oder durch mich hindurch, das Haus zerschmettern wird, – was immer auch ... Das nächste, was ich sehe, ist, daß das Vogel-Fahrzeug in einer wunderschönen Kurve nach Osten gleitet, während es immer noch glänzt und langsam kleiner wird ... Plötzlich stehen zwei Boten neben mir (unkörperliche Kreaturen, jung und mit goldenen Locken – ich nehme an daß es Engel sind.) Ich vermute daß sie aus dem Fahrzeug hervorgegangen sind. Sie sagen zusammen: Wir sind gekommen, um dir eine Botschaft zu bringen. Ich kann nur ein Wort aufnehmen und schreibe es auf ein Stück Papier. Es heißt „Glocke" und die Botschaft war, daß „die Glocke geschlagen hat"... Ich nahm an, es heiße „deine Stunde hat geschlagen", und ich maß dieser Botschaft aus einer anderen Welt eine große Bedeutung zu.

Wir sehen in diesem Traum, den ich nur kurz deuten will, weil es kein Schwangerschaftstraum ist, sehr schön, wie ein neuer Inhalt in Form einer Taube, bzw. eines Engelpaares ins Bewußtsein einfällt. In dem Zeus geheiligten Eichenhain von Dordona gehörten die Tauben zum Kult der großen Erdmutter Dione und wurden zur Weissagung verwendet. In der Bibel ist die Taube das Symbol des hl. Geistes. Als solches scheint die Taube Schöpfung anzukünden, wenn auch noch in einer abstrakten Form, das heißt, der neue Inhalt kann von der Träumerin noch nicht richtig mit dem Gefühl aufgenommen werden. Dann aber sind es Engel, also weitgehend menschengestaltige Götterboten, deren Sprache sie verstehen kann. Diese stellen gleichsam die Verbindung zur Erdmutter oder zum größeren Mütterlichen in der Träumerin her.

Vielleicht deutet dieser Traum tatsächlich auf die spätere Empfängnis, vielleicht bezieht er sich auf den Einbruch irgendeines anderen unbewußten Inhaltes aus der jenseitigen Welt. Er übermittelt jedenfalls die „Stimme Gottes" oder der Seele (die Glocke)[365]: Jetzt kommt etwas ganz Wichtiges! Jetzt hat deine Stunde geschlagen. Es ist etwas „ins Schwingen gekommen",

5. TIERE: VÖGEL

eine Ahnung von etwas Außermenschlichem manifestiert sich und vermittelt der Träumerin das Gefühl von höchster Bedeutsamkeit. Einige Monate vor der Geburt träumte dieselbe Träumerin nun:

Traum Nr. 60

> *I look up towards the edge of the pine wood behind my hut. On the very tip of a pine-crown sits a white bird which now flies up. It glides beautifully, majestically and silently through the very blue sky. At first it looks like a duck, but then it turns into an elegant, white swan. It curves gently around towards me and the hut and even as I watch, it metamorphoses once more. It stretches and elongates and anthropomorphoses into an airy, white, lacey being like a ballet-dancer, like the human swan in swan lake, an exquisite amalgam of neat tan limbs and delicate lace tu-tu. This glorious creature lands – it seems quite voluntarily – in some kind of large aviary attached to my hut.*

> *Ich schaue hinauf gegen den Rand des Tannenwaldes hinter meinem Haus. Zuoberst auf der Spitze eines Tannenwipfels sitzt ein weißer Vogel, welcher jetzt auffliegt. Er gleitet wunderschön, majestätisch und ruhig durch den sehr blauen Himmel. Zuerst sieht er aus wie eine Ente, aber dann verwandelt er sich in einen eleganten weißen Schwan. Er fliegt in einer sanften Kurve gegen mich und das Haus und verwandelt sich, während ich ihm zuschaue, nochmals. Er streckt sich und wird länger und verwandelt sich in ein luftiges, weißes, Spitzenwesen wie eine Balletttänzerin, wie der menschliche Schwan in Schwanensee, eine exquisite Verbindung von zierlichen gebräunten Gliedern und delikatem Spitzen-„Tu-Tu". Dieses köstliche Wesen landet, scheinbar ganz absichtlich, in einer Art Flugkäfig, welcher an meinem Haus befestigt ist.*

Dieser Traum derselben Träumerin, diesmal während der Schwangerschaft geträumt, ist ganz ähnlich. Wieder erscheint ein weißer Vogel vom Himmel herab, Symbol eines jenseitigen, geisterhaften oder geistigen Inhaltes. Die Ente verkörpert in besonderem Maße das Tier, das im Wasser, auf der Erde und in der Luft zuhause ist. Nach indianischem Glauben ist sie ein wichtiges Führertier, da sie die Wege der drei Elemente kennt. In einem sibirischen Schöpfungsmythus ist es die Ente, welche die Schöpfung aus dem Wasser in Gang bringt. In der keltischen Welt hat der Schwan eher die Rolle der Ente.[366] In seiner strahlenden Weiße wurde der Schwan mit der strahlenden Vollkommenheit, mit der Reinheit, mit dem Sonnen-, aber auch mit dem Mondlicht assoziiert, so etwa in Griechenland, Sibirien, Kleinasien, bei den slawischen und den germanischen Völkern. Die beiden Aspekte, der männli-

---
[365] Vgl. R. Abt. Der Heilige und das Schwein, Kap. Glocke
[366] Dictionnaire des Symboles, Bd. 2, 161f, auch das Folgende

che und der weibliche, sind manchmal vereinigt in einem Tier von besonderer sakraler Bedeutung. Weit verbreitet sind auch in unseren Märchen zu finden Motive von jenseitigen Schwanjungfrauen, die sich mit einem sterblichen Mann verbinden. In manchen Erzählungen werden diese himmlischen Jungfrauen durch das Wasser oder die Erde geschwängert, um den ersten Menschen zu gebären. Bei allen slawischen Völkern, im Iran und in Kleinasien herrscht diese Auffassung des Schwanes als mythische Jungfrau, als sanftes Mondlicht vor. In Kleinasien glaubte man sogar lange, der Schwan habe die Menstruation wie eine Frau.

Die Träumerin verstand selber den weißen Vogel als den Seelenvogel, wie sie in ihren Assoziationen angibt, welcher sich in das Gefäß des Körpers niederließ als ein gewolltes Gefängnis auf dieser Erde. Die Ente, die sich in allen drei Elementen bewegen kann, wäre besonders geeignet, die Reise der Seele vom geistigen Bereich in die Materie und den Körper darzustellen. Als Schwan und schließlich Schwanjungfrau nähert sich dieser neue seelische Inhalt dem menschlichen Haus oder dem menschlichen Bewußtsein und Auffassungsvermögen. Es wird sichtbar, daß es ein weibliches Geistwesen von numinoser Qualität ist.

Von der Symbolik dieses eindrücklichen Traumes her gesehen, ist der Seelenvogel, der die Seele des zukünftigen Kindes darstellen könnte, nicht zu unterscheiden vom Bild eines überpersönlichen weiblichen Wesens, das wir als eine Personifikation des Selbst der Träumerin ansehen könnten. Vielleicht bedeutet die Beseelung eines Kindes zugleich das Konkretwerden eines erst ungreifbar und geisterhaft flüchtigen Inhaltes des Unbewußten, vielleicht einer schöpferischen Phantasie, in welcher schließlich das weibliche Selbst erkennbar wird. Das wäre ein paradoxes Sowohl-als-auch! Noch ist es im Zustand einer Vogeljungfrau, zwar nicht mehr nur Ahnung oder Phantasie, aber doch noch nicht ganz menschliche Erfahrung. Schon der Flugkäfig am Haus, gleichsam der Gedanke an die menschlichen Beschränkungen des Unsagbaren können eine Frau mit Wehmut erfüllen, wieviel mehr nachher das Herabsteigen in den Alltag der mütterlichen Aufgaben. Andrerseits: Wieviel Aufwertung erfährt doch in unserem engen Bewußtsein das Entstehen eines Kindes und die Mutterschaft durch einen solchen Traum!

Mit den schwierigen Seiten des Mutterwerdens hängen die drei folgenden Träume zusammen, in denen Vögel eine bedrohliche und unheimliche Rolle spielen. Da der Traum auch eine sehr eindrückliche Wassersymbolik enthält, wurde er auch im Kapitel Wasser besprochen. Die Träumerin aus Südamerika, 25-jährig, im 3. Monat, war zur Zeit der Schwangerschaft emotional sehr labil und aß nicht richtig, so daß der Verdacht auf Anorexia nervosa bestand.

5. TIERE: VÖGEL

Traum Nr. 61:[367]

It was night. I was with my son in a deserted beach. After we walked to the other end I realized I was so far away from nature and from myself that I could barely see the sea. At this place where we were the sea was enraged, full of big waves. We were on a higher place. We were looking at the sea and I was showing my son the waves coming and going. Suddenly the sea went up and almost made us wet. I thought of leaving but there appeared many geese trying to bite us. Despite my pregnant belly I took my son in my arms and ran away. The geese came after us, biting my son's legs.

Es war Nacht. Ich war mit meinem Sohn auf einem verlassenen Strand. Nachdem wir bis zum anderen Ende gegangen waren, realisierte ich, daß ich so weit weg von der Natur war und von mir selber, daß ich das Meer kaum sehen konnte. An diesem Ort, wo wir uns befanden, war das Meer in Aufruhr, voller großer Wellen. Wir waren an einer erhöhten Stelle. Wir schauten aufs Meer und ich zeigte meinem Sohn, wie die Wellen kamen und gingen. Plötzlich erhob sich das Meer und durchnäßte uns fast. Ich dachte daran weg zu gehen, aber da erschienen viele Gänse, welche uns zu beißen versuchten. Trotz meinem schwangeren Bauch nahm ich meinen Sohn auf die Arme und rannte weg. Die Gänse kamen hinter uns her und bissen in die Beine meines Sohnes.

In diesem Traum werden die Gänse, die Boten der römischen Muttergöttin Juno für die Träumerin und ihr Kind ausgesprochen negativ. Die Träumerin befindet sich offenbar auch in einem desolaten „verdunkelten" Zustand (der verlassene Strand in der Nacht). Sie fühlt sich weit weg von der Natur und sich selber. Das Wasser, Symbol des Unbewußten, scheint wütend und bedroht sie in großen Wellen.

In dieselbe Woche, im 3. Monat, fällt der folgende Traum. Die Pferde, ebenfalls Symbol der Muttergöttin – die „tragende Instinktgrundlage" der Träumerin ist darin in Verzweiflung und Aufruhr. In beiden Träumen ist der Sohn der Träumerin in Gefahr.

Traum Nr. 62:[368]

I was going to an country house with my husband and my son where other friends already were staying. Suddenly I saw my husband coming running and my son in despair because there were 3 horses. Two of them were in despair, kicking. My husband escaped and left the boy behind. I went to the middle of the horses to rescue my son, who was alone and afraid. I rescued him and we both were okay. The the sky was dark and I saw the rain

---

[367] besprochen auch im Kapitel Wasser
[368] besprochen auch im Kapitel Pferd

Bild 25 Indische Göttin auf einer Gans

5. TIERE: VÖGEL

approaching. Three black vultures (urubu, in Brazil a sign of bad omens) came into the house and I had to get rid of them all by myself. Then I saw that in reality the sky was only half dark. I had eaten, because I was hungry.

Ich ging mit meinem Mann und meinem Sohn zu einem Landhaus, wo schon anderen Freunde waren. Plötzlich sah ich meinen Mann und meinen Sohn in Verzweiflung heran rennen, weil da drei Pferde waren. Zwei davon waren in Verzweiflung, schlugen aus. Mein Mann flüchtete und ließ den Buben zurück. Ich stürzte mich mitten in die Pferde, um meinen Sohn, der allein war und Angst hatte, zu retten. Ich rettete ihn und wir waren beide okay. Der Himmel war dunkel und ich sah, daß Regen herannahte. Drei schwarze Geier (Urubu, in Brasilien ein schlechtes Vorzeichen) kamen ins Haus und ich mußte mich ihrer entledigen, ganz allein. Dann sah ich, daß der Himmel in Wirklichkeit nur halb dunkel war. Ich hatte gegessen, weil ich hungrig war.

Wasser, Gänse, Pferde und Geier – da wir den persönlichen Hintergrund der Träumerin nicht kennen, wissen wir nur, daß offenbar etwas in ihrem tiefsten weiblich-mütterlichen Instinktgrund negativ geworden ist und sie in Form einer Depression bedrängt. Während der nächtliche verlassene Strand einen desolaten Gefühlszustand der Verlassenheit schildern mag, haben die Wellen eher mit der Überschwemmung durch Emotionen zu tun. Die zwei schlagenden Pferde sind ein treffendes Bild für unkontrollierbar gewordene Ausbrüche von Verzweiflung und Panik. Die drei Geier verdeutlichen eine Art von schwarzen Gedanken, die sich vom Kranken, Sterbenden und Toten ernähren. Depressive Gedanken sind auch oft wie Geier, die da sitzen und warten, bis sie sich auf etwas stürzen können, das faul ist. Sie leben gleichsam von den Widrigkeiten, dem Abfall um uns herum und in uns. Für einen Verstimmten gibt es genug Schlechtes in der Welt, an dem er seinen Unmut nähren kann.

Im Traum von den Gänsen erst wird ganz deutlich, daß es der Zorn der Muttergöttin selber ist, der sich gegen die Träumerin wendet. Gänse, die fliegenden Boten der Muttergöttin, stellen eine Ahnung dar, von sehr weit weg, daß die Depression der Träumerin mit ihrer Mütterlichkeit, mit ihrer tiefsten Einstellung zum Muttersein zu tun hat. Deshalb ist wohl auch ihr Sohn in Gefahr.

Genau zwischen diese zwei Träume fällt ein kurzer Traum, in dem die Träumerin zur Messe und hl. Kommunion geht. Obwohl er nicht zum Thema Vögel gehört, ist er im Zusammenhang bedeutsam:

Traum Nr. 63:

I was attending Mass. I was the last to take communion and went to the place where the hosts are kept. There I saw a little chapel. Although it was

> *the day before Passion, neither the Crucifix nor the image of Jesus were there.*
>
> *Ich war in der Messe. Ich nahm die Kommunion zuletzt und ging zu dem Ort, wo die Hostie aufbewahrt wird. Ich sah eine kleine Kapelle. Obwohl es der Tag vor Passion war, gab es dort weder ein Kruzifix noch ein Bild von Jesus.*

Der Traum zeigt, daß die Träumerin, welche wie wir wissen, vom Judentum zum Christentum konvertiert hat und religiöse Dinge sehr ernst nimmt, den christlichen Gott jetzt nicht finden kann. Da, wo er sein sollte, ist eine Leere. Der Unmut der Muttergöttin könnte sich darauf beziehen, daß in diesem Moment von Schwangerschaft und bevorstehender Geburt nicht das christliche Leiden am Kreuz, sondern das Mysterium der großen Göttin im Zentrum der Suche stehen sollte. Hinter der Depression der Träumerin verbirgt sich vermutlich ein tiefes religiöses Problem. Dieses geistige Problem bricht zum Zeitpunkt der Schwangerschaft aus, weil Schwangerschaft von dieser Frau offenbar auch eine geistige oder religiöse Einstellung verlangt, die in Übereinstimmung mit dem weiblichen Instinkt steht.

Eine andere Träumerin, 25-jährig, hatte ein traumatisches Erlebnis mit einem früheren Partner und eine Abtreibung hinter sich. Später war sie unsicher, ob sie nicht lesbisch sei, wurde dann aber doch von einem anderen Partner schwanger. Nach der ersten Überraschung freute sie sich und war sicher, das Kind zu wollen. Ein paar Monate später heirateten sie.

Traum Nr. 64:

> *I was being attacked by „Quero-queros" (a kind of Brazilian south region bird whose popular name if it was translated to English would be „Wish-wish"). The Quero-quero-mother had a long beak and I broke it to defend me. Then came the Quero-quero sons to attack me. These were like eggs with long beaks and two thin legs. After that I felt guilty because I had made harm to their mother.*
>
> *Ich wurde von „Quero-queros" (einer Vogelart aus der brasilianischen Südregion, deren populärer Name übersetzt etwa „Wunsch-Wunsch" wäre). Die Quero-quero-Mutter hatte einen langen Schnabel, und ich brach ihn, um mich zu verteidigen. Dann kamen die Quero-quero-Söhne und griffen mich an. Diese waren wie Eier mit langen Schnäbeln und zwei dünnen Beinen. Danach fühlte ich mich schuldig, weil ich ihrer Mutter Unrecht getan hatte.*

Die Attacke der „Wunsch-Vögel" könnte einfach als ein Angriff von Wunschphantasien auf das Ich der Träumerin verstanden werden, aber die nähere Beschreibung der Vögel macht es etwas komplizierter. Die Sohn-Vögel sehen aus wie Eier, mit Beinen und einem langen Schnabel. Das Ei und der

5. TIERE: VÖGEL

Vogel sind Motive, die in verschiedenen Schöpfungsmythen engverbunden sind.[369] Das Ei enthält den Keim des Neuen, der aber auch schon das Ganze enthält, wie ein Blumen- oder Baumsamen. Es ist ein Bild für die noch nicht realisierte, oder die vorbewußte Ganzheit. Ein Ei brüten deutet in Träumen denn auch oft auf die Möglichkeit der Reflexion, des konzentrierten Nachdenkens über sich selbst hin.[370]

Im Gegensatz dazu haben dazu haben die Eier in diesem Traum etwas Dissoziierendes und sie sind auch bereits junge Vögel. Sie sind wie unausgebrütete „Gedanken-Eier", die sich in Form von Wunsch-Attacken bemerkbar machen. Sie könnten egoistische Begehrlichkeiten darstellen, gleichsam noch unausgebrütete, unreflektierte Ansprüche irgendwelcher Art. Zugleich haben sie den Aspekt des schöpferischen Keimes. Da es eine Vogelmutter mit ihren Kindern ist, welche die Träumerin angreift, so scheint das Problem des Mutterseins, bzw. der Schwangerschaft aufgegriffen. Wir wissen nicht, warum die große Göttin in dieser Form für die Träumerin so negativ geworden ist. Es könnte mit der brutalen Art, wie die Träumerin dem Muttervogel den Schnabel abbricht, zusammenhängen. Sie selber fühlt sich deswegen schuldig, d.h. sie spürt das Unangemessene einer solchen Haltung gegenüber dem „Wunsch-Vogel", der zum Mütterlichen in ihr selber gehört. Wir können vermuten, daß der Wunsch, der am Anfang der Schöpfung steht, einem tiefen Instinkt entspricht, welcher auf Fortpflanzung zielt, welcher Eros und die Vereinigung der Geschlechter in Gang setzt. Seine Ablehnung oder Unterschätzung verletzt und erzürnt die Natur selber, die sich in negativen Gedanken-Attacken gegen das Ich der Träumerin wendet. Es scheint überhaupt der Natur des Schöpferischen zu entsprechen, daß es sich destruktiv gegen das Ich wendet, z.B. mit Depressionen oder Krankheiten, wenn seine Impulse vom Ich nicht aufgenommen werden.

Es könnte sein, daß diese Träumerin sich von ihrer schwierigen Vergangenheit her in gewissem Maße immer noch schuldig fühlt, so wie wenn sie durch ihre frühere Abtreibung und Neigung zur Homosexualität etwas Weibliches, einen tieferen Wunsch in sich selber, verletzt hätte. Von daher könnten immer noch negative Gedanken kommen, seien es Angriffe gegen sich selber, welche sie in ihrer neuen Rolle als Mutter verunsichern könnten, seien es unangemessene Wünsche und Erwartungen an eben diese Rolle.

---

[369] Vgl. M.-L. von Franz, Schöpfungsmythen, 175ff Ein altgriechischer Mythos sagt, daß aus dem uranfänglichen Chaos die Nacht mit ihren dunkeln Flügeln ein Windei gebar. Daraus entstand der geflügelte Gott Eros, der die Begehren weckt. Einer anderen Tradition zufolge gebar einer der ersten Götter, Chaos, den Chronos (Zeitprinzip), der wiederum ein Ei hervorbrachte, aus dem ein geflügelter hermaphroditischer Gott entstand, Zeus, der Ordner aller Dinge.
[370] Vgl. Ders. 179

Die nächste Träumerin, deren dritte Schwangerschaft durch eine vorhergehende Fehlgeburt im 4. Monat und ängstliche Gefühle überschattet war, hatte eine schwere Geburt. Im 7. Monat träumte sie:

Traum Nr. 65

Ich träumte von zwei wunderschönen großen Vögeln, pfauenähnlich, einer war am Schwanz gold mit dunkelrot und der andere gold mit dunkelgrün. Sie flogen von links oben herunter in ein burgähnliches Gemäuer, in dem ich mit meinem Mann war und worum eine Art Schloßgraben ging, der mit hohen üppigen Bäumen bewachsen war. Dahinein flogen sie und alles war wie auf einem indischen Miniaturenbild. Ich erzählte im Traum meinem Mann von den wunderbaren Vögeln. Da kam ein Kind, ein Bub, der brachte ein Buch und zeigte mir die Seite, wo diese Vögel abgebildet und beschrieben waren. Sie hießen Paradiesvögel. Ich wachte auf mit einem Glücksgefühl.

Dieser Traum hat etwas ausgesprochen Hilfreiches und die Träumerin erwacht denn auch mit einem großen Glücksgefühl. Die Vögel sind verwandt mit Engeln und als göttliche Boten sind sie oft übernatürliche Helfer bei der Geburt. Dieses Motiv der Hilfe durch Vögel weist auf entsprechende Regungen und Einfälle des Unbewußten hin, welche von der helfenden Naturmutter herkommen.[371] Wir kennen das Motiv zum Beispiel vom Aschenputtelmärchen, in dem die verstorbene Mutter dem Aschenputtel als Vogel beisteht.

Die beiden Vögel des Traumes sind wie Pfauen, der eine mit rot-goldenem, der andere mit grün-goldenem Schwanz. Der Pfau in seiner Farbenpracht nahm denn auch immer schon die Phantasie des Menschen gefangen. Er spielt in der Mythologie und auch in der Alchemie eine große Rolle. Er gehört zu Juno (und Hera), der Muttergöttin. In China wird er auch als „Vermittler" bezeichnet, der mit einem einzigen Blick die Empfängnis einer Frau bewirken kann. Man kann dies als eine geistige Empfängnis, eine Intuition, eine Erkenntnis verstehen. Griechisch-römisch, aber auch christlich wird er wegen seines glänzenden „Rades" mit der Sonne, bzw. dem Sonnenrad assoziiert. In Indien ist er der Zerstörer der Schlangen, der Gegenpol der Sonne zur Erde. Das Gift der Schlange verwandelt er in die Schönheit seines Federkleides. Er hat darum, wie das auch im Christentum der Fall ist, mit Auferstehung und ewigem Leben zu tun. Altchristlich ist er ein Symbol des Erlösers und ein Verwandter des Phönix, dem ägyptischen Auferstehungsvogel, der sich verbrennt und aus seiner Asche neu gebiert.[372] Er hat also diesen wichtigen Aspekt der seelischen Wandlung, welche erst als eine kostbare intuitive Erfahrung der Gottheit an den Menschen herankommt.[373]

---

[371] Vgl. C.G. Jung, GW Bd. 5, § 546 und 538
[372] Dictionnaire des Symboles, Bd. 2, 352f

5. TIERE: VÖGEL

In der Alchemie erscheint die „cauda pavonis", das Rad des Pfaus mit seinen umfassend vielen Farben unmittelbar vor der Vollendung des alchemistischen Prozesses, d.h. der Individuation, um die es jedenfalls in diesem wichtigen Traum geht.[374]

Gold als ewiger, unzerstörbarer Wert, verbunden mit Rot könnte auch mit Blut, Feuer, Hitze, d.h. mit den ewigen Konstanten des Lebens wie Emotion, Gefühlsintensität, Leidenschaft, Wut zu tun haben, welche in das Bewußtsein dringen, aber auch mit dem physischen Leben. Grün würde im Gegensatz dazu eher für das vegetative Leben, für das biologische Wachstum, aber auch für Hoffnung, Auferstehung (Osiris, der Grüne, ist der Vegetations- und Totengott), vielleicht auch für unbewußtes geistiges Leben, eine Art Naturgeistigkeit stehen. Als Komplementärfarben stellen Rot und Grün einen Gegensatz dar. Im Orient wird der Pfau denn auch als Bild für die seelischen Gegensätze verstanden.[375] Die Komplementärfarben Grün und Rot enthalten aber zugleich auch (physikalisch gesehen) alle Grundfarben, d.h. das vollständige Licht, die Ganzheit. Deshalb könnte man die zwei pfauenartigen Vögel als ein Gegensatzpaar innerhalb der bewußt-unbewußten Ganzheit ansehen.

Das scheinbar unwichtige Detail, daß es in unserem Traum zwei Vögel sind, hat offenbar eine tiefere Bedeutung. Es entspricht einer archetypischen Konstellation, die sich dort erkennen läßt, wo Neues entsteht. In den Schöpfungsmythen verschiedenster Kulturen, erscheint deshalb oft das Motiv von zwei Schöpfergöttern. Je nach Kultur, so führt Marie-Louise von Franz aus, ist der eine mehr, der andere weniger menschlich, der eine aktiver, der andere passiver, der eine dunkler, der andere heller, der eine mehr dem Leben, der andere mehr dem Tode zugewandt etc. Die Dualität der Schöpfergötter hat mit der Polarität der Psyche zu tun, die nach Jungs Verständnis alle bewußten und unbewußten Prozesse umfaßt. Überall, wo Licht, d.h. Bewußtsein entsteht, liegt der Rest im Dunkeln, im Unbewußten. Deshalb liegt die Dualität der Schöpfungsmythen auch den meisten bewußten Unterscheidungsprozessen zugrunde: „der Unterscheidung vom Ich von dem Rest der Psyche, oder von Subjekt und Objekt, von außen und innen und allen anderen Gegensätzen. Ohne eine zugrunde liegende Dualität oder Polarität ist kein psychologischer Prozeß vorstellbar."[376] Wir haben diese Zweiheit auch bei den zwei Engeln im oben besprochenen Traum gesehen.

Sowie die Schöpfergötter aktiver oder passiver, mehr zur Welt der Lebenden oder zur Totenwelt gehörig sind etc., so sind wir auch immer in gewissem Sinne gespalten, wenn wir schöpferisch sein möchten oder sollten: etwas in uns will es, aber etwas in uns sperrt sich mit hundert Ausreden gegen diese

---

[373] Vgl. M.-L. von Franz, Die Suche nach dem Selbst, 181
[374] C.G. Jung GW, Bd. 13, § 190 und § 380
[375] Dictionnaire des Symboles, Bd. 2, 352
[376] M.-L. von Franz, Schöpfungsmythen, 187

Aufgabe, etwas Neues aus dem Unbewußten ins Bewußtsein zu heben. Eine Tendenz im Unbewußten drängt nach Bewußtwerdung, eine andere will sie nicht. Eine Frau will oft ein Kind, und doch will sie es nicht. Der schöpferische Impuls hat diesen doppelten Aspekt. Deshalb braucht es für jede schöpferische Geburt eine bewußte Anstrengung, die manchmal bis zur „Erschöpfung" gehen muß!

Bevor wir unsere verschiedenen Amplifikationen zusammenfassen, wollen wir noch den Ort der Traumhandlung ansehen.

Die Träumerin befindet sich mit ihrem Mann in einem burgartigen Gemäuer, das von einem mit hohen Bäumen bewachsenen Schloßgraben umgeben ist. Das Bild ist ein perfektes Mandala oder tatsächlich eine Art Paradiesdarstellung. Im Zentrum liegt die Burg, welche man als Menschenwerk vergangener Zeiten, d.h. als eine mittelalterliche bewußte Auffassung oder geistige Einstellung ansehen darf. Sie ist aber offenbar zerfallen. Wie in manchen Märchen ließe sie sich mit der Zeit der höfischen Minne in Verbindung bringen, mit ihrer beginnenden Höherschätzung des Weiblichen, die aber später durch den Einfluß der Kirche allzu stark in Richtung der jungfräulichen Maria gelenkt wurde, um der Frau in ihrer ganzen Persönlichkeit noch Rechnung zu tragen.

Die Paradiesgeschichte, wie sie in der Bibel steht, und die Auffassung von der Erbsünde der Frau führten im frühen Mittelalter von der Kirche ausgehend dazu, daß man glaubte, die Frau als nur von Wollust und sinnlicher Begehrlichkeit getrieben unter die Herrschaft und Vormundschaft des Ehemannes stellen zu müssen, da sie sonst nur Übles anrichte. Es herrschte auch die Gewohnheit, eine Frau, die keine Erben gebären konnte, ohne weiteres zu verstoßen. Unter dem Einfluß der Kirche wurde die Sexualität in der Ehe vollends nur noch in den Dienst der Fortpflanzung gestellt, im übrigen war sie Sünde.[377] Dem zugrunde lag die bekannte Spaltung im Bild des Weiblichen in eine Gebärerin, die man am liebsten jungfräulich gehabt hätte, und eine sündige Verführerin. Darunter leidet die Frau noch heute, weil ihre naturhafte Seite, wozu Sexualität, Schwangerschaft und Geburt in einem gehören, keine Verbindung zu einer geistigen Dimension in ihrer Persönlichkeit zu haben scheinen. Der Traum scheint wie eine tröstliche Antwort auf ein solches, unter Umständen einer Depression zugrunde liegendes Leiden zu sein. Er deutet aber zugleich auf einen Bewußtwerdungsprozeß über die dem Weiblichen innewohnenden und zu ihm gehörenden Gegensätze an.

Die zwei Boten der großen Muttergöttin, die pfauenartigen Paradiesvögel, vermitteln der Träumerin eine geistige Ahnung, eine Offenbarung aus dem Unbewußten, oder eine intuitive Erfahrung der weiblichen Ganzheit und der ihr eigenen Gegensatzspannung zwischen dem körperlich Konkreten, der

---

[377] Georges Duby, Ritter, Frau und Priester. Vgl. die Geschichten der Hl. Godelive und der Hl. Ida. 152-160

5. TIERE: VÖGEL

physischen Seite und einer naturhaften Geistigkeit. Das Ganze sieht aus wie eine indische Miniatur. Auf indischen Paradiesdarstellung ist meist der Paradiesbaum umgeben von Vögeln dargestellt.[378] Sie weisen auf das innere Zentrum hin, das Ziel östlichen Denkens, die Einheit vor der Spaltung in die Gegensätze. Das wäre der Zustand der vorbewußten Ganzheit, ein Zustand von *Nirdvandva*, jenseits der Gegensätze, der aller Schöpfung vorangeht.[379]

Marie-Louise von Franz arbeitet in ihren „Schöpfungsmythen" heraus, daß dieses Zurückgehen zum Anfang, gleichsam ein umgekehrter Schöpfungsmythus (der in der Alchemie z.B. beim Tier beginnt und beim Stein endet), in hohem Maße zur Symbolik des Individuationsprozesses gehört. Die Bilder der vorbewußten Ganzheit sind, wie sie sagt, oft auch in den Bildern des Ziels enthalten.[380] Der Traum wäre in diesem Sinne ein echter Individuationstraum. Er scheint dieser Träumerin eine Ahnung vom Sinn ihres Leidens an den Gegensätzen von körperlichen Beschwerden und seelischen Bedürfnissen zu vermitteln, der mit ihrer eigenen weiblichen Ganzheit zu tun hat.

Der Knabe darf hier als ein geistiger Impuls verstanden werden, der ein Buch, d.h. eine „objektive Anschauung" herbeibringen kann, gleichsam ein Benennen und Einordnen einer Intuition, die schon von anderen erfahren und beschrieben worden ist. Damit ist die Träumerin angeschlossen an das „Wissen der Menschheit", an kollektives Erfahrungswissen, welches sie aus ihrer Einsamkeit und Depression herausheben kann. Vielleicht wäre es für diese Träumerin tatsächlich wichtig, sich mit sinnvollem Buchwissen zu befassen, welches ihr ermöglicht, ihre Erfahrung einzuordnen, zu formulieren, im Bewußtsein zu verankern.

Die Träumerin des nächsten Traumes, 29-jährig, hatte sich lange ein Kind gewünscht und hatte die Hoffnung schon fast aufgegeben, als sie schwanger wurde. Sie freute sich, hatte aber etwas Bedenken, ob sie fähig sei, eine Schwangerschaft auszutragen. Aus medizinischen Gründen war eine Geburt im 7. Monat erwartet, aber ein gesunder, kräftiger Bub wurde zum normalen Zeitpunkt durch Kaiserschnitt entbunden. Der Traum kam kurz vor der Geburt.

Traum Nr. 66:[381]

I give birth to an eagle which carries a baby boy in his beak.

Ich gebäre einen Adler, welcher ein Baby, ein Büblein, in seinem Schnabel trägt.

---

[378] Vgl. Traum 77, Kap. Katze
[379] M.-L. von Franz, Schöpfungsmythen 188
[380] Ders., 188 und 277
[381] Von derselben Träumerin Nr. 174, im Kapitel Schöpfungsmotive, u. Nr. 38, im Kapitel Bäume

Das Bild eines majestätisch am Himmel kreisenden Adlers, scheinbar in unmittelbarer Nähe der Sonne, beeindruckte die Völker aller Zeiten. Der Adler ist fast immer der Sonne zugeordnet. Die Adlerfedern des Indianerkopfschmucks stehen für die Sonnenstrahlen, und Federn und Knochenpfeife gehören zum indianischen Sonnentanz. Der Adler wird als der König der Vögel angesehen und symbolisiert deshalb einen höheren geistigen Zustand. Er ist der Vogel von Zeus, dem Göttervater. Bei uns finden wir den Adler in unzähligen Adelswappen, Symbol von Macht und Überlegenheit, von Sieg und Heldentum. In seiner negativen Form steht er auch für Dominieren-wollen, für Tyrannei und Unterdrückung, für Stolz und unbeugsame, verschlingende Macht, aber auch für das Gepacktwerden durch den Geist, etwa durch eine verrückte oder fanatisierende Idee.

Als Sonnentier hat der Adler mit höherer Einsicht und geistiger Durchdringung zu tun.[382] Auf dem ekstatischen Flug des Schamanen sind es Adler, welche seine Seele in einer Barke zum Himmel ziehen. In den Psalmen wird der Adler zu einem Symbol der geistigen Erneuerung wie der Phönix. Auch in der Alchemie ist der Adler ein Synonym für den Phönix. In Psychologie und Alchemie findet sich ein Bild eines aus einer Retorte aufsteigenden Adlers, als Symbol des aus der Materie aufsteigenden Geistes.[383] Er ist also ein Wandlungssymbol in dem Prozeß, der die seelische Wandlung oder Individuation beschreibt. In einem anderen alchemistischen Bild sieht man das philosophische Ei, symbolisiert durch das runde alchemistische Kochgefäß, aus dem sich der Adler, resp. der Phönix, erhebt. Er steht für die befreite Seele, die, wie Jung schreibt, letzten Endes wiederum identisch ist mit dem Anthropos (dem Archetyp des vollständigen Menschen), der nach gnostischer Lehre in der Physis gefangen war und von dort erlöst werden mußte.[384]

Diese Vorstellung einer in der Materie ausgebreiteten und daraus zu erlösenden Anthropos-Gestalt ist ein Urbild, das nie ausstarb. In der Alchemie wurde es durch Projektion mit der zu erlösenden Seele des Menschen gekoppelt.[385] Das alchemistische Stadium der sublimatio, die Befreiung der Seele aus der Materie, welche durch den Adler dargestellt wurde, hat mit der Erlösung eines geistigen oder seelischen Aspekts im Menschen zu tun.

Das Aufsteigen des Adlers aus dem alchemistischen Kochgefäß ist ein fast identisches Bild mit der Geburt des Adlers aus dem Mutterleib in unserem Traum. Das alchemistische Gefäß oder der alchemistische Ofen wurde denn auch oft als uterus, als Gebärmutter bezeichnet.

---

[382] „L'aigle regarde sans crainte le soleil bien en face", schreibt Angelius Silesius. Dictionnaire des Symboles, Bd. 1, 21
[383] C.G. Jung, Psychologie und Alchemie, GW Bd. 12, § 498
[384] Ders., § 336
[385] Vgl. M.-L. von Franz, Die Suche nach dem Selbst, 101f

5. TIERE: VÖGEL

Unser Traum hat also vorerst einmal mit einem Wandlungs- und / oder einem Bewußtwerdungsprozeß zu tun. Das richtige Kind kommt nachher, als Folge sozusagen. Wir können wohl annehmen, daß diese Träumerin ein geistiges Problem hat. Vielleicht hat sie hochfliegende, anspruchsvolle Gedanken oder auch geistige (geflügelte) Möglichkeiten, die sich schwer mit dem erdenschweren Zustand von Schwangerschaft und Geburt zusammenbringen lassen. Im Traum fallen aber die Geburt des Sonnen-Adlers und diejenige des richtigen Kindes in eins, wie wenn da kein Gegensatz bestünde. Das eine bringt sogar das andere.

Gewisse Frauen können mit dem Mutterwerden eine geistige Aufgabe aus den Augen verlieren und haben statt dessen hochfliegende unbewußte Phantasien für das Kind, was es alles tun und sein sollte.[386] Weil es hier um Träume von Frauen geht, wollen wir nicht näher darauf eingehen, was passiert, wenn Väter solche Phantasien haben, aber wie sie behindern sie damit die Entwicklung des Kindes. Wenn es einer Frau jedoch gelingt, solche Phantasien schon in der Schwangerschaft bewußt und in ihrem Sinn erkennbar zu machen, ihnen zur Geburt zu verhelfen, so wird sie dem realen Kind die besten Voraussetzungen für eine eigene Entwicklung schaffen. In diesem Sinne widersprechen sich die beiden Gegensätze nicht, sie bedingen einander sogar.

Einen Adler zur Welt bringen, könnte heißen, eine innere, geistige Einstellung oder auch eine Phantasie, einen Wunschgedanken in die äußere Welt, in die Realität zu bringen, d.h. bewußt zu machen, zu realisieren, was immer eine Wandlung des Bewußtseins zur Folge hat. Es könnte sein, daß für diese Träumerin der Zugang zu ihrem Kind nur geschehen kann, wenn sie zuerst ihrer geistigen Bestimmung, ihren geistigen Ansprüchen und inneren Bedürfnissen eine äußere Form geben kann. Sie muß sie überhaupt erst bewußt machen, eine schöpferische Leistung! Andere Frauen empfangen und gebären Kinder in einer naturhaften Art – ohne Fragen und ohne Probleme, es passiert einfach und es geht gut. Bei dieser Träumerin scheint der Weg ein anderer zu sein. Wir wissen von ihr nur, daß sie das Kind erst empfing, als sie die Hoffnung schon beinahe aufgegeben hatte. Mutter Natur hat ihr die Aufgabe, ihre Phantasien bewußt zu machen und ihre geistigen Einfälle zu realisieren, nicht abgenommen, wie anderen Frauen, die das dann oft viel später nachholen müssen, wenn die Kinder ausgeflogen sind. Sie darf ihre Phantasien und vielleicht Wunschvorstellungen auch nicht auf ihr Kind projizieren, sie muß es selber tun!

Wenn in diesem Traum der Geburt des Adlers und des Kindes die Symbolik der sublimatio oder der Erlösung des Geistes aus der Materie und der Geburt

---

[386] Vgl. den Traum Nr. 89 im Kap. Pferd, in dem ein Adler der Vater des Kindes ist: Es könnten Wunschphantasien sein, die mit Macht, Ruhm, Ehre oder irgendwelchen anspruchsvollen Erwartungen an den zukünftigen Sohn gekoppelt sind. Diese stehen dem Kind „zu Gevatter".

des Anthropos anklingt, so könnte daraus deutlich werden, daß das Austragen eines Kindes vom Unbewußten als eine Aufgabe des „ganzen Menschen" angesehen wird. Es geht dann auch um die Wandlung der Persönlichkeit oder die Geburt des Selbst, für das der Anthropos als Symbol steht. In vielen Träumen schwangerer Frauen scheint die Geburt des Kindes praktisch ununterscheidbar von der Geburt eines höheren Bewußtseins oder des Selbst. Solche Träume, wie wir sie häufig in unserer Auswahl gefunden haben, dürften denn auch als Hinweis darauf verstanden werden, daß diese Empfängnis irgendwie schicksalhaft ist. Von besonderer Bedeutung können solche Träume bei der schwerwiegenden Entscheidung für oder gegen eine Abtreibung sein, weil sie das Problem aus der Sicht des Unbewußten beleuchten und damit noch einen anderen als den rationalen Standpunkt beitragen.

Wie in den anderen Träumen, in denen Vögel „einfallen", will offenbar auch hier etwas menschlich, d.h. bewußt werden, will sich inkarnieren in einer konkreten, menschlichen Form. Die „Inkarnation" kann sich deshalb ebenso auf das Kind wie darauf beziehen, etwas Geistiges im konkreten Alltagsleben zur Wirkung kommen zu lassen. Für eine Frau sind etwa die Tauben der Erdgöttin Dione das, was auf ihre Umgebung, ihre Kinder, ihre Beziehungen an inneren Erfahrungen ausstrahlen kann, die Essenz weiblich schöpferischer Intuition. Diese ist nicht abhängig von intellektueller Arbeit, Studium, Beruf oder sonstigen äußeren Aktivitäten, aber aus der Sicht des Unbewußten ist sie von größter Bedeutung. Solche Träume zeigen, daß Schwangerschaft und geistige Entwicklung oftmals nur scheinbare Gegensätze sind. Sie können sich sogar bedingen.

Bild 26 Bastet (Saqquara 600 v.Chr.)

5.4. Die Katze

Regina Abt

Die Katze nimmt unter unseren Haustieren eine Art Sonderstellung ein. Sie ist das einzige Haustier, das sich sozusagen freiwillig domestizierte, und sie hat sich auch bis heute ihre Unabhängigkeit bewahrt. Die eine Seite ihres Wesens ist freundlich, zärtlich, auf den Menschen bezogen, vergnügt und lebensfreudig, die andere ist scheu, wild, versteckt, nächtlich, unbekannt. Dieser seltsame Gegensatz von vertrauter Nähe und unbekannter Ferne hat den Menschen von jeher beschäftigt und war der Grund für viele positive und negative Projektionen auf die Katze.

Katzen sind ausgesprochene Muttertiere: Katzenmütter behüten und erziehen ihre Jungen in vorbildhafter Weise. Oft bringen sie sie im Versteckten zur Welt, da dem Katzenvater nicht zu trauen ist. Bekannt ist auch, daß Katzenmütter andere Tierkinder aufziehen wie junge Hasen, Füchse, Eichhörnchen etc.[387]

Das religiöse Empfinden machte sie zu einer weiblichen-mütterlichen Gottheit. Damit tauchen wir in das ein, was der Mensch über die Katze dachte, in die Bilderwelt, welche sich von jeher mit der Katze beschäftigte. Freja, die altgermanische Muttergöttin, wurde in einem Wagen sitzend abgebildet, der von Katzen gezogen war. In Ägypten, woher alle unsere Katzen stammen, genoß die Katzengöttin Bast oder Bastet während 2000 Jahren höchste Verehrung. In ihrem Kult wurde vor allem die Katze in ihrem lebensfreudigen und sinnenfreudigen Aspekt verehrt. Wenn man Bastet feierte, dann war dies ein Fest voller fröhlicher Ausgelassenheit, sexueller Freiheit und musikalischer Lustbarkeiten.[388] Das Verspielte gehört in besonderem Maße zur Katze. Deshalb hat sie auch eine ganz schöpferische Seite, denn aus dem Spiel oder aus der verspielten Phantasie werden schöpferische Keime erstmals sichtbar.

Manchmal wird Bastet mit Bes, einem nackten Zwerg, dem Gott von Musik, Tanz und Vergnügen, aber auch von Ehe, Empfängnis, Schwangerschaft und Geburt dargestellt. Diese heiteren, beschwingten Aspekte des Lebens stehen in Beziehung zu einem schöpferischen Geist des Unbewußten, denn sie bringen Dinge hervor, die im grauen Alltag vergessen gehen. Deshalb

---

[387] Vgl. Barbara Hannah, Seminar über Katze, Hund und Pferd
[388] M.-L. von Franz, Die Bremer Stadtmusikanten, 15

haben auch die mehr oder weniger orgiastischen religiösen Feste in allen Kulturen ihren festen Platz. In ihrer Beziehung zu den Sonnenseiten des Lebens war Bastet auch Glücksgöttin, welche Wohlstand, Macht, Ehre Gesundheit und hohes Alter verlieh.

Manche Katzenstatuen tragen auf der Stirne das ägyptische Sonnensymbol des Skarabäus. Bastet galt zu gewissen Zeiten als Tochter des Sonnengottes Ra, der selber auch etwa als Kater dargestellt ist. Ra bekämpft jeden Tag aufs neue mit Hilfe eines Katers oder als Kater die Unterweltschlange Apep oder Apophis, das Chaos der Nacht, damit die Sonne immer wieder aufgehen kann. Ra als Kater steht psychologisch für eine Fähigkeit, die Dunkelheiten und das „Ungeziefer", die Mäuse und Schlangen, im Unbewußten zu bekämpfen.[389]

Bild 27 Ra als Sonnenkatze tötet Apophis, die Unterweltschlange

Bastet wurde auch das Sonnenauge des Himmelsgottes Horus genannt. Horus hat ein Sonnen- und ein Mondauge. All diese Sonnenaspekte haben mit Licht, d.h. Bewußtseinslicht, Einsicht oder auch Voraussicht zu tun. Das ist es, was vor Unglück schützt. Der ägyptische Name „Mau" bedeutet „Katze" und „Sehen" zugleich. Die Katze gilt denn auch in vielen mythologischen Zusammenhängen als Seherin. Bastet hieß auch die Göttin der Wahrheit. Der Einsicht in die äußeren Umstände und Beziehungen des Lebens, dem Sonnenauge, steht jene in die tieferen nächtlichen Hintergründe zur Seite. Das wäre Bastet als Mondauge des Horus, wie sie auch bezeichnet wurde. Bastet als Mondgöttin entspricht ganz der nächtlichen Seite unserer Katze: Ihre leuchtenden Augen, die man mythologisch mit dem Mond in Zusammenhang brachte, können im Dunkeln sehen. In der Dunkelheit spielt sich das verborgene Leben der Katze ab, das bis vor kurzem auch den Zoologen ein noch ungeklärtes Rätsel war. Die Nachtseite ist psychologisch die Seite des Unbewußten, wo man die Dinge gar nicht oder nur wie im verschwommenen Licht des Mondes sehen kann.

Der Mond hat mit den kosmischen Wiederholungen der Zeiten zu tun, mit dem Rhythmus der Gezeiten, der Jahreszeiten, der Monate, mit dem Werden und Vergehen, dem Sterben und Wiedergeborenwerden im rhythmischen Naturablauf. Deshalb gehört Bastet als Mondgöttin auch zum weiblichen

---

[389] B. Hannah, Vgl Seminar Katze, Hund und Pferd

5. TIERE: DIE KATZE

Rhythmus, zur weiblichen Fruchtbarkeit, und mit ihren Bezügen zur Sexualität und Lebensfreude überhaupt zum weiblichen, instinkthaften Sein.

Die Fruchtbarkeit der Mondgöttin ist, symbolisch gesehen, auch die Fruchtbarkeit der Nachtseite, wo der Mond, das Licht des Unbewußten scheint, also des Seelenhintergrundes. Deshalb schützt Bastet nicht nur die körperliche Schwangerschaft und Geburt, sondern auch die psychische, und sie nährt auch die „psychischen" Kinder. Die Tatsache, daß Bastet wie Artemis und andere alte Fruchtbarkeitsgöttinnen als Jungfrau verehrt wurde, mag darauf hinweisen, daß ihre Kinder auch geistige Kinder sein können[390]. Wenn man im Zusammenhang mit einer geistigen Arbeit von einer Katze träumt, so kann einem dieses unabhängige Wesen, das „geht wohin es will", einige Mühe bereiten. Denn die Katze bringt ihre Jungen zur Welt, wo und wann sie will. Sie läßt sich nicht wie das Pferd zur Arbeit einspannen. Der Umgang mit diesem eigenwilligen, unberechenbaren, weiblichen schöpferischen Prinzip, das die Katze darstellt, ist etwas vom Schwierigsten. Diese selbstbewußte Eigenständigkeit und Unabhängigkeit ist einer der hervorstechendsten Züge der Katze. Sie taucht oft in Träumen von Frauen auf, die sich mehr auf ihre selbständige, weibliche Persönlichkeit besinnen sollten, weil sie zu abhängig oder zu unsicher sind. Es ist eine Unabhängigkeit, welche auf Selbstbewußtsein und Vertrauen zu sich selber basiert. In der negativen Form kann das auch ein egoistischer Mangel an Verantwortungsgefühl bedeuten, ganz analog zum oft geradezu verletzenden Verhalten unserer Katzen, wenn sie uns plötzlich links liegenlassen!

Eine andere Eigenschaft der Katze ist dieses unglaublich gemütliche In-sich-Ruhen, das sie uns in unserer Alltagshektik so beneidenswert macht. Der negative Aspekt davon ist die Faulheit. Es gibt viele Geschichten (z.B. bei Gubernatius) über Katzen, die zu faul sind, um ihre Mäuse selber zu fangen und deshalb irgendeinen Trick herausfinden, damit jemand anderer es für sie macht. Auch dieser Aspekt gehört zum Schatten des Weiblichen. Manchmal ist es gerade diese Seite, welche der aktiven, modernen jungen Frau in der Schwangerschaft zu fehlen scheint. Manchmal kann die Faulheit oder Bequemlichkeit aber bis zur betrügerischen Falschheit führen, besonders wenn noch mit möglichst wenig Eigenverantwortlichkeit ein ehrgeiziges Ziel erreicht werden will.[391] Weibliche Falschheit wird besonders von Männern heute noch gerne auf Katzen projiziert. Bei einem ausgesprochenen Katzenhasser ist darum Vorsicht mit seiner Anima empfehlenswert!

In Ägypten hing Bastet eng zusammen mit Sechmet, der Löwengöttin, welche auch Kriegsgöttin war und deren Atem der heiße Wind der Wüste war. Sie galt auch als Bringerin sowie Heilerin von Krankheiten und Pest. (Das Unbewußte, welches eine Neurose verursacht, kann sie auch wieder heilen!)

---

[390] P. Dale-Green, The Archetypal Cat. 155
[391] Vgl. B. Hannah, Seminar Katze, Hund und Pferd

Man sagte, wenn Hathor, die Kuhgöttin, als Katze erschien, so in freundlichem Zustand als Bastet, in erbostem Zustand als Sechmet! Das Mütterliche als Sechmet in ihrer Wut kann eine Frau wirklich in einen Zustand von unberechenbarer destruktiver Laune und Verärgerung versetzen, in dem sie tatsächlich ihre ganze Umgebung krank machen und anstecken kann! Hathor als Bastet aber, das Mütterliche in seiner positiven Form, hat dagegen etwas Heilendes, was die sich bekämpfenden Gegensätze zusammenbringen kann.

In Ägypten wie wohl auch bei uns war die Katze vor allem als Mäusefängerin und Schlangenfängerin geschätzt. Bastet wurde deshalb zur Schutzgöttin gegen alles Böse und auch gegen Krankheit, vor allem auch gegen Blindheit, denn Mäuse und Schlangen galten als Krankheitsbringer. Katzenamulette in Form eines Auges waren verbreitet. In unserem Volksglauben galt vor allem der Schwanz der Katze als heilkräftig. Der Schwanz der Katze, der in so trefflicher Weise (pars pro toto) ihre Stimmungen ausdrücken kann, hat eine verblüffende Ausdruckskraft. Er bekam deshalb bei uns geradezu magische Bedeutung. Im Schwanz lag, so glaubte man auch, die Kraft der Verhexung. Mit dem Schwanz hält sich eine Katze auf dem schmalsten Gartenzaun im Gleichgewicht. Deshalb hat er psychologisch mit dem Gleichgewicht zu tun, in dem sich der Mensch mit seinen tieferen, instinkthaften Schichten befindet. Von unserem Schwanzende her, so könnte man sagen, kommen die verschiedenen gegensätzlichen Stimmungen, Tendenzen, Launen und Begehrlichkeiten, welche uns mit uns selber entzweien können, wenn wir nicht wie eine Katze im Gleichgewicht bleiben können. Durch den Schwanz der Katze geheilt zu werden, würde psychologisch heißen, daß eine Frau ein Stück ihrer dunklen instinktiven Katzennatur annehmen kann und damit umzugehen lernt. Dazu gehören wilde, ungezähmte Emotionen – die Katze auf dem heißen Blechdach!

In den Träumen, die wir im Folgenden näher ansehen wollen, kommen fast alle Katzen vorerst in negativer, bedrohlicher oder befremdlicher Art vor. In unserem Kulturbereich, wo uns eine Bastet fehlt, hat die Katze auch im Volksglauben besonders viele negative, ja hexenhafte Züge. Bei uns glaubte man, daß in der Nacht die Katzen zu Hexen würden oder daß Hexen auf Katzen zum Blocksberg ritten, um sich mit dem Teufel zu verbinden. Schwarze Katzen bedeuteten Unglück, Krankheit oder Tod und stehen in enger Verbindung zur schwarzen Magie. Was vorchristlich zu der großen Muttergöttin gehörte, das Werden und Vergehen der Natur, wird zum Beispiel in gewissen Sagen unserer Berge von einer böswilligen Wetterhexe beherrscht, welche Blitz, Gewitter, Bergsturz oder Hochwasser losgehen läßt. Oftmals sind in den Sagen diese Hexen als Katzen beschrieben. Der hexenhafte Aspekt hat mit den Sechmet-Seiten zu tun, mit destruktiven Emotionen, mit Wut und launenhafter Verärgerung, welche uns überschwemmen, d.h. besessen machen können, aber auch mit giftiger Intrige, Kritisiererei und negativen Phantasien über andere Leute.

5. TIERE: DIE KATZE

Wie Jung in den „Psychologischen Typen" ausführt, aber auch Marie-Louise von Franz in „Bei der schwarzen Frau", bewirkte im Mittelalter die christlich-kirchliche Verehrung der Jungfrau Maria mit ihren reinen, jungfräulichen Zügen eine Abspaltung des dunkle, erdhaft Weiblichen, welches in den vorchristlichen Muttergöttinnen noch verehrt worden war. Der Beginn einer individuelleren Form von Beziehung zum Weiblichen, wie er sich in der Minnezeit anbahnte, wurde von der Kirche abgelehnt und durch das kollektive Ideal der reinen Jungfrau wieder zunichte gemacht. Zur selben Zeit begannen die Hexenverfolgungen und parallel dazu die Verfolgungen von Katzen. Katzen wurden wie Hexen grausam gequält, gehängt, ersäuft, lebendig verbrannt, weil man glaubte, sie gehörten zu Hexen und Teufeln oder seien diese selber. Das Problem dieser Abspaltung des individuelleren, aber auch des dunklen Aspekts des Weiblichen, welchen die Katze in ihrer Eigenständigkeit und Unberechenbarkeit darstellt, scheint heute vielen Katzenträumen von Frauen zugrunde zu liegen.

Marie-Louise von Franz schreibt: „Wie nämlich der Mensch mit den Tieren umgeht, so geht er auch mit seinen eigenen Instinkten um, und darum sind auch die ältesten Götter, d.h. die ältesten seelischen Veranschaulichungen unserer Instinkte, eben Tiergötter."[392] Wie Bastet bzw. Sechmet in einer modernen Frau lebt, zeigt der erste Traum, den wir besprechen wollen.

Die 31-jährige Frau träumte im 5. Monat ihrer von zahlreichen Beschwerden begleiteten Schwangerschaft:

Traum Nr. 67:

Eine schwarze Katze, die mir gehört, springt mich an, mit Krallen und Zähnen, immer wieder.

Wir haben hier ausnahmsweise die persönliche Assoziation der Träumerin, nämlich daß sie einmal in derselben Weise von einer schwarzen Katze, welche ihre Jungen verteidigen wollte, angegriffen worden war. Für diese Katze ist Angriff die beste Verteidigung. Das ist legitim, denn sie fühlt sich allein und bedroht. Auf der Seite des mütterlichen Instinktes besteht eine große Unsicherheit und deshalb kommt es zu diesem aggressiven Verhalten. Sie muß diese Instinktreaktion ernst nehmen und sich doch gegen ihre unangemessene Aggressivität wehren. Unangemessene Angriffigkeit passiert immer dann, wenn wir uns in einer Rolle nicht sicher fühlen.

In einem anderen Traum, wenige Tage später, ist ein Kätzchen beinahe ertrunken. Sie träumt:

---

[392] M.-L. von Franz, Die Bremer Stadtmusikanten in tiefenpsychologischer Sicht.

Traum Nr. 68:

Ich habe ein Kätzchen aus dem See gefischt, aufs Floß der Badanstalt hinaufgebracht. Ich halte es so, daß das Wasser aus ihm herauskommt. Ich beatme es. Es lebt wieder.

Hier ist es nun eine andere Katze, ein hilfloses Kätzchen. Sie kann den psychischen Inhalt, den dieses darstellt, ans Land, d.h. ins Bewußtsein heben. Hier kann sie ihn beleben, d.h. in ihrem Leben lebendig werden lassen. Das Kätzchen stellt wohl eine neue Art von unabhängiger Weiblichkeit oder Mütterlichkeit dar, die aber erst noch einen sicheren Boden im Bewußtsein bekommen muß. Das Problem ist aber noch nicht endgültig gelöst. Einen Monat später träumt sie:

Traum Nr. 69:

Ein kleines Kätzchen wird eingesperrt gehalten (von einem alten Mann?), ohne Futter. Ich gebe ihm zu fressen. Es hat so Hunger, daß es sogar Salat frißt.

Hier ist die Katze in der Gewalt eines alten Mannes, eines Animus, der offenbar von der Träumerin nur unklar wahrgenommen wird. Der alte Mann könnte eine alte Bewußtseinseinstellung darstellen, z.B. eine von den Alten geerbte religiöse Einstellung, welche das Gute, Recht und Rechtschaffenheit vor gewisse weibliche Werte wie Lebens- und Sinnenfreude, vielleicht sogar Faulheit und körperliches Wohlgefühl stellt. Eigentlich hätte die Katze ja gerne Fleisch. Das würde etwa auf Körperliches, vielleicht auf Sexualität deuten. Vor lauter Hunger frißt sie aber Salat, was ihr nicht entspricht. Der Animus kann für eine Frau so eine Art Gewissen spielen, das sie dauernd zu etwas veranlassen will, das sie glaubt, tun zu müssen. Dabei möchte ein Instinkt der Schwangeren vielleicht viel mehr Ruhe, vegetieren können, mehr im Körper leben können, vielleicht sogar mehr Sexualität. Der Animus sagt jedoch, daß sich das in ihrem Zustand nicht gehört.

Eine 24-jährige Frau, zum erstenmal schwanger, wußte nicht, ob sie das Kind abtreiben sollte. Sie lebte seit vier Jahren mit dem Manne zusammen, welcher der Vater des Kindes war, wußte aber noch nicht, ob sie ihn heiraten sollte. Sie träumte:

Traum Nr. 70:

I am at the Federal University summer camp with B. Two old men look after the luggage we left in the TV-room. B. comes in but he doesn't want to help them. I am cooking. Dad and B. are at home. Some very small kitties enter through the kitchen. One is black. The two other ones are white or yellowish. I scream. We go outdoors. There is something mysterious about those cats. My father walks home with me. Suddenly he can't walk – there is a problem with one of his legs. Then he sits on the stairs. The building corridors get crowded with people puzzled about the kitties.

Ich bin im Universitäts-Ferienlager mit B. Zwei alte Männer passen auf das Gepäck auf, welches wir im TV-Raum zurückgelassen haben. B. kommt hinein, aber er will ihnen nicht helfen. Ich koche. Mein Vater und B. sind zu Hause. Ganz kleine Kätzchen kommen durch die Küche hinein. Eines ist schwarz. Die zwei anderen sind weiß oder gelblich. Ich schreie. Wir gehen hinaus. Es ist etwas Mysteriöses um diese Kätzchen. Mein Vater geht mit mir nach Hause. Plötzlich kann er nicht mehr gehen – etwas ist problematisch mit einem seiner Beine. Dann sitzt er auf der Treppe. Die Gänge des Gebäudes füllen sich mit Leuten, die verwirrt sind wegen der Kätzchen ...

In diesem Traum wird der Vater, der Vertreter des traditionellen Bewußtseins, mit dem Erscheinen der Kätzchen plötzlich lahm. Die Träumerin ist am Kochen, einer echt weiblichen Tätigkeit, die verwandt ist mit Wärmen, Backen, Ausbrüten. Sie ist ein Bild für das, was in einer Schwangerschaft geschieht. „Jemand ist noch nicht ganz gebacken", sagt man, wenn einer noch nicht ganz auf der Welt zu sein scheint. In diesem Moment tauchen die drei mysteriösen Kätzchen auf, welche jedermann in Verwirrung setzen und die sozusagen den männlich-väterlichen Standpunkt ins Wanken bringen. Es scheint, wie wenn sich auch hier, gegen das Bewußtsein der schwangeren Frau, etwas Eintritt verschaffen wollte, ein dynamisches, hell-dunkles weibliches Element, das offenbar den alltäglichen Ablauf des bewußten Lebens in heftige Unruhe versetzt. Das könnte mit der noch unsicheren Haltung der Träumerin zusammenhängen, wo es um feste Bindung an ein weibliches Leben geht, sei dies ein Status als Ehefrau, sei dies die Verantwortung für ein Kind. Es liegt wohl im Interesse beider, daß der einseitige, „einbeinige" Standpunkt des Vaters ins Wanken gerät! Es wurde ein gesunder Bub geboren.

Von der Träumerin des Traums 67 folgen 4 und 2 Wochen vor der Geburt noch die nächsten zwei Träume:

Traum Nr. 71:

Das Baby ist geboren. Zu Hause schaue ich es an, will es stillen. Es ist groß, dick, rothaarig, hat spitze Zähne, spricht und steht auch schon. Ich werde mißtrauisch, das kann doch nicht unser Kind sein. Ich zeige es meinem Mann. Es muß wahrscheinlich ein Wechselbalg sein. Es ist von jemandem, der etwas gegen Frau von Franz hat. Ich suche unsere Katze, die das richtige Baby hat. Sie rennt weg.

Traum Nr. 72:

> *Ich muß ein großes, schweres Baby hüten. Dann ist es ein liebes, kleines Kätzchen, das sich durch die lärmende Stadt ganz ruhig auf meinem Arm tragen läßt.*

Frau von Franz im ersten Traum hat mit einer schöpferischen Arbeit zu tun, welche die Träumerin zur Zeit ihrer Schwangerschaft beschäftigte und die Frau von Franz gleichsam als „geistige Hebamme" begleitete. Mit diesem schöpferischen Prozeß scheint etwas nicht in Ordnung zu sein. Ein Wechselbalg ist nach altem Volksglauben ein vom Zwergenvolk böswillig vertauschtes Kind.[393] Es ist auch kein normales menschliches Kind. Es ist ein richtiger Teufelsbraten, denn rote Haare und spitze Zähne gehören zum Teufel oder Vampir. Die Träumerin nährt ein falsches Kind, eines, das ihr offenbar eine böswillige oder neidische Macht untergeschoben hat. Dies könnte mit Ehrgeiz oder Neid zusammenhängen, die ihr ein falsches Kind unterschieben könnten. Ihre schöpferische Arbeit, das Kind, wäre dann wie nicht ihr eigenes. Vielleicht hatten sich tatsächlich Ehrgeiz und Neid in ihre Arbeit eingeschlichen, und dies hatte die Beziehung zu ihrer geistigen Lehrerin gestört. Die Katze hat das richtige Kind, aber sie rennt davon.

Wenn die Katze an einem schöpferischen Prozeß beteiligt ist, so geht es um ein weibliches Aufnehmen eines Einfalls, ohne Schielen nach Erfolg und Bestätigung, selbstsicher und eigenständig. Die Katze geht ihre eigenen Wege, darum ist sie auch nicht immer da, wenn man sie braucht. Aber auch diese Eigenart des Weiblich-Schöpferischen muß akzeptiert werden. Das Schöpferische, das zur Katze oder zur Mondgöttin Bastet gehört, hat auf der biologischen wie auf der geistigen Ebene viel weniger mit männlich aktiver, effizienter (im geistigen Bereich intellektueller, abstrakter) Arbeitsweise zu tun, als mit Wartenkönnen wie eine Katze vor dem Mausloch, konzentriert und doch entspannt, bis der richtige Moment da ist und der neue Inhalt sich zeigt. Wir werden später auf diese ganz andere Art von Schöpferischkeit zurückkommen.

Im letzten Traum vor der Geburt muß die Träumerin ein großes schweres Baby hüten, bzw. tragen. Das ist vermutlich die Belastung, welche nicht nur das geistige, sondern auch das erwartete leibliche Kind für sie darstellt. Als kleines Kätzchen aber kann sie es liebhaben und leicht mit sich tragen. Parallel zur körperlichen Schwangerschaft ist offenbar im Unbewußten ein anderer Schöpfungsprozeß vor sich gegangen, die Entstehung einer neuen instinkthaften weiblichen Lebensmöglichkeit, die ihr bei aller lärmenden Betriebsamkeit um sie herum nicht mehr davonspringt. Danach wurde ein gesundes, großes Mädchen durch Kaiserschnitt entbunden.

---

[393] J. Guntern, Volkserzählungen aus dem Oberwallis, Nr. 2012 u.a.

5. TIERE: DIE KATZE

Im folgenden Traum einer andern Frau kommen wir nochmals zurück auf die Ernährung der Katze wie in Traum 69:

Traum Nr. 73:

> *I find myself in an old stone building. For me it has a romantic atmosphere. It is a sort of castle. I walk around this castle accompanied by a black male cat. It seems that I am responsible for it. Soon it is hungry. I give it something sucky to eat. It is very unsatisfied with this and goes by itself to fetch a better piece of meat which annoys me somewhat. I find the cat is quite cheeky. – Later I am sitting with other people in a sitting room, my mother is there as well. We are all, I believe, working on a piece of handwork. In the middle of the table is a huge block of chocolate. Suddenly the cat climbs on the table – as if paralysed I watch it. It sits on top of the chocolate and produces a long excrement on to it. My mother says to me about this: You should not have allowed that. As if it was easy to deal with that cat.*
>
> *Ich finde mich in einem alten Steingebäude. Für mich hat es eine romantische Atmosphäre. Es ist eine Art Schloß. Ich gehe um dieses Schloß herum, begleitet von einem schwarzen Kater. Es scheint, daß ich für ihn verantwortlich bin. Bald ist er hungrig. Ich gebe ihm etwas zum Lutschen. Er ist sehr unbefriedigt damit und geht selber, um ein besseres Stück Fleisch zu holen, was mich etwas ärgert. Ich finde, er ist ziemlich verwöhnt. – Später sitze ich mit andern Leuten zusammen in einer Stube, meine Mutter ist auch da. Ich glaube, wir arbeiten alle an einer Handarbeit. In der Mitte des Tisches hat es einen großen Block Schokolade. Plötzlich klettert die Katze auf den Tisch – ich schaue wie gelähmt zu. Sie setzt sich auf die Schokolade und produziert ein langes Exkrement darauf. Meine Mutter sagt deswegen zu mir: Du solltest das nicht erlaubt haben. Wie wenn es leicht wäre, mit dieser Katze umzugehen.*

Dieser Kater erhält offensichtlich auch nicht die richtige Nahrung. Die Träumerin gibt ihm nur etwas zum Lutschen. Er ist aber dreist und klaut sich einfach ein gutes Stück Fleisch. Vielleicht versucht diese Frau, ihren ungebärdigen Instinkt damit abzuspeisen, daß sie ihn verhätschelt wie ein Kind. Manche Frauen werden in der Schwangerschaft wie verwöhnte Babies, sie lassen sich pflegen und umsorgen. Aber damit gibt sich der Trabant der großen Naturmutter, der Hexenbegleiter, der schwarze Kater nicht zufrieden. Er will substantielle Nahrung, Fleisch, das für ein christliches Bewußtsein nach Sünde riecht. Deshalb ärgert sich die Träumerin. Die weitere Untat des Katers ist deutlich. Er setzt ein großes Exkrement auf ein riesiges Stück Schokolade auf dem mütterlichen „Häkel-Teetisch". Das Ganze ist ihm offenbar zu süß. Die mütterliche Damenrunde am Teetisch mit der Schokolade steht für ein allzu süßliches, traditionell christliches Bild des Mütterlichen.

Etwas in der Träumerin wehrt sich ganz unmißverständlich dagegen. Es „scheißt" sie an, könnte man in deftiger Volkssprache sagen. Der Kater verkörpert einen ganz und gar ruchlosen Eigenwillen, der nicht daran denkt, sich anzupassen. Und er hat recht!

Natürlich erntet die Träumerin bei ihrer Umgebung Mißfallen über das schlechte Benehmen des Katers, den sie nur schlecht unter Kontrolle hat. Vermutlich lebt sie zu brav, zu kindlich passiv in einer Atmosphäre von positivem Mutterkomplex, in der alles so geht, wie es schon die Mutter machte. Deshalb wehrt sich ein unabhängiger Katzeninstinkt, der ganz andere Bedürfnisse zu befriedigen wünscht.

Das Schloß ist mythologisch amplifiziert ein weibliches Symbol des Selbst. Die Jungfrau Maria wird oft als Turm oder Palast dargestellt und in der Alchemie ist das „castrum" ein Bild für die Anima oder Mutter.[394] Dieses wichtige Symbol zeigt der Träumerin, daß bei der Mutterschaft und der Schöpfung neuen Lebens ihre individuelle Ganzheit gefordert ist, denn die große Naturmutter hat neben dem mütterlich-schenkenden, lebensspendenden Aspekt ebenso triebhafte, eigenwillig unverständliche Seiten wie eine schwarze Katze. Das Bild des guten, entsagungsvollen, sich aufopfernden Mütterchens, das nicht nur in der romantischen Literatur eine so hehre Rolle spielt, entspricht nur zu einem Teil der weiblichen Natur. Der Bewußtwerdungsprozeß über den andern, den nicht gewußten oder verdrängten Teil des Mütterlich-Weiblichen scheint ein Prozeß zu sein, der zur Schwangerschaft als Vorbereitung auf das Mutterdasein ebenso gehört wie das Wachsen des Kindes im Mutterleib.

Der Beginn eines Bewußtwerdungsprozesses sieht oft, wie im nächsten Traum, abstoßend und destruktiv aus:

Traum Nr. 74:

> *At a table with children. Horrible worms crawl out of the ceiling. The dreamer is immensely horrified. The worms turn into cats which start to chew the dreamer. Although she likes cats otherwise, she can't prevent her resistance to them. At last the children say: Stroke them! Which the dreamer immediately does. Immediately the cat in her arms turns into a quiet little boy. „Now ... be quiet too, this battle is over too."*

> *An einem Tisch mit Kindern. Schreckliche Würmer kriechen aus der Zimmerdecke. Die Träumerin ist entsetzt. Die Würmer werden zu Katzen, welche die Träumerin anfangen anzukauen. Obwohl sie sonst Katzen gern hat, kann sie ihren Widerstand dagegen nicht unterdrücken. Zuletzt sagen die Kinder: Streichle sie! Was die Träumerin sofort tut. Sofort verwandelt*

---

[394] M.-L. von Franz, Bei der schwarzen Frau, S. 320. Siehe auch das rumänische Volksmärchen „Die Katze", in Märchen der Weltliteratur

sich die Katze in ihren Armen in einen ruhigen kleinen Buben. „Jetzt sei still, diese Schlacht ist auch vorüber."

Jung befaßt sich in den „Dream Seminars" ausführlich mit dem Wurm: Er kommt aus der Erde, d.h. von unten oder von innen, psychologisch aus dem Körper, denn der Körper verbindet uns am engsten mit der Erde. Würmer haben kein Gehirn, sie bestehen nur aus Sympathicus, welches eine primitive Form des Lebens darstellt. Diese ist nirgends zentriert. Der Wurm besteht aus separaten Ganglien in Serien. Wenn der Wurm heraufkommt, so sagt Jung, so komme eine unbewußte Form des Lebens herauf, welche äußerst destruktiv für uns sein kann, weil die Gefahr der Segmentierung, der Desintegration und Dissoziation des Bewußtseins in Teile besteht.

Die menschliche Entwicklung im Uterus beginnt mit dem vegetativen Leben der niedrigen Tiergattungen. Später entwickelt es sich zum sympathischen Nervensystem, dann zum Rückenmark, dann zum Hirn. Das Nervensystem bedeutet den Uranfang des Zerfalls des perfekten Kontinuums undifferenzierten Lebens, sagt Jung. „Die erste Differenzierung ist der Anfang der Destruktion."[395] Deshalb ist der Wurm die Quelle des Bösen, schon im Paradies. Der Wurm als Symbol des Beginns geistigen Lebens ist aber, obwohl er destruktiv aussieht, ein uranfänglicher Lebenskeim, der Anfang von höherem Bewußtsein und von Erkenntnis. Jung erwähnt frühe gnostische Philosophen, welche glauben, Gott hätte den Wurm gemacht, um eine geistige Welt zu erschaffen.

Der Wurm bedeutet auch Zerstörung des Körpers nach dem Tod. Dieser wird nach dem Tode von den Würmern gefressen, um zu Erde und im Kreislauf alles Lebens zu etwas Neuem zu werden. Nach der Version des Epiphanius kriecht der stolze Phönix nach der Verbrennung als ein Wurm wieder aus der Asche.[396]

Die Würmer in unserem Traum bedeuten den Zerfall oder die Auflösung eines alten und den Beginn der Entstehung eines neuen Bewußtseins, gleichsam das Interregnum zwischen dem Tod einer alten und der Neugeburt einer neuen Einstellung. Dies wird zuerst auf einer ganz tiefen, instinktiven, dem Körperlichen nahen Schicht sichtbar. Die Träumerin ist entsetzt über die Würmer, denn was da in ihr Leben hereinkommt, ist so weit weg von ihrem bewußten Verstehen, daß sie es auf keine Weise mit sich verbinden kann. Danach werden die Würmer zu Katzen, einer höheren Tierart, die dem menschlichen Verstehen schon sehr viel näher steht. Die Kinder raten ihr nun, die Katzen zu streicheln, d.h. sie anzunehmen. Kinder scheinen oft noch in einer Art unbewußter „participation" mit Tieren zu stehen, weshalb sie Tiere auch unglaublich typisch nachahmen können. Ihr Umgang mit Tieren ist

---

[395] C.G. Jung, Seminare, Traumanalyse, 272
[396] Ders., Mysterium coniunctionis, GW 14 II, § 137

völlig spontan, unsentimental, einfühlsam und grausam zugleich, unbewußt wie die Natur selber.

Die Träumerin soll offenbar eine neue, ihr unangenehme körperbezogene katzenhafte Weiblichkeit einfach spontan annehmen, ohne darüber nachzudenken, warum und wofür. Den ganzen Bereich des Körpers mit seinen Funktionen und Bedürfnissen wahrzunehmen, wie er sich in der Schwangerschaft unweigerlich bemerkbar macht, kann für eine Frau eine ganz neue und mühsame Erfahrung darstellen. Dazu gehören gerade in der Schwangerschaft Körperbeschwerden, Stimmungen und Launen depressiver oder gereizter Art, die man sich nicht erklären kann, weil sie mit den tiefsten Umwandlungsvorgängen in Körper und Psyche zusammenhängen.

Diese liebevoll anzunehmen als zu sich gehörig, bewirkt offenbar eine Verwandlung auf eine höhere Ebene. Die Träumerin hat plötzlich einen kleinen Buben im Arm, nicht ihren eigenen, sondern ein aus einem zauberhaften Verwandlungsprozeß entstandenes fremdes Kind. Dieses Kind stellt etwas Neues in ihrem Bewußtsein dar. Es ist ihr nicht geschenkt worden. Es brauchte dafür Überwindung, Mut und Zuwendung zu den bedrängenden neuen Inhalten aus der tieferen instinktiven Schicht in ihrer Persönlichkeit. Sie fühlt sich denn auch wie nach einer Schlacht, in der die feindlichen Parteien aufeinanderprallten. Das Gefühl von Frieden bedeutet die Erlösung vom Kampf der Gegensätze, ohne den offenbar keine Bewußtseinsentwicklung stattfinden kann. Die in diesem Traum vor sich gehende Verwandlung Würmer-Katzen-Kind stellt einen Bewußtwerdungsprozeß dar, dessen letzte Stufe, das Kind wiederum auf das Selbst hinweist.

Das Bild der Katze taucht nochmals in einem Traum derselben Frau auf, etwa einen Monat später und wenige Tage vor der Geburt.

Traum Nr. 75:

In a dream I am standing in front of a white wall. Suddenly a small cat jumps out of the wall and rolls on the ground. I watch this happening with mixed feelings – on one hand the cat is very sweet to look at, on the other it has a large growth on the front of its neck (throat?) which I found made me feel disgust. (Blister on husbands finger the evening before.) But I suddenly realize that this growth has something to do with the awaited birth of our child. Immediately the mixed feelings disappear and I feel curious and happy. At this moment 2 other kittens come out of the wall. They roll on the ground as well, now sitting beside them there is a large fat cat and I think „That is surely the mother of the three kittens."

In einem Traum stehe ich vor einer weißen Wand. Plötzlich springt eine kleine Katze aus der Wand und rollt sich am Boden. Ich beobachte dieses Ereignis mit gemischten Gefühlen. – Auf der einen Seite ist die Katze süß zum Anschauen, auf der anderen hat sie ein großes Gewächs vorn an

5. TIERE: DIE KATZE

ihrem Hals oder ihrer Kehle, welches mich abstößt. (Blase am Finger meines Mannes am Abend vorher.) Aber ich realisiere plötzlich, daß dieses Gewächs etwas zu tun hat mit der erwarteten Geburt unseres Kindes. Sofort verschwinden meine gemischten Gefühle und ich fühle mich neugierig und glücklich. In diesem Moment kommen zwei andere Kätzchen aus der Wand. Sie rollen sich auch auf dem Boden. Neben ihnen sitzt jetzt eine große dicke Katze und ich denke: Das ist sicher die Mutter der drei Kleinen.

Diese Katze hat ein abstoßendes Gewächs oder eine Blase an der Kehle. Dieses hat mit dem erwarteten Kind zu tun oder erinnert an dieses, vielleicht weil es auch in einer Blase liegt. Wie die Träumerin den Zusammenhang realisiert, vermittelt ihr das Kätzchen, das sich da vergnügt am Boden rollt, plötzlich Neugier und ein glückliches Gefühl.

Die Kehle ist der Ort, wo das Schnurren der Katzen scheinbar herkommt und fühlbar wird. Katzen lieben es, an der Kehle gekrault zu werden. Das Schnurren ist ein unglaublicher Laut von „In-sich-selbst Ruhen" und von Bezogenheit auf den Menschen. Katzen schnurren viel häufiger zum Menschen als zu Artgenossen, und sie schnurren auch zu „ihrem" Menschen, wenn sie todkrank sind und Schmerzen leiden. Uns erscheint dies wie eine völligen Hingabe an das Schicksal. An diesem Ort, das heißt in dieser seelischen Haltung kann sich irgendwie das Mysterium der Geburt des Kindes vorbereiten.

Zuerst sind es drei junge Katzen, dann kommt eine vierte, die Katzenmutter dazu. Wir müssen auf diese Zahlensymbolik etwas eingehen. Die Drei hat mit dem Zeitablauf, mit Vergangenheit, Gegenwart und Zukunft zu tun und damit mit dem Unausweichlichen, Irreversiblen, Schicksalhaften der Zeit. Deshalb sind nicht nur die nordischen Nornen und die griechischen Moiren, die Schicksalsgöttinnen dreifachen Wesens, sondern auch viele Mondgöttinnen wie Hekate triformis mit drei Hundeköpfen, die Herrin der Geburt und des Todes, oder die ägyptische Mondgöttin, die als drei Jungfrauen dargestellt ist, aber auch die keltischen Mondgöttinnen, die drei Bridgets.[397] Die drei Katzen haben deshalb mit dem mondhaft-zyklischen Zeitablauf des weiblichen Schöpfungsprozesses zu tun, dem schicksalhaften Entwicklungsprozeß in der Zeit.

Die dreifache Mondgöttin enthält immer den hellen und den dunklen Mond oder den Fruchtbarkeits- und den Todesaspekt der Natur. Das könnte für unseren Traum bedeuten, daß der Konflikt „süßes Kätzchen" und abstoßende Blase an der Kehle, der helle und der dunkle Aspekt des Mutterwerdens durch etwas Drittes, die Bewußtwerdung des Schicksalhaften überwunden werden kann.

---

[397] Lexikon der german. und röm. Mythologie, II, 1, 1341

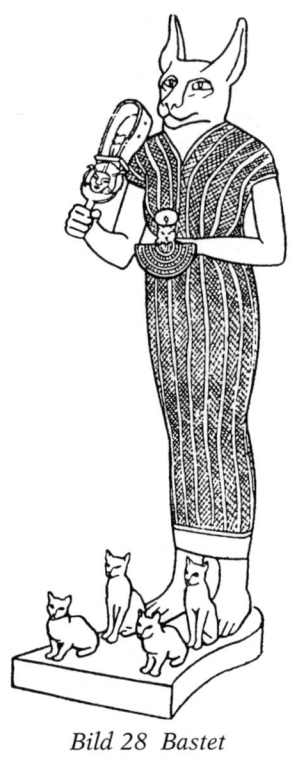

Bild 28 Bastet

Die dritte der ägyptischen Mondjungfrauen heißt Manat, was „Zeit" im Sinne von „Schicksal" bedeutet. Das daraus abgeleitete Wort „Mana" wird von den Arabern für „Glück" gebraucht.[398] Glück ist was die Träumerin empfindet, weil sie den größeren schicksalhaften Zusammenhang realisiert, in dem die bevorstehende Geburt und das erwartete Kind stehen. Glück also nicht als Erfüllung von persönlichen Ansprüchen, sondern umfassender als sich sinnvoll Eingebettetfühlen in den Schicksalsstrom des Lebens.

Die Zahl Vier nun hat mit Orientierung, mit der bewußten Einteilung unseres Lebensraumes in Himmelsrichtungen, unseres Jahreslaufs in Jahreszeiten, unserer Monateinteilung in Wochen etc. zu tun. Diese Vierteilung finden wir überall in der Welt, wo es um ein Optimum an Orientierung oder um das Erfassen einer Ganzheit geht. Die unseren bewußten Funktionen zugrunde liegende archetypische Struktur ist vierfach, wie Jung gezeigt hat.[399] Die Zahl vier hat mit der objektiven Realisierung von etwas zu tun, was einem vorher in schicksalhafter Art beeinflußt oder besessen hat (die Drei).[400] Die vier Katzen am Schluß des Traumes können wir deshalb als Möglichkeit einer grundlegenden Neuorientierung im bewußten Leben der Träumerin ansehen. Die vergnügte Katzenquaternio mit der ganzen Wärme und Heiterkeit, die zu Bastet gehört, vermittelt der jungen Mutter darüber hinaus diejenige Stimmung, in der sie am besten auf die Geburt ihres Kindes vorbereitet ist.

Ein anderer Traum lautet:

Traum Nr. 76:[401]

I am at my mothers house, packing a lunch for work. I pack a sandwich, but see she has pickled eggs too. I ask if I can have some, so I eat one, then I pack one. – Now I am in a parking garage. I am with some girl friends. I think we are going to a conference or high school reunion. I pass by some young men who are familiar to me. I have met one before through my Dad.

---

[398] E. Harding, Frauenmysterien, 227
[399] Vgl. C.G. Jung, GW 6, Psychologische Typen
[400] Theo Abt, Vorlesung
[401] Traum von der spanischen Träumerin. Träume von ihr in fast allen Kapiteln

5. TIERE: DIE KATZE

We all start downstairs. We hear that there are animals on the loose. As we go into a building we see behind us a large prehistoric cat (it is supposed to be a tiger, but it looks like a wet cat to me or a cat that is very scrawny and short haired). We are sitting in the front room in front of a large picture window. We are trying not to move because it may pounce through the window if it sees movement. I am peering at it from behind the curtain, hoping it doesn't see me. It turns away and we decide to try to make a break for it up the stairs. But as we start, it turns back and begins to get ready to pounce. My alarm went off so I don't know what happened.

Ich bin im Haus meiner Mutter und packe ein Lunchpaket, um es zur Arbeit mitzunehmen. Ich packe ein Sandwich ein, aber ich sehe, daß sie auch gepökelte Eier hat. Ich frage, ob ich davon haben kann. Ich esse eines und packe das andere ein. – Jetzt bin ich in einer Parkgarage. Ich bin mit Freundinnen. Ich denke, daß wir zu einer Konferenz oder Schulsitzung gehen. Ich gehe an jungen Männern vorbei, welche ich kenne. Ich habe sie auch schon getroffen über meinen Vater. Wir gehen alle hinunter. Wir hören, daß Tiere los sind. Wie wir in ein Gebäude gehen, sehen wir hinter uns eine große prähistorische Katze (es sollte ein Tiger sein, aber es sieht für mich aus wie eine nasse oder eine sehr dürre und kurzhaarige Katze). Wir sitzen im vorderen Zimmer vor einem großen Panoramafenster. Wir versuchen uns nicht zu bewegen, weil sie durch das Fenster springen könnte, wenn sie Bewegung sieht. Ich spähe nach ihr hinter dem Vorhang hervor und hoffe, daß sie mich nicht sieht. Sie wendet sich ab und wir entscheiden uns, über die Treppe auszubrechen. Aber wie wir losgehen, kehrt sie um und macht sich bereit zu springen. Mein Wecker ging los, so weiß ich nicht, was passierte.

Der Traum beginnt im Haus der Mutter der Träumerin. Sie bekommt als Proviant Sandwiches und Eier, um damit zur Arbeit zu gehen. Das ist die Tochter-Situation der Träumerin, so wie sie früher war, bevor sie verheiratet und schwanger war, noch nicht selber Mutter. Noch ist die Mutter im Besitz der Eier, d.h. der schöpferischen Keime, wenn auch gepökelt, konserviert. Sie geht dann mit Freundinnen und jungen Männern zu einer Konferenz oder Hochschulveranstaltung wie in Studentenzeiten.

Der Weg führt nach unten, in eine Art Parkgarage. Wie in allen Parkgaragen ist es dort vermutlich düster, leer, und man hat ein Gefühl von möglicher Gefahr. Wenn man allein wäre, könnte man vielleicht überfallen werden, es ist einem nicht ganz wohl. Da unten sind offenbar Tiere los. Dieser Ort ist ein trefflliches Bild für das Unbewußte, wie der dunkle Keller, vor dem sich jedes kleine Kind fürchtet. Die Träumerin ist schwanger und gehört eigentlich nicht mehr in die extravertierte Welt ihrer Studienzeit. Deshalb beginnen im Unbewußten die Tiere loszugehen, d.h. instinktive Seiten, die offenbar da unten angebunden oder eingesperrt sind. Es ist etwas unklar, in was für einem

Raum die Träumerin sich mit ihren Freunden eigentlich aufhält, wie die große prähistorische Katze plötzlich hinter einem großen Panoramafenster im Rücken der Träumerin auftaucht. Glasfenster isolieren, sie schützen vor Wind und Wetter und Temperaturschwankungen, und trotzdem sieht man hindurch. Die Träumerin sieht diesen neuen, erschreckenden Inhalt des Unbewußten plötzlich klar vor sich, aber noch ist sie von einer gefühlsmäßigen Erfahrung isoliert. Sie fürchtet sich davor und möchte wieder die Treppen hinauf flüchten, d.h. zurück ins gesicherte Bewußtsein, aber es ist zu spät. Sie erwacht mit einem Schreckgefühl, denn die Katze macht sich bereit, sich auf sie zu stürzen. Was passieren wird, weiß man nicht, die Lysis des Traumes ist noch offen.

Das archetypische Bild der prähistorischen Katze kommt aus dem tiefsten Unbewußten der Träumerin. In der Entwicklungsgeschichte des Bewußtseins, welche phylogenetisch zur Entwicklung der Menschheit gehört und sich ontogenetisch in der Entwicklung jedes einzelnen Menschenlebens wiederholt, steht am Anfang eine Phase, die Erich Neumann mit Matriarchat benennt. Er meint damit eine Phase der menschheitsgeschichtlichen Frühzeit, in welcher das Unbewußte (und das Weibliche) noch dominieren, das Bewußtsein (und das Männliche) oder das Ich noch nicht zu ihrer Eigenständigkeit und Unabhängigkeit gekommen sind.[402] In dieser Phase herrscht der Archetyp der Großen Mutter mit ihrer ganzen Beziehung zum rhythmischen Naturablauf und zum Wechsel des Mondes. In diesen Zusammenhang gehört Bastet als katzengestaltige Mondgöttin. Sie ist schöpferisch in einer ganz anderen, einer weiblichen Art, die nichts zu tun hat mit dem Hochschulwissen der Träumerin. Sie hat mit passivem Erwartenkönnen, mit Wachsen- und Reifenlassen zu tun, mit Austragen von etwas Neuem.

Von einer solchen Haltung hat sich die moderne Frau durch ihre Entwicklung eines rationalen, männlichen, aktiven Ich-Bewußtseins oft weit entfernt. Die Schwangerschaft ist jedoch die Zeit der Großen Mutter. Diese Zeit ist auch heute noch nicht ohne die Hilfe der weiblichen Instinkte, die sie darstellt, zu bestehen. Je größer die Spaltung zwischen jener tiefen, matriarchalen Schicht und dem heutigen Bewußtsein einer jungen Frau ist, desto gefährlicher werden die nun auftauchenden Inhalte. In diesem Traum ist der Gegensatz zwischen der Welt der Parkgaragen und der prähistorischen Katze so groß, daß es für die Träumerin nur Flucht zu geben scheint. Vielleicht hat der Schock dieses Traumes irgendwie auf die junge Frau gewirkt. Im besten Falle könnte er sie zu einer aktiven Imagination, d.h. zu einem inneren Gespräch mit dieser bedrohlichen Katze veranlaßt haben. Auf diese Weise kann sich das Bewußtsein einem neuen oder unheimlichen Inhalt des Unbewußten zuwenden und es um seine Absicht befragen. Eine solche Auseinandersetzung macht

---

[402] E. Neumann, Der Mond und das matriarchale Bewußtsein, 324

5. TIERE: DIE KATZE

oft, daß die unbewußte Figur weniger bedrohlich wird und gleichzeitig wird eine Erweiterung des Bewußtseins oder eine neue Einstellung möglich.

Im nächsten Traum ist ein harmonischer Übergang möglich von der alltäglichen Welt des Bewußtseins zum Erlebnis der mütterlichen Urbilder und wieder zurück. Weil diese nicht im Gegensatz zum Bewußtsein der Träumerin stehen, werden sie zu einem wunderbaren und hilfreichen Erlebnis.

Traum Nr. 77 von einer 26-jährigen Frau im 5. Monat, 2. Kind:[403]

> *I sit with my husband and our two dogs in an open, uncovered carriage of some kind. We are leaving from a farm in Östergötland, the landscape where I was born. It is 12 o'clock, midnight, darkness. We have our cat Mio running around us, as we pass slowly along the small path or road, leading from the farm. In the darkness I catch glimpses of many cats. They are large and like rounded and lie watchfully waiting. One of the cats is especially big. He is the ruler of all the other animals.*
> *The nature has the form of several small hills. To the right a solitary tree grows. It is not a very high tree, maybe 3 meters, with symmetrically wide growing branches. It is an apple tree. The strange thing is that this tree shines from a light that radiates from the tree itself. In its mild moonshine-like light many bats, or maybe birds, swarm around. They are beautiful, look like birds in wonderful colours. In a way they look more like fishes because they do not move their wings but float or glide swiftly around, in the light under the tree. It is most beautiful and moving to look at. I know in the dream that this is a Holy Tree.*
> *On the next little hill to the left I see an elephant with her baby elephant. No, it is a Mammoth mother and her child. They have long haired, grey, rough furs, and ivory tusks and a trunk. The child follows closely its mother and they wander peacefully away. These two animals like the shining tree are numinous, and I watch them with deep love and respect. I think of Mio, our cat. I realize that if he is left alone here, he will not be able to find his way home tomorrow. I call for him. After some time I notice that he is together with Frodo (our terrier) under my right arm. My husband drives the car away.*
>
> *Ich sitze mit meinem Mann und unseren zwei Hunden in einer Art offenen, ungedeckten Kutsche. Wir verlassen eine Farm in Östergötland, dem Land, wo ich geboren bin. Es ist 12 Uhr Mitternacht, dunkel. Unsere Katze Mio springt um uns herum, wie wir uns langsam auf dem schmalen Weg oder der Straße weg von der Farm bewegen. In der Dunkelheit bemerken wir viele Katzen. Sie sind groß und wie rund und liegen da, aufmerksam*

---

[403] von ders. Tr. Nr. 28: Kap. Feuer, Nr. 35: Kap. Pflanzen, Nr. 42: Kap. Baum

wartend. Eine der Katzen ist besonders groß. Er ist der Herrscher von all den anderen Tieren.
Es hat mehrere kleine Hügel. Rechts wächst ein alleinstehender Baum. Er ist nicht sehr hoch, vielleicht 3 Meter, mit symmetrisch weit wachsenden Ästen. Es ist ein Apfelbaum. Das Seltsame ist, daß dieser Baum leuchtet von einem Licht, welches aus ihm selber kommt. In seinem milde mondähnlichen Licht schwärmen viele Fledermäuse oder vielleicht Vögel herum. Sie sind wunderschön, sie sehen aus wie Vögel in wunderbaren Farben. Auf eine Art sehen sie mehr wie Fische aus, weil sie ihre Flügel nicht bewegen, sondern weil sie schnell fließen oder gleiten, im Licht unter dem Baum. Es ist wunderschön und berührend zu sehen. Ich weiß im Traum, daß es ein heiliger Baum ist.
Auf dem nächsten kleinen Hügel auf der linken Seite sehe ich eine Elefantenmutter mit ihrem Kind. Nein, es ist eine Mammutmutter und ihr Kind. Sie haben lange, graue, rauhe Pelze und elfenbeinerne Stoßzähne und einen Rüssel. Das Kind folgt seiner Mutter ganz nahe und sie wandern friedlich fort. Diese zwei Tiere wie der leuchtende Baum sind numinos, und ich schaue sie mit tiefer Liebe und Respekt an.
Ich denke an Mio, unsere Katze. Ich realisiere, daß wenn er hier allein gelassen wird, dann wird er morgen den Weg nach Hause nicht mehr finden. Ich rufe ihn. Nach einiger Zeit bemerke ich, daß er mit unserem Terrier zusammen unter meinem rechten Arm ist. Mein Mann fährt den Wagen weg.

In diesem großen Traum hat der archetypische Bereich der Muttergöttin nichts Bedrohliches, nur die unerhörte Eindrücklichkeit einer numinosen ganz anderen Welt und Dimension. Es ist Mitternacht, die Zeit, wo sich die Nacht zum Tag wendet, also eine Übergangszeit, eine besondere Zeit, in der nach dem Volksglauben und in allen Kulturen jenseitige Dinge sich ereignen. Geister und Dämonen, Teufel und Hexen sind los, und außermenschliche Kräfte können zu guten und bösen Zwecken angerufen werden. Oft spielt dabei die Stellung des Mondes eine wichtige Rolle. Es ist die Zeit der Mondgöttin Bastet und die Zeit der Katzen. Wir erinnern uns an den Kampf der ägyptischen Sonnenkatze gegen die Unterweltschlange, welche jede Nacht wieder zum Tag wendet. Es ist der Moment der Geburt des neuen Tages oder des neuen Lichts.

Die Träumerin befindet sich in der Gegend, wo sie geboren ist. Schwangerschaft und Mutterwerden bringen eine Frau immer zurück zu den Anfängen, ins Land ihrer eigenen Mutter, gleichsam zu ihren eigenen Wurzeln. Unwillkürlich, ob sie ihre persönliche Mutter nun akzeptiert oder nicht, findet eine Identifikation mit ihr statt, die man als erstes Mütterliches erlebt hat. In diesem Traum wird nun aber ganz deutlich, daß das Land der Mutter eigentlich das Land der großen Muttergöttin ist. So werden hinter der persönlichen Katze denn auch die Trabanten der großen Mutter, die göttlichen Katzen sichtbar. Sie liegen ruhig wartend da, denn der Schöpfungsprozeß, um den es geht, ist eine Zeit des Wartens. Nun wird rechts der einsame Apfelbaum sichtbar, der von mildem Mondlicht aus sich heraus leuchtet, und um den farbige, fischartige Vögel gleiten.

Das Symbol des Baumes wurde bereits ausführlich besprochen. Ich fasse hier nochmals kurz einige wichtige Aspekte zusammen. Wir erinnern uns an den Baum des Lebens. Er hat in allen Kulturen höchste Bedeutung als Bild für den lebendigen Kosmos, der sich unaufhörlich regeneriert.[404] Als Symbol des Lebens steht er oft im Zusammenhang mit der großen Göttin und dem Wasser. Die germanische Iduna, aber auch Ishtar, Demeter u.a. wurden als Bäume verehrt. Durch das alljährliche winterliche Absterben des Baumes und seinem Neugrünen im Frühjahr ist er, wie wir gesehen haben, das treffende Bild für die Auferstehung der Vegetation und die Wiedergeburt des Jahres.[405] Er ist die unerschöpfliche Quelle der Fruchtbarkeit. Als kosmischer Baum, dessen Äste bis in den Himmel reichen, ist er manchmal von Vögeln, Pferden oder Tigern begleitet. Oft bringt man ihn mit einem mythischen Ahnen in Verbindung, der aus einem Baum entstanden sein soll und von dem die jetzigen Menschen abstammen.[406] Der Baum ist auch der Sammelplatz der Ahnenseelen. In Europa gibt es Bäume, von denen man nach dem Volksglauben die Kinder holte.[407] Noch heute setzt man häufig bei der Geburt eines Kindes einen Baum, früher zuweilen auf der vergrabenen Plazenta. Bäume sind oft eng verbunden mit dem Schicksal eines Menschen oder eines ganzen Stammes. Der Baum ist auch der Schützer der Neugeborenen und er erleichtert die Geburt. Häufig war der Brauch, daß die Frauen bei einem Baum ihr Kind zur Welt brachten.

Ohne hier auf die ebenfalls speziell weibliche Symbolik des Apfelbaumes einzugehen, ist klar geworden, daß der heilige Baum dieses Traumes den Baum der großen Muttergöttin darstellt. Die darum herumfliegenden Fledermäuse oder Vögel haben vermutlich mit den Ahnenseelen oder den Seelen der noch ungeborenen Kinder zu tun. In den meisten Kulturen ist die Seele eines Verstorbenen mit Flügeln oder in der Form eines Vogels dargestellt worden, um zu zeigen, daß der Körper gegangen ist, aber die geistige Form überlebt hat.[408]

Das vom Baum ausgehende milde Mondlicht ist das „Licht der Natur", das „lumen naturae" der Alchemisten und des Paracelsus, das nach Jung das Licht

---

[404] Vgl. M. Eliade, Die Religionen und das Heilige, 302 u.a.
[405] Ders. 301
[406] Ders. 314
[407] Handwörterbuch d. dt. Aberglaubens, Bd. 4, 1347 und: Atlas der Schweizer Volkskunde, Paul Geiger und Richard Weiss, Kommentar II. Teil, 319f
[408] M.-L. von Franz, Die Suche nach dem Selbst, 131

der Erkenntnis aus dem weiblichen Unbewußten darstellt. Bei Paracelsus ist das Licht der Natur eine intuitive Erfassung der Umstände, eine Art Illumination.[409]

Das mondartige Licht gehört auch zur Mond- und Katzengöttin Bastet und zu ihrer besonderen Rolle im schöpferischen Prozeß, sei dieser ein körperlicher oder ein geistiger. Wie Erich Neumann in seinem Aufsatz über den Mond und das matriarchale Bewußtsein ausführt, ist die weibliche, die mondhafte Art des Schöpferischen eine andere als die der Sonne. Auf der körperlichen Ebene bringen „Schwangerschaft und Geburt totale psycho-biologische Veränderungen mit sich, die eine jahrelange Einstellung und Umstellung erfordern und voraussetzen. Die unbekannte Natur des Kindes, seine Wesensart, sein Geschlecht ... seine Gesundheit, sein Schicksal, in allem diesem ist das Weibliche auf die Gnade und Macht der Gottheit angewiesen und als Ich zur Nicht-Aktivität ... zum Nicht-Eingreifen-können verurteilt."[410]

Die Erkenntnis des Mondlichts ist, wie Neumann weiter ausführt, an die Periodik und die wechselnde Zeitqualität gebunden: Sonnenerkenntnis, d.h. intellektuelle männliche Erkenntnis ist zeittreffend, berechnend, abstrakt. Monderkenntnis hat mit Warten, abwarten zu tun, wie beim Kochen, Garkochen, mit Austragen, in der Stille reifen lassen, verwandeln, wachsen lassen. Erkennen ist hier Konzeption, d.h. Empfangen, nicht intellektuelles Registrieren, Verarbeiten, Einordnen. Wenn die Zeit erfüllt ist, taucht die Erkenntnis oder das Neue als Erleuchtung auf. Deshalb ist der Zeitmoment wichtig. Es kann nichts forciert werden, wenn es noch nicht Zeit dafür ist, wie bei jedem natürlichen Wachstumsprozeß. So wie die Katze vor dem Mausloch, konzentriert und doch auch wieder nicht, völlig entspannt sitzt, so braucht es eine Art beobachtenden Bewußtseins, ein kontemplatives Sinnieren, ein Umkreisen eines Inhaltes oder Sinnes, bis er im richtigen Moment mit dem Gefühl erfaßt werden kann. Diese Art von weiblicher Erkenntnis ist lebens- und naturnah, nicht abstrakt-intellektuell[411].

Viele heutige junge Frauen, welche sich in der Welt der Wissenschaft und unter sogenannten Intellektuellen bewegen und hier bestehen müssen, sind immer wieder in Gefahr, sich von dieser Seite ihres weiblichen Wesens zu weit zu entfernen und dem Animus zum Opfer zu fallen. Viele schmeißen auch von einem Tag auf den anderen ihre berufliche oder wissenschaftliche Karriere weg und bekommen ein Kind. Es ist äußerst schwierig, diese weibliche Art von Schöpferischsein auch im männlich-geistigen Bereich durchzusetzen. Und ebenso schwierig scheint es für viele Frauen zu sein, im biologischen Ablauf von Schwangerschaft, Geburt und Kinderaufzucht das Licht der Mond-

---

[409] C.G. Jung, Paracelsus als Arzt, GW 15, § 29 und 41
[410] E. Neumann, Der Mond und das matriarchale Bewußtsein, 362 f
[411] Vgl. Ders, 355f

Erkenntnis als eigenen weiblichen Wert zu sehen und gegenüber der männlichen Effizienz und Zielgerichtetheit zu verteidigen.

Der Baum ist als Wohnort der Totengeister und zugleich Ort des Entstehens eines Neugeborenenlebens ebensosehr Ziel wie Ursprung des Individuationsprozesses, d.h. er stellt die äußerlich sichtbare Erscheinung der Selbstwerdung dar, wie Jung schreibt.[412] Im Traum steht er rechts, also auf der Seite des Bewußtseins, denn rechts ist unsere aktive Hand, mit der wir die Welt erobern. Links dagegen ist die Seite des Herzens, des Gefühls, des Unbewußten. Von dorther kommt die Elefanten- oder Mammutmutter. Rechts hat mit dem Licht der Erkenntnis zu tun, in diesem Traum mit dem Licht der Erkenntnis aus der Natur, mit der Manifestation des Geistes aus dem Unbewußten. Dies bezieht sich auf eine besondere Art von weiblich-schöpferischer Geistigkeit, während mit der Mammutmutter von links mehr die tierisch-instinkthafte Grundlage des weiblich-mütterlichen Schöpfungsprozesses angesprochen ist.

Da wir vom Mammut nicht sehr viel mehr wissen, als daß es eine Urform unseres Elefanten ist, so müssen wir den Elefanten in unsere Deutung einbeziehen. Der Elefant ist nach heutigem Stand der Beobachtung ein Tier, das durch außergewöhnliche Bezogenheit auf seine Familien- und Herdenmitglieder auffällt. In einer Herde gibt es z.B. einen richtigen Kindergarten, um den sich alle Mütter abwechselnd kümmern. Die Leitkuh, welche bei Gefahr die Herde zum Kreis formiert, beruhigt jüngere, ängstliche Kühe, indem sie ihnen sorgfältig zurechtgezupfte Bündelchen von Gras in den Mund steckt.[413]

Im Mittelalter wußte man bei uns noch wenig von den Elefanten. Man glaubte, sie würden bis 1000 Jahre alt. Man schrieb ihnen unbesiegbare Tapferkeit, Ehrgefühl, Großzügigkeit und Intelligenz zu. In Europa wurde der Elefant auch zum Bild Christi. In Afrika sagt man, der Elefant sei im Besitze von Weisheit und geheimem Wissen. Marie-Louise von Franz sagt deshalb, daß der Elefant die individuierte Persönlichkeit darstelle.[414] Zu dieser Zeit gab es bei uns auch eine weitverbreitete Fabel: Danach lebt das Elefantenpaar in einer Art Paradiesgarten, wo niemand es finden kann. Dort ernährt es sich von der sagenumwobenen Frucht Mandragore und anderen wunderbaren Kräutern. Dort findet auch seine geheimnisvolle Hochzeit und die zweijährige Tragzeit der Elefantenkuh statt. Da diese sich vor dem Drachen fürchtet, der das Elefantenkind fressen will, verschwindet sie ins Wasser, ins Meer oder in den Fluß, wo sie es zur Welt bringt.[415]

---

[412] Vgl. C.G. Jung, Zur Phänomenologie des Geistes im Märchen, GW, 9 I, Kap. 8
[413] Vgl. Grzimek, Lexikon der Tierwelt, Kapitel Elefanten
[414] Vgl. M.-L. von Franz, Puer aeternus, 27
[415] Félicie d'Ayzac, Revue Archéologique, 10ième année, Paris 1853. „L'une des acceptations mystiques de l'éléfant dans le symbolisme chrétien au moyen age."

Die christliche Deutung dieser Geschichte verstand die Elefantenmutter als Bild für den sündigen, auf der Erde fixierten Menschen, für den das Taufwasser regenerierend und belebend wirkt wie das Wasser für den jungen Elefanten. Überzeugender scheint mir die Elefantenmutter als ein Symbol für das weiblich-mütterliche Selbst zu deuten. Der Drache entspricht der Paradiesschlange. Die Schlange aber steht am Anfang des christlichen Bewußtwerdungsprozesses über Gut und Böse, über weiblich und männlich, über die Gegensätze des Lebens.

Im christlichen Mittelalter war daraus eine gefährliche Spaltung eines ganzheitlichen Natur- und Lebensverständnisses geworden. Sie riß auch den Archetyp des Weiblichen in seine Gegensätze auseinander, nämlich in die reine Jungfrau und in die Hexe. Der naturhafte Aspekt des Archetypus des Weiblichen wurde der Hexe zugeordnet und ins Unbewußte verdrängt. Im Bewußtsein herrschte der von der Kirche als allein wichtig angesehene jungfräulich-helle Aspekt des Weiblichen, personifiziert in der Jungfrau Maria.

Die Elefantenmutter gehört zum naturhaften Aspekt des Archetyps des Weiblichen. Weit weg, im Wasser, im Unbewußten, so sagt die Fabel, wird ihr Kind geboren. Dort ist die Mammutmutter geschützt und stark. Das heißt im kollektiven Unbewußten oder im Unbewußten jeder Frau findet das Geburtsmysterium der großen Mutter statt. Jede Frau hat, wenn sie Mutter wird, daran teil. Das ergreifende Bild der Mammutmutter mit ihrem Kind macht die Träumerin auf diese wunderbare Tatsache aufmerksam. Das Einzelschicksal der Frau fügt sich damit ein in einen größeren Zusammenhang. Dies gibt ihr Vertrauen und Sicherheit, daß die Dinge so sind, wie sie immer und überall waren. Die heutige Frau scheint die Unterstützung dieser archetypischen Bilder zu brauchen, da sie in besonderem Maße durch die kirchlich-christliche Einstellung gegenüber dem Weiblichen von ihrer weiblichen Instinktgrundlage abgeschnitten worden ist.

Das Auftauchen der Mammutmutter bedeutet das Erscheinen von etwas außergewöhnlich Urtümlichem und Primitivem, einem ursprünglichen vitalen Inhalt aus dem Unbewußten[416], der nicht mit dem Willen beeinflußt werden kann. Nach primitiver Anschauung wäre der Mammut ein Totemtier, welches den Ahnengeist inkarniert. In psychologischer Sprache sind dies die Ahneninstinkte oder, wie Jung sagt, die Herkunft des physiologischen Lebens[417]. Ein prähistorisches Tier ist ein sehr urtümlicher Tierinstinkt. Wenn er hilfreich ist, so ist er wie eine ungeheure Kraft aus der Tiefe, welche einem hilft, eine schwierige Situation zu überwinden, die nur mit dem Bewußtsein alleine nicht zu bewältigen wäre.[418]

---

[416] Vgl. C.G. Jung, Seminare, Traumanalyse, 690f
[417] Ders. 365
[418] Siehe auch Kap. Wasser, Traum Nr. 7, Dinosaurier

5. TIERE: DIE KATZE

Die archetypischen Bilder von den Katzen, dem leuchtenden Baum mit den Vögeln und der Mammutmutter mit dem Kind vermitteln der Träumerin mütterliche Libido aus den tiefsten Grundlagen der Persönlichkeit. Diese Erfahrung ist so überwältigend, daß die Träumerin sich versichern muß, daß ihre persönliche Katze nicht verloren geht, daß sie den Heimweg wieder findet. Die Faszination dieser Urbilder kann bewirken, daß man nicht mehr wie Katz und Hund brav zum häuslichen Freßnapf und all den Alltäglichkeiten des bewußten Lebens zurückkehren mag. Man könnte in eine Traumwelt weggezogen werden, das heißt in eine unbewußte Identifikation mit dem übermächtigen Inhalt. Die Befürchtung der Träumerin ist jedoch unberechtigt, sie hält beide Tiere fest unter ihrem rechten Arm. So kehrt sie gleichsam zurück in die vertraute Familiensituation der Traumexposition, in die Welt des Bewußtseins mit ihren Aufgaben und Verpflichtungen, von der sie ausgegangen ist.

Das Traumerlebnis aber hat die junge Frau auf eine hilfreiche Art in ihrer Tiefe mit dem archetypischen mütterlichen Geschehen verbunden. Das ist das Wesentliche. Katzen, Baum, Vögel und Mammutmutter stellen gleichsam verschiedene Gesichter der Großen Mutter dar, verschiedene Aspekte des Mutter-Archetypus, die alle als schicksalsbestimmende Mächte auf die eine oder andere Weise zur Wirkung kommen können. Wo die Katzen in einem weiblichen Leben in Erscheinung treten, so wird es immer irgendwie um eine. individuelle und eigenständige Weiblichkeit gehen, in der die dunklen und hellen Seiten gleichermaßen beteiligt und harmonisch verbunden sind. Diese Weiblichkeit kann durchaus auch eine „männliche" Dynamik enthalten, wie im „Katzenregenten" mit seinem Gefolge angetönt sein könnte. Allerdings befindet sie sich im Moment dieser Schwangerschaft im Zustand des Stillehaltens, des Wartens. Es ist jetzt die Zeit des Austragens, des Betrachtens und Erspürens einer tiefen Mysteriums, wie es im Bild des Mondbaumes und der Mammutmutter sichtbar wird. Es ist nicht die Zeit des unruhigen Herumschweifens eines Katers im Frühjahr. Mit Hilfe des Traumbildes kann diese schöpferisch-unruhige weibliche Seite der Träumerin zur Ruhe kommen. Sie kann selber in eine wartende, ruhige, betrachtende Stimmung kommen, ein passives Geschehen- und Wachsenlassen.

Die Träumerin hatte eine ungewöhnlich leichte Geburt. In 50 Minuten war ein gesunder Bub da.

Bild 29 Anubis, der Totengeleiter, auf dem Sarg von Tutenchamon

5.5 Der Hund

Vivienne MacKrell

Bereits in der frühen Steinzeit vor zwölf- bis fünfzigtausend Jahren sind Hunde zum Menschen gestoßen, und in der mittleren Steinzeit, etwa um 10 000 v. Chr., wurde die Beziehung zwischen Mensch und Hund zu einem wesentlichen Bestandteil ihres Lebens. Es ist unbekannt, wie der Kontakt zwischen Hund und Mensch damals begann, aber in der steinzeitlichen Jägergesellschaft dürfte es ein gewaltiger Vorteil gewesen sein, ein domestiziertes Tier mit ungleich besserem Gehör, Geruchssinn und Schnelligkeit bei sich zu haben. Für den Hund bedeutete der Kontakt zum Menschen eine leichte Quelle für Nahrung und Wärme, und dadurch, daß sich das Tier mit dem neuen Territorium identifizierte, hat es wahrscheinlich auch vor Eindringlingen gewarnt und es verteidigt. Durch die angeborene Freundlichkeit und das Bedürfnis, zum Menschen eine Beziehung aufzubauen, wurde der Hund zum einzigen Tier, das freiwillig und nicht durch Gefangenschaft domestiziert wurde. Dadurch hat der Hund aus dem Drang, mit dem Menschen in Gemeinschaft zu leben, zum Teil seine Fähigkeit geopfert, allein in der Wildnis zu überleben. Er hat es „zugelassen", daß sich seine Instinkte durch Übung dem Menschen in gewissem Maße unterordnen, wodurch er aber in Abhängigkeit geraten ist. In unserem Lebensraum kann sich der Hund nicht mehr mit Nahrung selbst versorgen, so, wie es etwa eine Katze kann. Die Treue eines zufriedenen Hundes zum Besitzer ist sprichwörtlich, die Tiere können nur durch Freundlichkeit, niemals durch Druck zuverlässig dressiert werden. Die merkwürdige Bindung zwischen dem Hund und seinem Besitzer geschieht spontan und kann nicht erzeugt werden, außer vielleicht, daß die liebende Fürsorge für einen Welpen diese Entwicklung begünstigt. Für diese besondere Beziehung gibt es zwei Ursachen: erstens wird die innige Liebe eines Welpen zur Mutter, die beim wilden Hund mit dem Erreichen der Reife verschwindet, als geistiges Muster erhalten und in Liebe zum Besitzer umgewandelt. Zweitens wird die unterwürfige Bindung zum Rudelführer und die Loyalität zum Rudel auf den Menschen übertragen; der Besitzer wird zum Rudelführer. Dieses letzte Merkmal ist beim Lupus-Typ (Wolf) ausgesprochener, da das Gemeinschaftsleben und die Loyalität zum Rudel im Wolf außerordentlich gut entwickelt sind.

Im Zusammenleben mit dem Menschen lassen sich Hunde in vier Gruppen einteilen: Jäger, Arbeiter, Unterhalter und Begleiter. Bei all diesen Gruppen ist die Basis für das Verhalten des Hundes die Erosbindung zu seinem Besitzer. Es ist diese Erosqualität, welche das Bewußtsein des Menschen und das unbewußte psychische Hundeniveau im Menschen so sehr anspricht. Wie der Besitzer mit etwas Aufmerksamkeit die ausgezeichneten sinnlichen Wahrnehmungen seines Hundes in der äußern Welt nutzen mag, kann der innere Hund eine Brücke zu den dem Menschen eigenen Instinkten werden, zum Psychopompos (Seelenführer) zur inneren Welt, und den Weg zeigen zu einem Verständnis der Dynamik des Geistes, der sich in der Materie bewegt. Auf der ganzen Welt finden wir in Folklore und Mythen Hunde in den verschiedensten Rollen. Grundsätzlich sind sie ein Schwellenphänomen, das am Übergang von einem Zustand zu einem anderen auftritt. Sie setzen den Menschen in Beziehung zu etwas anderem, dem Anderen, dem Etwas, von dem er vielleicht nichts weiß. „Wegen seines reichen symbolischen Kontextes ist der Hund ein passendes Synonym der Wandlungssubstanz."[419] Als solche deutet der Hund im Traum, auch in einer Nebenrolle, auf die Möglichkeit einer Verwandlung hin. Und die Art, wie der Hund sich im Traum aufführt, schildert die Einstellung des Träumers und seine Beziehung zum Inhalt des Traumes.

Volle 80 Prozent unserer Körperfunktionen unterliegen nicht bewußter Ordnung oder Kontrolle, sie werden vom Hirnstamm und nicht von höheren kognitiven Zentren reguliert. Archetypische Träume in der Schwangerschaft spiegeln, was das kollektive Unbewußte über diese 80%ige Einheit von Mutter und Kind „sagt". Die Aufmerksamkeit ist auf das neue, kommende Leben gerichtet, auf die instinktiven und geistigen Bedürfnisse für den neuen Lebensabschnitt von beiden. Es ist erstaunlich, daß in dieser Untersuchung die überwiegende Zahl archetypischer Träume in den ersten drei Schwangerschaftsmonaten erfolgt, nämlich zu dem Zeitpunkt, wo möglicherweise die weitreichendsten Veränderungen erfolgen, wo die Ankunft des Neuen physisch und psychisch am unmittelbarsten ist. Wenn ein Tier im Traum den Träumer bedroht, dann ist das, gleichgültig welchen Instinkt das Tier symbolisieren mag, etwas, das im Bewußtsein des Träumers unterdrückt oder nicht verstanden ist. Ein Instinkt, der in keiner Beziehung zum Bewußtsein steht oder von diesem nicht verstanden wird, kann sich als autonome Kraft aufdrängen und dadurch sinnlos ausgelebt werden.

Jungs Arbeit über „Die Frau in Europa"[420] im Jahre 1927 ist keineswegs überholt, die prinzipiellen Voraussetzungen sind immer noch gültig und für unser heutiges Verständnis sogar noch wichtiger. Jung schreibt darin: „Ihre Psychologie gründet sich auf das Prinzip des Eros, des großen Binders und Lösers. ... Man könnte den Begriff des Eros in moderner Sprache als seelische

---

[419] Jung, GW 14/I, § 174, Fußnote 281.
[420] Jung, GW 10, Kapitel 6.

5. TIERE: DER HUND

Beziehung ... ausdrücken."[421] „Es ist der Eros, der verbindet, wo der Logos scheidet und klärt."[422] Im *Mysterium Coniunctionis* schreibt er „unter ‚Logos' habe ich das Unterscheiden, Urteilen und Erkennen verstanden und unter ‚Eros' das In-Beziehung-Setzen."[423] Er beschreibt sie als „intuitiv-intellektuelle Entsprechungen der archetypischen Anschauungen von Sol und Luna".[424] Dann beschreibt er Eros als ein „Kosmogonos, ein Schöpfer und Vater-Mutter aller Bewußtheit".[425] Diese beiden großen Archetypen liegen unserem Ichbewußtsein zugrunde und müssen miteinander realisiert werden. Die participation mystique und das Chaos eines unbewußten Eros benötigen Unterscheidung und Verständnis des Logos, um dann mit dem Eros eine psychologisch sinnvolle Weise der Beziehung einzugehen.

Der Hund kam von der arabischen zur westlichen Alchemie. Sol und Luna waren in theriomorpher Form als Hund und Hündin personifiziert, und zusammen „werden sie dir einen Hund von himmelblauer Farbe gebären, und gib ihm dann, wenn er einmal Durst hat, Meerwasser zu trinken. Denn er wird deinen Freund bewachen und dich vor deinem Feind beschützen und dir überall helfen und immer mit dir sein in dieser Welt und der anderen."[426] Der geistige Hund ist Beschützer und Führer in dieser Welt und in der nächsten, und er braucht das Salzwasser der Weisheit vom kollektiven Unbewußten, um seinen Durst zu stillen. Der Hierosgamos von Sol und Luna bringt etwas hervor, welches das Eine und das Vereinte ist, den Lapis. Die theriomorphe Form zeigt, daß beide auch sinnliches Verlangen darstellen, welches die Qualität des geistigen Lichtes (Bewußtsein) von Sol und des wechselhaften, dunklen Lichtes der Luna ergänzen. „Das Hundemotiv ist die notwendige Ergänzung zur überschwenglich gepriesenen Lichtnatur des Steines."[427]

Als gefährlichster Aspekt des Mondes wurde seine dunkle Seite (Hecate) angesehen. Die griechische Hecate ist die antike, dreigestaltige Göttin der Unterwelt. Sie war die Göttin der schwarzen Magie, der Geburt von Kindern und der Fruchtbarkeit der Tiere und von Straßenkreuzungen, sie war die Göttin der Ehe – aber sie verschlang auch Kinder. Schlüssel, Peitsche, Dolch und Fackel galten als ihre Symbole, und manchmal wurde sie als gebärende Hündin beschrieben. Der Hund war eines ihrer Tiere. „Sie steht für eine seelische Macht, ... äußerst geheimnisvoll, unterirdisch, hilfreich, aber gleichzeitig zerstörerisch, unheimlich und in einer Weise vom Unbewußten aus wirkend, die der Mensch nicht verstehen kann. Das ist etwas eigentümlich Hexenhaftes, das besonders im Unbewußten der Frau vorhanden ist."[428]

---

[421] id. GW 10, § 255
[422] id. GW 10, § 275
[423] id. GW 14/I, § 218
[424] id. GW 14/I, § 220
[425] C.G. Jung, Erinnerungen, Träume, Gedanken, S. 356.
[426] GW Band 14 I, §169
[427] GW 14/I, § 174

Hunde erscheinen in so vielen Träumen, daß nachfolgend nur jene besprochen werden, wo sie eine wichtige Rolle spielen.[429] Der folgende Traum stammt von einer Frau, welche zum zweiten Male schwanger war und einen gesunden Knaben ohne Komplikationen gebar. Die Träumerin hatte bereits am Traum gearbeitet und ihn selbst aus ihrer Muttersprache in eine andere Sprache übersetzt:

Traum Nr. 78:

> *Jetzt haben wir einen jungen deutschen Schäferhund in einer Kiste, im äußeren Teil unserer Terrasse, auf dem Dächlein, welches das Gaslager bedeckt. Ich bringe dem Hund die Milch, welche B. gestern nicht trinken wollte. Ein Pfau erscheint. Ich sage zu mir: Mit etwas Glück wird er am Ende seines Lebens sich selbst übertreffen, wenn es ihm gelingt, im richtigen Moment (zur Brunftzeit oder so etwas) mit seinem ausgebreiteten Schwanz zu fliegen. Er kam angeflogen. Halbwach dachte ich, ich würde einen Kompost machen, aus Küchenabfällen und Hundekot.*

Die Träumerin gab die folgenden Informationen: B. ist ihre kleine Tochter, mit welcher sie Probleme hat, weil sie ihre Milch nicht trank. Die Kiste war ein vernachlässigtes Treibbeet mit einem Ameisenhaufen darin. Die Träumerin mochte sie nicht, weil sie nicht wußte, wie sie die Ameisen vertreiben könnte. „Es war etwas, das ich tun muß, aber ich habe nie Zeit dafür." Und dann sagte sie noch: „Das kleine Dach, auf dem die Kiste steht, ist tiefer unten, und es ist, als wäre die Kiste in der Luft."

Der Traum findet außerhalb des Hauses der Träumerin statt, es ist noch nicht Bestandteil ihrer eigenen Psyche. Die Kiste mit dem Ameisenhaufen ist halb in der Luft, d.h. noch nicht auf dem Boden, aber dennoch in einem Gebiet, das zu ihr gehört. Ameisen sind fleißige, kolonienbildende Insekten. Sie symbolisieren eine tiefere Instinktschicht im Körper, jene 80%, welche nicht der bewußten Kontrolle unterstehen, die zum autonomen Nervensystem gehören. Sie sind für die parapsychologische Teilhabe (participation) verantwortlich. Der junge Hund wird als deutscher Schäfer beschrieben. Das sind bezogene Begleithunde, die einen guten Instinkt haben und ausgezeichnete Wacht- und Fährtenhunde sind, vor Fremden in der Umgebung warnen und sie auch verfolgen und stellen. Der junge Hund auf dem Ameisenhaufen stellt eine junge, neue warmblütige Möglichkeit dar. Während der ersten drei Monate ist der Fetus im Uterus, noch nicht fest eingebettet, und die Umstellung der Versorgung auf die Plazenta erfolgt meist erst nach diesem Zeitpunkt. Zur Zeit des Traumes war die Schwangerschaft erst in der achten Woche. Das

---

[428] C.G. Jung, Traumanalysen. William McGuire, Hrsg. S. 432-3311.
[429] Eine umfassende Übersicht über den Hund in den Mythen, in der Folklore und in den religiösen Mythen findet man in: *Dog*, Patricia Dale-Green, und *God had a dog*, Maria Leach Rudgers.

5. TIERE: DER HUND

Neue (der Hund) ist immer noch Teil der unbewußten participation mystique, und um es ins Bewußtsein zu befördern, bedarf es der Nahrung. Milch ist ein vollständiges und natürliches Nahrungsmittel und diente zusammen mit Honig bei Riten der Ophiten als himmlische Nahrung der frisch Getauften. Es ist eine mildes, nüchternes Getränk für die Götter der Unterwelt. Es schützt gegen das Böse, wird aber von Hexen und Teufeln leicht besudelt. Im vorliegenden Traum muß die dunkle Seite des Weiblichen beruhigt und das Positive genährt werden. Die von der jungen, weiblichen Seite abgelehnte Milch kann die Götter nicht besänftigen, sie ernährt aber das Neue. Es scheint, daß in der unbewußten participation mystique die Möglichkeit für eine Beziehung liegt, welche die Träumerin geben könnte, aber ihr jugendlicher Schatten ablehnt. Viele Frauen haben heute ein Baby und merken dabei kaum etwas von der tieferen Bedeutung und der psychischen Veränderung. Baby und Schwangerschaft sind ein Nebengeleise, das in die täglichen Ziele und Aktivitäten zu passen hat, egal, ob diese sozialer oder professioneller Natur sind. Sie müssen in die Anforderungen und kollektiven Normen der äußeren Welt passen.

Wenn der Hund gefüttert wird, erscheint der Pfau. Er ist ein Symbol für Erneuerung und Auferstehung, ein Attribut von Juno, der römischen Königin der Götter. Die cauda pavonis kündigt das Nahen des Zieles an. Am Ende der Nigredo, unmittelbar vor der Albedo erscheinen alle Farben, genau wie wenn der Pfau sein wunderschönes Rad zeigt. Es heißt auch „Weltseele, Natur, Quintessenz, macht alle Dinge wachsen".[430] Im Traum steht dieser Moment mit der Brunst im Zusammenhang, der Pfau zeigt sein Rad, um das Weibchen zur Vereinigung und Befruchtung des Eies anzulocken – dem Keim für das neue Wesen. Dann heißt es im Traum, daß der Pfau mit etwas Glück sich selbst übertreffen kann (über sich selbst hinausgehen), sofern er in der Position des Werbens auch fliegen kann. In der Natur erfolgt die Conjunctio am Boden. Daß der Pfau mit aufgestelltem Schweif fliegt, wäre ein opus contra naturam. So wie die Erneuerung hier (des Pfaues) ein opus contra naturam ist, so ist auch die Entwicklung eines menschlichen Bewußtseins aus einem Zustand der participation mystique mit seiner Umgebung und aus der rein materiellen Existenz ein opus contra naturam. Wenn der Pfau mit seinen Schwanzfedern das Rad macht, werden die schillernden, leuchtenden Farben sichtbar, was eine Entfaltung des Phantasielebens bedeutet. Dieses wäre mit Gedanken, Gefühlen und der Frage nach dem Geheimnis unseres Daseins auf das kommende Kind zentriert, anstatt das neue Leben bloß als biologischen Vorfall anzusehen. „Die Frau tut dabei nichts bewußt dazu, aber ihr ganzes Sein, auch ihre seelische Substanz, wirken mit an diesem großartigen Opus. Zudem scheint es entscheidend wichtig für das Kind zu sein, daß in den frühen Stadien der Schwangerschaft die Phantasie der werdenden Mutter das

---

[430] GW 14/II, § 51

Kind im Mittelpunkt trägt. ... dann, glaube ich, bereitet dieses Tun einen guten Nährboden in der Realität, in die das Kind hineingeboren wird."[431]

In der Alchemie trägt das Ungewollte und Vernachlässigte das zukünftige Potential – das Gold liegt im Mist. Die bei der Kompostbildung aus Gemüseabfällen und Hundekot durch mikrobiellen Abbau gebildete Wärme könnte mit einer Inkubation verglichen werden – einer Introversion –, die das Wachstum fördert. Die Gedanken zum Kompost kamen der Träumerin in Übereinstimmung mit dem Hund als Phänomen des Überganges, was darauf hinweisen könnte, daß ein tieferes Verständnis entwickelt wird, welches sich dem Bewußtsein nähert.

Der nächste Traum ereignete sich bei einer 29-jährigen Japanerin, etwa zum Zeitpunkt der Empfängnis der zweiten Schwangerschaft:

Traum Nr. 79:

> *Der Traum findet in einem Informationsbüro zur Aufnahmeprüfung einer Stellenbewerbung statt. Zwei meiner Freundinnen saßen am Informationstisch. Neben ihnen saßen drei weitere Unbekannte, einer neben dem andern. Die Frauen, die ich seit kurzem gut mochte, sollten die Prüfung machen. Zu diesem Zeitpunkt hatte ich mich noch nicht angemeldet. Ich hätte gerne die Prüfung gemacht, dachte aber, ich würde es nicht schaffen. Mir schien, daß meine Prüfung anders war als bei denen, die sich um eine Stelle bewarben. Eine alte Frau sagte mir, ich solle Tee machen, und das machte ich. Obwohl ich das gut beherrsche, wollte der Tee überhaupt nicht schäumen. Ich fragte sie, warum der Tee keinen Schaum bilde. Da kam der Hund vom Elektrogeschäft, wo ich arbeite. Ich sprach zur alten Frau über den Hund, und wir wurden Freundinnen. Die Frau schien mich zu mögen. Meine Freundinnen am Informationstisch sagten mir, daß ich möglicherweise angestellt würde.*

Der Traum findet in einem Büro statt, wo man über eine Anstellung informiert wird, und wo man eine Aufnahmeprüfung macht, um zu sehen, ob man geeignet ist. Die Träumerin zweifelt an ihren Fähigkeiten, die Prüfung zu bestehen, und obwohl sie gerne wollte, meldete sie sich nicht an. Ihre Prüfung schien anders als jene der anderen Leute. Schwangerschaft ist eine neue Aufgabe, und der Traum kommentiert die Einstellung dazu. Die Betonung liegt darauf, daß die Prüfung der Träumerin eine andere ist, als wollte der Traum ihr zeigen, daß jede Schwangerschaft ein individuelles, einmaliges Ereignis ist, obwohl der allgemeine Ablauf, die physische Veränderung, bei jeder Frau durchaus vergleichbar ist. Ihre Freunde, Schattenteile ihrer Persönlichkeit, möchten die übliche Prüfung nehmen, was bedeuten könnte, das zu tun, was alle andern tun, und nicht auf das eigene Gefühl zu hören. Die

---

[431] M.-L. von Franz. Das Weibliche im Märchen, S. 24.

5. TIERE: DER HUND

Schwangerschaft ist für eine Frau ein gewaltiges Erlebnis, das bis in die Tiefe ihres Wesens reicht. Die physischen und psychischen Wirklichkeiten gipfeln in der Erzeugung eines neuen Wesens. Im Traum gibt es drei unbekannte Frauen. „Die Drei ist Zeit, und Zeit ist immer identisch mit *Energieablauf*." Zeit können wir nur auf Grund von Bewegung bestimmen. Es muß Veränderung vorhanden sein, damit Zeit vorhanden ist. Proklus sagt: „Wo immer Schöpfung ist, da ist auch Zeit. Auch der neuplatonische Schöpfergott ist der Schöpfergott Chronos, die Zeit."[432] Man könnte sich die drei Frauen als drei Moiren vorstellen, als unbewußte dynamische Triade. In der Umgangssprache sagen wir „die Zeit ist reif", das Schicksal hat es konstelliert, das scheint für die Träumerin zuzutreffen. „Eine Einheit, welche, dynamisch sich ausbreitend, linear-irreversible Prozesse in der Materie und in unserem Bewußtsein (z.B. das diskursive Denken usw.) erzeugt."[433]

Zusammen mit der Träumerin haben wir 6 weibliche Elemente. 6 ist eine vollkommene Zahl – die Anzahl Tage in der Schöpfung, die Hochzeitszahl, die Zahl der Evolution, der Fruchtbarkeit des Makro- im Mikrokosmos – letzteres trifft sehr für die Zeit der Empfängnis zu. Die siebente, die alte Frau, stellt genau wie in den Märchen, eine tiefere Weisheit der unerkannten weiblichen Göttin dar. Sieben wird als Zahl der Entwicklung in der Zeit angesehen – die Entwicklung der psychologischen Reife. Man denkt an die sieben Planeten, deren Elemente im Horoskop vertreten sind, welche die Eigenart des Menschen ausmachen.

In Japan ist die Teezeremonie eine Kommunion im Kontakt mit der Ewigkeit, ein Übertritt des Geistes in die Materie, und die Träumerin soll sich darauf vorbereiten. Sie ist zuversichtlich, aber es geht nicht wie vorgesehen, es gelang ihr nicht, den Geist mit der Materie zu vereinigen. Oft hat das Ego zuviel Selbstvertrauen und verläßt sich auf seine Kraft alleine, dies führt aber zu einer Vernachlässigung des Deo concedente.

Wenn die Träumerin ihre Ich-Einstellung in Frage stellt, kommt der Hund als Achtes (die Zahl acht weist auf die psychische Ganzheit) von jenem Ort hinzu, wo sie früher arbeitete – die alten Gewohnheiten und Einstellungen. Der Hund stellt das Bindeglied zwischen der reifen Weiblichkeit und dem Ich dar. Durch ihren instinktiven Eros, durch das Prinzip der Beziehung und durch das Gespräch gelingt es der Träumerin, mit ihrer unbewußten, tieferen weiblichen Seite zu kommunizieren und eine freundliche Beziehung aufzubauen. Dies könnte durch Aktive Imagination erfolgen, bei der der Hund den Weg zeigen und als Brücke zu einem neuen Verständnis dienen könnte. Dann wird der Träumerin gesagt, daß sie wohl eingestellt wird, sie ist fähig, ihre neue Aufgabe aufzunehmen. Der Traum weist darauf hin, daß das Schicksal

---

[432] C.G. Jung. Seminare Kinderträume, S. 220.
[433] M.-L. von Franz. Zahl und Zeit, S. 104, siehe auch Kapitel 6 für die Zahl Drei und im Speziellen ihre Funktion bei der RNS und im *I Ging*.

konstelliert ist, und daß sie eine individuelle, religiöse Einstellung zu entwikkeln habe. Ihre Instinkte werden eine Brücke zwischen ihr und der weiblichen Naturweisheit bilden, und sie soll sich mehr darauf konzentrieren, als auf kollektive Anforderungen. Dies kompensiert möglicherweise eine zu konventionelle und oberflächliche Einstellung, der sich die Träumerin zu entledigen hat.

Der nächste Traum erfolgte in der vierten Schwangerschaft, wobei sich die Träumerin bewußt einen Sohn wünschte, weil sie schon drei Mädchen hatte.

Traum Nr. 80:

Ich hatte ein kleines Mädchen, das war falsch, weil es ein Knabe hätte sein sollen, und dann verwandelt sich das Mädchen in einen Hund.

Die Träumerin sagte, es war kein Alptraum, sie hätte schon früher vor einem Ereignis oft geträumt, daß es falsch herauskomme. Die Träumerin besitzt mehrere Hunde, die sie alle sehr gerne hat. Das Neugeborene war in der Folge dennoch ein Mädchen.

Im judäo-christlichen Erbe und in der patriarchalischen Gesellschaft wird das Männliche mehr geschätzt als das Weibliche, was in der kollektiven Gesellschaft der Grund für den bewußten Wunsch nach einem Sohn sein mag. Das Weiterführen des Familiennamens und das Erbrecht waren während langer Zeit männliche Vorrechte. Dennoch wird man sich in unserer Zeit langsam des weiblichen Prinzips bewußt. In diesem Traum verwandelt sich das Mädchen in einen Hund. Der notwendige Fortschritt ist somit den Ich-Wünschen entgegengesetzt, es gibt kein neues Männliches, die Erneuerung und die neuen Möglichkeiten liegen im Weiblichen. Das Menschliche verwandelt sich in einen Hund, d.h. es wird zu einem Verwandler und freundlichen Schwelleninstinkt oder zum Führer zu den eigenen Instinkten. Als Kompensation der bewußten Einstellung wird eher auf eine Veränderung des Weiblichen hingewiesen, nicht auf einen Wechsel ins Gegenteil. Der Traum sagt, die Träumerin soll sich über das Stück Natur freuen und sich nicht um das Geschlecht sorgen. Die Tatsache, daß er nicht als Alptraum empfunden wurde, weist auf die offene Einstellung der Träumerin hin.

Die nächste Träumerin war 28, und der Traum erfolgte in der achten Woche ihrer ersten Schwangerschaft:

Traum Nr. 81:

Ich war in der Kirche in meinem Heimatort, da stand ein mittelgroßer Hund mit häßlichem, unsympathischem Gesicht wie ein Mann mit einem Entenschnabel. Ich hatte Angst. Der Hund kam winselnd an meine Seite und rieb sich gegen meine Beine. Ich fühlte mich abgestoßen und dachte, der Hund sei falsch. Ich versuchte, einen anderen Weg einzuschlagen und zu verschwinden. Ich sah den oberen Kircheneingang und sprang unvorsichtig vom Glockenturm. Ich wäre beinahe umgefallen, hielt mich aber an

5. TIERE: DER HUND

Stricken und versuchte, mich daran hochzuziehen. Ich war fast gelähmt vor Angst. Das gelang mir nur ein wenig, und ich war am Verzweifeln. Nur durch eine Veränderung der Technik, indem ich mich mit den Armen hochzog und aufhörte, mit meinen Beinen zu strampeln, kam ich noch etwas nach oben.

Fünf Wochen vor dem Geburtstermin platzte die Fruchtblase und die Wehen setzten ein. Es wurde ein gesundes Mädchen mit einem Gewicht von 2650 g geboren. In der Kirche, dem konventionellen, religiösen Rahmen, erscheint etwas Unkonventionelles, das die Träumerin als widerlich und falsch ansieht. Sie hat Angst und versucht zu fliehen, indem sie sich an Seilen vom Boden hochzieht. Sie versucht sich dadurch einer unangenehmen Botschaft zu entziehen. Wenn im Traum eine Schimäre, eine Mischung von Tieren erscheint, die es in der Natur nicht gibt, dann gibt es im Bewußtsein des Träumers keine geeignete Form, um den unbewußten Inhalt auszudrücken. In diesem Fall möchte eine Mischung aus Hund und Mensch mit Entenschnabel mit der Träumerin in Beziehung treten und fleht dabei um Anerkennung. Wenn ein Hund winselt, ist er meist unglücklich oder hat Schmerzen. Dieser Instinkt hat ein menschliches Gesicht mit einem Mund wie ein Entenschnabel, deshalb könnte der Instinkt vielleicht in einer Aktiven Imagination sprechen. Je mehr ein unbewußter Inhalt verdrängt wird, um so mehr sucht er Aufmerksamkeit, und um so aggressiver kann er werden. In diesem Fall erscheint das Prinzip des Eros als ein Hund, verbunden mit dem Männlichen, der aber als häßlich und unsympathisch beschrieben wird. Die Verbindung mit dem Vogel könnte auf seine geistige, intuitive Natur hinweisen. Enten sind auf dem Land, in der Luft und im Wasser zuhause, und im Gegensatz zu uns können sie sich in allen Elementen der Natur bewegen. „... So symbolisieren sie die transzendente Funktion, jene seltsame Fähigkeit der unbewußten Psyche, den Menschen, der in einer Situation steckengeblieben ist, zu verwandeln und in eine neue hinüberzuführen."[434] Ein Inhalt, der menschlich sein könnte, wird in eine tierische Form verdrängt, er hat aber dennoch eine beschränkte Ausdrucksfähigkeit. Man könnte aber auch sagen, daß etwas Instinktives eine menschliche Form sucht, um sich auszudrücken. Die Träumerin versteht jedoch die Sprache nicht, die Botschaft wird als widerlich und falsch beurteilt. Das Tier war keineswegs unfreundlich, und statt einem Versuch, zu verstehen was es will, hat die Frau geurteilt und ist dabei vor ihrem eigenen empfänglichen, weiblichen Prinzip davongelaufen. Sie konnte nicht flüchten und war wie gelähmt, bis sie ihren Standpunkt aufgab – ihre Füße wollten ihr nicht helfen (sie behinderten sie), und dann zog sich die Träumerin an Seilen hinauf in den Glockenturm zur irdischen Zeitmessung. Seile im Kirchturm (obwohl das nicht ausdrücklich im Traum

---

[434] M.-L. von Franz. Der Schatten und das Böse im Märchen, S. 243.

gesagt wurde) sind an den Kirchenglocken befestigt, die die dämonischen Kräfte vertreiben. In der orthodoxen Kirche des Ostens gibt es einen St. Christophorus, der mit einem Hundekopf dargestellt wird. Wir wissen nichts über ihn, aber es gibt viel legendäres Material. Seine besondere Fähigkeit war, die Gläubigen vor plötzlichem Tode zu bewahren.[435] Hier könnte es umgekehrt sein, daß etwas Menschliches ins Tierische verdrängt wurde, und der instinktive Eros mit einem Logosgesicht endlich akzeptiert werden möchte. Die Gegensätze sind in einer Form vereint, die die Träumerin nicht annehmen kann. Der Traum scheint davor zu warnen, daß die Träumerin vermeiden will, mit der Realität zurechtzukommen, vielleicht ist ihre Lebenseinstellung und Einstellung zur Schwangerschaft zu oberflächlich, etwa wie die einer Puella. Sie ist nicht bereit, den Schutz der christlichen Moral zu verlassen und flüchtet noch höher in die geistige Sphäre der Kirche, wo die weibliche Erde, der Instinkt, aber auch die chthonische Männlichkeit und die Möglichkeit zur Wandlung, ungenügend erkannt werden. Sie klettert an einem Seil hoch, um das zu vermeiden, was sie mit Abscheu als Teufel auf Erden ansieht.

Der nächste Traum erfolgte in der fünften Woche einer ersten Schwangerschaft:

Traum Nr. 82:

> *Ich bin draußen mit meinen beiden Hunden. Ich gehe einer Wiese entlang, links von mir ist ein Gehege mit vielen Pferden.*
> *Da treffe ich einen Mann mit einem aggressiven, wolfsähnlichen Hund. Ich versuche, den beiden auszuweichen, aber wir befinden uns auf dem gleichen Weg. Zuerst gibt es einen wilden Kampf zwischen seinem Hund und meinem Kastorp (einer wilden dänischen Dogge). Dann versucht der wolfsähnliche, meinen armen kleinen Frodo zu begatten (einen scheckigen Scottish Terrier), der nicht einmal ein Weibchen ist. Ich sage dem Mann, er solle seinen Hund unter Kontrolle halten.*
> *Dann habe ich einen weißen Pudel bei mir. Er sieht aus wie Plongen, ein Hund, den ich als Mädchen hatte. Plötzlich fällt er in einem epileptischen Anfall auf seine rechte Seite, genau wie Plongen vor seinem Tod. Ich hebe das Tier auf in meine Arme.*

Der Traum findet in der Natur statt. Links der Träumerin, auf der unbewußten Seite ist ihre animalische Vitalität, ihre parapsychologische Wahrnehmung, eingeschlossen und abgetrennt von ihr.

Obwohl sie versucht auszuweichen, wird ihr großer, wilder Hund von einem aggressiven, wolfsähnlichen Hund angegriffen, der zu einer unbekannten Animusfigur gehört, und es folgt ein Machtkampf. Der aggressive Animus

---

[435] Zofia Ameisenowa, Animal Headed Gods. Evangelists, Saints and Righteous Men. Journal of the Warburg-Courtauld Institutes, Vol. 12 S. 21.

5. TIERE: DER HUND

ist wahllos, oberflächlich, unverbindlich und ohne jeden Eros. Die Träumerin fordert den Mann auf, seinen Hund unter Kontrolle zu halten, es fehlt jedoch der Versuch einer Auseinandersetzung, um allenfalls eine Beziehung zwischen der Träumerin und ihrem Animus aufzubauen. Sie schulmeistert den Mann, was er zu tun habe, so wie der andere Hund es mit dem ihrigen versucht. Wenn man in einem Traum von einem Hund angegriffen wird, kann man ziemlich sicher sein, daß eine Beziehung im äußeren oder inneren Leben durch das Ichbewußtsein falsch eingeschätzt wird. In diesem Fall scheint die Eigenschaft des Eros im Hund unterdrückt, weshalb Macht ins Spiel kommt und der psychische Hund böse und aggressiv wird. Der Wolf trägt in unserer Gesellschaft die Projektion einer gefährlich zerstörerischen, teuflischen Kraft, welche alles und jedes auffrißt. Untersuchungen an Wölfen in ihrem natürlichen Lebensraum haben gezeigt, daß sie außerordentlich intelligent sind und daß die Bindung zum Partner meist das ganze Leben lang dauert. Die Tiere führen ein gutes Familienleben, ihr Rudel ist gut für die Jagd organisiert und weist eine Größe auf, welche dem vorhandenen Nahrungsangebot entspricht. Durch das Erscheinen des Menschen im Lebensraum des Wolfes wurde das ökologische Gleichgewicht gestört, die natürliche Beute des Wolfes wurde vom Menschen beansprucht oder vertrieben. Die Wälder wurden gesäubert, und ohne genügend Nahrung wurden die Herden des Menschen von hungrigen Wölfen angegriffen. Der Wolf gehört zu Apollo, seine dunkle Schattenseite bedeutet Gesetz und Ordnung bis zum Exzeß, die unter Mißachtung einer Ethik bloß zum eigenen Vorteil gereicht und sich dann in eine wahllose, chaotische Gier verwandelt. Im Gegensatz zu seiner Beziehungsfähigkeit ist der Hund in der Tat auch wahllos. In den griechischen Sagen ist Cerberus der grimmige Wächter der Tore des Hades und läßt niemanden ein oder aus, er wird aber durch Honigkuchen besänftigt. Aufgebrachte Instinkte blockieren den Zugang zur anderen Welt und brauchen Honig, eine geistige, natürliche Nahrung, und Anerkennung ihrer Bedeutung durch menschliche Anstrengung. Der Wille des Ichs muß geopfert werden, um hinzuhören, was der wütende Instinkt sagt, er braucht eine kreative Ausdrucksmöglichkeit, damit er sprechen kann.

Die Träumerin hat einen kleinen, weißen Hund bei sich, wie der Hund aus ihrer Kindheit. Weiß ist die Farbe des Überganges, es ist entweder eine physikalische Mischung aller Farben oder die Abwesenheit aller Farben und bedeutet den kalten, unmenschlichen Aspekt der objektiven Psyche, so wie die Albedo vor oder nach der cauda pavonis erscheint. Geister können gut oder schlecht sein, sie waren aber immer weiß. Weiß kann sozusagen in zwei Richtungen gehen, ins Leben oder ins Jenseits, es ist die Farbe der Initiation, der Keuschheit und der Reinheit. Dieser Hund hat einen epileptischen Anfall und fällt dabei auf seine rechte (bewußte) Seite. Der wirkliche Hund starb bei einem ähnlichen Anfall. Epileptische Anfälle können die Folge einer Störung der Hirnfunktion sein. Die Träumerin hebt den Hund auf, das heißt, sie nimmt eine kindliche Beziehungsfunktion wieder auf, ein vergeblicher Versuch, den Konflikt zu vermeiden, der im vorhergehenden Teil des Traumes sichtbar wurde. Es ist, als ob der Traum das Ich daran erinnerte, daß der kindliche Eros sterben muß.

Dieser Traum ist als Hinweis zu verstehen, daß die Träumerin ihre jugendliche Puella-Einstellung einer Konfliktbewältigung aufgeben soll. Sie ist sich ihrer elementaren Kräfte unbewußt, die besonders in der Schwangerschaft benötigt werden. Sie muß sich ihrer animalischen Vitalität und der parapsychologischen participation mystique zwischen Mutter und Kind bewußt werden, der dunklen, unbekannten und verletzten Instinkte und des Animus, um den Bruch zwischen Körper und Geist zu heilen, anstatt sich in Kindlichkeit zu flüchten.

Traum Nr. 83 (siehe Traum 31):

Wir kommen in eine ziemlich große Hütte, aber darunter ist es unheimlich. Der Hund ist darunter gekrochen und kommt erst nach langer Zeit hervor, wie wenn dort ein langer Tunnel wäre. Ich fühlte mich unheimlich in dieser Hütte.
Es war im Mittelalter. Ich hatte die Gunst des Herzogs und der Herzogin bei der Verteidigung von Hexen verloren, als ich eine Hexe laufen ließ und schrie „Das Böse, das Ihr in den anderen seht, steckt in Euch. Jesus sagte, man soll das Unkraut mit dem Weizen wachsen lassen, damit der Weizen nicht versehentlich mit ausgerissen wird." Man wollte mich als Hexe verbrennen. Ich floh und wurde verraten. Ich wurde von einem Priester versteckt, dann wurde ich entdeckt und verurteilt, mit ihm zusammen verbrannt zu werden. Ich sah eine Nische, von der etwas Licht kam, und einen dünnen, blauen Schleier. Ich beugte mich darüber und sah eine hübsche Statue der Maria in der Nische. Ich dachte, selbst dieses hübsche Bild wird mir nun nichts mehr nützen. Ich stellte mir alle Stufen meines Todes durch Verbrennen vor.

Dieser Traum erfolgte in der neunten Schwangerschaftswoche. An dieser Stelle wird nur der erste Abschnitt berücksichtigt, da der Rest im Kapitel „Feuer" interpretiert wird. Zwei Träume in derselben Nacht oder ein Szenenwechsel im Traum können verschiedene Ansichten darstellen desselben Problems. Hier scheint ihr zunächst gezeigt zu werden, wie sie fortfahren soll auf ihrem Weg und was ihr dann dabei zustößt.

Es herrscht der weitverbreitete Glaube, daß der Hund einen an jeden beliebigen Ort führen kann, insbesondere auch ins Jenseits. Im Zoroastrianismus wurde der Hund von Ahura Mazda geschaffen, der obersten Gottheit, und weil er zu ihm gehörte, galt er als heiliges Tier. Sobald eine Seele den Körper verließ, griff der böse Dämon Druj Nasa an, und indem der Hund das Fleisch aß, vertrieb er den Dämon.[436]

5. TIERE: DER HUND

Parsen pflegten ihren Sterbenden einen kleinen Hund auf die Brust zu legen, und zwar so, daß die Schnauze nahe beim Mund war, damit die austretende Seele aufgefangen und dem wartenden Engel übergeben werden konnte, weil die Anwesenheit des Hundes die Dämonen zurück in die Hölle jagt. Die Cinvatbrücke führte über den Abgrund der Hölle ins Paradies, für die Gerechten war die Brücke breit, für Sünder so schmal wie eines Messers Schneide. Die Würdigen wurden von Daena empfangen, der Rose mit 100 Blütenblättern, der Anima Coelestis des Menschen mit ihren beiden Hunden. Sie halfen beim Übertritt und verteidigten ihn vor den Dämonen, die von unten anzugreifen versuchten.[437]

Der Traum beginnt mit dem Eintreten in eine große Hütte – ein Behälter, eine mehr umfassende psychologische Situation, die in engem Kontakt mit der anderen Welt, dem Unbewußten, steht. Eine numinose Situation kann in der Tat als unheimlich erscheinen, und hier sind die Gegensätze von bewußt und unbewußt konstelliert, etwas nicht Alltägliches. Unter dem Boden auf dem wir mit den Ansichten von unserem Ich über die Welt stehen, da liegt das Unbewußte – das Jenseits mit dem Schatzhaus symbolischer Bildern.

Es schien, als wäre unter der Hütte ein langer Tunnel, durch welchen der Hund ins Reich der Großen Mutter und der Geheimnisse des Lebens, von Tod und Wiedergeburt gelangt. Das Tier drang in die tiefen, alten Schichten des kollektiven Unbewußten vor, die für die Träumerin wichtig sind (unter der Hütte, in der sie sich befindet). Der Hund wird als führender Instinkt dargestellt, der den Weg zeigen kann, der aber auch – und das ist wichtig – zur Träumerin zurückkommt. Sie kann auf ihren instinktiven Eros zählen, er wird sie nicht verlassen, und er wird ihr den Weg zur Erfüllung ihrer Aufgabe zeigen.

Traum Nr. 84:

Ein Mann mit Adlernase steht vor einem verlorenen Tempel der alten, ägyptischen Gottheit Anubis. Niemand kann eintreten: aber plötzlich, als der Mann dort ist, gibt es wieder Leben wie vor langer Zeit, und der Mann geht hinein. Ich habe Angst, daß ihm etwas passiert, weil der Gott Anubis, der schwarze Hund aus Bronze, der Tote ist: sein Profil gleicht jenem des Mannes. Im Inneren des Tempels gibt es etwas wie ein Gericht, das vielleicht über diesen Mann befindet, aber es geschieht nichts Beängstigendes.

Der Traum erfolgte einen Monat vor der Geburt. Die Träumerin sagte, der Tempel hätte sich in der „Peripherie, auf einem Misthaufen, an einem

---

[436] M.M. Dawson. The Ethical Religion of Zoraster
[437] Henry Corbin. Spiritual Body and Celestial Earth, S. 41-44

verlassenen Platz" befunden, und der Tempel wäre „verschlossen, geheimnisvoll". Das Gericht „schien eine religiöse Feier zu sein".

In diesem Traum (der erste Traum in diesem Kapitel über Hunde gehört zur gleichen Träumerin) schaut die Träumerin zu, sie nimmt nicht daran teil. Es wird ihr etwas gezeigt, das nicht mehr lebt, aber das wieder zum Leben zurückkehrt, sobald die unbekannte Figur des Animus dort ist. Hier ist die Animusfigur am richtigen Ort: sie führt in den verlorenen Tempel und tut das, was die Träumerin später selbst tun muß, die Figur zeigt den Weg ins religiöse Geheimnis.

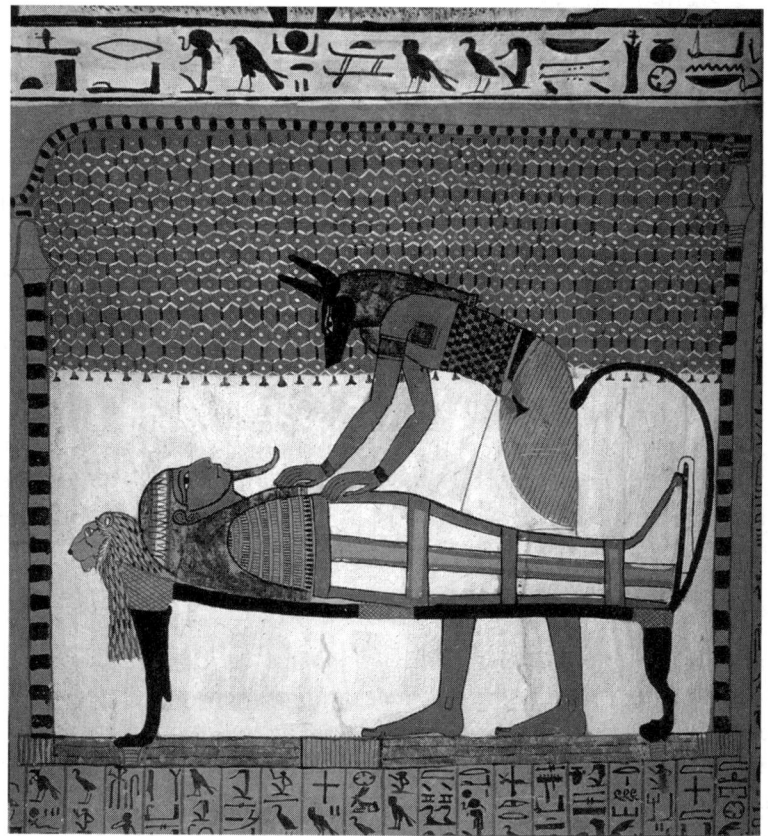

Bild 30 Anubis an der Bahre der Mumie (Grab des Sennedjem)

Anubis, dargestellt als Mensch mit dem Kopf eines Schakals, herrschte über das Einbalsamieren in den altägyptischen Totenriten. Man könnte sagen, daß die Totenkammern, die in engem Zusammenhang zu den Gräbern stehen, seine Tempel waren. In der Sage, in der Osiris von Seth getötet und die vielen Stücken weit und breit verstreut wurden, half Anubis der Isis bei der Suche nach diesen Teilen. Er half Isis und war zugegen, als sie den zerstückelten Gott zusammensetzte und ihn unsterblich und unvergänglich machte. Die Toten-

5. TIERE: DER HUND

riten sind erfüllt von magisch-religiöser Bedeutung und sollten den Verstorbenen eine Hilfe für den Übergang ins unsterbliche Leben sein, weil sie wie Osiris wurden, der auferstanden war, und einen ewigen, unsterblichen Kern im Individuum bildet. Der Bewirker der Auferstehung der sterblichen Körper ist Ruti, der entweder als doppelter Löwe oder als zwei Löwen, welche in entgegengesetzte Richtungen schauen und eine Sonnenscheibe auf ihrem Rücken tragen, dargestellt wird. „Dieser Doppellöwe hieß ‚Gestern und Morgen' und war irgendwie der geheimnisvolle Bewirker der Auferstehung. Er stellte denjenigen Gott dar, der jenen unverstehbaren Vorgang in der Erde, wo der Tote zum Leben zurückkehrt, verkörpert, und ist zugleich auch ein Bild der menschlichen Seele."[438] Er stellt jenen Prozeß dar, durch den die Ewigkeit in der linearen Zeit von Materie und Psyche sichtbar wird, eine schöpferische Energie, durch welche das Göttliche im menschlichen Bereich erscheint. Manchmal ersetzen zwei Schakale von Anubis den Löwen, und heißen dann in den Texten „Öffner der Wege, Bewirker der Auferstehung". Der Hund als Anubis ist demnach ein Psychopomp in die andere Welt, zur Wiedergeburt in die Unsterblichkeit. Der „Hund" im Menschen, die psychische Bezogenheit, kann *der* notwendige Faktor für den Eintritt ins psychische Mysterium des Daseins und für die Erneuerung der Sonne des Bewußtseins sein.

Im Gerichtssaal hat Anubis die Aufsicht über die Waage, wo das Herz des Verstorbenen gegen die Feder der Wahrheit (Maat) gewogen wird. Thoth, der Logos, Schreiber und Bote der Götter, notiert die Resultate. Die Herzen jener, die nicht bestehen, werden vom dreiteiligen Untier, dem „Fresser der Toten" verzehrt, das wartend darunter liegt. Dies wäre der Faktor in uns, der beobachtet, wo wir von unserer inneren Wahrheit abweichen und erscheint als Stimme des Gewissens. Wenn man von seiner eigenen Wahrheit abweicht, wird man in der Tat aufgefressen.

Der unbekannt Animus der Träumerin wird beurteilt – wie weit weicht er von der inneren Wahrheit ab? Anscheinend ist alles in Ordnung und nichts Schlimmes passiert, Anubis ist nicht nur der Tote, vor dem sie Angst hat, sondern auch der Wächter am Übergang und der Führer zur Erneuerung. Die Aufgabe der kollektiven Moral, um seine innere Wahrheit zu finden, bedeutet nicht Tod, sondern Wiedergeburt. Im äußeren Leben wäre das die Überprüfung der kollektiven Ansichten und der Moral gegen die Stimme des Selbst: auf die Traumbotschaft hören, die Führung der bewußten und unbewußten Handlung. Wie die Träumerin Anubis beschreibt, scheint es sich eher um Hermanubis zu handeln, die Vereinigung der Gegensätze. Die eine Seite des Gesichtes ist golden – der Führer zum Himmel und der Seelenführer zu Osiris. Die andere Seite ist schwarz, er war auch die Inkarnation des Todes und der Verwesung. In der griechisch-römischen Zeit vereinten sich in Alexandria der griechische Hermes und Anubis zur einen Figur des Hermanubis, dem

---

[438] M.-L. von Franz. Traum und Tod, S. 36

dauernden Begleiter der Isis, der in ihren Mysterien eine wichtige Rolle spielte. Seine oberste Pflicht war, die Seelen der Verstorbenen durch die Unterwelt zu führen, er war aber auch Beschützer der Schwangeren, der caduceus, eines seiner wichtigsten Insignien, der Öffner aller Wege. Die Träumerin kennt diese männliche Seite ihrer Psyche nicht, sie sagt, sein Profil gleiche jenem von Anubis. Der Traum zeigt das persönliche Element, und wie es ihm im Kontakt mit dem Ewigen ergeht. In der Vergangenheit war die Sterblichkeit der Mütter bei der Geburt sehr hoch, das Risiko war groß, und man fürchtete zu sterben, so daß dieser Traum die Angst kompensieren könnte, welche seit alten Zeiten vorhanden ist. Für das Unbewußte ist in dieser Welt inkarniert zu werden eine Art Tod, nämlich eine Beschränkung auf vergängliche Grenzen. Eine Neuschöpfung bedeutet den Tod des vorherigen Zustandes. Diese Dame muß ihre alten Ideen und konventionellen Einstellungen sterben lassen und sich auf ihre neuen Aufgaben beziehen, physisch, indem sie ein Baby gebären wird, und psychisch, indem sie eine neue Lebenseinstellung findet, welche mehr auf das Ewige, als auf das Persönliche ausgerichtet ist. Jung sagt: „Die entscheidende Frage für den Menschen ist: Bist du auf Unendliches bezogen oder nicht? Das ist das Kriterium seines Lebens. Nur wenn ich weiß, daß das Grenzenlose das Wesentliche ist, verlege ich mein Interesse nicht auf Futilitäten und auf Dinge, die nicht von entscheidender Bedeutung sind."[439] War das ägyptische Ritual die Vorbereitung für den Eintritt in die Ewigkeit, bedeutete dieser Traum im Kontext der Schwangerschaft gerade das Gegenteil, den Eintritt der Ewigkeit in das Jetzt. Das Geheimnis des Göttlichen wird im menschlichen Bereich manifest. Das Erbe derselben ist dieses neue Baby als faßbares Resultat.

Diese Träume betonen die Notwendigkeit einer Erweiterung des Ichbewußtseins und der Entwicklung einer tieferen Beziehung zum Unbewußten. Ganz allgemein weisen sie die Träumerinnen darauf hin, daß sie in ungenügendem Kontakt stehen zu ihrer instinktiven Natur und daß sie zu sehr von konventionellen, kollektiven Regeln und Ansichten abhängig sind. Sie scheinen nicht spezifisch auf die Schwangerschaft bezogen, ausgenommen bei den Träumen über die neue Anstellung zur Zeit der Empfängnis und dort, wo sich das Mädchen in einen Hund verwandelt.

Der Hund erscheint als eine neue instinktive Möglichkeit, die aus der unbewußten participation mystique mit Hilfe introvertierter Phantasien die Einstellung der Träumerin verändern kann. Als Brücke zu ihrer neuen Aufgabe verbindet der Hund die Träumerin freundlich mit einem älteren, noch unbekannten, weiblichen Prinzip. Der unbeachtete Hundeteil in der Natur der Träumerin ist mit einem ebenfalls mißachteten männlichen Faktor verbunden, aber er will mit ihr in Kontakt treten. Er bittet um Anerkennung, die Stimme der transzendenten Funktion kann man nicht vernachlässigen, die

---

[439] C.G. Jung. Erinnerungen, Träume, Gedanken, S. 327-8.

5. TIERE: DER HUND

konventionelle christliche Moral ist kein wirklicher Schutz gegen die Forderungen des Selbst. Wo kein Eros ist, herrscht Macht, und der wütende Hund protestiert gegen den Mangel an Beziehung. Er erscheint als Kompensation für die Wünsche des Ich nach einem Knaben als verwandeltes Mädchen – eine neugeborene Instinktseite. Die Rolle des Psychopompos in eine andere Welt wird in den beiden letzten Träumen deutlich, jener mit der Hütte und der andere über Anubis. Der letzte Traum mit den mythologischen Inhalten zeigt die Gegensätze Bewußt-Unbewußt am besten, und die Notwendigkeit zu einer Verbindung mit einer umfassenderen, religiösen Wertschätzung des Göttlichen im Persönlichen und der Rolle des Persönlichen für das Göttliche.

Am Ende des großen indischen Epos Mahabharata gibt es eine wunderbare Geschichte von einem Hund. Die fünf heldenhaften Brüder Pandava sind für den Tod bereit und steigen mit ihrer gemeinsamen Ehefrau und einem Hund zum Himalaja, dem heiligen Weltberg Meru auf. Auf dem Weg sterben die Frau und vier der Brüder einer nach dem andern. Yudhishthira, der älteste Bruder, gilt als der Einzige, der rein genug ist für die Ehre, mit seinem Körper in den Himmel aufgenommen zu werden, und deshalb geht er mit dem Hund alleine weiter. Dann, mit Donnergrollen und einem Lichtblitz, erscheint Indra, der König des Himmels in seinem Wagen, um Yudhishthira in den Himmel zu nehmen. Yudhishthira tritt zur Seite, damit sein Hund zuerst in den Wagen steigen kann, aber Indra ist entsetzt – Hunde können nicht in den Himmel kommen, weil sie nicht heilig sind und ihn verunreinigen würden. Er bittet Yudhishthira, den Hund wegzuschicken. Es folgt eine Diskussion, doch Yudhishthira gibt nicht nach. Er sagt, daß der Hund immer ergeben und treu war, und daß es die größte Sünde wäre, ihn nun zu verlassen. Er könnte mit dieser Last auf seinem Gewissen im Himmel nicht glücklich leben, und um seines Hundes Willen lehnt er den Himmel ab. In diesem Moment verwandelt sich der Hund in den strahlenden Gott Dharma, der Gott der Heiligen Lebensordnung und der absoluten Gerechtigkeit. Diese Geschichte zeigt, daß die tiefste, verabscheute und unsaubere Seite der Natur in sich die höchsten Keime der sterblichen und göttlichen Ordnung des Daseins enthält, welches seine Parallele im alchemistischen Opus findet.

Die Individuation ist ein psychologischer Prozeß des inneren Wachstums und der Zentrierung mit dem Ziel, sich selbst zu werden, und sich der Führung des Selbst statt weltlicher Maximen anzuvertrauen. In der Schwangerschaft kann die Mutter ebenso wie einem Kind auch neuen und tieferen Aspekten ihrer eigenen Persönlichkeit Leben geben. Das kann ein wichtiger Teil ihres eigenen Individuationsprozesses sein. Die physischen und psychischen Anforderungen einer Schwangerschaft können dann lediglich ein Vorspiel zum Opus weiterer Entwicklung für Mutter und Kind sein. Es ist ein irreversibler und großer Schritt ins Schicksal. *Vocatus atque non vocatus Deus aderit* (Gerufen oder nicht gerufen wird Gott da sein), die Inschrift, welche Jung über der Eingangstüre seines Hauses meißeln ließ.

Bild 31 Pferd trägt die sich um das Zentrum drehende Weltensäule mit dem Sonnenrad (Spanien, 1. Jh. v.Chr.)

5.6. Das Pferd

Regina Abt

Die Pferd-Mensch-Beziehung hat eine lange Geschichte. Und keines unserer Haustiere hat die Geschichte wohl so stark beeinflußt wie das Pferd. Die ersten Zeugnisse einer Gemeinschaft von Mensch und Pferd, das heißt von ersten Zähmungsversuchen, finden sich in spanischen Höhlenzeichnungen, die 20 000 Jahre alt sind. Anzeichen von erstem kultiviertem Reiten gibt es aber erst im letzten Jahrtausend v. Chr., also viele Jahrtausende später. Das heißt, daß das Reiten (das Fahren mit dem Wagen wurde früher erfunden) viele Generationen lang ein unlösbares Problem darstellte. Die Entwicklung zum Reiten war deshalb eine echte Kulturleistung. In Westeuropa hatte sich in den letzten Jahrhunderten das Reiten zu einer Hochblüte entwickelt, in der die Harmonie zwischen Pferd und Reiter als höchstes Ziel galt, losgelöst von den ursprünglichen Funktionen des Pferdes als Hirtenpferd, als Transportmittel, als Kriegspferd, als Pflug- und Wagenpferd etc.

Mit dem Aufkommen der Reiterarmeen, d.h. mit der leistungsbetonten militärischen Reiterei, begann der Niedergang dieser Reitkultur, der heute im Leistungssport seine Fortsetzung findet. Militärischer Gehorsam, Präzision und später sportlich-wettkampfmäßige Zielsetzung lösten das freudige Zusammenspiel des individuell durchgearbeiteten und ausgebildeten Pferdes mit dem Reiter immer mehr ab. Reiten als Kunst – nicht als Leistung – wurde in diesem Sinne ein Opfer unseres rationalen Nutzdenkens, wie es das Tier überhaupt in unserer Zeit geworden ist. Das harmonische Zusammenspiel aber zwischen Mensch und Pferd, welchem echte Beziehung zugrunde liegt, war und ist ein Menschheitstraum. Es taucht auch heute immer wieder in Träumen moderner Menschen auf als etwas, was offenbar von höchster emotionaler Bedeutung ist. Das wirkliche Erlebnis dieser Harmonie und das Getragensein in Übereinstimmung mit dem Pferd kann absolut numinose Qualität haben. Es ist ein archetypisches Erlebnis, denn es stellt symbolisch das harmonische Zusammenspiel des menschlichen Bewußtseins mit der unbewußten, tragenden Instinktlibido dar. Das schönste Bild dafür ist die mythische Gestalt des Kentauren Chiron. Er war ein Heiler und Lehrmeister von Asklepios, dem Heilergott, dessen Schlange wir noch heute an allen Apotheken finden.

Bild 32 Peleus bringt Achilles zu Chiron

Symbolisch verstanden, heißt diese bildgewordenen Harmonie zwischen Mensch und Pferd, daß das Bewußtsein, welches sich aus der unbewußten Tiernatur herausentwickelt hat, wieder angeschlossen ist an die Instinktlibido, welche sein Mutterboden und seine tragende Kraft ist. Ein Stück weit wird die schmerzhafte Schranke wieder aufgehoben, welche uns durch die Entwicklung unseres Bewußtseins weg vom Instinktgrund getrennt hat. Dadurch wird der Mensch wieder heil, das heißt ganz. Das Pferd bedeutet hier seine Vitalität und Lebenskraft, ohne die er, wie es auch der Sprachgebrauch formuliert, nur ein halber Mensch ist.

In der Mythologie spielt das Pferd eine geradezu kosmische Rolle. Der Wagen des Sonnengottes wird in Hellas von weißen Pferden über den Himmel gezogen, derjenige von Nacht und Mond von schwarzen. Dies ist die ewige Kreislaufbewegung vom Licht zum Dunkel und durch das Dunkel zum Licht. Symbolisch ist hier das Pferd, also derjenige Instinkt, der Bewußtseinsentwicklung in Gang bringt und in Bewegung hält.[440]

Der griechische Meeresgott Poseidon, der Herr der Wassertiefe, der ursprünglich als Pferd dargestellt wurde, soll dem Menschen das Pferd geschenkt haben und ihn auch das Reiten und den Gebrauch des Zaumes gelehrt haben. Das Pferd ist also, einfach ausgedrückt, ein Teil des Unbewußten, eine instinktive Kraft, mit der man lernen kann umzugehen, so daß sie einen trägt und zieht. Auf einer gewissen Entwicklungsstufe des Bewußtseins ist dies noch ein großes Problem. In alten deutschen Sagen entsteigt dem Meer ein Pferd, das dem Menschen den Acker pflügt, aber dann schleudert es oft Pflug und Pflüger in den Abgrund, oder wenn man es reiten will, so verschwindet es samt dem Reiter wieder im Meer. Noch ist es nicht gelungen, ihm Richtung und Ziel zu geben.

Eine wichtige Rolle spielt das Pferd im Schamanismus, wo es den Schamanen auf einem Ritt ins Jenseitsland trägt, bei welchem er seinen Körper

---

[440] M.-L. von Franz, Der Schatten und das Böse im Märchen, 276f.

5. TIERE: DAS PFERD

verläßt. Pferdköpfe finden sich auch auf den Stöcken des Schamanen, die ihn auf dieser Jenseitsreise begleiten. Das Pferd ist hier Führer in die andere Welt. Man könnte es vielleicht als eine instinkthafte intuitive Energie bezeichnen, welche den schöpferischen Menschen auf den Weg zu höheren Einsichten tragen kann.

In diesen Zusammenhang gehört, daß dem Pferd in unserem Kulturbereich Geister- und Spukgesichtigkeit zugesprochen wurde, also eine übernatürliche Wahrnehmungsfähigkeit. Viele Sagen erzählen davon, wie ein Pferd Zukünftiges anzeigt, also Geburt, Hochzeit, Tod, aber auch Orte, wo eine zukünftige Kirche, ein Kreuz zu stehen hatte, oder aber ein Sarg in die Erde gelassen werden sollte. Oft zeigen Pferde auch versteckte Quellen an. Das Pferd erkennt also zukünftige Möglichkeiten, gute wie schlechte. In diesem Sinne stellt es eine instinkthafte, halbbewußte spontan schöpferische Seite dar, welcher sich das Bewußtsein anvertrauen muß, weil durch sie Gefahren, Tendenzen oder neue Lebensimpulse aus dem Unbewußten sichtbar werden können.[441]

Schöpferische Intuition oder schöpferische Libido ist auch in Pegasus dargestellt, dem Flügelpferd, einem Sohn Poseidons, auf dem Bellerophon, ein Sterblicher, zu hoch in den Himmel steigen wollte. Die verärgerten Götter schickten aber eine Bremse, die den Pegasus stach, so daß er seinen Reiter abwarf. Der mußte von da an blind und lahm auf der Erde wandern.

Auch hier ist schöpferische Libido aus dem Unbewußten nicht ungefährlich, wenn sie nämlich dazu benutzt wird, der mühseligen Kleinarbeit des Sterblichen auszuweichen und es den Göttern gleichtun zu wollen. Das ist Inflation und muß mit Deflation bezahlt werden. Dies ist ein besonderes Problem des Puer-Aeternus-Typs und des Puer-Animus der Frau, der sich nicht mit den eigenen schöpferischen Möglichkeiten in den begrenzten Realitäten seines menschlichen Lebens, welches immer mit Arbeit verbunden ist, bescheiden will.

Aus der Beziehung des Pferdes zum Übernatürlichen erklärte man sich im Volksglauben auch seinen Hang zur Panik. Irgendwelche unsichtbaren Einflüsse waren scheinbar dafür verantwortlich, daß das Pferd plötzlich in destruktive Panik ausbrechen konnte. Es ist ein Teil unserer Psyche, der sich vom emotionalen, unsichtbaren Hintergrund des Unbewußten her in blinde Panik versetzen lassen kann. Jung sagte, daß das Unbewußte an sich nicht gefährlich sei, aber Panik aus dem Unbewußten sei wirklich gefährlich. Panik entsteht beim Pferd meist, wenn es, in seiner Bewegungsfreiheit gehindert, einer scheinbaren oder wirklichen Bedrohung ausgesetzt wird, der es sich nicht auf natürliche Weise entziehen kann. Psychologisch würde das heißen, daß eine natürliche Instinktreaktion auf einen unbewußten Impuls durch das Bewußtsein behindert wird. Panik ist die Reaktion des Instinkts auf diese Behinderung.

[441] Ders., 269

Nicht nur das Flügelpferd, sondern das Pferd überhaupt hat mythologisch eine enge Beziehung zum Luftigen, zum Wind, zum Sturm, zu Nebel und Wolken, zum Blitz. Der Name Wotans, der wie Poseidon in ältester Zeit als Pferd dargestellt wurde, hat etymologisch mit „heftiger, stürmischer Bewegung" zu tun. Er reitet den achtfüßigen Hengst Sleipnir, der die Schnelligkeit des Sturmwindes verkörpert. Der nordische Odin weidet als Windgott seine Rosse in den Ästen der Weltesche Yggdrasil.

Das Pferd gehört mythologisch, wie wir gesehen haben, aber ebenso dem Wasser wie dem Bereich der Luft an. In beiden Bereichen stellt es ein kraftvolles, dynamisches Potential dar. Kommt es aus dem Wasser, so heißt dies, daß es eher als eine emotionale Manifestation des Unbewußten ins Bewußtsein dringt, während der Luftbereich auf eine ebenso dynamische Kraft mit Zielrichtung Struktur und Sinn deutet. Die Blitzrosse und reitenden Blitzgottheiten, die es auch bei Griechen, Indern und Slawen gibt, haben mit „lightning", d.h. blitzartiger Intuition, Erkenntnis oder Zusammenschau zu tun, wie wir ja im Blitz schlagartig die ganze nächtliche Landschaft erkennen können.

Bild 33 Die keltische Göttin Epona, Schutzgöttin der Pferde, der Pferdezucht und der Reiterin, wird auch als Fruchtbarkeitsgöttin dargestellt

Aus beiden Bereichen, d.h. aus dem kollektiven Unbewußten, kommt also eine „übernatürliche Wahrnehmung", ein Leben von archetypischen geistigen Bildern und Ideen, welche nicht nur überlebenswichtig sind, sondern auch auf Erweiterung und Reifung des Bewußtseins zielen. Dies ist der positive Aspekt der großen Mutter, zu der das Pferd auch in der Mythologie ganz wesentlich gehört. Die große Mutter ist denn auch als Herrin der Tiere die Herrscherin über

5. TIERE: DAS PFERD

Meer, Erde und Luft, oft geflügelt, also eine chthonische ebenso wie eine himmlische Göttin.[442] Eine ausgesprochen chthonische Göttin ist Demeter, die große Korn- und Fruchtbarkeitsgöttin, welche auch mit einem Stutenkopf und einer Pferdemähne dargestellt wurde. Im keltischen Bereich ist dies Epona.

Das Pferd trägt und zieht den Menschen, das heißt es arbeitet für ihn. In dieser Funktion entspricht es auch dem Körperlichen und der körperlichen Triebenergie, also auch der Sexualität, somit dem ganzen Körper- und Triebbereich der Mutter Natur. Das ist die prima materia der Alchemie (die basic instinctive drives) aus der sich alles weitere entwickelt. Das ist auch der Bereich, zu dem die schwangere Frau in Beziehung stehen muß, wenn aus ihr Neues wachsen soll.

Obwohl heute dank der modernen Medizin die Frauen im Allgemeinen nicht mehr an einer Geburt sterben, wie es früher so häufig war, so sind doch im Unbewußten der Lebens- und Todesaspekt in dieser Lebensphase der Frau so nahe beisammen wie vielleicht sonst nie. Wie nie kann ihr das Ausgeliefertsein an ein gütiges oder dunkles Schicksal bewußt werden. Eine allzu optimistische, dem Machbarkeitsglauben des modernen Bewußtseins verhaftete Einstellung könnte im Unbewußten, d.h. in Träumen diesen Schicksalsaspekt mehr hervortreten lassen, insbesondere auch den bedrohlichen.

Die gefährliche Seite der Muttergöttin und des zu ihr gehörigen Triebbereiches, des Pferdes, kommt in vielen mythologischen Erzählungen zum Ausdruck. Eine davon ist die Geschichte von der Lamia, welche von Zeus verführt schwanger wurde, aber Hera bewirkte aus Rache, daß sie nur tote Kinder zur Welt brachte. Von da an versuchte sie, alle neugeborenen Kinder zu töten. Von daher kommen die Lamien, welches Nachtmare sind. Mare oder Nachtmare hängen etymologisch zusammen mit französisch *mère* = Mutter oder Meer, englisch *mare* = Mutterstute, germanisch *mar* = sterben und *mara* = die Tote oder der Tod, lateinisch *mors* = das Schicksal.[443] Sie sind Nachtgespenster, welche Schwangere bedrohen und neugeborene Kinder rauben. Sie reiten ihre Opfer oder sind selber gespenstische Rosse, welche ihre Reiter in tollem Lauf entführen.[444] Die Lamien als kindertötende Verfolgerinnen entsprechen den hexenhaften Müttern in den Märchen, welche Menschen und Kinder fressen. Sie stellen im Gegensatz zur nährenden, gebenden Mutter Natur die grausame, ruchlos wieder verschlingende Seite der Natur dar. Hel, die Todesgöttin, reitet ein dreibeiniges Pferd.

Oft haben solche Geisterrosse im Volksglauben und in Sagen mit der Sexualität zu tun. Diese Triebenergie kann, wie wir wissen, in Form einer „geisterhaften" Besessenheit auftauchen und dem Menschen den nächtlichen

---

[442] E. Neumann, Die große Mutter, S. 255ff.
[443] C.G. Jung, GW 5, § 370.
[444] C.G. Jung, Symbole der Wandlung, GW 5, § 370

Schlaf rauben. Im christlichen Kulturbereich sind solche Pferde häufig mit dem Teufel, besonders aber mit der Hexe assoziiert. Die Geisterrosse entführen nachts den Menschen oder sitzen ihm als Nachtmar auf der Brust. Die unbewußte Triebenergie ist destruktiv geworden, sei es, daß sie durch das abwertende Bewußtsein „verteufelt" oder sonst verdrängt worden ist, sei es, daß die Naturdynamik des Instinkts infolge einer sonstwie inadäquaten Einstellung dazu das Bewußtsein bedroht.

Überhaupt hängt beim Pferd viel davon ab, wie der Mensch damit umzugehen versteht. Das Bewußtsein ist durchaus fähig und hat auch die Aufgabe, dem Instinkt, welches das Pferd darstellt, eine Richtung und Beschränkung zu geben, ohne ihn andrerseits zu unterdrücken.

Bei den folgenden Träumen kommen nicht alle erwähnten Aspekte des Pferdesymbols vor. Manchmal schwingen sie aber im Hintergrund mit. Es ist deshalb trotzdem wichtig, daß wir so viel wie möglich davon wissen, obwohl unser Traummaterial nur eine beschränkte Auswahl darstellt.

Der erste Traum ist von einer 28-jährigen Frau, im ersten Schwangerschaftsmonat ihres ersten Kindes. Die Träumerin und ihr Mann promovierten in dieser Zeit an der Hochschule.

Traum Nr. 85:

Es sollte ein Wettbewerb werden. Wir stürzten uns ins Wasser und sollten an einer bestimmten Stelle die Pferde ergreifen. Vor dieser Stelle sah ich viele wie Delphine untertauchen. Ich tat es nicht so und erwischte mein Pferd am Hals im Wasser, ohne es gesehen zu haben, und der Wettkampf begann. Mein Pferd war ein besonderes Pferd. Ich wußte es. Es trug mich sicher über den unwegsamen Beginn der Rennstrecke. Dann wurde die Stelle gefährlich. Es ging steil hinunter, und der schmale Weg war mit Büschen bewachsen, an denen ich mich krampfhaft festhielt. Da sagte das Pferd zu mir, daß es nicht gut sei, sich krampfhaft festzuhalten und Angst zu haben, denn so kämen wir nicht weiter. Ich solle locker bleiben und keine Angst haben. Ich versuchte das und sah, daß die gefährliche kurze Wegstrecke ganz kurz und schon vorbei war. Dann nahm das Pferd eine Paste in seinen Nabel, damit es Halluzinationen habe. Es preschte fort im Galopp. Ich saß darauf. Es war eben ein besonderes Pferd, eine Art Führer, und ich war sicher, das Rennen zu gewinnen.

Die Träumerin befindet sich zusammen mit anderen (Frauen?) am Wasser. Aus dem Wasser sollen sie offenbar jede ein Pferd holen für ein Rennen. Die anderen tauchen wie Delphine unter, sie selber jedoch tut das nicht, erwischt ein Pferd am Hals im Wasser und reitet mit ihm los.

Hier müssen wir uns nochmals kurz das wichtigste zum Wasser in Erinnerung rufen. Das Wasser in seiner Eigenschaft als *die* keimtragende Ursubstanz steht am Anfang jeder Entstehung. Es enthält gleichsam die Summe aller

5. TIERE: DAS PFERD

Möglichkeiten. Viele Kosmogonien erzählen von der Entstehung der Welten aus dem Urwasser, etwa in Indien und Babylon. Weil die Schöpfungskraft sozusagen konzentriert ist im Wasser, so wirkt die Berührung oder das Eintauchen ins Wasser regenerierend oder befruchtend. Wasserbräuche, bei denen es um die Erneuerung der Fruchtbarkeit von Erde, Tieren oder Frauen geht, nehmen im Volksbrauchtum überall einen großen Raum ein. Das Eintauchen ins Wasser ist ein Ritus zur Regeneration zum Zwecke der Neugeburt, der Erneuerung. Im Volksdenken besteht die Vorstellung einer „Wassermutter", von der die Kinder kommen. An vielen Orten in der Schweiz gibt es Kinderteiche, Kinderbrunnen, Kinderquellen, von denen man sagt, daß man dort die Kinder hole. Verbreitet ist auch die mythische Vorstellung, daß eine Frau vom Wasser oder im Wasser ein Kind empfangen könne. Auch im Dornröschenmärchen scheint der Kinderwunsch der Königin in Erfüllung zu gehen, als sie im Bade sitzt.[445]

Mond- und Mondgöttinnen wie Ishtar oder Isis sind eng mit dem Wasser verbunden. Ishtar ist aus dem Wasser des Euphrat entstanden, so wie Aphrodite aus dem Meer. Isis wird dargestellt durch eine in der Prozession mitgetragene Wasserschale. Das Wasser, d.h. die Gezeiten, der Mond, das Zyklische im Wachstum und der Fruchtbarkeit der Natur und der Rhythmus der Frau haben, wenn vielleicht auch nicht einen direkten, so doch einen sinnvollen Zusammenhang im Denken des ursprünglichen Menschen.

Das Eintauchen der Träumerin ins Wasser, zusammen mit Anderen (die unpersönliche Form deutet vielleicht auf das Kollektive der Situation hin), ist, gesehen auf dem Hintergrund der archetypischen Symbolik, ein Eintauchen in den fruchtbaren Bereich der Urmutter, aus dem schließlich ein Kind entstehen wird. Das Eintauchen in Wasser hat immer regenerierende, erneuernde Bedeutung. Auch in der Taufe finden wir die Erneuerung oder Neugeburt des Menschen dargestellt. Schwangerschaft bedeutet für eine Frau auch eine Neugeburt in einen anderen Zustand, denjenigen einer Mutter nämlich, der sich vollständig von dem einer anderen Frau unterscheidet.

Die Anderen tauchen unter wie Delphine. Die Träumerin tut das aber nicht. Delphine wie Fische gehören zum Symbolismus der Fruchtbarkeit des Wassers. Die Mondgöttin wurde selber manchmal mit einem halben Fischleib dargestellt, vielleicht die Vorläuferin unserer Nixen.[446] Wie ein Fisch werden oder zum Fisch werden hat hier wohl mit dem ganz im Mütterlich-Weiblichen aufgehen zu tun, mit der instinkthaften Seite des Mutterseins. Man sagt etwa, eine Frau sei kalt wie ein Fisch, wenn sie ihren weiblich-instinkthaften Trieb auslebt ohne die Verbindung zum Gefühl. Sie ist dann wie eine Nixe oder Sirene, die den Mann verlockt und ins Wasser zieht. Der Delphin hat weniger diese unbezogene Kälte des Fisches. Er ist ein intelligentes Säugetier, wie wir

---

[445] Vgl. Kapitel Wasser
[446] E. Harding, Frauenmysterien, 222

heute wissen, also eine menschennähere Verkörperung der großen Wassermutter. Mit dieser identifizieren sich „die Andern", was wohl auf einen Zustand hindeuten könnte, in dem sich die Frau vollständig ins Muttersein oder in den körperlichen Zustand des Schwangerseins hineinfallen läßt, gleichsam wie ein Tier, ganz unbewußt. Manche Frauen wären am liebsten immer schwanger, weil sie sich dann am wohlsten fühlen. Sie sind dann ganz im Körperlichen, gleichsam identisch mit dem Fruchtwasser oder der körperhaft-unbewußten mütterlichen Schöpferfunktion.

Bild 34 Fische und Pferde, auf einer griechischen Vase zwischen Rautenbändern, Symbole der Fruchtbarkeit (ca. 1400 v.Chr.)

Die Träumerin kann oder will das nicht. Sie behält den Kopf oben. Trotzdem gelingt es ihr wie den anderen, das Pferd zu ergreifen, das sie zu einem unbekannten Ziel tragen soll.

Das Pferd ist hier diejenige instinktive Kraft aus dem mütterlichen Bereich oder aus dem emotionalen Hintergrund des Mutterseins, welche sie auf dem vor ihr liegenden beschwerlichen Weg tragen wird. Ein Aspekt des Pferdes ist der körperliche, denn die Schwangerschaft verlangt eine ganz andere Verbundenheit mit dem Körper als sonst. Viele Frauen haben dann Mühe mit dem Pferd, d.h. sie müssen sich mit allerhand Körperbeschwerden plagen, und auch ihre Triebnatur benimmt sich oft ungebärdig, entweder ist zu viel davon da oder zu wenig.

Warum geht es aber nun im Traum um ein Rennen? Vom Gefühl her ist es einem im ersten Moment eher unsympathisch, Schwangerschaft im Zusammenhang mit einem Rennen zu sehen, also mit einer Sache der Leistung. Vielleicht könnte dies auf der persönlichen Ebene damit zusammenhängen, daß die Träumerin ebenso wie ihr Mann während der Zeit ihrer Schwangerschaft an der Hochschule promovierte. Kinder kriegen ist manchmal bei intellektuellen Frauen mit eine Sache des Ehrgeiz: Bringe ich auch das noch hin, ohne Beruf oder Studium aufzugeben? (Stolz erzählte mir eine Studentin: Wir haben inzwischen noch ein Kind gemacht!) Zu dieser Interpretation fehlen uns jedoch die Angaben zum persönlichen Leben der Träumerin. Der Traum führt uns indessen tiefer, indem er zeigt, um was für ein Rennen es in Wirklichkeit geht.

5. TIERE: DAS PFERD

Es geht offensichtlich um ein Ziel, das die Träumerin aber noch nicht kennt. Eine dynamische Zielgerichtetheit trägt sie von nun an. Das macht ihr zuerst Angst, sie ist verkrampft. Der Prozeß der Schwangerschaft hat neben dem Aspekt des mütterlich-brütenden Erwartens und Erdauerns auch die dynamische Seite der Entwicklung, die unaufhaltbar bis zum Ziel vorwärtsdrängt, zur Geburt, dem Inbegriff eines naturdynamischen Vorgangs. Es ist besser, diesen Prozeß entspannt zu durchlaufen, ohne Angst. Das ist das gelöste Reiten als Bild für ein harmonisches Zusammenspiel von Bewußtsein und tragender Instinktenergie, welches in dieser Lebensphase für eine Frau von besonderer Bedeutung ist.

Nun kommt das seltsame Motiv, daß das Pferd sich eine Paste in seinen Nabel nimmt, um Halluzinationen zu haben. Dann *„preschte es fort im Galopp. Es war eben ein besonderes Pferd, eine Art Führer, und ich war sicher, das Rennen zu gewinnen."*

Der Nabel, der zentrale Ort, wo Mutter und Kind noch durch die Nabelschnur verbunden sind, bis man diese bei der Geburt durchschneidet, hat im Volksglauben eine wichtige Bedeutung. Man glaubte offenbar, daß dort, wo sich das Leben des Kindes als eigenständiges von der Mutter trennt, sich auch sein Schicksal irgendwie entscheidet. Deshalb hat sich mit Nabel und Nabelschnur viel Orakelglauben verbunden. Die sogenannte „Umbilicomantie" beschäftigte sich z.B. damit, die Linien auf der Haut um den Nabel im Hinblick auf das spätere Leben des Kindes zu deuten, oder die Knollen und Verschlingungen der Nabelschnur. Die älteste Erwähnung dieses Brauches findet sich bei dem arabischen Gelehrten Abu Masar (geb. 886), aber der Brauch hat sich auch bei uns bis ins 19. Jahrhundert erhalten.[447]

Die Paste, die dazu dient, Halluzinationen zu bewirken, erinnert an den indischen Rauschtrank Soma, den Trank der Götter, der Ekstase und Inspiration verleiht, aber auch Lebenserneuerung, Erleuchtung, Weisheit der Natur, Unsterblichkeit. Er entstand nach der einen Überlieferung aus dem Umrühren des kosmischen Ozeans, den Urgewässern. Nach anderer Überlieferung wurde er aus den Früchten des Mondbaumes gebraut. Ambrosia, das keltische Gegenstück zu Soma, wird im wunderbaren Kessel Hymirs gebraut, der sich auf dem Grund des Ozeans oder Sees findet. Auch dieser Trank verleiht Unsterblichkeit und ewige Jugend.

Die Tatsache, daß das Pferd die Welt der jenseitigen Weisheit öffnet, hebt das Ganze aus dem Bereich des rein Persönlich-Körperlichen heraus. Gerade deshalb ist vermutlich dieses Pferd der Führer, auf dem die Träumerin das Ziel als erste erreichen wird. Man könnte sagen, daß das Pferd der Träumerin eine Ahnung über das vermitteln kann, was hinter ihrer Schwangerschaft wirklich steht, nämlich die große Göttin, welche auch das Schicksal ihres Kindes bestimmt. In diesem Sinne ist das Pferd hier Führer zum Jenseitigen, wie es

---

[447] Handwörterbuch d. dt. Aberglaubens, Bd. 4, 1307 f

die Schamanenpferde sind. Sich dem Pferd zu überlassen würde heißen, sich der Führung des Instinkts anzuvertrauen. Denn dieser hat das Zaubermittel, welches über Visionen, Träume und Phantasien die Welt des Unbewußten zu erschließen vermag. Dadurch kann das ganze dynamische Geschehen des Wachsens eines neuen Kindes in einem größeren Zusammenhang gesehen werden. Das Träumen und Phantasieren der Mutter um das werdende Kind ist denn auch etwas ganz Wichtiges, etwas was viele Frauen ganz unbewußt tun, wenn sie sitzen und Babykleider stricken.

Die Träumerin hat dadurch die Möglichkeit, ungleich der Masse der „Anderen", eine tiefere Einsicht oder höhere Bewußtheit darüber zu gewinnen, was ihr geschieht. Das ist neben dem ihr bewußten körperlichen ein geistiger Schöpfungsprozeß, denn das Pferd hat, wie wir gesehen haben, auch die Eigenschaft der schöpferischen Intuition und eine enge Beziehung zum Geistbereich oder zum Sinnaspekt. Es kann eben „Jenseitiges" sehen, das heißt es kann die Brücke schlagen, so daß Jenseitiges ins Diesseits gelangen kann. Drei Monate später träumt dieselbe Frau:

Traum Nr. 86:

Wir saßen in einem Garten. Zwei wilde Pferde gerieten aneinander, doch zwei Riesen hielten sie mit einer starken Hand im Zaum, auch als ein Pferd sie angriff. Nachher wurden diese Riesen als Helden bewundert.

In diesem Traum tritt das Pferd ganz anders auf. Auf der Ebene des schöpferischen Instinkts scheint es einen Konflikt zu geben. Zwei Pferde gehen aufeinander los. Diese Aufspaltung des unbewußten Bereiches gehört zum schöpferischen Prozeß, wie Marie-Louise von Franz in *Creation Myths* dargestellt hat. Am Anfang vieler Schöpfungsmythen stehen zwei Schöpfergottheiten, oftmals nur wenig voneinander unterschieden: Einer etwas aktiver, einer etwas passiver, einer etwas heller, einer etwas dunkler, einer etwas männlicher, einer etwas weiblicher etc. Aus der anfänglichen ouroborischen Ureinheit oder der bewußt-unbewußten Ganzheit der Psyche tendiert ein aktiverer Aspekt in Richtung Schöpfung, während das Zurückgebliebene passiv zurückhaltend wirkt. Ein Ja und ein Nein stehen sich gegenüber, wie wir es immer erfahren, wenn etwas in uns schöpferisch werden will oder soll. Diese Spaltung geht darum jedem schöpferischen Prozeß, d.h. jeder bewußten Realisierung voraus. Eine mehr aktiv konzentrierte Bewußtseinshaltung steht unter Umständen einem träumerisch-passiven Sich-gehen-lassen gegenüber, dem Willen zur bewußten Arbeit der Sog der Faulheit und der sogenannten Minderwertigkeitsgefühle, die Neuschöpfung von vornherein für unmöglich halten.

Die zwei kämpfenden Pferde deuten auf einen Schöpfungskonflikt auf der Instinktebene hin. Der positiven mütterlichen Instinktlibido, welche Schwangerschaft und Kind unterstützt und zum Ziel der Geburt tragen will, steht auf

5. TIERE: DAS PFERD

der andern Seite ein negativer Aspekt der unbewußten Instinktlibido entgegen, der Todesaspekt der großen Mutter und der Schwangerschaft, welcher alles wieder zerstören will. Dieser Konflikt liegt vielen oberflächlich sichtbaren Konflikten der Schwangerschaft zugrunde.

Einer dieser möglichen Gegensatzkonflikte ist derjenige von mütterlich-passivem „Brüten" und zu Hause sitzen und dem aktiven Leben der Frau vor der Schwangerschaft. Dieser Gegensatz kann die schwangere Frau immer wieder in Versuchung bringen, wegzurennen von der Mühsal der körperlichen Beschwerden und der dadurch erzwungenen Passivität. Oder der Konflikt mit der Sexualität während der Schwangerschaft. Etwas in der Frau will sie, vielleicht gerade in besonderem Maße, etwas in ihr lehnt sie ab, will Ruhe haben.

Bild 35 Sonnenwagen aus Trundholm, Dänemark

Diese ganze Ja-Nein-Libido, das Sich-entzweit-Fühlen, das oft chaotische Durcheinander von sich entgegenstehenden Trieben muß irgendwie entschieden und gelenkt werden. Im Traum sind es zwei Riesen, welche diese Aufgabe übernehmen. Gegenüber den Pferden stellen sie eine dem Menschen näherstehende Form von emotional instinktiver Kraft dar, gleichsam eine schon menschlichere Bewußtseinsform, die aber noch die ganze Emotionalität und instinkthafte Kraft des tierischen Unbewußten enthält. Riesen sind oft Helfer im Schöpfungsprozeß. In gewissen mittelalterlichen Legenden wird erzählt, wie sie von den Heiligen durch List dazu gebracht werden, eine Kathedrale oder Kirche zu bauen. Wenn es gelingt, sie unter Kontrolle zu halten, so sind sie äußerst nützliche Helfer.[448]

---

[448] M.-L. von Franz, Schöpfungsmythen, 207f.

Marie-Louise von Franz erwähnt den Traum von Jung, den er hatte, als er die „Psychologischen Typen" schreiben sollte, nachdem er ein riesiges Material dazu zusammengestellt hatte. Er träumte, daß vor einem Hafen ein riesiges vollbeladenes Schiff lag, das nun in den Hafen gezogen werden sollte. Ans Schiff angebunden war ein elegantes weißes Pferd, völlig unfähig, das schwere Schiff zu ziehen. Da kam ein rothaariger Riese, zerschnitt das Seil, tötete das Pferd mit einer Axt und zog das Schiff an Land. Daraufhin schrieb Jung das Buch in einem enormen enthusiastischen Affekt nieder, einem schöpferischen Elan, indem er das ganze komplizierte Material „zusammenhämmerte".[449]

Ordnung ins Chaos des Materials für ein Buch zu bringen ist eine schöpferische Leistung wie die Erschaffung der Welt aus den chaotischen Urwassern oder das Durchstehen einer Schwangerschaft mit ihren oft sich bekämpfenden Triebgegensätzen und die Schöpfung eines Kindes. Der Traum bedient sich derselben mythologischen Motive.

Die Riesen unserer Träumerin werden nach ihrer Tat als Helden gefeiert, denn sie haben nicht nur dem Angriff des einen Pferdes standgehalten, sondern beide Pferde auch noch mit starker Hand im Zaum gehalten. Riesen haben nach Marie-Louise von Franz in einem vorschöpferischen Zustand oft mit einer Inflation des Bewußtseins zu tun, welche durch einen gewaltigen Affekt oder eine Emotion ausgelöst werden kann.[450] Eine schöpferische Arbeit kann oft nur mit Hilfe eines Riesen, einer riesigen emotionalen Welle bewältigt werden. Man ist in einem Zustand von Inflation, der einen durchträgt, aber wenn man fertig ist, dann kommt die Deflation oder die Depression, wie auch oft nach der Geburt des Kindes die Mutter in die bekannte Kindbettdepression verfällt.

Vorher aber vollbringen die Riesen eine Heldentat. Denn offenbar kommen aus dem Unbewußten der Träumerin so aggressiv destruktive Impulse, daß es einer Heldentat gleichkommt, diese durch einen kraftvollen Affekt, eine entschlossene Haltung zu bändigen. Die Träumerin muß mit ihrem ganzen Gefühl zum gefaßten Entschluß stehe, ein Kind zu bekommen. Sie muß ihre dissoziierenden Ja-Nein-Gedanken, Stimmungen und Impulse im Zaum halten. Das ist für sie eine heldenhafte Leistung. Der Held steht als Bild für den Ich-Komplex oder das Bewußtsein, welches sich dem Chaos der auseinanderfallenden Instinktmuster oder der sich sinnlos bekämpfenden Archetypen entgegenstellt. Das Ich-Bewußtsein der Träumerin braucht offenbar die Hilfe einer primitiv-emotionalen Kraft, um sich von ihren Stimmungen und Getriebenheiten abzusetzen und den Schöpfungsprozeß durchzuziehen. Der Traum zeigte ihr dies als Möglichkeit. Ob es ihr gelungen ist, wissen wir nicht. Das Kind kam 5 Wochen zu früh, aber gesund zur Welt.

---

[449] Ders., 173
[450] Ders. 178

5. TIERE: DAS PFERD

Der nächste Traum ist von einer 25-jährigen Frau im 2. Monat. Sie hatte während ihrer ersten Schwangerschaft vor vier Jahren starke Ängste in Bezug auf die Zukunft und Versorgung ihres Babys. Diesmal plagten sie Probleme mit Eltern und Ehemann, außerdem war ihre Gesundheit labil, da sie fast nichts aß.

Traum Nr. 87:

> *I was going to a country house with my husband and my son where other friends already were staying. Suddenly I saw my husband come running and my son in despair because there were three horses. Two of them were in despair, kicking. My husband escaped and left the boy behind. I went to the middle of the horses to rescue my son, who was alone and afraid. I rescued him and we both were okay. Then the sky was dark and I saw the rain approaching. Thee black vultures (= urubu: in Brasil a sign of bad omens) came into the house and I had to get rid of them all by myself. Then I saw that in reality the sky was only half dark. I had eaten, because I was hungry.*
>
> *Ich ging mit meinem Mann zu einem Landhaus. Mein Sohn und andere Freunde waren schon dort. Plötzlich kamen mein Mann und mein Sohn gerannt, mein Sohn ganz verzweifelt, weil da drei Pferde waren. Zwei davon waren verzweifelt, schlugen aus. Mein Mann flüchtete und ließ den Buben zurück. Ich stürzte mich mitten in die Pferde, um meinen Sohn zu retten, welcher allein war und Angst hatte. Ich rettete ihn. Dann war der Himmel dunkel und ich sah, daß sich Regen näherte. Drei schwarze Geier kamen ins Haus und ich mußte sie ganz allein loswerden. Dann sah ich, daß in Wirklichkeit der Himmel nur halb dunkel war. Ich hatte gegessen, weil ich hungrig war.*

In diesem Traum einer anderen Träumerin wiederholt sich das Motiv der Pferde in Aufruhr, „in despair", vermutlich in Panik, welche typisch ist für das Pferd. Im Unbewußten der Träumerin entsteht aus irgendeinem Grunde Panik und Aggression. Später dringen drei Geier ins Haus der Träumerin ein, die Künder von Tod und schlechtem Schicksal.

Auffällig ist die Wiederholung der Drei-Zahl in den drei Pferden und drei Geiern. Drei ist als ungerade Zahl eher eine männliche Zahl. Sie entspricht unserem christlichen, trinitarischen Gottesbild, der oberen männlichen Dreiheit von Vater, Sohn und Hl. Geist. Die drei Pferde haben im Gegensatz dazu mit instinkthafter triebhafter Libido zu tun, dem dynamischen Aspekt im unteren, körperhaften, aber auch emotionalen Bereich des Weiblichen.[451]

---

[451] C.G. Jung, Seminar 1938/39, 143. Jung spricht hier von einer unteren Trinität oder einer unteren chthonischen Dreiheit, welche der oberen Trinität als eine „Entsprechung im Gegensatz" gegenübersteht. Siehe auch C.G. Jung, Zur Phänomenologie des Geistes im Märchen, GW 9 I, § 425f. Zur Dreizahl vgl. auch Kap. Katze.

Zwei der Pferde sind nun in Panik geraten (wörtlich „in Verzweiflung") und schlagen um sich. Panik bei Pferden entsteht oft aus einer Unterdrückung ihrer natürlichen Bewegung. Die „untere Trinität" der Pferde im Traum, d.h. der emotionale dynamisch-triebhafte Bereich des unteren Weiblichen, der ureigenste Bereich des dunkeln Mütterlichen, scheint im Bewußtsein der Träumerin nicht die adäquate Berücksichtigung zu erfahren. In Form von „panischen" Reaktionen nähert sich dieser Tatbestand dem Bewußtsein der Träumerin an. Dies äußert sich im persönlichen Leben der Träumerin, vielleicht als aggressive Ausbrüche, die sich gegen Mann und Kind richten. Ihr Mann, aber auch ihre eigene männlich-vernünftige Seite, kann dagegen nichts ausrichten, denn diese Reaktionen sind völlig unlogisch, so unlogisch wie Panik eben ist, weil der auslösende Anlaß in keinem Verhältnis zur Reaktion steht. Wenn man in Panik ist, so ist man momentweise beinahe verrückt, so wie es Pferde sind, wenn sie in Panik sich und ihre Umgebung in Gefahr bringen.

Die Träumerin hatte vom jüdischen zum katholischen Glauben konvertiert und nahm ihre Religion sehr ernst. Im christlichen offiziellen Glaubensbekenntnis ist gegenüber der reinen Vaterreligion des alttestamentlichen Jahwe zwar eine weibliche Figur vorhanden, aber sie steht als menschliche Frau weit weg oder unterhalb der männlichen Trinität. Zudem fehlen ihr die dunklen, erdmutterhaften Züge, welche ihr das volkstümliche Denken aus einem Gefühl für diesen Mangel heraus zugefügt hat. Wir finden sie in den schwarzen Madonnen, in Märchen und Erzählungen von schwarzen Jungfrauen, von Hexen und des Teufels Großmutter. Gerade dieser Bereich aber hat mit dem Körperlichen, der instinktverbundenen Seite der weiblichen Natur zu tun und ist in der Schwangerschaft von größter Bedeutung. Ist er ganz ins Unbewußte verdrängt oder wird er von der Frau gar abgelehnt, so muß sie ihre Schwangerschaft als Last und als Leiden empfinden und sie wird besonders geplagt sein von allerlei Beschwerden.

In dem Bereich der unteren Trinität, dem unbewußten Gegenbereich zur christlichen bewußten trinitarischen Obervorstellung, ist Panik ausgebrochen. Wenn die mütterliche Instinktlibido, welche ja den dynamischen Schöpfungsprozeß durchtragen sollte, in diesem Zustand ist, so verstehen wir die Verunsicherung und Angst der Träumerin.

Die drei Geier stellen nochmals einen Aspekt der unteren Trinität dar. Sie haben mit dem schicksalsbestimmenden Geist des Unbewußten zu tun, der in der archetypischen Situation von Schwangerschaft und Geburt besonders hervortritt. Dieser äußert sich für die Träumerin nun ganz negativ, in einer das Bewußtsein überwältigenden Art, vielleicht als dunkle Gedanken über die Zukunft der Welt und das Leben des Kindes. Es wird denn auch dunkel und beginnt zu regnen, was der depressiven Stimmung der Träumerin entspricht. Der Regen hat aber auch eine lösende Bedeutung: Nach der Trockenheit fließt

5. TIERE: DAS PFERD

wieder Wasser. Die Dinge kommen wieder „ins Fließen", aus der Depression kann etwas Neues wachsen.

Nachdem die Träumerin mit den Geiern fertiggeworden ist, sieht sie denn auch, daß ja der Himmel nur halb dunkel ist. Offenbar hat sie sich von ihren düsteren Zukunftsängsten und schwarzen Gedanken befreien können. Sie kann jetzt erkennen, daß sich Hell-Dunkel sozusagen die Waage halten. Es geht um ein Gleichgewicht zwischen Hell und Dunkel. Die Träumerin hat nun Hunger und ißt. Ein allzu helles Bild des Weiblichen entsprechend der Figur der kirchlichen Jungfrau Maria, läßt den Körper, den ganzen instinktverbundenen Bereich der weiblichen Natur ungenährt. Darum kann sie erst jetzt essen.

Zwei mal kann sich die Träumerin, bzw. ihren Sohn, vor einem Angriff des Dunkeln retten, zuerst vor den Pferden, dann vor den Geiern. Es geht ihr zwar am Ende des Traumes besser, aber es kommt nicht zu einer bewußten Auseinandersetzung mit den sie attackierenden Inhalten des Unbewußten. Der nächste, wenige Tage später folgende Traum, den ich nur kurz erwähnen will, scheint denn auch das Problem wieder aufzunehmen.

Traum Nr. 88

My daughter and I got to the beach, by car or bus. We see through the bus windows a little beach, between rocks. It is very nice. I think it will be full of people at once. A white horse is running across the sand. The trip goes on, and now out of the bus, we both are walking by a large beach, looking for my husband. There are a lot of people. Suddenly, just passing some dunes, we see a little estuary between dunes, formed by little brooks and the sea, a loop out of sight, apart from the rest of the beach. And so there is my husband, with other men. They look like homosexuals, as everybody there. I feel very bad. Then I look for my daughter, she has disappeared. I feel she is asphyxiated or drowned. She appears exhausted or lifeless at the shore. I pick her up, and finally revives. What a scare! My husband comes with me. All seems to straighten up. I have felt very bad, but at the end this feeling disappears.

Meine Tochter und ich gehen zum Strand, mit dem Auto oder mit dem Bus. Wir sehen durch das Busfenster einen kleinen Strand, zwischen den Felsen. Er ist sehr hübsch. Ich denke, er wird sofort voller Leute sein. Ein weißes Pferd rennt über den Sand. Die Fahrt geht weiter, und wie wir aus dem Bus sind, gehen wir auf einem großen Strand und suchen meinen Mann. Es hat viele Leute. Plötzlich, wie wir an den Dünen vorbeikommen, sehen wir eine kleine Trichtermündung zwischen den Dünen, welche durch kleine Bächlein und das Meer geformt wurde, ein Schlupfwinkel außer Sicht vom Rest des Strandes. Und dort ist mein Mann, mit anderen Männern. Sie sehen aus wie Homosexuelle, wie alle hier. Ich fühle mich sehr schlecht. Dann suche ich meine Tochter, sie ist verschwunden. Ich habe das Gefühl, daß sie erstickt oder ertrunken ist. Sie taucht aber erschöpft oder leblos am Ufer auf. Ich nehme sie auf und sie lebt endlich auf. Was für ein Schrecken. Mein Mann kommt mit mir. Alles scheint sich zurechtzubiegen. Ich fühlte mich sehr schlecht, aber am Ende verschwindet dieses Gefühl.

In diesem Traum derselben Träumerin finden sich ähnliche Motive wie im vorhergehenden. Das am Strand galoppierende Pferd gehört wie der ursprünglich pferdegestaltige Poseidon zum Meer und somit zum Herrschaftsbezirk der großen Mutter.[452] Es ist ein besonderes Pferd, denn weiß hat fast immer etwas „Unnatürliches", weil es gegen alle Tarnregeln der Natur verstößt (außer im Schnee). Albinos sind deshalb besonders gefährdet. Um weiße Tiere ranken sich viele Geschichten und Sagen (z.B. Melvilles Moby Dick), in denen weiße Tiere jenseitige, übernatürliche Bedeutung haben. Weiß ist die Farbe von Jenseitigen und Geistern, und so wird das weiße Pferd leicht zum Geisterpferd.

Wir wissen nicht, was die Träumerin zu Homosexuellen assoziieren würde. Wir wissen nur, daß sie sich im Traum elend fühlt in dieser Situation mit den Homosexuellen, daß sie jedenfalls keine positiven Gefühle damit verbindet.

Homosexualität kann eine der Störungen des Mannes sein, der einen ausgeprägten Mutterkomplex hat, wie Marie-Louise von Franz in „Puer aeternus" darlegt.[453] Dieser Typ des Homosexuellen ist eigentlich in der Adoleszenzphase stehengeblieben, in der die Loslösung von der Mutter stattfinden sollte. Er entspricht in der Mythologie den Jünglingsgöttern Attis, Tamuz, Adonis, den Sohn-Geliebten der großen Muttergöttinnen, der phrygischen Kybele, der syrischen Astarte und der ephesischen Artemis.[454] Zum Schicksal dieser Jünglinge gehört die Entmannung oder die Opferung der Männlichkeit. Ein Mann, der diesem Typ entspricht, scheint seine eigene Männlichkeit nicht zur Verfügung zu haben. Er projiziert seine männliche Seite nach außen und bleibt damit in der Gewalt des mütterlichen Unbewußten, welches seine Projektionen auf andere Männer und damit die Illusionen macht, welche seine Beziehungen bestimmen. Es fehlt ihm ein starkes männliches Bewußtsein, um den Heldenkampf mit dem Drachen aufzunehmen, den Kampf gegen die unbewußt haltende große Mutter.

Die Träumerin fühlt sich elend, weil ihr Mann sich bei den Homosexuellen aufhält, denn natürlicherweise sehnt sie sich gerade im Zustand der Schwangerschaft nach männlichem Schutz und verantwortungsvoller Stütze. Im Traum mit den Pferden in Panik, welche den Sohn der Träumerin bedrohten, spielte der Mann die Rolle eines Schwächlings, der sich aus dem Staub

---

[452] E. Neumann, Ursprungsgeschichte des Bewußtseins, 173
[453] M.-L. von Franz, Puer aeternus, 9
[454] E. Neumann, Ursprungsgeschichte des Bewußtsein, 73

machte, statt das Kind vor den ausschlagenden Pferden zu retten. Auch in diesem Traum gerät das erste Kind der Träumerin in Gefahr. Das Kind ist ein Teil ihrer selbst, subjektstufig eine Seite, die kindlich spontan und voller Wachstumsmöglichkeiten ist. Er ist auch das „göttliche Kind", das, wie Jung dargelegt hat, ein Symbol des Selbst ist.[455] Auch dieses ist, wie die Kinder in unseren beiden Träumen, oft bedroht oder in Gefahr.

Der Traum scheint darauf hinzuweisen, daß es in der Schwangerschaft nicht nur eine Hingabe an das Mütterliche braucht, sondern ebenso eine gewisse männliche Ich-Stärke, einen Animus, der Ziel und Richtung geben kann, um das Eigene, die eigene wachsende neue Persönlichkeit nicht an das übermächtig Mütterliche zu verlieren. Die Träumerin ist vielleicht in Gefahr, ganz in ihrem Zustand des mütterlichen Seins zu versinken und dabei dasjenige aus den Augen zu verlieren, was die Möglichkeiten ihrer individuellen Persönlichkeit ausmacht. Das weiße Pferd ist gleichsam eine Vision dieses anderen, jenseitigen oder geistigen Aspekts des Unbewußten. Dieser kann persönlichen Sinn geben, der über das rein Biologisch-Brütende des Nur-Mütterlichen hinaus, in dessen Bann auch die homosexuellen Leute am Strand stehen, auf Sinn oder Bewußtseinserweiterung tendiert. Da das Pferd aber ebenso zum mütterlichen Bereich gehört, so spiegelt der Traum wiederum zwei Seiten der Schwangerschaft oder des Mutterseins. Die Gefahrenseite ist bedeutsamerweise so dargestellt, daß das Kind vom Ersticken oder Ertrinken bedroht ist, symbolisch gesehen vom Abschneiden von Luft, Lebenshauch, d.h. Geistigem, und vom Überschwemmtwerden durch unbewußt machende Emotionen.

Die Lysis des Traumes zeigt, daß es ihr trotz allem gelingt, ihr Kind, ihr Eigenstes zu retten vor der Übermacht des unbewußt machenden, d.h. auch kollektiv machenden Mutterarchetyps. Dann nämlich, wenn sie selber „die Sache in die Hände nimmt". Nun kommt auch ihr Mann wieder zu ihr, er hat sich offenbar darauf besonnen, wohin er gehört, nämlich zu Frau und Kindern. Damit ist innerpsychisch für die Träumerin ein Zustand des Gleichgewichts hergestellt zwischen rein instinkthaft Mütterlichem, in dem sie ganz der Natur und ihrem biologischen Ziel unterworfen ist, und der Möglichkeit eines individuellen bewußteren Seins, in dem der Animus auf sinnvolle Weise seine Funktion erfüllen kann.

Dem Drang der Frau nach Emanzipation liegt wohl gerade das Bedürfnis und die Notwendigkeit zugrunde, gegenüber dem Ausgeliefertsein an das blinde Naturprinzip eine eigene persönliche Geistigkeit entwickeln zu können. Mit diesem Problem scheinen sich irgendwie alle bisher besprochenen Träume zu beschäftigen. Das zentrale Motiv des Pferdes weist darauf hin, denn es steht, wie wir gesehen haben, in enger Beziehung zum Geistigen oder zum Sinnaspekt. Es ist aber eine Art Naturgeistigkeit, die nicht im Gegensatz zu

---

[455] C.G. Jung, Psychologie des Kindarchetypus, GW 9 I, § 259f

Mutterschaft und Schwangerschaft stehen sollte, sondern im Gegenteil gerade auch durch diese eine besondere Bedeutung zu erhalten scheint.

Der nächste Traum stammt von einer 34-jährigen Frau, die ihr erstes Kind nach einem früheren Spontanabort erwartete. Ein gesunder Bub wurde geboren, später noch zwei weitere. Von ihr stammt auch der Traum, in dem sie zum Baum wurde.[456]

Traum Nr. 89:

> *Die Träumerin ist im Wohnzimmer. Der älteste Bruder und seine Frau sind auch da. (Diese ist in Wirklichkeit eine superaktive Power-Frau, sehr selbständig.) Die Träumerin findet das blöd. So abhängig, unselbständig. Ihr Bruder und sie selber sind schwarz angezogen. Es ist Nacht. Sie machen sich bereit, wollen fort. Sie sind Partisanen, die eine strategisch wichtige Brücke sprengen müssen. Die Frau des Bruders bleibt. Die Träumerin denkt, das sei wieder einmal typisch Weiber, die machten natürlich nicht mit, hätten kein Verantwortungsgefühl für die Welt, für die Politik etc. Sie gehen. Die anderen Partisanen, die sie nun treffen, sind auch alle schwarz angezogen. Die Träumerin ist die einzige Frau. Es ist Nacht, kalt, ungemütlich. Sie hat unter ihrer schwarzen Jacke ein Baby. Sie montieren die Sprengsätze. Sie realisiert: Jetzt holt sich mein Kind in dieser Kälte den Tod. Sie realisiert, daß sie sich von den Partisanen trennen muß, wegen dem Kind. Das ist ein schlimmer Konflikt. Sie kämpft mit sich selber, läuft mit dem Kind weg. Sie spürt ein warmes mütterliches Gefühl für das Kind, und zugleich ein Bedauern über die Trennung von den Partisanen.*
> *Nun steigt sie mit dem Kind durch dorniges Gestrüpp auf einen Berg. Plötzlich kommt die Sonne, es wird etwas warm. Sie merkt nun plötzlich, daß sie selber wie in zwei Hälften getrennt ist: Auf der einen Seite, dort wo die Sonne hin scheint, dort trägt sie einen weichen, flatternden, weiblichen Stoff (die linke Seite). Auf der anderen Seite (rechts) ist sie immer noch mit dem harten, schwarzen Stoff bekleidet. Auf der linken Seite sieht sie einen Rebstock. Sie denkt, jetzt verliere ich die Sicht auf die Stadt, das Tal, die Partisanen und was die gemacht haben unterdessen. Um das besser zu sehen, muß sie ihre linke Seite gegen das Tal drehen und ein Stück weit geradeaus laufen. Da sieht sie, daß die ganze Stadt kaputt, verbrannt, zerbombt ist. Die Partisanen schafften es nicht, die Zerstörung zu verhindern, dem Volk zu helfen. Man muß weiterkämpfen. Sie dreht ihre linke Seite wieder weg mit dem Gefühl, daß sie nun von dem Kampfgeschehen Abschied nehmen muß. In dem Moment sieht sie eine große Hochebene*

---

[456] Von ders. Träumerin Nr. 39, Kap. Baum

5. TIERE: DAS PFERD

und läuft hinein. Ihr ganzer Körper ist jetzt mit dem weichen, weiblichen Stoff bedeckt. Die Hochebene ist wie eine Steppe (Tibet oder so ähnlich). Ein Adler kreist über ihrem Kopf. Sie schaut hinauf, spürt einen verliebten Moment und denkt: Aha, das ist ja der Vater meines Kindes. Sie geht nun weiter. Sie legt ihr Kind in eine Höhle. Nun gehen die nächsten Jahre wie mit einem Zeitraffer vorbei. Sie steht vor der Höhle, ihre Beine mit Stoff umschnürt, erdig, bodenverbunden. Sie schützt das Kind, während es aufwächst. Ihre Haare wachsen unterdessen immer länger, bis sie am Boden ankommen. Dann ist das Kind erwachsen, 17 Jahre oder so. Sie macht jetzt den Platz frei, damit es aus der Höhle herauskommen kann. Es ist ein Bub. Jetzt kreist der Adler wieder über ihnen. Sie spürt einen Stich im Herzen, weil sie weiß, daß jetzt der Vater den Sohn holen kommt, damit der Sohn die zerstörte Stadt wieder aufbaut. Er zeigt ihm den Weg dahin. Der Sohn geht dem Vater nach bis an den Rand der Hochebene, dreht sich noch einmal kurz um und geht. Sie fühlt sich „beschissen", ausgelaugt, sie hat ihm gedient, ihn beschützt, und jetzt verschwinden sie einfach. Sie dreht sich weg. Jetzt sieht sie weit hinten in der Hochebene ein weißes Pferd. Sie denkt, aha, das bleibt mir jetzt, das ist mein Leben. Sie hört Musik. Sie sieht sich selber mit großen Sprüngen zu dem Pferd hüpfen. Mit jedem Sprung, jedesmal wenn ihre Füße den Boden berühren, wächst dort grünes Gras. Am Schluß ist die ganze Hochebene ganz grün.

Dieser eindrucksvolle Traum wurde etwa zur Zeit der Empfängnis geträumt. Die Träumerin, eine ausgesprochen aktive Frau, heiratete zur selben Zeit. Die Power-Frau ihres Bruders im Traum ist vermutlich eine Schattenfigur. Die Träumerin verachtet diese eigene Seite, die Ehe und Mutterschaft mit Lehnstuhlbequemlichkeit verbindet. Sie möchte engagiert und aktiv bleiben. Partisanen kämpfen gegen herrschende Machtstrukturen. Als die Träumerin realisiert, daß sie ein Kind hat, muß sie diese männliche Welt verlassen, in welcher das Kind zugrunde gehen würde. Dies ist ein äußerst schmerzlicher Verzicht. Das Unbewußte scheint ihr im Folgenden zu zeigen, worum es in ihrer Schwangerschaft wirklich geht. Es kompensiert damit vermutlich eine bewußte Einstellung der Träumerin, welche Schwangerschaft und Kinderaufzucht in ihrer Bedeutung gegenüber einer männlichen, weltverbessernden Aktivität unterschätzt.

Die Träumerin steigt mit dem Kind durch Dornen auf einen Berg. Dort oben realisiert sie im Sonnenlicht, daß sie zur Hälfte weiblich, zur Hälfte immer noch männlich-schwarz gekleidet ist. Man könnte sagen, daß sie einen dornenvollen Weg bis zu einem ersten wichtigen Überblick gehen muß bis zu der Erkenntnis ihrer Gespaltenheit. Auf der rechten Seite, der bewußten Seite, ist sie immer noch der männlichen, harten Welt verhaftet. Links, auf der Seite des Unbewußten oder der natürlichen Persönlichkeit spürt sie plötzlich weiche, weibliche Kleider, Wärme, weibliches Gefühl. Kleider sind für eine Frau

Ausdruck ihrer inneren Befindlichkeit, und so realisiert sie letztlich ihre eigene Weiblichkeit.

Der Rebstock ist ein Symbol der Fruchtbarkeit und gehört zur Muttergöttin. Zugleich hat er mit dem Wein, dem Blut Christi, mit dem Opfer zu tun. In der Barockzeit wurde das Lamm Gottes oft dargestellt zwischen Dornen und Trauben.[457] Im Rebstock begegnet ihr also der Gedanke des Opfers, das aber symbolisch gesehen zu Auferstehung und ewigem Leben führt. Danach muß die Träumerin endgültig und schmerzlich realisieren, daß sie nichts mehr zur Rettung der Stadt durch die Partisanen beitragen kann. Sie muß vom Kampfgeschehen Abschied nehmen. Die Stadt taucht in Träumen immer wieder durch ihre befestigte und mandalaförmige Struktur als Symbol der nach außen gefestigten Persönlichkeit auf. Hinter der Faszination durch die äußere männlich aktive Lebensform steht hier offensichtlich die Projektion des Selbst. Das Volk, dem geholfen werden muß, stellt das „Untere" in der Träumerin selber dar, das von einer tyrannischen Macht befreit werden will. Im Moment der Schwangerschaft aber muß die Frau sich ihrer Weiblichkeit bewußt werden und die männliche Art der Aktivität aufgeben. Der Traum scheint wie einen anderen Weg zeigen zu wollen, der natürlich letztlich zum selben Ziel führt, nämlich dem Werden einer neuen Persönlichkeit.

Nun kommt das Bild des Adlers. Er ist der Vater ihres Kindes. Dies erinnert an die Vorstellung des Totemtieres, das sich nach altem Glauben in einer ekstatischen Erfahrung dem Individuum zu erkennen gibt. Nach Neumann ist es ein „Ahne mit urheberisch-geistig-zeugerischer Qualität".[458] Diese Tier wird tabuiert und mit strengen Riten umgeben, denn es stellt die persönliche Erfahrung der Gottheit dar, aus der nicht nur die Einweihungsriten der Primitiven, sondern auch die Mysterien der Antike und alle Stiftungen der großen Religionen entstanden.[459]

In der Alchemie kommt der Adler als Bild vor für den geflügelten Merkurius, den Geist des Unbewußten. In „Psychologie und Alchemie" findet sich eine Darstellung des Adlers als Symbol des aus der Materie aufsteigenden Geistes.[460] Wie Vögel überhaupt, hat der Adler mit Gedankenflug, mit Phantasien und intuitiven Ideen zu tun. In der Antike deutete man den Vogelflug als Ausdruck des Götterwillens. Vögel waren Götterboten und stellten die Verbindung zum Jenseits her. Der Adler steht besonders für Höhe, Sonnennähe, in Ägypten für Licht, Lebenswärme, Ursprung, Tag. Wir haben die Sonnenwärme als wichtiges Element auch im Traum.[461]

---

[457] Vgl. Dictionnary of Symbols
[458] E. Neumann, Ursprungsgeschichte des Bewußtseins, 160f
[459] Ders. 451f
[460] C.G. Jung, Psychologie und Alchemie, GW 12, § 498
[461] Siehe auch Kap. Vögel

5. TIERE: DAS PFERD

Man könnte sagen, indem man den Adler positiv deutet, daß der Träumerin ihr persönliches Totemtier begegnet, der göttliche, schöpferische Geist des Unbewußten. Er ist der Vater ihres Kindes und auch derjenige, dem das Kind letztlich gehört. Wenn sie nicht realisiert, daß ihr Kind nicht ihr eigenes Werk und somit nicht ihr Eigentum ist, so wird sie sich „beschissen" fühlen, wenn sie es später wieder hergeben muß. Sie muß realisieren, daß die 17 Jahre ihres weiblichen, passiven, erdverbundenen „Erdauerns" der Kinderaufzucht ein Opfer an die Gottheit sind, ihr weiblicher Beitrag an den Wiederaufbau der zerstörten Stadt. Die Frau kann als Mutter die kollektiven Probleme der Welt nicht lösen, ebensowenig wie dies der Vater tun kann. Das liegt in der Hand der Gottheit, der sie und er nur bescheiden dienen können. Wie im Kapitel Adler ausgeführt, könnte er auch mit Macht zu tun haben, mit einer Phantasie über das zukünftige Kind und über seine zukünftige große Rolle in der Welt, wie sie manche Mütter im Stillen nähren. Wenn in diesem Sinne dem Kind ein Adler zu Gevatter gestanden hätte, das heißt eine Machtphantasie der Mutter, wäre die Fortsetzung des Traumes um so sinnvoller.

In dieser Zeit, so sagt der Traum, wachsen die Haare der Träumerin bis zum Boden. Haare, das, was aus ihrem Kopf wächst, sind aus dem Unbewußten herauswachsende Gedanken und Phantasien. In dieser langen Zeit, in der sie scheinbar nichts tut, als das Wachstum ihres Kindes zu behüten, wächst, so sagt der Traum, noch etwas anderes heran. Nach primitiver Anschauung sind Haare Träger von Mana, sie tragen gleichsam geistige Lebenssubstanz. Zugleich sind sehr lange Haare vor allem weibliches Attribut. In der langen Zeit der Passivität kann bei der Frau offenbar ein Wachstum ihrer ganz weiblichen Phantasien und Gedanken stattfinden, einer eigenen Geistigkeit, welche ihr Mana, das heißt Ausstrahlung und weiblichen Wert, verleiht.

Nun wird für sie auf einer höheren Ebene (die Hochebene des Traumes) das weiße Pferd sichtbar, das Symbol der großen Mutter mit seiner ganzen Beziehung zum Geistigen, Jenseitigen. Der Traum scheint zu sagen: Das Leben ist nicht zu Ende, wenn die Frau von den Kindern verlassen wird. Dann nämlich, wenn sie das Opfer ihrer männlichen, dynamischen äußeren Aktivität hat erbringen können, verleiht ihr Mutter Natur ihre eigenen Kräfte, ausgedrückt im wunderschönen Bild, daß unter der Berührung ihrer Füße das Gras grünt. Dann kann sie wirklich fruchtbar werden in ihrer Wirkung auf ihre Umgebung. Dort, wo sie Erde berührt, das heißt Realität, Leben, Umwelt, andere Menschen, dort kann sie neues Wachstum bewirken. Dann wird auch ihr wirkliches Ziel sichtbar. Es ist nicht das, was sie am Anfang des Traumes als Mitstreiterin der Partisanen und unter Verleugnung all ihrer Weiblichkeit dafür hielt. Es hat mit Getragensein von einer weiblich-instinktiven Naturgeistigkeit zu tun, welche auf das Selbst zielt.

Bei den nächsten zwei kleinen Träumen geht es um ein anderes Problem. Wir wissen dazu, daß die 37-jährige schwangere Frau, welche diese Träume hatte, vom Arzt im ersten Monat erfahren hatte, daß ihr Kind vermutlich tot war und eine Abtreibung zu empfehlen war. Sie lehnte dies erst ab, aber dann verdichtete sich die Diagnose, und so willigte sie ein. Das Kind war tatsächlich tot. In der Nacht nach dem Arztbesuch träumte sie:[462]

Traum Nr. 90

Ich war mit einer Frau der Dritten Welt zusammen. Diese war sehr einfach. Sie hatte eine Anzahl Kinder und kauerte auf dem Boden, inmitten all ihrer Armut. Sie trug einen Schleier über dem Gesicht. Die Frau war sehr arm und vernachlässigt, und ihre Kinder waren in einem ähnlichen Zustand. Beide, Mutter und Kinder, litten Hunger.

In diesem Traum wird auf eine brutale Weise deutlich, weshalb das Kind vermutlich nicht leben kann. Wenn wir an die Dritte Welt denken, so tauchen Bilder von Armut und Elend, Hunger und Tod vor unseren Augen auf. Die einfache Welt, die Naturwelt, leidet an Armut und Unterernährung. Die einfache Frau in ihr, die Gebärerin, leidet Hunger. Wenn diese Seite in der Träumerin Hunger hat, so heißt das psychologisch, daß ihr die Nahrung, das wäre die Zuwendung durch das Bewußtsein fehlt. Sie stellt den rein biologischen Aspekt des Mütterlichen dar, die primitive Mütterlichkeit, ohne die ein Kind nicht entstehen und leben kann. Diese scheint der Träumerin in ihrem Bewußtsein zu fehlen. Tatsächlich führte sie ein extravertiertes, von kollektiven Meinungen bestimmtes Leben, war machtbesessen und unberechenbar in ihren Handlungen. Die grausame Konsequenz des Unbewußten war scheinbar der Tod ihres Kindes.

In der Nacht nach diesem Traum träumte sie:

Traum Nr. 91

Ich brachte ein kleines Pferd zur Welt.

Um so ergreifender ist nun der tröstende Traum von der Geburt des kleinen Pferdes. Es scheint, wie wenn es nun trotz allem um neues Wachstum gehen würde, wie wenn dieses sogar das Ziel des ganzen Leidens wäre. Das kleine Pferd ist gleichsam ein Geschenk der Großen Mutter, das sie einmal wird tragen können. Gerade wohl, weil sie zu ihrem Kind stehen wollte und weil sie es verlieren mußte, ist eine instinkthafte Mütterlichkeit in ihr geboren worden, die alle Wachstumsmöglichkeiten in sich trägt.

Einen ähnlich trostvollen Traum hatte eine 37-jährige Frau im 7. Monat, die während ihrer ersten Schwangerschaft unter starken Depressionen litt:

---

[462] Mit der freundlichen Erlaubnis der Patientin und ihres Analytikers verwende ich dessen Notizen, die er dem Traum beifügte.

5. TIERE: DAS PFERD

Traum Nr. 92:

> *I sat alone silent and preoccupied. My brain felt dull and exhausted. I tried to open the window and go out, but I couldn't. I was a goner. A large horse came. It had large and beautiful eyes. I asked a favor of it. It nodded. Then I waked up. I could not restrain tears. I felt as if I had been saved by the horse, with tears pouring down my cheeks.*

> *Ich saß allein und bekümmert. Mein Hirn war matt und erschöpft. Ich versuchte, das Fenster zu öffnen und hinauszugehen, aber ich konnte nicht. Ich war ein Versager. Ein großes Pferd kam. Es hatte große und wunderschöne Augen. Ich bat es um einen Gefallen. Es nickte. Dann wachte ich auf. Ich konnte die Tränen nicht zurückhalten. Ich fühlte mich, wie wenn ich durch das Pferd gerettet worden wäre, mit Tränen, die meine Wangen hinunterliefen.*

In diesem berührenden Traum bittet die Träumerin das Pferd um Hilfe, denn sie ist traurig und von den abwertenden Gedanken ihres verwirrten Hirns erschöpft. Wie in vielen Märchen kommt die Hilfe des Pferdes dann, wenn die Situation verzweifelt ist. Barbara Hannah zitiert aus Jungs *Vision Seminars* eine Stelle, wo er das Bild eines Tieres beschreibt, das eine Analysandin gemalt hatte.[463] Die Stelle ist so eindrücklich, daß ich sie hier ganz zitieren will:

> *She made a picture of a face with the melancholy eyes of a beast. What really happened was that they not only travelled back to ancient Greece (the animals), but went even further, the animals led her back even into the animal age. You remember that the purpose of the Dionysian mysteries was to bring people back to the animal; not to what we commonly understand by that word, but to the animal within. She looks directly into* THE EYES OF AN ANIMAL, AND THEY ARE FULL OF WOE AND BEAUTY BECAUSE THEY CONTAIN THE TRUTH OF LIFE, AN EQUAL SUM OF PAIN AND PLEASURE, THE CAPACITY FOR JOY AND THE CAPACITY FOR SUFFERING. *The eyes of very primitive and unconscious men have the same strange expression of a mental state before consciousness, which is neither pain nor pleasure; one doesn't exactly know what it is, it is most bewildering, but undoubtedly she here sees into the very soul of the animal, and that is the experience she should have. Otherwise she is disconnected from nature.*

> *[... Sie schaut direkt in die Augen eines Tieres, und sie sind Leid und Schönheit, weil sie die Wahrheit des Lebens enthalten, eine gleichmäßige Summe von Schmerz und Freude – die Fähigkeit, sich zu freuen, und die Fähigkeit zu leiden. Die Augen sehr archaischer und unbewußter Men-*

---

[463] C.G. Jung, Vision seminars, I, 261, damals noch unveröffentlichtes Manuskript, zit. bei B. Hannah, Hund, Katze, Pferd Seminar, Hervorhebung von mir.

schen haben denselben seltsamen Ausdruck eines geistigen Zustands vor der Bewußtheit, welcher weder Schmerz noch Vergnügen ist; man weiß nicht genau, was es ist, es ist höchst verwirrend, aber unzweifelhaft schaut sie hier gerade in die Seele des Tieres, und das ist die Erfahrung, die sie haben sollte. Sonst ist sie von der Natur abgeschnitten.]

Der Traum scheint der Träumerin zu zeigen, daß sie auf die Hilfe der Natur, auf ihre instinkthafte Grundlage vertrauen kann. Diese wird ihr das geben, dessen sie in ihrer schwierigen Schwangerschaft bedarf. Es ist aber offenbar wichtig, daß sie fragt. Das Motiv der verpaßten Frage findet sich in vielen Mythen und Volkserzählungen, z.B. auch in der Grallegende. Der Ritter Gauvain verschläft die Mitteilung des Mysteriums vom Gral, obwohl König Arthur zur Antwort bereit gewesen wäre, wenn der Ritter gefragt hätte. Das Unbewußte gibt oft nur Antwort, wenn wir ihm in fragender, bzw. bittender Haltung gegenüber stehen. Viele Leute haben eindrückliche Träume, aber solange sie nicht fragen, bekommen sie keine Erklärung über den Sinn davon. Oft braucht es erst Not und Leiden, bevor man gewillt ist, zu fragen. Erst dann kann die Tierseele uns helfen.

Traum Nr. 93 [464]

Es wurden mir zwei muntere braune Pferde geschenkt, die sich auch gleich auf einer grünen Wiese tummelten. Dann war ich in einer Kirche, in der lauter ältere Männer – der Vater meines Mannes und sein Götti und andere – standen, sich nach vorne drängten und das „Credo" sagten, welches jeder auf einem Zettel in der Hand hatte. Es war eine ganz persönliche „Konfirmation". Ich empfand das als sehr wichtig und bedeutungsvoll im Hinblick auf die Geburt des neuen Wesens.

Der Traum kam kurz vor der glücklichen und leichten Geburt eines Buben, des dritten Kindes dieser Mutter. Die Pferde auf der grünen Weide vermitteln ein Gefühl von reichem instinkthaftem Leben, das eine komplikationslose Geburt erwarten läßt, nachdem die letzte Geburt eine Fehlgeburt gewesen war. Darüber hinaus findet nun eine „persönliche Konfirmation" statt. Das heißt, ein religiöser Einweihungsvorgang, eine Bestätigung oder Bekräftigung eines neuen Zustandes, welcher vermutlich mit der Verfestigung der Persönlichkeit zu tun hat.

Merkwürdigerweise sind in der Kirche nur lauter ältere Männer, zusammen mit dem Mann der Träumerin, seinem Vater und seinem Götti (godfather). Die drei „Väter" gehören zusammen. Es sind die menschlichen Vertreter einer christlichen, von einer männlichen Trinität dominierten Religion. Diese ist über Dogma und Ritus tradiert, vom Vater auf den Sohn,

---

[464] Von ders. Träumern Nr. 24: Kap. Stein, Nr. 65: Kap. Vögel, Nr. 36: Kap. Pflanzen, Nr. 113: Kap. Mann, Nr. 99: Kap. Kuh

5. TIERE: DAS PFERD

aufgeschrieben und von jeder Generation wieder „abgelesen" und durch das Credo bekräftigt. Die beiden Pferde auf der grünen Wiese bilden gleichsam das fehlende weiblich-mütterliche Element, welches die 3 zur 4 ergänzt. Die männliche Gemeinschaft und der Konfirmationsritus in der Kirche deuten wohl auf ein Annehmen einer christlich-patriarchalen religiösen Tradition mit ihren klar definierten Wertvorstellungen. Das Unbewußte stellt diese hier nicht als negativ dar, sondern im Gegenteil als bedeutungsvoll für das neue Wesen, das ein Bub sein wird. Die drei Väter und die Kontinuität der religiösen Tradition bedeuten für die Träumerin gleichsam den Halt und die Festigkeit (confirmare = festigen) der männlichen, dem Göttlichen verpflichteten Bewußtseinswerte, während die Pferde mit ihrem weiblichen Temperament zu tun haben, das ihr in ihrer Schwangerschaft „geschenkt" wird, das heißt bewußt wird. Auf diese Weise ist eine persönliche Konfirmation möglich, eine Verfestigung einer persönlichen Religiosität, im Einklang mit der religiösen Tradition der Väter.

Jung betont immer wieder, daß es nicht darum geht, unseren christlichen Mythus über Bord zu werfen. Was not tut, ist eine persönliche Beziehung dazu zu finden. Vielen heutigen Menschen genügt es nicht mehr, „das Credo abzulesen". Sie suchen eine lebendige, persönliche Beziehung zum Religiösen. Über das Verständnis der Symbolik zeigt Jung einen Weg, den christlichen Mythus in unsere Sprache zu übersetzen und so dem persönlichen Zugang zu öffnen. Die Träumerin hatte vielleicht die Tendenz, alles Althergebrachte, all die für sie leer gewordenen religiösen Hüllen wegzuschmeißen. Damit wäre sie dem Ansturm des Unbewußten ausgeliefert gewesen, denn religiöse Systeme sind, wie Jung betont, therapeutische Einrichtungen, welche den Umgang des Menschen mit den archetypischen Mächten des Unbewußten regeln. Die Träumerin braucht diesen Halt. Dadurch daß sie aber ihre instinkthafte Weiblichkeit realisieren kann, ist ihr der Boden gegeben, auf dem eine persönliche Beziehung zum Göttlichen innerhalb des traditionellen Rahmens möglich wird. Das ist offenbar das Wichtige für das neue Kind.

Der Traum ergänzt in ganz unproblematischer und natürlicher Weise das trinitarische, männliche religiöse Weltbild durch das erdhafte weibliche Temperament, wie es parallel zur christlichen Lehre über die Jahrhunderte in den Bemühungen der Alchemie geschah, und wie es in vielen Märchen zum Ausdruck kommt.

Bild 36 Eberköpfige Muttergöttin (Indien, 7. Jh. n.Chr.)

5.7. Das Schwein

Regina Abt

In unserem christlichen Kulturbewußtsein hat das Schwein fast nur negative Bedeutung. Es ist mit Schmutz und Freßgier, mit Sexualität und Sünde assoziiert. „Das ist doch eine Schweinerei", sagt man empört über etwas Unanständiges. Ungeachtet dessen, was die Alten eigentlich wußten und was moderne Zoologen und Ethologen wieder herausfinden, nämlich daß Schweine bei artgemäßer Haltung saubere, soziale und intelligente Tiere sind, ist „Schwein" immer noch einer der gebräuchlichsten Schimpfnamen. Der frißt wie ein Schwein, benimmt sich wie ein Schwein, hat eine „Sauordnung" etc. Schweine wurden und werden zum Teil auch heute noch am schattigsten Ort des Hofes in wahren Löchern von Ställen gehalten.

Woher eigentlich diese schlechten Ansichten über das Schwein? Das war nicht immer so. Sogar bei uns finden sich Überreste einer ganz anderen Hochschätzung des Schweines, zum Beispiel im Neujahrs- und Glücksschweinchen. Die Wurzeln dafür liegen darin, daß früher bei uns das Schwein überall ausgesprochen positiv mit Ackerbau und Pflugkultur verbunden war. Es spielte eine große Rolle in den Erntebräuchen, denn seine erstaunliche Fruchtbarkeit, welche für den Bauern Reichtum, Nahrung, Wachstum bedeutet, beeindruckte die Alten in höchstem Maße.[465] Es wurde zum Symbol für Wachstumskraft und Fruchtbarkeit, für den mütterlichen Segen der Natur. Dazu gehörte natürlich auch der Kindersegen. Deshalb ranken sich eine Menge mit dem Schwein zusammenhängende Bräuche um Schwangerschaft und Geburt, aber auch um Weissagung im Zusammenhang mit dem zukünftigen Ehepartner, der Anzahl und dem Geschlecht der Kinder etc. Eine schwangere Frau darf ein Schwein nicht mit dem Fuße stoßen, sonst wird sie eine schwere Geburt haben, so sagt eine Volksregel. Schweine sind auch für alle möglichen Zauber zuständig, vor allem, wo es um Liebe, Ehe, Glück, Fruchtbarkeit, aber auch um Abwehr von Bösem geht. Mehr noch als Katze und Pferd steht das Schwein für die im Überfluß nährende fruchtbare Seite der Mutter Natur, also für einen warmen, animalisch triebhaften Aspekt des Weiblichen und Mütterlichen, aber auch für Eros, Gefühl, Beziehung.

---

[465] James G. Frazer, Der goldener Zweig, und Handwörterbuch d. dt. Aberglaubens.

Bild 37 Demeter auf einem Schwein
(Hellenisch, Süditalien)

Die alten Griechen verbanden das Schwein mit der großen Fruchtbarkeits- und Kornmuttergöttin Demeter. Sie wird mit einem Schwein im Arm oder neben sich abgebildet, auch auf einem Schwein reitend. Schweine waren auch Kultopfer für sie. In Ägypten nahm das Schwein ebenfalls göttlichen Rang ein. Die ägyptische Himmelsgöttin Nut wurde als Mutterschwein mit saugenden Ferkeln dargestellt.

Nach dem europäischen Volksglauben zeigt das Schwein auch Schätze an, hütet Quellen und Schätze und spürt versunkene Glocken auf. Der Schatz als verborgener höchster Wert steht in Märchen und Sagen symbolisch für den kostbarsten inneren Wert, für das Selbst, während die Glockenstimme als die Stimme Gottes oder eines Heiligen verstanden wurde, als vox Dei. Psychologisch ausgedrückt, wäre dies die Stimme des Selbst. Daß diese ausgerechnet durch ein „schmutziges Schwein" gefunden werden kann oder muß, entspricht wohl volkstümlichem, nicht aber kirchlich-christlichem Denken. Denn mit dem sich ausbreitenden christlichen Gedankengut mit seiner Ablehnung des Tierischen, Triebhaften, Naturhaften und seiner ganzen Körperfeindlichkeit wurde das Schwein immer mehr zum Teufelstier, zum Reittier der Hexen und Dämonen, zum Symbol der fleischlichen Versuchungen, wie sie den Eremiten Antonius in der Wüste befielen. Das Schwein behielt nur noch die Projektion von Begehrlichkeit, von Sexualität und Sünde, während seine positiven Aspekte der weiblichen Fruchtbarkeit und Sexualität, der mütterlich-tierischen Wärme und Nahrung, aus dem Bewußtsein des christlichen Menschen hinausfielen. Eine unerhört positive und vor allem auch für die Ganzheit der Frau absolut notwendige Seite der weiblich-mütterlichen Natur verfiel so dem Unbewußten. Sie war nicht mehr offiziell „gewußt" und verehrt. Am Erbe dieser christlichen Auffassung scheinen heute viele Frauen zu leiden. Sie leiden an einer Abwertung dessen, was das Schwein darstellt. Und zwar werten sie es auch selber ab. Es ist für sie oft unmöglich, zu diesem wesentlichen Teil ihrer Natur zu stehen. Natürlich lehnt sich der ganze weiblich-mütterliche Bereich der Psyche gegen diese Zurücksetzung ihrer „Schweine-Seiten" auf, besonders wo es um Schwangerschaft und Geburt geht. Denn es kann offenbar die Schweinemutter mit ihren Ferkeln, die sie alle reichlich nährt, als Bild der tierisch-triebhaften, warmen Mütterlichkeit nicht ohne Schaden abgelehnt werden. In den folgenden zwei Träu-

5. TIERE: DAS SCHWEIN

men scheint das „Schweinische" ins Leben der Träumerinnen hineinkommen zu wollen. Ziemlich genau zum Zeitpunkt der Empfängnis träumte eine Frau in Erwartung ihres 3. Kindes:

Traum Nr. 94:

I was looking through a window in a parlor. A pig entered. He bit my hand. Someone aided me.

Ich schaute durch ein Fenster in einem Wohnzimmer. Ein Eber kam herein. Er biß in meine Hand. Jemand half mir.

Vor der Kaiserschnittgeburt ihres 4. Kindes träumte eine andere Frau:

Traum Nr. 95:[466]

A wild boar appeared suddenly. Although I tried to run away from him, it was impossible to free [myself]. He attacked me, but I felt no pain and fear.

Ein wilder Eber erschien plötzlich. Obwohl ich versuchte, vor ihm davonzurennen, war es unmöglich, sich zu befreien. Er griff mich an, aber ich fühlte keine Schmerzen und keine Angst.

Merkwürdig scheint auf den ersten Blick, daß es männliche Tiere sind, welche die Träumerin bedrohen. Naturmuttergöttinnen haben oft männliche, manchmal destruktive Begleiter, z.B. einen Eber oder Ziegenbock.[467] Diese stellen gleichsam einen männlichen Aspekt als Attribut des Weiblichen dar, der sich sehr negativ äußern kann.[468] Diese männlich-aggressive Seite, die im Kapitel über den Animus ausführlich zur Sprache kommt, gehört hier zum Mütterlich-Weiblichen. In anderen Kulturen wird ihr mit großer Vorsicht begegnet. Am extremsten zeigt sich diese bedrohliche Seite der Großen Mutter in der Figur der indischen Kali oder der griechischen Gorgo, beide mit Eberhauern dargestellt. Sie sind auch Todesgöttinnen. Denn der Tod ist die andere Seite der Fruchtbarkeit und die Fruchtbarkeit der Natur ist immer mit dem Tod von Altem verbunden.

Trotz der Bedrohung durch die Eber empfinden beide Träumerinnen nicht wirklich Angst oder Schmerz. „Someone helped me", vermutlich die positive Seite der Großen Mutter oder des Schweinesymbols selbst. Der angreifende Eber setzt der Freiheit der Frau ihre Schranken („It was impossible to free") und beschränkt ihre Handlungsfreiheit („He bit my hand"). Unerklärliche, angstmachende und damit lähmende Impulse greifen die Träumerin an, aber

---

[466] Von derselben Frau: Nr. 27: Kap. Feuer
[467] Siehe Bild in: Buffie Johnson, Die große Mutter in ihren Tieren, 274: Die auf einem Lotosthron sitzende, eberköpfige Muttergöttin repräsentiert die wechselnden Phasen des Mondes, der ständig stirbt, um wiedergeboren zu werden. (Bild 36, S. 308)
[468] E. Neumann, Die große Mutter, S. 165

sie können gleichsam ohne ihr Zutun überwunden werden. Ein hilfreicher Instinkt trägt sie über die Schwierigkeiten hinweg. Etwas in ihr leistet die Anpassungsarbeit, ohne daß sie viel dazu tun muß.

Das Bewußtsein unterschätzt oder verdrängt manchmal den Schweine-Aspekt des Mütterlichen, sei es im Sinne einer allzu kindlichen Haltung gegenüber der Schwangerschaft und dem zukünftigen Muttersein, sei es im Sinne einer in diesem Moment allzu starken Abwendung in Richtung des Geistigen. In beiden Fällen kann das Einschränkende, das Dunkle, die Gefahr, der Todesaspekt der neuen weiblichen Aufgabe plötzlich aus dem Unbewußten auftauchen, das Bedrohliche, Beengende, Beängstigende der Trieb- und Instinktwelt. Dies kann sich in einer unerklärlichen Unzufriedenheit, Aggressivität und Gereiztheit äußern. Manche Mütter wollen nicht stillen, weil sie sich dadurch zu sehr in ihrer Freiheit beengt fühlen oder weil es scheint, wie wenn sie nicht stillen könnten. Oder sie sind aus anderen Gründen überfordert, etwa durch mangelnden Kontakt mit anderen werdenden Müttern oder anderen hilfreichen Frauen oder durch die ständige Abwesenheit des Mannes. Die kleinen Würmchen mit ihren ständigen Ansprüchen machen sie nervös, gereizt, lieblos und oft, weil sie deswegen ein schlechtes Gewissen haben, überbesorgt. Dies wiederum verstärkt die Überbelastung und Gereiztheit. Sie bringt die negative Animus-Seite herauf. Die Angriffe der Eber könnten ein Bild dafür sein.

Da zum „Schweinischen" auch die Sexualität gehört, und dies durchaus auch in positivem Sinne, könnte man die angreifenden Eber auch als eine eigene angriffige Sexualität ansehen, die natürlich dem Zustand einer schwangeren Frau nicht bekömmlich ist. In diesem Sinne könnte der Traum auch eine Warnung bedeuten. Was nun für diese Träumerin zutrifft, könnte nur unter sorgfältige Berücksichtigung ihrer persönlichen Umstände und Assoziationen entschieden werden. In Erwartung ihres dritten Kindes träumte eine Mutter:

Traum Nr. 96:[469]

> *Many pigs were crowded. Their heads looked like black dots which symbolized the heads of the crowded people in the cartoons. They all bowed their heads to me. A captain pig among them came to me and bowed again. He asked me to ride on him. I refused to do so, but all the pigs were saying all at once. „Please ride on him, maam, he is safe." I finally rode on him.*
>
> *Viele Schweine waren zusammengedrängt. Ihre Köpfe sahen aus wie schwarze Punkte, welche jeweils die Köpfe von Leuten in einer Menge in den Cartoons symbolisieren. Alle beugten ihre Köpfe vor mir. Ein Anführer unter ihnen kam zu mir und verbeugte sich wieder. Er wollte, daß ich auf*

---

[469] Von derselben Frau: Nr. 27, Kap. Feuer

5. TIERE: DAS SCHWEIN

ihm reite. Ich wollte nicht, aber alle Schweine sagten plötzlich. „Bitte reite auf ihm, Maam, er ist sicher." Endlich ritt ich auf ihm.

Das ausgesprochen Kollektive der Traumsituation („many pigs were crowded") entspricht in gewissem Sinne der Situation einer Frau, die Mutter wird. Anscheinend muß sie so sein oder werden wie die Massen von Frauen es sind, die ihren Mutterinstinkt leben und Kinder gebären. Das gehört zur eben erwähnten Beschränkung, zur Gefangenschaft, zum „Sich-eingepfercht-Fühlen" (crowded).

Im selben Traum aber wird dem individuellen Ich-Bewußtsein eine führende Rolle zugesprochen. Die Schweine, auch der Anführer, verneigen sich vor der Träumerin, wie wenn sie sie über die ihr unheimliche und kollektive Seite der mütterlichen Trieb- und Instinktwelt beruhigen wollten, und verleihen ihr die Führung. Indem sie das führende Schwein besteigt, wird sie nicht nur getragen, sondern wird sie auch selber zur Führerin. Damit wird ihr symbolisch die archetypische Rolle der „Herrin der Tiere" zugesprochen, der Naturmutter selber. Diese ist die Göttin, das weibliche Selbst, und sie ist es, welche die verschiedenen Tiere, d.h. Instinkte und Triebe, beherrscht und zentriert. Sie dirigiert den Körper und die Fülle seiner Funktionen und stellt damit eine unbewußte „geistige" Ordnung des Ganzen her. Die menschliche Gestalt der Herrin der Tiere, wie sie in vielen Mythologien beschrieben ist, stellt eine triebüberlegene, geistige Kraft im Menschen dar.[470] Deshalb gehört auch der Stierkampf oder das Spiel mit dem Stier zu den Ritualen der großen Naturmutter. Ebenso gehört zur Herrin der Tiere das Tieropfer, also das Triebopfer, die Triebbeschränkung und Triebbeherrschung.[471] Die Ordnung der Herrin der Tiere ist aber eine unbewußte Naturordnung, welche nebeneinander Tod, Grausamkeit und Willkür, ebenso wie Planung, Schöpfung, Sinnhaftigkeit etc. enthält.[472] Daß die Rolle der Führung dem kleinen Ich der Träumerin angeboten wird, könnte darauf hindeuten, daß die Instinktwelt sich nach bewußter Sinngebung sehnt. Das heißt, der leitende Sinnzusammenhang, welcher die einzelnen Triebelemente zusammenfaßt, soll menschlich werden, das heißt bewußt werden. Das Bewußtsein ist dann mit dem Instinkt verbunden und wird von ihm getragen. Die Träumerin wird Geführte und Führerin zugleich. Eine Frau, welche sich auf solche individuelle Weise dem kollektiven Symbol des Schweines anvertrauen kann, ist getragen von einer instinkthaften Mütterlichkeit und Weiblichkeit, welche auch Eros, Beziehung, das Nährende des Gefühls in der Familie und im sozialen Gefüge darstellt. (Schweine haben ein ausgesprochen differenziertes Familien- und Sozialleben, das erst sichtbar wird, wenn man sie mit genügend Auslauf in Gruppen hält.)

---

[470] Vgl. Neumann, Die Große Mutter, 263f
[471] Ders., 265
[472] Ders. 263

Es scheint, wie wenn von der heutigen Frau nicht einfach eine unbewußte Hingabe an die weiblich-mütterliche Natur gefordert wäre, sondern eine ganz bewußte Hinwendung zu dem, was sie als Frau oder Mutter auszeichnet.[473] Damit kann eine Versöhnung stattfinden zwischen scheinbar sinnloser, sich ewig wiederholender unbewußter Triebbestimmung mit ihren verschiedenen Gesichtern einerseits und dem geistigen Ziel eines bewußt erkannten Sinnes andrerseits. Die heutige Frau, gerade auch die im christlichen Kulturbereich erzogene Frau, kann oft nicht mehr in völlig unbewußt-naturhafter Weise ihre weiblich-mütterlichen Funktionen erfüllen. Depressionen, Ängste, körperliche Beschwerden gehören manchmal zur Schwangerschaft. Vermutlich ist es für solche Frauen nur durch größere Bewußtheit über die verschiedenen Seiten ihrer Naturbedingtheit möglich, den individuellen Sinn des Ganzen zu sehen und damit auch das Opfer bewußt zu akzeptieren. Das Opfer an Freiheit, an persönlichem Eigenwillen, an eigener Lebensplanung, aber letztlich sogar das Opfer der unter Opfern gelebten und von der Großen Mutter verlangten Mütterlichkeit.

Eine 23-jährige Frau träumte in ihrem 8. Schwangerschaftsmonat folgenden erschreckenden Traum:

Traum Nr. 97:

> *A unknown insane woman comes to a garden party. She brings an uncooked pig. She eats it by tearing it apart with her teeth. When we look at this macabre scene she spits the piece at us and then chases us to devour us too.*
>
> *Eine verrückte Frau kommt zu einer Gartenparty. Sie bringt ein ungekochtes Schwein. Sie ißt es, indem sie es mit ihren Zähnen zerreißt. Wie wir diese makabre Szene anschauen, speit sie die Stücke auf uns, und dann verfolgt sie uns, um uns auch zu verschlingen.*

Die unheimliche Figur der verrückten Frau ist ein Bild für die zerstörerische, verschlingende Seite der Großen Mutter. In Indien ist es zum Beispiel die Erdgöttin Kali, welche solche grausamen Züge trägt. Das Wort Kali ist die weibliche Form des Wortes „Zeit". Zeit bringt alles hervor und vernichtet alles. Kali trinkt warmes Blut aus einem Schädel, abgeschnittene Köpfe baumeln um ihren Hals, Raubtiere begleiten sie. Sie trägt eine Schöpfkelle oder nahrungsspendende Schale und zugleich eine Schlinge, einen eisernen Haken oder eine Schere, mit der sie den Lebensfaden durchschneidet. Ihr Körper ist schön, aber aus ihrem Mund ragen Hauer als Zähne und eine lange Zunge.[474] Die verschlingende Gorgo der Griechen hat ebenfalls Eberhauer, hervorgestreckte Zunge und dazu einen Bart. Neben der lebensspendenden Seite, die

---

[473] Vgl. Esther Harding, Der Weg der Frau, und Kap. Mutter
[474] H. Zimmer, Mythen und Symbole in indischer Kunst und Kultur

5. TIERE: DAS SCHWEIN

auch vorhanden ist, überwiegt bei diesen Göttinnen der dunkle Zerstörungswille, der Aspekt des Todes. Während die lebensspendende Seite mit dem Leben an und für sich, mit der Natur als Geschenk verbunden ist, so wurde das Preisgegebensein an die dunkle Mutter in der alltäglichen Naturbedrohung, in Gefahr, Hunger und Tod empfunden. Diesem unbegreiflichen Zerstörungswillen der Großen Mutter begegnet eine Frau, wenn sie dem urtümlichen weiblichen Prinzip in sich begegnet, also auch der Todesmutter.[475]

Psychologisch gesehen, stellt sie den bedrohlichsten Aspekt des Unbewußten dar, nämlich derjenige, welcher jederzeit zurücknehmen kann, was das Unbewußte einmal gegeben hat. Deshalb ist nicht nur das neue Kind, sondern auch die Geburt des neuen Bewußtseins, welche scheinbar im Willen der Natur selber liegt, trotzdem immer wieder in Gefahr, verlorenzugehen. Die Natur zerstört oft ihre eigenen Geburten wieder, wenn ihr das menschliche Bewußtsein nicht entgegenkommt und ihrer Ja-Nein-Haltung durch zielgerichteten Willen entgegentritt.

Bild 38 Kali, auf Shiva tanzend (Indien 19. Jh.)

Andererseits gehört der Todesaspekt zur Fruchtbarkeit, so wie zum Fruchtbarkeitsritual der Großen Mutter Blutopfer von Menschen und Tieren, z.B. von Schweinen, gehören. Tötung und Zerstückelung sind die Bedingung für die Fruchtbarkeit, das heißt für die Wiedergeburt des Lebens. Da das Wort „Kali" mit „Zeit" zusammenhängt, mag heute der Zeitpunkt richtig sein, den fruchtbaren Aspekt der Naturmutter aufzunehmen, instinkthaftes, triebhaftes weibliches und mütterliches Sein zu leben und bewußt durchzusetzen. In einem späteren Zeitpunkt dagegen muß manchmal gerade dieser Aspekt wieder geopfert werden können, wenn ihn nicht eine unbewußte, negative, verschlingende Seite des Mütterlichen ins Destruktive verwandeln soll.

Für manche besonders gute Mütter, welche jahrelang mit Hingebung ihre mütterlichen Aufgaben erfüllten, ist es unbegreiflich, weshalb sich von einem bestimmten Alter ihrer Kinder an scheinbar nur negative Folgen ihrer Erzie-

---

[475] S. Birkhäuser, Die Mutter im Märchen, 47

hung zeigen. Irgend etwas scheint da vorzugehen, das die Beziehung zu ihren Kindern stört oder auf das Leben ihrer Kinder zerstörerisch wirkt. Es scheint, wie wenn nicht rechtzeitig zur Ablösung der Kinder eine Form der instinktiven Mütterlichkeit (das Schwein) geopfert worden sei – in bewußtem schmerzhaftem Verzicht. So hat sich im Unbewußten unmerklich der zerstörerische Aspekt des Mütterlichen des Schweins bemächtigt und entfaltet nun seine Wirkung. Wenn das Opfer nicht freiwillig gebracht wird, so nimmt es sich die Göttin selber, könnte man sagen. Der Zeitmoment hat offensichtlich geändert und damit das Gesicht des Archetyps.

Plötzlich trägt sie ausgesprochen männliche Züge, wie die Gorgo mit langer Zunge, Bart und Eberhauern. Auf kollektiver Ebene heißt dies, daß der Archetypus der Großen Mutter plötzlich seine destruktive, dynamische Seite zeigen kann, wie wir es etwa in großen kollektiven Besessenheitsphänomenen erleben können. Die zerstörerische Seite der dunklen Naturmutter oder des Unbewußten steht etwa hinter dem furchtbaren Ausbruch von Emotionen, welcher ein Krieg bedeutet. Auf persönlicher Ebene kann sich die positive Mütterlichkeit in eine animushafte Destruktivität verwandeln, oftmals der Frau selber völlig unbewußt. Nach außen ist sie immer noch die besorgte, gute Mutter. Dies scheint jedoch im Moment nicht das Problem der Träumerin zu sein, um auf die persönliche Ebene zurückzukehren. Sie ist noch jung und erwartet eben ihr erstes Kind. Es könnte aber ein Problem ihrer eigenen Mutter gewesen sein. Denn aus einer solchen psychischen Konstellation resultieren für die Tochter oft zerstörerische Wirkungen, die sich vielleicht besonders dann zeigen, wenn sie selber Mutter werden soll. Dann wird das Muttersein zum Problem. Unbewußte, von der Mutter übernommene Einstellungsmuster erschweren nun plötzlich das Mutterwerden. Ein Beispiel für unbewußte Gedanken, die aus einer solchen Einstellung resultieren können: „Die armen Kinder, die heute geboren werden sollen, wo die Welt doch zum Untergang verurteilt ist!"

Die verrückte Frau könnte in psychologischer Sprache ausgedrückt hier eine Form des Mutterkomplexes darstellen, der sich auf den Mutterinstinkt zerstörerisch auswirkt. Es ist dann nicht mehr eine instinkthafte Selbstverständlichkeit, die eine Frau durch die Schwangerschaft trägt, sondern die Führung hat im Unbewußten etwas Aggressives, Beziehungstötendes übernommen, das die Frau unter Umständen in ihrem Bewußtsein unsicher und verängstigt werden läßt. Es ist nicht die persönliche Mutter der Träumerin, sondern eine unbekannte weibliche Figur. Das deutet auf den gefährlichen Aspekt des Archetyps des dunklen Weiblichen hin, der im Unbewußten der Träumerin sichtbar wird. Wenn dieser Archetyp auftaucht, dann ist die Gefahr, daß die Träumerin seelisch von etwas Übermächtigem gepackt wird, was ihren animalischen Muttertrieb zerstören könnte. Manchmal sind allzu „gute" Mütter von plötzlichen übertriebenen Wutanfällen und unerklärlichen Aggressionen geplagt. Es ist eine verrückte Seite, die macht, daß sie außer sich

5. TIERE: DAS SCHWEIN

geraten könnte und ihr warmes instinkthaftes Gefühl zum werdenden Kind verlieren könnte. Die Träumerin scheint in großer Gefahr zu sein. Sie bringt aber einen Monat später ein gesundes Mädchen zur Welt.

Das Schwein gehört in christlicher Sicht zum Dämonisch-Teuflischen. In volkstümlicher Anschauung aber wird sogar der Heilige Antonius mit dem Schwein zusammengebracht und dadurch menschlich verständlich gemacht, da er offenbar in vertrauter Beziehung zu diesen Instinktseiten steht. Frauen sind oft zu „heilig" und erzürnen mit dieser Einseitigkeit die große Mutter oder das Unbewußte. Etwas mehr Schmutz, z.B. schweinische Unordnung und Faulheit könnte manchmal mit etwas mehr Stallwärme verbunden sein. Das bedeutet für die Kinder spontane, warme Reaktionen aus dem Instinkt heraus. Dies ist das Gegengewicht zur kalten Wissenschaftlichkeit, die sich heute auch in der Erziehung und in jedem Lebensbereich breitmacht.

Die Unterdrückung dieser spontanen Gefühlsreaktionen führt kollektiv zu einem Aufstauen eines gefährlichen Potentials im Unbewußten. Die gerechtfertigte Sehnsucht der Jugendlichen nach Spontaneität und Gefühl in unserer Zeit wird etwa zum kollektiven Ausbruch von zerstörerischen Emotionen, mit denen wir nicht mehr umzugehen wissen. Darum ist es für unsere Kinder so wichtig, daß eine Mutter in richtiger Beziehung zu ihrem „Schweine-Instinkt" steht.

Manche Väter mögen sich fragen, wo sie selber denn seien, mit den Problemen, die sie beitragen. Wenn wir wissen, wie wichtig es ist, daß die Anima, die weibliche Seite eines Mannes, seine Seele, sein Gefühl, in seinem Leben mitwirken können, dann wird klar, daß all die Facetten des Weiblichen, welche die Traumbilder heraufbringen, auch zur weiblichen Seite des Mannes gehören können. Es wäre natürlich interessant, auch die Träume der Ehemänner schwangerer Frauen anzusehen, aber das würde den Rahmen unserer Untersuchung beträchtlich sprengen. Es ist jedoch anzumerken, daß die Schwangerschaft, welche mit den tiefsten Instinkt- und Körpervorgängen verbunden ist, in vermehrtem Maße speziell zum mütterlich-weiblichen Leben gehörige Bilder und archetypische Hilfen heraufbringt.

Bild 39 Ausschnitt aus: Die Anbetung der Hirten von P.d.G. d'Ambrogio (15. Jh., Siena)

5.8. Die Kuh

Irmgard Bosch

Es mag erstaunen, daß sich in unserer reichhaltigen Sammlung von Schwangerschaftsträumen nur wenige finden, in denen das Motiv der Kuh eine Rolle spielt. Gäbe es nicht genügend Assoziationen: z.B. die Produktion von Milch, das Dickerwerden des Bauches und die lastende Schwere, der meist große Appetit, das Ruhebedürfnis, das Hineinhorchen in den Körper – ? Tatsächlich scheinen diese Dinge mehr Angelegenheiten des Bewußtseins zu sein, während das Unbewußte Hintergründigeres zur Sprache bringt. Jedenfalls gibt es einige Träume mit dem Motiv der Kuh, die sich als besonders bedeutsam erwiesen.

Ungefähr seit der Jungsteinzeit lebten fast alle Völker von und mit Rindern – von ihrer Milch, von ihrem Fleisch und Blut sowie von allen ihren Körperteilen wie Haaren, Leder, Knochen, Hörnern, Hufen etc., sie feuerten und düngten mit ihrem Mist, nutzten ihre Zug- und Tragkraft. Jahrtausendelang bedeutete die Kuh eine Grundlage und Quelle des Lebens schlechthin, und es wurden seit alters unter ihrer Gestalt die höchsten Göttinnen angerufen, auch der Stierkult gilt als einer der ältesten Kulte, von denen man weiß. Ich will nur wenige Beispiele auf der weiblichen Seite anführen: Die große Göttin Hathor der alten Ägypter wird als riesige Kuh dargestellt, unter ihrem Bauche hockend der Pharao, wie er als Stellvertreter aller Menschen an ihrem Euter trinkt. Die Göttin Isis trägt ebenfalls ein Kuhgehörn. Hera, Zeus' Schwester und Gemahlin, hat ursprünglich Kuhaugen. In Indien erzählte man den Mythos vom Ursprung der Welt überhaupt aus der Milch: Die Götter quirlten zusammen mit den Dämonen den Milch-Ozean, woraus die Erde entstand[476], und noch heute werden in Indien heilige Kühe verehrt.

Wie ersichtlich, steht die Kuh als etwas Großes und Mütterliches mythologisch fast immer an einem „Anfang". Der indische Gott Krishna spielte als Knabe mit den Milchhirtinnen bei den Kühen auf der Weide, und auch die Christgeburt kann man sich ohne Esel und Rind nicht vorstellen. Selbst bei den wetterharten altisländischen Germanen, in der Schöpfungsgeschichte der Prosa-Edda des Snorri Sturluson (um 1200), wird erzählt, daß es eine Kuh war, die den ersten Menschen aus dem starrenden ewigen Eis herausleckte.

---

[476] Siehe Bild 21, S. 197, Kap. Schlange

Als Spenderin von Nahrung und Milch deutet die Kuh auf eine wichtige, heute fast vergessene Seite des Weiblichen. Symbolisch stellt sie die mütterliche Grundlage für das Leben aller dar. Das Wesen der seit Jahrtausenden domestizierten Kuh ist meist sanft, sie ist die willig Gebende, was einem alten Mutterideal entspricht. Man kann ihre atmende Wärme beim Betreten eines Kuhstalls älterer Art noch heute erleben, aber wer kommt tatsächlich noch in einen solchen Stall? Eine wohlige, gleichsam vegetative Atmosphäre können wir besonders um wiederkäuende Kühe herum spüren, wenn sie so recht in ihrem Körper ruhen und anhaltend mit ihren Verdauungsvorgängen beschäftigt sind. – Ein kleines bißchen davon, ab und zu ein bißchen Kuh-Sein, möchte man heute den Schwangeren manchmal gönnen, wenn sie freiwillig oder erzwungenermaßen so tapfer darauf bedacht sind, möglichst unbehelligt und nebenher die Schwangerschaft gewissermaßen zu erledigen.

Bild 40 Die Himmelskuh (Ägyptisch)

Im folgenden Traum geht es um einen Konflikt zwischen Animus-Aspekten der Frau und ihren mütterlich-animalischen Seelenanteilen. Da der Traumbericht sehr lang ist, gebe ich ihn gekürzt wieder:

Traum Nr. 98

Im ersten Teil des Traums, der auf der Hochzeitsparty bei einer Freundin und danach in einem Antiquitätenladen spielt, gerät ein lustiger, koboldartiger Künstler in rasch überschießende Begeisterung über all die alten

5. TIERE: DIE KUH

Gegenstände des Ladens. Diese alten Dinge stecken für ihn voll tieferer Bedeutung und haben tief religiöse Bezüge. Er hebt alles hoch, tanzt ekstatisch damit herum und seine Archaik reißt auch die Träumerin mit. Wie er ihr noch Kuh-Hörner aufsetzt, sie also rituell in eine Kuh verwandelt, tanzt sie hingerissen mit. Sie kann mit den Hörnern kaum die Balance halten, sie sind mit lauter bunten Schleiern behängt.

Nach dieser phantastischen Szene kehrt die Träumerin ins Haus der Freundin zurück, genauer gesagt auf dessen rückwärtige Terrasse, wo es gar nicht nach „Tanz und Schleiern" aussieht, sondern sehr nüchtern nach Arbeit – die Rückseite von Festen und Feiern. Hier hängt nämlich viel Wäsche, gewöhnliche Bettwäsche zum Trocknen. Hier scheint es einerseits auf die Bewältigung der alltäglichen und praktischen Seite des Lebens anzukommen, andererseits ist „Wäsche waschen" auch eine oft bezeugte archetypische Szenerie (z.B. Odysseus bei den Phäaken) der Begegnung.

Auf der rückwärtigen Terrasse, bei der Wäsche, begegnet die Träumerin einem jungen Mann, dieser sieht wie der Koshare der Pueblo-Indianer aus, der bei deren Fruchtbarkeitsritual, dem Mais-Tanz, eine große Rolle spielt. Wieder hat die begegnende männliche Tänzerfigur einen archaisch-religiösen Bezug. Aber hier kann er sich nicht frei entfalten, er wird zuerst durch die Wäsche, dann durch mehrere „gesund aussehende Kühe" blockiert, vor denen er offensichtlich Angst hat. Auch die Abkürzung, die er sich ausgedacht hat – quer durchs Haus, also „mit dem Kopf durch die Wand" – ist illusionär.

Für diesen Animus-Geist sind vor allem die „gesund aussehenden Kühe" eine undurchdringliche Mauer, sie widersprechen aufs Gröbste seiner bevorzugten Lebensform der frei beweglichen Phantasie. Das bedeutet, auch dieser tänzerische Aspekt des Unbewußten hat wenig Bezug zur materiellen Wirklichkeit des Mütterlichen, er hat Angst davor, obwohl er die Fruchtbarkeit ausdrücklich beschwört und davon fasziniert ist. Wie in der Religion genügt Schwärmerei dem wirklichen Leben gegenüber nicht.

Das Traum-Ich will nun die Situation voranbringen und rät zu einer für den Tänzer schwierig auszuführenden Handlung – die Kühe nämlich einfach mit einem leichten Klaps wegzuschieben –, also mit den Händen etwas zu tun. Obwohl der Tänzer bedenklich schaut, wagt er schließlich, so eine Kuh anzufassen.

Leider ergibt sich ein weiteres Hindernis, das vom Traum-Ich selber hervorgerufen zu sein scheint. Die Träumerin beobachtet verblüfft, wie eben jene Kuh nur zu tänzeln anfängt, wie ein Pferd auf der Hinterhand, und überhaupt nicht von der Stelle rückt – bis sie bemerkt, daß sie selber das Ohr der Kuh festgepreßt hielt am Fenstersims! Sowie sie es losläßt, beruhigt sich das Tier und läßt den Maistänzer ungeschoren passieren.

Für die Deutung dieser merkwürdigen Szenen können wir die treffenden Schilderungen des Animus aus der Feder von Emma Jung, „Animus und Anima"[477], heranziehen. Emma Jung sagt dort von ihm: „Er ist ein Geist, der sich nicht wie ein zahmes Pferd vor den Wagen spannen läßt, denn allzusehr hat er den Charakter eines Elementarwesens ... (Er) verwirrt mit seinem unbändigen Geflacker oder führt einen gar durch die Lüfte davon."

Besonders die Phantasie- und Vorstellungstätigkeit der Frau wird vom Animus bestimmt. Insoweit z.B. künstlerische und geistige Arbeit der Frau auf der Gestaltung innerer Bilder und Vorstellungen beruhen, so ist sie darin besonders von der Funktion des Animus getragen, während Schwangerschaft, Geburt und Kinderaufzucht demgegenüber große Schritte hin zum Konkreten, zur auch körperlichen „Materie" bedeuten, was manchmal für den Animus ein schwer zu überwindendes Hindernis darstellt. Dieser Schritt wird die Kraft der Frau weitgehend fordern. Marie-Louise von Franz sagte einmal, die Angst mancher junger Frauen sei nicht so ganz unberechtigt, daß das Kinderkriegen und die Kinderaufzucht in einem allzu großen Gegensatz zu ihrer geistig-schöpferischen Arbeit stehe. Der Animus, der vorher mehr Einfluß hatte, wehrt sich manchmal heftig dagegen.

Unser Traum zeigt etwas von seinem Konflikt mit der weiblichen Realität. Zwar begeistern ihn die archaisch-weiblichen Antiquitäten, die bunten Schleier und das Kuhgehörn, und das Göttlich-Geheimnisvolle daran berauscht ihn bis zu einer Art religiöser Raserei. Aber wenn es an die nasse Wäsche und die dicken Kühe geht – das blockiert ihn, davor hat er Angst, denn hier würde er eingebunden in nüchterne Arbeit und „dickes Gesundsein", das fest auf dem Boden steht und sich nicht in die Lüfte erhebt.

Eine andere Hemmung tritt zusätzlich auf, die vom Traum-Ich selbst ausgeht. Der Tänzer hatte zwar gewagt, die dicke Kuh anzufassen und wegzuschieben, aber sie kommt dennoch nicht von der Stelle – unwillentlich hatte die Träumerin ihr Ohr festgehalten! Was sagt uns diese Schlußszene, die in eine echte Lysis mündet?

Es muß nicht nur der Animus sich Zügel anlegen lassen, wenn er über die mystisch-religiösen Hintergründe des geheiligten Frauseins in haltlose Begeisterung ausbrechen will, und es ist nicht nur er, der lernen muß, jetzt auch die weibliche „Materie", die dicken gesunden Kühe, tatsächlich anzufassen und notfalls etwas zur Seite zu schieben, sowie die Wände des Hauses und die aufgehängte Wäsche zu respektieren – sondern es muß auch das Traum-Ich, d.h. letztendlich das Bewußtsein der Träumerin lernen, seinerseits nun voll der Natur zu vertrauen. Sie hielt das Ohr der Kuh krampfhaft fest: das könnte heißen, daß auch sie vom Ich her noch zu ängstlich darauf bedacht ist, über die natürlichen Vorgänge der Schwangerschaft die Kontrolle zu behalten. Sie will partout, daß die Kuh auf sie hören und ihr gehorchen soll, auf daß alles

---

[477] s.a. das Kap. Mann – Vater – Alter Weiser

vorschriftsmäßig ablaufe – deshalb hält sie sie am Ohr fest. Vielleicht hat sie zu viele gute Bücher über Schwangerschaft und Geburt gelesen ...

Hier geht es um die Ambivalenz des Mutterwerdens. Klar wie selten ist die Art und Weise der Auseinandersetzung mit einem lebhaften, geistig orientierten Animus dargestellt. Das Mutterwerden in Gestalt der dicken gesunden Kühe stellt für ihn ein Hindernis dar, dem sich die Träumerin jetzt aktiv zuwenden muß. Der Rat des Traum-Ichs war gut, so eine Kuh einfach einmal anzufassen, sich mit der Materie also handgreiflich zu be-fassen. Nachdem sie auch noch ihr verkrampftes Festhalten-Wollen der Kuh, des mütterlichen Instinktwesens, wieder lösen konnte, sieht es so aus, als könnten Schwangerschaft und Muttersein bei dieser Frau am Ende doch mit den Bedürfnissen ihres Animus in Einklang kommen!

Dabei sind Kühe durchaus keine braven, langweiligen Kreaturen! Davon kann der nächste Traum eine Vorstellung geben, den wir uns nun anschauen wollen:

Traum Nr. 99:

> *I was in the old house where I had grown up. The house had a small garden behind the kitchen. A lion was strolling there. I was scared. I shut the door tightly.*
> *An old woman visited me at that time. She said: „It is not a lion, but a cow, which is given to you by your ancestors." I couldn't agree as I saw the mane of the animal.*
> *I couldn't help open the door, though.*
>
> *Ich bin in dem alten Haus, wo ich aufgewachsen bin. Das Haus hat einen kleinen Garten hinter der Küche. Dort lief ein Löwe herum. Ich bekam Angst. Ich schloß die Tür sorgfältig. Eine alte Frau besuchte mich zu dieser Zeit. Sie sagte: „Das ist kein Löwe, sondern eine Kuh, die dir von deinen Ahnen gegeben ist". Ich konnte dem nicht zustimme, denn ich sah die Mähne des Tieres. Trotzdem öffnete ich die Tür wieder, fast ohne es zu wollen.*

Die Szene spielt sich in dem alten Haus ab, wo die Träumerin aufgewachsen ist. Bilder der eigenen Kindheit tauchen in Schwangerenträumen häufig auf: das Kindheitshaus, vor allem die Mutter. Diese Bilder weisen u.a. auf einen Neuanfang, auf eine neue Phase der weiblichen Selbst-Orientierung nach den Stürmen der Pubertät, sie deuten sowohl auf die eigene mütterliche Zukunft als auch auf die Vergangenheit. Die Schwangere begegnet dabei nicht selten auch einer anderen, älteren Mutter, manchmal ist es die Großmutter, oder einfach eine unbekannte alte Frau, Figuren, die mehr oder weniger alle von der archetypischen „Großen Mutter" abstammen, die nun in der Schwangerschaft konstelliert ist. Ein Beispiel für deren überraschende Weisheit ist z.B. der Traum Nr. 12.

Auch im Traum von der „Löwen-Kuh" ist eine alte Frau da, und zwar gerade in dem Moment, als die Träumerin aufs höchste erschrak: Wie sie so aus dem Fenster schaut, sieht sie im vertrauten Küchengärtchen einen Löwen herumstrolchen! Sie kennt diesen Ort genau. Wie oft mag sie als Kind bei ihrer Mutter in der Küche gestanden und in das kleine Gärtchen hinausgeschaut haben: Der Küchengarten ist ein geschützter Bereich der Frau, hier zieht sie die Kräuter zur Würze des Essens, auch Blumen, Salat und Gemüse. Hier kann sie meist ungestört wirken. Wie es der früheren Frauenrolle entsprach, ist dies ein überschaubares, intimes, keineswegs unwichtiges frauliches Reich, wo die Frau ähnlich wie in der Küche, aber noch mehr im Einklang mit der Natur dasjenige heranzieht, was immerhin nicht unwesentlich ist für das Wohlbefinden und die Zufriedenheit der ganzen Familie. Geschmack, Gewürze und Gerüche, die oft speziell mit der „Mutter" assoziiert werden, gehören bekanntlich zu den intimsten, frühesten und am stärksten haftenden Erinnerungen. „Wie es bei der Mutter schmeckte", steht stellvertretend für ihre oft unmerkliche, aber lebensfördernde Einwirkung auf die Atmosphäre im Haus, auf die Stimmung des Ganzen. (Freilich ist dafür die wichtigste Voraussetzung, daß auch sie selber zufrieden ist![478])

Wie nun unsere Träumerin einen Blick tut in diesen ihr so wohlvertrauten weiblichen Arbeitsbereich, läuft da ein wahrhaftiger Löwe herum! Psychologisch gesehen ist er ein Ausdruck für einen mächtigen, höchst gefährlichen Instinkt, der sich in ihrem Unbewußten plötzlich bemerkbar macht, von dessen Existenz sie nichts ahnte und ihn gerade im weiblichen Bereich wohl niemals erwartet hätte. Der Löwe ist der „König" der Tiere, er steht seit alters für die natürliche, unbezweifelbare Herrschaft, auch für Wildheit und Aggressivität – für große, weithin reichende Macht also, und zwar für die offene, alle Wesen überzeugende Macht: Sein Brüllen können alle hören! Und alle sollen es hören!

Durch den Löwen ist die Idylle des Küchengärtchens schlagartig und restlos zerstört. Schon beim ersten Hinsehen ist klar, daß er hier fehl am Platz ist, so daß wir auf der Subjektstufe fragen müßten: Ist in einem verborgenen, intimen Bereich bei dieser Träumerin ein „Löwe" aufgetaucht, woher auch immer, so daß er eine Gefahr für ihr Wirken als Frau ist? Ein überstarkes, machtvoll-männliches Instinktwesen wäre plötzlich sichtbar geworden, für den das Küchengärtchen zweifellos viel zu klein und begrenzt wäre. Es würde zum Gefängnis. Eine Frau, die hier einen „Löwen" hätte, würde zwar unfehlbar herrschen wollen, d.h. Mann und Kinder (besonders mit Liebe) instinktiv

---

[478] Wie wichtig Gerüche und Geschmack sind und wie tief sie einwirken können, kann man an der neuerdings entwickelten Aroma-Therapie sehen, die manchmal nach schweren gesundheitlichen und seelischen Einbrüchen Erfolge zeitigt

total tyrannisieren und/oder gänzlich auffressen, aber sie würde in der Enge selber so frustriert sein, daß die Hölle los wäre und sie nur noch schleunigst ausbrechen müßte.

Die Träumerin bekommt es mit der Angst zu tun, und sie schließt die Tür sorgfältig. Macht ist böse, könnte diese Reaktion sagen. Die Gefahr ist zu groß, selber davon aufgefressen zu werden, was auf der seelischen Ebene heißen würde, unbewußt von ihr besessen zu werden, wie es so oft passiert. Damit will sie nichts zu tun haben!

Über die Symbolik des Löwen ist im Kapitel Katze nachzulesen. Er verkörpert die Macht und Majestät des Herrschers bei vielen Völkern. Die Beobachtung, daß er allein der mörderische Sonnenglut in der Wüste standhalten kann, halten Ägyptologen für den Grund seiner Bedeutung als Sinnbild für Wiedergeburt und Überwindung des Todes. Dieser Bezug liegt aber wahrscheinlich tiefer und dürfte rationalen Erklärungen wenig zugänglich sein. Zwei Löwen flankierten Türen und Durchgänge zu Grabkammern (z.B. des Sennedjem), zwischen ihnen das Zeichen für „Horizont": einer blickt zurück in die Nacht, einer voraus in den neuen Tag. Sie sind Verkörperungen des „mystischen Augenblicks zwischen Tod und Auferstehung"[479], sind Sinnbilder eines geheimnisvollen und gefährlichen Übergangs. Auch der steinerne Einbalsamierungs-Tisch, auf dem der Leichnam des Herrschers für die Ewigkeit präpariert wurde, hat Löwenfüße und zwei in entgegengesetzte Richtungen blickende Löwenhäupter (z.B. in Memphis). Besonders angesichts der Monumentalität der löwenhaften Sphinx als „Darstellung des Pharao in seiner ewigen Gestalt" wird der Bezug des Löwen zu Zeit und Ewigkeit deutlich.

Die Macht des Herrschers, die durch den Löwen verkörpert wird, war ja nicht nur irdisch, sondern göttlich gedacht. Deshalb hatte sie zu tun mit der spirituellen Kraft, mit der Überwindung des Todes und mit der Auferstehung, auch im Christentum. Viele Portale und Treppenaufgänge an romanischen und gotischen Kirchen sind mit großartigen Löwenfiguren geschmückt, die wie Wächter der Majestät Gottes die Menschen zum notwendigen Respekt nötigen. Die Säule auf dem Löwenrücken stellt nicht nur den Triumph der Kirche über das böse weltliche Heidentum dar, wie man immer wieder in Kunstführern lesen kann, sondern die Löwen sind das „Tragende" auch für die Säule, die Kirche. Die riesigen Löwen am berühmten Löwentor am Palast von Mykene sind ein weiteres Beispiel für ihre Rolle als Verkörperung und Schutz des Herrschers und seines Palastes. Zwei Löwen gehören seit der Frühzeit zur großen Herrin der Tiere, Artemis. Die Große Mutter wird auf dem Löwenthron sitzend dargestellt[480].

Ein dynamischer Inhalt des Unbewußten, wie er hier in Gestalt des Löwen auftaucht, ist weit stärker als das menschliche Ich. Dieses könnte leicht bei

---

[479] M.-L. von Franz, Die Suche nach dem Selbst, Individuation im Märchen, S. 44ff
[480] Buffie Johnson, a.a.O., S. 116 ff

einer ungeschützten Begegnung verschlungen werden, d.h. es entstünde die Gefahr seiner Vernichtung in einer Inflation (Aufgeblasenheit, Machtwahn).

Aber die Träumerin ist nicht allein und ungeschützt. Da ist zur gleichen Zeit eine alte Frau zu Besuch gekommen. Subjektiv verstanden ist es so, daß der Anblick der großen Gefahr plötzlich etwas Helfendes, Uralt-Weibliches in ihr aufsteigen ließ, eine Kraft oder ein Wesen aus ihr selbst, dessen Weisheit allerdings in krassem Gegensatz zum momentanen Augenschein des Traumes steht. Die alte Frau sagt nämlich einfach:

„Das ist kein Löwe, sondern eine Kuh, die dir von deinen Ahnen gegeben ist".

Obwohl die Träumerin dies keineswegs glauben kann – sie sieht ja die Mähne des Löwen ganz deutlich – geschieht jetzt unwillkürlich („I couldn't help it", ich konnte nicht anders) eine Wendung, die auch ihr unerwartet ist: Sie öffnet die Tür wieder.

Diese Lysis ist so überraschend wie überzeugend. Trotz des gegenteiligen Augenscheins und trotz ihrer Angst will diese Träumerin sich der erschreckenden Erscheinung spontan zuwenden. Sie will sich der seltsamen Botschaft öffnen, die einen fast unüberbrückbaren Widerspruch zu enthalten scheint.

Ehe wir sie zu enträtseln versuchen, wollen wir ein wenig bei der Gestalt der alten Besucherin selbst verweilen. Ihrer Art nach gehört sie sicherlich zu jenen „unbekannten Besuchern in Märchen und Träumen"[481], von denen Marie-Louise von Franz als einer in vielen Kulturen verbreiteten archetypischen Erscheinung spricht. In solchen unbekannten Besuchern, auch wenn sie zerlumpt, unheimlich oder komisch erscheinen, zeige sich manchmal am Ende und oft erst dann, wenn es zu spät ist, ein göttliches Wesen, oft Gott selbst. In ihrer Darstellung zeigt Marie-Louise von Franz typische Erscheinungsweisen solcher Gäste auf. In Märchen und Sagen ist es oft so, daß sie sich höchst merkwürdig benehmen, Unglaubwürdiges tun oder sagen, aber schließlich erhält nur derjenige ein Geschenk, der sie ernstnahm und nicht wegwies. Sie sagt dort zusammenfassend: „Es scheint mir das größte Verdienst Jungs und seines Werkes zu sein, daß er uns gelehrt hat, die Türe für den ‚unbekannten Besucher' offenzuhalten."

In unserem Traum scheint es jedenfalls genau auf das Vertrauen in die alte Besucherin anzukommen. Es muß eine übernatürliche Autorität in ihren Worten gelegen haben, jedenfalls wagt die Träumerin daraufhin, fast ohne es zu wollen, die Tür wieder zu öffnen. Es scheint bereits etwas von der unerklärlichen Kraft in sie übergegangen zu sein, die der Löwe verkörpert.

Dieser großen Gefahr, subjektiv verstanden ihrer eigenen Machtseite, die bei ihr ein überaus starker Instinkt zu sein scheint, kann sie nun im Traum

---

[481] M.-L. von Franz, Der unbekannte Besucher in Märchen und Träumen, in: Analytische Psychologie 6, 437-449

5. TIERE: DIE KUH

begegnen, denn die alte Frau hat ihr seine wahre Natur – jedenfalls die Seite seiner Kraft, mit der sie hier konfrontiert ist – erklärt. Sie verstand, ohne zu „verstehen", daß die „Macht" auch etwas Weibliches, Fruchtbares, Nährendes, ja etwas wie ein kostbares Erbe sein kann, das ihr als Geschenk von den Ahnen oder besser Ahninnen überkommen ist. Es liegt darin eine Verpflichtung.

Der Löwe ist hier Repräsentant des starken, positiven Macht-Instinkts dieser Träumerin. Es bedeutet eine große Chance für sie, daß sie sich dem Anblick des Löwen öffnen konnte. Es ist wichtig für sie, daß sie ihre eigene Machtseite kennen und als das verstehen lernt, was weibliche Macht auch sein kann, nämlich positiv: gebend, für sich und andere verantwortlich, stark, geduldig. Der Löwe gehört zur Großen Mutter, Herrin der Tiere, wie die Kuh.

Ich glaube, in der fast unüberbrückbar erscheinenden Diskrepanz zwischen „Löwe" und „Kuh" – die Letztere ist ja noch keineswegs sichtbar – liegt für die Träumerin etwas wie ein Aufruf zu einer tiefgreifenden Entwicklung, zu einer Überbrückung der Gegensätze, was aber vorläufig noch als schlichtweg unlösbare Aufgabe erscheinen muß. Wie sie diese lösen kann, was ein Meisterstück wäre, ist nicht mehr Thema dieses Traums, aber ich möchte dafür noch einen wichtigen Hinweis C.G. Jungs heranziehen. In „Symbole der Wandlung"[482] sagt er, daß die im Zug der individuellen Entwicklung stattfindende Umformung oder Verlagerung der Libido dringend der Verbindung mit dem Bewußtsein bedarf, sonst sei sie (die Umwandlung) „ethisch wertlos".

In dem „Öffnen der Türe" sehe ich genau diesen Impuls, nämlich das Unglaubliche und Befremdliche dieser rätselhaften Tier-Doppeltheit anzuschauen, d.h. in Bewußtseinsnähe zu bringen. Es wird für diese Frau darum gehen, mit seiner – des Bewußtseins – Hilfesbrücken zwischen gegensätzlichen Instinktkräften zu suchen, die sich im Traum in so großer Spannung gegenüberstehen, daß sie einander auszuschließen scheinen.

Es wird in diesem Traum die Notwendigkeit einer Umformung der Libido angedeutet, wie sie in der Schwangerschaft konstelliert ist, und zwar vom Bild und Wesen des „Löwen" in das der „Kuh", also eine Wandlung von der Stufe des absolut freien, machtherrlichen Lebens hin zur verantwortlichen Macht und Lebenseinstellung der Mutter, bzw. es sagt der Traum nur das, was die alte Frau sagt, nämlich: Der Löwe „ist" die Kuh. Jedenfalls wird die Frau kraft des Einströmens uralter weiblicher Weisheit in die Lage versetzt, sich dem rätselvollen Zusammenhang beider Prinzipien zu öffnen. Sie will den Gegensatz aushalten – was im Wachzustand nicht rational nachvollziehbar, aber im Leben dennoch konkret zu leisten wäre. Marie-Louise von Franz bemerkt dazu[483]: „Eine erneuerte gesunde Beziehung zu den Dualitäten des Unbewußten läßt die vitalen Lebensprozesse neu fließen."

---

[482] Zürich 1952, 378 ff, 390
[483] Der Schatten und das Böse im Märchen, S. 56f

Bild 41 Hathor mit Sonnenscheibe und Uräusschlange

Allgemein betrachtet zielt dieser Traum in das wesentliche Zentrum heutiger mann-weiblicher Auseinandersetzungen. Er enthält schwierig zu realisierende, aber dringende und lebensnotwendige Hinweise darauf, das weibliche Denken und Vorstellen so lebendig und schöpferisch weiter zu entwickeln, daß das weibliche Bewußtsein die Polarität oder Gegensatznatur der Wirklichkeit integriert. Jung sagt dazu an anderer Stelle: „Das Ich bewahrt nur seine Selbständigkeit, wenn es sich nicht mit einem der Gegensätze identifiziert, sondern die Mitte zwischen den Gegensätzen zu halten versteht. Dies ist aber nur dann möglich, wenn es sich nicht nur des einen, sondern auch des anderen bewußt ist."[484] Damit wäre ein solcher Traum eine archetypische Hilfe für viele, nicht nur für schwangere Frauen.

Einen kurzen Traum, der eigentlich keine Deutung nötig hat, möchte ich ans Ende der kleinen Reihe der Kuhträume stellen. Eine Frau träumte zwei Tage nach der guten und kurzen Geburt ihres Sohnes, des dritten Kindes:

Traum Nr. 100:

> *Erst fuhr ich mit einem Linienbus den Berg hinauf. In einer Kurve stieg ich aus, ging über ein klares Bächlein, und auf der andern Seite freies Feld hinauf. Dort stand am Hang der große blaue altmodische Kinderwagen; ich wußte U. lag darin. Mein Mann lag im Gras und wartete auf mich.*

[484] C.G. Jung, GW 8, § 425

5. TIERE: DIE KUH

Dann waren wir oben am Berg in einem Bauerndorf. In der Nacht läuteten dort zuerst die großen Glocken des größten und schönsten Stiers und der größten und schönsten Kuh, die sich miteinander vereinigten. Und dann taten das alle Tiere des Dorfes, es war eine große „Hochzeit", und alle Glocken, Schellen und Glöcklein läuteten und daran erwachte ich sehr glücklich.

Es geht im ganzen Traum um die Liebe: in der Natur, und als Natur. Zuerst auf der Wiese im Gras, wo das Neugeborene schon im blauen Wägelchen daneben liegt, dann im Bauerndorf auf dem Berg, wo unter Mitschwingen und Mitklingen aller Glocken und Schellen auch die Tiere mit dem glücklichen Paar eine umfassende Vereinigung feiern.

Bei subjektiver Betrachtung sieht man, wie in diesem Bild wahrhaft der ganze Mensch, mit allen seinen Kräften, mit seinen Instinkten und Trieben (die Tiere) von einer einzigen Bewegung, vom Glück der Vereinigung erfaßt ist. Hier ist keine Spur von Spaltung, kein Zweifel am Sinn der körperlichen Liebe. Im Bild dieser Tierhochzeit scheint das Natürliche und Instinktive geradezu geweiht zu sein, denn sie wird regelrecht „eingeläutet", wie ein Gottesdienst. Das Bild zeigt so etwas wie die „Liebe im Paradies", als Mensch und Tier, Seele und Leib, noch in einer Einheit und im Frieden miteinander waren. Die Vereinigung in der Liebe ist der Augenblick, wo jene mystische Einheit geahnt werden kann.

Es könnten sich aber dennoch Zweifel melden. Nach dem Mythos befindet sich das Paradies nicht mehr auf Erden, und gerade im Zusammenhang mit der Geschlechterliebe, so sagt nicht nur der jüdische Mythos, zerriß die Einheit, und erst da entstand menschliches Bewußtsein: Adam „erkannte" Eva, und sie wußten, was gut und böse ist. Wie ist das zu verstehen?

Auch im Traum ist der Ort der Vereinigung irgendwie herausgehoben, er ist oben am Berg, und die Frau muß ein klares Bächlein überschreiten, um an jenen Ort zu kommen. Mindestens ist es nicht die Alltagswelt, in der eine solche Liebe geschieht. Es kann auch nicht übersehen werden, daß es domestizierte, in die menschliche Kultur einbezogene, und nicht wilde Tiere sind, die im Traum die Vereinigung mitfeiern.

Aber wir müssen hier innehalten. Die Spaltung und die Austreibung aus der Einheit, die im Mythos mit der Empörung der Schlange anfing, ist ein sehr großes Geheimnis, und dies ist nicht Thema dieses Traums, vielleicht nicht dieser Frau. Ihr scheint es, mindestens zum Zeitpunkt dieses Traums, geschenkt zu sein, mit ihrer starken, aber gebändigten Naturseite in voller Harmonie zu sein.[485]

---

[485] Vgl. von derselben Träumerin Nr. 24

*Bild 42 Die Dame mit dem Einhorn
(Bildteppich im Musée de Cluny, Paris)*

5.9. Das Einhorn

Irmgard Bosch

Unter den seltsamen Tieren, die in Träumen schwangerer Frauen (und anderer Menschen) zuweilen auftauchen, spielt das Einhorn (lat. unicornus) eine nicht leicht zu fassende Rolle.

In der Natur kommt neben dem Rhinozeros und dem Narwal kein einziges großes einhörniges Tier vor. Die höchst unterschiedlichen Beschreibungen von „Einhörnern" aller Zeiten (man liest von Esels-, Pferde-, Hirsch-, Stier-, Fisch- und Drachenartigen) zeigen, daß es sich, wie C.G. Jung[486] ausführt, gar nicht um einen „festumrissenen Tatbestand, sondern genauer gesagt um das Motiv der Einhörnigkeit" handelt. Das Einhorn ist ein reines Fabelwesen, was sogar heute noch manche Menschen aufs erste verwundert.

Das Bild eines Tieres mit einem einzigen großen Horn auf der Stirn ist schon ältesten Zeiten bekannt. Literarische Zeugnisse gibt es seit der Antike: Aristoteles, Plinius, Horaz, Strabo berichten Merkwürdiges von ihm, in gewandelter Form verbreiten sich Geschichten vom Einhorn seit dem frühen Mittelalter im Abendland. Die Tradition scheint jedoch uralt zu sein: sein Bild kommt schon auf Rollsiegeln der jungsteinzeitlichen Industal-Kultur vor (Mohenjo Daro), auch auf assyrischen Friesen findet es sich, wo es sich vor der Sonnenscheibe verneigt.

Was dieses Bild in so frühen Kulturen bedeutete, wissen wir natürlich nicht. In späteren, indisch-buddhistischen Legenden ist es als Sinnbild für Weltabgeschiedenheit und für die auf das Absolute, das Eine, unverwandt ausgerichtete Geisteskraft des frommen Einsiedlers, des indischen sadhu, aufzufassen. Durch das jahrhundertelang hochangesehene und immer wieder abgeschriebene spätantike Werk über die Natur, *Physiologus*, das sich auf Aristoteles beruft, wurde das Bild des Einhorns im frühen Abendland bekannt.

Auch im Alten Testament wird seine riesengroße Kraft als bekannt vorausgesetzt[487]. Das „Horn" war im Judentum ein Symbol der zeugenden Urkraft Gottes und erscheint immer in der Einzahl. Zur Verbreitung der Vorstellungen vom Einhorn könnten wortgetreu übersetzte Bibelstellen vom „Horn des Heils" beigetragen haben[488]. Es ist bezeichnend, daß in der jüdischen Überlie-

---

[486] GW 12, § 518
[487] 4. Moses 23, 22, oder Jes. 34, 71

ferung die Stoßrichtung des Horns gewissermaßen andersherum vorgestellt wird als in der indischen Legende: beim Volk Israel ist es immer Gott, der auf den Menschen zielt, nicht umgekehrt.[489]

C.G. Jung hat dem „Einhornmotiv als Paradigma" eine detaillierte Darstellung gewidmet[490]. Er verfolgt seine Geschichte in der kirchlichen und in der alchemistischen Allegorie und stellt deren erstaunliche Verwandtschaft im sprachlichen Ausdruck fest. In frühchristlichen Schriften (Kirchenlehrer des 2. und 3. Jh.) wird Gott „einhörnig" genannt. Der Satz Priscillians „Unicornus est Deus" ist, wie Jung sagt, eine Parallele zum Ausdruck „Unigenitus", der Einzigartigkeit des Sohnes.

Das Bild der gesammelten, in einer einzigen Spitze auslaufenden Kraft Gottes ist freilich unmittelbar einleuchtend und dem hinduistischen lingam (gr. phallos) verwandt. Besonders durch seine Eigenart als „Kraft aus dem Kopf" ist es ein Symbol für den Geist Gottes in seiner Eigenschaft als zeugende Geistesmacht. Eine sexuelle Komponente ist unübersehbar darin enthalten, wie dies auch die Fortsetzung der Einhorngeschichten dartut. In mittelalterlichen Beschreibungen wird dem Einhorn neben seiner Heilkraft eine unüberwindliche Körperkraft und Schnelligkeit, eine seltsame Tücke und sexuelle Wildheit, dabei aber ein so scheues und einsiedlerisches Wesen zugeschrieben, daß kein Jäger es je erjagen kann.

Interessanterweise wurde schon in der erwähnten buddhistischen Legende, die in hellenistischer Zeit ins Abendland kam, dieser männlichen Urgewalt ein weibliches Gegenbild gegenübergestellt, eine zarte Königstochter, die das gefährliche Tier einfangen und bezähmen konnte. Die Legende berichtet, daß es daraufhin den todkranken König, ihren Vater, heilte. Alle späteren Geschichten vom Einhorn gehen davon aus, daß in seinem Horn eine geheimnisvolle und hochwirksame Heilkraft enthalten sei, die indessen nur wirkt, wenn das Tier durch eine reine Jungfrau gefangen und gebändigt wird.

Wenn, wie es wahrscheinlich ist, historisch gesehen eine Motiv-Migration vom Morgen- zum Abendland vorliegt, so deshalb, weil diesem Bild ein archetypischer Zusammenhang zugrundeliegt, der immer wieder neu ausdifferenziert wurde. In der steilen Spitze des einzigen Horns drückt sich ein Ausgerichtetsein der göttlichen Kraft auf ein einziges Ziel hin aus. Das Ziel aber ist, christlich und psychologisch verstanden, das Urbild der Menschenseele in der Gestalt der reinen Jungfrau. Die reine Seele allein kann die Wildheit des Unicorn, d.h. die geistige Urgewalt Gottes auffangen und auf-

---

[488] z.B. Psalm 18, 3; 92, 11; 89, 18 u. 25; 132, 17; 148, 14

[489] Ein noch viel älteres, theriomorphes (tierförmiges) Gottesbild mag vielleicht unter diesem Symbol hervorschimmern, von welchem nur noch unverständliche Bruchstücke erhalten waren, als der Glaube des jüdischen Volkes sich von dem anderer orientalischer Völker im Alten Bund schon bewußt getrennt hatte (im 2. Jahrtausend v. Chr.).

[490] GW 12, § 518 ff

5. TIERE: DAS EINHORN

fassen, und damit seine radikale und zerstörerische Seite in Medizin, in Heilkraft verwandeln.

Das Einhorn ist somit zum Symbol für den Heiligen Geist, ähnlich wie die Taube, und endlich zum Symbol Christi geworden, der in den Schoß der Jungfrau einging – so Tertullian[491]. Jung schreibt: „Das Symbol des Unicorn als ‚allegoria Christi' und des Heiligen Geistes war dem ganzen Mittelalter bekannt."[492] Er schreibt weiter: „Ambrosius sagt: Ein Geheimnis sei die Entstehung des Unicorn, wie die Zeugung Christi." Nicolaus Caussinus (16. Jh.) fügt hinzu, „daß der zornige und rachsüchtige Gott (Jahwe) im Schoße der Jungfrau, von der Liebe gefangengenommen, sich besänftigt habe". In diesem bedeutungsvollen Hinweis sehen wir die Wandlung des Gottesbildes vom Alten zum Neuen Testament angedeutet. Hier ist auch die wichtige Anschauung ausgedrückt, daß durch die Zeugung Christi im Schoß der Heiligen Jungfrau die Heilung und Vollendung der Schöpfung geschah – es handelt sich also, allgemein gesprochen, beim Motiv der „Jungfrau mit dem Einhorn" um ein Symbol für ein seelisches und geistiges Ereignis, um eine religiöse Grundtatsache allererste Ranges. In der Zeit der reichsten Ausprägung dieses Gedankens (13.-16. Jh.) konnte man in der Begegnung dieses ungleichen Paares die Vereinigungsmöglichkeit zweier Gegensätze erahnen und darin ein tiefes Glaubensgeheimnis im Bilde gestalten.

Bild 43 Zähmung des Einhorns durch die Jungfrau (Martin Schongauer, Colmar, 15. Jh.)

Besonders häufig wurde das Motiv der Jungfrau mit dem Einhorn in Frauenklöstern auf Teppiche und Wandbilder gestickt; das schönste Beispiel befindet sich als Ensemble von sechs herrlichen Tapisserien im Musée de

---

[491] a.a.O., § 521
[492] a.a.O., § 519

Cluny zu Paris. Hier wird die weibliche Figur noch nicht durch die Jungfrau Maria, sondern durch eine schöne ritterliche Dame dargestellt.

Es mutet wie ein Scherz an, aber tatsächlich wurde noch in der frühen Neuzeit (16. Jh.) die „Jagd auf das Einhorn" folgendermaßen beschrieben: Eine reine Jungfrau (schwer zu finden, aber es gab sie, und man konnte auch stattdessen einen schönen Jüngling in Frauenkleider stecken!) wird mitten in den Wald gesetzt, dann kommt das schreckliche Einhorn herbei, legt seinen Kopf vertraulich in ihren Schoß und schläft ein. So kann man ihm ganz leicht das Horn vom Kopf absägen ...[493]

Entsprechend hochgeschätzt und gesucht waren im Volksglauben jene Tränke und Pulver, die angeblich aus dem Horn des Einhorns – in Wirklichkeit aus Hirschhorn oder aus dem Horn des Narwal – gefertigt waren. Unicornus-Präparate galten als stärkstes Alexipharmakon (Gegengift), ein Einhorn-Becher machte jedes Gift wirkungslos. „Unicornus" wurde auch für Frauen- und Geburtsleiden gebraucht.

Manchmal erscheint das Einhorn als Bock oder Esel, wie auf dem Gemälde des romantischen Malers Arnold Böcklin, manchmal wie ein Hirsch, wie im Traum Nr. 101, oder auch als Stier, s. Traum Nr. 102. Wir müßten bei Einhornträumen deswegen auch an die Symbolik von Hirsch, Stier, Bock und Esel denken, was hier jedoch den Raum sprengen würde. Vom Hirsch sei nur erwähnt, daß auch seinem Geweih Heil- und Segenskräfte zugesprochen und Arzneien daraus zubereitet wurden. In Volkssagen zeigt oft ein Hirsch die rettende Wasserquelle. Unsere „Springerle", ein althergebrachtes Gebildgebäck zu Weihnachten, sind ursprünglich Hirschbilder als Zeichen des zur Winterszeit erneuerten Lebens und Lichtes.

Was kann das Einhorn-Motiv in Träumen schwangerer Frauen zu bedeuten haben, wo es zwar nicht eben häufig, aber immerhin doch vorkommt? Es scheint tatsächlich jeweils einen besonderen psychologischen Zusammenhang anzudeuten, wobei uns die dargestellten Aspekte der alten Einhorn-Symbolik helfen können, ihn zu verstehen.

Der Traum Nr. 101 lautet:

Dr. X. und ich fahren Velo. Auf der Insel, wo wir uns befinden, begegnen wir einem seltsamen Tier, wie ein Hirsch aussehend. Das Geweih besteht aus einem einzigen kräftigen Ast, der gebogen von rechts nach links die obere Kopfhälfte des großen Tieres bedeckt.

Dr. X. versichert mir, es sei völlig ungefährlich, doch ich kann mich des Gedankens nicht erwehren, daß es mir etwas antun wird, weil es ein männliches Tier ist. Tatsächlich verfolgt es mich beschnuppernd um einen Baum herum. (Wir befinden uns in einem Wald.)

---

[493] Amann, „Ein neues Thierbuch", 1569, aus: C.G. Jung, GW 12, 496, mit Abb.

5. TIERE: DAS EINHORN

Zwischen den Bäumen sehe ich das Weibchen friedlich grasen. Ihrem Jungen begegnen wir, als wir weiterlaufen.

Bevor ich in ein Haus, das am Waldrand steht, eintrete, bemerke ich gegenüber dessen Eingangstüre rechts ein hohes Gitter, hinter dem ein schwarzer Affe aufgeregt herumspringt. In seiner Pfote hält er Mist, den er mir grimassierend versucht nachzuwerfen. Dabei springt er so hoch, daß er fast über das Gitter kommen könnte.

Ich gehe in das Haus, denn es wird mir unheimlich. Als ich die Türe hinter mir zugemacht habe, sehe ich erst, daß es eine halbe Stalltüre gewesen ist. Dahinter in Freiheit sehe ich den Affen, der die innere Türfalle von außen herabdrückt, um in das Haus hereinzukommen. Ich bemerke noch einen Rest Mist in seinen Pfoten. Er springt mir nach, ich habe Angst und versuche zu fliehen.

Nur der erste Teil des Traums handelt von jenem „seltsamen Tier wie ein Hirsch", der zweite Teil (mit dem Affen) beleuchtet das Problem von einem anderen Standpunkt aus.

Wir erfahren, daß der Ort der Handlung eine Insel ist, wo der Analytiker und die Träumerin in einem Wald radfahren. Mit dem Analytiker wagt sich die Träumerin in den unübersichtlichen Naturbereich des Unbewußten. Die Radfahrer begegnen im Wald einem großen, „seltsamen Tier, wie ein Hirsch aussehend", aber „mit nur einem einzigen, kräftigen, gebogenen Geweih-Ast." Obwohl Dr. X. sogleich beruhigend versichert, dieses Tier sei ganz ungefährlich, kann sich die Träumerin „nicht des Gedankens erwehren, es könnte mir etwas antun, weil es ein männliches Tier ist." – Da helfen die beruhigenden Worte des Therapeuten nichts mehr. Die Träumerin „weiß", daß ein männliches Tier gefährlich für sie ist. Es ist die Urangst der Frau vor der männlichen Sexualität. Die einzige, gebogene Geweihstange wird wahrscheinlich als ein erigierter „Penis am Kopf" aufgefaßt. Auch die Überlieferungen vom Einhorn sprechen ja von dessen furchtbarer sexueller Wildheit.

Und „tatsächlich verfolgt es mich beschnuppernd um einen Baum herum." Wie ein männliches Tier auf einer weiblichen Fährte jagt es die junge Frau um einen Baum herum. Es zwingt sie unabweisbar zu einer Kreisbewegung, zu einer regelrechten „Circumambulatio" um einen Baum – der ein Sinnbild des Lebens ist –, und genau während dieser Kreisbewegung erblickt sie „durch die Bäume das friedlich grasende Weibchen, später das Junge" – dies ist wie ein Ausblick von ihrer aktuellen bedrängten Situation als Schwangere in eine Zukunft hinein, wo wieder Ruhe, und nun auch das Kind, eingekehrt sind.

Das Umkreisen des Baumes[494], auch wenn es unfreiwillig geschieht, ist das Zeichen dafür, daß es bei dieser Frau in der Tiefe um die Annäherung an etwas

---

[494] C.G. Jung, GW 12, §518, Unicorn and Tree of Life

sehr Wichtiges und Zentrales, um ihr Selbst geht. Genau dorthin treibt sie das seltsame Tier unaufhaltsam.

Obwohl das Bild etwas anders ist, möchte ich hier einen eindrucksvollen Satz Jungs anführen, den er über den Individuationsprozeß und seinen Mittel- oder Zielpunkt schreibt[495]: „Des öfteren macht es den Eindruck, als ob die persönliche Psyche wie ein scheues Tier um diesen Mittelpunkt herumjage, fasziniert und ängstlich zugleich, immer fliehend und doch stets näherrückend."

Die Träumerin befindet sich in diesem Teil des Traums auf einer sehr bewußtseinsfernen, offensichtlich tief bedeutsamen Ebene ihres Seelenlebens. Das Auftauchen des seltsamen Tieres bringt diejenige Bewegung bei ihr in Gang, die ihr die große Chance zur Verwirklichung ihrer selbst (ihres Selbst) als Frau, als Mutter weist, es geht jetzt um ein „zentrales Stück Leben". Das „friedliche Grasen" des Weibchens und des Jungen vom Einhorn offenbaren die Heilkraft, die verborgene tiefere Seite von dessen männlich-wildem Charakter. Über dem Schlußbild der Waldszene liegt ein Hauch von naturhaftem Frieden und auch von Hoffnung: Das Gras, das die Einhörner fressen, ist freiwillig geschenkte Nahrung aus der Erde, es bedeutet hoffnungsvolles, frühlingshaftes Gedeihen. Das unheimliche Tier hat die Träumerin zu dieser Schau gebracht.

Aber da ist ihre Angst, und die Frau flieht aus dem Bereich der Natur in ein schützendes Haus, d.h. in den Bereich von Kultur oder Zivilisation. Hier, wie könnte es anders sein, ist alles Tierische weggesperrt, im Käfig. Aber – es ist trotzdem da, nur erscheint es hier als ein schwarzer Affe, der aufgeregt am Gitter hochspringt und ihr Mist nachwerfen will, und schon bricht er aus dem Käfig aus und öffnet von außen die Haustür, die nur eine halbe Stalltür war, an seinen Pfoten hat er noch Mist. Der Schutz des Hauses hat versagt, die Träumerin versucht voll Angst zu fliehen.

Hier sehen wir die spezifische Bedrängnis der Frau durch ein anderes „Tier" dargestellt. Ein schwarzer Affe ist ein Schatten, eine dunkle tierische Karikatur des Menschen, er ist ein Halb- oder Fast-Mensch. Wir empfinden ihn oft als unanständig, wie kein Tier sonst[496]. Der Affe ist aufgeregt, weil er unfrei ist, d.h. er steht unter der Macht eines gewalttätigen Triebes, kann aber nicht heraus damit. Diese Wildheit ist für die Frau eine Beschmutzung, weil er eine Verkörperung von Sexualität (nämlich auch ihrer eigenen) ist, und sie empfindet dieselbe hier, aus dem Bereich des bürgerlichen Hauses heraus, als ekelhaft.

Über die Symbolik des Mistes wäre viel zu sagen – Mist ist organische Substanz im Zustand der Gärung und er stinkt, während er sich wandelt, aber

---

[495] GW 12, § 326
[496] vgl. Hansueli F. Etter, „Mensch, du Affe!", Zur symbolischen Bedeutung unserer nächsten tierischen Verwandten, in: Jungiana Reihe A Band 5, 47 ff

5. TIERE: DAS EINHORN

er ist auch der Stolz des Bauern, er ist kostbar für die Fruchtbarkeit der Felder. Für den Alchemisten ist er sogar jener verachtete Ort, wo der Schatz, der „Stein", gefunden werden kann[497]. Bei aller übelriechenden Niedrigkeit ist er gleichzeitig produktiv. Wenn der schwarze Affe ihr diese Substanz nachwerfen will, so muß man in dem Impuls auch den hilflosen Versuch eines dunklen, abgespaltenen Teils ihrer selbst sehen, die auseinandergerissenen Gegensätze (bürgerliches Haus – Wald, Tiere, Mist) zusammenzubringen, einen Versuch zur Bewußtwerdung. Aber dieser Aspekt ist für sie im jetzigen Zeitpunkt ein Schock.

Es ist nun die Frage, ob ihr Bewußtsein auch etwas vom ersten Bild, vom seltsamen Einhorn, vom Umkreisen des Baumes und von jenem geheimnisvollen natürlichen Frieden auf der Waldwiese aufnehmen kann? – Der Traum zeigt, daß in der Analyse, d.h. im Bereich einer begleiteten Erforschung des Unbewußten, ihr eine tiefere Bedeutung der Sexualität vielleicht klarwerden könnte, dagegen vom Haus aus, d.h. vom bürgerlichen Leben aus gesehen, erscheint sie ihr nur ekelerregend und beängstigend.

Subjektiv gedeutet, sind „Einhorn" und „Affe" Aspekte ihrer eigenen chthonischen Kräfte, die offenbar sehr stark sind, die zu ihr gehören und die zu integrieren wären. Letztlich könnten sie ihr ungeahnte eigene Kräfte bringen – „fasziniert und ängstlich zugleich", so war sie im ersten Traumbild schon auf dem spiraligen Weg, den Jung den Weg der Individuation nennt.

Die Träumerin des nächsten Traumes war 33 J., verheiratet, die Schwangerschaft war geplant, eine gesunde Tochter wurde geboren, gesundheitliche Probleme bestanden nicht. Eine vorhergehende Schwangerschaft war im 2. Monat abgebrochen worden. (Von derselben Träumerin stammte Traum 98.)

Traum Nr. 102

> *I dreamed that I was one among a procession of robed figures, perhaps my graduate school classmates, and we entered the grounds of a Gothic cathedral through an archway. Two men were standing on either side of the gate holding upraised right fists as a blessing upon our passage. My best friend was the man on the right and when I passed he lowered his fist and sneered, when I asked whether he would give me his blessing too.*
> *Once inside the cathedral we were seated in groups according to class. We were instructed to give „the sign" – raising the right fist gracefully. I never raised mine but a pale girl on my right raised hers. The „sign" seemed too limp and feminine for my comfort, yet I felt sad to be unable to participate. Next, I am in a Romanesque crypt. On a low platform under bright illumination is a young woman sitting in lotus posture. She wears only the white cotton gown of a hospital patient.*

---

[497] s. Eva Wertenschlag-Birkhäuser, Das Gespräch zwischen Khalid und Morienus über den Stein, in: Jungiana Reihe A Band 1, 44

Doctors in white lab coats stand around her reciting her failings for our instruction. One says, "She goes back and forth."
Finally, I stand in an underground tunnel before a wizard, who explains to me the nature of the girl's psyche. He holds up his hands, palms facing one another and about a foot apart. Between them appears an image of the ocean with waves capping toward the center. He said that, like these waves, she was a freak of nature.
Intuitively I grasped his meaning and said to him in great excitement, "Yes, just like the bull who runs backward!"
At that moment a young bull with curly black hair and a single black horn protruding from the center of his forehead ran from the darkness on my left. As he passed between us I grasped his horn, led him into an enclosure. A young black woman held open the gate for us. Within was a docile female mate for the bull. The black woman, who tended the animals, closed the gate after I stepped back into the passageway.

Ich fasse die Übersetzung des Hauptteils zusammen:

Im Verlauf einer Selbsterforschung in Form eines Abstiegs durch Stockwerke der Seelentiefe – kulturell von der Gotik hinunter zur Romanik und in noch tiefere unterirdische Erdhöhlen – hat die Träumerin sich kritischen Prüfungen ihrer selbst unterzogen. Die Stationen ähneln einer schwierigen Initiation. Dabei wurde sie schließlich geradezu als mißlungen, als ein Fehlschlag oder „Laune der Natur" eingestuft, als ein Wesen, das „vor und zurück geht", also nicht vorwärtskommt. Dieses äußerst negative Urteil fällen Wissenschaftler, examinierende „Ärzte", denen sie dort unten in schonungslosem Licht (bright illumination – erinnert an Operations-Saal-Beleuchtung) ausgesetzt ist. Das Bild, wie sie (bzw. „eine junge Frau") von negativ urteilenden Männern analysiert und zergliedert wird, zeigt einen Zustand des tiefsten Selbstzweifels an.[498]
Das Urteil, sie sei „nicht richtig", überkommt sie, eine Erleuchtung, der sich die junge Frau ergeben hingibt (Lotos-Sitz), und so erreicht sie einen noch tieferen Grund, einen Erd-Tunnel. Dies ist eine kaum mehr von Menschen gestaltete Höhle, hier ist fast reine Natur und eine magische Welt, wo Wort und Bild und Handlung unmittelbar ineinander übergehen. Ein Zauberer – ein Geist, der nicht mit Worten, sondern mit Bildern wahrsagt, also ein tieferer Aspekt des Animus – vermag ihr hier das Fehlerhafte ihrer Veranlagung als Bild erscheinen lassen: Zwischen seinen erhobenen Händen erheben sich riesige Ozeanwellen, die sich aber nicht machtvoll ausbreiten können, sondern in der Mitte zusammenschlagen, sich also mit Urgewalt gegenseitig blockieren.

---

[498] vgl. C.G. Jung GW 7, 2. Teil, § 332: „Diese Mehrzahl von urteilenden Richtern, also eine Art von Collegium, entspricht einer Personifikation des Animus".

5. TIERE: DAS EINHORN

Da plötzlich überkommt die Träumerin schlagartig die Erkenntnis ihres Problems, eine große Erregung ergreift sie und sie ruft aus: „Ja, das ist wie der Stier, der rückwärts rennt!" – und im gleichen Augenblick rennt ein junger schwarzlockiger Stier aus der Dunkelheit zur Linken, von der Seite des Unbewußten, geradewegs auf sie zu. Auf der Stirn trägt er ein einziges schwarzes Horn, und nun geschieht das Wunderbare: Sie kann das Horn mit eigenen Händen ergreifen und führt den wilden Stier ruhig in eine „Einfriedung", wo schon eine sanfte weibliche Genossin auf ihn wartet. Eine junge schwarze Hirtin schließt das Tor wieder.

Während sich die Träumerin zurückzieht, wird hier ohne Zweifel eine Tierhochzeit, eine coniunctio in der Instinktsphäre, stattfinden. Es sind ihre eigenen chthonischen Kräfte, die sich in der Tiefe nun vereinigen und fruchtbar werden können. Der sinnlose Kampf der Naturkräfte gegeneinander, wie sie in den zusammenprallenden Meereswellen zum Ausdruck kamen, ist hier gestillt, der Stier rennt nicht mehr rückwärts.

Man könnte fast sagen, in der Tiefe habe sie das „Horn des Heils" ergriffen, sie hat „den Stier beim Horn gepackt", und es tritt Frieden ein. Ein solch übermenschlicher Mut war ihr zugewachsen aus dem schweren Weg der Selbst-Erkenntnis, die sie annehmen konnte, wie immer sie aussah. Sie war das Ziel der Einweihung.

Die Tiere werden gehütet von einer dunklen weiblichen Gestalt. Die Träumerin sieht zu, wie sie die Tiere in den ihnen zukommenden Raum einläßt. Dies heißt, psychologisch gesehen, in der Schwangeren gibt es eine tief im Unbewußten liegende, ruhig und gelassen handelnde weibliche Kraft, von der man hoffen darf, daß sie – bei entsprechender Einstellungsänderung des Bewußtseins – jene quälenden Selbstverurteilungen und den tiefen Zweifel an der „Richtigkeit" ihrer eigenen Natur doch einmal bezwingen wird.

In der schwarzen Hüterin ist die Träumerin ihrem positiven Schatten und zugleich ihrem tief unbewußten Selbstbild begegnet, das ihren eigenen chaotischen und wilden Seiten (den Wellen bzw. dem Stier) den Raum zuweisen könnte, wo sie sich nicht gegenseitig selbst vernichten, sondern fruchtbar werden können.

In diesem Traum ist etwas von der Rolle der „Jungfrau" in die Träumerin selbst übergegangen: Sie „erfaßte" das Horn und konnte so die Wildheit des Tiers besänftigen. Ich denke, daß dies ein Moment des Heils für sie ist. Das Erleben der Schwangerschaft bietet vielleicht die Chance, daß mindestens eine Ahnung von solchen Reifungs- und Heilungsvorgängen dem Bewußtsein zugänglich wird – sonst hätte sie diesen großen Einweihungstraum nicht gehabt.

Bild 44 Babylonischer Gott Tesup mit Dreizack, Axt und Schwert

6. Der Mann – der Vater – der Alte Weise

Regina Abt

Wie in allen Träumen, so auch in Schwangerschaftsträumen, finden sich Männerfiguren in allen Schattierungen. Sind es offensichtlich positive Figuren, vor allem wenn sie aus unserer persönlichen Erfahrung stammen, so ist es nicht schwer, sie als positive männliche Seiten von uns selber zu verstehen: Mut, Durchsetzungskraft, Zielgerichtetheit, Initiative, Objektivität und geistige Klarheit gehören etwa dazu. Schwieriger wird es, gewisse männliche Traumfiguren als unbewußte innere Figuren zu verstehen, wenn sie in einer zweifelhaften, uns fremdartigen oder gar bösartigen Form auftreten. Wo in mir habe ich einen Landstreicher, einen Drogensüchtigen, einen Kriegspiloten, einen Wilderer, Verbrecher oder auch nur einen unsympathischen Schulkameraden? Und wo gar etwa den amerikanischen Präsidenten, einen nahöstlichen Diktatoren, den Teufel oder einen Heiligen? Die Skala der Möglichkeiten ist unendlich. Denn im Gegensatz zu dem, was eine Frau in ihrem bewußten Leben darstellt, sind diese Männerfiguren oder Animusfiguren sozusagen Illustrationen oder gegengeschlechtliche Verkörperungen des Unbewußten.[499] Als solche „bewirken" sie das Leben gleichsam von hinten. Darum können sie auch schlecht als etwas erkannt werden, was die Frau nicht selber „denkt". So sind viele Überzeugungen einer solchen unbewußten Männerfigur zugehörig und nicht dem bewußten Wesen der Frau. Unbewußterweise ist die Frau dann fasziniert vom Animus und nicht ganz sich selber, wie es immer der Fall ist, wenn wir unbewußten Kräften ausgeliefert sind. Erst wenn es ihr gelingt, bewußt darüber nachzudenken, „wer" hinter ihr steht und „was" er ihr vermittelt, so wird er auch zu ihrem Eigenen. Soweit er zu ihrem persönlichen Unbewußten gehört, kann er dann einen Platz in ihrem Leben und in ihrer Persönlichkeit erhalten. Sie kann mit seiner Kraft etwas anfangen. Er ist „jenes Männliche oder Geistige, das der eigenen Veranlagung der Frau entspricht und zu einer bewußten Einstellung entwickelt und dem Ganzen der Persönlichkeit eingeordnet werden kann."[500] Wo der Animus

---

[499] M.-L. von Franz, in: „Der Mensch und seine Symbole", 189

jedoch unbewußt ist, wirkt er sehr oft als Besessenheit durch Gedanken, Vorstellungen und Meinungen oder durch von irgendwelchen Autoritäten festgelegte Überzeugungen. Eine solche Autorität ist natürlicherweise für die Frau in erster Linie der Vater, der erste, der ihren männlichen Geist prägte. Ihre Urteile und Ansichten sind darum durchsetzt von dem, was der Vater war und dachte, oft ganz an ihrer eigenen Realität vorbei.

Der Animus vermittelt der Frau aber auch schöpferische Einsichten, geistige Erkenntnis, Wahrheiten, die über das Persönliche hinausführen. Sie sind unpersönlicher, objektiver, archetypischer Natur. In Träumen erscheint ein solcher Animus als höheres geistig-männliches Prinzip von göttlicher Qualität im Sinne eines Seelenführers. Er ist dann oft ein Belehrender, Wissender, manchmal eine Art Tiergeist, der eine besondere Naturweisheit verkörpert. In dieser Form kann er zu geistiger Tiefe und Verinnerlichung führen.[501] Vorher aber ist von der Frau die unendlich mühselige Aschenputtel-Arbeit zu leisten, sich der negativen wie der positiven Wirkungsweisen des Animus bewußt zu werden, sie voneinander zu sondern und sich dem unbewußten Gefangensein durch beide zu entziehen. Erst dann kann ihre Welt- und Lebensanschauung etwas Gewachsenes werden, das seine Wurzeln in ihrem weiblichen, natürlichen Leben ebensosehr wie in ihrem geistigen Hintergrund hat.

Im täglichen Leben veranlaßt der Animus die Frau immer wieder, Dinge zu sagen oder zu tun, die ihrem wirklichen Gefühl gar nicht entsprechen. Es entwischen ihr etwa Bemerkungen, die sie nachher maßlos ärgern, weil sie merkt, daß sie sich unmöglich gemacht hat und es doch gar nicht so meinte. Dann ist ein Konflikt da und damit eine Möglichkeit herauszufinden, „wer" denn diese Bemerkung hereingeschmuggelt hatte. Meistens aber ist eine Frau überzeugt davon, daß das, was sie als eigene Meinung vertritt, auch wirklich die ihre sei.

In der Schwangerschaft äußert sich dies häufig in kollektiven Vorurteilen, etwa man verliere mit Kindern doch seine Freiheit, man sei jetzt weniger wert, weil man keinen Beruf mehr ausübe etc. In unserer Auswahl von Träumen schwangerer Frauen sind ein großer Teil der Animusträume negativer, bedrohlicher Art. Die heutige Frau ist nicht mehr so selbstverständlich bereit, ihre Rolle als Frau und Mutter zu erfüllen wie früher. Der Mann übt nicht mehr stellvertretend für sie alle männlichen und geistigen Aktivitäten aus, während sie sich ihren weiblichen Pflichten und Haushalt und Familie widmet. Heute übernimmt sie selber männliche Rollen und geistige Arbeit. Sie hat einen Beruf, studiert und „stellt ihren Mann" im Geschäftsleben. Ein großer Teil der Projektion des eigenen Männlichen auf den Mann ist scheinbar aufgelöst worden und belebt jetzt das Unbewußte der Frau. Das Problem des

---

[500] Ebenda 195
[501] Emma Jung, Animus und Anima, 47

6. DER MANN – DER VATER – DER ALTE WEISE

Geistigen ist akut geworden, aber nicht unbedingt gelöst, denn viel äußere, männliche Aktivität der Frau ist jetzt vom inneren Mann dominiert und bestimmt, ohne daß ihre weibliche Persönlichkeit darüber bewußt und in Übereinstimmung damit wäre. Die Frau ist nun oft von ihrer männlichen Tätigkeit besessen. Dabei kann ihre Weiblichkeit verlorengehen oder bedroht sein. Daher kommen viele verfolgende, negative Männergestalten in den Träumen schwangerer oder anderer Frauen vor.

So ist also auch in der Schwangerschaft das Problem des Animus, der in der modernen Frau bewußt werden will, trotz der momentan ganz weiblich-naturhaften Aufgabe nicht gelöst, sondern scheint gerade jetzt besonders dringlich und auch besonders destruktiv werden zu können.

Die männliche Komponente oder der Animus in der Frau ist zwar von Jung benannt, aber nicht von ihm erfunden worden, wie ihm manchmal (besonders gerne vom Animus der Frau) unterschoben wird. In Mythen, Märchen, Dichtung etc. hat diese seelische Realität in ihren verschiedensten Facetten immer wieder ihren bildhaften Ausdruck erhalten. Aber auch in Film, Fernsehen, Theater und allen anderen Erzeugnissen unserer heutigen Kultur finden sich die alten Figuren in neuer Verkleidung. Und natürlich trifft die Frau auf Schritt und Tritt in ihrem Leben auf Männer, die einen Teil ihrer eigenen inneren Männlichkeit zu spiegeln scheinen und die dementsprechend für sie eine merkwürdige Faszination haben. Der Animus arrangiert deshalb nicht nur in höchstem Maße ihre Beziehungen, er verfälscht auch oft das wirkliche Bild des Mannes und macht damit ihr Gefühl für ihn zu etwas Unwirklichem, wenn er es nicht gänzlich verhindert oder zerstört.

Wenn er in diesem Sinne negativ ist, so kann er die Frau wie in einem magischen Kreis von abschätzigen bis destruktiven Urteilen und Fehlurteilen einschließen, einem Gefängnis, aus dem es keinen Ausweg zu geben scheint. Dieselben Situationen vergiften dann immer wieder ihre Beziehungen und der negative Animus, der dieses Gefängnis hütet, redet ihr ein, daß sie es nie wird verlassen können. „Mein Leben wird sich nie ändern, ich werde nie eine wirkliche Beziehung haben können, ich werde immer einsam sein" lauten dann etwa die immer wiederkehrenden quälenden Gedanken, denen die Frau ausgeliefert ist.

Im Märchen geht es deshalb oft darum, die Prinzessin zum Beispiel aus der Gefangenschaft bei einem bösen Troll, Dämon, Zauberer, Räuber oder Vater zu erlösen und am Ende mit dem Prinzen, dem zu ihr Gehörigen zusammenzubringen. Oder aber es geht um die Erlösung des Prinzen, der in ein Tier oder Monstrum verzaubert worden ist, durch die Prinzessin wie in der Geschichte von „La Belle et la Bête", die sich in vielen Variationen durch die Länder und die Jahrhunderte zieht. Sie gehört zum Amor-und-Psyche-Märchentypus, in dem es im Wesentlichen darum geht, daß ein junges Mädchen mit einem Mann in tierischer oder dämonischer Gestalt verheiratet wird, den sie aber durch Ungehorsam oder Leichtfertigkeit wieder verliert und durch lange, mühselige Suche wieder finden und erlösen muß.[502] Dabei geht es um die Bewußtwerdung des Animus, des eigentlichen inneren Gefährten, welcher in einer verfälschten Form die Frau von ihren Beziehungen abschneidet. In „La Belle et la Bête" muß die junge Frau mit dem Tiermonster in seinem Schloße leben, abgeschlossen von jedem Kontakt mit anderen Menschen, bis sie es erlösen, seine wahre königliche Natur erkennen und sich für immer mit ihm verbinden kann. Das Monster hat dabei alle archaisch-emotionalen instinkthaften Merkmale des noch nicht differenzierten Geistes der Frau, wie Marie-Louise von Franz sagt.[503]

Einen anderen Aspekt des Animus verkörpert in gewissen Märchen etwa eine Art Mondgeist oder geisterhafter Fremder, dem die Märchenheldin verfällt. Er steht für die Faszination einer spekulativ-nebligen Phantasiewelt, in die sich eine Frau verlieren kann. Ein solcher Animus kann die Frau vom Leben wegziehen, sie ist dann wie nicht ganz da. Im Stillen kann sie eine Phantasie nähren, die sich dann manchmal ganz plötzlich auf für jedermann überraschende und unrealistische Weise ins Leben hineindrängen kann.

Wir wollen jetzt nur einige Aspekte des Animus andeuten. So vielfältig die Männerfiguren sind, die sich in unseren Träumen tummeln, so lassen sich doch bestimmte Gruppierungen von Charakteren vornehmen, denen wir in den folgenden Träumen auch begegnen werden. Die bewußte Auseinandersetzung mit dem Animus scheint heute, im Zeitalter der Frauenemanzipation, ein Problem von bisher noch nie dagewesener Dringlichkeit zu sein. Die Schwangerschaft, die Zeit, in der die weibliche Natur die Führung übernommen hat, könnte zudem noch in besonderem Maße den Gegenpol, die geistig-männliche Seite der Frau konstellieren. Es geht letztlich beim Problem des Animus, wie Emma Jung betont, um die Vereinigung der Gegensätze von Geist und Natur, eine ebenso schöpferische Aufgabe wie das Austragen eines Kindes.

Traum Nr. 103, im ersten Schwangerschaftsmonat:

> *In Valencia's or Madrid's market, a fellow aims at me with a pistol. We struggle, I catch his pistol and turn it to himself. He still gets it in his hands. Then somebody pulls us apart and he pursues me. I am very nervous, because I can not get rid of him. Now I see a Policeman looking at a bookshop window. I tell him what has happened to me. Then the man (the pursuer) and me are going to be put in jail. The policeman and the man and me were in an large building with a lot of windows. But finally only the man will be convicted. I feel, it is happening again and again, and the man is still pursuing me.*

---

[502] Vgl. M.-L. von Franz, Die Erlösung des Weiblichen im Manne, 91f
[503] Ders., Psychologische Märcheninterpretation, 167

6. DER MANN – DER VATER – DER ALTE WEISE

Auf dem Markt von Valencia oder Madrid zielt ein Mann mit einer Pistole auf mich. Wir kämpfen. Ich packe die Pistole und drehe sie gegen ihn. Er kann sie trotzdem wieder in seine Hand bekommen. Jemand reißt uns auseinander und er verfolgt mich. Ich bin sehr nervös, weil ich ihn nicht los werden kann. Jetzt sehe ich einen Polizisten, der in das Schaufenster eines Buchladens schaut. Ich erzähle ihm, was mir passiert ist. Dann sollen der Mann (der Verfolger) und ich ins Gefängnis geworfen werden. Wir sind alle drei in einem großen Gebäude mit vielen Fenstern. Aber am Schluß wird nur der Mann verurteilt werden. Ich merke, daß dies immer und wieder passiert und der Mann mich immer noch verfolgt.

Bösartige Männer mit oder ohne Pistolen, Messern, Maschinengewehren, Pfeilen und anderen spitzigen oder schneidenden Werkzeugen, gegen die eine Frau verzweifelt und oft vergeblich kämpft, stellen das Wesen des negativen Animus treffend dar. Sie tauchen immer wieder und zu allen Lebenszeiten auf, um auf ihre Weise das weibliche Ich zu bedrohen oder zu überwältigen. Messer, Pistolen und andere scharfe Gegenstände stehen symbolisch für verletzende, destruktive Impulse aus dem Unbewußten. Wie Marie-Louise von Franz in „Spiegelungen der Seele" darstellt, werden in der Mythologie oft verwundende oder krankmachende Pfeile von Göttern gesandt, z.B. von Apollo die Pest, durch Artemis und in Rom durch Mars allgemein Krankheit und Tod etc. Götter als die schicksalsbestimmenden Mächte sind aber Naturkonstanten der unbewußten Psyche, Verhaltensweisen der emotionalen und imaginativen Persönlichkeit, welche Jung als Archetypen bezeichnet hat.[504] Das Getroffenwerden durch das Geschoß eines Gottes veranschaulicht deshalb das plötzliche Getroffensein durch einen Archetypus, durch eine Stimmung, welche übermächtig ins bewußte Leben eingreift.

Das „Angeschossensein" durch den Animus äußert sich weniger als Stimmung (wie bei der Anima), sondern vielmehr als plötzliche Idee, als Gedanke, Meinung, ein Urteil. Von außen gesehen scheinen diese Animus-Gedanken oft wie angeworfen. Sie können eine Frau von einer Minute auf die andere verwandeln, unter Umständen, ohne daß sie dies selber wahrnimmt. Für sie selber sind die Gedanken des Animus, die ja aus ihrem eigenen Unbewußten aufsteigen, nur mit größter Mühe von ihrer bewußten Persönlichkeit zu unterscheiden. Sie kann sie oft nicht als negativ und gefährlich erkennen und verfällt ihnen deshalb.

Im obigen Traum wird die Frau in eine Schießerei mit dem Angreifer verwickelt, und sie versucht, ihn mit seinen eigenen Waffen zu schlagen, aber dies hat keine Wirkung. Er behält seine Waffe immer noch. Das vergebliche Schießen auf den Animus zeigt wohl, daß der Animus nicht mit denselben Waffen kampfunfähig gemacht werden kann, d.h. indem man mit ihm argu-

---

[504] Vgl. M.-L. von Franz, Spiegelungen der Seele, 27

mentiert. Er behält immer das letzte Wort. In keinem der folgenden Träume ist dies die Lösung. Es nützt nichts, angriffige, gegen Schwangerschaft, Kind, Ehemann oder sich selber gerichtete Gedanken sozusagen mit männlichgezielten Gegenargumenten aus dem Feld schlagen zu wollen: Sie sind trotzdem immer wieder da, und sei es nur in schlaflosen Nächten. Ebensowenig hilfreich ist offenbar der Polizist, der gerade beide, das Opfer und den Angreifer, ins Gefängnis steckt. Der Polizist ist der Hüter von Recht und Ordnung, von kollektiver Norm, ausgedrückt in dem großen „offiziellen" Gebäude. Der Verfolger wird zwar verurteilt, das heißt Vernunft und Einsicht in das untragbare Verhalten des Animus scheinen zu siegen, aber dennoch gehen die Verfolgungen weiter. „It is happening again and again." Vernunft und die Forderung nach kollektiv angepaßtem Verhalten wirken vorerst sogar einsperrend für das weibliche Ich. Der Druck der allgemeinen Verhaltensnormen („So eklig benimmt man sich doch nicht, solche Gedanken hat man doch nicht als angehende Mutter und Ehefrau" etc.) ist keine Hilfe, sondern zeitweise wie ein Gefängnis, in dem die Frau samt dem Animus eingesperrt sitzt. Auch die Ehe kann zu Zeiten nicht nur für den Mann, sondern auch für die Frau ein Gefängnis darstellen, so sehr sie ja auch wieder Schutz und Rahmen für ihr Leben und dasjenige ihrer Kinder bedeutet.

Viele Träume schildern eine absolute Hilflosigkeit, der die Frau ausgeliefert ist, wenn sich der Animus in seiner negativsten Form plötzlich „im eigenen Hause" findet. Im dritten Schwangerschaftsmonat bei ihrem dritten Kind träumte eine Frau:

Traum Nr. 104:

> *Es ist Nacht. Ich bin allein mit meinen Kindern. Als ich merke, daß sich ein Mann, den ich nicht kenne, im Haus befindet, überfällt mich eine lähmende Angst. Meine Tochter kommt zu mir ins Schlafzimmer. Sie klagt über Durchfall und hat Fieber. Ich bin froh, daß sie meine Hilfe braucht, denn so kann ich über meine Angst hinwegsehen. Wir beide laufen zum Wickeltisch die Treppe hinab, währenddem mein Mann noch schläft. Der Mann folgt uns. Er sagt mir, bevor er uns alle töten wird, muß ich ihm das Haus schriftlich übergeben und mit meinem Blut unterzeichnen. Ich denke noch daran, meinem Mann einen Abschiedsbrief zu schreiben. Als ich aber höre, daß das Telefon bei den Nachbarn läutet, rufe ich um Hilfe. Daraufhin rennt der Mann die Treppe hinauf, um seine Pistole zu holen. Der Gedanke, schnell die Rolläden hinaufzuziehen, um mit den Kindern zu flüchten, geht mir noch durch den Kopf, bevor ich schweißgebadet erwache.*

In diesem Traum dringt der gefährliche Räuber nachts ins Haus der Träumerin ein. Der brutale Animus greift das weibliche Ich dann an, wenn die bösen Geister wach sind, in der Dunkelheit und Stille der Nacht. Der Animus

6. DER MANN – DER VATER – DER ALTE WEISE

ist nichts anderes, als was im Volksglauben mit einem Geist oder Dämon bezeichnet wird.[505] In vielen Märchen erscheint ein solch gefährlicher Animus als eine Männerfigur vom Typ des Ritter Blaubart, der die junge Frau in seinem Hause gefangenhält.[506] Sie bekommt von ihm das strenge Verbot, ein bestimmtes Zimmer aufzuschließen. Natürlich tut sie es trotzdem, entdeckt alle die Frauen, die er vor ihr getötet hat, und wird von ihm bei dieser verbotenen Tat ertappt. Im letzten Moment erhält sie von außen Hilfe gegen den Mörder, der sie eben töten will. Ein solch negativer Geist bedroht in diesem Traum die Frau und ihre Kinder. Er verlangt von ihr das ganze Haus, das sie ihm schriftlich und mit ihrem Blute unterzeichnet übergeben soll. Er setzt sich also in den Besitz ihres Hauses, psychologisch ausgedrückt: Sie wird von ihm besessen. Etwas nimmt von ihr Besitz, das mit einem abstrakten, kalten, männlichen Denken umschrieben werden kann. Oft ist es eine bestimmte negative Idee über etwas, gefolgt von einem Impuls, Dinge brutal verändern zu wollen, eine Aktion vom Zaune zu brechen, einen plötzlichen Entscheid zu erzwingen und ähnliches. Es kann aber auch einfach eine Art von deprimiertem Denken sein über sich selber und über die Umstände, in denen sie sich befindet. Dem ist sie dann völlig hilflos ausgeliefert. Der Blaubart-Animus hat eine äußerst destruktive Wirkung auf das ganze Leben einer Frau. Solche Frauen können verbittert und einsam werden. Sie fühlen sich nicht geliebt und haben Mühe, einen Partner zu finden.

Mit dem eigenen Blute sich dem Teufel zu verschreiben, bedeutet in Sagen und Märchen einfach, ihm ganz verfallen zu sein, unwiderruflich. Es scheint, als ob man ihm nie mehr entrinnen könnte. Diese Überzeugungskraft des negativen Animus gehört zu seinen hervorstechendsten Merkmalen. „Es wird sich ja sowieso nie etwas ändern." Die Träumerin akzeptiert denn auch den Vorschlag des Gangsters merkwürdig schicksalsergeben. Zum Glück erinnert sie das Läuten des Nachbartelefons daran, daß noch Verbindung zur Menschenwelt möglich ist, und sie ruft um Hilfe. Sie kann also doch noch reagieren. Das bedeutet einen ersten Schritt aus der Besessenheit. Die Rolladen zu öffnen und aus dem Fenster zu springen würde heißen, durch eigene Kraft aus der überwältigenden Macht des Animus hinauszuspringen. Sie muß also selber aktiv werden, ein Stück weit männlicher. Es fehlt ihr gerade das, was ihr der Animus in seiner positiven Form vermitteln könnte, eine Art aktiver Wehrhaftigkeit gegen das Überwältigtwerden durch aggressive Impulse. Oft ist es hilflos vor Wut über das Ausgeliefertsein an äußere widrige Umstände, z.B. eine schwierige Ehe, welche die Frau direkt dem negativen Animus ausliefert. Passivität und das sich Ausgeliefertfühlen sind direkt verbunden mit nach innen oder außen gerichtetem destruktivem Verhalten aus der männlichen Seite der Persönlichkeit. Wenn es der Frau gelingt, sich

---

[505] Vgl. v. Beit / v. Franz, Symbolik des Märchens, 610f
[506] Vgl. Ders. I, 615f

von der Besessenheit durch die negativen männlichen Impulse zu befreien, so können sich diese in eine positive Kraft verwandeln, eine Art gezielter, beherrschter Wehrhaftigkeit und Bestimmtheit, die in Übereinstimmung mit dem weiblichen Teil der Persönlichkeit steht.

Was aber heißt das, sich aus der Besessenheit zu befreien? Was kann das weibliche Ich dazu tun? Kann es überhaupt etwas tun, wenn es dämonische, übermächtige innere Figuren sind, welche es in ihre Gewalt bringen? Wie kann es der Brutalität, dem wilden Affekt, der lähmenden Gefühlskälte des negativen Animus entkommen, wenn die Lösung nicht nach kollektiv oberflächlichem „Polizeischema" sein soll (auch ein Animusdenken), sondern individuell, tiefgreifend, der weiblichen Natur entsprechend?

Im Märchen vom Ritter Blaubart kann die Frau nichts anderes tun, als auf Hilfe von außen zu warten, die endlich im letzten Moment in Form ihrer Brüder kommt. Gegenüber dieser dämonischen, absolut übermächtigen Gestalt kann offenbar nur ein hilfreiches Schicksalsmoment das Ganze noch retten. Die Amplifikationen der Blaubartgestalt in den nordischen Varianten des Märchens führen fast alle zu Wotan, im Süden zu den antiken Totengottheiten hin.[507] Während der Schwangerschaft, einer Zeit des „abaissement du niveau mental", einer verstärkten Nähe zum mütterlichen Unbewußten, kann die Frau auch in gefährliche Nähe von archetypischen Inhalten des kollektiven Unbewußten kommen, welche das Persönliche weit übersteigen. Das kann in manchen Fällen zum Überwältigtwerden durch solche Inhalte führen, also zum Ausbruch einer Schwangerschaftspsychose. Die Angst der Träumerin ist deshalb verständlich, denn im Hintergrund des negativen Animuserlebnisses lauert die Gefahr des Blaubart. Der Animus in diesem Traum ist aber vielleicht doch eine etwas persönlichkeitsnähere Figur. Es scheint, wie wenn das Aufziehen der Rolladen und eine Flucht ins Freie, das heißt eine Flucht durch eine Bewußtseinserweiterung, doch möglich sein könnte.

Jung sagt in Aion[508], daß Animus und Anima bewußtseinstranszendente Faktoren sind, die der direkten Anschauung und Willkür entzogen sind. Sie sind autonom, auch wenn ihre Inhalte integriert werden können. Sie müssen deshalb, so sagt er, immer beobachtet werden, denn je unbewußter sie sind, desto mächtiger sind sie. Oft ist dies wohl nicht ohne Hilfe möglich, wie auch in unserem Traum. Hilfe von außen wäre auch Gespräch mit anderen Menschen über dieses „Geplagt und Bedrohtsein". Menschliche Wärme und Beziehung, auch das Ansprechen und Respektieren des Weiblichen (nicht das oft so hochnäsige Verurteilen: „Sie ist halt wieder einmal im negativen Animus", wie man es besonders gerne von Männern im psychologischen Slang hört) können der Einsamkeit, in welche der Animus eine Frau bringt, entgegenwirken. Einsamkeit, Isoliertsein, Gefangensein durch eine negative Ani-

---

[507] v. Beit / v. Franz, Symbolik des Märchens, 616
[508] C.G. Jung, Aion, GW 9 II, 20 f, § 20f

6. DER MANN – DER VATER – DER ALTE WEISE

musfigur ist eines der häufigsten Themen in Märchen und in Träumen. Auch in unserem Material von Träumen schwangerer Frauen nimmt das Problem des negativen Animus einen breiten Raum ein. Der nächste Traum stammt von einer 26-jährigen Träumerin, im 2. Monat ihrer ersten, ungeplanten Schwangerschaft.

Traum Nr. 105:

> *I am about 16 years old. I am walking up the street to go home. I see a black man walking behind me. I start running for home, but when I get there it is dark, all the lights are off and the doors are locked. I keep yelling for my mother to let me in. I see the black man coming around the bend. I run out into the street. I notice that my arms and legs are bleeding. A bus is coming up the street. I fall in front of it. The bus driver gets out and helps me on to the bus. I turn around and the black man is sitting in the back seat. I keep begging the driver to let me off but he won't. The black man comes up and puts his arms around me, telling me not to worry, everything is okay. I start screaming.*
>
> *Ich bin etwa 16 Jahre alt. Ich gehe durch die Straße um heimzugehen. Ich sehe einen schwarzen Mann, der hinter mir geht. Ich beginne nach Hause zu rennen, aber wie ich dahingelange, ist alles dunkel, alle Lichter sind ausgelöscht und die Türen verschlossen. Ich höre nicht auf nach meiner Mutter zu rufen, damit sie mich einläßt. Ich sehe den schwarzen Mann um die Ecke kommen. Ich renne in die Straße hinaus. Ich merke daß meine Arme und Beine bluten. Ein Bus kommt die Straße hinaus. Ich falle vor ihm hin. Der Busfahrer steigt aus und hilft mir in den Bus. Ich drehe mich um und der schwarze Mann sitzt hinter mir. Ich bitte den Busfahrer, mich hinauszulassen, aber er tut es nicht. Der schwarze Mann kommt und legt seine Arme um mich. Er sagt mir, ich solle mich nicht aufregen, alles sei okay. Ich fange an zu schreien.*

Die Träumerin ist hier 16 Jahre alt, also in der Pubertät, in einer Zeit des Überganges in eine völlig andere Lebensform des Weiblichen. Animusfiguren aller Art werden wichtig, Schauspieler, Rockstars, Sporthelden, Beziehungen mit Burschen etc. Es wird plötzlich enorm wichtig, wie man aussieht und selten können junge Mädchen in diesem Alter sich selber so sehen und akzeptieren, wie sie sind. Es ist eine Zeit der großen Unsicherheit. Das junge Vögelchen hat die Eierschalen und den Babyflaum hinter sich gelassen, aber die neuen Federn sind noch nicht ganz verläßlich. In dieser Zeit kann gerade durch den Vater, den ersten Mann, dessen Anerkennung eine wichtige Rolle spielt, viel zerstört werden. Solche Übergangszeiten sind immer auch Zeiten der Verunsicherung, der Angst vor dem Neuen und vor der unwiderruflich totalen Veränderung. In einer solchen unsicheren Zeit sind nach dem Volksglauben die bösen Geister los, wie z.B. in der Silvesternacht, der Jahreswende, oder in der Mitternachtsstunde, der Wende von der Nacht zum Tag. Offenbar ist jetzt, in der Zeit der Schwangerschaft für die Träumerin Ähnliches konstelliert wie damals, als sie 16 Jahre alt war.

Die blutenden Arme und Beine könnten auf eine Verletzung deuten, die damals geschah und jetzt wieder ihre Auswirkungen zeigt. Es ist aber nicht nur so, daß sie damals geschah, sie geschieht offenbar auch jetzt wieder neu. Das was sie damals verletzte, tut es offenbar innerpsychisch immer noch. War es früher vielleicht der Vater, so ist es heute der Vater-Animus in ihr selber, der sie immer wieder in negativer Weise angreifen kann. Er sagte ihr etwa, wie häßlich und nutzlos sie sei und daß sie lieber (als junges Mädchen) zu Hause (bei ihm natürlich) bliebe, da sie sowieso keinen Mann finden werde etc. Heute ist es der schwarze Mann, eine negative Animusfigur, welche ihre ganze Angst wieder heraufbringen könnte, nicht genügen zu können, die neue Lebensaufgabe nicht meistern zu können, den Ehemann nicht halten zu können etc. Und tatsächlich ist es so, daß die Bindung an die Welt des Animus oft eine Unfähigkeit zum Muttersein bewirkt.[509]

Die Träumerin findet denn auch im Traum bei der Mutter keinen Schutz vor dem Verfolger. Statt dessen gerät sie in einen Bus, das heißt sie fällt ihm gleichsam vor die Räder. Der Bus als ein kollektives Gefährt, der keine individuelle Routen erlaubt, würde hier für den Weg stehen, den alle gehen. Das sind allgemeine Vorstellungen, wie man Mutter, Frau, Ehefrau etc. sein sollte, das was einem Freundinnen, Tanten und die psychologische Sparte im Frauenmagazin empfehlen. Dem „verfällt" die Träumerin. Aber offensichtlich ist in diesem Bus der Verfolger ebenso dabei und der Buschauffeur, der Anführer der kollektiven Meinungen, läßt sie nicht mehr aussteigen. Die Lösung kann offenbar nur ganz individuell sein. Die Flucht ins Kollektive, in das was „man" macht, liefert die Frau direkt in die Hände des negativen Animus.

Arme haben symbolisch gesehen mit der aktiven Bewältigung der Realität zu tun, die Beine mit dem Standpunkt oder dem Stehvermögen in der Realität. Hier scheint die Träumerin verletzt worden und dadurch zur Passivität verurteilt worden zu sein. Wir wissen nicht, wie das persönliche Leben der Träumerin aussah, als sie 16 Jahre alt war. Es könnte sein, daß ihr die Attacken eines destruktiven Vaters jeden Mut und Schwung nahmen, das Leben und seine Herausforderungen zu packen. Manche Frauen verurteilt gerade ein solcher negativer Animus zur Passivität. Nicht immer macht der negative Animus eine Frau aggressiv und allzu männlich. Oft zwingt er sie geradezu zum Stillehalten, weil jegliche Aktivität sofort wieder den Verfolger aktiviert, der ihr klarmachen will, daß sie ja sowieso nichts fertigbringt. In

---

[509] Vgl. v. Beit / v. Franz, Symbolik des Märchens, Das Märchen von der Frau, die keine Kinder haben wollte. 627 und 629.

6. DER MANN – DER VATER – DER ALTE WEISE

ihrem jetzigen Lebensabschnitt kann sie nun wohl dem negativen Animus in ihr selber, dem schwarzen Verfolger, nicht energisch entgegentreten.

Die besänftigende Art, wie der Schwarze seine Arme um sie legt und ihr zuredet, wirkt in keiner Weise beruhigend auf sie, denn sie schreit auf vor Entsetzen. Man könnte sagen: Gott sei Dank, denn der Animus bedeutet in der weiblichen Psychologie oft dasselbe wie in der männlichen die Sirenen und Nixen, das heißt er bewirkt eine merkwürdige Entfremdung von der Realität.[510] Die Folge davon ist, daß nicht nur die Ehebeziehung, sondern auch das ganze häusliche und mütterliche Leben zu einer dauernden Belastung werden können. Arme und Beine sind dann, symbolisch gesehen, nicht genügend einsatzfähig. Der Animus kann dann eine Frau in eine Art unfruchtbares Phantasieren verführen, genährt durch Film, Fernsehen und Frauenzeitschrift, welche dem entgegenkommen und sogar davon leben. Auch äußerlich gerät die Frau dann oft in unrealistische Männerbeziehungen, welche auch ihre Ehe zerstören können.

Der Animus hat hier eine merkwürdig doppelte Funktion: Einerseits abwertend und andrerseits in unrealistische Phantasien verführend, beides lähmend und gefährlich. Dieses Problem reicht in die Kindheit der Träumerin zurück und kann oder muß offenbar jetzt, in der Zeit eines schicksalhaften Überganges, verstanden werden. Eine Flucht in kollektive Verhaltensweisen ist dabei nicht nur nicht hilfreich, sondern geradezu gefährlich. Der nächste Traum derselben Träumerin verdeutlicht das Problem auf eindrucksvolle Weise.

Traum Nr. 106:

> *I am walking through a large pavillion. As I walk, I notice a black man has started to follow me. It is not certain that he is after me but I feel menaced. I start to run and so does he. I tear down a flight of stairs and out onto the street. I go so quickly I think I might escape. I do not. He catches me. The next sight I see is a tall black woman, in a fetal position, lying in a corner. She has long bruises on her skins. I know this is what the man did. She is alive but hurt.*
>
> *Ich gehe durch einen großen Pavillon. Wie ich gehe, merke ich daß ein schwarzer Mann begonnen hat mir zu folgen. Es ist nicht sicher, daß er hinter mir her ist, aber ich fühle mich bedroht. Ich fange an zu rennen und er tut dasselbe. Ich renne Treppen hinunter und hinaus auf die Straße. Ich gehe so schnell, daß ich denke, ich könne entkommen. Ich entkomme nicht. Er packt mich. Das nächste was ich sehe, ist eine große schwarze Frau, welche in fetaler Position in einer Ecke liegt. Sie hat lange blaue*

---

[510] Vgl. v. Beit / v. Franz, Symbolik des Märchens, 625f. Das Märchen von des Nebelbergs König.

Flecken auf ihrer Haut. Ich weiß, daß dies der Mann getan hat. Sie lebt, aber sie ist verletzt.

Hier wird deutlich, was der verfolgende Animus eigentlich verletzt, nämlich eine schwarze Frau, die in fetaler Position daliegt. Die schwarze Frau ist für uns eine Schattenfigur, eine Art dunkler, naturhafter Weiblichkeit, etwas Primitiv-Instinkthaftes in unserer weiblichen und mütterlichen Natur. Die fetale Position der verletzten Frau könnte darauf hinweisen, daß es um etwas zwar Erwachsenes, eine ewige innere Figur des Weiblichen, um weibliches Verhalten geht, das jeder Frau auf ihrer instinktiven Seite eignet. Andererseits aber ist es offenbar etwas, das erst geboren, das heißt bewußt werden muß. Wo im Leben einer Frau der Vateranimus die destruktive Wirkung des Animus dermaßen verstärkt hat, fehlt der Frau gleichsam der natürliche, unbewußte Zugang zu ihrer instinktiven Weiblichkeit. Es ist, wie wenn sie ihre Weiblichkeit viel bewußter leben müßte und sie auch viel bewußter vom Zugriff des Animus bewahren müßte, als andere Frauen. Diese Art von Weiblichkeit muß erst in ihr geboren werden, und natürlich wird der negative Animus dies immer wieder zu verhindern suchen.

Der nächste Traum schildert, wie eine Frau manchmal bewußt und aktiv in eine unerträgliche Animussituation eingreifen muß. Er stammt von einer 28-jährigen Träumerin im 1. Monat ihrer ersten Schwangerschaft, nachdem sie schon eine Fehlgeburt im 3. Monat gehabt hatte, und wiederum eine im 3. Monat vor dem 2. Kind.[511]

Traum 107:

In stockdunkler Nacht gehe ich in 2 bis 3 Meter Distanz eine halbe Stunde lang neben einem Mann, ganz schwarz und mit einem großen Filzhut. Die Stimmung ist sehr dramatisch. Der Mann ist ein Unbekannter. Ich bin sehr in Spannung und Angst vor ihm. Plötzlich beginnt er zu rennen und rennt rechts weg. Von hinten kommt noch einer gerannt, überholt mich und rennt auch rechts weg. Irgendwie müssen drei Parteien anwesend sein: Die Feinde, die Freunde und die Polizei. Ich gehe rasch auf einen Mann zu, der vor mir geht und von dem ich glaube, daß er ein Freund ist. Er ist es auch und ich versuche, mich bei ihm zu retten. Es stellt sich heraus, daß wir uns schon einmal gesehen haben müssen, nämlich im Seminar. Wir gehen zusammen weiter und sehen plötzlich um die Ecke einen weißen Arztkittel auftauchen. Wir denken, daß da etwas geschehen sein muß, das die Dramatik dieser Nacht ausmacht. Wie wir dazukommen, verwandelt der Ort sich in einen Raum mit einer Glastüre, hinter der der Arzt mit einer Frau ist, die auf einer Bahre liegt und zum Gebären sollte. Ihr Ehemann hat sie aber hinter dieser Glastüre eingeschlossen. Ich

---

[511] Von derselben Träumerin: Nr. 56, im Kap. Spinnen

weiß einfach, daß man jetzt alles daran setzen muß, daß die Frau zum Gebären kann, und sollte man die Glastüre einschlagen müssen.

Der erste Teil des Traumes schildert Dunkelheit, eine dramatische Stimmung, feindliche und freundliche Männer, Polizisten. Die Träumerin ist in Spannung, Angst, Verwirrung, ist unsicher darüber, wer nun eigentlich Freund und wer Feind ist. Das Ganze ist ein Bild dafür, wie es auf ihrer Nachtseite, im Unbewußten aussieht. Der Grund dafür ist offenbar, wie im zweiten Teil des Traumes sichtbar wird, eine bevorstehende Geburt, die nicht stattfinden kann, weil die schwangere Frau von ihrem Ehemann hinter einer Glastüre eingeschlossen wurde. Da es nicht die Träumerin selber ist, welche gebären soll, sondern eine andere Frau, so müssen wir annehmen, daß etwas in ihr zum Gebären sollte. Es soll gleichsam eine zweite Geburt im Unbewußten der Träumerin stattfinden.

Wenn im Unbewußten einer Frau etwas geboren werden soll, so meint dies die Geburt eines neuen Inhaltes, der vom Bewußtsein aufgenommen werden sollte. Wir wissen, daß mythologische Kinder oder auch Heldenkinder im Märchen immer wieder in Gefahr sind, vom herrschenden König beseitigt zu werden. Auch unsere Weihnachtsgeschichte mit Jesus in Nazareth handelt davon, oder auch die Geschichte von der Aussetzung des kleinen Moses im Binsenkörbchen. Das herrschende Bewußtsein, symbolisiert durch den König, scheut eine Erneuerung und versucht sie zu verhindern. Im Unbewußten der Frau ist es der negative Animus (oft projiziert auf den Ehemann), welcher die Geburt eines neuen Bewußtseinsschrittes oder des geistigen Kindes verhindern möchte.

Im Märchen werden Heldenkinder, die nicht leben sollen, oft eingeschlossen: In einen Turm, eine Höhle, einen Glasberg, ein Grab etc. Mit diesen Bildern wird das Besitzergreifende des negativen Animus treffend ausgedrückt, das Einsperrende, aus welchem die Frau oft aus eigener Kraft nicht herauskommen kann. Dieser Traum sagt aber, daß die Animusnot, in welcher die Träumerin steckt, ihr desorientiert, verwirrt, ängstlich sein, einen tieferen Grund hat, nämlich eine Besessenheit im Unbewußten, welche die Geburt eines neuen Bewußtseinsschrittes zu verhindern scheint. Das Eingesperrtsein hinter Glas ist dabei bezeichnend. Als Motiv finden wir es in vielen Märchen: Animafiguren oder weibliche Figuren, welche die eigentliche Persönlichkeit der Frau darstellen, sind im Glashaus[512] im Glassarg (Schneewittchen), im Glasberg (Die Prinzessin auf dem Glasberg) etc. vom Leben abgeschnitten worden.

Hinter einer Glaswand sein bedeutet in der Umgangssprache ein Abgetrenntsein von den anderen Menschen, gefühlsmäßig nicht erreichbar zu sein,

---

[512] v. Beit / v. Franz, Symbolik des Märchens, 712

eine Unzugänglichkeit, die irgendwie nicht faßbar ist. Die Barriere ist durchsichtig, aber trotzdem unterbricht sie den Kontakt.

In dieser Situation befindet sich offenbar die „höhere Persönlichkeit" der Träumerin, welche mit der Geburt des Kindes etwas Neues, eine neue Einstellung zur Welt bringen sollte. Der Animus macht, daß jene höhere Persönlichkeit vom lebendigen Kontakt und Gefühl der Träumerin abgetrennt ist. Eine Frau kann in ihrem Leben sehr wohl wertvolle Erfahrungen mit ihrer inneren „höheren Persönlichkeit", dem Selbst gehabt haben, aber zeitweise, manchmal ganz plötzlich, überfallartig, verändert sich ihr Bild der Welt wieder, die Probleme scheinen alle sowieso unlösbar, weil das die Ratio oder der rationale Animus scheinbar genau beweisen kann. Das Gefühl der Einsamkeit, das Abgeschnittenseins vom Leben und den Beziehungen, ein Gefühl von „hinter einer Glaswand sein", nimmt wieder von ihr Besitz. In diesem Zustand ist die Frau buchstäblich nicht zur Geburt fähig, irgendwelche schöpferischen Impulse werden schnell vom Animus abgewürgt. Hier muß die Geburt offenbar im weiblichen Teil der Persönlichkeit der Träumerin stattfinden, das heißt, es geht um eine neue weibliche Einstellung. Diese verläuft parallel zu der tatsächlich erwarteten äußeren Geburt.

Am Ende des Traumes steht die Einsicht der Träumerin, daß jetzt unbedingt etwas geschehen muß. Die Scheibe muß eingeschlagen werden, damit die Frau zum Gebären kann. In einem entschlossenen Handstreich, einem gewollten Affekt muß die Gefühlsbarriere zerschlagen werden, welche der Animus zwischen der Träumerin und ihrer höheren, inneren Persönlichkeit aufgerichtet hat. Dasjenige in der Träumerin, welches schöpferische Neugeburt bedeutet, ist offenbar in der Gewalt eines Animus, der macht, daß die Träumerin keine Gefühlsbeziehung dazu haben kann. Wenn diese Seite in der der Frau aber vom Gefühl abgeschnitten ist, dann bedeutet dies Depression, ein Gefühl von Sinnlosigkeit, Angst und Orientierungslosigkeit, wie es der Anfang des Traumes beschreibt.

Hier ist nun nicht Erleiden und Erdulden erforderlich, sondern ein aktives Durchbrechen, ein Entschluß: So darf es nicht weitergehen, man muß alles daran setzen, diesem Zustand ein Ende zu setzen. Dann kann die Schwangerschaft, das weibliche Leben der Träumerin wieder sinnvoll werden, weil ihre innere Persönlichkeit daran reifen kann und schöpferisch werden kann. Durch einen solchen Entschluß kann manchmal dieses destruktive Argumentieren des Animus durchbrochen werden, dem die Frau, wenn sie nicht aufpaßt, immer wieder verfällt. Wenn dies gelingt, so ist oft der Weg frei für eine schöpferische Arbeit und das Leben fließt wieder.

Der Traum ist vermutlich eine Reaktion auf eine desorientierte, evtl. depressive Haltung der Träumerin während ihrer Schwangerschaft. Er spiegelt die Ursache des Problems und läßt erkennen, daß sie etwas dagegen tun kann. Der nächste Traum stammt von derselben Frau wie der oben besprochene Traum Nr. 104 vom Blutpakt mit dem schwarzen Mann:

6. DER MANN – DER VATER – DER ALTE WEISE

Traum 108:

Ich befinde mich bei einem fremden Mann, der mit mir Geschlechtsverkehr haben möchte. Als ich mich ihm widersetze, wird er so wütend, daß er mittels magischer Kräfte mein ungeborenes Kind aus Distanz aus meinem Bauch herausoperieren will. Nur weil ich in den Händen einen runden Stein halte und ununterbrochen zu Gott bete, kann ich sein Vorhaben verhindern. Der Mann kommt in meine Nähe, drohend und gestikulierend. Rund um uns stehen Leute, die mich belächeln. Solange ich mich nicht ablenken lasse vom Beten, wird der Mann mir nichts antun können.[513]

Das Problem, wann und wie eine Frau dem zerstörerischen Animus die Stirne bieten kann, spiegelt sich im obigen Traum. Hier ist wiederum das noch ungeborene Kind in Gefahr. Die Träumerin kann aber nichts anderes tun, als einen runden Stein fest in den Händen zu halten und zu beten. Solange sie dies tut, kann er ihr nichts anhaben. Hier ist keine Aktivität möglich oder angezeigt. Sie kann nur ihre Hände, das heißt ihre Handlungsfähigkeit, um den Stein herum stillegen, um den innersten, unzerstörbaren Kern ihrer Persönlichkeit. Solange sie sich im Gebet darauf konzentriert (ihre Aufmerksamkeit auf das Zentrum richtet), solange ist sie geschützt.[514] Das bedeutet für die Frau absolute Introversion, keine Auseinandersetzung und kein Kampf gegen den Übermächtigen. Es scheint aber, wie wenn in dieser Zeit doch etwas geschehen würde, denn drei Wochen später träumt sie, daß sie jetzt offenbar aus dem Gefängnis der negativen Animusgedanken ausbrechen kann, bzw. der Herrschaft des Vater-Animus entfliehen kann.[515] Es könnte auch sein, daß sie gegen diese persönlichkeitsnäheren Animusaspekte etwas tun kann und muß, während dem übermächtigen Archetypus des Schwarzmagiers nur die weiße Magie, die Kraft des Selbst entgegengesetzt werden kann.

Der Traum erinnert an das Grimms-Märchen vom Mädchen ohne Hände. In diesem Märchen verkauft ein verarmter Müller seine Tochter dem Teufel. Damit sie dieser aber mitnehmen kann, muß ihr der Vater beide Hände abhacken, da sie für den Teufel zu rein sind. Als die Tochter aber die Handstümpfe mit ihren Tränen so reingewaschen hat, daß sie der Teufel doch nicht mitnehmen kann, verläßt sie den Vater. Ein König findet sie, heiratet sie, aber durch das erneute Dazwischentreten des Teufels muß sie den Königshof verlassen und sieben Jahre lang mit der Hilfe eines Engels im Walde leben, bis sie vom König wieder gefunden wird. Während dieser Zeit gebiert sie einen Sohn mit dem Namen „Schmerzensreich".

---

[513] Siehe Träume 110 und 111 der Sammlung.
[514] Vgl. denselben Traum beim Thema Stein, Traum Nr. 19.
[515] Dito

Der Müller steht für einen Vater, der sich durch einen bewußten Trick aus einer Schwierigkeit herausschwindelt und dadurch seine Anima oder seine eigene Seele dem Teufel verkauft hat. Er hat vielleicht Erfolg als Geschäftsmann, aber seine Gefühlsseite ist vernachlässigt und damit wird die Tochter gefühlsmäßig unterernährt. Deshalb „wird sie selber einem destruktiven tötenden Intellektualismus, irgendeinem teuflischen Animus anheimfallen. Sie wird entweder sehr ehrgeizig oder sehr kalt werden, oder sie ergreift die gleiche Tätigkeit wie ihr Vater und folgt seinem Vorbild auf berechnende, kalte Weise."[516] In diesem Märchen jedoch merkt das Mädchen die Bedrohung. Eine Tochter mit einem solchen Vaterkomplex kann aber oft nichts anderes tun, als sich von allem fernhalten, was die geistige Seite berührt. Nachdem der Vater der Märchenheldin die Hände abgehackt hat, ist sie unfähig zu irgendeiner Aktivität im Leben. Sie ist zwar vom Teufel gerettet, aber zu Passivität und Isolation verdammt. Die langen Jahre im Wald bedeuten tiefe Introversion, einen Rückzug von allen Animusmeinungen, aber auch von allen Impulsen zu Aktivitäten, die das Leben von einem zu verlangen scheinen und das Ertragen der daraus resultierenden Einsamkeit.[517] Der Wald würde, ähnlich wie der Stein, auf die innerste Natur hindeuten, das absolut Unkonventionelle, auch wenn es von den Leuten belächelt wird, wie in unserem Traum. Im Märchen tritt dann ein hilfreicher Engel auf. In anderen Versionen ist es ein Vogel, ein Götterbote oder Gottvater selber. Das wäre, psychologisch gesehen, eine Gotteserfahrung, ein religiöses Erlebnis. Der Stein symbolisiert dasselbe, nämlich eine Erfahrung des unzerstörbaren, ewigen Kerns der Persönlichkeit.

Das Festhalten am Stein und das Gebet bedeuten deshalb einen Rückzug auf das absolut Einzigartige, was das Selbst (der sprechende Stein der Alchemisten) in ihrer größten Not und Gefahr hervorbringen kann, nämlich ein Wunder. Ein Wunder scheint es z.B., daß unsere Träumerin in den letzten beiden Träumen ihr Gefängnis aufbrechen kann oder der Herrschaft des Vaters oder des negativen Vaterkomplexes entfliehen kann. Dies geht aber offenbar nicht ohne vorheriges bewußtes Leiden am Konflikt. „Schmerzensreich", aus der langen Zeit der Not und Isolation geboren, gehört zum Schicksal der Frau mit negativem Vaterkomplex. Ohne ihn ist wohl keine Erlösung möglich. Gerade dies aber kann eine Frau oft nicht annehmen. Ihr Animus sagt ihr: Warum soll immer nur ich leiden? Warum soll ich allein sein, wo ich doch sowieso isoliert bin vom Leben? Warum kann ich nicht normal leben wie andere auch und glücklich sein wie andere auch? Warum ist meine Ehe nicht so wie andere etc.? Dieser Art von kollektiven Animusargumenten kann man eigentlich nichts entgegensetzen, denn wer weiß schon, warum dies für die einen so sein muß und für die anderen nicht. Wenn die Frau sich nicht

---

[516] M.-L. von Franz, Das Weibliche im Märchen, 78
[517] Vgl. Ders. Das Märchen vom Mädchen ohne Hände.

6. DER MANN – DER VATER – DER ALTE WEISE

ablenken läßt vom Stein und ihrem Gebet, so sagt unser Traum, dann ist sie geschützt und nahe dem Sinn ihres Lebens. Dann geschieht wie im Märchen die Geburt des Kindes Schmerzensreich. Marie-Louise von Franz schreibt: „Er ist und symbolisiert die Frucht ihres Lebens, das durch die volle Leidenserfahrung hindurchgegangen ist und dadurch Gelassenheit und Weisheit gewonnen hat."[518] Der negative Animus, der im falschen Moment unpassende, kollektive Forderungen stellt, bedroht dieses Kind immer wieder.

Im 5. Monat träumte eine 31-jährige Träumerin, welche zeitweise unter Depressionen litt:[519]

Traum Nr. 109:

> *Ich komme aus einem mehrgeschössigen Gebäude in dem unsere Wohnung ist. Auf der Straße hält mich ein Mann mit verkommenem „Pokerface" fest und fragt, wann mein Mann aus dem Gefängnis entlassen wird. Er bedroht mich und zwingt mich zur Antwort: Morgen früh. Ich solle ihn dann sofort unter dieser Telefonnummer anrufen. Schließlich lasse ich mir die Nummer aufschreiben. ... Ich renne dann davon, versuche etwaige Verfolger abzuschütteln und komme zufällig am Gefängnis vorbei. Durch die Türe sehe ich, daß mein Mann innen auf einer Bank sitzt, also wohl heimlich schon heute Abend entlassen wird.*
> *Ich hole ihn ab. Wir gehen die Nacht noch zusammen fort und gehen gegen Morgen in die Wohnung. Da ich ihm alles erzählt habe, wollen wir noch ein bißchen was mitnehmen und dann vor der Bande fliehen ... Bis wir endlich loskommen, ist es bereits die von dem Mann genannte Zeit. Wir überlegen, ob wir das Haus auf der Treppe verlassen sollen. Wir tun es und laufen prompt den zwei dunklen Typen in die Arme.*
> *Wir überlegen, wie wir aus der Stadt kommen könnten. Mein Mann meint, er hätte ein paar Straßen weiter noch ein paar gestohlene Autos in einer Reihe stehen, die keiner als die seinen kennt. Sie sind zum Teil als Rosenstrauch getarnt.*

In diesem Traum einer anderen Träumerin ist nun nicht sie, sondern ihr Ehemann im Gefängnis. In Wirklichkeit ist er dies nicht, aber wir wissen vom persönlichen Leben der Träumerin zu wenig, in welcher Hinsicht und ob überhaupt ihr Mann in einer Art von Gefängnis sein könnte. Das Gefängnis würde für einen gewöhnlichen Menschen, der kein Verbrecher ist, einfach einmal Unfreiheit bedeuten, ein Eingesperrtsein in starre, vom Kollektiv vorgeschriebenen Verhaltensregeln. Manchmal kann jemand sich, bildlich gesprochen, im Gefängnis fühlen, wenn er eine sture, geisttötende Arbeit machen muß oder wenn er nicht seinen eigenen Lebensstil leben darf. Der

---

[518] Ebenda, 90
[519] Von derselben Frau: Nr. 23 und 27, im Kap. Wasser

Ehemann der Träumerin ist auf der inneren Ebene ein Animus, der offenbar zu begrenzt, eingesperrt ist oder sich so fühlt. Viele Frauen fühlen sich in ihrer Ehe oder Schwangerschaft, wie wenn ein Teil von ihnen im Gefängnis wäre. Sie sind dann immer ein Stück weit unzufrieden, weil ihre männliche Aktivität und Eigenständigkeit scheinbar zu kurz kommt. Im Traum soll der Ehemann nun wieder entlassen werden, was offenbar einen gefährlichen Spielertyp, ja eine ganze Bande herbeibringt.

Wenn wir die Befreiungsbemühungen der Frauenbewegung betrachten, die ja unter anderem die geistige Seite der Frau aus ebensolchen konventionellen Zwängen wie Kinderhüten und Hausfrauendasein befreien wollen, so fällt auf, wie schwierig dies offenbar ist. Der Übergang in die Freiheit ist auch hier ein Problem. Im ehemaligen Ostdeutschland treiben heute, nach dem Wegfallen der alten „Gefängnismauern" der kommunistischen Ideologie mit ihrer unmenschlichen Einschränkung des Individuums, plötzlich Banden von Skinheads, brutal aggressiven Extremisten einen neuen Terror. Ein primitiver, wotanischer Geist bricht hervor, der jede Kulturleistung hinwegfegt.

Wenn die geistige Seite einer Frau, die zu lange in engen, konventionellen Lebensformen gefangen war, frei wird, so besteht die Gefahr, daß ein primitivaggressiver Animus, eine negative Form der neuen Geistigkeit erst einmal die Führung übernimmt. Jung sagt in einem Kindertraumseminar, daß der Animus in der Regel nicht als ein Engel auftritt, sondern daß er sich zunächst in höchst unangenehmer Weise bemerkbar macht. Statt daß die Träumerin mit ihrem befreiten Mann in ihr gemeinsames Heim gehen kann, gerät sie direkt in die Hände der Verfolger, die offenbar auf diesen bestimmten Zeitpunkt gewartet haben. Statt Befreiung folgt Besessenheit. Manche Ehen zerbrechen daran, daß die Frau in einem großen Rundschlag alles Gemeinsame kaputtmacht. Die Befreiung führt dann zur Zerstörung.

Im Traum ist aber offenbar noch Flucht möglich. Der Ehemann der Träumerin sagt, er habe ein paar Straßen weiter noch ein paar gestohlene Autos stehen, von denen niemand wisse, daß sie ihm gehörten. Sie sind zum Teil als Rosenstrauch getarnt. Was bedeutet nun dies?

Der Verdacht liegt nahe, daß der Gefängnisaufenthalt des Ehemanns mit den gestohlenen Autos zu tun hat. Symbolisch gesehen ist das Auto dasjenige, was uns durchs Leben trägt, womit wir uns fortbewegen, auch unsere individuelle Bewegungsfreiheit. Gestohlene Autos hätten demnach mit einer sich unrechtmäßig angeeigneten Fortbewegungsart zu tun. Der Animus der Träumerin hätte sich dann heimlich nicht zu ihr gehöriger Mittel zum Vorwärtskommen bemächtigt. Das wären gestohlene Auffassungen, denn der Animus steht für die geistige Einstellung und Weltanschauung der Frau. Solche fremde, nicht eigene Animus-Mobile kann man beobachten, wenn angelesene oder aus Medien übernommene psychologische oder andere Theorien ins Denken der Frau Einzug halten und ihr Familienleben und ihre Beziehungen stören. Sie sind zum Teil als Rosenstrauch getarnt. Wenn wir die Rose als

6. DER MANN – DER VATER – DER ALTE WEISE

Symbol der Liebe und Beziehung ansehen, so wären die Animus-Mobile durch eine falsche Eros-Bezogenheit getarnt. Psychologische Theorien sind zum Beispiel oft für eine Frau unter dem Deckmantel des Helfenwollens, der menschlichen Beziehung, nichts anderes als gestohlene Animus-Mobile, die mehr Vorwärtskommen, d.h. Macht versprechen. Viele Frauen manipulieren ihre Umgebung mit der Hilfe eines gespielten, unechten und oberflächlichen Gefühls. Das verschafft ihnen Macht, wird aber oft nur sehr schwer durchschaut.

Wir wissen nicht, ob mit dem getarnten Auto die Flucht vor den schlimmen Animus-Verfolgern gelingt. Dies ist jedenfalls der Ausweg, den der Ehemann-Animus der Frau vorschlägt. Wenn er deshalb im Gefängnis saß, weil er Autos gestohlen hatte, so würde dies heißen, daß durch ihren Animus gestohlene weltanschauliche Ansichten die heimliche Ursache für das beengende Gefühl der geistigen Unfreiheit der Frau wären. Deshalb ist auch die Flucht mit einem der gestohlenen Autos vermutlich nur ein kurzlebiger Ausweg, gerade genug, um im Moment noch Schlimmerem zu entkommen. Die Gefahr besteht, daß das Beengende der geistigen Unfreiheit auf die Situation von Ehe, Familie und Schwangerschaft projiziert wird. Dann könnten wirklich destruktive Animi zum Zuge kommen.

Traum Nr. 110, geträumt im 2. Monat von derselben Frau wie Traum Nr. 103 anfangs dieses Kapitels:

> *A crazy young scientist with a big headed and little assistant who provides him with human rests, made an instrument or weapon, like a shot or a missile, that regenerated the rests and produced sickening and dangerous life. The weapon disappears in my parents bedroom.*
> *It is dangerous, it could go off just by itself. Suddenly it was a film (this story) and the scientist and his assistant told me that at the end the regenerated human rests will be destroyed. But the film was not finished. I was afraid of them (the demonic figures) stalking. I wake up.*
>
> *Ein junger, verrückter Wissenschaftler mit einem großköpfigen kleinen Assistent, der ihn mit menschlichen Überresten versorgt. Der Wissenschaftler machte ein Instrument oder eine Waffe, wie ein Geschoß, welches die Überreste regeneriert und daraus krankmachendes und gefährliches Leben hervorbringt. Diese Waffe verschwindet im Schlafzimmer meiner Eltern. Das ist gefährlich, sie könnte von selber losgehen. Plötzlich war es ein Film (diese Geschichte), und der Wissenschaftler und sein Assistent sagten mir, daß am Ende die regenerierten menschlichen Überreste zerstört würden. Aber der Film war nicht zu Ende. Ich fürchtete mich davor, daß die dämonischen Wesen gehen könnten. Dann wachte ich auf.*

In diesem grauslichen Traum ist das Wirken des Animus wieder auf eine ganz andere und erschreckende Art dargestellt. Zum verrückten Wissenschaftler assoziiert die Träumerin: Ein Mensch, der von etwas besessen ist. Zum großköpfigen Assistenten sagt sie: Er ist wie ein Gehilfe des Frankenstein oder so etwas.

Es ist nicht schwer, den verrückten, von einer Idee besessenen Wissenschaftler in unserer Außenwelt zu sehen. Er steht für den überheblichen intellektuellen Geist, dessen gefährliche wissenschaftliche Erfindungen und Neuerungen für das Leben auf der Erde bedrohlich geworden sind. Weil er vergessen hat, daß es noch etwas anderes Wesentliches gibt außer der Ratio, ist er von ihr besessen. Besessenheit ist einseitig. Die Gefühlsfunktion, welche den Dingen den richtigen Wert gibt, ist als regulierender Faktor ausgefallen. In Volkssagen und mythischen Erzählungen finden sich dämonische Figuren, die nur aus einem Kopf bestehen, einbeinig oder einäugig oder ähnlich unvollständig sind. Sie stellen einseitige, entstellte Menschenbilder dar und verbildlichen das einseitige und verzerrende Wirken eines autonomen Komplexes, von dem das Ich überwältigt oder eben besessen werden kann.[520]

Vom Gefühl losgelöstes wissenschaftlich intellektuelles Denken bearbeitet aus dem Lebenszusammenhang gerissene Einzeltatsachen rational und gelangt dadurch unter Umständen zu wissenschaftlichen Erkenntnissen, die zwar zu logisch richtigen, aber vom Gefühl her völlig falschen Entscheiden führen. So können wissenschaftliche Erkenntnisse, auf die wir uns nur mit dem Verstand, aber nicht mit dem Gefühl und der Emotion beziehen, zu einer Monstrosität führen, wie wir es heute am Beispiel der Genmanipulation augenfällig erleben können. Das Beleben von Leichenteilen zu dämonischen, lebensbedrohlichen Wesen ist dafür ein treffendes Bild. Auf allen Gebieten der Nutz- und Haustierhaltung hat das rein rationale Verfolgen bestimmter Ziele zum Teil zu unnatürlichen, lebensfeindlichen Tierformen geführt, z.B. Übergewichtigkeit und Schwerfälligkeit von Kühen zu Gunsten von größerer Fleisch- und Milchproduktion, oder Atembeschwerden und Gebärunfähigkeit bei Hunden und Katzen als Folge bestimmter Schönheitsideale etc. etc. Der Assistent mit dem großen Kopf ist eine Horrorvision nach Frankenstein, denn das rein intellektuelle „Kopf-Denken" ist zu allem fähig. Alles ist diesem Denken möglich, weil es durch kein differenziertes, beziehungsvolles Gefühl, keine moralische Verantwortung, kein Gewissen gebremst ist. Schwarz kann zu Weiß und Weiß kann zu Schwarz gemacht werden, wenn es das Ziel so verlangt. Damit wird alles machbar. Der menschlichen Überheblichkeit sind scheinbar keine Grenzen gesetzt. Alles kann irgendwie rational begründet und gerechtfertigt werden, auch Kriege, die Ausrottung Andersdenkender etc.

So wie die belebten Leichenteile im Traum etwas Lebensbedrohendes sind, so sind aus der rationalen Einseitigkeit des negativen Animus entstandene geistige Gebilde oder Erkenntnisse etwas Gefährliches. Wenn der Animus einseitig wird, so stimmt das geistige Verstehen der Frau, ihre Erkenntnis

[520] Vgl. M.-L. von Franz, Spiegelungen der Seele, 124

6. DER MANN – DER VATER – DER ALTE WEISE

nicht mehr. Wenn der Animus in dieser Weise auftritt, so tut er es mit Hilfe von scheinbar logischen, rationalen Argumenten. Damit können, wie es im Traum beschrieben ist, irgendwelche unzusammenhängende Tatsachen belebt werden. Manchmal begegnen wir einer solchen Art von Argumentieren, wenn eine Frau plötzlich Dinge aus ihrem Leben, aus ihrer Kindheit und Jugend, scheinbar logisch, aber nur negativ heraufbringt. Die Schlüsse, die sie daraus zieht, zielen meist darauf hin, das Positive, das sich seither in ihrem Leben entwickelt hat, zu entwerten und ihre Beziehungen zu stören. Man hat dann wirklich das Gefühl, wie wenn negative, einseitige Dämonen losgingen. Dem gegenüber ist man dann oft ziemlich hilflos, denn die einzelnen Teile weisen eine gewisse Logik auf, aber das Ganze stimmt irgendwie nicht.

Unbewältigtes aus der Kindheit, aber auch infantile Ängste, Ansprüche, negative Erlebnisse, Verdrängtes, Unerledigtes, aus dem Gefühlszusammenhang gerissene Einzeltatsachen, das sind Leichenteile. Das Beleben solcher Inhalte geschieht im Traum durch ein Geschoß, das heißt durch eine Projektion. Wie das Wort sagt, geht es dabei um ein „Hinauswerfen" eines Inhaltes aus dem eigenen persönlichen Inneren, meist auf andere Menschen. Das Resultat sind negative, kritische Urteile und Vorurteile. Diese greifen das Leben in einer Gemeinschaft, in einer Beziehung an.

Überall dort, wo kleine Verletzungen, ungeklärte Mißverständnisse und andere Unstimmigkeiten verdrängt oder im Unklaren gelassen werden, sei es aus Unsicherheit, Feigheit oder falsch verstandener Nächstenliebe, kann sich der negative Animus einschleichen. Es kann dann passieren, daß plötzlich zu anderer Zeit und in anderem Zusammenhang eine kleine scharfe Bemerkung aus dem Hinterhalt kommt, die den Anderen überrascht und verletzt. Wenn man dann zurückgeht, das Mißverständnis ausräumt, Klarheit schafft, den Gefühlszusammenhang wieder herstellt, so wird sichtbar, wie dieses Beleben eines Leichenteils durch den Animus vor sich geht. Frauen lassen sich jedoch gerne davon einschüchtern, statt sich klar und deutlich davon abzuheben, sei es gegenüber dem Anderen, sei es gegenüber dem eigenen Animus. Um den eigenen Animus bei seiner Leichenbeleberei zu ertappen, muß eine Frau manchmal mühsame Detektiv-Aufklärungsarbeit auf sich nehmen.

Ein Animus, der vom Gefühl abgespaltenes Kopfwissen einseitig verwendet, stützt sich auch gerne auf irgendwelche Theorien. Manche Frauen verlassen sich auf wissenschaftliche Bücher, um ihre Kinder richtig erziehen zu können. Oder sie geraten in den Sog irgendeiner psychologischen Schule, weil sie sich nicht auf das Urteil ihres Gefühls oder auf ihren gesunden Menschenverstand glauben verlassen zu können. Die Sicherheit, mit der man selber in die Elternrolle schlüpft, hängt natürlich ganz stark damit zusammen, wie man seine eigenen Eltern erlebt hat. Heute ist es modern, alles und jedes aus dem Verhalten der Eltern zu erklären, und die rationalen Erklärungsversuche aus den Anfängen der Psychologie tragen heute noch viel dazu bei. Für einen einseitig rationalen Animus ist dies ein gefundenes Fressen. So bleibt oft kein guter Faden an den Eltern. Besonders schlimm für eine zukünftige Mutter ist die Tatsache, daß ihr so das Elternbild als Identifikationsvorbild ganz abhanden kommt. Dieses würde ihr ermöglichen, gleichsam auf natürliche, unreflektierte Weise in die neue Rolle hineinzuwachsen. Es geht auch in unserem Traum um das eigene Elternbild oder um das Elternschlafzimmer, das heißt um den Ort der eigenen Ehebeziehung, wo das Elternwerden beginnt. Dieses gerät durch einen solch negativen Animus in Gefahr.

Im Elternschlafzimmer verschwindet die Waffe des verrückten Wissenschaftlers. Das heißt, die gefährliche Projektion des besessenen Animus auf das Elternbild ist unbewußt geworden. Die Träumerin ist sich nicht bewußt, wie sehr eine falsche geistige Einstellung ihr Elternsein bedrohen kann. Die Explosion kann aber jederzeit losgehen, es kann jederzeit zu heftigen Affektausbrüchen kommen, die niemand von der jungen Mutter erwartet hätte, auch sie selber nicht. Dadurch wird das verbindende Gefühl in der jungen Familie bedroht. Die Heftigkeit der daraus folgenden Auseinandersetzungen, das Übertriebene des Ganzen deuten auf ein inneres unbewußtes Bild hin, welches sich in der Projektion auf die ganze Elternsituation geheftet hat.

Marie-Louise von Franz schreibt: „Wenn ein Archetypus sich unvermittelt und intensiv konstelliert, erleben wir es als ein Getroffenwerden durch die Projektile eines übermächtigen Wesens, das uns anpeilt und in seine Gewalt bringt. Hand in Hand damit befallen uns Phantasien und Vorstellungsbilder, welche je nachdem als direkt von innen kommend erlebt werden (z.B. als obsedierende Vorstellung), häufiger aber als von einem äußeren Objekt bewirkt erscheinen. Die aggressive Haßstimmung z.B. stammt dann für unser Gefühl. von einem ‚bösen Gegner' her, der es ‚verdient', gehaßt zu werden (Schattenprojektionen); die Liebesleidenschaft ... von einer Frau, welche die Leidenschaft im Manne weckt (Animaprojektion). Die Entstehung von Projektionen scheint aber letztlich immer von den Archetypen und den Komplexen des Unbewußten bewirkt zu werden."[521]

Neben der Waffe im Elternschlafzimmer sind am Ende des Traumes immer noch die belebten Leichenteile da. Es sind die aus der Animusbesessenheit entstandenen Geister oder Dämonen, welche eine lebensbedrohliche Eigendynamik erhalten haben. Sie haben etwas Unmenschliches, Roboterhaftes, das außer Kontrolle geraten ist. Solche Geister stellen krankhafte, lebensfeindliche Gedanken dar, die der Träumerin auch etwa die Sinnlosigkeit des Elterndaseins oder die Hoffnungslosigkeit für jegliches Leben auf unserer Erde einreden könnten.[522] „Geister sind entweder krankhafte Gedanken oder noch unbekannte, neue Ideen."

In unserem Falle sind die Geister krankmachend, weil sie immer nur einen Teilaspekt des Lebens, einen negativen natürlich, herausgreifen und darüber

---

[521] M.-L. von Franz, Spiegelungen der Seele, 28
[522] Vgl. C.G. Jung, Die psychologischen Grundlagen des Geisterglaubens, GW 8, § 597

6. DER MANN – DER VATER – DER ALTE WEISE

das Ganze verloren geht. Dieses, z.B. die gesamte Ehe- und Familiensituation, ist selten nur schlecht, aber der Leichenteil-Animus kann aus einer mehr oder weniger harmlosen Eheauseinandersetzung den kaltblütigen Schluß ziehen, daß der Mann seine Frau sowieso nicht liebe und eine Ehescheidung ins Auge gefaßt werden müsse.

Der Traum endet damit, daß der verrückte Wissenschaftler und sein Assistent die Träumerin beruhigen, alles sei ja nur ein Film, und es komme dann schon gut heraus. Die Träumerin hat trotzdem Angst und weiß, daß der Film noch nicht zu Ende ist. Sie wacht auf. Ich weiß nicht, ob man diese Beruhigung als etwas Positives ansehen darf. Es scheint mir eher im Wesen gerade jenes intellektuellen Animus zu liegen, daß er die Dinge, die er anrichtet, durch gescheite Ausreden von einem entfernt, so daß es einem selber gar nicht mehr so direkt zu betreffen scheint. Gerade eine intelligente Frau kann die Wirkungen ihres negativen Animus manchmal leicht in ihr bewußtes System einbauen, so daß alles durchaus vernünftig erscheint. Die Träumerin erwacht jedoch mit Angst, und so hat sie vielleicht die Möglichkeit einer bewußten Realisierung dessen, was ihr Animus unter bestimmten Bedingungen zu produzieren fähig ist. Damit ist auch die Möglichkeit gegeben, sich von diesem falschen Geist abzuheben, ihn als etwas nicht zu ihr Gehöriges zu erkennen.

Dieselbe Träumerin hatte ein halbes Jahr später den folgenden Traum:

Traum 111:

> *A couple with a boy stays for a day and a night at home. They hardly worry about the boy's meals. My elder daughter (she is very dear, I can't treat her as she deserves) goes to say good-bye to the man. He is half Gypsy (he reminds me of a bricklayer who made us a botched job). He starts to play with my daughter. They move to a distance from me, along the street. I call her. ... After a while, I go running after them, but they don't stop. ... At last some unspecified person appears, with a folder of a sort of clinics, with drawings of regenerated hearts. (This man reminds me of some foremen, who try to convince us of their ideas, convenient for them, principally for their self-interests, I suspect.) Everything seems to suggest that they are carrying my daughter to this place. I am half awake. I am afraid about her, I think that he, heartless, has taken her there to use her as a material for the transplantations. The fear and the grief is great. I reproach myself not to have controlled her more close up. I don't see clearly the possibility of retrieving her safe. I awake and I plot and plan to give them money to take her back. Finally I decide to get up and see if she is in her room, and even so, the impression lasts strongly.*

> *Ein Paar mit einem Buben ist für einen Tag und eine Nacht zu Hause. Sie kümmern sich nicht ums Essen des Buben. Meine ältere Tochter (sie ist*

sehr lieb, ich kann sie nicht so behandeln, wie sie es verdiente) sagt dem Mann adieu. Er ist halb Zigeuner (er erinnert mich an einen Maurer, welcher für uns eine Pfuscharbeit machte). Er fängt an mit meiner Tochter zu spielen. Sie bewegen sich auf der Straße weg von mir. Ich rufe sie. Nach einiger Zeit renne ich ihnen nach, aber sie halten nicht an. Schließlich kommt eine unbestimmte Person mit einer Mappe mit einer Art medizinischen Unterlagen, mit Zeichnungen von wiederbelebten Herzen. (Dieser Mann erinnert mich an gewisse Vorarbeiter, welche uns von ihren Ideen, die vor allem ihren eigenen Interessen dienen, zu überzeugen versuchen.) Alles scheint darauf hinzuweisen, daß sie meine Tochter an diesen Ort hinbringen wollen. Ich bin halb wach. Ich fürchte für sie. Ich denke, daß er, herzlos, sie dorthin genommen hat als Material für die Transplantationen. Die Angst und der Kummer sind groß. Ich werfe mir selber vor, daß ich meine Tochter nicht besser kontrolliert habe. Ich sehe keine Möglichkeit, sie sicher zurückzubringen. Ich wache auf und denke nach und plane, ihnen Geld zu geben, um sie zurückzubringen. Endlich beschließe ich aufzustehen und nachzusehen, ob sie in ihrem Zimmer ist. Obwohl sie das ist, hält der Eindruck des Traumes lange an.

Der verrückte Wissenschaftler des letzten Traumes wird hier gleich nochmals beschrieben. Er will das Kind der Träumerin entführen und ihm sein Herz wegnehmen. Er versucht also, sich das Herz eines lebenden Menschen zu beschaffen, um es einem Herzkranken einzusetzen. Hier geht „wissenschaftlicher" Geist bis zur Absurdität: Menschliches Leben soll zerstört werden, um menschliches Leben zu erhalten. Natürlich kennen wir Ähnliches schon lange im Zusammenhang mit den medizinischen Tierversuchen. Die Ausweitung auf den Menschen, wie im Traum, wäre im Grunde nur eine Erweiterung derselben amoralischen Grundeinstellung. Wir wissen, was für eine Rolle die Medizin in gewissen modernen Diktaturstaaten gespielt hat.

Jung warnte schon als Medizinstudent in einer Vorlesung, die er vor Mitstudenten hielt, vor dem Verlust der Gefühlswerte in der Wissenschaft. Er sagte dort:

„Man muß in erster Linie als ‚Revolution von oben herab' der Wissenschaft und ihren Vertretern Moral aufnötigen durch gewisse transzendente Wahrheiten ... Man muß z.B. in den physiologischen Instituten, wo man absichtlich die moralische Urteilskraft der Studenten schwächt durch schändliche, barbarische Experimente, durch grausame, jeder Menschlichkeit hohnsprechende Tierquälereien – in solchen Instituten sage ich, muß man lehren, daß keiner Wahrheit, die auf unsittlichem Wege erforscht werde, eine moralische Existenzberechtigung zukomme."[523] Weiter zitiert Jung in diesem Zusammen-

---

[523] Zit. in M.-L. von Franz, C.G. Jungs Rehabilitation der Gefühlsfunktion in unserer Zivilisation. In: Jungiana, Reihe A, Band 3, 17

6. DER MANN – DER VATER – DER ALTE WEISE

hang Kant und dessen Idee, daß nur der Glaube an Wirklichkeiten, die jenseits der grobmateriellen Welt liegen, eine moralische Lebenseinstellung des Menschen garantieren könne.

Der Traum spiegelt dieses furchtbare kollektive Problem, das aber offenbar zugleich ein persönliches Problem der Träumerin ist. Sie ist Teil des kollektiven Problems, mit dem sie über das kollektive Unbewußte verbunden ist wie wir alle. Ihre kleine Tochter stellt ebensosehr einen bedrohten Gefühlsaspekt unserer Kultur wie ihr eigenes kindlich-spontanes Gefühl dar.

Zum ersten Entführer assoziiert sie einen schlechten Maurer, der Pfuscharbeit geleistet hat, zum „Herzarzt" einen nicht vertrauenswürdigen Vorarbeiter, dem es nur um den eigenen Profit geht. Diese beiden dubiosen Figuren wollen sich also gleichsam die Herztransplantation ergaunern. Offensichtlich stimmt etwas nicht mit den Herzen. Sie sind krank. Der Maurertyp im Traum befaßt sich auf nachlässige Art mit der Materie. Er will nur Geld, ohne gewissenhafte Arbeit zu leisten. Der „herzlose" Herzspezialist vertritt ebenfalls eine materialistische, von Profitgier geprägte, ausbeuterische Haltung.

Was heißt es nun, wenn ein solcher Animus sich am Kinde der Träumerin vergreift?

Das Herz hat für uns mit dem Gefühl zu tun. Das Kind der Träumerin bedeutet als inneres Bild einen Teil ihrer selbst, der noch kindlich-spontan und entwicklungsfähig ist. Das Herz des Kindes hätte dann mit dem echten Gefühl, dem Lebenszentrum des weiblichen Entwicklungsprozesses zu tun, gleichsam dem Sitz der Seele, der allein schöpferisch ist.

Der negative Animus betreibt nun offenbar eine Klinik, wo er fremde Herzen in andere Personen verpflanzt. Die unbekannten anderen Personen müssen wir hier als Teile der Persönlichkeit ansehen, denen offenbar mehr Lebensenergie gegeben werden soll, als ihnen von der Natur her zukommt. Die Zeichnungen der Herzen deuten dabei auf das theoretische Konzept des Animus hin, der Gefühl dort einsetzen will, wo es Profit zu bringen scheint. Bis heute jedoch ist es nicht so, daß Menschen mit fremden Herzen noch lange gelebt hätten. Der Erfolg ist relativ kurzfristig und dahinter kommt dennoch der Tod.

Wenn das Herz des Kindes von einer materialistisch eingestellten Animus-Figur auf eine falsche Person verpflanzt werden soll, so besteht die Gefahr, daß wesentliches weibliches Gefühl und schöpferische Energie an ein falsches Projekt oder an Unwesentliches vergeudet wird. Manche Frauen scheinen ständig damit beschäftigt, sich mit neuen Menschen, mit neuen Situationen einzulassen, ihre Energie an immer wieder andere Ziele zu hängen, ohne daß sie dies wirklich zufrieden macht. Oft kommen dann die wirklichen Kinder zu kurz an Gefühlszuwendung, und auch das innere Kind, das Wesentliche, der schöpferische Kern der Psyche scheint zu sterben. Die Begründung, warum eine Frau dies tut, ist meist eine ganz vernünftige, eine sozusagen wissenschaftliche, die aber das Gefühl außer acht läßt. Man kann eigentlich nichts dagegen sagen. Aber man spürt, daß etwas nicht stimmt, das heißt man spürt oft die „Verstimmung", z.B. das Übertriebene in Euphorie, Gereiztheit, Unberechenbarkeit oder Depression. Da der Animus die falschen „Herzpatienten" ja nie lange am Leben erhalten kann, kommt nach dem „Tod" jeweils wieder eine Leere oder tiefe Ermüdung, weil das Ganze auf Kosten des Wesentlichen in der Frau gegangen ist, dem Gefühl des Sinnes. Solche Frauen wollen dann manchmal immer noch ein Kind mehr haben, wie wenn damit (ohne daß dies bewußt realisiert wird) das immer wieder bedrohte innere Kind gerettet werden könnte.

Wir kommen nun zum letzten dieser „negativen" Animusträume! Er stammt von einer 25-jährigen Frau, eine Woche vor der Geburt des ersten Kindes:[524]

Traum Nr. 112:

I heard some noise outside. Somebody was wildly knocking at the door. So tired, I couldn't open my eyes. I muttered at my husband, trying to wake him up. He didn't answer anything. He must have fallen in deep sleep. I knew from the sound of footsteps that my mother came down from upstairs. Suddenly the noise stopped. My mother shouted at me, „Don't come out." It was absolutely silent, then. A devil must have been knocking and caught my mother. She was taken to some place? It was a horrible and shaky experience. I tried to wake up my husband, but he was still sleeping. I couldn't get up my body also.

Ich hörte Lärm draußen. Jemand polterte wild an die Türe. Ich war so müde, daß ich meine Augen kaum öffnen konnte. Ich versuchte meinen Mann zu wecken. Er antwortete nichts. Er mußte in tiefen Schlaf gefallen sein. Ich hörte Schritte und wußte, daß meine Mutter hinunterkam. Plötzlich hörte der Lärm auf. Meine Mutter rief mir zu: „Komm nicht heraus." Dann war es ganz still. Ein Teufel muß da geklopft haben und meine Mutter gepackt haben. Wo hatte er sie wohl hingenommen? Es war ein schreckliches und erschütterndes Erlebnis. Ich versuchte meinen Mann zu wecken, aber er schlief immer noch. Ich konnte auch meinen Körper nicht dazu bringen, aufzustehen.

Zu diesem Traum müßten wir eigentlich mehr über die Beziehung der Träumerin zu ihrer Mutter wissen. Hätte sie eine schlechte, so könnte man vielleicht sagen, es sei richtig, daß sie der Teufel hole, damit die Träumerin zu einer eigenen positiveren Mütterlichkeit finden kann. (Vielleicht wird die reale Mutter aber auch von einem eigenen teuflischen Animus abgeholt). Ist die Mutterbeziehung jedoch gut (was man annehmen darf, da die Mutter im Traum die Träumerin noch vor dem Teufel warnt), so muß man wohl den

---

[524] Von derselben Träumerin: Nr. 116, Nr. 117 in diesem Kapitel, Nr. 26 im Kap. Feuer

Teufel als den Animus der Träumerin ansehen, der macht, daß ihr ihre Mütterlichkeit abhanden kommt. Dürfen wir nun der Träumerin so einfach einen solchen teuflischen Animus anlasten?

Die Schwangerschaft, in der die Frau dem kollektiven Unbewußten näher steht als sonst, bringt oft überpersönliche, d.h. archetypische Figuren wie Dämonen, Götter und Teufel herauf. Sie gehen weit über das Persönliche der Träumerin hinaus und müssen darum als das erkannt werden was sie sind, nämlich nicht zu ihr gehörig. Dämonen, böse Geister und Teufel wurden immer und überall als besondere Gefahr für die Schwangere empfunden.

Der Teufel ist der Schatten unserer christlichen Kultur, das ganz große Böse, der ungebändigte Gegenspieler des guten Gottes. Wie Jung in Aion dargelegt hat, ist unser christliches Zeitalter gekennzeichnet durch das Auseinanderfallen der göttlichen Gegensätze von Gut und Böse in einen guten Gott und seinen Gegenpart, den Teufel, den Antichrist. Der Teufel, in unserem Volksglauben oft mit der Großmutter, d.h. mit der Großen Mutter verbunden, entspricht in unserer Kultur all dem, was in anderen Religionen und Mythologien in mehr oder weniger dunkeln, bedrohlichen Dämonen und Götterfiguren verkörpert ist.

In der kabbalistischen Tradition steht Satan oder Samael[525], der Dämonenfürst oder auch Anführer der gefallenen Engel, in Beziehung zu Lilith, der Würgerin, einer verschlingenden weiblichen Göttin. Diese Beziehung ist wichtig, denn Lilith wird besonders den neugeborenen Kindern gefährlich, indem sie sie der Mutter raubt und sie zerreißt, sobald sie das Licht der Welt erblicken. Lilith wird auch als Frau des Dämonenfürsten Asmodei erwähnt. Altbabylonisch steht der Wüstendämon Azazel in ihrem Dienst. Die kinderraubende Lilith wird dort auch als geflügeltes Wesen mit Vogelfüßen und Raubvogelkrallen dargestellt. In dieser Form ähnelt sie anderen dämonischen, geflügelten Wesen wie Pazuzu, einer männlichen, halb menschlichen, halb tierischen Gottheit, oder auch Lamaschtu, einer von Eulen begleiteten weiblichen Nachtgottheit mit Vogelfüßen. Es gab nicht nur weibliche, sondern auch männliche „Lilins". Gegen alle diese dämonischen Figuren, die dem Neugeborenen und auch der Mutter gefährlich werden konnten, gab es zahlreiche apotropäische Praktiken, Amulette, Schutzkreise, Gebete etc. Aramäische Zaubertexte beschwören „Lilins und Liliths sich von Haus und Hof zu entfernen. So sollen alle Dämonen, Teufel, Satane und Liliths gezwungen werden, sich wegzubegeben, welche unter den Bogengängen wohnen oder auf den Türschwellen lauern. Denn wo immer eine Art Übergang vorliegt, warten die Dämonen. Vor allem wird Lilith gewarnt, weder nachts in Träumen noch während des Schlummers am Tage zu erscheinen."[526]

---

[525] Anne Lewandowski, The god image, source of Evil, 71f. „the Kabbalistic equivalent of Satan, also known as the ‚Other God'." Vgl. auch das Folgende.
[526] S. Hurwitz, Lilith, die erste Eva., 76

*Bild 45 Der Dämon Pazuzu
(Assyrische Bronze)*

Die Schwangerschaft und besonders der Moment der Geburt als ausgesprochene Übergangszeit war damals wie heute eine Zeit der Gefährdung. In Träumen und während des Schlummers am Tage erscheinen die Dämonen, heute noch. Das ist offenbar eine Realität, mit der gerechnet werden muß. Bei uns mußte man den Gang der Hebamme zur Wöchnerin wegen der bösen Geister geheimhalten und man mußte die Wöchnerin immer mit schützendem Licht versehen. Die Hebamme schnitt dem neugeborenen Knaben eine Locke ab und warf sie dem Teufel zu, der so wieder abziehen mußte.[527] Sagen erzählen, daß die heilige Geburt dem Teufel eine bittere Täuschung war. Deshalb versucht der Teufel Maria zu betrügen oder ihr die Milch zu nehmen.[528]

Die Gefährdung von Mutter und Kind durch den Teufel, wie sie in unserem Traum auftaucht, ist also ein Motiv, das wir bis in älteste Zeiten verfolgen können. In dieser Zeit ist eine besondere Nähe zum kollektiven Unbewußten vorhanden und damit eine größere Gefahr, von den Komplexen des kollektiven Unbewußten ausgehend. Das Auftreten des Teufels im Traum einer modernen, schwangeren Frau würde also auf ein unpersönliches, archetypisches Geschehen hindeuten, dem jede schwangere Frau zu allen Zeiten vermehrt ausgesetzt war.

In zahlreichen Mythen, Märchen und Legenden tritt das Motiv auf, daß man den Namen eines Gottes oder Dämons wissen oder aufschreiben muß, um vor dessen zerstörerischer Kraft geschützt zu sein. Auch Lilith, die Würgerin der Kinder, eröffnet Salomon, dem Herrn über Geister und Dämonen in einem magischen Text des etwa 4. Jahrhunderts, daß die Frauen nur ihren (Liliths) Namen auf einen Zettel schreiben sollten, dann würde sie von

[527] Handwörterbuch des deutschen Aberglaubens, 3, 1589
[528] Ders. XIII, 741f

dort fliehen.[529] In Griechenland war es die Kenntnis der Logoi Hekatikoi (Namen der Hekate), die vor den gefährlichen Umtrieben der Hekate Schutz bringen sollten[530]. Das Wissen des Namens eines Gottes bedeutet, daß man ihn kennt, daß man, in moderner Sprache, über sein Wirken bewußt ist. Unbewußtheit über das Wirken des Teufels ist in unserer christlichen Kultur aber heute zur größten individuellen und kollektiven Gefahr geworden. Ihr liegt die Auffassung der christlichen Kirchenväter zugrunde, welche (wie Jung in Aion darlegt), dem Bösen, das nicht sein darf, keine eigenständige göttliche Realität mit einer eigenen Macht und Wirkung zugestanden. Der Name der dunklen, von Gott getrennten Seite ging verloren und damit der Schutz, den Bewußtheit und Bezogenheit darauf verleihen kann. Der Teufel ist eine Gottheit wie die großen Dämonen. Er drängt sich heute machtvoll an die Stelle des guten Gottes, der im heutigen religiösen Leben seinen Platz verloren zu haben scheint. Die Bewußtheit darüber, das heißt seinen Namen zu kennen, ist deshalb nicht nur in der heiklen Übergangszeit der Schwangerschaft, wo die Tore zur Unterwelt offen stehen, eine Notwendigkeit, sondern in unserer gefährdeten Zeit überhaupt. Auch am Ende unseres Traumes sollte die Träumerin aufwachen, d.h. bewußt werden.

Wenn der Teufel im Traum so übermächtig wird, so ist dies ein Bild für einen Besessenheitszustand, ein Identischsein mit kalten, ruchlosen, vernichtenden Urteilen und Überlegungen, so daß das mütterliche Gefühl abhanden kommen kann. Wie aber soll die Frau damit umgehen? Es hilft ihr wenig, dem christlichen Ideal der Nächstenliebe nachzueifern, heute oft verkleidet im mehr oder weniger krampfhaften Versuch, „positiv zu denken". Dies ist zu sentimental und es kommt mit dem Bösen, dem Schatten der menschlichen Natur und der dunklen, ungerechten Seite Gottes, nicht zu Rande. Denn es ist allzu offensichtlich, daß dem Gutsein oftmals nicht der Erfolg beschieden ist wie dem Bösen. Gerade in der Kindererziehung etwa hat das Gutsein-Wollen oftmals nicht nur wenig oder keine, sondern geradezu gegenteilige Wirkung. Je mehr die verzweifelten Eltern ihren Sprößlingen „predigen", desto ungebärdiger benehmen sie sich mitunter.

Das Gutsein-Wollen und das Ideal der Nächstenliebe bringen eine Frau oft noch tiefer in den scheinbar unüberbrückbaren Gegensatz von Gut und Böse hinein, weil dadurch nicht nur der Schatten, sondern auch der negative Animus, noch mehr auf den Plan gerufen wird. Wenn es ihr gelingt, sich von ihm zu unterscheiden als von etwas, das nicht zu ihrem persönlichen weiblichen Wesen gehört, besteht vielleicht die Möglichkeit zu einer weiblichen differenzierten Gefühlsbezogenheit zu ihrer Umgebung und zu sich selber. Eine solche allein hätte die Möglichkeit, die Gegensätze in einem milderen Lichte erscheinen zu lassen. Jung beschrieb diese mondhafte Eigenschaft des

---

[529] Hurwitz, Lilith, 68f
[530] Ebenda, 70

weiblichen Bewußtseins in „Mysterium coniunctionis"[531]: „Das weibliche Bewußtsein hat in gewissem Sinne mehr Mond- als Sonnencharakter. Sein ‚Licht' ist das mildere des Mondes, das eher verbindet als unterscheidet". Jung charakterisiert das mondhafte, verbindende weibliche Bewußtsein mit dem „Eros", welcher in Beziehung setzt, während der dem männlichen Bewußtsein zugeordnete „Logos" eher das Unterscheiden, Urteilen und Erkennen beinhaltet. Dieser zwischenmenschliche Eros unterscheidet sich vom Nur-Gutsein z.B. darin, daß die Abgrenzung, wer nun recht hat oder wer nicht, nicht immer mehr so genau ausgehandelt wird. Kleine Kinder lassen sich oft von einem Streit ablenken, indem die Mutter sozusagen absichtslos Interessanteres beginnt. Manchmal ist dies auch der Umgang, der mit dem negativen, aufdringlich argumentierenden Animus angezeigt ist. Besonders hilfreich ist es, wenn man ihn gleichsam „umpolen" kann. Dies geschieht vor allem dann, wenn er in einer schöpferischen Arbeit ein anderes Betätigungsfeld erhält. Denn oft steht hinter einem solchen Animus eine nicht realisierte schöpferische Möglichkeit. Oft erscheint ein unbewußter Inhalt, der mit anscheinender Übermacht an der Schwelle des Bewußtseins auftaucht, als negativ Dämonisches, das die Persönlichkeit in Form einer Besessenheit ergreifen will. „Das Dämonische ist oft das Schöpferische in statu nascendi, das noch nicht vom Ich verwirklicht worden ist."[532] Unrealisierte schöpferische Impulse sind aber etwas vom Zerstörerischsten. Auch der Animus, die weibliche Geistigkeit oder der Logos in der Frau, ist ein solcher Inhalt des Unbewußten, der sich realisieren will und im Leben der Frau zu seinem Recht kommen will.[533] Diese Realisation ist an sich eine schöpferische Leistung, wo auch immer sie sich ausdrückt. Daß der Animus in seiner anfänglichen undifferenzierten Form archaisch primitive Züge aufweist, macht das Ganze für die Frau ungemein schwierig und oft auch gefährlich. Das bewußte Leiden an den Besessenheitszuständen kann aber zu einer Wandlung führen, denn Dämon und Befreier gehören zur selben inneren Figur oder zur selben inneren Macht, die je nachdem das eine oder das andere Gesicht zeigen kann.

Traum Nr. 113, wurde geträumt im 7. Monat beim 3. Kind:[534]

Zuerst war ich mit meinem Mann dabei ein Buch zu schreiben oder eher aus einer alten Sprache (vielleicht Latein) zu übersetzen. Es war eine wissenschaftliche Arbeit über Blumen: Große gelbe, in den Alpen blühende Staubblütler ... Ich kletterte hohe Berghalden entlang in solchen verschiedenartigen Blumen. Es war in Graubünden (mein Lieblingskanton). Eine

---

[531] C.G. Jung, Mysterium coniunctionis, GW 14, I, § 218
[532] Vgl. M.-L. von Franz, Spiegelungen der Seele, 127
[533] Vgl. v. Beit / v. Franz, Symbolik des Märchens, 604
[534] Von derselben Frau: Nr. 24, im Kap. Stein, Nr. 36: Kap. Pflanzen, Nr. 93: Kap. Pferd, Nr. 65: Kap. Vögel

6. DER MANN – DER VATER – DER ALTE WEISE

Streitfrage brachten wir vor eine ältere Dame, die irgendwie unsere höhere Instanz war. Es ging darum, daß als Standort in dem Buch nur „Disentis" stehen sollte. Ich schlug vor, es sollte mindestens dabei in Klammer „Graubünden" stehen, denn das Buch würde ja auch in Deutschland und anderen Ländern gelesen und nicht jeder wisse, daß Disentis in Graubünden liege. Das wurde auch so gemacht. Die gelben Blumen mit ihren wehenden Staubwolken in den Berghängen gaben mir – mitten drin – ein Glücksgefühl.

Dann ging ich mit anderen jungen Leuten in eine Kirche, eine rustikale Bauernkirche auch in Graubünden ... Als wir so darin herumschauten, begann plötzlich ein wortgewaltiger, temperamentvoller jüngerer Pfarrer einen Gottesdienst, in dem er eine Zeremonie nach der andern vollzog. Der ganze Ritus spielte sich ab und alle waren ergriffen. Ich saß auf einer Art Altar oder Anklagebank oder abwechselnd fühlte ich wohl beides. Als alles fertig war, abgespielt, und wir hinaustraten, fühlte ich mich wie durch die Mangel gedreht. Ich hatte das Gefühl: Jetzt hast du mal wieder das ganze Prozedere mitgemacht – richtig wie es sich gehört – aber es sagt dir gar nichts, es geht dich gar nichts an, es berührt dich kein bißchen, es ist überhaupt nicht deine Religion. Ich ging hinaus in dem Gedanken, daß ich nun endgültig begreifen müsse, daß ich meine eigene Religion finden müsse und mit dem hier gar nichts zu tun habe.

Dann ging ich als junges Mädchen in eine Familie mit vier Kindern. Vorher ging ich mir noch ein paar Schuhe kaufen. Es war in dem Ort, wo ich aufgewachsen bin. Ich schwankte zwischen einem Paar leicht-elegant-kitschigen „Gigi-Modell" und einem Paar schöner Stiefel, die ich mir dann auch kaufte. In den Stiefeln ging ich dann in das Haus. Bevor alles losging, wolle ich noch schnell zur Toilette gehen ... Da bemerkte ich zu meinem Schrecken, daß ich die Periode bekommen hatte und jetzt auch noch Zeit damit verlor. Da kam auch die Hausfrau herein, bemerkte meine Schwierigkeit und half mir sehr nett. Sie meinte, ich solle meine Koffer gar nicht auspacken, denn wir wollten gleich alle – mit Großmutter – auf eine große Reise gehen.

Im ersten Traumteil geht es um eine wissenschaftliche Arbeit über gelbe Blumen, die von der Träumerin mit ihrem Mann geleistet wird. Sie muß dabei aus einer alten Sprache übersetzen und zugleich selber darüber schreiben. Dies scheint paradox, aber wir tun genau das, wenn wir uns z.B. mit alten Mythen, Märchen und Sagen und auch den Aussagen der großen Religionen beschäftigen und versuchen, ihre symbolhaften Aussagen in unsere Sprache zu übersetzen. Auch wenn wir in der Analyse unsere Träume untersuchen, so sehen wir, daß die symbolischen Bilder und Traditionen der Vergangenheit auch hier auftauchen. Deshalb bedeutet Analyse des Unbewußten immer auch wissenschaftliche Arbeit, das heißt schöpferische Neuformulierung alter Inhalte. Aus scheinbar veraltetem trockenem Papier können dabei tiefe religiöse Aussagen und Erkenntnisse über das Wesen des Seelischen neu zum Leben kommen, weil wir wieder verstehen können, was die Alten damit meinten. Damit können wir auch unseren eigenen Traum erhellen.

Die gelbe oder die goldene Blume ist ein altes Symbol des Selbst, ein Bild für das Ewige im Menschen. Im Osten entspricht die goldene Blüte der Erleuchtung. Im von Richard Wilhelm herausgegebenen und von Jung kommentierten taoistischen chinesischen Text „Das Geheimnis der goldenen Blüte" wird diese als ein „neues Sein" beschrieben, das durch Meditation aus der dunkeln inneren Tiefe der Stille sich entfaltet. Jung nannte dies die Erfahrung des Selbst, eine Erfahrung von Unsterblichkeit, die bereits in diesem alltäglichen Leben beginnt.[535]

Die verschiedenen gelben Blumen auf der Berghalde, über die der Wind den Blütenstaub dahintreibt, sind ein wunderschönes Bild für ein echtes religiöses Erlebnis. Jung legt dar, daß die ursprüngliche Bedeutung von Geist (pneuma) nichts anderes als „bewegte Luft" ist und daß Animus und Anima mit dem Wort Anemos = Wind zu tun haben.[536] Die Blume, der Ausdruck für das weibliche Selbst, ist im Traum also verbunden mit dem Wind, der ursprünglichsten Manifestation des Geistes oder des Animus. Wind und Pollenstaub bedeuten Befruchtung, womit der zeugende Aspekt des Geistes verdeutlicht wird. Marie-Louise von Franz sagt, daß der Animus „entweder das Selbst der Frau enthält oder zu ihm hinführt, und daß er, wenn er nicht Besessenheit bewirkt, gerade zu den Wurzeln der weiblichen Persönlichkeit zu gelangen hilft."[537] Deshalb ist wohl die ältere Dame, die weibliche höhere Instanz, zusammen mit der Träumerin auch dafür, daß die gelben Blumen in einem übergeordneten Zusammenhang gesehen werden müssen. Dies entgegen der Ansicht des Ehemannes, des persönlichen Animus, der offenbar eine zu enge Sicht hat, der dem Ganzen zuwenig Bedeutung zumißt. Er könnte für eine zu wissenschaftliche Haltung stehen, das heißt für eine zu rationale Haltung, welche das Gefühl zu wenig einbezieht Oft haben wir etwas erst richtig verstanden, wenn wir ihm auch den richtigen Stellenwert geben können, und dafür brauchen wir unsere wertende Gefühlsfunktion. Nach der wissenschaftlichen Arbeit folgt denn auch das eindrückliche Gefühlserlebnis und Glücksgefühl auf der Berghalde. Nach diesem Erlebnis der ursprünglichen Zusammengehörigkeit von Geist und Natur in Blume und Wind, leitet der Traum nun über zur Wurzel des heutigen Problems, nämlich der Trennung von Geist und Natur, wie sie in unserem kirchlichen Christentum stattgefunden hat.

---

[535] Zit. bei M.-L. von Franz, Traum und Tod, 58. und Zit: Mijuki M.: Kreisen des Lichts, Barth-Verlag, 1972
[536] C.G. Jung, Zur Phänomenologie des Geistes im Märchen, GW 9 I, § 387
[537] v. Beit / v. Franz, Symbolik des Märchens, 601

6. DER MANN – DER VATER – DER ALTE WEISE

Die Trennung der ursprünglichen Verbundenheit von oben und unten, von Himmel und Erde, wie sie am Anfang auch unseres christlichen Schöpfungsmythos steht, entspricht dem natürlichen Bewußtwerdungsprozeß des Menschen. Im Christentum aber führte diese notwendige Unterscheidung von Geist und Natur zu einer Überbetonung des Männlich-Geistigen, das dem unteren Naturhaften als überlegen empfunden wurde. Gut wurde mit oben und schlecht mit unten verbunden, und so kam es, daß durch das starre Festhalten an den Prinzipien von Gut und Böse im kirchlichen Christentum die Natur und damit das Weibliche nach unten und zum Bösen zu liegen kamen.

Der Pfarrer des zweiten Traumteils ist der Vertreter einer solchen Haltung, die offenbar für die schwangere Frau, welche zudem das Mysterium der Vereinigung von Geist und Natur, von Männlichem und Weiblichem im Unbewußten erfahren hat, veraltet ist. Der Geist ist für sie nicht mehr in einer äußeren männlichen Autorität verkörpert. Als Animus scheint er sie aber immer noch mit seinen Urteilen über gut und böse zu bedrängen. Damit könnte er ihr ganz eigenes, religiöses Erlebnis beeinträchtigen, in dem er sie veranlaßt, es als „nichts als Träume" oder „nichts als Psychologie" etc. abzuwerten oder es sogar in den Kategorien von gut und böse abzuurteilen.

Viele Frauen sind unsicher und können nicht zu ihrer Weiblichkeit, zu ihrer weiblichen Rolle und damit zu ihrem Körper stehen, weil ihnen ein zu christlicher Animus im Nacken sitzt, der jede irrationale oder instinktive Gefühlsreaktion oder auch nur ein echt weibliches Bedürfnis nach naturhaftem „Nur-Sein" als schlecht oder jedenfalls minderwertig beurteilt. Wo sie sich in geistiger Arbeit oder in der Politik betätigen, drängt er sie oft in eine männliche Heldenkämpferrolle, wo sie leicht vom Animus besessen und von ihrem weiblichen Gefühl abgeschnitten werden.

Der dritte Traumteil enthält die Lysis in diesem Konflikt. Auf der einen Seite steht das echte, individuelle religiöse Erlebnis, in welchem das Weibliche und der Animus in seiner ursprünglichen Form als Manifestation des Geistes verbunden sind, auf der anderen die kollektive christliche Religion mit ihrer Unterschätzung des Weiblichen und damit verbundenen Spaltung zwischen Natur und Geist. Der Pfarrer-Animus mit seinem enthusiastischen Glauben an das Gute und dem sturen Verdammen des Bösen bringt die Träumerin in eine gespaltene Situation, in der sich ihr weibliches Ich und der Animus als Gegensätze gegenüber stehen. Was rät ihr nun ihr Instinkt, d.h. der Traum?

Es geht nun offenbar zuerst einmal darum, mit ihrem weiblichen Körper zurechtzukommen. Dabei hilft ihr die Hausfrau, ihre häusliche Seite, ihr häusliches Leben, das so oft als minderwertig angesehen wird. Dann sollte sie die Reise mit der Großmutter beginnen. Das ist offenbar das Ziel und die Lösung. Vorher braucht sie noch neue Schuhe, d.h. eine grundlegende Änderung ihres Standpunktes. Glücklicherweise wählt sie die soliden Stiefel, d.h. eine feste beständige Einstellung, mit welcher sie auch nach außen „auftreten" kann. Das leicht-elegant-kitschige Modell würde einer leichtfertigen, kurzlebigen Einstellung entsprechen – „öfters mal was Neues" –, wie sie nicht nur auf dem Gebiete der Psychologie Mode ist. Die festen Stiefel stellen jedoch einen soliden Realitätsbezug dar, der mit ihrem Leben als Hausfrau und Mutter zu tun hat, ein Dazustehen, denn das Wichtigste scheint in diesem Moment die Reise mit der Großmutter oder der Großen Mutter. Damit begibt sie sich auf die Suche nach ihrem weiblichen Selbst, die ja zugleich die Suche nach ihrer eigenen Religion ist. Die Erfüllung ihrer weiblichen Aufgabe ist demnach zugleich ein geistiges Ziel. So scheint denn auch eine Beziehung zum individuellen schöpferischen Geist in der Frau oft zuvor die Auseinandersetzung mit dem Mutterproblem oder mit dem eigenen Mütterlichen zu bedingen. Der Animus der Mutter, oft der alte christliche Pfarrer-Geist, muß von der Tochter erst mit Hilfe des weiblichen Instinkts oder der weiblichen Natur überwunden werden. Gelingt dies nicht, so kann er nicht nur das neue Kind in seiner Entwicklung stören, sondern auch die Entwicklung der eigenen Geistigkeit der Frau.

Traum Nr. 114

> *Ich bin mit meinem Mann auf dem Land unterwegs. Auf einer Feldstraße fühle ich mich von einem Gespenst verfolgt und bedroht, so fest, daß ich panische Angst bekomme. Wir laufen davon und kommen zu einem alten gepflegten Holzhaus. Darin wohnt eine alte Bauernfrau. Sie erzählt uns, daß das Gespenst ein junger Mann sei, der die Nähe der Menschen suche, um Kraft zu sammeln. Er sei sehr traurig und allein, doch den Menschen werde es in seiner Nähe kalt und sie bekämen Angst. Er verfolge die Menschen, wenn die davonlaufen. In einem bestimmten Umkreis um das Haus habe er Macht über sie und wolle sich mit ihrer Energie aufladen. Er wohne mit ihr zusammen. Im Haus ist er harmlos. Ich kann ihn jetzt in aller Ruhe betrachten. Er tut mir sehr leid, weil er so abgrundtief traurig aussieht. Als ich mich an seine Anwesenheit gewöhnt habe, nehme ich ihn in meine Arme und halte ihn fest. Ich liebkose ihn. So kann er lebendig und kräftiger werden. Er hat an Materie zugenommen und gehört bereits mehr zur Menschenwelt. Später schlafen mein Mann und ich zusammen. Von der alten Frau erfahren wir, daß es besser ist, wenn der Jüngling nichts davon weiß, weil ihm das in seinem Genesungsprozeß schaden könnte. Die alte Frau hat uns interessante Arbeitsstellen in der Stadt vermittelt. So müssen wir diesen Ort (vorübergehend?) verlassen. Ich bin etwas traurig, weil der Junge noch nicht ganz genesen ist. Ich hoffe, daß er bald gesund wird.*

Die Verwandtschaft dieses Traumes mit Sagen, wie sie früher bei uns erzählt wurden, ist erstaunlich. Dort ist auf ganz ähnliche Weise die Rede von Geistern und Gespenstern, welche sich aus einer jenseitigen Welt störend oder

6. DER MANN – DER VATER – DER ALTE WEISE

bedrohlich im Leben manifestieren, und denen gegenüber man sich auf eine bestimmte Weise verhalten muß. In den Sagen können wir kaum nachweisen, ob sich die Geschichte wirklich so begeben hat, wie sie mit dem festen Anspruch auf Glaubwürdigkeit erzählt wird. Auffallend ist nur die Verwandtschaft der Motive mit denjenigen von Träumen. Gotthilf Isler sagt in seinem Buch zur psychologischen Sagendeutung (Sennenpuppe): „Über das An-sich solcher Erscheinungen läßt sich nichts aussagen, doch lassen sie sich phänomenologisch nicht von psychischen Erscheinungen unterscheiden. Sie können daher als archetypische Projektionen der unbewußten Psyche verstanden werden. Sie sind also nicht unbedingt physisch, wohl aber psychisch wahr."[538]

Gespenster sind in den Sagen meist unerlöste Seelen Verstorbener, denen die Lebenden in irgendeiner Form Zuwendung geben müssen, um sie zu erlösen. Als psychische Tatsache würde dies heißen, daß ein in negativer, besitzergreifender Form auftretender unbewußter Inhalt durch Zuwendung zum Verschwinden gebracht oder gewandelt werden muß. Was heißt dies aber?

Hier ist der Animus der unerlöste Geist, der dem Bewußtsein Energie abzapft. Er ist ein Jüngling und hat dadurch sicher einerseits mit neuen Ideen, Begeisterungsfähigkeit, Offenheit für Inspirationen, Ahnungen, Phantasien und Bildern aus dem Unbewußten, schöpferischen Möglichkeiten zu tun, andrerseits vielleicht aber auch mit unrealisierbaren oder unrealistischen Phantasien, die machen, daß er immer frei und unverbindlich bleiben will. In dieser Form von Phantasien und Träumereien wäre er tatsächlich ein schädliches Hirngespinst, ein krankes und deshalb gefährliches Phantom. Um Kraft zu gewinnen, sucht er die Nähe der Menschen. Im Unbewußten ist er nur ein Sohn der Großen Mutter, ohne eigene Substanz. Er ist bei ihr zwar unschädlich, aber dennoch krank. Viele Frauen funktionieren in ihrem weiblichen Bereich, z.B. in der Familie, recht gut, die Beziehungen um sie herum sind gut, und doch krankt ihr Animus, ihre geistig-schöpferische Seite, die noch keine ihr angemessene Form gefunden hat, in der sie im bewußten Leben mitwirken kann. Heute scheint es allgemein so, wie wenn der Animus nach mehr eigener Energie und Substanz, d.h. nach konkreter Manifestation im Leben der Frauen drängen würde. Oft erschreckt einen dann sein Erscheinen, wenn er sich in Form von Besessenheit, von kalter Argumentiererei, von beziehungstötenden fixen Ideen äußert. Männer beklagen sich etwa, daß manche Frauen in der Politik wenig konsensfähig seien, daß man oft sofort in Konfrontation und bitterböse Diskussionen gerate. Da ist der negative Animus mit seiner trennenden statt verbindenden „Logik" am Werk.

---

[538] G. Isler, Die Sennenpuppe, 12. „Auch in anderen Fällen, wo die Auffassung als Projektion nicht möglich ist, wo sich tatsächlich Physisches wie Psychisches verhält (und umgekehrt), nämlich bei den synchronistischen Ereignissen, sind die ‚zugrundeliegenden' Archetypen wahrnehmbar."

Das Haus der Bauernfrau oder der Ort des Mütterlichen ist nun aber der Ort, wo der Geist-Animus durch die liebevolle Zuwendung der Träumerin geheilt werden kann. Am Ort des Mütterlichen, wo es um die ursprünglichsten Aufgaben der Frau von Hegen und Pflegen, von Nähren und Behüten neuen Lebens geht, dort kann er gesunden. Der Jüngling ist der Animus, der sie zur Unverbindlichkeit, vielleicht auch zu zuviel Mobilität und extravertierter Tätigkeit verführen könnte. Sie muß erkennen, daß seine Bosheit und Destruktivität der Trauer über seine Kraft- und Machtlosigkeit entspringt. Ihn zu umarmen würde wohl bedeuten, die Tatsache anzunehmen, daß etwas in ihr traurig ist über seine Machtlosigkeit in ihrem Leben. Etwas in ihr möchte immer noch Freiheit und Ungebundenheit, möchte Phantasien und Ideen, möchte Pläne schmieden können und „in die Ferne schweifen". Wenn sie diese Kraft in ihr nicht in extravertierter Weise nach außen auslebt, sondern sie als inneres Problem „begreift" (umarmt!), so kann sie sich zu einem schöpferischen Geist wandeln, der ihr hilft, in ihrem Leben, ihrer Tätigkeit und ihren Phantasien einen Sinn zu erkennen.[539] Solange ihr Jüngling-Animus (den Marie-Louise von Franz in ihrem Buch *Puer Aeternus* in allen Facetten als Problem und Möglichkeit beschrieben hat) in der äußeren Welt herumgeistert, wird sie sich auch selber in ihrer Rolle als Mutter immer etwas unzufrieden und irgendwie ausgelaugt fühlen, wie wenn ihr von irgendwoher Energie abgezapft würde.

Es ist heute für viele Frauen besonders schwer, wenn sie etwa in einer Dreizimmerwohnung in der Stadt oder im Blockquartier wohnen, diesen Puer-Aeternus-Geist mitleben zu lassen, ohne sich in oberflächlicher Extraversion zu ermüden. Unsere modernen Wohnverhältnisse, welche immer weniger Natur, Beziehung und kreative Möglichkeiten zulassen, mögen mit ein Grund sein für die vielen herumirrenden Animus-Gespenster.

In diesem Traum sieht es so aus, wie wenn es der Träumerin in ihrer Schwangerschaft gelingen könnte, den Jüngling-Animus als eigene seelische Komponente zu erkennen, anzunehmen und dadurch in eine menschliche Form zu verwandeln, auf die man sich beziehen kann. Es ist immer besser, ein solches Problem zu erkennen und sich damit auseinanderzusetzen, als es im Unbewußten herumgeistern und allerhand seelisches und anderes Unheil anrichten zu lassen.

Traum 115:[540]

> *I am on a long, long journey from East to West – like a life's pilgrimage. China is mentioned at one point, and I travel on foot by a path going often through wild and desolate country, beset by all manner of dangers from dreadful precipice to wild animals. I wander at plateaux, through deep*

---
[539] E. Jung, Animus und Anima, 36
[540] Von derselben Frau: Traum Nr. 59a, Nr. 60, Kap. Vögel, Nr. 43: Kap. Baum

6. DER MANN – DER VATER – DER ALTE WEISE

valleys and narrow mountain ridges, reminded of descriptions by Gurdjieff of traversing the wilder regions of the Caucasus and Hindukush ranges. But: I am not alone. With me is a black man (or very dark brown skin, not necessarily Negroid, just very dark). I love him from the depth of my heart. I trust him utterly and completely. While he is there, I am sage even on such an exhausting and treacherous journey. And he, in turn, is devoted to me. We must have been companions for a long, long time to achieve such mutual esteem. But he is the Master, I am the child ... At this point I awake.

Ich bin auf einer lange, langen Reise von Ost nach West – wie eine Lebens-Pilgerreise. Etwas von China wird erwähnt. Ich reise zu Fuß auf einem Weg, welcher oft durch wildes und verlassenes Gebiet führt, mit allen möglichen Gefahren von schrecklichen Abgründen bis zu wilden Tieren. Ich wandere auf Plateaus, durch tiefe Täler und über schmale Berggrate. Sie erinnern mich an die Beschreibungen von Gurdjieff von der Überquerung der Bergketten des Kaukasus und Hindukush. Aber: Ich bin nicht allein. Mit mir ist ein schwarzer Mann (oder sehr dunkle Haut, nicht unbedingt negroid, nur sehr dunkel) Ich liebe ihn von ganzem Herzen. Ich vertraue ihm vollständig. Durch seine Gegenwart bin ich sogar auf so einer ermüdenden und heimtückischen Reise klug. Und er seinerseits ist mir ergeben. Wir müssen schon lange, lange Zeit Kameraden gewesen sein, um eine solche gegenseitige Achtung erreicht zu haben. Aber er ist der Meister, und ich bin das Kind. Hier wache ich auf.

Dieser Traum wurde von einer Mutter geträumt, deren viertes Kind eine Woche später geboren werden sollte. Sie befindet sich auf einer Reise von Osten nach Westen, von Sonnenaufgang zum Sonnenuntergang, durch unbekanntes, gefährliches einsames Land. Der Sonnenaufgang ist die Geburt des Lichts und damit auch das Bild der Geburt des menschlichen Bewußtseins. Zum Sonnenuntergang gehört dagegen das Erlöschen des Bewußtseinslichts im Dunkel des Todes. Das unbekannte Land mit seinen Tieren und der gefährlichen Natur ist das Land der großen Muttergöttin, in das die Frau in der Schwangerschaft eintritt. Es ist ebensosehr das Land der Neugeburt wie das des Todes. In der Nähe der Geburt ist eine Frau immer auch in der Nähe des Todes, denn Natur bedeutet beides. Der Weg nach Westen kann deshalb ebensosehr Tod bedeuten wie Wiedergeburt, denn in der Natur bedeutet jeder Tod auch wieder Wandlung zu neuem Leben. In einem ungestörten Kreislauf der Natur scheint jedem Sterben von Pflanzen, Tieren und Menschen etwa ebensoviel Lebenserneuerung zu entsprechen. Trotz aller moderner Ärztekunst betritt die Frau auch heute noch das unbekannte und gefährliche Land der Mutter Natur, wenn sie ein Kind erwartet.

Die Träumerin ist nun begleitet von einem dunklen Gefährten, Führer und Geliebten. Und es ist, wie wenn sie immer schon zusammengehört hätten.

Dieses Gefühl beschreiben Liebende aller Zeiten, denen im Geliebten der innere Gefährte entgegentritt. Der Animus ist hier eine Führerfigur durch das gefährliche Land. Er ist dunkel, das heißt, er trägt für uns archaisch-instinkthafte und emotionale Züge, denn der schwarze Mann trägt für den Weißen immer noch die Projektion des Urtümlichen, Instinktverbundenen aus dem unbekannten, weit entfernten Land, aber auch des Unheimlichen. Er ist ein Animus, der ursprüngliche Kraft und Mut verkörpert, aber auch eine Art instinkthaftes, ahnendes Wissen aus dem Unbewußten. Er ist eine äußerst positive, und trotzdem dunkle seelische Führerfigur, ein Psychopompos mit einem hell-dunklen Doppelaspekt Alle natürlichen Psychopomposfiguren haben diesen mehr oder weniger deutlichen Doppelaspekt (männlich-weiblich oder gut-böse), weil instinktive Lebensführung immer auf einer Gegensatzspannung beruht.[541] Wenn wir versuchen, instinktmäßig richtig und nicht auf Kriegsfuß mit unserem Unbewußten zu leben, so stehen wir in einer ständigen Auseinandersetzung zwischen unseren bewußten Bedürfnissen und jenen des Unbewußten. Auch der dunkle Seelenführer in unserem Traum ist vermutlich ein Führer auf diesem Weg der Auseinandersetzung mit dem Unbewußten oder der Individuation.

Der Osten, so sagt die Träumerin in ihren Assoziationen denn auch, hat für sie „strong spiritual und religious connotations", die Reise ist für sie eine „Lebens-Pilgerfahrt". Tatsächlich gleicht der Weg durch das gefährliche Land der Quest des Helden in Mythen und Märchen, aber auch dem Initiationsweg der Schamanen und dem inneren Weg der Mystiker. Das Ziel des Initiationsweges, wie ihn auch Jung beschrieb, ist die Begegnung mit dem Selbst oder jenes innere Erlebnis, welche den Menschen die Verankerung und das Ziel seines individuellen Lebens in etwas Höherem, einem wirkenden und leitenden Sinn erfahren läßt. Die „Große Fahrt" oder die große Reise ist eine typische Darstellung des seelischen Reifungsprozesses, wie er sich vor allem in der zweiten Lebenshälfte abspielt.

Zu den Gefahren dieser inneren Reise kann auch der negative Animus gehören. Er kann etwa nicht nur ein Führer zum Selbst sein, sondern auch ein „Verführer" in ein unwirkliches Traumland. Solche Animusfiguren spiegeln sich in Märchen vom Elfenkönig, vom Wassermann oder anderen Verführern in ein jenseitiges Land, auch in der Sage vom Rattenfänger von Hameln. Im Leben äußert sich dies, daß die Libido wie von irgendwoher unwiderstehlich angezogen aus dem Bewußtsein und den Anwendungen des Lebens in eine andere Welt hinwegschwindet. „Diese Welt ist eine mehr oder weniger bewußte Phantasie oder Märchenwelt, in der die Dinge so sind, wie man sie sich wünscht, oder die sonstwie als ein die Außenwelt kompensierendes Refugium ausgestattet ist."[542]

---

[541] v. Beit / v. Franz, Symbolik des Märchens, 781
[542] E. Jung, Animus und Anima, 45

6. DER MANN – DER VATER – DER ALTE WEISE

Eine solche Möglichkeit besteht natürlich auch in unserem Traum, aber mir scheint doch eher, wie wenn die bevorstehende Geburt des vierten Kindes der Träumerin zugleich auch den Blick öffnen würde für den Beginn einer geistigen Reise, deren Ziel im Westen, im Jenseits, oder am Lebensende liegt. Diese Aufgabe, die Aufgabe der zweiten Lebenshälfte, ist letztlich eine religiöse Aufgabe, die erst mit dem Tod ihr scheinbares Ende findet.

Diese Sicht geht oft gerade einer jungen Mutter, deren Alltag über Jahre hinaus ganz von den Kindern ausgefüllt ist, leicht verloren. Wenn dann die Kinder groß werden und ausfliegen, so steht sie oft vor einem Abgrund, wie wenn ihr Lebensweg damit zu Ende wäre. Das Unbewußte verwendet aber für das, was noch zu kommen hat, dasselbe Bild wie für die Schwangerschaft. Der Geburt des Kindes entspricht die Geburt des Selbst.

Bild 46 Sibirischer Schamane

Der Traum zeigt auch auf eindrückliche Weise, daß der Animus für eine Frau, wenn sich seine destruktiven Seiten wandeln können, die führende Instanz des Unbewußten werden kann. Nicht nur kann er ihr Mut und Durchsetzungskraft in Hinblick auf Schwangerschaft und Geburt vermitteln, sondern auch ebenso für eine bewußte, tiefere Auseinandersetzung mit dem Unbewußten. Er wird so zum Vermittler schöpferischer und religiöser Erfahrungen, durch die das Leben einen individuellen Sinn erhält.[543] Der Prinz des nächsten Traumes ist eine ähnliche Figur.

Traum Nr. 116:

> *Many people were crowded in the square. They were waiting for some ceremony. I stood behind them. A tall and handsome guy appeared high in front of the square. An old lady came to me and proposed me to marry him. I said: „No, I am already married." She explained that the tall guy was the prince of this country and wanted me to be his bride. She asked me to*

---

[543] M.-L. von Franz, In: Der Mensch und seine Symbole. Animus und Anima. 194

divorce my husband. I was finally forced to go to the handsome prince by her. I felt guilty, but excited too. The prince and I stood face to face. He knelt down to me and kissed my hands. The people blessed us with some shouting words.

Viele Leute waren auf einem Platz versammelt. Sie warteten auf irgendeine Zeremonie. Ich stand hinter ihnen. Ein großer und gut aussehender Mann tauchte oben vor dem Platz auf. Eine alte Frau kam zu mir und schlug mir vor, ihn zu heiraten. Ich sagte: „Nein, ich bin schon verheiratet." Sie erklärte mir, daß der große Mann der Prinz dieses Landes war und daß er mich als Braut wolle. Sie verlangte von mir, daß ich mich von meinem Mann scheiden lasse. Schließlich zwang sie mich, mit ihr zu dem gutaussehenden Prinzen zu gehen. Ich fühlte mich schuldig, aber auch erregt. Der Prinz und ich standen einander gegenüber. Er kniete nieder und küßte meine Hände. Das Volk segnete uns mit lauten Worten.

Und etwas später dieselbe Träumerin:

Traum Nr. 117:

The prince visited me again. He wanted to go out with me. As he was so attractive, I couldn't say no, even though I felt guilty. I worried about my husband. „He must be so frustrated if he knew I met another handsome guy." The prince and I went to the countryside where a pretty pond was glistening.

Der Prinz besuchte mich wieder. Er wollte mit mir ausgehen. Da er so anziehend war, konnte ich nicht nein sagen, obwohl ich mich schuldig fühlte. Ich machte mir Sorgen wegen meinem Mann. „Er müßte sich so enttäuscht fühlen, wenn er wüßte, daß ich einen anderen gutaussehenden Mann getroffen habe." Der Prinz und ich gingen ins Land hinaus, wo ein hübscher kleiner See glitzerte.

Diese beiden Träume stammen aus den ersten Wochen der Schwangerschaft.[544] Der große, schöne Prinz, der die Träumerin als seine Braut auserwählt hat, ist natürlich von einer Anziehungskraft, der sie nicht widerstehen kann. Die Verbindung mit ihm scheint auch im Interesse der Mutterfigur zu liegen. Das wäre eine enge Bindung ans Unbewußte im positiven Sinn, denn der Animus stellt nicht nur die äußerlich nicht gelebte, innere Komponente der Frau dar, sondern auch das Symbol und den Antrieb ihres introvertierten geistigen Lebens.[545] Wird dem im Leben der Frau zu wenig Rechnung getragen, so kann der Animus, wie wir wissen, autonom und destruktiv werden und das Weibliche in negativer Weise überwuchern. Die sogenannte

---

[544] Dieselbe Träumerin wie Traum Nr. 112, in diesem Kap.
[545] v. Beit / v. Franz, Symbolik des Märchens, 586

6. DER MANN – DER VATER – DER ALTE WEISE

Animusbesessenheit geht immer einher mit einem Verlust des Weiblichen, der Beziehungsfähigkeit, der echten Mütterlichkeit. So erklärt es sich auch, daß in Märchen, wo die gestellten Aufgaben *erfüllt* werden, so bedeutungsvolle weibliche Symbole auftauchen, die als Bilder des Selbst angesehen werden können.[546]

Dies geschieht auch in unserem Traum. Denn er endet mit dem wunderschönen Bild des glitzernden Weihers in der Landschaft, einem bedeutungsvollen Symbol des Weiblichen und Mütterlichen oder des Selbst in der Frau.

Die Träumerin ist nun aber nicht sicher, mit welchem der beiden Männer, dem Prinzen oder ihrem Ehemann, sie nun verbunden sein soll. Sie hat ein schlechtes Gewissen ihrem Mann gegenüber, wie wenn sie ihm untreu würde. Wenn eine Frau anfängt, sich ihrem Unbewußten zuzuwenden, etwa eine Analyse beginnt, d.h. ihre geistige Seite zu entwickeln anfängt, so kann das ihren Ehemann manchmal tatsächlich beunruhigen. Für ihn kann es dann sein, wie wenn ein unbekannter Nebenbuhler da wäre, der ihm fremd und verdächtig ist, weil sich seine Frau durch ihn verändert. Wenn er dann nicht gerade auf die Psychologie schimpft, die seiner Frau den Kopf verdreht, so kann er doch seine Frau oder das Bild, das er sich von ihr macht, in gewissem Sinne als untreu empfinden.

Als innere Figur verstanden, würde der Ehemann einem bewußtseinsnäheren Animus entsprechen, der mehr der persönlichen Sphäre zugehörig ist, während der Prinz eine archetypische, überpersönliche Macht ist. Der persönlichkeitsnähere Animus hätte mit solchen männlichen Eigenschaften zu tun, wie sie dem realen Mann der Träumerin eignen und die im Leben der Träumerin eine realistische Anpassung bedeuten können. Ist eine Frau z.B. eher scheu, introvertiert, so kann ihr ein extravertierter, etwas draufgängerischer Animus von großem Nutzen sein.

Der Prinz als der zukünftige König, der Archetypus des Logos in der Frau, ist dagegen ein führendes geistiges Prinzip in ihr, hinter dem letztlich das Selbst steht. Er übt auf das Bewußtsein der Frau, wie jeder archetypische Inhalt des Unbewußten, eine mächtige Anziehung aus. Wenn sich der Schwangeren diese Welt der kollektiven Bilder öffnet, so kann sie unter Umständen, wie beim letzten Traum erwähnt, durch ihre Faszination in eine Welt der Phantasien vom gewöhnlichen Alltagsleben weggezogen werden. Es ist deshalb vermutlich richtig, daß sich die Träumerin nicht von ihrem Mann trennen will. Denn die Auseinandersetzung und das Leiden am und mit dem persönlichen Animus und dem eigenen Ehemann kann nicht übersprungen werden. In diesen eindrucksvollen Träumen wird die ganze Faszination der archetypischen Bilder sichtbar und der Konflikt, in den das Bewußtsein dadurch gerät. Die Lysis des Traumes hat jedoch nichts Destruktives. Es hängt letztlich von der Einstellung und Stärke des Bewußtseins ab, ob die archetypi-

---

[546] Ebenda, 605

schen Bilder als dem Leben dienende, göttliche Kräfte wirken können, oder ob sie es zerstören. Die Schwangerschaft führt an diese Grenzen des Bewußtseins. In der großen Nähe zum Unbewußten steigen Träume, Phantasien und Gedanken auf, die auch das Moment des Geistig-Schöpferischen, das heißt oft Einsichten, Wahrheiten rein objektiver, unpersönlicher Natur enthalten. „Die Vermittlung solcher Erkenntnisse und Inhalte ist ganz eigentlich die Funktion des höheren Animus."[547] Dies wird auch im nächsten Traum sichtbar. Die Träumerin war 31 Jahre alt, als sie ihr erstes Kind in körperlich beschwerlicher Schwangerschaft erwartete. Das gesunde Mädchen wurde durch Kaiserschnitt entbunden.

Traum Nr. 118:[548]

Wir sollen auf eine Expedition in einen Berg hinein zu den Gräbern des Tutenchamon. Das ist gefährlich, noch unbekannt. Wir sind von den ersten, nur eine kleine Gruppe. Vorher sind wir in einem Raum, wo wir einer nach dem anderen in eine Badewanne gesetzt werden. Von einem Arzt und einer Schwester, die beide stumm und unheimlich sind, wird einem etwas in die Augen und ins Gesicht gesprüht. Ich bin als einzige nackt. Ich will es nicht. Ich habe Angst vor den beiden und den Tropfen, die auch in den Augen brennen. Alle tun es, auch der einzige Mann unter uns, der dabei scharf beobachtet, was passiert. Ich frage ihn, warum sie dies mit uns tun. Er sagt, daß der Mensch die äußere Welt parallel in seinem Inneren erfahre, daß sie außen und innen wirke. Der Berg sei etwas so riesig übermächtig Dunkles, daß man es in sich nicht ertragen könnte. Auch das Meer sei unheimlich, wenn man hinabtauche. (Ich finde, auch auf einem hohen Berg sei es so.) Darum werde einem mit den Tropfen gleichsam der Blick vernebelt. Entweder vorher oder jetzt unterziehe ich mich schließlich der Prozedur auch. Am nächsten Dienstag soll es losgehen.

In diesem Traum geht es wiederum um eine Reise, diesmal um eine Expedition ins Bergesinnere zum Grab des ägyptischen Pharao Tutenchamon.

Als das Grab des Tutenchamon (als das einzige nicht ausgeraubte Pharaonengrab) 1922 von Carter entdeckt und geöffnet wurde, fand man darin nicht nur den Sarg mit der Mumie des Pharaos, sondern auch einen kostbaren Goldschatz, Gerätschaften, Nachbildungen von Dienern, Tieren, kurz alles, was ein Pharao im jenseitigen Leben braucht. Die Wandmalereien in diesem Grab zeigen, wie Tutenchamon von der Himmelsgöttin Nut im Jenseits empfangen wird und wie er sich mit dem Jenseitsgott Osiris vereint, bzw. selber zu Osiris wird. Osiris ist der sterbende und wieder auferstehende Gott,

---

[547] E Jung. Animus und Anima, 31
[548] Dieselbe Träumerin wie von Tr. Nr. 67, Nr. 68, Nr. 69, Nr. 72 in Kap. Katze

6. DER MANN – DER VATER – DER ALTE WEISE

der im Totenreich herrscht. Zugleich gewährleistet er die Fruchtbarkeit des Lebens und läßt sie nach jeder Dürre wieder neu aufsprießen. Er wird auch dargestellt als nächtliche Form der Sonne, als welche er die Unterwelt von Westen her auf der Sonnenbarke durchfährt, um am Morgen im Osten verjüngt zu auferstehen. Im Grab des toten Königs vollzieht der neue König an der Mumie die Toten- und Wiederbelebungsrituale.[549] Im Grab des Tutenchamon geht es also um Tod und Wiederauferstehung im Jenseits. Diesem Mysterium nähert sich die Träumerin offenbar an. Darauf muß sie durch Arzt und Krankenschwester vorbereitet werden. Offenbar hat dieser ganze Vorgang mit Heilung zu tun. Sie wird in eine Badewanne gesetzt und ist außerdem nackt. Baden und entkleiden könnte hier heißen, daß sie gereinigt und von allem Unnötigen befreit werden soll. Die Annäherung an eine jenseitige Welt verlangt eine Einstellung, die auf das Wesentliche beschränkt ist, gleichsam nur noch auf den ursprünglichen Menschen, ohne alle Äußerlichkeiten der profanen Welt. Reinigen, Entkleiden und Neueinkleiden ist ein wichtiges Element von Initiationsriten, welche den Menschen in eine neue Lebensform und entsprechend in eine neue Einstellung hinein verwandeln.[550] Darum geht es ja auch hier, denn Geburt bedeutet Initiation ins „Muttersein", in eine völlig andere Lebensform, durch welche die vorangehende zum Tod verurteilt ist. Das Unbewußte markiert solche Lebensübergänge immer ganz deutlich, auch wenn moderne junge Mütter diese notwendige Ablösung vom Backfischalter oft nicht mehr wahrnehmen wollen.

Über das hinaus hat das Tut-ench-Amongrab aber auch mit dem wirklichen Sterben zu tun, und so verstehen wir die doppelte Angst der Träumerin, nämlich diejenige vor dem ungewissen Neuen, aber auch vor dem Tod, der an jedem Kindbett zu Gevatter stehen kann. In früherer Zeit wäre denn diese Träumerin auch mit größter Sicherheit samt ihrem Kind gestorben, da eine normale Geburt wegen des für die Größe des Kindes viel zu engen Geburtskanals unmöglich war. Diese Realität ist offenbar zu übermächtig, als daß man sie so genau anschauen dürfte. Deshalb werden der Träumerin Tropfen in die Augen geträufelt, um ihr „den Blick zu vernebeln."

Die Rolle des Animus ist hier eine hilfreiche. Er beobachtet alles genau und erklärt der Träumerin, was es zu bedeuten hat. Als zur Träumerin gehörig, unterzieht er sich natürlich derselben Prozedur, aber er hat irgendwie eine objektivere Sicht als sie. Durch ihn kann sie verstehen, weshalb diese Expedition gefährlich ist und die Augentropfen nötig sind. Er erklärt ihr nämlich die übermächtige Realität der äußeren und der inneren Natur, des kollektiven Unbewußten, dem sie sich im Mysterium von Tod und Wiedergeburt annähert. Schwangerschaft und Geburt sind in Wirklichkeit Zeiten, in denen das

---

[549] Vgl. Erik Hornung, Geist der Pharaonenzeit, Artemis, 1989
[550] Vgl. in M.-L. von Franz, Erlösungsmotive im Märchen, das Kapitel „Zurück ins Wasser des Unbewußten", 25 – 43

Unbewußte überhandnehmen kann und eine Psychose ausbrechen kann, das Ich vom dunklen Berg zugedeckt oder vom Meer ertränkt werden kann. Deshalb braucht es die „Vernebelungstropfen", damit man nicht so genau hinschauen kann. Die Träumerin muß sich hier zwar der Gefahr aussetzen, aber mit Hilfe der Objektivität ihres vernünftigen Animus kann sie sich auch davor schützen, ob der Übermacht der Natur in Panik zu verfallen. Dies ist gerade den Frauen mit einem negativen Mutterkomplex ein besonderes Problem, für die das Mütterliche kein nährender Boden darstellt, dem man sich anvertrauen könnte. Der Animus ist hier also Vermittler zu einer Art psychologischer Einsicht, welche ein richtiges Verhalten in dieser beängstigenden Situation der Natur gegenüber ermöglicht. Das ganze Erlebnis von Schwangerschaft und Geburt ist als etwas dargestellt, was die Träumerin heilen und ihre ganze Einstellung zu Tod und Leben verändern soll. Tatsächlich können sie eine Frau, die durch einen negativen Mutterkomplex immer wieder den Lebensmut verliert, auch in ganz neuer Art im Leben verankern. Der Animus steht hier im Dienste des Lebens. Der nächste Traum wurde von einer 29-jährigen Frau ziemlich genau zur Zeit der Empfängnis ihres 2. Kinder geträumt.[551]

Traum Nr. 119:

> ... *A man was sitting next to me. On the top of his head which was not covered with hair but covered with something like foam, grasses were growing and flowers were blooming.*
>
> *Ein Mann saß neben mir. Auf seinem Kopf, welcher nicht mit Haaren bedeckt war, sondern mit etwas wie Schaum, wuchs Gras und Blumen blühten.*

Wenn wir dieses merkwürdige Traumbild amplifizieren, so kommen wir gerade nochmals ins alte Ägypten. Einer der wichtigsten Götter ist dort Hapi, der Nilgott. Er ist dargestellt mit Papyrus und Lotosblüten, die auf seinem Kopfe wachsen. Er ist ein ausgesprochen lebensspendender Wassergott, denn die jährliche Überschwemmung des Nils garantiert dem Land immer wiederkehrende Fruchtbarkeit und Erneuerung.[552] Der griechische Priapus, ein Sohn von Dionysos und Aphrodite, ist ein ähnlicher Fruchtbarkeitsgott. Er trägt Früchte in seinem Schoß wie eine weibliche Göttin, und einen Rosenstock auf dem Kopf.[553] In einer Hymne an den ägyptischen Gott Hapi heißt es:[554]

---

[551] Von derselben Frau: Nr. 79, Kap. Hund
[552] Wallis Budge, From Fetish to God in Ancient Egypt, 11
[553] Jocelyne Bonnet, La terre des Femmes et ses magies, 129
[554] Wallis Budge, From Fetish to God in Ancient Egypt, 385f

6. DER MANN – DER VATER – DER ALTE WEISE

> Du bist der Verborgene
> Der Führer in der Dunkelheit ...
> Du machst die Planzungen grün, welche Ra geschaffen hat,
> um allen Tieren des Feldes Leben zu geben.
> Du gibst der Wüste zu trinken ...
> Du bist der Herr der Fische ...
> Du bist der Schöpfer des Korns, Du läßt die Gerste wachsen
> Du läßt die Tempel ihre Feste feiern ...
> Du bist der Überbringer der Nahrung
> Du bist der große Herr des Fleisches und des Tranks
> und der Schöpfer von allem, was Glück bringt ...
> Du schüttest Wasser aus und überflutest die Felder,
> um die Menschen zu stärken.
> Trinkend ist Liebe zwischen den Menschen.

Hapi ist also nicht nur der geheimnisvolle Gott der Dunkelheit (the hidden one, the leader in the darkness) und der Bringer alles fruchtbaren Lebens, sondern auch der Spender von Glück, Liebe und Festlichkeit, d.h. von Eros im weitesten Sinne. Wenn er nicht doch ein männlicher Gott wäre, so müßte er für unser Gefühl eine weibliche Fruchtbarkeitsgöttin sein, da er so ausgesprochen weibliche Züge trägt. Tatsächlich wird Hapi auch mit Brüsten dargestellt wie eine Frau.[555]

Auf unseren Traum übersetzt, würde der Mann mit den Blumen und dem Gras auf dem Kopf einen fruchtbaren männlichen Geist aus dem Unbewußten darstellen, der eine belebende Wirkung hat und eine Atmosphäre von Eros und Bezogenheit um sich verbreitet. Eine Frau, die mit einem solchen Geist verbunden ist, steht nicht auf Kriegsfuß mit ihrer Weiblichkeit oder umgekehrt mit ihrem Animus. Sie kann weiblich sein und zugleich geistig schöpferisch, da der Geist ein Naturgott ist, der im Dienste des Lebens und der Erneuerung steht. Als Wassergott vermittelt er die lebensfördernden Impulse aus dem Unbewußten. Er befruchtet damit auch das religiöse Leben (thou makest the temples to keep their festivals) und die Beziehungen. Er stellt (im Gegensatz zum „Pfarrer-Animus" in Traum 113) eine harmonische Verbindung von Geist und Natur dar. Eine schöpferische Arbeit, ein Buch z.B., das von einem solchen Animus befruchtet ist, belebt und verleiht ein Gefühl von Genährtsein. Eine Frau mit einem solchen Animus kann innerhalb ihrer ganzen Tätigkeit und Lebensgestaltung auf ihre Umgebung und ihre Beziehungen eine belebende, harmonisierende Wirkung haben, ohne daß sie sich in extravertierter Tätigkeit hervortut. Sie kann auf ihre Weise die Realität schöpferisch gestalten, ohne sich in männliche Konkurrenz begeben zu müssen.

---

[555] Wallis Budge, From Fetisch to God in Ancient Egypt, 11, Übers. d. Verf.

Bild 47 Hapi, der Gott des südlichen Nils, und Hapi, der Gott des nördlichen Nils, mit Blumen auf dem Kopf und Frauenbrüsten

Vielleicht kompensiert der Traum ein Gefühl von Unzufriedenheit der Träumerin, in ihrem Zustand nur noch Frau sein zu können und von den Quellen des Geistes und damit vielleicht sogar vom Leben abgeschnitten zu sein. Das Gegenteil scheint möglich zu sein.

Zusammenfassend können wir zu den besprochenen Animus-Träumen während der Schwangerschaft sagen, daß sie sehr oft deutlich warnen: Der Animus in seiner negativen Form ist in dieser Zeit eine besondere Gefahr für das Weibliche, da er das Selbstwertgefühl der Frau angreifen, sie in ihrer weiblichen Rolle verunsichern und unweiblich machen, ihr für ihr Wohlsein unumgängliches Beziehungsgeflecht stören und sie in ein unrealistisches Wunschdenken verführen kann. All dies gilt natürlich auch außerhalb der Schwangerschaft, aber die größere Nähe zum Unbewußten kann den dämonischen, überpersönlichen Aspekt des Animus mehr als sonst hervorbringen.

Die vielen positiven Aspekt des Animus wie Mut, Kraft, Zielgerichtetheit, aktives Handeln etc. scheinen in unseren Träumen weniger aufzutauchen, denn Schwangerschaft und Geburt sind an sich eine weibliche Angelegenheit, die viel mehr mit passivem „Ausbrüten" zu tun hat. Dennoch hat ein solcher Animus, wie wir gesehen haben, auch hier manchmal eine hilfreiche Funktion, dort wo es gegenüber den dunklen, bedrohlichen Seiten der Natur auch Kraft und Mut braucht. Wo der Animus als schöpferisch-geistiges Prinzip in

6. DER MANN – DER VATER – DER ALTE WEISE

Erscheinung tritt, so sieht es aus, wie wenn er manchmal in einer geheimen Verbindung mit der Großen Mutter oder dem weiblichen Selbst stehe.

Animus und Mutterbild scheinen überhaupt in einer wechselseitigen Beziehung zu stehen. Wie auch in vielen Märchen sichtbar wird, so kann einerseits die Bindung an die Welt des Animus das Muttersein verunmöglichen, andrerseits eine negative Mutter die Beziehung zum Animus verunmöglichen.[556] Der negative Animus in seiner Körperfeindlichkeit stört die Triebsphäre und die Vitalität einer Frau, so daß das Mutterwerden für sie zu einer übergroßen Belastung werden kann. Manchmal ist es aber der Animus der Mutter oder der Großmutter, erkennbar z.B. in Träumen, welche eine Frau von ihrer eigenen Weiblichkeit abschneiden, sie unsicher machen und depressiven Stimmungen unterwerfen etc. Die große Mutter hat denn auch oft in den Märchen und Mythologien männliche Züge, hat männliche Begleiter oder ist selber männlich dargestellt, etwa als Wolf, Bettler, Toter, Greis. Die männlich aggressive bis böse unbewußte Komponente der Mutter kann den Animus der Tochter verzaubern, so daß die Tochter selber einer bösen Animusbesessenheit unterworfen ist.[557]

Deshalb kann die Auseinandersetzung mit dem Mutterproblem, das sich für eine Frau spätestens dann stellt, wenn sie selber Mutter wird, gleichsam das Animusproblem mit hinaufbringen. Die besprochenen Träume zeigen, wie gefährlich dieses dem neuen inneren und äußeren Kind und damit der weiblichen Bestimmung oder auch der Verwirklichung des weiblichen Selbst werden kann. Wo aber diese Auseinandersetzung gelingt, kann eine Beziehung zum Animus entstehen und kann er sich als führende und helfende Macht des Unbewußten manifestieren.

Der Vater – Der Alte Weise

Zu den Männerfiguren, welche den Animus der Frau verkörpern, gehört natürlich auch der persönlich Vater. Für ein weibliches Wesen bedeutet der Vater das erste Bild des Mannes und somit des Animus. Als solcher bedingt er, wie Jung sagt, ihr geistiges Temperament, ihre Beziehungen zu den geistigen Gegebenheiten überhaupt, also zu geistigen und religiösen Allgemeinvorstellungen.[558] Obwohl wir in unserer Sammlung eine große Menge von Animusträumen haben, so sind doch nur wenige darunter, in denen der persönlich Vater vorkommt. Das mag Zufall sein, aber wir können vermuten, daß in der Schwangerschaft der persönliche Vater gegenüber dem Mütterlich-Weib-

---

[556] v. Beit / v. Franz, Symbolik des Märchens, 625. Vgl. das englische Märchen vom Feenwittwer und 628: das dänische Märchen „Die Pfarrersfrau"
[557] Vgl. v. Beit / v. Franz, Symbolik des Märchens, 673
[558] M.-L. von Franz, Passio Perpetuae, 85

lichen eher in den Hintergrund tritt. In dieser Lebensphase ist die Frau vor allem der „Großen Mutter" zugewandt, welche ihr hilft, ihre biologisch-weibliche Aufgabe zu bewältigen. Dazu hat der persönliche Vater wenig zu sagen, außer wo er störend dazwischentritt. Dieses Problem aber zeigt sich weitgehend in negativen Animusträumen, wie wir sie oben behandelt haben.

In manchen Träumen taucht nun aber der Vater in einer unpersönlichen oder überpersönlichen Form auf. Sein Bild geht dann über in das des Alten Weisen oder Großvaters, gelegentlich auch des Magiers oder des unheimlichen Naturgeistes.

Auf dieses Bild des Alten Mannes oder des Alten Weisen wollen wir noch etwas eingehen. Wir alle kennen diese Figur aus den Märchen. Dort erscheint er immer dann, wenn der Märchenheld, bzw. die Heldin nicht mehr weiterwissen, die Lage ausweglos ist.[559] In einer solchen Lage kann einem nur ein hilfreicher Gedanke, ein glücklicher Einfall oder eine gründliche Überlegung heraushelfen, also, wie Jung sagt, eine geistige Funktion oder ein endopsychischer Automatismus. Das kann man aber nicht „machen", der rettende Gedanke kommt oder er kommt nicht. Aus der „Mangelsituation" taucht plötzlich aus dem Unbewußten die nötige Erkenntnis auf, personifiziert in der Gestalt des rat- und hilfebringenden Alten. Der Alte ist dieses „zweckmäßige Nachdenken und Konzentrieren der moralischen und physischen Kräfte, das sich dort, wo bewußtes Denken noch nicht oder nicht mehr möglich ist, im außerbewußten psychischen Raum spontan vollzieht."[560] Oft braucht es diese Intervention des Alten, das Dazwischentreten des Archetypus, um den in sich hin- und hergerissenen, emotional reagierenden Menschen zu einem Nachdenken über das Wer, Wo, Wie, Wozu zu bringen, und ihn seine momentane Lage und sein Ziel erkennen zu lassen.[561]

Der Alte im Märchen, der das Ziel und den Weg dahin schon kennt, verkörpert darum Wissen, Erkenntnis, Überlegung, Weisheit, Klugheit, Intuition. In seinem positiven Charakter ist er der Hilfsbereite, Wohlwollende. Die hilfreichen Heinzelmännchen unserer Sagen gehören in seine Nähe. Der Alte als Archetypus des Geistes hat aber wie alle Archetypen einen zweideutigen Charakter, ja manchmal ist er ein böser Geist, der sich von Menschenfleisch nährt, oder ein Zauberer. Dann besteht die Leistung des Helden darin, ihm zu entkommen. Denn wenn ein negativer Geist oder die dunkle Seite des Archetypus der Persönlichkeit ihre Kraft zu verleihen verspricht, dann ist Flucht angezeigt Das bedeutet eine moralische Entscheidung, die schließlich dennoch zum Ziel, bzw. zur Prinzessin führt.

„Alte Weise" finden wir in allen Kulturen und Schichten, sei es in der Person eines alten Bergbauern, der uns durch seine ruhige, in den Lebensstür-

---

[559] Vgl. in C.G. Jung, GW 9, I, Zur Phänomenologie des Geistes im Märchen,
[560] Vgl. Ebenda, § 402
[561] Vgl. Ebenda, § 403

6. DER MANN – DER VATER – DER ALTE WEISE

men gehärtete Persönlichkeit beeindruckt, sei es in geistigen oder religiösen Führern, Schamanen, Medizinmännern oder auch Heiligen wie Franz von Assisi oder Niklaus von Flüe, die dann zum lebendigen Vorstellungsschatz einer ganzen Kultur gehören. In Träumen steht oft der Großvater für diesen überlegenen Geist aus dem Unbewußten, der dem zu engen Bewußtsein zu einer erweiterten Sichtweise verhilft. Wir sehen dies sehr schön im folgenden Traum:

Er stammt von einer unverheirateten 24-jährigen Frau, welche ihr erstes Kind abgetrieben hatte, das zweite jedoch gegen den Willen ihrer Familie und des Vaters des Kindes behalten wollte. Der Vater wollte es denn auch gar nie sehen. Das Kind, ein gesundes Mädchen wurde nach körperlich sehr beschwerlicher Schwangerschaft durch Kaiserschnitt entbunden.

Traum Nr. 120:

I was about to bring forth. There came a boy but I was sure he was not my son. My grandfather showed up and said: „This is not your child, for he is a man, and he is going to continue the lineage of the blue eyes."

Ich war daran zu gebären. Es kam ein Bub, aber ich war sicher, daß er nicht mein Sohn war. Mein Großvater tauchte auf und sagte: „Das ist nicht dein Kind, denn er ist ein Mann, und er wird die Abstammungslinie der blauen Augen fortsetzen."

Wenn wir uns vorstellen, daß diese junge Frau ein von vornherein vaterloses Kind erwartete, so berührt uns das Auftreten des Großvaters besonders, um so mehr als er offenbar über höheres Wissen verfügt, als es der persönliche Großvater haben könnte. Er enthüllt sich dadurch als ein Geist, der die Geburt des „göttlichen" Kindes, welches in ihr geboren worden ist, erklärt. Dieses wird die blauen Augen, d.h. die Augen mit der Farbe des Himmels oder die geistige Sichtweise, welche von jeher über die Generationen vom Väterlichen repräsentiert wurde, weiterführen, auch wenn die Frau nun ganz im Weiblich-Mütterlichen allein gelassen scheint.

Zwei Tage vor der Geburt ihrer Tochter träumt sie:

Traum Nr. 121:[562]

I dreamed Saint Francis of Assisi was blessing me and her.

Ich träumte, daß Franz von Assisi mich und sie segnete.

Franz von Assisi stellt mit seiner Liebe zu den Armen und zu den Tieren einen Geist dar, der sich der Verlassenheit von Mutter und Kind und ihrer ganzen „tierischen", naturhaften Bedingtheit annimmt. Von vielen Heiligen wird berichtet, daß sie eine wundersame Beziehung zu Tieren hatten. Diesen

---

[562] Dieser Traum ist auch erwähnt im Kap. Kind

Bild 48 Der hl. Franziskus mit den Vögeln, Giotto (1266-1337)

Zug verleiht ihnen der Archetypus des Alten Weisen, der als Geist des Unbewußten nicht nur mit dem übermenschlichen, sondern auch mit dem Tierisch-Untermenschlichen, auch in seiner dunklen, bedrohlichen Form in enger Verbindung steht. Franz von Assisi ist ganz dem Hellen, Guten zugewendet. In seinem Sonnengesang beschwört er die Tiere, einander nicht mehr zu fressen, in heiligmäßig-naiver Unterschlagung der Tatsache, daß dann ja ein Großteil der Tiere zum Tode verurteilt wäre. Er ist aber vor allem ein Geist der Liebe und ein Beschützer der Schwachen, welcher dem Naturgesetz vom Recht des Stärkeren die Stirne bot. Er kann der jungen, verlassenen Mutter die seelische Kraft verleihen, ihr Schicksal auf sich zu nehmen und ihren schweren Weg zu gehen. In seiner Lichtheit kompensiert er auch das negative Erlebnis des „Vaters", der keiner sein wollte.

Traum Nr. 122:

In einer Felsenburg am Meer befinde ich mich in einem unterirdischen Gemach, an einem weißgescheuerten Holztisch sitzend. Es ist still und friedlich in dem kühlen Raum. Neben mir sitzt ein etwa gleichaltriger Mann, von dem es heißt, daß er mein Leben begleitet hat und mit mir verheiratet ist. Aus der Tiefe des Berges führt ein Gang in das Gewölbe, in dem wir schweigsam am Tisch sitzen. Da gewahre ich, daß ein alter Mann mit weißem Bart den dunklen Gang aus dem Inneren des Berges entlang auf uns zukommt ... Ein ehrwürdiges, altes und dabei sehr lebensfrisches

6. DER MANN – DER VATER – DER ALTE WEISE

Gesicht hat er. Schweigend steht der junge Mann neben mir auf, er räumt dem Alten seinen Platz und geht auf die gegenüberliegende Wand des Gemachs zu. Nun begreife ich erst, daß der Lebenskamerad mich verlassen will. Ich will ihm nachrufen, der flehentliche Schrei aber bleibt mir in der Kehle stecken, denn ich sehe im selben Augenblick etwas Entsetzliches: Als der junge Mann die Wand erreicht hat, geht er wie ein geisterhaftes Wesen unsichtbar werdend durch die Mauer ... Das ist Mephistopheles selbst gewesen! Diese Erkenntnis erfüllt mich mit einem Schauder. Der Alte hat inzwischen neben mir Platz genommen. Ich fühle mich ihm verfallen.[563]

Der Traum stammt von einer 32-jährigen deutschen Frau, von Beruf Rechtsanwältin, die lange kein Kind bekam und deshalb sehr traurig war. Schließlich entschlossen sie und ihr Mann sich, ein Kind zu adoptieren, aber da stellten sich bei ihr so fürchterliche Kopfschmerzen und Übelkeit ein, daß der Gedanke an Adoption aufgegeben werden mußte. Nach einiger Zeit suchte sie mit ein paar eindrücklichen Träumen einen Analytiker auf. Den obigen Traum hatte sie kurz nach der völlig überraschenden Konzeption, nachdem die erste Periode ausgesetzt hatte.

In dem jungen Mann, dem geisterhaften Lebensbegleiter erkennen wir unschwer eine Animusfigur, welche die Träumerin offenbar bisher durch ihr Leben begleitet hat. Erst am Schluß des Traumes klärt sich ihr seine mephistophelische Natur, das heißt seine verführerische Zweideutigkeit. Wohl hat er vermutlich wesentlich ihren intellektuellen Aufstieg und Erfolg im Anwaltsberuf ermöglicht, aber vielleicht auf Kosten ihrer Weiblichkeit. Der Anwaltsberuf setzt voraus, daß man möglichst immer recht hat, in diesem Sinne ein wunderbares Tummelfeld für den Animus. Jetzt, wo sie empfangen hat und ein neues Leben anfängt, muß er verschwinden, um einem neuen Geist der Weisheit Platz zu machen. Dieser Übergang ist ein schreckenvoller, und der Traum wäre ein echter Angsttraum ohne die eindrückliche Figur des Alten Weisen, „ehrwürdig, alt und doch mit einem lebensfrischen Gesicht", dem sie von nun an „verfallen" ist, das heißt angehören muß. Ihr Schrecken ist eine echte „Furcht Gottes", oder „Ehrfurcht", denn der Übergang in die neue Lebensform ist schicksalhaft und unwiderruflich und wird einer völlig neuen, geistigen Haltung bedürfen. Die Träumerin hatte zu dieser Zeit auch noch sehr eindrückliche Träume, welche sich mit ihrer tierhaften Weiblichkeit und der weiblichen Einweihung in ihren neuen Zustand befaßten. So übernahm das Unbewußte die Aufgabe, welche in primitiven Kulturen die Initiationsriten versahen, nämlich die Einstellungsänderung und den Reifungsprozeß der Frau in Hinblick auf ihre neue Aufgabe zu fördern.

---

[563] Dieser Traum wird zitiert in Carol Baumann, Seelische Erlebnisse im Zusammenhang mit der Geburt, Eine Voruntersuchung. Sonderdruckaus: Schweizerische Zeitschrift für Psychologie, Bd. 16, Heft 2.

Bild 49 Segnendes Jesuskind (Siena, ca. 14. Jh.)

7. Das Kind

Irmgard Bosch

Mehr als heute waren in vergangenen Zeiten Kinder ein zentrales Lebensziel. Sie bedeuteten vor allem beim Herrscherpaar, aber auch bei fast jedem anderen Menschenpaar die Garantie der Zukunft. Biologisch und wirtschaftlich der Weiterführung des Lebens bzw. der Familie, psychologisch der Erneuerung des Bewußtseins dienend, bringt ihr Fehlen meist Kummer und Not und stellt eine Stagnation des Lebens dar. Dies gilt in gewisser Weise immer noch, soziologisch hat man heute den Begriff des Generationenvertrags.

Träume mit dem Motiv des Kindes sind in unserer Sammlung nicht so häufig, wie man denken könnte. Das Wort „Motiv" (von lat. movere – bewegen) bedeutet Beweg-grund, Antrieb, und so hätten wir es beim „Motiv des Kindes" in Schwangerenträumen auf jeden Fall mit einem zentralen Thema zu tun: Das Kind ist zugleich Ziel und Inhalt der Schwangerschaft, und das Kind ist auch im Wortsinn der „nächst-liegende Inhalt", nämlich im Bauch der Schwangeren. Wir betrachten das Motiv des Kindes vor allem im Hinblick auf die Schwangerschaft, aber es ist darin immer auch eins der allgemeinsten und weltweit häufigsten Symbole erkennbar, das wie jedes echte Symbol fast unübersehbar vielschichtig und vieldeutig ist, vorwärts- und rückwärtsgewandte Aspekte hat, d.h. Zukunft oder auch Vergangenheit bedeuten kann. Dabei kann Inneres (Subjektives) oder Äußeres (Objektives) vorwiegen. Obwohl man meistens mehr seinen verheißungsvollen Erneuerungsaspekt im Auge hat, kann das Motiv des Kindes sehr wohl auch negativ sein, wenn es ein Bild für Unreifes, Unfertiges ist (Infantilismus, Rückzug ins Kindliche oder Kindische).

Wenn wir die Bedeutung des Kind-Motivs abschätzen wollen, so brauchen wir nur an die unzähligen Märchen aller Völker zu denken, die mit dem dringenden Wunsch eines Paares nach einem Kind beginnen. Aus dem unabweisbaren Bedürfnis nach einem Kind, d.h. nach Verjüngung und Erneuerung, entwickelt sich in vielen Fällen die ganze Handlung.

Das Beziehen des Kind-Motives auf die Schwangerschaft ist psychologisch nicht so einfach wie es scheint, weil dieses Motiv sich sehr wohl auch auf solche Entwicklungen beziehen kann, die das ganze Leben der Träumerin durchziehen und keineswegs auf die Schwangerschaft beschränkt sind – auch Männer können Geburts- und Kind-Träume haben, wie auch die Sprache sich oft durch dieses Bild ausdrückt: Man nennt eine mühevolle Arbeit oder eine schwierige Entscheidung „eine schwere Geburt", u.ä.. Es ist tatsächlich oft kaum zu klären, ob sich ein Kind-Traum auf das zu erwartende Kind, auf eine spezielle seelische Entwicklung im Gefolge der Schwangerschaft oder auf ein durchgehendes Lebensproblem der Frau bezieht.

„Leben" und „Schwangerschaft" sind andererseits nun überhaupt nicht mehr zu trennen: die Schwangerschaft ist ja ein Teil des Lebens, gewollt oder ungewollt, und sie bleibt es.

Rätselvoll wie je ist das Problem der „Herkunft" der Kinder, es hat schon immer das Nachdenken und die Phantasie der Menschen beschäftigt. Auch früh im Kindesalter taucht diese Frage zum erstenmal auf: wo kommen eigentlich die kleinen Kinder her? Die Antwort „Aus dem Bauch der Mutter" leuchtet dem Kind ein, vermutlich noch ohne konkreten Bezug, und dahinter bleibt zunächst unangefochten die Vorstellung vom Himmel oder vom Paradies stehen, aus dem die kleinen Kinder auch und ursprünglich stammen. Es läge nahe, daß in Vorstellungen wie „Paradies" oder „Himmel" eine unbewußte Ähnlichkeit mit der Geborgenheit im Mutterleib sich auswirkt. Die dramatische Austreibungs-Szene der jüdischen Schöpfungsgeschichte[564] wäre, so gesehen, die Geburt des Menschen.

Schauen wir zurück in das mythische Denken anderer Völker, so steht im Hintergrund vieler Überlieferungen von den Heimats-, Herkunfts- und Geburtsorten des Menschen etwas Elementareres, nämlich weit überwiegend die Erde als Terra Mater, z.B. bei den Griechen Gaia, als uranfängliche Mutter aller Wesen. Höhlen waren die Geburtsstätten von Göttern oder Menschen, das Erdreich ihr Stoff (Adam), mit ihren Quellen nährt die Mutter Erde ihre Kinder, schon die frühesten bekannten Felsritzungen von Eiszeitjägern in Höhleneingängen stellen neben anderen magischen Zeichen unverkennbar weibliche Vulven dar, z.B. in Höhlen der Dordogne, Frankreich[565]. Durch viele Jahrtausende müssen Traditionen von solchen Eingängen zum Schoß der Mutter Erde in den verschiedensten Kulturen fortgelebt haben, so z.B. die Zeus-Höhle auf Kreta, u.v.a. Die Ostkirche bewahrte dieses Bild auch von der Christgeburt. Ein Traum aus unserer Sammlung (Nr. 12) veranschaulicht sehr klar, daß die Erde selbst eine Art Mutterleib ist. – Wenn wir einen geliebten

---

[564] 1. Moses 3, 23
[565] s. Kap. Steine

7. DAS KIND

Toten in die Erde betten, kann uns der uralte Mythos von der Mutter Erde tröstlich zu Bewußtsein kommen.

Ein anderer, weltweit verbreiteter Herkunfts-Glaube ist der von der Herkunft der Kinder aus dem Wasser. Die Vorstellung vom Wasser als Quelle allen Lebens ist natürlich, sie ist eine Ur-Erfahrung aller Lebewesen, und sie ist zeitlich gesehen viel älter als der Mensch. Das Element „Wasser" taucht auch sonst in Schwangerenträumen auffallend häufig auf und ist ausführlich in einem eigenen Kapitel behandelt. Der Mythos von der Herkunft der Kinder aus dem Wasser hat sicherlich auch ganz konkret mit dem Fruchtwasser zu tun, in dem der kleine Fetus schwimmt. Wieviele Kinderbrunnen, Kindlebäche, Kinderseen mag es auf der Welt geben? Gewiß unzählige, dazu gehören z.B. der Titisee und der Mummelsee im Schwarzwald[566]. – Auch die Geschichte vom Storch, der die Kinder aus dem Kinderteich holt, hat sehr alte Wurzeln und ist in vielen Ländern beliebt.

Hier wollen wir einen merkwürdigen Traum anschauen, der mir für das Thema „Herkunft der Kinder" grundlegend und überaus bezeichnend zu sein scheint.

Die Träumerin ist 31 Jahre alt, verheiratet, bislang ohne Kinder. Obwohl unerwartet, akzeptiert sie die Schwangerschaft gern. Das Datum des Traumes ist unbekannt. Ein gesundes Kind kam zur Welt. Die Träumerin lebt in Südamerika, in der Neuen Welt also, was für diesen Traum nicht unwichtig scheint. Ihr Traum lautet, am Anfang leicht gekürzt:

Traum Nr. 123:

> *On high I can see an old ship – a caravelle approaches an ancient European city through a very narrow river whose waters are very profound and murky. The river is so narrow that I think the ship has just one direction to keep going on further and further, with no chance to move back.*
> *It's silent, gloomy and mysterious. Reaching a harbor, the ship comes alongside. There are ancient houses along the river's borders, narrow and high like in Holland or Denmark.*
> *The mystery continues. Now I'm on the anchored ship. Someone gives me a white-covered book and tells me I should write a title on it. I wish to open it, but I am deeply afraid. I look again to the white cover. Now it shows a title in golden letters: „The world of Children's Subconscious Waters" or „The world of Children's Waters' Subconscious".*
>
> *Ich sehe von fern ein altes Schiff – eine Caravelle nähert sich einer alten europäischen Stadt durch einen sehr engen Fluß, dessen Wasser tief und*

---

[566] manche mit „Kind-" zusammengesetzten Flurnamen rühren jedoch von der Stelle eines verschwiegenen Kindsmords her

schlammig ist. Der Fluß ist so schmal, daß ich denke, das Schiff kann nur in einer Richtung fahren und hat keine Möglichkeit umzukehren. Es ist still, dunkel und geheimnisvoll. Das Schiff erreicht einen Hafen und kommt seitlich herein. Am Ufer des Flusses sind alte Häuser, schmal und hoch wie in Holland oder Dänemark.

Das Geheimnis geht weiter. Nun bin ich auf dem Schiff. Es hat Anker geworfen. Jemand gibt mir ein weiß eingebundenes Buch und sagt zu mir, daß ich einen Titel darauf schreiben soll, aber mich hat eine tiefe Angst ergriffen. Ich schaue noch einmal auf den weißen Einband. Jetzt zeigt er einen Titel in goldenen Buchstaben: „Die Welt des unbewußten Wassers der Kinder", oder „Die Welt der Kinder des Wassers des Unbewußten".

Unser Traumbild zeigt das alte Muttersymbol des Wassers. Es ist ein schmaler Fluß. Der enge Durchlaß erscheint wie ein Bild für den mütterlichen Geburtskanal. Es gibt keinen Weg zurück. Das Wasser ist tief, dunkel und schlammig.

Das still und unumkehrbar heranfahrende Schiff ist wiederum ein Muttersymbol, denken wir nur an den Schiffs-Bauch und seine tragende Eigenschaft. Dieselbe Symbolik haben wir auch im Wort „Kirchenschiff". Zur Symbolik des Schiffes möchte ich noch an das alte deutsche Weihnachtslied „Es kommt ein Schiff, geladen bis an sein höchsten Bord, trägt Gottes Sohn voll Gnaden, des Vaters ewigs Wort", sowie an das englische Christmas carol vom „Sailing Ship" erinnern: ein Schiff trägt die Heilige Familie mit dem Kind sicher ans Land.

Unser Traum-Schiff könnte man ein Lebensschiff nennen, im Gegensatz zum Totenschiff, das nach germanischem Glauben die Abgeschiedenen ins Meer hinaustrug[567]. Auch die Sonnenbarke der Ägypter ist ein Lebens-Schiff durch das Nachtmeer des Todes, und ein Lebens-Schiff ist auch die Arche Noah. Das „Schiff" ist in fast allen Beispielen ein Symbol des Getragenseins bei einem gefährlichen Übergang. In unserem Traum fährt ein Schiff langsam, aber unaufhaltsam herein zum Land der Lebendigen, wohlgemerkt in der Alten Welt („Holland oder Dänemark"). Das ganze Bild scheint auf ein rein weiblich-mütterliches Geschehen in großer Tiefe hinzudeuten, auf ein Geheimnis der Schwangerschaft.

Ausdrücklich betont nun die Träumerin: „Das Geheimnis geht weiter," sie befindet sich nach dem Anlegen nun selber auf dem Schiff, und die mystische Atmosphäre umgibt sie auch hier. Irgend jemand überreicht ihr ein weiß eingebundenes Buch mit der Aufforderung, einen Titel auf den leeren Buchdeckel zu schreiben. Sie will es öffnen, wagt es aber nicht. Eine plötzliche Furcht hat von ihr Besitz ergriffen: Der Inhalt des Buches, dessen Titel sie schreiben soll, könnte, so fühlt sie plötzlich, etwas Erschreckendes sein.[568]

---

[567] Martin Ninck, Wotan und germanischer Schicksalsglaube, S. 137, 210

7. DAS KIND

So hat also ihr Traum-Ich sehr wohl ein ahnendes Verstehen von der unergründlichen Tiefe, in der sich dieses Geschehen abspielt, das aber so rätselvoll ist, daß jeder vorschnelle oder unwissende Gedanke die Gefahren des Abgrunds, des Todes heraufbeschwören könnte. Hier kann nichts „gewußt" oder schon formuliert werden, die menschliche Sprache reicht kaum hierher. Sie befindet sich nahe am archetypischen Bereich, „im Unbetret'nen, nicht zu Betretenden", und dieser weiße Buchdeckel ist im wahren Sinne ein noch unbeschriebenes Blatt. Er enthält vielleicht einmal die Überschrift über das Schicksal ihres Kindes, dem sie unter keinen Umständen vorgreifen kann. Seine viereckige Form könnte auf die Nähe zum Selbst hinweisen. Darum zögert sie in einem so tiefen Erschrecken, als stünde sie vor einem Abgrund, und öffnet das Buch nicht.

Vielleicht gerade deswegen, weil sie diese Lage begriffen hat, erscheinen jetzt goldene Lettern auf dem Buch, das sich somit deutlich als ein „Goldenes Buch", als ein Buch des Lebens erweist. Sie kann beim nochmaligen Blick auf den Einband nun einen rätselvollen Titel erkennen: *„Die Welt der Wasser des Unbewußten der Kinder"*, oder *„Die Welt der Wasser der Kinder des Unbewußten"* – eine Folge von Worten, die nicht logisch verknüpft sind, ein Inhalt also, der wohl logisch in keiner Weise ausgedrückt werden könnte. Aber das Gold der Buchstaben deutet auf einen höchsten Wert. – Ich denke, daran ist weiter nichts zu deuten, mehr erfahren wir nicht, sondern es handelt sich um das alte Bild der „Wasser des Unbewußten", welches das Geheimnis der Herkunft und damit auch des Wesens der Kinder mit goldenen Lettern als etwas äußerst Kostbares charakterisiert, aber keineswegs enthüllt.

Wäre es abwegig zu fragen, diese „Welt der Wasser der Kinder des Unbewußten" oder „Die Welt der Wasser des Unbewußten der Kinder" sei vielleicht das Neue und Lebendige, jenes so sehr gesuchte Lebenswasser, das in die „Alte Welt", die überalterte Welt Europas, mit jedem neuen Kind neu einfließen muß? Dieser Traum drückt in seiner Atmosphäre, vor allem in seinem fast unverständlichen Schluß etwa dasjenige aus, worauf ich auch oben mit dem Hölderlin-Zitat hinweisen wollte, nämlich: Vom Geheimnis der „Herkunft" der Kinder wird der Schleier nicht gelüftet, sie bleibt ein Geheimnis, und dies gilt auch im Zeitalter guter genetischer und biologischer Kenntnisse über die Entstehung der Leibesfrucht. Wie zur Zeit der Abfassung des Johannes-Evangeliums (im 1. Jh.) gibt es hier wohl keine andere Erkenntnis als diese: „So auch der Mensch: Du weißt nicht, von wannen er kommt und wohin er geht"[569].

Dies an einem Traum zu zeigen schien mir wichtig, denn es geht wie bei wirklichen Kindern auch bei Träumen vom Kind jeweils in erster Linie um die Auffassung eines Neuen, wirklich Unbekannten, und um eine adäquate Ein-

---

[568] auf das Thema der Gefährdung des Kindes werden wir weiter unten eingehen
[569] Joh. 3, 4

stellung dazu. Zugleich aber ist bei seinem Herannahen auch oft etwas Uraltes erkennbar, etwas, das ist, „wie es immer war".

Um bei den „Elementen" fortzufahren: Viel seltener sind Träume vom Ursprung der Kinder aus der Luft, auch in den Überlieferungen taucht dieses Bild kaum auf. Dem Wind allerdings, der „weht, wo er will", wurde zugetraut, Befruchter und Erzeuger zu sein. Eduard Mörike verwendet diese Vorstellung in einem reizenden Gedicht, das mit dem Vers endet: „Da kam der Wind, da nahm der Wind als Buhle sie gefangen, von dem hat sie ein lustig Kind in ihren Schoß empfangen." Tatsächlich trägt der Wind viele Samen weiter. Man kann die Vorstellungen vom himmlischen Ursprung der Kinderseelen auch hierher rechnen. Ich erinnere auch an die Taube des Heiligen Geistes, der Maria schwanger machte. In unserer Sammlung befindet sich ein Traum von einem Vogel (Adler), der ein Kind im Schnabel bringt, also im weiteren Sinne aus der Luft. Er wurde im Kapitel Vögel bearbeitet. Seltener sind Träume oder Vorstellungen vom Element des Feuers als Ort der Geburt. Eine Geburt aus dem Feuer wird mythologisch nur Göttern zugeschrieben, so dem indischen Feuer- und Lebensgott Agni. Auf die spirituelle Eigenschaft des Feuers deutet das Ausglühen des kleinen Demophoon durch die Göttin Demeter, die das Kind dadurch göttlich machen wollte.[570]

Wenn Feuer als Symbol oft gleichbedeutend mit Geist, gr. pneuma, ist, wie in Kapitel Feuer beschrieben, so verstehen wir besser die rätselvollen, schon oben angeführten Worte Jesu von der (Wieder-)Geburt des Menschen „aus Wasser und Geist" (Joh. 3, 3): Es müssen polar gegensätzliche Welten zusammenkommen, um einen „neuen Menschen" zu machen. Dies wird im katholischen Osternacht- und Taufritus symbolisch dargestellt, wo eine brennende Kerze in das Weihwasserbecken gesenkt wird, also Feuer und Wasser sich sinnbildlich vereinigen sollen. Insofern spielt in der christlichen Symbolik auch das feurige Element eine große Rolle für die Menschwerdung.

Das größte und zentrale Feuerbild ist die Sonne als Ursprung allen Lebens. Mythologisch führten viele Volksstämme ihre Herkunft auf die Sonne zurück. Der Häuptling, oder sogar alle Stammesmitglieder, waren „Kinder der Sonne". Man versuche einmal von fern das Lebensgefühl zu erahnen, das damit verbunden sein könnte (Beispiel Indianer!).

Eine Frau träumte in einer ungeplanten, dritten Schwangerschaft, die gesundheitlich problematisch anfing und sie in Sorge versetzte, ob sie eine Abtreibung vornehmen lassen müßte:

---

[570] Karl Kerényi, Die Mythologie der Griechen, S. 230 f. Die feurigen Prozesse im Sinne der Alchemie, deren Endprodukt auch mit „Sohn" bezeichnet wurde, kann man als Läuterungsprozesse verstehen, deren Ziel eine Reifung des Menschen ist, ein neues „Kindsein", das nichts Kindliches bedeutet. Dies würde mit dem Wort Jesu übereinstimmen: So ihr nicht werdet wie die Kinder (Matth. 18, 3). Jung fügte hier hinzu, es heiße aber nicht „Kinder sein", sondern „Kinder *werden*".

7. DAS KIND

Traum Nr. 124:

In one of the most impressive dreams of my life I dreamt of a single image of a baby boy sitting in sunlight on a dirt road, playing in the sand. He was big, healthy and blue-eyed. A voice whispered in the dream: „This is the child". My husband and I were overwhelmed with joy. – (I felt the decision to carry was made on the ground of my being – and, yes, it was a big, healthy blue-eyed boy.)

In einem der eindrucksvollsten Träume meines Lebens träumte ich ein einziges Bild von einem kleinen Knaben, der auf einer schmutzigen Straße in der Sonne saß und im Sand spielte. Er war kräftig, gesund und blauäugig. Eine Stimme flüsterte im Traum: „Das ist das Kind!" K. (mein Mann) und ich waren überwältigt von Freude. – Ich fühlte, die Entscheidung zum Austragen des Kindes war am tiefsten Grund meines Wesens geschehen – und, ja, es war ein großer, gesunder und blauäugiger Knabe.

Hier sind zwei gegensätzliche Elemente einander gegenübergestellt: Die Strahlen der Sonne auf dem Kind, und die schmutzige Straße, Sinnbild des Erdenstaubs. So haben wir eine Erscheinung, als ob die Sonne gleichsam als aussendende Schutzmacht das Erdenspiel des Kindes begleitete. – Lapidarer könnte das Sein des Kindes (und, im glücklichen Fall, des Menschen überhaupt) nicht definiert sein: im Schein der Sonne beschäftigt mit der Erde, unbekümmert um Schmutz und Staub. Es ist dies ein zutiefst ermutigendes Bild, und so faßte es die Träumerin auch auf. Sie verstand es als eine in der Tiefe ihres Wesens bereits vollzogene Entscheidung für das Austragen des Kindes und gegen eine Abtreibung, eine Entscheidung, die ihr Bewußtsein sofort übernahm und wahrmachte. Tatsächlich gebar sie einen gesunden, blauäugigen Knaben.

Der Traum Nr. 124b wurde von einer 35-jährigen verheirateten Lehrerin geträumt, im 8. Monat, die Schwangerschaft war erwünscht.

My husband and I were in the bed room, in the dark. The door opened and a boy ran in the room. He was tall, lean. He crossed the room, he was the expression of life! He was lit by a sunbeam. We were bewildered!

Mein Mann und ich waren im Schlafzimmer, es war dunkel. Die Tür öffnete sich und ein Knabe rannte in das Zimmer. Er war groß, schlank. Er ging durch den Raum als Sinnbild des Lebens! Er war hell beleuchtet von einem Sonnenstrahl. Wir waren ganz verwirrt!

Die Träumerin gibt selbst eine Interpretation: Der schlanke Knabe war „der Ausdruck von Leben". Auch hier ist das Auffallende an dem schönen Bild der Sonnenstrahl, der das Kind im Dunkel der Nacht zur Erscheinung bringt. Er kann nicht von der realen Sonne stammen, denn es ist Nacht. Man könnte auch hier sagen, dieser Sonnenstrahl sei ein Bild für das Aufscheinen von

Licht und Wärme, welches, von einem unsichtbaren Zentrum ausgehend, an Kindern manchmal aufleuchtet, als stammten sie von dort.

Ein Bild aus der Natur wäre auch der Baum, der mythologisch ebenfalls als Geburtsstätte von Kindern angesehen wurde, und es gibt viele Geschichten vom mütterlichen Baum, sogar auch vom verschlingenden Baum[571]. Wir besitzen kein Beispiel einer Geburt direkt aus dem Baum, ein schönes Beispiel des Baumes als hilfreiche Geburtsstätte ist aber Traum Nr. 37 im Kapitel Baum.

Recht vielfältig kommen in Träumen, ebenso wie in Mythen und Märchen, bestimmte Körperregionen vor, aus denen heraus Kinder geboren werden. Jeder kennt z.B. die Geschichte von der Geburt der Athene aus dem Kopf des Zeus, und zwar mithilfe eines wuchtigen Axtschlages von Hephaistos, dem Schmiedgott, der hier Hebammendienste tut. Eine solche Geburtshilfe war der kriegerischen Tochter angemessen, sie verkörpert ja die kämpferische Seele des Vaters, welche, „sogleich bekleidet mit schimmernder Rüstung", dem Haupte des Vaters entsprang.

Der Gott Dionysos wird dagegen aus dem Schenkel des Zeus entbunden, wohin er zur Ausreifung hatte gebunden werden müssen, nachdem seine Mutter, die Königstochter Semele, vom Anblick des göttlichen Liebhabers in Flammen aufgegangen war. – Schier unerschöpflich war die bilderschaffende Phantasie der Griechen beim Gestalten solcher beziehungsreicher Geschichten, aber ähnlich farbig bildet noch immer das Unbewußte fast aller Menschen Lebensprozesse wie Schwangerschaft und Geburtsvorgänge in Träumen ab!

Die Träumerin des nächsten Traums ist 24 Jahre, geträumt im 7. Monat der ersten Schwangerschaft, Geburt eines gesunden Kindes, zur Zeit des Traumes bestanden jedoch gesundheitliche Probleme. Der Ursprung des Kindes sieht hier so aus:

Nr. 125.

> *My child is born out of my left ear. It is painless for me and the baby is healthy and normal.*
>
> *Mein Kind wird aus meinem linken Ohr geboren. Es ist schmerzlos für mich, und das Baby ist gesund und normal.*

Die leichte und schmerzlose Geburt „aus dem Ohr" könnte neben einem gewissen kompensatorischen, beruhigenden Aspekt (hab keine Angst, alles wird gut gehen) hier die Bedeutung haben, daß für diese Frau das Hören von besonderer Fruchtbarkeit ist. Das Ohr ist die Eingangspforte für etwas, das sich in ihr weiterentwickelt hat und nun ans Licht kommt – eben die „Frucht des Hörens", und deshalb ist das Kind auch „gesund". Hören heißt auch Ge-

---

[571] Jung, GW 5, § 367 f, s. auch Kap. Baum

7. DAS KIND

horchen: das Traumbild erinnert an ein altes Gemälde von der Verkündigung an Maria, wo das Gotteswort oder der Heilige Geist – dargestellt als eine goldene Linie – vom thronenden Gottvater über die Taube genau in das Ohr der knienden Maria trifft. Ihre Antwort war: Mir geschehe nach deinem Wort, und sie gebar.

Auch das Wort „Vernunft" kommt ja von vernehmen, hören. Aus dem Hören kann im Menschen etwas entstehen, kann sich etwas entwickeln. Mich dünkt der Traum deshalb sehr positiv. Ob er auf das konkrete Kind, oder auf ein geistiges Kind Bezug nimmt, ist kaum zu entscheiden. Aber da er in der Schwangerschaft geträumt wurde, darf man ihn getrost auch darauf beziehen.

Eine Reihe von Schwangeren-Träumen enthält das Motiv des häßlichen oder ungeeigneten Platzes, an dem das Kind zur Welt kommt oder wo es gefunden wird. Dazu gehörte auch der Traum vom Kind auf der schmutzigen Straße (Nr. 123). Wir wenden uns nun weiteren Träumen von der oft beschwerlichen Ankunft des Kindes auf der Erde zu:

Nr. 126, wiederum von unserer spanischen Träumerin

The baby is born, in an odd place, perhaps here, at the ground floor of home. He is in the cradle, dressed, he nearly speaks to his Dad, he is healthy. We (husband, first child E., he and me) go by car for a trip to „England" (a big store, where I use to forget time and everything, sometimes I buy useless things). The car is full, I have to feed the baby, my breast is full, and I have hardly place to do it ...

Das Baby ist geboren, an einem ungeschickten Platz, vielleicht hier, zuhause auf dem Boden Er ist in der Wiege, angezogen, er spricht fast schon mit seinem Papa. Wir (Ehemann, Tochter E., das Baby und ich) fahren zu einem riesigen Warenhaus, wo ich oft die Zeit und alles vergesse und manchmal unnütze Sachen kaufe. Das Auto ist überfüllt, ich muß stillen, mein Brust ist voll, aber ich habe kaum Platz dafür ... (Fortsetzung dieses Traums und seine ausführliche Deutung im Kap. „Baum")

Hier ist die typische Situation des ungeeigneten Platzes für die Geburt und mannigfacher Bedrängnisse für Mutter und Kind dargestellt (Enge im Auto, massenhaftes Warenangebot im Kaufhaus, Milchdrang in den Brüsten, kein Platz zum Stillen).

Bedrängnis bei und nach der Geburt ist ein archetypisches Bild, das uns auch im Bericht von der Christgeburt entgegentritt und das an die tiefsten Wurzeln menschlicher Erfahrung rührt: „Sie hatten keinen Raum in der Herberge" – es muß wohl so sein, daß mit der Geburt des Menschenkindes zwei gegensätzliche Welten zusammenstoßen – eine geistig-seelische und eine harte, verwirrende, irdische, oder wie immer man sie nennen mag – es kommt fast notwendig zu einer Bedrängnis, und sehr oft zu einer Gefährdung.

Bild 50 Die Geburt, Piero della Francesca (1439-1492)

Im obigen Traum geschah die Geburt unmittelbar auf dem Boden, ein Ort, der, konkret genommen, bei guter Vorbereitung heute wieder öfters erfolgreich praktiziert wird. In unserem Traum hingegen ist die Geburt auf dem Boden durchaus nicht geplant, sondern sie wird „odd", dumm und ungeschickt, genannt, jedoch ist das Kind gesund und entwickelt sich schnell[572]. Aber im Weiteren wiederholen sich alle möglichen Bedrängnisse für die Frau, so als habe sie für die Geburt und das Kind eigentlich fast keinen Platz in ihrem Leben!

Interessanterweise ist jedoch der obige Anfang nur der Auftakt zu einem langen und ausführlichen Einweihungstraum, in dessen Verlauf die Frau an eine große Entwicklungsmöglichkeit herangeführt wird – offenbar gehört der schwierige Anfang dazu! Das Kind, das Neue auch in der Frau, muß sich zuerst mühsam und von ganz unten heraufarbeiten.

---

[572] das ungewöhnlich schnelle Wachstum und entsprechende wunderbare Fähigkeiten des Neugeborenen sind ebenfalls archetypische Bilder und werden von etlichen Helden- und Götterkindern erzählt, z.B. von Hermes, Herakles u.a.

7. DAS KIND

Man könnte sagen, es paßt dazu auch das Bild vom konkreten „Grund und Boden" als Ort der Geburt. Nur so kann ich mir zahlreiche alte Darstellungen der Christgeburt erklären, wo das kleine Jesuskind entgegen dem Text des Weihnachtsevangeliums nackt und bloß auf dem Stallboden, auf der Erde oder auf ein bißchen Stroh vor der knienden Maria liegt. Es muß bei diesen Darstellungen ebendiese Aussage des *niederen Ortes* („odd place") gemeint sein, das Ankommen Jesu auf der harten, wirklichen Welt, eine Bildaussage, die eine archetypische und daher zwingende ist. Auch die Gegenwart der Tiere, der dürftige Stall oder die finstere Höhle sind ähnlich grundsätzliche Ankunftsbilder des Menschen-(und Gottes)-Kindes.

Erstaunlich sind manchmal die kompensatorischen Impulse des Unbewußten, wenn die konkreten äußeren oder inneren Umstände für die Ankunft des Kindes sehr ungünstig sind, wenn z.B. (wie im folgenden Fall aus dem Kommentar ersichtlich) der Vater des Kindes, die Mutter der Schwangeren und fast die ganze übrige Familie einer Geburt strikt ablehnend entgegenstehen. Nur die Träumerin allein wünschte sich ein Kind – eine äußerst schwierige Situation! Ihre erste Schwangerschaft hatte mit einer Abtreibung aus Gesundheitsgründen geendet. Sie hatte auch in der zweiten Schwangerschaft schwerste gesundheitliche Probleme und mußte dann mit Kaiserschnitt entbinden. Sie träumte aber:

Traum Nr. 127:

I dreamed of a little girl who told me she loved me. She told me I should do her no harm. (That child resembled greatly my expected daughter G.)

Ich träumte von einem kleinen Mädchen, die zu mir sagte, daß sie mich liebte. Sie sagte, ich solle ihr kein Leid tun. (Dieses Kind sah meiner erwarteten Tochter G. sehr ähnlich.)

und Traum Nr. 128:

I was going to live alone near G's father's house. From afar he watched me, ever afraid to come closer. I was doing G's room. Her bed looked like Jesus' straw cradle.

Ich schickte mich an, allein in der Nähe von G.s Vaters Haus zu wohnen. Er beobachtete mich von fern und scheute sich, näher zu kommen. Ich richtete G.s Zimmer her. Ihr Bett schaute wie die Strohkrippe des Jesuskindes aus.

Es scheint, als ob das Unbewußte dieser jungen Frau trotz größter Hindernisse ganz auf Seiten der Schwangerschaft steht und sie vom Grund ihrer Seele her dafür stärken will. Das kleine Mädchen kann als ein Selbstbild in Gestalt des Kindes aufgefaßt werden, das bereits eine innige Beziehung zu ihr als Mutter kundgibt. Diese Liebe von ihrem lebendigen seelischen Zentrum her gibt der Träumerin den nötigen Rückhalt, sich gegen den Druck von außen zu wehren, denn das „Kind", dessen Mutter sie wird, zeigt ihr in dieser Phase etwas wie ihre Selbst-Verwirklichung.

Im Traum Nr. 128 trifft der ich-nähere Teil, das Traum-Ich, alle Vorbereitungen, um dem Kind seinen angemessenen Raum zu bereiten. Das Unbewußte sieht einen religiösen Sinn in dieser Geburt, angedeutet in der Ähnlichkeit des Baby-Bettchens mit der Strohkrippe des Jesuskindes, wobei zu beachten ist, daß es das Unbewußte der Schwangeren ist, das den Vergleich mit Jesu Krippe zieht – wäre der Gedanke ihr bewußt aufgestiegen, so wäre vielleicht anzumerken, daß sie sich ein wenig vor allzu erhabenen Erwartungen an ihr wunderbares Himmelskind hüten müßte ... Nun kam aber das Bild unter dem Eindruck sehr widriger realer Umstände rein aus ihrem Unbewußten zustande, und so kann der Traum kompensatorisch verstanden werden, kann Trost und Ermutigung sein.

Traum Nr. 129,[573] ein späterer Traum von ihr, drückt Ähnliches aus:

Two days before G. was born I dreamed that Francis of Assisi was blessing me and her.

Zwei Tage bevor G. geboren wurde träumte ich, Franz von Assisi segnet mich und sie.

Hier wird noch klarer, wie ihre Einstellung zum Kind und zu ihrem Schicksal vom Unbewußten her empfunden und ausgedrückt wird: Die Welt wird gegen dich stehen, du wirst arm und allein sein, aber der Heilige Franziskus, der die Armut liebt, segnet dich und dein Kind – d.h. die schlimme Lage steht unter seinem Segen und sie kann dir letztlich nichts anhaben.

Allgemein führt das Wachsen des Kindes im Körper der Frau zu einer natürlichen und im Fall einer gewünschten Schwangerschaft meist als wohltuend empfundenen Wendung nach innen, in eine vorher so nicht erfahrene Introspektion. Ahnungen und echte Visionen sind nichts grundsätzlich anderes als Träume, sie sind Äußerungen der unbewußten Psyche, wenngleich im Wach- (oder Halbwach-)zustand erfahren. Allerdings wird es immer schwieriger, in einer von Studium oder Beruf geprägten und notwendig nach außen orientierten, extravertierten Einstellung, wie sie heute von Frauen und für Frauen gefordert sind, die Kraft und Flexibilität aufzubringen, um auch einem zeitweiligen Rückzug aus dem geschäftigen Treiben stattzugeben und Gedanken und Gefühle mehr um das Kind kreisen zu lassen. Positive Phantasien der Frau bereiten etwas wie eine wärmende Hülle für das Kind vor. Allzu feste Erwartungen oder negative Phantasien wirken sich dagegen destruktiv aus und dürften die Freiheit seiner Entwicklung einschränken.

[573] Siehe Nr. 121 im Kap. Mann

7. DAS KIND

Manchmal erzwingt die Schwangerschaft selbst durch eine gewisse Dauermüdigkeit ein „abaissement du niveau mental" und damit mehr Möglichkeit zur Introversion. Eine solche war wohl früher leichter mit den Tagesaufgaben zu vereinen, als junge Frauen oder Mädchen mehr mit Routinearbeiten wie Handarbeiten oder Kochen beschäftigt waren, die zeitweilig ein gewisses Abschalten und Tagträumen erlaubten. Im heutigen Berufsleben, in Hektik und Verkehr, ist Derartiges nicht oder kaum möglich, es sollte aber wieder mehr ins allgemeine Bewußtsein rücken, welch gewaltige hormonale und geistig-seelische Umstellung eine Schwangerschaft für jede junge Frau bedeutet. Dafür braucht sie durchaus Zeit und Ruhe, andererseits soll die Schwangerschaft als „normale Zeit", nicht in übertriebener Schonung, verbracht werden.

Trotz Hektik gibt es aber auch heute nicht selten vorauswissende Träume und Ahnungen während der Schwangerschaft, manchmal z.B. vom Geschlecht des Kindes (vielleicht werden sie mit der Verbreitung der Sonographie seltener!?). Solche seelischen Erfahrungen „stimmen" auffallend oft, wenn auch keineswegs immer. Jene Träumerin, die „vom Heiligen Franziskus gesegnet wurde" (Nr. 129) erzählt im Kommentar, alle Leute hätten ihr einen Buben vorausgesagt, sie aber sei sicher gewesen, daß es ein Mädchen sei – „for I could feel what was inside me" – sie konnte fühlen, was in ihrem Bauch war (was sich auch bewahrheitete). Symbolisch gesehen war wohl dieses Kind auch das eigene weibliche Wesen, das sie in sich wachsen fühlte.

Ähnlich verhält es sich im Traum Nr. 130:

Die Schwangere hört eine Stimme, die in bestimmtem Tone sagt: „You are going to have a girl" – du wirst ein Mädchen haben.

Worauf die Träumerin die schon begonnene Suche nach einem Bubennamen noch im Traum (und ebenso im Wachzustand) sofort aufgibt. Der Traum behielt Recht.

Traum Nr. 131, 4. Monat:

I look down at my bare stomach. At first I think I see the baby's foot pushing against the inner wall and pushing outward. As I look closer I realize that I can see the outlines of the baby's face on my skin – the eyes, nose and mouth. It's about 3 inches long and so new and young. The eyes are closed. I'm amazed and deeply moved.

Ich schaue hinunter auf meinen nackten Bauch Zuerst denke ich, es ist der Fuß des Babys, der gegen die innere Wand stößt und sie nach außen drückt. Wie ich genauer hinsehe bemerke ich, daß ich die Umrisse des Gesichts des Kindes auf meiner Haut sehen kann – die Augen, Nase und Mund. Es ist etwa 6-7 cm lang, und so neu und jung! Die Augen sind geschlossen. Ich bin verwundert und tief bewegt.

Der Traum weist auf eine liebevolle Einwärtswendung (Introversion), die einen Blick in das Wesen des Werdenden ermögliche.

Es ist ein bekanntes Phänomen, daß Schwangere im Traum oder auch im halbwachen Zustand einen Namen für ihr Kind erfahren, ihn hören oder einfach wissen. Sie bestehen meistens unbedingt auf diesem Namen, so wie der alte Zacharias, der Vater des Täufers Johannes, der auf diesem Namen bestand, obwohl die Familie ihn ablehnte.[574]

Nr. 132. Zum Thema des unerklärlichen Wissens des Unbewußten erreichte uns noch folgende nachdenklich stimmende Mitteilung einer Psychotherapeutin:

Von einer Frau wurde mir erzählt, daß sie im 2. Monat ihrer 2. Schwangerschaft unvermittelt und deutlich in Schwarz(weiß) zu träumen begonnen hatte, d.h. keine Farben mehr in ihren Träumen auftraten. Kurze Zeit später stellte der Arzt den Tod des Kindes (Fetus) fest. Dasselbe wiederholte sich in der vierten Schwangerschaft, die ebenfalls mit einem Abort endete.

Dieser Schwangeren war aufgefallen, daß plötzlich alle Farben aus den Träumen verschwanden, noch ehe sie irgend etwas vom Tod des Fetus wußte. Farben sind Lebenszeichen. Es ist nicht auszuschließen, daß subliminale (unmerkbare) Veränderungen[575], z.B. in den Stoffwechselprozessen der Gebärmutter, auf die Träume Einfluß hatten – aber es ist beeindruckend, auf welch klare Weise hier das Unbewußte sich ausdrückt – es „trägt Trauer", als das Leben erloschen ist.

Ob es eine gleiche oder ähnliche Beobachtung an anderer Stelle gibt, ist mir nicht bekannt.

Auffallend oft erleben Schwangere in ihren Träumen vom Kind furchtbare Bedrohungen und Gefährdungen, die teils ihnen, teils dem Kind gelten. Wir haben in fast allen Kapiteln solche Träume schon behandelt. Sie sind für schwangere Frauen besonders erschreckend, wenn sie sich auf das Kind beziehen. Fast alle Menschen haben zwar schon einmal erlebt, daß vor einem wichtigen Ereignis ihre Träume ein krasses Mißlingen darstellten (welches aber dann keineswegs eintreten mußte – man fällt z.B. im Traum durch die bevorstehende Prüfung, man versäumt den Zug zu einem wichtigen Termin usf.), und gleich hat man das Gefühl eines „schlechten Vorzeichens". Um wieviel mehr können aber Schwangere durch schlimme Träume beängstigt werden! Solche Träume besser zu verstehen und evtl. mit weniger Angst zu erfahren, dazu möchte unsere Untersuchung einen Beitrag leisten.

---

[574] Lukas 1, 5 ff
[575] GW 9/I, § 747: „... wir wissen für sicher, daß das Unbewußte subliminal wahrnimmt..."

7. DAS KIND

Ich glaube nicht, daß die heute weitverbreiteten kollektiven Zukunftsängste der Hauptgrund dafür sind, daß in Schwangerenträumen gerade beim „Motiv des Kindes" manchmal so grauenvolle Bilder erscheinen. Freilich tragen diese Ängste viel zur Verunsicherung von Schwangeren bei, was sich zweifellos auf das Traumleben auswirken kann. Tatsächlich stellen aber Träume mehr die jeweils „andere" Seite dar, sie kompensieren das Bewußtsein. Bilder von Gefahren und Tod gab es merkwürdigerweise gerade im Zusammenhang mit Geburt und Kindheit in guten wie in schlechten Zeiten und überall, ja, es sieht fast so aus, als ob die Gefährdung und der drohende Untergang ebenso zum „Bild" des kleinen Kindes gehören wie das Glück des Neuanfangs.

Konkret genommen waren Geburt und Tod in früheren Zeiten eng benachbart. Aber auch wenn wir die Sagen, Märchen und mythische Vorstellungen, also das kollektive Denken und Träumen der Völker und Kulturen prüfen, so treffen wir gerade bei Geburts- und Kindgeschichten überdurchschnittlich oft auf äußerste Verlassenheit und tödliche Gefährdungen. Dies scheint etwas Grundsätzliches und fast Selbstverständliches zu sein. Ganz besonders und stellvertretend für alle steht unter diesem Schicksal das besondere Kind, das Helden- oder Götterkind. Eine solche Gefährdung wurde z.B. vom Moses- und vom Krishna-Kind, vom Zeus-, Dionysos- und vom Hermes-Kind erzählt, und sie fehlt auch nicht beim Bericht des Evangelisten Matthäus vom Jesuskind.[576] „Die Gefährdung des Kindes" ist archetypisch.[577]

Was ist es, oder, mythologisch ausgedrückt, *wer* ist es, der sich dem Wachsen des Kindes hindernd in den Weg stellt? Sichtbar wird aus den Mythen überwiegend die Feindschaft des bisherigen Herrschers gegenüber seinem potentiellen Nachfolger (Freud wurde von dieser unübersehbaren Dynamik zur Setzung des „Ödipus-Komplexes" angeregt), so sehr andererseits eine Verjüngung notwendig und kollektiv immer ersehnt ist.

Hier spielen (merkwürdig oft!) gewisse Orakel oder Weissagungen, psychologisch gesehen sehr feste, oft negative, vorgefaßte Vorstellungen und Meinungen eine auslösende Rolle, wie wir sie aus den Geburtsorakeln der Perseus- und der Ödipus-Sage und wiederum nicht zuletzt aus dem Bericht des Evangelisten Matthäus kennen[578]: war es nicht der verhängnisvolle Hinweis der Weisen aus dem Morgenland: „Wo ist der neugeborene König der Juden?", der König Herodes eine negative Erwartung eingab und ihn aus Angst um seinen Thron zum Kindermord von Bethlehem trieb?!

In griechischen Sagen von den allerersten Göttern und Menschen begegnen wir durchgehend der erbitterten Feindschaft eines Ur-Vaters gegenüber seinen eigenen Kindern, die nur aufgrund der nimmermüden Ränke und

---

[576] Matth. 2, 16 f
[577] s. dazu vor allem C.G. Jungs ausführlichen psychologischen Kommentar zum Buch von Karl Kerényi „Einführung in das Wesen der Mythologie", Amsterdam 1941, 103 ff.
[578] Matth. 2, 2

Listen der jeweiligen Ur-Mütter (Rhea, Gaia) am Leben bleiben, um schließlich ein neues Geschlecht zu begründen: Die dominante männliche Macht ist es, die genau das nicht will – ein „neues" Geschlecht. Diese Art väterlicher Selbstverteidigung ist lebensverneinend, ihre Tragik wird fast überall deutlich.

Auch im Einzelleben kann der Vater im ungünstigen Fall für die Tochter so etwas wie der „alte König" sein, der sich dem Neuen, d.h. ihren eigenen, neuen Impulsen, übermächtig in den Weg stellt. Psychologisch ausgedrückt entwickelt sich auf diese Weise ein negativer Animus in der Frau, der sie von innen heraus als Frau, sowie alles Neue und Junge, das sie hervorbringt – also besonders ihre Kreativität – mit Ablehnung, Skepsis und Ironie bedroht. Der Geschlechterkampf ist oft mindestens ebenso stark wie außen ein inneres Problem, ein Kampf in der Frau selbst.[579]

Aber nicht nur dem archetypischen Bild des „alten Königs" begegnen wir im Mythos als Feind des Kindes, d.h. psychologisch: dem nur wenig oder gar nicht erneuerungswilligen herrschenden Bewußtsein, sondern mindestens ebenso oft weiblichen Gestalten, die dem Kind gefährlich nach dem Leben trachten oder die Schwangere am Gebären hindern. Es gibt zahllose Geschichten, in denen es um Bedrohung, um Töten oder Verschlingen durch eine wütende „Große Mutter" geht (z.B. die indische Kali, sogar Hera).[580] In den Volksmärchen hat man von je mit dem Bild der „Stiefmutter" oder der „Hexe" diese spezielle und häufige Gefahr für das Kind umschrieben. Meist wirkt diese Kraft heimlich und aus dem Hintergrund, sie steht weniger für das herrschende Bewußtsein als für die dunkle Seite des Mütterlichen, für unbewußtes Machtstreben, ungezähmte, bis ins Verschlingende reichende Leidenschaften, vor allem Eifersucht. Psychologisch können dies im Ganzen, wie beim Hexenproblem, kollektiv abgespaltene und im Unbewußten negativ aufgeladene Impulse sein.[581] Psychologisch ist oft die Wirkung ungebremster, überwältigender Mutterliebe ebenso gefährlich, wie man sprachlich am Ausdruck „Zum Fressen gern haben" sehen kann. Das ist die „Verschlingende Mutter". Nun gibt es offiziell keine Hexen mehr – doch scheinen die Gefahren für die Kinder nicht abgenommen zu haben, im Gegenteil, sie haben nur andere Formen angenommen (Egoismus und Unverträglichkeit der Eltern, Abtreibungen).

Im Mittelalter wurde hierzulande sehr das „Ver-Sehen" gefürchtet, ein schädlicher Eindruck auf die Schwangere durch ein plötzliches Erschrecken z.B. beim Anblick eines wilden Tieres, einer Feuersbrunst oder eines Unfalls, oder einfach durch die Wirkung des „bösen Blicks". Man glaubte sogar ganz

---

[579] Zur Frage der Ablösung des alten Königs siehe M.-L. von Franz, Psychologische Märcheninterpretation, S. 38 ff, und die Ausführungen über den Animus im Kap. Der Mann.
[580] s. unten im Kap. Mutter
[581] s. Gotthilf Isler, Die Überwindung der Hexe, u. Kap. Mutter.

7. DAS KIND

genau solche Wirkungen auf das Kind unterscheiden zu können, und man wußte auch Gegenmittel, z.B. Sprüche und Amulette. Sogar Gebrechen des Kindes wurden auf das „Ver-Sehen" der Schwangeren zurückgeführt. Auch in der neueren medizinischen Forschung werden pränatale Erlebnisse und Eindrücke auf den Embryo wieder ernstgenommen und berücksichtigt. Vielen Schwangeren ist heute wieder bewußt, daß ihr Kind hört und empfindet.

Die Angst vor irgendeinem Schaden beim Kind oder bei der schwangeren Frau war früher in ungleich höherem Maße begründet als heute: Die Sterblichkeit unter Säuglingen und Kleinkindern, auch diejenige der Mütter im Wochenbett, war erschreckend hoch. Ein Blick auf die Ahnentafel z.B. W.A. Mozarts zeigt: Von sieben Geschwistern überlebten nur er und Nannerl das erste Jahr, von seinen eigenen sechs Kindern ebenfalls nur zwei. Wieviel Kummer und Leid muß auf den Familien, besonders auf den Frauen, gelastet haben.

Über die wohl häufigste Gefährdung des Kindes, den absichtlichen Abbruch der Schwangerschaft durch Abtreibung des Fetus, läßt sich von den uns vorliegenden Träumen her etwas Allgemeingültiges kaum aussagen, wohl aber kommt eine kompensatorische Reaktion des Unbewußten deutlich zum Ausdruck. Im allgemeinen Bewußtsein stehen sich in dieser Frage die verschiedensten Meinungen hart gegenüber.[582] Daß eine Abtreibung ein ungeborenes Kind tötet, also Tötung ist, sollte man klar aussprechen[583]. Durch Träume wird einer bewußten Entscheidung meist gar nichts von ihrer Schwere genommen. Nur selten kommt ein Traumbild als eindeutige Stellungnahme dem Ich-Bewußtsein zu Hilfe.

Ich möchte drei Träume aus der Zeit von Schwangerschaftsabbrüchen vergleichend betrachten, vielleicht kann an ihnen gezeigt werden, daß das Problem der willentlichen Schwangerschaftsunterbrechung vom Unbewußten her in höchst unterschiedlicher Weise beurteilt wird, wobei trotzdem jedesmal Objektives sichtbar wird.

Der folgende Traum wurde vor oder in den ersten Tagen der Schwangerschaft geträumt. Die Frau entschied sich für eine Abtreibung. Näheres wurde uns nicht mitgeteilt. Er lautet:

Traum Nr. 133:

> *Sie stand am Waschbecken und wusch ein Säckchen mit weichen Steinen, Kieseln oder Brocken, um sie feucht zu halten. Dabei war auch ein Knochenspan. Sie wußte, daß dies Teile des Kindchens sind. Sie brachte die Teile aber nicht zusammen.*

---

[582] Ob Abtreibungen eher zu den archetypisch „männlichen" oder zu den „weiblichen" Gefährdungen zu zählen wären, könnte nur der einzelne Traum darstellen.
[583] Dieses schwere Problem wird ausführlich diskutiert bei Eva Pattis, Mailand, in: *Gorgo* 22, 1992, 39-53

Hier wird deutlich, daß – vielleicht noch vor Eintritt einer offenbar ungewollten Schwangerschaft – auch das Unbewußte der Frau die Situation als höchst zwiespältig ansieht. Wenn die Frau im Traum das Stein- oder Knochensäckchen mit Wasser durchtränkt, so heißt das zwar, daß ihr Traum-Ich sich bemüht, die „Teile des Kindchens" feucht und damit vielleicht lebensfähig zu halten, jedenfalls, sie nicht vertrocknen und absterben zu lassen. Das Traum-Ich hatte also wohl doch Hoffnung auf etwas Lebendiges, aber „sie brachte die Teile nicht zusammen", der Versuch gelingt nicht. Wasser hat oft mit Gefühlen zu tun, nach antiker Anschauung ist es das seelische Element des Menschen (siehe Kapitel Wasser) – Tränen sind ja auch Wasser. Das „Feuchthalten" entspräche auch dem weiblichen Yin-Prinzip des chinesischen *I Ging*. Ich fasse die Handlung als einen Ausdruck von Gefühlsbeteiligung auf, das Traum-Ich will durch Wasser irgendwie etwas Verbindendes, eine Wachstumsmöglichkeit herstellen. Es wäre zwar denkbar, daß das Tun am Waschbecken einen bloß reinigenden Charakter hätte, dagegen spricht aber der Schlußsatz „Sie brachte die Teile nicht zusammen".

Wenn hier vom Bewußtsein her eine Entscheidung gegen das Kind getroffen wurde, so konnte dieser Traum nur ebenfalls zeigen, daß hier etwas *mißlingt*, was vom weiblichen Prinzip her eigentlich *angestrebt* ist, denn es wird die intensive seelische Bemühung gezeigt, etwas Getrenntes, Diffuses zusammenzubringen. Dieser unbewußte, um das Feuchthalten bemühte Impuls ging zwar verloren, aber er könnte dennoch vom Bewußtsein in Sinne von Wandlungsmöglichkeit aufgenommen und weiterentwickelt werden, was auf jeden Fall einer positiven Entwicklung der Persönlichkeit gleichkäme.

Traum Nr. 134. Eine ganz andere Situation zeigt der folgende, sich alptraumartig wiederholende Traum, der vor einer (der siebenten!) Abtreibung geträumt wurde:

> *I am walking in the woods late at night. There is a full moon and I can see my way easily, nevertheless it is frightening because of the play of the shadows from the trees caused by the moon. I have the feeling that I am being followed, and am concerned for my baby. After a time I see a wolf behind me, a long way off, and notice that he is followed by other wolves. The wolf pack keeps its distance but continues to follow me.*
> *I am afraid for my baby and begin to walk faster. The wolves walk faster too. I begin to run. The wolves begin to run too. They get closer and closer and, at last, encircle me, howling horribly, their red eyes shining in the dark. I hold my baby in the air, high above my head, screaming as I do so. Then the wolves attack, knock me down, the baby falls and is devoured by the wolves, while I lay there watching.*
> *And I awake screaming „My baby, my baby! What have you done with my baby!"*

7. DAS KIND

Ich gehe spät in der Nacht im Wald. Es ist Vollmond und ich kann meinen Weg klar sehen, trotzdem habe ich Angst wegen des Spiels der Schatten von den Bäumen im Mondlicht. Ich habe das Gefühl, verfolgt zu werden, und habe Angst um mein Baby.

Nach einer Weile sehe ich einen Wolf hinter mir, noch sehr weit weg, und bemerke, daß ihm weitere Wölfe folgen. Das Wolfsrudel hält seinen Abstand ein, aber es folgt mir unaufhörlich.

Ich habe Angst um mein Baby und fange an zu laufen. Die Wölfe laufen auch schneller. Ich fange an zu rennen. Auch die Wölfe beginnen zu rennen. Sie kommen mir näher und näher und umkreisen mich schließlich mit schrecklichem Heulen. Ihre roten Augen leuchten im Dunkeln. Ich halte mein Baby hoch hinauf, hoch über meinen Kopf, und schreie dabei. Dann greifen die Wölfe an, reißen mich nieder, das Baby fällt und die Wölfe zerreißen es, während ich daliege und beobachte.

Ich wache schreiend auf: „Mein Baby, mein Baby! Was habt ihr mit meinem Kind getan!"

Die Seelenlage der Geisterstunde ist in diesem erschütternden Traum klar geschildert, wie überhaupt die ganze Traumtragödie sich durch eine überaus klare und geschlossene Darstellung auszeichnet. Im fahlen Mondlicht hat der nächtliche Wald nichts Trauliches oder Romantisches, alle Dinge der Natur sind schwarz und werfen schwarze Schatten auf den Weg der Träumerin. Der Wald und das Dunkel sind Bilder einer tiefen Schicht des Unbewußten, weit weg von der ganz andersartigen Beleuchtung im Bewußtsein. Der Vollmond leuchtet geisterhaft, er ist das Licht der Nacht, das die unbewußten Vorgänge wahrnehmbar macht.

Der Mond, die Mondgöttin Luna, ist seit alters ein weibliches Gestirn. Ihre Phasen regieren die Fruchtbarkeit in der ganzen belebten Natur. Besonders das Keimen und Wachsen der Pflanzen (Aussaat- und Erntekalender) wie auch die Vorgänge im Körper der Frau (menses) hängen mit dem Mondwechsel zusammen. Die Wechselhaftigkeit der Mond-Gestalt ist ein Urbild für alles Werden und Vergehen, für das zyklische Leben der Natur und damit auch für die Fruchtbarkeit, darüber hinaus für wechselhafte Gefühle und Zustände, für Geheimes und Verborgenes. Der Mond hat auch eine starke Beziehung zu Krankheit und zum Tod (Neumond) und zur Geisterwelt. Eine Uhr, die „nach dem Mond geht", ist etwas gänzlich Irrationales, sie geht für das rationale Bewußtsein schlichtweg falsch.

Wenn, wie in unserem Traum, Vollmond herrscht, so ist die Mond-Macht besonders groß (Springfluten). Als kreisrunde Scheibe kann der Mond hier als ein weibliches Selbstsymbol aufgefaßt werden, die Szene ist also von höchster Bedeutsamkeit für die Träumerin als Frau. Man kann sagen, ihre Lage wird ganz vom weiblichen Gesichtspunkt her beleuchtet.

Sie trägt ihr Baby bei sich und hat Angst darum. Auf der subjektiven Stufe verstanden, ist, was sie hier trägt, nicht nur das zu erwartende Kind, sondern auch ein bei ihr neu entstandener und offenbar unbewußt auch wertgehaltener, kostbarer Keim ihrer seelischen Entwicklung, der offenkundig mit der Möglichkeit ihrer Entwicklung zur Mutter zusammenfällt.

Aber der unheimliche Inhalt des nächtlichen Waldes – des seelischen Rahmens, der hier zur Verfügung steht – ist diesem Entwicklungsschritt nicht günstig. Er konkretisiert sich alsbald in einem Rudel Wölfe, die der Träumerin von hinten und von fern folgen, zunächst immer im gleichen Abstand: fängt die Frau zu rennen an, so rennen sie auch – d.h. sie gehören zu ihr, sie sind bei subjektiver Deutung sehr unbewußte Teile ihres eigenen seelischen Inventars. – „Von hinten" heißt hier nicht nur „aus dem Schatten des Unbewußten heraus", sondern auch von der Vergangenheit her. Es verfolgt sie etwas, das sie hinter sich hat und das ihr Traum-Ich auch weit hinter sich lassen möchte. Aber es ist etwas Schreckliches weit hinten in ihrer Seele aufgetaucht und verfolgt sie unentrinnbar.

Was verkörpern die Wölfe? Allgemein gesprochen ist es eine Tatsache, daß die Gefährlichkeit der Wölfe in der Historie überschätzt wurde. Sie wurden jeweils besonders von Frauen und Kindern gefürchtet. Der „Wolf" ist das Böse, Verschlingende schlechthin. Man machte Kindern Angst mit „Paß auf, sonst kommt der Wolf!" Das unheimliche Bild der Hekate, wie sie nächtlich heulend den gebärenden Frauen und ihren Säuglingen nachstellt, ebenso die Vorstellung der Werwölfe tauchen hier auf, also Hexen, die es auf kleine Kinder abgesehen haben – es sind psychologisch gesehen alles Bilder des Verschlingens, wie es am augenfälligsten der bekannte Wolf im Bett der Großmutter im „Rotkäppchen" darstellt. Der Wolf ist ein Sinnbild der Gier, besonders der Gier nach Leben und jungem Blut, und er steht in enger Verbindung mit der dunklen Mutter.

Das gewaltigste negative Wolfsbild Europas ist der Fenriswolf der Germanen: Von Loki, dem Feind der Götter und Menschen abstammend, bedroht er wie seine schreckliche Schwester, die Midgardschlange, die ganze Welt. Nach der Edda wird er beim Endkampf die Sonne auffressen, und es wird die „Wolfszeit" anbrechen, in der die ganze Welt in eisiger Kälte untergehen wird.[584] In dem Gedicht „Der Seherin Gesicht" sind es zwei Wölfe, die beim Untergang der Welt die Sonne verschlingen werden. Wenn raubtierhafte Gier überhandnimmt, herrscht wahrhaftig nur noch grausige Kälte auf der Welt.

Das Wolfsrudel unseres Traums nähert sich hinterrücks und unaufhaltsam. Die „rotglühenden Augen" erinnern geradezu an die Hölle und den unersättlichen Höllenhund Kerberos. Die Träumerin hält ihr Kind hoch über dem Kopf – in dieser Haltung ist es gewissermaßen „ihr Höchstes" – und sie

---

[584] Es prophezeit: „Schwarz wird die Sonne. Wetter wüten. Gellend heult Garm. Es reißt die Fessel, es rennt der Wolf ..."

7. DAS KIND

versucht, es vor der Meute zu retten. Aber die Wölfe greifen an, reißen sie nieder und zerreißen das Kind – während sie daliegt und zuschaut.

Dem Angriff der Raubtiere, subjektiv gesehen einem mörderischen Aspekt in ihr selbst, ihrer eigenen unbewußten Leidenschaft und Gier, scheint sie passiv ausgeliefert zu sein. Dies zeigt besonders ihr Danebenliegen, während die Wölfe ihr Kind zerreißen, und ihr Aufschrei: „Was habt ihr mit meinem Kind getan?". Deutlich ist, daß sie zwar entsetzt ist und das Kind behalten will, aber gegenüber raubtierhaften Trieben gänzlich machtlos ist, ja diese nur passiv beobachten kann.

Sie sieht aber dies: es sind die Wölfe, die das Kind umbringen. Sie klagt andere an, nicht sich selbst. Unmißverständlich zeigt so der Traum eine unüberbrückbare Diskrepanz zwischen dem Ich und der mörderischen Art ihrer unbewußten Instinktseite auf, die in den Wölfen verkörpert ist. Sie kann diese raubtierhaften Impulse keineswegs als zu sich gehörig erkennen: Was habt „ihr" mit meinem Kind getan!!

Man könnte den Traum als Warnung auffassen. Er würde dann etwa sagen: Es ist, als ob du von wölfischer Gier gejagt bist und passiv zuschauen mußt, wie dein Höchstes dabei untergeht. Wenn keine entscheidende Einstellungsänderung erfolgt, wird dich das Triebhaft-Fressende aus deinem Seelenhintergrund im wahrsten Sinn des Wortes *einholen*. Das Entsetzen des Traum-Ichs ist echt, an ihm könnte sich das Bewußtsein vielleicht orientieren, um die Gefahr zu erkennen, in der die ganze Persönlichkeit schwebt, nicht nur das Kind. Das Unbewußte scheint hierzu einen verzweifelten Versuch zu machen, indem es diesen Traum produzierte. Es hat noch nicht aufgegeben und hält der Frau einen erschreckenden Spiegel vor.

Am nun folgenden dritten Traum aus dem Umkreis von Abtreibung werden wir wieder die subjektive Wichtigkeit eines Traumbilds erkennen, aber wiederum keine Übertragbarkeit auf einen anderen Fall ableiten dürfen. Damit soll trotzdem die Gültigkeit allgemeiner Grundsätze oder Gebote keineswegs in Frage gestellt sein.

Zum Traum Nr. 135 gab die Träumerin selbst einen ausführlichen Kommentar: Sie war damals 19 J. alt und soeben vom Freund hintergangen worden: Er hatte absichtlich ein Loch in das Kondom gemacht, weil er sie entgegen ihrer Verabredung zwingen wollte, ihn zu heiraten. Als die Träumerin diesen Betrug sowie auch die Tatsache einer gleichzeitigen weiteren Liebesaffäre entdeckte, entschloß sie sich sofort zum Abbruch, obwohl sie wußte, daß sie von ihren streng religiösen Eltern aus der Wohnung geworfen und dauerhaft verfemt werden würde, was dann auch geschah. Der Vater erholte sich von diesem Schlag niemals wieder, auch die Mutter warf ihr noch jahrelang ihr Verbrechen vor. Aber die Träumerin schreibt: „Dieser Traum hatte eine so mächtige Wirkung auf mich in jener schweren und chaotischen Zeit von Not und Verlassenheit, daß er mich innerlich am Leben erhielt." Diese

Frau hat später geheiratet, zwei eigene Kinder geboren und nicht weniger als 11 weitere Kinder (Waisen) adoptiert und großgezogen. Gemeinsam mit ihrem Mann gründete sie eine Organisation zur Adoptionsvermittlung von Kriegswaisen aus Südostasien und Südamerika. Der Traum wurde am Ende der Narkose geträumt.

Traum Nr. 135:[585]

> *I dreamed that I saw 4 tulips. Two of them were yellow and two were red. They were completely closed and in their bud-state. They were arranged in a square with their stems meeting below in a bunch. A voice said: „Look!" I looked carefully at the buds and while doing so they slowly began to unfold, the green encasing petals pulled back and allowed the golden and red flowers to emerge fully. As the buds opened in this way, the light changed too. An increasingly stronger, golden light from above appeared until the four tulips were fully open and stood in all their splendour in the full, golden light that flooded them. I was astonished and amazed at this beautiful sight and asked: „What does this mean?" The voice replied: „This means light and life." It was said in a tone of calm reassurance and caused a sense of peaceful certainty with which I awoke.*
>
> *Ich träumte, ich sah vier Tulpen. Zwei von ihnen waren gelb und zwei waren rot. Sie waren noch im Knospenstadium und ganz geschlossen. Sie waren in einem Viereck angeordnet, die Stengel führten unten zusammen. Eine Stimme sagte: „Schau!" Ich schaute genau auf die Knospen und während ich das tat, fingen sie an, sich zu entfalten. Die grünen Kelchblätter zogen sich zurück und ließen die goldenen und roten Blüten voll aufgehen. Während die Knospen sich öffneten, veränderte sich die Beleuchtung. Von oben erschien ein immer stärker werdendes, goldenes Licht, bis die vier Tulpen gänzlich aufgegangen waren und in all ihrer Pracht in dem vollen goldenen Licht standen, das sie überflutete. Ich war von diesem wunderbaren Anblick überwältigt und fragte: „Was soll das bedeuten?" Die Stimme antwortete: „Es bedeutet Licht und Leben." Dies wurde in einem ruhigen, ermutigenden Ton gesagt, der mir ein Gefühl von Frieden und innerer Sicherheit gab, mit dem ich erwachte.*

Zusatz der Träumerin: Mein Gynäkologe sagte, nachdem ich ihm den Traum erzählt hatte: „Behalten Sie dies im Gedächtnis, was es auch bedeuten mag, es ist ein guter Traum. Wenn Sie mit ihrer Familie konfrontiert sind, denken Sie an diesen Traum, denn es kann schlimm für Sie werden, wenn herauskommt, was geschehen ist."

Auch und gerade im Chaos einer moralisch immer fragwürdig bleibenden Entscheidung wird hier der unbewußte seelische Prozeß sichtbar, unterstri-

---

[585] Dieser Traum wurde auch im Kap. Pflanzen gedeutet (Nr. 33)

chen durch die Worte „Licht und Leben", die hinweisen auf diejenigen Kräfte, die die Träumerin für immer bei sich untergegangen glaubte. Die vier als Mandala angeordneten, in goldenem Licht sich öffnenden Blüten, deren tiefere Bedeutung noch im Traum enthüllt wird, sind ohne Zweifel ein aus dem ordnenden Zentrum der Persönlichkeit stammendes Bild des Selbst. Wie Jung mehrfach betont, erscheinen Selbstbilder nicht selten gerade in erschütternden, ausweglos scheinenden Lebenskrisen.

Das Traumbild ist eine Vorwegnahme einer im Inneren meist nur langsam sich vollziehenden Entwicklung hin zu einem zentralen Lebensziel, dem Erblühen des Selbst, welches hier als lebenverheißende Erleuchtung aufscheint. Die persönlichen Angaben erlauben einen Blick in das Vermögen des Unbewußten, inmitten einer völlig negativ scheinenden, aufwühlenden Lebenskrise seelisch einen *Sinn* als Möglichkeit erscheinen zu lassen, der – vielleicht noch nicht verwirklicht – dennoch immer, auch in den schlimmsten Lebenslagen, „da" ist.[586]

Das Traumbild sagt in diesem individuellen Fall, und nur für diesen, aus, daß trotz ihrer Entscheidung gegen das Austragen des Kindes ihre innere Selbstwerdung im Gange ist. Aus den Angaben könnte man schließen, daß das weitere Leben der Träumerin vom traumatischen Erlebnis der Abtreibung mitgeformt wurde, was aber in diesem Fall sehr vielen Kindern zugutekam.

Angesichts der Schwere des Problems „Abbruch oder Austragen" scheint es immer nur individuelle, schicksalsmäßig in das Einzelleben verwobene Entscheidungen zu geben.

Der folgende, erschreckende Traum wurde in der 28.Woche von einer 23-jährigen Frau geträumt. Gesundheitliche Probleme bestanden nicht, ein gesundes Mädchen kam als 1. Kind zur rechten Zeit zur Welt.

Traum Nr. 136:

> *I am together with some tourist-guides in a foreign country where cannibals live, I am their victim. Before they decapitate me I am told that they will later eat my unborn child.*
>
> *Ich bin zusammen mit einigen Fremdenführern in einem fremden Land, wo Kannibalen leben. Ich bin ihr Opfer. Ehe sie mir den Kopf abschlagen, wird mir mitgeteilt, daß sie danach mein ungeborenes Kind fressen werden.*[587]

---

[586] C.G. Jung, GW 9, I, Zur Empirie des Individuationsprozesses, §§525 ff, und Über Mandalasymbolik, §§ 627 ff, mit viel Bildmaterial
[587] von der gleichen Frau: Nr. 97, Eine rasende Frau frißt ein rohes Schwein, s. Kap. Schwein

Der Ort des Traums ist „ein fremdes Land, wo Kannibalen leben". Es wird nicht klar, ob die Touristenführer ebenfalls von den Kannibalen gefangengenommen worden sind, oder sind am Ende sie es gewesen, die die Träumerin dorthin geführt haben und etwa mit den Kannibalen unter einer Decke stecken? Wenn „Touristenführer" dabei sind, so stellen diese, subjektiv verstanden, irgendein Interesse, einen gezielten Willensimpuls dar, das fremde Land kennenzulernen, und zwar in gewissem Sinne neugierig.

Als Tourist begibt man sich vorzugsweise und bewußt dorthin, wo eine unberührte Natur herrscht, man will der Zivilisation entfliehen. Auch zieht es uns, ähnlich wie in die Natur, besonders an Plätze, wo alte Kulturen, Kunst oder Volksleben uns noch einen Hauch von sinngebender Beseelung vermitteln. Würden wir aber gezwungen sein, wirklich auf primitiver Stufe zu leben, so würden wir alsbald merken, daß die Entwicklung der Zivilisation uns auch befreit hat von grausamen und ungerechten Zwängen aller Art. Kulte und Riten sind uns nämlich nicht nur fremdgeworden wegen unserer Aufgeklärtheit, sondern auch wegen ihrer unverhüllten Schrecken, wie es z.B. blutige Opfer oder Tierkämpfe sind, und wir suchen als „Touristen" nur den heiligen Schauder, aber möglichst ohne Blut. War die Träumerin trotz ihrer Schwangerschaft naiv?

Es kann aber sein, daß die Konfrontation mit der archaischen Welt der Träume dieser Frau eine natürliche Folge der Schwangerschaft ist. Wenn diese konkret auch problemlos verlief, so kann sie im Unbewußten doch das Unterste zuoberst kehren! Die Träume zeigen in ihren spontanen Bildern, daß die seelische Entwicklung der Frau momentan ungeheure Energien freilegt, um Wachstumsschritte zu vollziehen, die durchaus risikoreich sind. Von solchen Erschütterungen kann über Träume etwas ins Bewußtsein dringen, was, wenn es verarbeitet wird, das Leben dieser Frau auf eine breitere Grundlage stellen kann.

Ich nehme an, daß jene Touristenführer ein halbbewußtes Interesse verkörpern, Impulse des Animus nämlich, gerade jetzt ein fremdes, d.h. ganz unbewußtes Gebiet zu erforschen und zu durchdringen. Er scheint dies aber in der Art anzufangen, wie man etwa Safaris oder Expeditionen macht. Aber „das Kind ist noch ungeboren", d.h. seelisch sind noch keine Voraussetzungen da, keine Reife und keine Kraft, der elementaren Welt des/r Primitiven zu begegnen. Die Reise ins tiefste Innere ist in der Zeit der Schwangerschaft durchaus an der Reihe, wie mehrfach ausgeführt, aber die Überwältigung aus der Tiefe kann gefährlich werden (Schwangerschaftspsychosen), wenn die Ich-Organisation nicht stark genug ist. Die Reise in diesem Traum ist zu gefährlich, zumindest verfrüht: Das ungeborene Kind gehört in die Menschenwelt, es darf nicht von der Wildnis verschluckt werden.

Die primitiven Gewalten des Unbewußten sind hier völlig unmenschlich geschildert, sie wollen dem Traum-Ich den Kopf abschlagen – sie kopflos machen – und das ungeborene Kind fressen – d.h. das noch nicht verwirklichte, neue Leben umbringen, das sich erst noch herausdifferenzieren muß. Eine große persönliche Gefahr wird hier geschildert, die sicher nicht leichtzunehmen ist. Es sieht so aus, als sei die Träumerin momentan zu tief in den archetypischen Bereich getaucht, war sie von den „Touristenführern", einem kollektiven Animus, verführt? und an den Rand des Menschlichen geraten, in eine archaisch-unmenschliche Welt, die sie und das Ungeborene zutiefst bedroht. Auch in ihrem anderen Traum kommt das Verschlingen vor.

Es ist das Unbewußte selbst, das diesen Aspekt haben kann. Wie die „große Mutter Natur" gebiert es unaufhörlich Gestalten und Formen und verschlingt sie wieder, dies tut die Natur im Sinne der Erneuerung des Lebens, dadurch aber das Individuum, die menschliche Bewußtseinsdifferenzierung, aus der Tiefe schwer bedrohend. Das neue, noch schwache Leben wird auf unheimliche Weise zurückgeschluckt. Was die Träumerin erlebt, wird nicht dadurch abgemildert, daß es eben ein Traum ist – Träume sind eine seelische Wirklichkeit –, sondern dadurch, daß ihr Leben weitergeht und täglich neue Chancen eröffnet.

Der Traum zeigt, daß ihr Innerstes momentan so aufgewühlt ist, daß tatsächlich die psychologische Gefahr der Desorientierung, ja des Verschlungenwerdens besteht. Die Mächte des Dunklen Kontinents, d.h. des kollektiven Unbewußten, können unmenschlich, über- oder untermenschlich sein, solange ein Ich nicht gefestigt oder reif für eine solche Reise ist – jedenfalls genügt ein Blick in eine psychiatrische Klinik, um vorsichtiger zu werden. Der Schamane, der die Seelenreise wagen will, muß den dunklen Mächten gewachsen sein. Eine neugierige, ahnungslose und animushafte Safari-Einstellung ist ungenügend, wie man hier sieht, denn das ungeborene Kind, das sind die zukünftigen Wachstumsmöglichkeiten, gerät dabei in die größte Gefahr.

Es scheint jedoch bei dieser Frau ein unbedingter Drang nach Wandlung, nach Wiedergeburt oder Einweihung vorhanden zu sein. Um ihre Seelenlage noch klarer aufzuzeigen, möchte ich hier noch einen ihrer Träume anfügen, obwohl er kein Kind-Motiv enthält. Sie träumt in der 33. Woche, also 4 Wochen später:

Traum Nr. 137:

> *I am visiting Sicily. Together with my old school mates, my husband and I go for an excursion to an ancient sacred mud pool (Taormina). We bathe and we enjoy it. Somehow it is difficult for me to get into the pool.*
> *I think my husband is careless when he jumps into the water. Later all of us are chased away. We hide behind a fence and we are not caught.*
>
> *Ich besuche Sizilien. Zusammen mit meinen alten Schulkameraden machen mein Mann und ich eine Exkursion zu einem alten heiligen Schlammteich (Taormina). Wir baden und es macht uns Vergnügen. Irgendwie ist es schwierig für mich, in den Teich hineinzukommen. Ich*

denke, mein Mann ist leichtsinnig, wie er ins Wasser springt. Später werden wir alle weggejagt. Wir verstecken uns hinter einer Hecke, und wir werden nicht gefangen.

Man spürt, es hat eine Entwicklung stattgefunden. Hier hat das Bedürfnis nach Verbindung zu den „Urgründen der Seele" eine nicht mehr so tollkühne Form gewonnen: Die Reise zu den Kannibalen ist zum Baden im heiligen Schlammteich geworden, und es macht der Träumerin Spaß, in diesem chthonischen Erneuerungsbad, wie es die Römer dort zu Ehren der Fruchtbarkeitsgöttin Demeter gebrauchten, unterzutauchen. Ihr Mann und Schulkameraden sind auch im Bad – es ist also ihrer Stufe angemessen. – Alle, die schon einmal in einem Moorbad oder Moorsee gebadet haben, können das besondere Vergnügen nachfühlen, das sich anfühlt, als erlebe man einen Urzustand. Auch Tiere lieben das Schlammbaden. Man fühlt sich hinterher wie neugeboren, und ich meine, daß es in dieser Traumserie um eine Neugeburt gehe. Es wird in diesem letzten Traum endlich eine wichtige Abgrenzung deutlich, an der es in den beiden vorherigen so sehr fehlte: Das, was der Ehemann, eine Animusfigur, tut, sein ungeschütztes Hineinspringen in das undurchsichtige Schlammwasser, das findet sie jetzt leichtsinnig – wie recht hat das weibliche Traum-Ich! (s. Schillers Ballade vom „Taucher"). Der Schluß bringt es noch klarer heraus: Nach einer Weile ist's genug, sie werden alle weggejagt, können sich aber hinter einer Hecke verstecken, „und werden *nicht* gefangen". Die Hecke schützt sie, eine Grenze.

Auf das „Bad im Schlammteich" scheint es in der Schwangerschaft durchaus anzukommen, also auf Initiation in ein heilsames, natürliches, chthonisches Element, aber gelegentlich auch auf ein Sich-Schützen und auf eine respektvolle Abgrenzung gegenüber den nicht-menschlichen, archetypischen Aspekten der Großen Mutter Natur. Insofern man nach Jung das gesamte – also auch das kollektive – Unbewußte als das unergründliche Reich der Natur auffaßt, so wäre an solchen Träumen zu sehen, daß es nicht nur harmlos und romantisch ist, „ein Teil der Natur zu werden".

In Schwangeren-Träumen erscheinen noch mannigfache andere tödliche Bedrohungen des Kindes. In einigen Fällen, wo die Ursachen besonders klar bei der Mutter liegen, z.B. im Motiv des Verhungernlassens oder auch im Kältetod, sind sie im Kapitel Mutter behandelt worden.

Im Traum Nr. 138 heißt es:

... Das Kind war ganz wächsern und steif, aber immer, wenn ich es in die Hand nahm, wurde es ganz lebendig.

Der Traum braucht keine Erklärung. Der konkrete Hautkontakt mit dem Kind überwindet oft die anfängliche Angst und Fremdheit dem Neugeborenen gegenüber. Tatsächlich bedeutet all die Hand-Arbeit in der Säuglings- und Kinderpflege eine große Chance. Das Erlebnis kindlicher Haut und der

7. DAS KIND

kindlichen Glieder kann ein tiefes Glücksgefühl, und zwar das des Heimkommens, hervorrufen. Möglicherweise kommen dabei in der Frau Erinnerungen an das eigene Kindsein herauf.

Der Ausdruck „In die Hand Nehmen" stellt sehr genau dar, um was es auch in übertragenem Sinne geht. Zunächst ist das innere Verhältnis noch distanziert, etwas ängstlich und steif, und es bedarf eines deutlichen inneren Zugreifens, einer verantwortlichen Zuwendung des ganzen Wesens, wofür wir das schöne Wort „begreifen" haben, um das Kind lebendig werden zu lassen.

Im Traum Nr. 139

wird ein neugeborenes Kind seiner Mutter weggenommen und ans Bein einer fremden alten Dame angebunden. Als es die Mutter nach drei Tagen endlich sehen kann, ist seine Haut blaß und schon fast blau. Die Träumerin weiß, das dies nur von der Entfernung von ihr herkommt. Sie will das Kind deshalb dringend wieder zu sich nehmen, mit engem Hautkontakt.

Auch hier wird die Distanz von der Mutter als „zu kalt" für das Kind dargestellt. Der alten Dame ist das Kind nur am Bein angebunden, so bekommt es keine mütterliche Wärme. Das würde auf der Subjektstufe bedeuten, daß etwas in der Frau selbst dem Kind noch ambivalent gegenübersteht und ein deutlicher innerer Schritt von ihr gefordert wäre, ein Schritt zum Kind hin. Im Traum vollzieht sie ihn nach den magischen „drei Tagen" tatsächlich. Ist sie aber (wie) eine „alte Dame", so ist ihr das Kind ein „Klotz am Bein".

Der Traum neckt sie wohl. Sie mag selbst manchmal Angst vor der Bindung haben, während ihre Mütterlichkeit im Grunde das Kind nahe und warm bei sich haben will.

Wenn ein kurzer Traum sagt (Nr. 140)

A baby lies on the floor. One looks for help –

Ein Baby liegt auf dem Boden. Man sucht Hilfe

so fällt (im Gegensatz zu Traum 126) eine Diskrepanz auf zwischen dem hilflosen Kind auf dem Boden und der offenbar nicht vorhandenen Bereitschaft oder Fähigkeit der Frau, es aufzuheben, wie es das Bild eigentlich fordern, mindestens nahelegen würde. Wenn die Träumerin nicht selbst das Kind aufnimmt – „man" sucht Hilfe –, so scheint der Schwangeren eine persönliche Beziehung zu diesem Kind noch zu fehlen.

Subjektiv verstanden könnte das Traumbild daher auch eine große Verlassenheitsangst und Hilfsbedürftigkeit ihrer eigenen, noch kleinen und schwachen unbewußten Persönlichkeit bedeuten: Sie wäre dann selbst das Baby, das auf dem Boden liegt und Hilfe braucht. Möglicherweise enthüllt der Traum ein frühkindliches Liegenbleiben der Entwicklung, wobei i.S. neuerer Theorien eine „narzißtisch verletzte Persönlichkeit" entstehen kann, die unfähig ist zu normaler emotionaler Reaktion.

Eine Schwangerschaft konstelliert nicht selten frühkindliche eigene Verlassenheits-Ängste, und psychotherapeutische Hilfe wäre manchmal angezeigt, auch um zu verhindern, daß das Kind zum ersehnten Ersatz für all dasjenige werden muß, was man im eigenen Leben schmerzlich entbehrte. Glücklicherweise heißt es im obigen Traum, daß tatsächlich Hilfe gesucht wird.

Die Träumerin des nächsten Traumes ist 40 J. alt, seit sechs Jahren verheiratet, von Beruf Richterin, der erste Sohn ist fünf Jahre alt. Den Angaben der Frau zufolge war die Schwangerschaft geplant. 2. Monat.

Traum Nr. 141:

She turned over herself, on the floor the open mouthed head of baby ran after her.

Sie drehte sich herum, auf dem Boden rannte der Kopf des Babys mit offenem Mund hinter ihr her.

Dieser Traum kann sowohl auf der Objekt- als auch auf der Subjekt-Stufe gedeutet werden. Objektiv genommen kann er sich auf das erwartete reale Kind beziehen, das für die Frau offensichtlich vorläufig nur ein „Kopf" ist – es ist ihre momentane, sie verfolgende Vorstellung vom zu erwartenden Kind, wie es andauernd etwas von ihr will. Dieses Kind ist in ihrem Denken aber nur „Kopf", d.h. es ist nur ein jämmerliches Phantom, eine Art kopfige Theorie vom Kind, die sie regelrecht verfolgt.

Bei einer Deutung auf der Subjektstufe ist „die Träumerin der ganze Traum", wie Jung sagt[588]. Was hier von hinten kommt, befindet sich psychologisch im Schatten oder es ist der Schatten selbst. „Schatten" nennt die Analytische Psychologie dasjenige im persönlichen Unbewußten, was bewußtseinsfähig wäre, wenn wir es uns vor Augen stellen könnten. Vorzugsweise aber befinden sich solche Inhalte im Schatten bzw. bilden unseren Schatten, die im Licht des Bewußtseins Schmerzen und Scham und einen Verlust an Selbstwertgefühl mit sich bringen würden. Eben deshalb halten wir diese Dinge instinktiv vor uns selbst verborgen. Der Auseinandersetzung mit dem Schatten ist ein Großteil heilender Arbeit in einer Analyse gewidmet. Gelingt sie, so kann die Persönlichkeit gesunden.

Die großen Schwierigkeiten bei der Anerkenntnis des Schattens werden auch klar im griechischen Wort „metanoia", was radikale Umkehr heißt, wie sie z.B. der Täufer Johannes forderte[589]. In Luthers Übersetzung durch das

---

[588] GW 8, § 509
[589] Mt. 3, 9. Lc. 3, 10

7. DAS KIND

Wort Buße („Tut Buße"), von mhd. bass = besser, steckt etymologisch das Bessern, das Gutmachen. Merkwürdigerweise lebt es sich leichter *nach* der Umkehr als mit nicht anerkannten Schattenaspekten.

In diesem Traum geschieht nun eine solche Umwendung: Es heißt „sie drehte sich herum", vielleicht war der Träumerin dies durch die Schwangerschaft irgendwo seelisch möglich geworden, vielleicht in einem depressiven Zustand, als auch sie „auf dem Boden" war. Aber was für einen furchtbaren Anblick hat sie da: Der Kopf eines Säuglings mit offenem Mund verfolgt sie!

Wenn wir den Traum subjektiv verstehen, so ist sie all das selbst: sie ist das Umdrehen, sie ist der elende Babykopf auf dem Boden und sein verzweifeltes Rennen hinter ihrem Rücken: Sie wird also offensichtlich von einem infantilen, körperlosen Geist verfolgt. Der Babykopf sperrt den Mund auf, als schreie er oder als hätte er Hunger. Dieser körperlose Kopf ist voller Defizite. Dies ist keineswegs das reale Kind, dies ist etwas in der Träumerin selbst!

„Kopfgeister" gibt es in vielen Sagen und Märchen, sie sind meistens unheimlich und bedrohlich. Weil sie einen so schwerwiegenden Mangel haben, nämlich keinen Körper (wie Geister und Gespenster überhaupt), suchen sie sich oft einen solchen, um ihn zu bewohnen, um menschliche Nähe zu erfahren, manchmal, um ihn aus Rache zu verderben. Wegen ihrer Körperlosigkeit kann man solche Gespenster nicht fassen, und auch die Richterin hat wohl von seiner Existenz nichts geahnt, als sie noch „oben" war.

Marie-Louise von Franz hat ein Eskimo-Märchen interpretiert[590], in dem ein scheues und männerverachtendes Mädchen schließlich einen körperlosen, aber schönen Männerkopf liebt, den sie mit in ihr Bett nimmt und nächtens glückliche Gespräche mit ihm führt. Sie weiß nicht, daß er der Mondgeist selber ist. Der Vater des Mädchens sieht in einem solchen Schwiegersohn nichts Gutes, da er die Familie später nicht erhalten könne, und verwundet ihn schwer. Diese Geschichte endet tragisch, das Mädchen ist dem Kopfgeist schon verfallen, folgt ihm zum Mond hinauf und findet nicht mehr zur Erde zurück. Sie wird zur Spinne, d.h. sie fängt an zu „spinnen", wird eine spinster (engl. Alte Jungfer).

Bei den Eskimos und auch bei Stämmen in Afrika glaubte man an die Existenz solcher gefährlicher Kopf-Menschen, die als Schädel herumrollen und Schaden stiften. Manchmal sind es Verstorbene, die keine Ruhe finden, weil sie ungerecht umgekommen und noch nicht gerächt sind. Diese Vorstellung finden wir in vielen Sagen. Weit verbreitet waren auch Schädel-Kulte, die es in unberührten Gegenden Borneos und anderer hinterindischer Inseln noch geben soll. Im Schädel ist die „Essenz" des Menschen enthalten, sein Geist, deshalb wird mit Totenschädeln auch geweissagt[591]

---

[590] M.-L. von Franz, Das Weibliche im Märchen, S. 95 ff
[591] s. dazu das Gedicht von J.W. von Goethe, Bei Betrachtung von Schillers Schädel, von 1826: „Geheim Gefäß, Orakelsprüche spendend –")

Irmgard Bosch

Wenn man den daherrollenden Babykopf isoliert betrachtet, so hungert er als ein abgespaltener Persönlichkeitsteil (Komplex) nach Aufnahme, nach Integration ins Leben der Frau, und wenn sie weiterhin flieht, so kann er sie von hinten überwältigen, oder er stirbt, indem er noch tiefer ins Unbewußte fällt und von dort aus unerklärliche Schäden anrichten könnte.

In psychologischem Sinn würde man eine solch körperlose, d.h. im höchsten Maß einseitige und unbewußte Kopfigkeit der Frau Animusbesessenheit nennen. Eine solche Frau lebt unbewußt angetrieben von starren, vielfach negativen Meinungen und Urteilen, kann aber gleichzeitig, wie man hier sieht, von einem heimlichen und kindlichen, dabei aber höchst anspruchsvollen Verlangen nach Liebe und Geborgensein verfolgt sein.

In unserem Traum ist der Mund des Babykopfs offen, als sei es hungrig. Es will leben, gefüttert werden, will sich bemerkbar machen durch Schreien. Es bedurfte im vollen Sinn ihrer Umdrehung um 180 Grad, also einer wirklichen metanoia (die vielleicht nur eben jetzt, nämlich in der Schwangerschaft, möglich wurde), damit die Frau hinter ihren eigenen Rücken zurückschauen und das sie verfolgende hilflose Wesen bemerken kann. Dieser infantile, lebenshungrige Aspekt ihrer selbst bedarf dringend der Aufnahme in ihr bewußtes Leben und Denken, um endlich gesättigt zu werden, zu wachsen und sich normaler entwickeln zu können. Bis dahin muß etwas Unbefriedigtes, im Geheimen auf kindische Weise Forderndes in ihrem Wesen gelegen haben. Der anspruchsvolle Beruf und ihr erstes Kind, sowie auch ihre Ehe scheinen sie irgendwo hungrig gelassen zu haben, aber sie war ihrer infantilen Bedürftigkeit wohl immer davongelaufen – so etwas gehört sich doch nicht für eine Richterin!

Im Sinne der Kompensation ist anzunehmen, daß – im Gegensatz zu dem grausigen und erschütternden Bild des Babykopfes – das bewußte Leben dieser Frau von Erfolg und Ansehen gekennzeichnet ist. Um so schwerer wird es für sie sein, den unheimlichen Babygeist wahrzuhaben und als ein Stück ihrer selbst anzunehmen. Die Umkehr hat ihr aber im Traum einen Blick in ihren Schatten ermöglicht, und so besteht wohl eine Chance, daß diese Frau ihre sie verfolgende Hilflosigkeit und Infantilität durch die Beziehung zu ihrem neuen Kind ganz überwachsen kann.

In Traum Nr. 142 wird eine besondere Seite des Bildes vom „Kind" im Motiv der Bruder-Schwester-Ehe deutlich.

> *In this dream, my brother is my fiancée and I'm going to have a baby as now. We're in a stadium watching a movie of when we were back at our childhood home. My brother is very young, marching in front of a parade. I'm the youngest in the parade. We realize then that we're brother and sister and wonder how we can still get legally married. Then I start to fear for the baby, afraid it'll be deformed because we're so closely genetically linked.*

7. DAS KIND

In diesem Traum ist mein Bruder mein Verlobter, und ich bin schwanger. Wir schauen einen Film an aus der Zeit, als wir noch in unserem Elternhaus lebten. Mein Bruder ist im Film sehr jung, er marschiert vorn in einer Parade. Ich bin die Jüngste in der Parade. Dann merken wir, daß wir Bruder und Schwester sind und fragen uns, wie wir gleichzeitig verheiratet sein können. Dann bekomme ich Angst um das Kind, ob es nicht mißgebildet sein wird, weil wir so nahe Blutsverwandte sind.

Es könnte für das neue Leben ungünstig sei, mit dem Bruder verheiratet und dadurch im engsten, ursprünglichen Familienverband verblieben zu sein. Der Schwangeren dämmert, daß ihr eigenes Kind nicht gesund wachsen kann, wenn sie niemals selbständige eigene Schritte getan hat. Was sie hier anschaut, ist das Paradies der Kindheit, ehe es eine individuelle Entwicklung gab. Es ist die vorbewußte Stufe des kleinen Kindes, wo der seelische Einklang (im Gleichschritt der Kinderparade) so groß ist, daß Bruder und Schwester dort „zusammen die hermaphroditische Ganzheit des Selbst" darstellen[592], deren Bild aber selbstverständlich im tiefsten Unbewußten ruht und eine jenseitige Stufe (Paradies) darstellt. Die Ehe mit dem Bruder könnte ein so enges Verhältnis, ja Identität mit ihrem unbewußten Geist (Animus) bedeuten, daß sie selbst geistig als kindlich-unbewußt zu gelten hätte, sie wird ja sogar geführt von ihm, und auch er befindet sich noch im Kinderzustand. Wenn so stark das Kindsein betont wird, so deutet die Szene überwiegend auf etwas innerlich Unreifes. Das Zurückschauen und Zurückwünschen in die glückliche Welt kindlich-vertrauender Symbiose gleicht der Sehnsucht nach dem Paradies, nach der ursprünglichen Einheit vor der Austreibung – ein seliger, göttlich-jenseitiger Zustand, der nicht von dieser Welt ist.

Hier ist das Motiv des Kindes oder der Bruder-Schwester-Ehe nicht eigentlich positiv, es deutet mehr auf ein Problem noch nicht vollzogener Entwicklung zum Erwachsenen. Eine Vereinzelung, d.h. eine Entwicklung von Bewußtsein durch den Kampf der Gegensätze (der Sündenfall: Wissen, was gut und böse ist) hat hier noch nicht stattgefunden.

Die Faszination durch den Zustand seligen Mitmarschierens ist freilich mit gutem Willen oder aus rationaler Einsicht schwer zu ändern. Dieses Bild besitzt eine hohe Anziehungskraft auch für den Erwachsenen. Jeder Mensch kennt diese Sehnsucht im Herzen, die so besonders auflebt, wenn man Fotos aus der Kindheit anschaut.

Jung sagt genauer[593]: „Die Sehnsucht nach dieser verlorenen Welt besteht (aber) weiter und verlockt immer wieder, wenn schwierige Anpassungsleistungen verlangt werden, zum Aus- und Zurückweichen, zur Regression in die infantile Vorzeit, wodurch dann diese inzestuöse Symbolik verursacht wird."

---

[592] M.-L. von Franz, Die Suche nach dem Selbst, S. 29
[593] Symbole der Wandlung, S. 399 oder GW 5, § 351

Dazu bemerkt er[594], daß er „mit dem Wort Inzest noch eine andere Bedeutung verbinde, als dem Terminus eigentlich zukäme. Der Inzest ist das in die Kindheit Rückstrebende. Für das Kind heißt es noch nicht Inzest; nur für den Erwachsenen, der eine vollausgebildete Sexualität besitzt, wird dieses Rückstreben zum Inzest, indem er kein Kind mehr ist, sondern eine Sexualität besitzt, die eigentlich keine regressive Anwendung mehr verträgt."

Genau dieser Gedanke steigt dem Traum-Ich am Ende des Traumes auch auf: Wird unser Baby nicht mißgebildet sein, wo wir doch so nahe verwandt sind? Das Traum-Ich hat nämlich – bei aller Faszination durch die Bilder unschuldiger Kindheit – außerdem auch eine zutreffende Vorstellung vom Erwachsenwerden, d. h. von den Opfern, die es verlangt. Der auftauchende Zweifel zeigt, daß der Träumerin ein vielleicht schmerzlicher, lebensnotwendiger Reifungsschritt bevorsteht.

Von einem solchen berichtet auch folgender Traum Nr. 143. Er wurde in den Tagen der Empfängnis geträumt.

> *Man kam zu einem Seminar zusammen. In der Nähe stand ein großer Bau, den wir betraten. Es handelte sich um einen hohen, weiten Saal, der vorne etwas Ähnliches wie ein Tabernakel hatte. Ich erinnerte mich, daß ich in diesem Bau in früheren Träumen immer um ein sehr faszinierendes, aber gefährliches Zentrum in Gestalt einer Frau oder eines Mannes geschlichen war. Jetzt wurde der Saal für irgendeinen gesellschaftlichen Anlaß gerichtet.*
>
> *Ich erinnerte mich, daß früher das Geheimnis des Raumes am Eingang vom anderen Ende war, doch als ich hinging, war das Geheimnis weg. Einige in der Gruppe wollten einen Kuß von mir bekommen. Der letzte brachte ein Kind, zu dem ich sehr zärtlich war. Es kam ins Bett zu mir und wollte, daß ihm ein Riß in der Haut genäht würde. Es sah aus, wie ein Riß in einer Blume. Ich traute mich da nicht ran.*

Der hohe und weite Saal erinnert an eine Kirche, zumal er vorn „etwas Ähnliches wie ein Tabernakel hatte". Das Tabernakel (lat. Zelt, Hütte) ist die Lade für die Aufbewahrung des Allerheiligsten auf dem Altar oder in einer Mauernische.

In früheren Träumen war die Träumerin, wie sie sich im Traum erinnert, schon öfter in diesem Saal gewesen, und zwar war sie darin „immer um ein sehr faszinierendes, aber gefährliches Zentrum, das ein Geheimnis barg, herumgeschlichen" (um das Tabernakel?). Es wurde ihr im Traum nicht klar, ob das Geheimnis „in Gestalt eines Mannes oder einer Frau" da war. Möglicherweise war gerade diese offene Frage, die der Geschlechtlichkeit nämlich, für sie eine große, scheu umgangene, zentrale Frage überhaupt. Es kann sich

---

[594] ebendort, Anm. 33

7. DAS KIND

in diesem Zusammenhang auch um dunkle Ahnungen von einer ursprünglichen und verborgenen männlich-weiblichen Ganzheit Gottes gehandelt haben, die genau dies, nämlich ein zentrales Geheimnis darstellt. Es handelt sich dabei wohl um dasjenige, was im Tabernakel seinen Sitz hatte.

Das Geheimnis war im Traum „faszinierend und gefährlich", es war also offensichtlich ein Tabu (hier herrscht Ambivalenz wie im Wort „sacer", das im Lateinischen „heilig" und „verrucht" zugleich bedeutet), so daß die Träumerin „darum herumschlich". Wenn sie sich solcherart vorsichtig annäherte, so ist das, was als Figur dabei auf dem Fußboden entsteht, das Zeichen der Spirale. C.G. Jung beschreibt diese Figur als Bild für die scheue Annäherung der Einzelseele an das Geheimnis des Selbst mit folgenden Worten: „Des öfteren macht es den Eindruck, als ob die persönliche Psyche wie ein scheues Tier um diesen Mittelpunkt herumjage, fasziniert und ängstlich zugleich, immer fliehend und doch stets näherrückend."[595] Man könnte die Bewegung auch eine „Cirkumambulatio" nennen, wie sie tibetische Buddhisten um die heiligen Stupas oder Hindus um heilige Berge und Tempel herum ausführen. Es geht immer um einen zentralen Inhalt, der vom Ich nur umkreist, nicht besessen werden kann.

Im jetzigen Traum ist die Halle nicht mehr sakral, und „das Geheimnis ist weg", man bereitet stattdessen „irgendeinen gesellschaftlichen Anlaß" vor. Er hat mit Küssen zu tun, es heißt: „einige wollten einen Kuß von mir". Die bevorstehende Veranstaltung scheint also eine Liebesfeier oder eine Art Hochzeit zu sein (bei der die Träumerin die Braut ist?). Es findet jedenfalls etwas Erotisches statt, wobei auffällt, daß die Träumerin dabei andere küssen soll. Sie schenkt Liebe, bis „der Letzte" ein kleines Kind zu ihr bringt, zu dem sie plötzlich die größte Zärtlichkeit empfindet.

Da der Traum in den Tagen der Empfängnis geträumt wurde, könnte man als Erstes vermuten, ihr Unbewußtes ahnte etwas von der Konzeption, weil es besonders das Kind ist, das ihre ganze unbewußte Zärtlichkeit wachruft, während das Küssen mehr dasjenige ist, was andere von ihr wollten. Das gefährliche und faszinierende Geheimnis jedoch, das einst „am Eingang vom anderen Ende war", um das sie einst herumgeschlichen war, dieses Geheimnis findet sie jetzt nicht mehr, es ist verschwunden. Dafür hat sie mit oder nach dem Küssen plötzlich ein Kind bei sich im Bett. Was heißt das?

Man könnte diesen Traum aufgrund seiner Details in einem ersten Schritt in vorwiegend sexuellem Sinne auffassen. Das „Geheimnis", das jetzt weg ist, scheint das Geheimnis der Zeugung oder das sexuelle Tabu zu sein, welches nun, nach dem Liebesakt, keines mehr ist (zweifellos hat sie nicht den ersten sexuellen Kontakt gehabt, aber die volle und persönliche sexuelle Annäherung geht trotzdem nur stufenweise, auch in der Ehe). Man kann Küsse, Bett,

---

[595] C.G. Jung, GW 12, § 518, zitiert auch im. Kap. Einhorn. Vgl. auch GW 9/I, GW 7, GW 11 § 31 ff

Zärtlichkeiten, „Riß in der Blume" ohne Schwierigkeiten sexuell verstehen, auch der Schlußsatz würde dazu passen: „Ich traute mich da nicht ran".

Ohne Zweifel hat der Traum mit Sexualität auch zu tun. Offensichtlich will er aber auch etwas anderes sagen. Es wäre ungenügend, aus einem solchen Traumtext den sexuellen Bezug als das eigentlich „Gemeinte" herauszufiltern, vielmehr hat Jung wiederholt gezeigt, wie auch das offene oder verdeckte sexuelle Bild im Traum als ein Symbol verstanden werden muß für einen seelisch-geistigen Zusammenhang. Nachdem sich das Geschehen in einer Art Kirche abspielt, wo es früher ein Tabernakel gab, müßte der Traum wohl Aussagen enthalten, für die die Geschlechtlichkeit ihrerseits symbolisch ist.

Wir wollen dem Gang der Handlung darum noch nachspüren. Nach dem Küssen wird vom „Letzten" der Träumerin ein Kind ins Bett gebracht. Damit wäre, unverhüllt und wörtlich auf der Ebene der Sexualität, eine Empfängnis ausgedrückt. Wenn wir das Geschehen aber auf der Subjekt-Stufe ansehen, d.h. das Kind psychologisch als denjenigen Anteil der Träumerin verstehen, der kindlich geblieben ist, so entspräche es ebendieser kindlichen Seite, vom Sexuellen und seiner hier dargestellten „profanen" Kollektivität verletzt zu sein. Hier wäre das „Kind" als ein noch kindlich gebliebener Anteil in der Frau selbst zu deuten: Soweit sie noch Kind ist, akzeptiert sie den „Riß" nicht und möchte, daß er wieder geflickt wird, d.h. sie will den alten heilen (Kinder-) Zustand wiederherstellen lassen.

Im Wort „Seminar" steckt lat. semen = Samen, das „seminarium" ist die Pflanzstätte, der „seminator" ist der Erzeuger. Die Träumerin, genauer gesagt das Kind in ihr, hatte das „Seminar" in diesem ehemals sakralen Raum als etwas nur Profanes erlebt. Es klingt, als sei die Träumerin enttäuscht, daß das heilige Geheimnis von Mann oder / und Frau auf einmal „weg" ist und ersetzt durch Erotik oder Sexualität, die sie mit vielen, mit einer ganzen Gruppe, teilen muß. Genau dies kann eine äußerst schmerzhafte Erfahrung des allzu kindlich-idealgesinnten jungen Mädchens, nicht weniger des jungen Mannes sein.

Es scheint aber, daß in dieser Erkenntnis auch ein Stück des schwierigen Erwachsenwerdens steckt! Jetzt ist auf einmal ein kleines, zärtlich geliebtes Kind bei ihr im Bett, das sich hilfesuchend an sie als Erwachsene wendet.

Im Traum ist seine Verletzung „ein Riß in der Haut", und die Träumerin stellt fest: „es sah aus wie ein Riß in einer Blume". – Hier wird man wieder zunächst an den volkstümlichen Ausdruck „Blume" für das weibliche Genitale und an das Wort „De-floration" für die Zerreißung des Jungfernhäutchens (Hymen) beim ersten Geschlechtsverkehr denken können, und mit der oben besprochenen Einschränkung ist diese Deutung nicht falsch. Den Ausdruck „Blume" gebrauchten z.B. auch die beiden schwatzhaften Freundinnen des Gretchen in der Szene „Am Brunnen", Faust I, in ihrer Schadenfreude bezüglich dessen Sünde: „War ein Gekos' und ein Geschleck – da ist denn auch das Blümchen weg!" Auch im Italienischen heißt das weibliche Genitale

7. DAS KIND

„Fiore", Blume. Wir haben den Ausdruck auch im Volkslied vom „Heidenröslein".

Es entfaltet sich hier, und zwar in den Tagen der Empfängnis, eine archetypische Situation. Das Thema der „Verwundung", die ein sehr altes Motiv ist, spielt in vielen Geschichten und Märchen eine wichtige Rolle. Als Beispiele seien genannt: die Blutstropfen im Schnee im Eingangsbild von Schneewittchen, jene in Wolframs Parzifal, nicht zuletzt das noch heute allen bekannte Bild vom Pfeilschuß des Gottes Amor in das Herz der Liebenden! Allgemein gesprochen bedeutet Verwundung seelisch den Zustand des Getroffenseins von einer Macht, die eine elementare Änderung erzwingen will.

In unserem Traumbild könnte es sich speziell um die Trauer des Kindes wegen der Zerreißung einer ursprünglichen und unbewußten Ganzheit handeln, nämlich der Zerstörung der Unversehrtheit des Kindes als eines Ursprünglichen, Heilen, beim Übergang in eine neue Seinsform, in der dieses Ursprüngliche sich erweitern, also wandeln muß. Die Blume ist ein Bild dieses Schönen und Ursprünglichen, sie ist ebenso wie das Kind selbst ein Selbstbild.

Ein „Riß in der Blume" würde im Sinne des Selbst-Konzeptes von C.G. Jung allerdings keinen Schaden am Selbst bedeuten. Dieses ist unzerstörbar, unanschaulich und zentral wirksam. Es steckte auch im „zentralen Geheimnis" des Anfangs, im Tabernakel.

Wir können solchen zentral angeordneten, abstrakten und auch konkreten Mandalaformen wie Blume (s.a. Traum Nr. 33), Kristall, Stern, Kreis, Haus, aber auch Baum, Mensch, Kind u.v.a., als verschiedene und sich wandelnde Bilder für das Selbst (oder Gottes) in Träumen begegnen. Im Entwicklungsgang jedes Menschen, und wahrscheinlich auch in dem einer Kultur, entsteht eine „Wunde" dadurch, „daß der Inzest (Jung erklärt ihn hier als das in die Kindheit Rückstrebende) tabuiert und man damit abgeschnitten wurde von der hoffnungsvollen Sicherheit der Kindheit und frühen Jugend, von all dem unbewußt triebhaften Geschehen, welches das Kind leben läßt als ein mit keiner Verantwortlichkeit belastetes Anhängsel der Eltern."[596] Diese tiefere Erklärung der Wunde steht nicht im Widerspruch zur oben angedeuteten Enttäuschung, sie ist deren unbewußte Seite.

Der „Riß" betrifft aber nur das Bild des Selbst, nicht dieses selbst. Vielleicht ist jetzt der Zeitpunkt gekommen, daß dieses Bild sich wandeln muß? Es tut weh, nicht mehr Kind zu sein, dabei entsteht Schmerz im Vollzug eines entscheidenden Lebensschrittes, den die junge Frau – obwohl längst verheiratet – eben jetzt tut, und so erweist sich der Traum als ein Einblick in die Art der seelischen Verarbeitung jener großen Veränderung ihres Lebens, der Schwangerschaft. Diese gehört zu jenen „schwierigen Anpassungsleistungen", wo allerdings in der Möglichkeit einer zeitweiligen Regression auch Kräfte geschöpft werden können.

[596] Symbole der Wandlung, S. 398

Ein Gedicht von Eduard Mörike drückt etwas von der Trauer aus, die das innere Kind dabei empfinden kann:

Rückblick

Bei jeder Wendung deiner Lebensbahn,
Auch wenn sie glückverheißend sich erweitert
und du verlierst, um Größres zu gewinnen:
Betroffen stehst du plötzlich still, den Blick
Gedankenvoll auf das Vergangne heftend;
Die Wehmut lehnt an deine Schulter sich
Und wiederholt in deine Seele dir,
wie lieblich alles war, und daß es nun
Damit vorbei auf immer sein, auf immer!...

Auch in den Kindertraumseminaren[597] beschreibt C.G. Jung diesen Schmerz. Es geht dort um den Trennungsschmerz des Knaben, dessen hohe und reine Anima sich von ihm trennt im Zeitpunkt erster sexueller Ahnungen.

Aber zurück zum Traum der schwangeren Frau! Die Deutung auf der Subjektstufe macht zugleich sichtbar, daß diese Träumerin keineswegs nur das Kind ist, sondern sie ist auch die erwachsene Frau, die das Kind in ihr Bett aufnimmt und es zärtlich liebt. Das würde bedeuten, daß sie innerlich in der Lage ist, sich ihrer eigenen Verletzlichkeit und Kindlichkeit auf liebevolle und schon mütterliche Art zuzuwenden. Dies ist ohne Zweifel eine sehr gute Reaktion des Traum-Ichs zu sich selbst. Der Riß in der Blume kann zwar nicht zugenäht werden, er kann nur überwachsen, und die Träumerin ahnt, daß sie da auch gar nichts „machen" kann: sie „traut sich nicht" an die Blume heran. Die Hauptsache ist hier, daß sie das Kind zu sich ins Bett schlüpfen ließ: Wenn es Tatsache ist, daß eine Verletzung stattgefunden hat, wenn also ein (kindlich gebliebener) Anteil im Wesen der Träumerin gegenwärtig „verletzt" ist, so ist zuallererst die aufrichtige Anerkennung dieser Tatsache notwendig, um zu einer neuen Einstellung zu kommen. Die zärtlich-tröstende Hereinnahme ins eigene Bett bedeutet psychologisch die Annahme (Integration) eines infantilen Schattenaspekts in ihre seelische Gesamtheit, und so besteht Hoffnung auf eine ganzmachende Heilung, nicht nur Reparatur.

Ein Überwachsen oder Weiterwachsen würde Wandlung bedeuten. Wenn wir die Blume als Blüte verstehen, so käme, wie in der Natur, als nächste Wandlungsstufe das Reifen der Frucht an die Reihe. Nur ein kleines Kind, das diese Stufenfolge noch nicht begreifen kann, wird den Wachstumsprozeß ändern oder aufhalten wollen. Ich möchte deshalb in diesem Traum das Bild der Blume zwar wohl als einen sicheren Hinweis auf das Selbst und als ein Bild für das Ganze und Vollkommene ansehen, dabei aber von einer Vorstufe

---

[597] GW Seminare, S. 309 ff

oder Vorform des Selbst sprechen, wie auch das Bild des „Kindes" selbst ja eine Vorform verkörpert. Es stellt nichts Statisches oder Fertiges dar, sondern etwas Junges, das sich weiterentwickeln wird.

Heilung und Reifung des kindlichen Anteils in der Träumerin können in Zukunft vor allem durch das Wachsen des realen eigenen Kindes gelingen, denn dieses bringt unwiderstehlich ihre Entwicklung zur Mutter in Gang, die eine Chance der Frau für ihre neue Ganzheit sein kann.

Es ist sehr angemessen, daß die Träumerin (genauer: das Traum-Ich, der erwachsene Anteil) sich am Schluß an die vom Kind geforderte Reparatur nicht heranwagt. Diese Lysis besagt: Heilung und Ganzwerdung gehen immer vom Selbst aus. Es kann nicht umgekehrt vom Ich her am Selbst geflickt werden, auch nicht an einem bereits beschädigten Selbstbild.

Bild 51 Tellus-Relief der Ara Pacis. Ausschnitt (um 10 v.Chr.)

8. Zwillingsmotive

Irmgard Bosch

Von den schwangeren Frauen, die zu unserer Studie mit ihren Träumen beitrugen, hat keine einzige Zwillinge erwartet, aber mehrere haben Zwillingsträume gehabt. Vermutlich tauchen Zwillingsmotive in Träumen auch sonst weit häufiger auf, als Zwillinge geboren werden. Man kann das Zwillings-Motiv als eine besondere und extreme Ausprägung des überall verbreiteten Bruder- oder Schwester-Motivs ansehen. Das Element der Zweiheit oder Verdopplung, das darinsteckt, bringt einen großen Reichtum an Beziehungen und Dramatik herauf, wobei das Gegensatzproblem am meisten in die Augen fällt. Allgemeingesagt handelt es sich dabei um eine Grunderfahrung, vielleicht eine Grundstruktur unserer Existenz, und so taucht das Thema der Zweiheit schon in frühesten Schöpfungsgeschichten auf. Wir begegnen dem Zwillings- und Geschwister-Motiv in den Erzählungen aller Völker. Es fallen einem als erste wohl Kain und Abel aus der Bibel ein[598], oder die Brüder Horus und Seth, sowie Isis und Osiris aus der altägyptischen Mythologie, ein weiteres ungleiches Paar tritt im Gilgamesch und Enkidu-Epos der Mesopotamier entgegen. Auch zahllose Märchen kreisen in mannigfachen Variationen um eben dieses Motiv, wie das Irokesische Brudermärchen, das C.G. Jung gedeutet hat[599].

Oft ist es der Gegensatz, die Ungleichheit der doch aus dem gleichen Mutterschoß stammenden und zusammen aufgewachsenen Geschwister (wie sie jeder aus eigener Erfahrung und in allen Abstufungen kennt), aber nicht weniger auffallend sind die zahlreichen Erzählungen von einander liebenden und helfenden Geschwistern. Ich verweise nur auf Kastor und Pollux des griechischen Sagenkreises, auch gibt es darüber zahlreiche Märchen. Zwillingsgötter oder -heroen sind nicht selten menschenfreundliche, gute Gottheiten, die einander beistehen und um Hilfe angerufen werden können. Bei den alten Ägyptern scheint die geschwisterliche, ja Zwillings-Beziehung zwischen

---

[598] 1. Moses 4, 1 ff
[599] s. C.G. Jung, GW 13, § 132

Göttern und Göttinnen ein häufiger Aspekt ihrer Göttlichkeit gewesen zu sein.[600]

Bild 52 Götterfigürchen aus der dänischen Bronzezeit (Grevens Vænge) nach einer Zeichnung aus dem 18. Jh.

Wenn das Zwillingsmotiv so häufig im Vorstellungsleben aller Völker und Zeiten auftaucht, so muß dies auf einem auch psychologisch zu erfassenden Tatbestand beruhen, und so ist auch nicht verwunderlich, daß es in unserer Sammlung nicht fehlte, ohne daß ein Zwillingspärchen von unseren Traumberichterstatterinnen erwartet worden wäre. Allerdings müssen wir auch berücksichtigen, daß der Gedanke daran, bzw. die Befürchtung einer Mehrlingsgeburt, wohl jede Schwangere einmal gestreift haben dürfte.

Schon beim ersten Hinsehen ist das Zwillingsmotiv etwas Besonderes. Was ist das Wichtige daran: Daß Zwillinge „gleich" sind, oder daß sie gerade nicht ganz gleich sind? Im konkreten Leben erwachsen daraus oft große Probleme. „Gleiches" gibt es unter den Gestaltungen der Natur kaum, und unter „fast gleichen" Phänomenen erhebt sich sofort die Frage nach der Unterscheidung, nach der Verwechslung, kurz, nach ihrem Zusammenhang.

Auch die nur optische Verdopplung, die Spiegelung, hat immer etwas Irritierendes, man fragt sich, wo ist die Wirklichkeit, hier oder im Spiegel? Bin ich auch in der Außenwelt? Mit dem Zwillings- oder dem Spiegelbild wird ein „Außen" und „Innen" vielleicht überhaupt erst erfahrbar.

Spiegelung kann gefährlich sein. Ein Scheinbild des Selbst fasziniert das Ich und kann es bis zur Inflation aufblasen. Im griechischen Sagenkreis führte die Liebe eines Narziß zu seinem eigenen Spiegelbild zu seiner völligen Isolierung (er konnte nur sich selbst lieben) und zu seinem Untergang. Aber die Kraft des Spiegels wurde auch gegen Böses verwendet, wie es im Sieg des Helden Perseus gegen die versteinernde, unbezwingliche Schreckensgestalt der Gorgo geschildert ist: Er brach ihren Bann, indem er ihr den Spiegel vorhielt und sie nicht direkt anschaute. Spiegel galten in der Antike als apotropäisch (Böses abwehrend): das Ungeheuer erschrak vor sich selbst.

Auch das Phänomen des Schattens gehört zu den Verdopplungs-Erscheinungen, die im Grunde jeden frappieren. Jedes kleine Kind entdeckt einmal

---

[600] Nach ihrem Vorbild mußte auch der Pharao seine Schwester oder Tochter rituell heiraten.

8. ZWILLINGSMOTIVE

seinen eigenen Schatten und spielt gern damit. Der Schatten ist ja lebendig, aber ist er etwas, oder ist er nichts? Gehört er zu mir? Er ist früher oft für etwas Wirkliches gehalten worden. Manche Völker wollen nicht, daß jemand darauf tritt. Man konnte auch Magie mit ihm treiben.[601] Der Schatten verdoppelt jeweils die eigene Gestalt, ist also eine gleichgeschlechtliche Figur. In dieser Weise wird der Begriff auch in der Traumdeutung der analytischen Psychologie verwendet.

Für die Doppelmotive heißt dies: Wenn das Licht des Bewußtseins auf Komplexe des Unbewußten fällt, „so haben sie die Neigung, sich ... zu spalten"[602], d.h. in einen bewußten und einen noch unbewußten Anteil auseinanderzufallen. Marie-Louise von Franz drückt es so aus, daß „der sich dem Bewußtsein nähernde Inhalt einen Schatten im Licht des Bewußtseins" wirft.[603] Dies ist so zu verstehen, wie Jung weiterfährt, daß „Verdopplung dort auftritt, wo unbewußte Inhalte eben im Begriffe stehen, bewußt, das heißt unterscheidbar zu werden. Sie spalten sich dann, wie Träume dies häufig veranschaulichen, in zwei identische oder leicht verschiedene Hälften, entsprechend dem schon bewußten und dem noch unbewußten Aspekt des auftauchenden Inhaltes ..."

Diese psychologische Erkenntnis wird uns das Verständnis der merkwürdigen Zwillings- und Verdopplungsträume erleichtern und auch in gewisser Weise erklären, warum Schwangere gehäuft von Zwillingsgeburten träumen: es ist das „Kind", das seelisch jetzt für sie über die Schwelle zwischen Bewußtsein und Unbewußtem tritt. Dabei geschieht es, daß es sich „verdoppeln" kann.

Wir können beim näheren Hinsehen in der konkreten Welt bemerken, daß es ein völliges Gleichsein oder eine Identität zweier natürlicher Wesen nicht gibt. Auch eineiige Zwillinge sind nicht identische Wesen, obwohl sie genetisch identisch sind. Wir wissen oder nehmen immer an, daß sie individuelle Seelen haben und bei aller Ähnlichkeit Einzelwesen sind[604].

In alter Zeit war der Glaube verbreitet, im Grunde habe überhaupt jeder Mensch eine Art Doppelgänger oder Zwilling in der unsichtbaren Welt.[605] Überaus häufig ist die Vorstellung, daß zu dem Kind ein Zweites dazugehöre,

---

[601] Bächtold-Stäubli, a.a.O. „Schatten"
[602] C.G. Jung, GW 9/I, § 608
[603] M.-L. von Franz, Der Schatten und das Böse im Märchen
[604] Deshalb berühren uns geklonte, d.h. genetisch gleiche Tiere äußerst unangenehm. Es regt sich dabei in uns Abscheu und die Angst um das Einmaligsein, um unsere eigene Individualität, die sich in unserer technisch immer vollkommeneren Welt ohnehin bedroht fühlt.
Nach neuen Ergebnissen der Zwillingsforschung können sich erstaunliche Parallelitäten auch in belanglosen Äußerlichkeiten der Biographie finden. Dafür hat man naturwissenschaftlich keinerlei Erklärung.
[605] M.-L. von Franz, Spiegelungen der Seele, S. 167ff

ein „alter Ego" (zweites Ich), das eine andere Seinsform habe und doch begleitend immer dabei sei. Unsere Vorstellung, das Kind müsse einen Schutzengel im Himmel haben, ist eng damit verwandt.[606]

Bild 53 Weibliche Statue mit Zwillingen (Westafrika)

Mancherorts hielt man die Nachgeburt, Nabelschnur, Eihaut und Plazenta, für diesen „anderen Teil", den man nach genauer Beschauung (Geburtsorakel) sorgfältig begrub. Er sollte auch leben, wenn auch im Jenseits oder in der Natur, und von dort aus das Neugeborene beschützen und begleiten. Manchmal pflanzte man einen Baum darüber, oder eine Blume, die dann ihrerseits die Lebenskraft bedeuteten und anzeigen sollten, wie die Entwicklung des Kindes sei. In vielen Geschwistermärchen wird von Bäumchen oder anderen Gewächsen, z.B. Rosenbüschen erzählt, an denen das Schicksal des jeweils anderen abgelesen werden kann (z.B. in „Schneeweißchen und Rosenrot", KHM 174, u.v.a.). Im alten Rom hieß der unsichtbare Begleiter bei den Männern *Genius*, bei den Frauen *Juno*. Man brachte ihnen am eigenen Geburtstag im Hause spezielle Opfergaben dar. Die Griechen nannten dieses Wesen *daimonion*, wie es durch Platon von Sokrates berichtet wird, der dessen Stimme sogar hören konnte.[607] Schon bei den Griechen werden die Genien mit Flügeln dargestellt: Sinnbild ihrer frei beweglichen, „volatilen", geistigen Qualität, denen bei uns die Engel entsprechen. Es gab im hellenistischen Gnostizismus[608] dann den Glauben, der Mensch werde eigentlich nur halb geboren, sein edelster Teil bleibe oben im Himmel und vereinige sich mit ihm erst wieder im Tod. Diesen Grundgedanken, nämlich ein Auseinanderfallen der ursprünglichen Einheit in Gott, teilt auch der spätjüdische Glaube von der in diese Welt zerstreuten Schechina, einer Tochter des

---

[606] Wenn jedoch eine Spaltung des Ichbewußtseins eintritt, so kann dies eine schwere seelische Erkrankung bedeuten (Schizophrenie). Das Auftauchen und die Verfolgung durch den „Doppelgänger" schildert am erschütterndsten Dostojewski im Iwan seiner „Brüder Karamasow"

[607] M.-L. von Franz; Spiegelungen der Seele, a.a.O. S. 171f

[608] Spätantike philosophisch-religiöse Geistesrichtung mit mehreren Schulen in der großgriechisch-mittelmeerischen Welt weit verbreitet, von den Kirchenvätern bekämpft und unterdrückt. Gnostische Grundgedanken (z.B. der Dualismus von „dieser" Welt und einem geistigen Jenseits) sind teilweise ins Christentum eingeflossen. In esoterischen Lehren werden sie betont.

8. ZWILLINGSMOTIVE

Schöpfergottes. Ähnlich ist die Idee von den himmlischen Lichtfunken, die in den Menschenseelen zerstreut und vereinzelt sind und wieder in ihre Heimat, die Einheit mit Gott, zurückkehren wollen. An diesen Glauben werden wir in jenen Träumen erinnert, wo nur einer der Zwillinge zum Leben kommt.

Von all diesen Zwillings- und Doppelgängerformen würden wir nicht so ausführlich berichten, wenn nicht erstaunlich ähnliche Motive in Träumen von schwangeren Frauen aufgetaucht wären. Sie entsprechen teilweise fast wörtlich auch gewissen Zügen in Volksmärchen, so daß kein Zweifel daran bestehen kann, daß ihnen eine archetypische, seelische Disposition von weltweiter Verbreitung zugrundeliegt.

Traum Nr. 144. Zweimal wiederholt

I have had my baby – and it was twins!!! Beautiful, perfect, healthy twins. I got hold of a second basket and wrapped them both up and put them down to sleep. I myself was in a curiously elated, almost exalted state, partly pride and joy, but also caused by being slim and mobile again. I could not help running and skipping and even cleared a lake and drink.

Ich habe mein Baby geboren – und es waren Zwillinge! Wunderschöne, perfekte, gesunde Zwillinge. Ich ergriff ein zweites Körbchen, wickelte sie beide und legte sie schlafen. Ich selber war in einer freudig erregten, fast exaltierten Hochstimmung, teils aus Stolz und Freude, aber auch weil ich wieder schlank und beweglich war. Ich konnte nicht anders, ich rannte und hüpfte herum, ich trank einen ganzen See aus.

Die Verdopplung der Kinder ist hier zunächst eine sichtbare Verdopplung der Freude! Beide Kinder sind voll ausgebildet und voll da, und die Mutter reagiert auf natürlichste Weise, indem sie einfach beide versorgt. Dann gibt sie ihrer Freude ungehemmt Ausdruck, indem sie ausgelassen umhertanzt und eine Unmenge Wasser trinkt. Auch die Freude hat einen doppelten Grund: Geburt gut überstanden, und wieder beweglich und schlank! – der Traum aller Schwangeren.

Hier sehe ich im Zwillingsmotiv keinerlei Unterscheidung oder Gegensatz verborgen, sondern es stellt in der Verdopplung dar, daß mit dem Kind auch noch etwas Zweites geboren wird, das zu ihm gehört und bei dessen Erscheinen das Traum-Ich eine überschwengliche Freude empfindet: Es ermißt nämlich spontan, daß die Zwillingsgeburt eine wunderbare Vollständigkeit oder Vollkommenheit bedeutet, ein Ereignis, das nicht nur ein einzelnes Kind ist, sondern etwas wie das Wunder der „Epiphanie", eine sichtbare Erscheinung der wahren, zweifachen Gestalt des Menschen, die immer aus etwas Individuellem *und* etwas Überindividuellem, über den Einzelfall Hinausgehendem, besteht. – Interessanterweise gibt es in einigen Traditionen auch das Motiv der zwei Mütter. Ein Beispiel dafür sind die zwei Mütter des Gottes

Krishna, eine göttliche, die ihn geboren hat, und eine Menschenfrau, die das Kind pflegt und aufzieht.

Wir können hier auf eine altägyptische Darstellung auf einem halbzerstörten Relief des Alten Reiches verweisen: Der Töpfergott Chnum formt auf Weisung des höchsten Gottes Amun den Leib des neuen Pharao, das Bild ist also eine Geburtsdarstellung. Die Göttin Hathor mit der Kuhgehörn-Krone gibt segnend das Lebenszeichen *Anch* hinzu.[609] Was wir aber auf dem Tischchen des Töpfergottes sehen, sind zwei Knaben! Der Leib des Königs ist nämlich nach altägyptischer Auffassung göttlich und menschlich zugleich, eine religiöse Tatsache, die der Ägypter auf archaische Weise „wörtlich" – wie es unsere Träume tun und wie es fast alle Kinder tun – darstellt.

Bild 54 Der Widdergott Chnum formt den Pharao und seinen Ka.
Hathor verleiht ihnen das Leben

---

[609] Helmut Brunner, Die Geburt des Gottkönigs, Tafel 6, S. 67. Chnum spricht beim Töpfern: Ich gebe dir hiermit alles Leben und alle Wohlfahrt, alle Dauer, alle Herzensweite bei mir. Ich gebe dir alle Gesundheit ...

8. ZWILLINGSMOTIVE

Traum Nr. 145. 38. W., 3. Kind, gute Geburt eines Mädchens

Bei der Geburt im Spital gibt's eine Aufregung. Das Baby ist am Herausrutschen, und plötzlich wird noch ein zweites, kleineres, schwächlicheres Baby dahinter entdeckt. Zwillinge! Wir haben aber doch nur für „Eines" vorbereitet!

Nach dem oben Gesagten ist hinzuzufügen, daß die Doppeltheit nicht nur als reine Freude empfunden wird. Dies gilt auch in übertragenem Sinne. Da wir nur selten mit unserem inneren Menschen ganz übereinstimmen, sind im Gegenteil die Schwierigkeiten mit den „zwei Seelen, ach, in einer Brust" weit häufiger. In unserem Traum Nr. 145 kommt ein zweites, schwächlicheres Kind bei der Geburt des erwarteten Kindes dahinter zum Vorschein, und sofort ist die Sorge da: Was machen wir nun? Wir haben doch nur für ein Kind vorbereitet!

Was will ein solcher Traum sagen? Ich denke, er tendiert auf eine Erweiterung und Vertiefung der Vorstellungen der Schwangeren vom Kind. Er sagt etwa: Es ist gleichsam „mehr als ein Kind", das da kommen will. Das Wissen um die andere Seite ist jedoch erst schwach entwickelt. Das Unbewußte stellt fest, daß die Vorbereitungen, d.h. die erwartungsvolle Einstellung des Bewußtseins, für dieses „Andere" noch schwächlich, irgendwo noch unvollständig und einseitig ist.

Daß für die Geburt zuerst einmal an das Konkrete gedacht werden muß, und daß vor allem das Kind selbst ganz konkret genommen und gut versorgt werden muß, ist freilich klar. Dafür ist ja in unserem Traum auch alles gut vorbereitet worden. Was aber tun mit dem „anderen Kind", d.h. der anderen Seite des Kindes? Mir scheint, der Traum stellt der Schwangeren auf freundliche Weise diese innere Frage.

Psychologisch ist hier übrigens gut sichtbar, wie in diesem Traum das Geburtsgeschehen als „Auftauchen" in genau der Weise dargestellt ist, wie Jung es von neuen Bewußtseinsinhalten überhaupt beschreibt. Im Moment der Geburt, d.h. des Bewußtwerdens, gibt es einen schon hell beleuchteten, d.h. voll bewußten Anteil, dem ein zweiter Teil folgt, der weniger beleuchtet, hier: „schwächlicher" ist.

Die nun folgenden Träume können in besonderer Weise die Tatsache verbildlichen, wie in der Zeit der Schwangerschaft die tiefsten Gegensätze zusammenkommen: wie Leben und Tod, Freude und Trauer Nachbarn werden. Dies ist in der Realität so, aber auch in den Träumen. Manchmal bleibt der „andere" Teil ganz im Unbewußten zurück, geht also für das Bewußtsein verloren. In Träumen wird dies öfters durch den Tod oder das Verschwinden einer Figur dargestellt. Marie-Louise von Franz führt zu diesem Thema einen jahrtausendealten indischen Vers an[610]:

Irmgard Bosch

> Zwei Vögel, untrennbare Freunde,
> sitzen auf demselben Baum.
> Einer von ihnen ißt die süße Frucht,
> der andere schaut von oben nur herab.

Sie fügt dieser Stelle hinzu, dieser „andere" trete, psychologisch gesprochen, nicht in die Realität ein, obwohl er fortfahre, mit dem Freund eine grundsätzliche Einheit zu bilden, was auch durch denselben Baum ausgedrückt ist, auf dem sie sitzen, dem Lebensbaum. – Allerdings sind hier tiefere Geheimnisse ausgesprochen, die sich vielleicht nur in einem langen und aufmerksamen Menschenleben enthüllen können. Zunächst ist ja wohl immer die Ungleichheit der Schicksale von Geschwistern in die Augen und aufs Herz fallend.

In konzentrierter Form führt die Zeit der Schwangerschaft allen Beteiligten, vor allem der Frau selber, die enge Verbindung von Leben und Tod vor Augen. Übergroße Freude und stärkster Schmerz können unmittelbar nebeneinander stehen. Wenn auch die Säuglingssterblichkeit weit zurückgegangen ist, so ist sie doch immer noch eine Möglichkeit, auch hierzulande. Jede Schwangere spürt dies instinktiv, und ihre Träume stellen es dar. Die folgenden Träume bringen gerade im Bild der beiden Zwillinge zum Ausdruck, wie eng und unauflöslich die hellen und die dunklen Seiten des Lebens zusammengehören. Sie werden, wenn man so sagen kann, aus einem Schoß geboren. Auch wenn es in den Träumen manchmal zwei Frauen sind, die geboren haben, so ist es psychologisch doch die eine Frau, die den Traum geträumt hat.

Traum Nr. 146, in der 38. Woche:

> *I am in the waiting room of an obstetrician. I am laying on a bed with my husband. Close to the door of the consulting room stands a girl, about 15 years old, with her mother. She is very sad and I feel sorry about this girl. At the same time, we are happy about our baby. Two doctors come from the consulting room. One of them has tears in his eyes because of the girl's abortion, the other one is happy. We look to each other, knowing that it is time for me to go in for giving birth to my baby.*

> *Ich befinde mich im Wartezimmer eines Geburtshelfers. Ich liege auf einem Bett mit meinem Mann. Nahe bei der Tür zum Sprechzimmer steht ein Mädchen, ungefähr 15 Jahre alt, mit ihrer Mutter. Sie ist sehr traurig und ich fühle Mitleid mit ihr. Zur gleichen Zeit sind wir glücklich über unser Baby. Zwei Ärzte kommen aus dem Sprechzimmer. Einer von ihnen*

---

[610] Mundaka Upanishad, zit. nach M.-L. von Franz, Der Schatten und das Böse im Märchen, S. 125

8. ZWILLINGSMOTIVE

hat Tränen in den Augen, weil das Mädchen eine Fehlgeburt hatte, der andere sieht zufrieden aus. Wir schauen uns an und wissen, daß es für mich nun Zeit ist hineinzugehen zur Geburt meines Kindes.

Bei subjektiver Deutung ist dies ein Zwillingstraum. Das traurige junge Mädchen, deren Kummer der Träumerin so nahegeht, verkörpert einen Aspekt der Träumerin selbst. Die Polarität ist durchgängig und stark betont: Es sind auch zwei Ärzte, und sie zeigen gegensätzliche Gefühle.

Wenn im Traum eine Figur leidet oder stirbt, so bedeutet dies seelisch oft, daß ein Inhalt, eine Lebensstufe, eine Beziehung zu Ende geht und/oder im Unbewußten verschwindet. Man kann z.B. diesen Traum auch so ansehen, daß hier verschiedene Ebenen einer einzigen Entwicklung nebeneinanderstehen, die zum gleichen Subjekt gehören. Die Schwangere ist seelisch zweifellos auch in dem traurigen jungen Mädchen enthalten, neben dem die Mutter steht. Das „verlorene Kind" könnte in dieser Perspektive das eigene Kind-Sein der Schwangeren bedeuten, von dem sie in diesem schicksalhaften Augenblick fühlt, daß es unwiederbringlich damit vorbei ist. Ihr Mitfühlen mit dem traurigen jungen Mädchen bringt etwas wie ihre geheime Identität zum Ausdruck – sie ist es nicht wirklich, aber „auch", die ein „Kind", ihr Kindsein, verloren hat. Andererseits ist sie die erwachsene Frau, die den Schritt zum Erwachsenwerden schon getan hat und sich mit ihrem Mann innig auf das eigene Kind freut.

Das altindische Gedicht, das wir oben angeführt haben, sieht hier tief. Es zeigt das rätselvolle Auseinanderklaffen, aber auch die Zusammengehörigkeit der Gegensätze. Sie sind damit freilich nicht erklärt, und das Leiden daran ist nicht aufgehoben.

Traum Nr. 147, in der 39. Woche

I go to have a shower. I liquid flows from inside. I ask my husband to come and see if this is amniotic liquid. We have to go to the hospital. But first, as my husband tells me, we have to go to the cemetery to bury the little baby girl of my sister in law.

Ich will mich duschen. Da kommt von innen eine Flüssigkeit heraus. Ich bitte meinen Mann zu kommen und nachzuschauen, ob dies Fruchtwasser ist. Wir müssen ins Hospital gehen. Aber zuerst müssen wir zum Friedhof gehen, sagt mein Mann, und das kleine Mädchen meiner Schwägerin begraben.
(Meine Schwägerin hat kein kleines Mädchen, war auch nicht schwanger in letzter Zeit.)

Duschen ist eine Berührung mit dem Element des Wassers, was man seelisch gesehen als Reinigung oder Taufe ansehen muß. Die Frau will sich also einer Verwandlung aussetzen. Dadurch kann sie bzw. ihr Mann erkennen, daß sie nun reif zur Geburt ist, denn das Fruchtwasser ist abgegangen. – Aber zuvor muß noch etwas ganz anderes geschehen. Ihr Mann teilt ihr mit, daß sie auf den Friedhof gehen müssen, um das kleine Mädchen der Schwägerin zu begraben. Ihre unbewußte männliche, geistige Seite bringt ihr einen Aspekt des Geschehens heran, von dem ihr Ichbewußtsein, auch das Traum-Ich, nicht das Geringste wußte.

Es ist das Kind der Schwägerin, das begraben werden soll. Die Schwägerin können wir als eine Schattenfigur der Träumerin auffassen. Ein unbewußter Teil ihrer selbst hat ein kleines Mädchen verloren, und das muß sie zuerst „begraben", ehe sie selber Mutter werden kann. Das will sagen, es mußte etwas in ihr sterben, damit das neue Kind leben kann, und zwar „das kleine Mädchen" in ihr. Was ihr Mann, ihr Animus, ihr aus dem tiefsten Unbewußten nahebringt, zeigt einen intensiven Reifungsprozeß an, wie er in der Schwangerschaft sich vollziehen kann.

Der folgende Traum stellt das Absterben eines Zwillings sogar als „normal" dar: Traum Nr. 148 einer 23-jährigen Träumerin, 25. Woche, erstes Kind, keine Komplikationen:

I am having an ultrasound examination of the uterus. I can look at an X-ray film of my child. I see that there are two! I can also see that they are both boys. When the doctor comes back he says that I am perfectly healthy and everything is normal. „You have twins and one is dead, and that is normal."

Ich bin bei der Ultraschall-Untersuchung der Gebärmutter. Auf einem Röntgenfilm sehe ich mein Kind, und ich sehe, daß es Zwillinge sind! Ich kann auch erkennen, daß es zwei Bübchen sind. Wie der Arzt zurückkommt sagt er, daß ich vollkommen gesund sei und daß alles normal sei: „Sie haben Zwillinge und einer ist tot, und das ist normal."

Die Aussage des Arztes ist zunächst schockierend. Vielleicht kann hier darauf hingewiesen werden, daß das Sterben oder Verschwinden eines Zwillings einem archetypischen Vorgang entspricht, dem wir in gewisser Weise alle unterliegen. Es ist „normal", daß immer ein Teil unserer inneren Möglichkeiten „abstirbt", das heißt, daß er im Unbewußten verschwindet. Wir verwirklichen nur einen Bruchteil dessen, was in uns liegt, und verlieren dabei oft unseren besseren Teil, unseren „Zwilling", der noch ungeahnte, verborgene seelische Kräfte verkörpern könnte.

Aber es ist wichtig, mit ihnen in einer Verbindung zu bleiben, nicht im endlosen Nachtrauern, sondern im steten Versuch, jenes „gestorbene Geschwister" wieder dem Leben und der Verwirklichung zuzuführen. Dies würde bedeuten, an unsere verborgenen seelischen Möglichkeiten zu glauben, obwohl sie dem Willen des Ich nicht unterworfen sind. Es ist vielleicht dasselbe, was man früher Gottvertrauen nannte.

8. ZWILLINGSMOTIVE

Wenn wir zu diesem noch den folgenden Traum betrachten, wird vielleicht klarer, was gemeint ist.

Traum Nr. 149 einer 33-jährigen Frau, 23. Woche, 3. Kind, gute Geburt:

I give birth to twins. They are both very small. I can hold them in my hand if I form it like a bowl. Then I loose one of them. I search and I search for it. I wake up crying.

Ich habe Zwillinge geboren. Sie sind beide sehr klein. Ich kann sie in meiner Hand halten, wenn ich sie wie eine Schale forme. Dann verliere ich einen davon. Ich suche und suche nach ihm. Weinend wache ich auf.

Dieser letzte Zwillings-Traum rührt besonders ans Herz. Die Bemühung der Mutter, die beiden Winzlinge in die bergende Hand zu nehmen, zeigt die gute mütterliche Einstellung ihres Unbewußten. Sie möchte den kleinen Wesen einen mütterlichen Schutz und Halt geben, so wie es der mütterliche Bauch war, sie kann sie aber als Einzelwesen (noch) nicht ganz „fassen", wie wir im übertragenen Sinne ebenfalls sagen.

Im Hintergrund dieses Traums steht wiederum das Bild vom jenseitigen Doppel oder Zwilling des Menschen, desjenigen „Teiles" von ihm, der nicht bei ihm ist, d.h. nicht bewußt ist. In diesem Traum ist die Sehnsucht danach abgebildet, die verlorene Seele wieder zu finden, die doch einmal da war, was im Allgemeinen wie eine ferne Ahnung im Inneren jedes Menschen lebt.[611] „Ich suche und suche danach" drückt die Trauer über unsere Ferne zu unserer eigenen Ganzheit aus, die in den vollständigen Zwillingen dargestellt wäre. Daß sie so sehr klein sind, könnte anzeigen, daß das Neue in der Träumerin noch wachsen müßte.

Auch der folgende Traum gehört zu den Verdoppelungsmotiven. Wie die Träumerin ausdrücklich sagt, erschrak sie im Traum nicht darüber, daß ein Kind zwei Köpfe hatte.

Traum Nr. 150, 29. Woche, 31 Jahre, 2. Kind, keine Probleme

I am together with my family. I meet a woman with a pram in a market place. The child in the pram has two heads. It sounds strange, but in the dream it was natural. The child was very pretty. The mother said, and I agreed, that it was not strange to have a child with two heads. At a certain age one of the heads is to be amputated.

Ich bin mit meiner Familie zusammen. Ich treffe eine Frau mit einem Kinderwagen auf einem Marktplatz. Das Kind im Wagen hat zwei Köpfe. Es mag sonderbar klingen, aber im Traum war es ganz natürlich. Das Kind

---

[611] „Ich besaß es doch einmal, was so köstlich ist,
daß man doch zu seiner Qual nimmer es vergißt." (Goethe)

war sehr hübsch. Seine Mutter sagte – und ich stimmte dem zu –, daß es nicht ungewöhnlich sei, ein Kind mit zwei Köpfen zu haben. In einem bestimmten Alter muß man einen amputieren.
(Dieser Traum erschreckt mich, wenn ich darüber nachdenke, aber im Traum war die Situation ganz normal.)

Bild 55 Die himmlischen Zwillinge (Westafrika)

Tatsächlich ist dieser Traum eine interessante Variation der Zwillingsträume, so schlimm er sich anhört. Er gibt hier keinerlei Hinweise auf eine eventuelle Mißgeburt oder etwas Anormales, das Kind wird im Gegenteil als sehr schön geschildert. Was heißt es dann, daß es zwei Köpfe hat?
Die fremde Frau auf dem Marktplatz ist wohl als Schattenfigur der Träumerin aufzufassen. Vermutlich nimmt der Traum eine zu starke, ihr aber nicht bewußte „Kopfigkeit" der Träumerin selbst aufs Korn, beziehungsweise eine gewisse Kopflastigkeit ihres Denkens. Es könnten dies, als Beispiel, ihre eigenen Erwartungen an das Kind sein. Der Traum stellt fest, der überzählige „Kopf" werde später entfernt, amputiert, d.h. sie werde mit der Zeit dasjenige verlieren, was zu viel „Kopf" war.
So kann tatsächlich die natürliche Entwicklung der Einstellung z.B. bei intellektuell erzogenen jungen Müttern verlaufen. Meist sind es die Kinder selber, die schon dafür sorgen, daß die Mutter von ihren Theorien befreit wird!

Zum Abschluß ein merkwürdiger Traum von zwei künstlich erzeugten Kindern: Traum Nr. 151. 28. Woche, erwünschte Schwangerschaft, Träumerin und Ehemann promovieren, Geburt 5 Wochen zu früh, gesundes Mädchen.

Wir entdeckten unter dem Dach ein vergessenes Zimmer und machten dort einen wichtigen Fund. Wir entdeckten unter kunstvollen Steinen das alte Grab eines Zauberers. Als ihn jemand raushob, sah ich seinen grünen mumifizierten Kopf. Es war leicht unheimlich. Erstaunlicher war noch, daß er in seinen Armen zwei runde, in der Mitte enger werdende Gläser trug, wie Retorten, in denen sich zwei kleine, aber vollständige Kinder befanden. Es waren seine Kinder.

8. ZWILLINGSMOTIVE

Es kommt nicht nur im Erdboden, in Kellern und Höhlen zu überraschenden und seltsamen Entdeckungen, sondern auch in der Höhe, in der Dachregion. So unheimlich wie im Dunkel des Kellers kann es auch auf dem Speicher sein, unter altem, seltsamem Gerümpel, zwischen „Urväter Hausrat", der dort, mit Tüchern verhangen, geisterhaft weiterlebt. Viele Kinder wollen weder allein in den Keller noch auf den Speicher gehen. Die alten Dinge sind ja vielleicht nicht ganz tot.

Wodurch unterscheiden sich Keller und Speicher? Das „Haus", der bewohnte Bereich, ist der bewußte Raum des Menschen, seine Identität im Bewußtsein. In Träumen würde man den Keller meist als die unbewußten Fundamente oder Voraussetzungen des Bewußtseins ansehen, sichtbar z.B. an „tragenden" Gewölben, manchmal als das Reich des Unbewußten überhaupt, in dessen tieferen Schichten auch der Bereich der vitalen, auch körperlichen Ressourcen und Möglichkeiten (die Vorräte im Keller) zu denken wäre. Vieles, was sich in diesem Bereich befindet, verträgt kein helles Licht.

Im Dachstock dagegen werden (oder wurden) Dinge abgestellt, die „trokken" lagern sollen, wie alte Möbel, Schriften, Briefe, alte Kleider – alles Dinge, die von Erinnerungen an gelebtes Leben voll sind und viel erzählen könnten. Für etwas reifere Kinder war der Dachboden in früheren Zeiten ein Platz der spannendsten, für Erwachsene nicht zugänglichen Spiele. Jung berichtet darüber in seinen Erinnerungen: Der einsame Knabe hegte auf dem „Estrich" (dem verbotenen Speicher seines Elternhauses) in einer alten Federschachtel, hinter einem Balken versteckt, ein winziges selbstgeschnitztes Männchen, dem er einen kleinen, blankgeriebenen Kieselstein beigegeben hatte. Er empfand dieses Männchen samt seinem Stein als persönlichen Schutzgeist, als sein Geheimnis, das ihn insgeheim stärkte. Dieser kleine Doppelgänger des Knaben, von dessen unverletztem Dasein er sich immer wieder überzeugen mußte, war ein Zufluchtsort in seiner seelisch oft gefährdeten Kindheit. Später vergaß er das Männchen jahrzehntelang, bis er es im Verlauf seiner Studien zu „Wandlungen und Symbole der Libido" anhand der Lektüre über die „Churingas" (versteckte Familien-Schutzsteine der Australier) in einer vergessenen Ecke seines Gedächtnisses wiederfand.[612] Auch das Männchen auf dem Dachboden gehört in den Umkreis des Doppelgänger- oder Zwillingsmotivs.

Die Träumerin erzählt, der „wichtige Fund" sei „in einem vergessenen Zimmer unter dem Dach" gemacht worden, also in einem Raum, der einmal als ein Teil des Hauses in Gebrauch gewesen, dann aber vergessen worden war, d.h. er war dem Unbewußten anheimgefallen, und zwar in der „Kopfregion", im Gedächtnis. Der Traum führt sie neu an diese Stelle heran, und man fand das alte Grab eines Zauberers unter kunstvollen Steinen, der zwei kleine Kinder in zwei Glasgefäßen in den Armen hielt.

---

[612] C.G. Jung, a.a.O. 27ff, s.a. Kap. Steine, S. 49

Es ist ungewöhnlich, daß sich ein Grab im Dachgeschoß befindet. Der Traum gibt mit dieser Lokalisation einen Hinweis darauf, daß es sich bei der Entdeckung um eine „höhere" Angelegenheit handelt, um etwas Hochgeistiges, nicht um eine alltägliche Sache des praktischen Menschenverstandes.

Was heißt es, wenn dort oben ein „Zauberer" begraben liegt, der Raum aber dann gänzlich vergessen wurde? Es muß sich um ein anspruchsvolles, aber gänzlich abgegangenes, vergessenes Geistesgebiet handeln, und es muß sich beim Zauberer um einen Geist von hoher Einschätzung handeln, denn er liegt unter kunstvollen Steinen begraben. Man ehrte ihn einst, indem man ihn so begrub, aber dann vergaß man ihn und diesen Raum, den ganzen geistigen Bereich, zu dem er gehörte. Man hat auch seine Künste vergessen oder verloren, nicht in der Tiefe, sondern in der Höhe, d.h. im Geistigen, in der Theorie.

Wie es für langes Liegen auf einem Dachboden normal ist, und wie es sich für die „Trockenheit" geistiger Dinge (im Vergleich zur feuchten oder feurigen Qualität von Emotionen und Vitalität) gehört, ist der Kopf des toten Zauberers ausgetrocknet, er ist mumifiziert, aber er ist erstaunlicherweise „grün", trägt also trotzdem die Farbe des Lebens und der Vegetation an sich. All das ist „leicht unheimlich", bemerkt die Träumerin, was nicht verwunderlich ist. Jung sagt:[613] „Die für die Frau typische Gefahr von seiten des Unbewußten kommt *von oben*, aus der ‚geistigen' Sphäre, welche eben durch den Animus personifiziert ist ..."

Was hier „oben" entdeckt wird, ist darüber hinaus sehr widersprüchlich. Einerseits handelt es sich bei dem vergessenen Zimmer zweifellos um einen wichtigen geistigen Bereich, andererseits liegt der tote Zauberer unter „kunstvollen Steinen" im Grab, was dem Bilde nach eigentlich zur Erde, zum chthonischen Bereich, gehören würde. Was mögen vollends die zwei kleinen Kinder in den Retorten zu bedeuten haben, die er in den Armen hält, – „seine Kinder", angesichts der gegenwärtigen Schwangerschaft (28.W.) der Frau?

Wenn man das „Haus" als die gewohnte Bewußtseinswelt ansieht, so könnte der Dachstock etwa das kollektive Gedächtnis (der Speicher wird von allen benützt und dient zur Lagerung), nämlich das allgemeine historische Wissen bzw. hier das Vergessen bedeuten, wo plötzlich ein Zeugnis von einem verschwundenen geistigen Leben wiedergefunden wird. Es geht ja mit unzähligen Anschauungen so: wenn sie nicht mehr ins Weltbild passen, werden sie vergessen, seien sie nun ausgereift oder nicht. Wenn sich die geistigen Grundlagen des Zeitalters aber wieder verändern, wenn z.B. große Erschütterungen vergessene Inhalte freilegen, so können sie wieder „entdeckt" werden, wie es z.B. der mittelalterlichen Alchemie erging, als deren komplizierte Prozeduren zwar nicht als Naturwissenschaft im modernen Sinne, aber als

---

[613] GW 9/I, § 559

8. ZWILLINGSMOTIVE

wertvolle Zeugnisse seelischer Prozesse der am opus Beteiligten von C.G. Jung neu entdeckt und entschlüsselt wurden.[614]

Man könnte die Entdeckung des „toten Zauberers" hier ansiedeln und kollektiv, d.h. als etwas Historisches von allgemeinem Belang, ansehen. Trotzdem glaube ich, daß der Traum auch einen wichtigen persönlichen Bezug hat, da er in der Schwangerschaft geträumt wurde und mit den zwei Kindern in den Retorten schließt.

Wir kehren noch einmal zum Anfang zurück. Es handelt sich um das Grab eines „Zauberers". Ein Zauberer ist eine Person, die mit undurchschaubaren Mitteln, in geheimnisvolle Gewänder gehüllt, allein durch Magie Verwandlungen von Materie bewirken oder Sichtbares verschwinden und Unsichtbares erscheinen lassen kann. Er kann z.B. ein weißes Kaninchen aus einem Zylinder hervorzaubern, obwohl jedermann vorher sich überzeugen konnte, daß keines darin war. Dabei ist allein schon das weiße Kaninchen aus dem schwarzen Zylinder von eindrucksvoller Symbolik: frisches Leben aus dem schwarzen Grab! Es geht natürlich nicht mit rechten (rationalen) Dingen zu, sondern das Zaubern ist hohe Trick-Kunst – aber es will sich als göttliche Schöpferkraft darstellen und ist mit schamanistischem oder alchemistischem Tun verwandt, wo mithilfe geheimer Künste etwas verborgen Lebendiges oder Geistiges aus der unbelebten Materie herausgeholt werden soll. Insofern klingt jener uralte (prometheische und demiurgische) Menschheitstraum hier an, sich an die Stelle des Schöpfergottes zu setzen[615] und aus eigener Kraft Menschen zu „machen".

Die mumienhafte Gestalt des Zauberer-Kopfes erinnert darüber hinaus an die Mumiengestalt des Gottes Osiris, des altägyptischen Totengottes, der als Gott der Verwandlung den Toten auch zum neuen Leben führte. Er wurde auch als Vegetationsgott verehrt. Seine Farbe, auch als Totengott, ist das Grün, und im alten Ägypten wurden ihm zu Ehren an der Totenbahre schnellkeimende Saaten in Tonscherben geweiht, oder es wurden Saatkörner in die Totenbinden gestreut, die bald sproßten und grünten – ein Sinnbild der Auferstehung (s. Traum Nr. 68, Kap. Pflanzen). Wenn nun ein mumifizierter Zauberer im Traum grün erscheint, so hat dies wohl mit der Wandlungs- und Auferstehungsmöglichkeit von Leben zu tun, ohne daß die Träumerin etwas von Osiris oder Adonis gewußt zu haben braucht. Der Traum selbst schlägt das Wandlungs-Thema an.

Es lohnt sich, ein wenig beim Thema der Alchemie zu verweilen, da am Ende unseres Traumes mit den zwei Kindern in den Retorten nochmals ein Motiv erscheint, das auf sie hindeutet. Eine wichtige Stufe im Prozeß der

---

[614] Es handelt sich um Wandlungsvorgänge des Individuationsprozesses, die die Alchemisten in die chemischen Reaktionen der Stoffe hineinprojizierten – so die Erkenntnisse aus den Forschungen Jungs, vor allem in den Bänden GW 12-14
[615] s. Mircea Eliade, Schmiede und Alchemisten

alchemischen Wandlungen trug den Namen „Grünung", benedicta viriditas (die gepriesene Grünung). Wie erwähnt, entdeckte C.G. Jung in den sonst unverständlichen Darstellungen[616] der Alchemisten Projektionen von seelischen Prozessen, die ihn tief beeindruckten. In vieler Hinsicht waren die Alchemisten tatsächlich die Vorläufer der modernen Naturwissenschaftler und Techniker, da es schon ihnen um jenes Machen oder Herstellen ging, das der Natur selbst abgerungen oder, wie man es mythologisch ausdrücken würde, Gott entrissen werden mußte.

Der Zauberer unseres Traumes trägt zwei retortenähnliche Gläser mit „kleinen, aber vollständigen Kindern in den Armen", scheint sich also wie Wagner bzw. Mephisto im „Faust" mit der Kunst des Menschenmachens befaßt zu haben. Der letzte Satz des Traumes betont: „Es waren seine Kinder". Die Retortenkinder sind also gewissermaßen rein männlich erzeugte oder besser gezauberte Kinder, ohne Mitwirkung einer Frau. Sie deshalb „Kopfgeburten" oder Totgeburten zu nennen, wäre richtig, auch wenn es heißt, sie seien immerhin ganz und vollständig. Sie sind zwar vollständig, also perfekt, aber sie kamen nicht zum Leben, denn in ihren Gläsern blieben sie steril und von der Umwelt isoliert.

Niemand kennt nun diese Geisteskinder, sie ruhten mit ihrem Vater im Grab, und wenn man sie als geistige Keime oder Impulse auffaßt, so haben sie an der Erstellung der gegenwärtigen Arbeit (Promotion) keinerlei Anteil, spielen auch sonst im Denken dieser Frau keine Rolle (mehr?). Eine besondere Aufmerksamkeit verdient jedoch ihre Doppeltheit. Wie Jung darlegt, tritt das Zweiheits-Motiv dort auf, wo es sich um Bewußtseins-Inhalte handelt, die eben daran sind, bewußt zu werden, d.h. „etwas davon (ist) bewußt und etwas (noch) unbewußt". Zur gegenwärtigen Situation der Schwangeren würde das Zwillingskinder-Motiv in genau dieser Weise – das Kind ist einesteils bewußt, andernteils noch unbewußt – sehr genau passen. Gerade, daß es sich an der Schwelle zur Bewußtwerdung befindet und daher doppelt erscheint, leuchtet ein.

Seltsam ist nur, daß es sich hier gleichzeitig um etwas Totes handelt. Die Frage ist daher, bezogen auf die Träumerin als Subjekt: Was verkörpert der tote Zauberer in ihrem seelischen Gesamtzusammenhang, was bedeutet die Zweiheit „seiner" Kinder?

Auf die Psyche der Frau bezogen scheint es sich beim Zauberer um eine abgelebte Animus-Figur zu handeln, d.h. um eine Art von intellektueller Aktivität, die jetzt in ihrem Geist nicht mehr lebt. Man könnte also fragen: Hat sie irgendwann eine kreative Arbeit liegenlassen, oder Ideen zu einer solchen? Möglicherweise macht sie eben jetzt, wo sie schwanger ist, die Wiederentdek-

---

[616] Die Unverständlichkeit der Bilder in der Alchemie ist teilweise traditionelle, teilweise absichtliche Verschlüsselung wegen der Gegnerschaft der Kirche, teilweise ist ihre Sprache auch unverständlich wegen der ohnehin nur symbolisch zu fassenden Inhalte

kung einer früheren, nie ganz zum Leben gekommenen geistigen Kreativität, die dem Augenschein nach mit der jetzigen Arbeit (Promotion) gar nichts zu tun hat.

Dabei scheint mir wichtig, auf den „grünen mumifizierten Kopf" des toten Zauberers hinzuweisen. Daß ein starker Animus[617] als Zauberer erscheint, ist nicht ungewöhnlich – Gedanken erschaffen ja auf zauberische Weise ihre Gegenstände – aber daß sein ausgetrockneter Kopf jetzt die grüne Farbe zeigt, deutet auf die Möglichkeit seiner Auferstehung und einer Neubelebung seines, d.h. ihres (der Träumerin) schöpferischen Wesens.

Die Träumerin hätte bei dieser Deutung unbewußt Anteil an einer heute sich erst vereinzelt regenden Einsicht, daß das uralte Bemühen der Alchemisten zwar scheitern mußte, soweit es ihnen um exakt faßbare Ergebnisse ging. „Gold" oder den „Stein der Weisen" konnten sie nicht herstellen, aber sie hatten weitergesteckte Ziele als heutige Wissenschaftler. Es ging ihnen um jene Geheimnisse des Stoffes, die mit „Leben" zu tun haben, denn Stoffe und ihre Verbindungsmöglichkeiten waren ihnen nicht tot. Zentrale Vorstellungen ihrer Rezepturen bestanden in ihren Verwandlungen und Krisen, schließlich in der „Hochzeit von König und Königin", also in Verbindungen von Männlichem und Weiblichem.

Der „alte Zauberer" unseres Traums, ein männlicher Geist im Kopf einer Frau, hatte zwar seine „Kinder" irgendwie konstruiert, aber offenbar ganz allein, theoretisch, ohne Frau. Die Verbindung mit dem weiblichen Ich der Träumerin und dessen Geistigkeit war verlorengegangen, und zwar genauso, wie es im Großen dem wissenschaftlichen Denken passiert ist. Im christlichen Abendland ist bis auf wenige Ausnahmen eine Entwicklung des weiblichen Bewußtseins nicht in derselben Intensität wie die des männlichen Geistes zustandegekommen, sie ließen sich nicht mehr „verbinden".

Die grüne Farbe des Zaubererkopfes könnte nun andeuten, daß dieser männliche Geist dabei ist, sich zu verwandeln. In diesem Moment wird er von der Frau „entdeckt", zumal an der Doppeltheit der Kinder abgelesen werden kann, daß jetzt etwas nahe daran ist, an das (weibliche) Bewußtsein der Träumerin angeschlossen zu werden – aber dies hat angesichts ihrer Schwangerschaft natürlich mit lebendigen Kindern zu tun!

---

[617] über den Begriff des Animus s. Kap. Der Mann

Bild 56 Demeter von Cnidos (ca. 330 v.Chr.)

9. Die Mutter

Irmgard Bosch

Es ist naheliegend, daß in Träumen von schwangeren Frauen das Bild der Mutter eine große Rolle spielt. Ähnlich wie das Bild des Kindes kann es sich sowohl auf ihre Zukunft als Mutter, wie auch auf ihre Vergangenheit beziehen. In viele Schwangerenträume spielt das eigene Verhältnis zur persönlichen Mutter herein, welches sich in dieser Zeit meist in einem intensiven Wandlungsprozeß befindet. Dahinter und darüber hinaus tritt die machtvolle Dynamik des Mutter-Archetypus in den mannigfachsten Handlungen und Bildern hervor, wobei mehr oder weniger überpersönliche Seiten des Mütterlichen zutagetreten, denen wir in diesem Buch schon von den verschiedensten Blickwinkeln her immer wieder begegnet sind. Wenn die Mutter als menschliche Figur in Träumen auftaucht, so ist sie erheblich bewußtseinsnäher als in ihren symbolischen Gestaltungen, z.B. als Erde, oder als Tier, z.B. Katze oder Kuh.

Der Begriff „Mutter" kennzeichnet zunächst eine soziale Beziehung, welche in zwei oder mehr Wesen besteht, in Mutter und Kind(ern).[618] Das Wort Mutter bezeichnet vor allem eine familiäre Funktion oder Rolle. Oft haben, vor allem in früheren Zeiten, Frauen sich in diesem Beziehungsgefüge vollendet, und auch erschöpft. Ein Mutter-Bild trug sie hindurch, das einerseits unwiderstehlich genährt ist vom Instinkt, andererseits die Frau in ihrer Rolle kulturell unterschiedlich, aber doch sehr weitgehend festlegte, demgegenüber ihre Individualität zurücktreten mußte. Das Austragen und Großziehen von Kindern füllte ihr Leben mit Sinn in der Hingabe des Ich an die mütterlichen Aufgaben.

Aufgrund der tiefgreifenden Wandlungen des Lebens der Frauen in modernen Gesellschaften, ihrer Emanzipation von der Familienrolle, ihrer beruflichen Qualifizierung, und vielleicht auch unter dem allgemein verbreiteten Eindruck großer Gefährdungen des Lebens auf der Erde (Übervölkerung,

---

[618] Man kann sich fragen, ob der Begriff Mutter allein überhaupt denkbar ist, denn er bezeichnet immer die Beziehung.

Naturschäden, etc. etc.) tauchen heute auf vielen Ebenen Fragen auf, die das Thema „Mutter" schwieriger, ja manchmal unlösbar zu machen scheinen. Es wäre fast nötig, sich daneben auch wieder klarzumachen, daß wir Frauen bei aller Verantwortlichkeit nicht die ganze Welt tragen können und müssen.

Aber es bedeutet auf jeden Fall einen tiefgreifenden Wandel, das Muttersein in das Leben bewußter einplanen zu können. Zweifellos bedeutet diese Möglichkeit für Frauen einen immensen Fortschritt, so wie ich es auch als Fortschritt und Chance für Männer erachte, selbst zeitweise mütterliche Funktionen zu übernehmen. Indem das Muttersein jedoch auf einen begrenzten Abschnitt, die Familienphase, reduziert wird, verliert es an umfassendem Gewicht in der Biographie der Frau. Es müßte jetzt ein neues, bewußteres Wahrnehmen der Notwendigkeit entstehen, die Bedeutung und die Beziehung zur Mutter als einen tragenden, unabdingbaren Teil der inneren Entwicklung jedes Menschen zu begreifen. Die Mutter ist zwar auch „das erste Welt-Objekt" des Kindes[619] und bedingt seine erste Orientierung nach außen, aber sie ist ebensosehr seelisch ein Teil dieses Kindes selbst. Unwillkürlich wird sie die erste Anima des Sohnes und das erste Selbst- oder Schattenbild der Tochter, hat also einen großen Anteil an deren inneren Reifungsmöglichkeit.

Wir können hier nur von unserer speziellen Fragestellung ausgehen, die lautet: Was sagen die Träume heutiger schwangerer Frauen, von denen jede auf ihre einmalige und individuelle Weise den Prozeß des Mutterwerdens durchläuft, über das Thema „Mutter" aus? Haben ihre Träume zu tun mit jenen allgemeinen Sorgen, geben sie Antworten auf persönliche Fragen?

Der Schritt vom Mädchen zur Mutter scheint heute größer als je. Es ist nicht mehr der selbstverständliche Weg einer Frau, schwanger zu werden. Mindestens wird angenommen, sie habe sich mit ihrem Partner bewußt dafür „entschieden", selbst wo die Entscheidung dafür erst nachträglich oder halb unbewußt oder gar nicht erfolgt war. Dieser Beitrag des freien Willens, so er denn frei war, kann eine große Hilfe bei der Umstellung ihres Lebens bedeuten. Die Schwangerschaft selbst wird allerdings klarmachen, wie wichtig, aber auch wie klein dieser Beitrag des persönlichen Willens ist gegenüber dem Eingebettetsein in einen unabweislich sich vollziehenden naturhaften Prozeß. Diese Erfahrung kann im günstigen Fall zu einer ruhigen, unstörbaren Gelassenheit führen, wie man sie vorher kaum gekannt hat.

Wie in der Einleitung ausgeführt, gab es in wohl allen Religionen und Kulturen mannigfache Rituale und soziale Formen der Einweihung, um die entscheidenden Übergänge des Lebens auf richtige Weise bewältigen zu können. Marie-Louise von Franz betonte oft, daß heute etwas von diesen archetypischen Hilfen oder Orientierungen durch Träume geschehen müsse. Diesen Gedanken wird folgender Traum auf besonders klare Weise veranschaulichen, da es in ihm um eine eigentliche Einweihung geht. In den

---

[619] so Sigmund Freud, René Spitz

9. DIE MUTTER

meisten anderen Mutter-Träumen sind Elemente einer Einweihung ebenfalls, aber mehr oder weniger verhüllt, enthalten.

Traum Nr. 152, ca. 21. Woche, die Träumerin 34 Jahre alt, zweite geplante, aber schwere Schwangerschaft mit Kaiserschnitt:

Frau Dr. von Franz und ich sind zusammen in einer Art Turm oder sonst einem alten Gebäude. Sie geht eine Treppe hinauf, die mich an die Steintreppe in Jungs altem Turm erinnert.
Ich bleibe unten in einer Art Kämmerlein, das aber wie eine Tropfsteinhöhle aussieht. Frau von Franz spricht oben etwas, es ist wie ein Gottesdienst, im Zusammenhang mit dem Kindlein-Haben oder -Bekommen und der Muttergöttin.
Von der Decke der Tropfsteinhöhle tropft Wasser auf mich herunter als (oder wie) durchsichtige Edelsteine.
Ich bin zutiefst bewegt. Es ist ein sakrales Geschehen.

Der Turm ist ein uraltes weibliches Symbol[620], er ist ein einleuchtendes Bild für einen abgeschlossenen und geschützten geistigen Raum („Elfenbeinturm"). Als Symbol kann der Turm zwar auch ein Gefängnis darstellen, wie in vielen Volksmärchen, hier bedeutet er dagegen einen besonderen, innersten Seelenraum, wo die Träumerin sich dem verborgenen Leben ihres seelischen Zentrums in tiefster Introversion zuwenden kann. Er ist des weiteren ein Symbol, dessen geschützter Innenraum auf Weibliches, sein Aufgerichtetsein auf Männliches hinweist. In der Vereinigung von Männlichem und Weiblichem ist er deshalb vor allem ein Symbol des Selbst. Was sich in seinem Inneren vollzieht, ist ein Mysterium.

Jung baute seit 1923 seinen Wohnturm in Bollingen am Zürichsee zu seiner persönlichen Einkehr- und Arbeitsstätte aus. Er sagt dazu[621]: „Das Gefühl der Ruhe und Erneuerung, das sich mir mit dem Turm verband, war von Anfang an sehr stark. Er bedeutete für mich so etwas wie eine mütterliche Stätte ... Es ist ... eine Stätte geistiger Konzentration ... In Bollingen umgibt mich Stille. Hier mindert sich die Qual des Schaffens, das Schöpferische und das Spielerische sind nahe beisammen."

Als Exposition wird nun erzählt, daß Frau Dr. von Franz die Steintreppe hinaufsteigt. Das Hinaufsteigen mithilfe von Treppen ist symbolisch der Übergang auf eine höhere Ebene, die Verwandlung in etwas Höheres, ein „Aufstieg". Wie der Turm ist auch die Treppe ein sehr altes Symbol für die Verbindung von Himmel und Erde, wie man an der Leiter in Jakobs Traum

---

[620] Muttergottheiten des alten Orients und Ägyptens als Turm oder Mauer, schützende Stadtgöttinnen mit Mauerkrone, Tortürme mit Bild der schützenden Göttin. Eine Marienlitanei preist Maria als Turm (Lauretanische Marienlitanei). Vielleicht wirksam noch in Luthers „Ein feste Burg ist unser Gott"?
[621] *Erinnerungen, Träume, Gedanken*, S. 228, 230

sehen kann.[622] Wenn es eine Treppe oder Leiter gibt, so ist die Möglichkeit der Verbindung von oben und unten gegeben, auch in unserem Traum ist keinerlei Gefahr der Überhebung oder der Realitätsflucht sichtbar. Dr. von Franz verwandelt sich durch das Hinaufsteigen im Traum einfach in ein anderes, höheres Wesen. Sie spricht dann „von höherer Warte" aus, wie eine Priesterin.[623] Psychologisch stellt sie eine Selbstfigur der Träumerin dar. Die Frau bleibt unten in einer Art Kämmerlein, das wie eine Tropfsteinhöhle aussieht.

Es ist sehr bezeichnend, daß das nun Folgende in einer Höhle, noch dazu in einer Tropfsteinhöhle, stattfindet, obwohl man zunächst denken könnte, das widerspreche dem Bild des „Turms". Auch sehr viele christliche Kirchen umfassen in ihrem Bau diese beiden spirituellen Tendenzen: das Hochstrebende, Mächtige und Erhebende drückt sich in ihren Türmen aus, die Versenkung in weltabgewandte Andacht, in das Geheimnis des religiösen Lebens, in den Krypten.

Auch die Heiligtümer vieler weiblicher Gottheiten befanden sich seit alters tatsächlich in Höhlen. Sie gehörten zur Erde, zum chthonischen Element, auch zum Feuchten und Dunklen, wie es das chinesische Yin charakterisiert. Jede Höhle ist ein Schoß der Erde (s. Kap. Erde, Steine). Eine Tropfsteinhöhle bei Knossos auf Kreta war z.B. die Kultstätte von Eileythia, einer vorgriechischen Geburtsgöttin, auch die Fruchtbarkeitsgöttin Demeter wurde im großgriechischen Sizilien in einer Höhle bei Enna verehrt, eine ähnliche befand sich bei Agrigent.

Es ist nicht erstaunlich, daß an vielen Stellen der Erde gewisse Höhlenkulte heute noch lebendig sind, denn sie entsprechen einem seelischen Bedürfnis, das uralt ist. Ein weiblicher Archetyp kommt darin zum Ausdruck. Nach den Marien-Erscheinungen des Mädchens Bernadette um 1850 haben große Wallfahrten zu jener Quellgrotte bei Lourdes in Frankreich eingesetzt, wo die Heilungsuchenden bis heute in die damals entsprungene Quelle untertauchen und besprengt werden. An ungezählten katholischen Kirchen befinden sich seitdem größere oder kleinere Mariengrotten, vorzugsweise mit Tropfsteinen verziert, die als Andachtsstätten beliebt sind. – Es stammt aus derselben Wurzel, wenn die orthodoxe Kirche für die Christgeburt am Bild der Höhle bis zur Gegenwart festgehalten hat.[624] (s. Bild 57)

Was in unserem Traum nun im oberen Raum gesprochen wird, berührt die in tiefer Andacht in der Höhle verharrende Frau wie eine Einweihung. Sie fühlt im Innersten, was ihr hier zuteil wird, auch wenn nur wenige Worte

---

[622] s. Fußnote zu Traum Nr. 16
[623] Der Priester oder die Priesterin werden am Altar nicht als die konkreten Menschen aufgefaßt, die sie sind, sondern sie handeln im Kultus als dem Amt Geweihte, im Sakrament als Vertreter Gottes.
[624] Ernst Benz, Die heilige Höhle in der Ostkirche, in: Eranos Jahrbuch 1953, Band 22, S. 365ff

9. DIE MUTTER

verständlich zu ihr herunterdringen. Aber es sind die entscheidenden Worte „Muttergöttin, Geburt und Kindleinhaben", die zentral sind für sie in dieser Epoche ihres Lebens. Das Ganze ist eine Weihe der Schwangeren für ihre zukünftige Lebensstufe, die sie erfährt im Zustand tiefer Introversion.

Als sichtbares Zeichen des Segens fallen Wassertropfen wie durchsichtige Kristalle über sie hin: Sie wird gleichsam getauft als werdende Mutter, wird als ein neuer Mensch in einen neuen Stand gehoben. Die Träumerin ist tiefbewegt. Die Edelsteinform der Tropfen zeigt den unvergänglichen und unzerstörbaren geistigen Wert des Geschehens an.

An diese Lysis schließt sich ein Satz an, der nochmals anzeigt, daß die Frau im Traum das Geschehen voll erkannt und aufgenommen hat, aber seelisch ganz auf dem Boden und bei sich selbst geblieben ist: „Es ist ein sakrales Geschehen", sagt sie abschließend, und damit urteilt das Traum-Ich als Mensch. – Wir könnten das Geschehen nicht besser be-

Bild 57 *Die Geburt Christi in der Höhle (rumänisch-byzanthinisch)*

zeichnen, es ist wie eine innere Taufe, die ihr Ich durch ihr weibliches Selbst erfährt, um in der Tiefe für den neuen Lebensabschnitt als Mutter gestärkt und bereitet zu sein.

Dieser Traum ist eins der kostbaren Beispiele dafür, wie das Selbst manchmal seine Nähe zum Göttlichen enthüllen kann.

Auch umfassende Gemeinschaften werden „Mutter" genannt: Mutter Kirche, Mütterchen Rußland. Dahinter steht das archetypische Bild der Großen Mutter, die allumfassend über ihre Kinder wacht, sie gebiert, schützt und erhält, und sie auch wieder in sich zurücknimmt. Mutter Erde als Lebensmutter ist auch Todesmutter.[625] Vielen Sprachen ist das Wort Ma oder Mama

---

[625] Näheres s. Kap. Erde, Steine

gemeinsam, alle Menschen verstehen es. Manchenorts wird es als Ehrentitel auch für kinderlose Frauen gebraucht. Welche Eigenschaften dabei gemeint sind, ist heute z.B. an Mutter Teresa von Kalkutta ablesbar.

Psychologisch ist für uns bedeutsam, daß die Mutter für das Kind für eine gewisse Zeit alles ist. Es gab frühgeschichtliche Kulturen, die dieser Grundtatsache in ihrer Sozialordnung Rechnung trugen. Aber schon im griechischen Mythos der klassischen Zeit lebte – neben anderen Ursprungssagen – nur noch wie eine ferne Erinnerung jene Erzählung, daß der Anfang jeglicher Schöpfung von der Erdmutter Gaia allein vollzogen worden sei.[626] Seit den bahnbrechenden Gedanken eines Bachofen[627] ist die Erforschung matriarchalischer Sozialformen weitergekommen und hat sich differenziert, ist aber nicht abgeschlossen. Offenbar hat es auch in ferner Vorzeit schon beides gegeben, die Vorherrschaft des Mannes wie auch die der Frau.[628] Sozialordnungen sind jedoch nicht unser Thema, obwohl auch sie aus archetypischen Wurzeln stammen – wie Träume.

Es gibt Gebiete der Erde, wo man noch heute eine Nachwirkung von Mutter-Kultur zu spüren meint, z.B. das drawidische Südindien, abgelegene Mittelmeergebiete, Gegenden in Afrika[629]: Jung beobachtete eine Art Matriarchat auch in Nordamerika und vermutete ein geheimes Überleben untergegangener indianischer Seelenverfassung im kollektiven Unterbewußtsein der US-Amerikaner.[630] Aber auch in unseren Breiten rufen Menschen in plötzlichem Schrecken oder in Lebensgefahr spontan „Mamma (mia)!" oder „Mutter!" – Der griechische und der jüdisch-christliche Mythos hat die Vorstellung eines männlichen obersten Gottes als Schutzmacht in uns wachgehalten, aber in der Tiefe des Unbewußten ist die Mutter noch da und ist das Tragende. Im Bewußtsein aber glaubt man bis heute weit überwiegend, das Männliche sei auch das eigentlich Schöpferische.

Tatsächlich bestehen die Ursprungsbilder vieler Kulturen meistens im Bild des Zusammenkommens zweier gegensätzlicher Urwesen, Urelementen oder Urgöttern, deren Vereinigung die Schöpfung bewirkte. Ich finde, man kann in so geformten Grundanschauungen eine reifere Einstellung erkennen: reifer als die psychologisch wohlbegründete, aber aus noch kindlichem Empfinden heraus gewonnene Anschauung vom absoluten Primat der Mutter, reifer auch als die höchst einseitige vom nur männlichen Schöpfergott.

---

[626] s. Kap. Erde, Steine, Traum Nr. 12
[627] Johann Jakob Bachofen, „Versuch über die Gräbersymbolik der Alten", 1859, und „Das Mutterrecht", 1961, näher ausgeführt in „Das lykische Volk", 1862, s. Mutterrecht und Urreligion, Leipzig 1926, Auswahl
[628] Tiefenpsychologisch einleuchtend dargestellt von: Ingeborg Clarus, „Wer war zuerst?", Mythologischer Exkurs über die Wechselwirkung sich ablösender weiblicher und männlicher Vorherrschaft, Anal. Psychologie 1989, 20: 241-256
[629] s. C.G. Jung, Erinnerungen, Träume, Gedanken, S. 266f
[630] GW 10, § 790

9. DIE MUTTER

Wir wollen uns nun weiteren Mutter-Träumen zuwenden.

Es gibt innerhalb der Schwangerschaft zwei Entwicklungen, die sich gegenseitig verschränken, ja bedingen: die des intrauterinen Kindes zum Leben als Einzelwesen, und die der Schwangeren zur Mutter. Beide haben eine reiche Symbolik. Wir finden sie sogar im Traum einer Adoptiv-Mutter, die lange und sehnlich auf die Ankunft ihres ersten Adoptiv-Kindes warten mußte. Sie erzählt im Kommentar, sich zur fraglichen Zeit seelisch genau wie eine Schwangere gefühlt zu haben, und berichtet folgenden Traum:

Traum Nr. 153. Die Mutter der Träumerin ist in Wirklichkeit hochgewachsen, sie ist das Oberhaupt eines einflußreichen Clans, von dem die Träumerin das „schwarze Schaf" ist. Die Träumerin wartet im Traum nicht auf das Kind, sondern auf ihre Mutter.

> *I am at the Denver airport meeting my mother. As I approached her I realize that she is tiny – like a midget. I have to sit down to hug her. She feels round and solid and small.*
>
> *Ich bin auf dem Flughafen in Denver, um meine Mutter zu treffen. Wie ich auf sie zugehe bemerke ich, daß sie klein wie ein Zwerglein ist. Ich muß mich niedersetzen, um sie zu umarmen. Sie fühlt sich rundlich, fest und klein an.*

Zunächst ist auffallend die Veränderung der Größen: Die imponierende Mutter ist nun klein wie ein Zwerg, die Träumerin muß sich niedersetzen, um sie zu umarmen. Das könnte auf der persönlichen Ebene heißen, daß diese mächtige Frau, gegen deren Herrschaft die Träumerin rebellieren mußte, nun relativ sehr viel kleiner geworden ist. Dadurch, daß die Träumerin nun selbst mütterliche Verantwortung übernehmen will, ist sie ihrerseits größer geworden.

Aber die Größenverhältnisse haben sich durchaus nicht normalisiert. Die Mutter, eine großgewachsene Frau, erscheint bei der Begegnung in der Größe eines kleinen Kindes. In ihm umarmt die Träumerin das Kind und die Mutter zugleich.

Die Veränderung der Realität weist auf den subjektiven Hauptaspekt des Traums. Die Mutter ist hier Symbol, sie ist das „Wesen" Mutter, das Mutter-Sein schlechthin, d.h. das weiblich-verantwortliche Prinzip. Dieses kommt in Gestalt und in Form eines kleinen Kindes auf die wartende Frau zu, und sie bückt sich hinunter, um es zu umarmen. – Der Traum formuliert damit, daß in dem zu erwartenden Kind das Wesen „Mutter", das Mütterliche, auf die wartende Frau zukommt, und es wird von ihr liebevoll angenommen. Insgesamt heißt dies: sie kann ihr eigenes Wesen so flexibel entwickeln, in diesem Fall so „beugen", daß sie das Kind erreicht. – So oder ähnlich hätte auch eine Schwangere träumen können!

Dieser Traum zeigt auf einfache Weise etwas Grundlegendes: Im Kind ist die Mutter enthalten, in der Mutter das Kind. – Der Traum ist damit auch ein Bild für die ursprüngliche Einheit beider.

Viele Schwangere füllen die Wartezeit mit praktischen Vorbereitungen aus, soweit sie dazu in der Lage sind, indem sie (wie vor allem Großmütter und Tanten!) für das Baby stricken, häkeln oder nähen. Im Idealfall schreinert der Vater eine Wiege, oder es wird ein Korbwägelchen ausgeschlagen, die Geschwister malen Bilder für das Baby. Bei solchem Tun wird das neue Kind schon eingehüllt in liebende Gedanken, in die konstruktiven Phantasien der Mutter und der ganzen Familie, wodurch die Wärme und Aufmerksamkeit seelisch hergestellt wird, welche das Kind für seine Ankunft in der harten Wirklichkeit braucht. Geduldig aneinandergereihte Maschen sind etwas wie die Fäden oder der Stoff seines Lebens, auch des körperlichen Lebens, das sich aus unzählbar vielen lebendigen Bausteinen aufbauen muß.

Die Wartezeit ist auch in der Sicht des Unbewußten keine leere Warterei. Eine Schwangere erfand im Traum ein besonders schönes Bild für die Hülle, die sie dem Kind bereiten will:

Traum Nr. 154:

Tante Emmi, die in Wirklichkeit keine Kinder hat, hat einen Knaben geboren. Ich durfte mit noch anderen Verwandten im Nebenzimmer warten, um dann den Knaben anzuschauen, sobald er abgetrocknet war. Tante Emmi hatte ihn gerade eben gestillt. Ein Arzt nahm ihn zu sich auf seinen Schoß, weil die Mutter eine entzündete Nase hatte und den Säugling nicht anstecken wollte.

Die Schwester hatte versprochen, mir die Plazenta zu überlassen, damit ich daraus etwas machen könne. Ich machte daraus ein Osternestchen.

Die Träumerin muß noch im Nebenzimmer warten. Als Schwangere ist sie im wahren Sinn des Wortes im Wartezustand, sie nähert sich erst langsam dem Geburtsgeschehen. Auch „Tante Emmi" hält zum Kind einen vorsichtigen Abstand ein, es gibt also noch gewisse Hemmnisse, die aber nicht entscheidend sind. Sehr schön bringt der Traum heraus, wie die Tendenz des Traum-Ichs jetzt noch nicht „Geburt" ist, sondern es ist die Vorbereitung dazu, der Nestbau. Das Ei, könnte man sagen, ist zwar schon gelegt, um so mehr ist die sorgliche Bereitstellung des Nestchens an der Reihe. Der Traum wünscht sogar biologisch erstaunlich richtig die Plazenta für das Nest! Hier sieht man, wie das Unbewußte der Träumerin in einer von zielsicherer Vorfreude erfüllten Stimmung ihrem Kind seinen passenden und nährenden Raum zum Leben zubereiten will, für den das „Osternest" einen überaus schönen Ausdruck voll tiefer Symbolik darstellt!

9. DIE MUTTER

Traum Nr. 155. 28. Woche:

> *I have a little baby girl. She is very small, almost like a little doll. I am having troubles to take care of her. My mother is helping me.*
> *She takes her on her arms so that I can give my breast to the baby.*
>
> *Ich habe ein kleines Mädchen geboren. Sie ist sehr klein, fast wie eine kleine Puppe. Ich habe Schwierigkeiten, sie zu versorgen. Meine Mutter hilft mir. Sie nimmt sie auf ihre Arme, so daß ich dem Kind die Brust geben kann.*

Zunächst ist die Träumerin besorgt wegen der Winzigkeit des Säuglings und wagt gar nicht, das zerbrechliche Püppchen zu versorgen. Aber die „eigene Mutter", das sind symbolisch gesprochen ihre eigenen mütterlichen Kräfte und Fähigkeiten, von denen sie offenbar gar nichts wußte, sind in dieser Situation einfach da und helfen ihr. Wenn der Traum sagt „Meine Mutter hält das Kind im Arm, so daß ich ihm meine Brust geben kann" – so ist es das Mütterliche in ihr selbst, das jetzt eingreift und das Stillen ermöglicht.

Als Bild betrachtet, ist in diesem Traumbild mehr zu sehen als die aktuelle Hilfe beim Stillen. Hier wird auf die natürlichste Weise durch die „Mutter" dasjeni-

Bild 58 Maria, ihre Mutter St. Anna, und das Jesuskind mit Lamm (Leonardo da Vinci, 1501-1507)

ge weitergegeben, was der neue Mensch zum Leben braucht. Man wird an die unendliche Ahnenreihe aller Mütter erinnert, innerhalb derer eine der andern seit Urzeiten von ihrem Können und Wissen weitergibt. Von dieser allenthalben wirksamen, archetypischen Tatsache her stammt auch das schöne Bild der „Anna selbstdritt", welches die innige Verbundenheit des Menschengeschlechts durch die mütterliche Ahnenreihe dartut.

Ähnlich ist die Situation im Traum Nr. 156[631]: Geträumt in den allerersten Tagen der Schwangerschaft, sie war sehr erwünscht.

She was giving birth to a baby boy: her mother and her paternal grandmother (who has the same name as she) were helping.

Sie schenkt einem Buben das Leben: ihre Mutter und ihre Großmutter, die denselben Namen trägt wie sie selbst, helfen ihr.

Der Traum zeigt, daß hier schon in den ersten Tagen der Schwangerschaft alle Mütter, darunter die „Groß-Mutter", als Hilfe da sind. Eine starke Mütterlichkeit ist in der Träumerin aufgewacht, wobei noch besonders gesagt wird, die Großmutter trage denselben Namen, ist ihr also sehr nahe, ein Teil von ihr selbst. Auch dies ist ein „Anna Selbdritt"-Traum.

Im Traum Nr. 157, 34. Woche, heißt es:

(Ich) spürte im Traum ganz deutlich die Zehe (des) Kindes aus der Bauchdecke herausstehen. Ich konnte mit dem Finger darüberstreichen und jede einzelne Zehe spüren ... Immer mehr des Kindes trat ganz deutlich an die Oberfläche des Bauches. Reliefartig war das ganze Kind sichtbar, nur noch eine dünne Haut hielt es fest an meinem Bauch. Als ich es auch Mama zeigen wollte, platzte diese Haut auch und das Kind war geboren. Ich nahm es sofort in meine Arme ... und legte es an meine Brust. Es trank sofort. Es war ein schönes Kind und ich war unwahrscheinlich glücklich.

Schön beschreibt dieser Traum, wie die Schwangere über ihre Bauchdecke streicht und „jede einzelne Zehe (des Kindes) spürt" – das heißt, sie fängt an, das Kind zu be-greifen, seinen Körper zu erfassen und liebzuhaben. Dabei wird ihr das Kind mehr und mehr plastisch, wächst schnell, und als noch die eigene Mama dazukommt, ist das „Mutterwesen" so stark geworden, daß die Haut platzt, d.h. die Spannung wird zu groß und das Kind wird im Traum unmittelbar geboren. In übertragenem Sinn könnte das bedeuten, daß das neue Bewußtsein, „Mutter" zu sein, schon geboren wurde.

Traum Nr. 158, aus der 8. Woche. Viele Träume lang vor Eintritt der Schwangerschaft wiesen eine Beschäftigung des Unbewußten mit dem Problem der Fruchtbarkeit auf. Sie wurden damals auf der Subjektstufe und in übertragenem Sinne gedeutet. Wie bereits dargestellt[632], ist die Schwangerschaft von der beruflich stark engagierten Frau bewußt keinesfalls angestrebt worden. Wie dann tatsächlich eine Schwangerschaft eingetreten ist, schlägt die Nachricht wie ein Blitz bei ihr ein. Sie ist bestürzt, ratlos und unglücklich.

---

[631] Von dieser Frau auch Traum Nr. 176 im Kap. Schöpfung und Traum Nr. 171 weiter unten in diesem Kapitel.
[632] im ausführlichen Kommentar zu Traum Nr. 13 derselben Träumerin im Kap. Erde

9. DIE MUTTER

Im Bewußtsein kann sie einen so harten Abbruch aller Pläne und Wünsche nicht fassen, aber das Unbewußte setzt seine Versuche fort, dem rebellierenden Bewußtsein Brücken zu bauen.[633]

Traum Nr. 158:

My mother is inscribing symbols in a stone like a monolith. Some are astronomical signs. Then I see many little eggs. Someone wants to see what is inside. I say that only roaches can come out of such eggs. The person keeps insisting about opening the little eggs.
Then he finally opens two eggs, and two small white rabbits come out of the eggs. – They belong to me.

Meine Mutter schreibt einem großen Stein, wie ein Monolith, symbolische Zeichen ein. Einige sind astronomische Symbole. Dann sehe ich viele kleine Eier. Jemand will sehen, was darin ist. Ich sage, daß aus solchen Eiern nur Plötze (Fische) kommen können. Er will sie dringend öffnen, öffnet schließlich zwei davon, und es kommen zwei kleine weiße Kaninchen heraus. Sie gehören mir.

Die Personen dieses Traumes sind: Die Mutter, die Träumerin und ein nicht weiter benannter Jemand. Wir wollen auch diesen Traum auf der subjektiven Stufe deuten und fassen die Personen als Innenfiguren der Träumerin selber auf – die eigene Mutter ist dasjenige in ihr, was an Mütterlichem schon in ihr lebt. Der Jemand dürfte ein positiver Animus sein.

Monolithe und vorgeschichtliche Steinsetzungen stehen bekanntlich oft in Verbindung mit Sternen, mit Sonne und Mond und ihrem Lauf, und wurden kalendarisch benützt. Meist wurden sie weiblich aufgefaßt. Sie hatten mit dem Schicksal und mit der Fruchtbarkeit zu tun. Fruchtbarkeitsrituale sind an solchen Steinen vollzogen worden.[634]

Das Einprägen oder Einritzen von astronomischen Zeichen in den großen Stein stellt symbolisch die Schwangerschaft, genauer den Moment der Empfängnis selber dar (engl. pregnant): Wenn das Irdische, der Stein, kosmische Symbole von der Mutter empfängt, so wird es im Wortsinn damit „imprägniert". Dies besagt in unserem Traum: Die „Mutter" setzt die Zeichen, sie steht hinter dem Vorgang. Im Bild der persönlichen Mutter handelt hier die größere Mutter, das Mutter-Prinzip. Der Vorgang der Empfängnis eines Kindes im Körper einer Frau ist nicht ein isoliertes, zufälliges und rein materielles Geschehen, sondern entspricht einem höheren Plan im kosmischen Geschehen. Kompensatorisch zur abwehrenden Einstellung des Be-

---

[633] wie die Traumbilder eindeutig dartun: Nr. 41 im. Kap. Baum, Nr. 302, Nr. 303, Nr. 304 im Gesamtverzeichnis.
[634] s. Frank Teichmann, Der Mensch und sein Tempel, Megalithkultur in Irland, England und der Bretagne, u.a. 43 ff (s.a. Traum Nr. 15)

wußtseins verweist der Traum auf einen wichtigen Zusammenhang. Vom Unbewußten her gesehen handelt es sich bei dieser Schwangerschaft nämlich nicht um eine Störung, um eine Panne oder einen Zufall. Was die Mutter hier schreibt, gibt es im Unbewußten der Träumerin selbst: einen wissenderen, mütterlichen Wesensanteil, der die Verbindung zum größeren Horizont, zum Sinn des ganzen Geschehens, herstellt.

Tatsächlich geht nun im Traum ein rapider Prozeß der Erkenntnis vor sich. Das Bild wechselt und die Träumerin sieht nun auf einmal viele kleine Eier. Die Eier sind ein näherliegendes und sehr bekanntes Zeichen von Fruchtbarkeit und neuem Leben, denken wir nur an unsere Ostereier und an Schöpfungsmythen vieler Kulturen. In einem alten ägyptischen wie auch in einem griechischen Mythos entsteht der ganze Kosmos aus einem Ei.[635]

Im Traum tritt nun ein nicht näher bezeichneter, männlicher „Jemand" auf, der unbedingt wissen will, was in den Eiern steckt. Neugierde könnte im Zusammenhang mit Wachstumsprozessen auch leicht schädlich sein. Hier ist sie es nicht. Es ist ein Wissenstrieb, der dem Ziel dieses Traumes dient, weil es in ihm um das Verstehen dessen geht, was die Mutter zu Beginn mit astronomischen Zeichen dem Stein eingeritzt hat. Die Funktion des Animus ist in dieser Episode des Traums so, wie sie von Jung als ideal beschrieben wurde: Brücke zu sein zwischen dem Unbewußten und dem Bewußtsein, Unbewußtes dem Bewußtsein nahezubringen.

Als Hindernis stellt sich in diesem Traum nicht (wie so oft) die Übergriffigkeit oder Ungeduld des Animus dar, als vielmehr die Skepsis des Traum-Ichs, welches, als ich-nahe Instanz, noch weit von der intendierten Bewußtseinserweiterung entfernt ist. Die Träumerin will ja im Bewußtsein kein Kind, auch das Traum-Ich meint wegwerfend, es könne sich hier doch nur um „nichts als" Plötzen-Eier handeln. (Plötze sind Weißfische.) Die Träumerin weiß das ganz genau, was soll es schon anderes sein?? All das hat doch mit ihr gar nichts zu tun!!

Wenn auch das Bemühen des Traum-Ichs deutlich ist, diese Eier weit von sich wegzudenken, so hat es doch wie nebenbei an ein Geheimnis gerührt, das von Jung entdeckt und von ihm in „Aion" ausführlich dargestellt wurde. Der „Fisch" spielte als Symbol eine große Rolle, nicht nur im frühen Christentum, sondern weiterhin durch das ganze Mittelalter hindurch in Astrologie, Alchemie und in der christlichen Esoterik. Christus selbst ist als der heilende Erlöser im Bild des Fisches gesehen worden. Wenn wir uns klarmachen, daß der Fisch ein Lebewesen des Meeres, psychologisch gesprochen ein Inhalt des kollektiven Unbewußten ist, wie im Kapitel Wasser dargelegt, so mag dieses geheimnisvolle Bild dem Verständnis näherkommen.[636]

---

[635] Karl Kerényi, Die Mythologie der Griechen, S. 22f., u.v.a.
[636] Barbara Hannah, Der Animus im Buche Tobit, in: Jungiana Reihe A Band 1, 18

9. DIE MUTTER

Aber wir brauchen den religiösen Hintergrund des Fischsymbols nicht unbedingt heranzuziehen, um zu erkennen, mit welchen Riesenschritten die Traumbilder sich nun entwickeln. Der wißbegierige Mitspieler läßt nämlich nicht locker und öffnet zwei der Eier – und da kommen zwei weiße Häschen heraus! Sofort weiß nun das Traum-Ich: „Sie gehören mir!" Es erhebt unmittelbar Besitzansprüche und zeigt damit die spontan veränderte Tendenz des Unbewußten an. Hasen und Eier verbindet, allerdings umgekehrt, auch unsere volkstümliche Ostersymbolik: Die Eier kommen von den Hasen, nicht die Hasen aus den Eiern! Aber für den Traumdichter spielt das keine Rolle: Ostern, das Fest der Auferstehung und des neuen Lebens, ist mit dieser Wendung nun ohne jeden Zweifel angebrochen.

Die Doppeltheit der Häschen deutet vielleicht darauf hin, daß dieses Bild und was es aussagt schon nahe an der Schwelle zum Bewußtsein steht.[637]

Auf diese Nähe zur Bewußtseinsschwelle könnten auch die Worte „Sie gehören mir!" hindeuten. Sie sagen ja nichts anderes als: Die Fruchtbarkeit, das neue, kleine, unschuldige (weiße) Leben, das gehört zu mir, das will ich haben! So spricht freilich vorläufig nur das Traum-Ich. Ich könnte mir aber denken, daß die Träumerin in der hier und in anderen Träumen zutagetretenden Einstellung ihres Unbewußten eine Hilfe bei der Bewältigung der schwierigen neuen Lebenssituation erfahren wird.

Zum Schluß der „guten" Mutterträume möchte ich einen Traum vorstellen, der noch einmal den überpersönlichen Aspekt einer Schwangerschaft formuliert. Eine Frau träumte beim 3. Kind, das eine gute Geburt hatte, in der 39. Woche:

Traum Nr. 159:

Meine Cousine ist auch schwanger, man sieht's ihr aber nicht an, da sie eher rundlich ist. Termin ist der 24. Dezember, und es ist wie Frühling dann.

In der Cousine (45, zwei Kinder) ist ein Aspekt der Träumerin gemeint, und zwar eine sehr naturnahe Seite von ihr. Die Schwangerschaft ist dort ganz unmerklich, ist sozusagen etwas Normales für diese Frau, die schon von der Figur her mütterlich ist. Wenn wir dann hören, daß der Geburtstermin genau zu Weihnachten ist, das in der Nachfolge antiker Mysterienfeiern und im Zusammenhang mit der Wintersonnenwende gefeiert wird, so erhält die Geburt des Kindes einen kosmischen und einen religiösen Bezug. Es wird zwar zur Weihnachtszeit in unseren Breiten noch lange nicht warm, aber die Wintersonnwendfeste wurden schon immer als Auftakt zu den eigentlichen Frühlingsfeiern begangen. Die Verheißung des wachsenden Lichtes geschieht

---

[637] Über paarweises Auftreten von Motiven s. M.-L. von Franz, Wissen aus der Tiefe, S. 138 ff, s.a. Kapitel Zwillinge

Bild 59 Geburtsgöttin mit Fetussen und Kindern (Mesopotamien)

ja genau im Tiefpunkt des Sonnenstandes, „mitten im kalten Winter, wohl zu der halben Nacht".[638]

Der Traum stellt die rundliche Cousine, und damit die Schwangerschaft der Träumerin selbst, in engste Verbindung mit dem zyklischen Leben der Natur und mit dessen religiöser Bedeutung. Die Geburt des Kindes zum Termin der Christgeburt weist auf die religiöse und kosmische Bedeutung jeder Menschengeburt, und damit auch der Mutterschaft, hin. Als Naturvorgang draußen gesehen, ist die Geburtsstunde „wie Frühling", seelisch verstanden ist sie die erlösende Wende wie die Geburt des Heilands. Dasselbe frühlingshafte Grundgefühl muß das alpenländische Weihnachtslied „Grünet Felder, grünet Wiesen" inspiriert haben:, oder das Lied „O Erd', schlag aus,

---

[638] Genau im Tiefpunkt des Sonnenstandes wird auch der Kampf mit den bösen Wintergeistern, dem Wilden oder Wuotis-Heer, aufgenommen. Sie toben besonders in den mittwinterlichen Losnächten, bis sie schließlich zu Ostern gänzlich besiegt sind. Es gibt viele Volksbräuche, wie z.B. oberdeutsche Funken- und Feuerbräuche, auch die alemannische Fastnacht, die schon ab der Wintersonnenwende den Kampf des neuen Jahres mit den Winter-Dämonen und -Hexen um die Vorherrschaft darstellen.

schlag aus, o Erd, daß Berg und Tal, grün alles werd!" In dieser allverbundenen Sicht ist die Geburt nichts für sich Alleinstehendes, sie ist Teil des Lebens der größeren Natur und hat damit Teil am Gotteswillen.

Wir müssen uns nun einer dunkleren Seite des Mutter-Kapitels zuwenden, die selbstverständlich in den Schwangerenträumen nicht fehlt: Träumen von einer nicht nur ambivalenten oder „irgendwie unheimlichen", sondern auch von einer eindeutig bösen Mutterfigur. Solche Mutterträume können gerade in dieser Zeit grausig, ja fürchterlich sein, sie gehören zu den schlimmsten Schrecken, die Schwangere (und andere Menschen) im Traum erfahren.

Bild 60 Gorgo (Syracus)

9. DIE MUTTER

Die negative Mutter und ihre Begleiter. Unholdin, Hexe, Verführerin. Einsperrende und verschlingende Mutterfiguren

Wir gehen zunächst von einem Traum aus, der im Kap. Erde, Steine bearbeitet wurde: Im Traum Nr. 20 trat ein wilder Kerl auf, dessen Mutter ordnend und befriedend in den Kampf eingriff. Wir bezeichneten den Angreifer dort psychologisch als einen negativen Animus der Träumerin. Wer aber ist dessen „Mutter"?

Wenn wir den Traum noch einmal durchlesen, so sehen wir, daß diese Frau souverän, mächtig und weise auftritt, wie eine Königin oder Göttin. Sie könnte die Selbstfigur der Träumerin verkörpern. Merkwürdig ist nun aber, daß sie einen so bösartigen Sohn hat, wie kann er von ihr herstammen? Ähnlich rätselvolle Verwandtschaftsverhältnisse begegnen uns ja auch in Erzählungen von „des Teufels Großmutter"[639] und von der „Räubermutter" – eine Mutter, die zwar mit im finsteren Loche sitzt, aber den dort hineingeratenen Menschen meistens aus der Klemme hilft. Davon gibt es viele Varianten.

Solche Muttergestalten scheinen mehrschichtig zu sein. Sie scheinen mindestens einen Zugang zum Bösen zu haben. Auch die Gretel im Märchen verfügt ja über eine bemerkenswerte Listigkeit, sie schlägt die Hexe mit ihren eigenen Waffen. Instinktiv spüren wir, daß diese Befreiungstat gegenüber der einsperrenden Zauberin richtig war und ihre eigene Moral hat. Es handelt sich um eine Überlebensfrage.

Wir werfen noch einmal einen kurzen Blick auf das Märchen von Hänsel und Gretel, weil es die häufigsten Probleme der Auswirkungen einer negativen Mutter bzw. Hexe komprimiert darstellt. Ist es zu fassen, daß Hänsel und Gretel, diese unschuldigen Kinder, ohnehin verjagt von einer hartherzigen Mutter, im Wald auch noch in die Fänge einer kinderfressenden Hexe geraten? Gibt es, psychologisch gesehen, so etwas?

Die kalte, ausstoßende Mutter und die falsche Feuerhexe in ihrem zuckersüßen Häuschen sind nur verschiedene Facetten desselben Archetypus, nämlich des negativen Aspekts des Mutter-Archetyps. Die Geschichte von Hänsel und Gretel steht für viele Märchen aus allen Kulturen, in denen es um die Gefahr und die Überwindung negativer, weil *lähmender oder einengender* Mutter-Macht geht. „Negative Mutter" ist nur ein neuerer Name für das, was früher anschaulicher Hexe, böse Zauberin, Dämonin bis zur dunklen Muttergöttin genannt wurde. Ihre Macht wird durchweg für sehr groß gehalten.[640]

In nicht wenigen Kulturen hatten wilde, feuerspeiende weibliche Gottheiten, gewaltige Göttinnen der Wut und der Vernichtungsraserei, sogar ihre anerkannten Kulte und Opfer. Man wußte noch, wie real sie sein konnten, und

---

[639] z.B. KHM 29, 125, 172

man suchte sie behutsam zu besänftigen. Beispiele dafür sind die gefürchtete löwenköpfige Sechmet der alten Ägypter[641] und noch heute die schwarze Kali der Hindureligion, die als eine Große Mutter mit bleckender Zunge und einer Kette von Totenschädeln um den Hals, in Blut watend, angebetet wird. Trotzdem – oder, wie Inder sagen, gerade deshalb – ist sie die große, tief verehrte, schützende Mutter.

Aber auch das unerklärliche Rasen gegen die eigenen Geschöpfe, das uns im Traum Nr. 160 begegnet, gibt es schon im Mythos, z.B. bei den Mänaden. Penteus wird von seiner blindwütenden Mutter zerrissen, erschütternd ist die Geschichte der Medea, die ihre eigenen Kinder in rasender Eifersucht tötete.

In den mythischen Vorstellungen der Antike war die einst schöne Lamia, deren Kinder Hera, ebenfalls aus Eifersucht, vernichtet hatte, als Kinderverschlingerin gefürchtet, weil sie, besonders in der Nacht, Schwangere bedrohte und Neugeborene raubte.[642] Ähnliches glaubte man bis nach Mitteleuropa hinein von der vorderasiatischen Dämonin Lilith, – auch sie eine zurückgewiesene Frau.[643] Um sich vor ihr zu schützen, trugen die Schwangeren Amulette. Reste dieser Angst (z.B. vor dem bösen Blick) finden sich im südlichen Europa noch heute.

Auch Hekate, die große Mond- und Wegegöttin, wurde zwar im ganzen Mittelmeergebiet für gute Geburten angerufen, da sie „den Frauen im Wochenbett half", aber sie war es auch, die „sie grausam bedrückte".

Man fragt sich, warum sollten negative Affekte, also das Böse, bei Müttern eine solche Rolle spielen, wie uns Volksmärchen und Mythologeme, aber auch Träume heutiger Frauen sagen? Sind Mütter nicht im allgemeinen und von Natur aus die liebevollsten Wesen, die es gibt, voll guten Willens und voll Hingabe an ihre Kinder? Woher kommen dann ihre bösen Wirkungen, die oft tatsächlich ein Leben lang schädigend andauern? Die negativen Aspekte des Mutter-Archetyps wirken natürlich ebenso verderblich in Männern. Wir wollen uns eingestehen, daß auch eine tiefenpsychologische Betrachtung diese Ambivalenz im Mutterbild nicht erklärt oder löst. Die Frage „Warum ist das so?" können wir zwar stellen, aber oft nicht beantworten. Es scheint aber manchmal wichtig zu sein, daß wir sie wahrhaben.

Hilfe und Gefahr gehen bei weiblichen Figuren im Mythos nicht selten von derselben Gestalt aus. Eine solche Mutterfigur ist in erster Linie die Mächtige, erst in zweiter Linie böse oder gut. Im Gegensatz dazu verkörpert die christliche Maria ausschließlich die guten, hellen und helfenden Seiten des

---

[640] Eine reichhaltige Auswahl von psychologisch kompetent gedeuteten Beispielen zum Mutter-Thema aus den Märchen vieler Völker bieten folgende zwei Bücher: „Das Weibliche im Märchen" von M.-L. von Franz; und „Die Mutter im Märchen" von Sibylle Birkhäuser-Oeri.
[641] s. Kap. Katze
[642] Karl Kerényi, Einführung in die Mythologie der Griechen, S. 43
[643] Siegmund Hurwitz, Lilith, S. 112f.

9. DIE MUTTER

Weiblichen. Ihre Weiblichkeit ist fruchtbar ohne Sünde, ohne Dunkel, so besagt das katholische Dogma. Leider wirkte sich diese Purifikation des christlichen Mutterbildes, die mit dem Beginn der Neuzeit zusammenfiel, zunächst im Untergrund verhängnisvoll für die reale Frau aus. Lange Zeit schob man alles unerklärlich Schlimme und Bedrohliche denjenigen Frauen zu, die Dinge konnten und wußten, die sie nur vom Bösen Geist, vom Teufel, erfahren haben konnten, z.B. geheimes Wissen über den Körper der Frauen, über Krankheiten und volksmedizinische Heilmethoden, vor allem rund um die Geburt, die seit alters als unrein galt. Davon hielt ein geheimes Grauen und eine starke Tradition die Männerwelt fern, und was die weiblichen Helferinnen bei einer Entbindung taten, wurde unter Frauen geheimgehalten, ja galt als heidnisch. Hebammen wurden über Jahrhunderte hinweg deswegen als Hexen verdächtigt und verfolgt.[644]

Im folgenden Traum ist die Mutterfigur unübersehbar gefährlich:

Traum Nr. 160.

Der Traum wurde in der ersten geplanten Schwangerschaft, in der 3. oder 4. Woche, geträumt. Hier besitzen wir eine Serie von mehreren Träumen, was für die Deutung hilfreich ist. Jung sagt von zusammenhängenden Serien[645], daß „in deren Verlauf sich der Sinn gewissermaßen von selbst herauswickelt. Die Serie ist nämlich der Kontext." Der diesem Traum vorausgehende, der erste der Serie, hatte der Träumerin das Bild einer riesigen „Prähistorischen Katze" gezeigt, welche sie in Angst und Schrecken versetzte, denn die Riesenkatze hätte jeden Augenblick durch eine Glaswand brechen können.[646] Vielleicht war ihr damals die Tatsache der Schwangerschaft nur als dunkle Ahnung bewußt („about conception"). Zum Zeitpunkt dieses Traumes wird sie ihr bewußt gewesen sein:

> *I'm with friends and my husband out in a farm land. I see a woman who has many children start the woods and fields on fire with gasoline.*
> *I say that we need to go back and help to put it out. We go down to the woods and put it out. The woman invites us into her house to eat dinner. When we go inside she tells us that we're never allowed to leave again.*
> *I find a knife that one of the children had left out. I'll use it to escape but one of the children tells the mother and she takes it away.*
> *Finally, we get out and run into a village. But here they won't let you escape either. There are police out looking for us while we hide and try to make our get-away.*

---

[644] Bächtold-Stäubli, Handwörterbuch d.dt. Aberglaubens, Schwangerschaft, Bd. 7, 1407 ff
[645] C.G. Jung, Traumsymbole des Individuationsprozesses, GW 12, § 57
[646] s. Kapitel Katze, Nr. 76

Ich bin mit Freunden und meinem Mann draußen auf dem Land. Ich sehe, wie eine Frau viele Kinder die Wälder und Felder mit Benzin anzünden läßt. Ich sage, wir müssen zurückgehen und löschen helfen. Wir gehen hinunter und löschen das Feuer. Die Frau lädt uns in ihr Haus ein zum Abendessen. Wie wir hineinkommen, sagt sie, wir würden da niemals mehr herauskommen. Ich finde ein Messer, das eins der Kinder beiseite gelassen hatte. Ich will es benützen um zu fliehen, aber eins der Kinder verrät es der Mutter und sie nimmt das Messer weg. – Schließlich kommen wir heraus und rennen in ein Dorf. Aber hier läßt man uns auch nicht fliehen. Da ist Polizei, die uns sucht, während wir uns verstecken und versuchen wollen, davonzukommen.

Der Schauplatz unseres Traumes ist draußen auf dem Land, da sind Wald und Felder, in der Nähe ein Dorf. – Die „Natur" wird in vieler Hinsicht für jede Schwangere wichtig, wie ja auch die prähistorische Riesenkatze ein überwältigendes Bild der Ur-Natur war – aber bezeichnenderweise hinter einer Glaswand. Was das akute Problem für die Träumerin zu sein scheint, entrollt vollends der obige Traum.

Seine Handlung ist klar gegliedert: Als Exposition die feuerlegende Mutter, dann das Löschen des Waldbrands, die Gefangenschaft bei der Mutter, der vergebliche Ausbruchsversuch, das Verstecken vor der Polizei, schließlich aber keine Lysis.

Als Personen treten auf: Auf der einen Seite die Träumerin mit ihrem Mann und Freunden, sie spricht durchgehend von „wir", auf der Gegenseite eine „Frau mit vielen Kindern". Ihre Rolle übernimmt im Schlußbild die Polizei. Wir müssen diese unheimliche Mutter, vollends angesichts ihrer bösartigen und unverständlichen Handlungsweise, nicht als einen gewöhnlichen Menschen, sondern als eine machtvolle Große-Mutter-Figur ansehen, die hier im Bereich von Wald und Feld als eine Art unheimliche Naturmutter, eine Feuerhexe, fungiert.[647]

Die Träumerin befindet sich mit ihrem Mann und Freunden im Freien auf dem Land, vielleicht auf einem Spaziergang. Was sucht man auf dem Land? Gute Luft, die Nähe zur Natur, Erholung – ein Aufatmen. Aber sie findet dort alles andere als Erholung: Etwas höchst Alarmierendes ist im Gang, sie beobachtet eine „Frau, die ihre Kinder Wald und Felder anzünden läßt" – noch dazu mithilfe des technischen Brennstoffs Benzin!

Angesichts des Feuers sagt die Träumerin, da müsse man doch schnell zurückgehen und löschen helfen, und „sie gehen hinunter und löschen es". Hier drückt sich neben dem guten Willen auch Unerschrockenheit aus, aber es fällt auf, daß die Träumerin sich mit dieser höchst unheimlichen Brandstifterin oder deren Kindern in keiner Weise auseinandersetzt. Es zeigt sich leider

---

[647] Sibylle Birkhäuser-Oeri, Die Mutter im Märchen, Kap. 11-14

9. DIE MUTTER

sofort, daß das Löschen nichts besserte. Vielleicht wurde die Dämonin erst recht gereizt? Grundsätzlich kann das Löschen eines Waldbrandes ja nicht falsch sein! Es käme aber sicher jetzt darauf an aufzupassen, was diese Brandstifterin weiterhin plant, ob ihr zu trauen ist.

Diese geht nun sofort mit List vor, indem sie zum Essen in ihr Haus einlädt. Das ist eine Falle, und die Träumerin fällt offenbar ahnungslos sofort darauf herein. Es mutet allzu harmlos an, der Einladung einer Frau zum Essen ins Haus zu folgen, die gerade erst den Wald anzünden wollte! Vielleicht spielt hier aber vor allem eine unbewußte Angst herein, die gegenüber einer Übermacht zur Appeasement-Politik führt.

Diese beiden Figuren trennen Welten – und doch ist die falsche Hexe gerade das, was die Träumerin in allernächster Zeit werden will – Mutter! Hier stoßen wir auf einen unseligen Knäuel, der sich nun immer enger zuzieht. Eine Ahnung von seiner Unauflöslichkeit bekommen wir, wenn wir uns vergegenwärtigen, daß die Träumerin selbst „der ganze Traum ist".

Die Verführung zum Zweck der Freiheitsberaubung macht das Haus der nährenden Mutter zum regelrechten Gefängnis. Die Parallelität dieser Gefangenschaft zu derjenigen von Hänsel und Gretel bei der Hexe im Zuckerhäuschen ist offensichtlich. In diesem Haus erklärt nun die „Mutter", genau wie die Hexe im Märchen – und man hört ihren Triumph – daß die Gäste hier niemals wieder herauskommen werden!

Nun versucht die Träumerin zu fliehen: Sie findet ein Messer und will damit die Flucht erzwingen, aber eins der Hexenkinder verrät sie, und die Mutter entreißt ihr das Messer. Ein Tischmesser ist freilich untauglich, solch festgeschlungenen Banden zu entrinnen – diese Szene zeigt nur wiederum, daß die Träumerin zur Befreiung von einer negativen Mutter-Macht fast nichts in der Hand hat, ja, daß subjektiv gesprochen eine unreife Seite in ihr selbst (es ist ja gerade ein Kind, das sie an die Mutter verrät!) sich aus diesem Knäuel nicht befreien kann – oder will. Wenn dieses „Kind in der Träumerin" selbst nicht reift und klug wird, wird sie sich nie befreien können.

Die nächste Szene spielt im Dorf, aber nun ist die Polizei hinter ihnen her, es herrscht weiterhin Angst. So hat die lebensfeindliche Mutter bereits ihre weitere Mannschaft mobilisiert, die nichts Geringeres als die öffentliche Ordnungsmacht selber ist! Sie hat buchstäblich alles, auch die Moral und die Gesetze, in der Hand, ist völlig unbesieglich-kollektiv. Die Träumerin und ihre Freunde können sich nur verstecken und weiter hilflos an Flucht denken. Dagegen kommt sie nicht an, denn die Moral steckt ja in ihr selbst.

In der Polizei ist das Thema der brutalen Muttergewalt in abgewandelter Form wiederum angeschlagen. In ihr vertritt sie als ein übermächtiger, prinzipieller Animus Normen und Grundsätze vor allem in Hinsicht auf ihre Überwachung und Durchsetzung, jedoch zwangsmäßig, aus dem Unbewußten heraus, und nicht ihrem eigentlichen Sinn gemäß, wie wir es von einem starren Animus kennen. Schlimm für die Träumerin, daß sie auch in dieser

Beziehung gefangen ist! Wenn wir sie uns in ihrem Versteck vorstellen, so befindet sie sich am Ende noch schlechter als anfangs, denn gegen moralischen Druck kann sie noch weniger ankämpfen.

Ganz anders die Gretel im Märchen, die der einsperrenden Zauberin gewachsen war.[648] Das Messer hätte zwar auch ein Instrument zur Befreiung sein können, es dient zur scharfen Trennung, psychologisch gesagt zur Unterscheidung oder zum Analysieren der Gefahr im Sinne von Objektivierung und schärferer, differenzierterer Erkenntnis. Dies wären tatsächlich Schritte zur Befreiung, aber dieses Messer war eben nur ein Tischmesser, es war wohl zu klein und nicht scharf genug, d.h. die Träumerin ist auch in ihrem Unterscheidungsvermögen trotz aller Rationalität zu kindlich, ja, ein bißchen „zu gut", um hier auszubrechen. Sie kann es der einsperrenden Mutter gegenüber noch nicht zum Konflikt kommen lassen, d.h. es gibt bei ihr noch kein Bewußtsein gegenüber einem allmächtigen, negativen Mutterkomplex im Unbewußten.

Zurück zum Feuer des Traumanfangs! In seiner Widersprüchlichkeit verrät es schon einen falschen Ansatz. Was hieße es denn, wenn eine „Mutter vieler Kinder", also eine große Mutter, Wald und Felder, fruchtbares Land, anzünden läßt, noch dazu mithilfe ihrer Kinder, und mit Gift? Schon aus der Wahl des Mittels könnte man schließen, daß es sich hier gerade nicht um ein die Fruchtbarkeit förderndes Feuer handeln kann.[649] Ihre Handlungsweise ist so, als wolle sie sagen: Und wenn es gegen meine eigene Natur ist: meine Kinder sollen hier Feuer machen und der ganzen Gegend einheizen! Es soll brennen!

Da das Feuer auf eine so künstliche Weise und noch dazu mithilfe von Kindern entfacht wurde, so steckt dahinter eine bestimmte, schwer verständliche psychologische Aussage, auf jeden Fall etwas sehr Widersprüchliches.

Wenn wir uns vor Augen stellen, daß nach Jung die „Träumerin der ganze Traum" ist (Subjektstufe), so müssen wir davon ausgehen, daß etwas in der Träumerin selbst an einem entfernten, d.h. ihr gänzlich unbewußten Punkt absichtlich ein Feuer entfachen wollte, und zwar wäre das ein unbewußter Impuls, dem das richtige Mittel fehlte. Man kann nun darüber nachdenken, ob mit diesem Benzinfeuer etwas gewollt und gleichsam künstlich Aufgeheiztes im Affektiven, genauer gesagt die unbewußte Taktik geschildert sei, durch Kinder, d.h. mithilfe von Sexualität, Schwangerschaft und Geburt, das Feuer von Liebe und Wärme zu erzeugen – was so aber ein Schritt gegen die eigene Natur war und böse Folgen hat. Das Benzin wäre dann sogar wörtlich zu nehmen: es ist ja der Treibstoff im Verkehr, d.h. das Feuerlegen durch Benzin und durch Kinder beträfe den Bereich des ehelichen Verkehrs, und dies wäre

---

[648] Sibylle Birkhäuser-Oeri, Die Mutter im Märchen, S. 155 ff
[649] Wenn Bauern die Stoppeln und das Unkraut auf den Feldern verbrannten, so doch niemals mit Benzin, dessen Rückstände giftig sind. Das Abbrennen der Felder geschah hauptsächlich zum Zweck einer schnelleren Verrottung, also erhöhter Fruchtbarkeit

9. DIE MUTTER

(bei konsequent subjektiver Deutung) als Werk einer negativen Mutter eine tief unbewußte sogenannte „Intrige" der noch allzu unbewußten weiblichen Seite der Träumerin selbst.[650]

Die Rettungshandlung des Löschens, so „vernünftig" sie war, konnte sich in der Folge nicht auswirken, denn es fehlte jede Auseinandersetzung mit der Urheberin, subjektiv gesehen mit dem eigenen negativ-weiblichen Unbewußten.

Möglicherweise wirkt sich hier, nun objektiv gesehen, eine sehr schlechte persönliche Muttererfahrung aus. Hier wirkt ein Mutterbild, das total gestört aussieht. Im inneren Leben der Träumerin scheinen sich deshalb unvereinbare Gegensätze auf eine ausweglose Weise gegenüberzustehen. Der Bereich von „Feuer", also Leidenschaftlichkeit, Lebenswärme, Trieb, alles, was eine gute Mutter auch braucht, scheint hier so weit abgespalten zu sein, daß es nur aus dem Hintergrund und bösartig, geradezu lebensfeindlich aktiv wird (man denke auch an die bedrohliche Riesenkatze hinter der Glaswand im Traum Nr. 76!).

In den Augen des Unbewußten spielt es offenbar keine große Rolle, daß die Schwangerschaft geplant war. Wir haben das auch im umgekehrten, positiven Fall beobachtet.[651] Ein unbewußtes, völlig negatives Mutterbild verfolgt diese Frau und engt sie auf Schritt und Tritt auf grausamste Weise ein. Dies könnte sich als schwere innere Belastung innerhalb einer Schwangerschaft auswirken.

Es ist durchaus wahrscheinlich, daß hier eine äußerst negative objektive Kindheitserfahrung hereinspielt, ein Trauma, das wohl gerade jetzt in der Schwangerschaft in seiner ganzen Ungelöstheit empfunden wird und jetzt vielleicht die Chance hätte, überwachsen zu werden. Leider zeigt dieser Traum davon nichts. Aber wie schon in der Einleitung ausgeführt, sind Rückschlüsse auf der objektiven Ebene ohne weitere Angaben zur jeweiligen Biographie nicht oder kaum möglich.

Der folgende Traum einer anderen Frau zeigt das andere Grund-Übel, die Kälte der Mutter. Im Kommentar erfahren wir, daß die Schwangerschaft ungeplant war und von beiden Partnern abgelehnt wird. Allerdings fürchtet die 39-jährige Träumerin, daß dies ihre letzte Chance zu einer Schwangerschaft sein könnte. Sie ist deshalb unsicher, was sie tun soll.

Traum Nr. 161

> *Her refrigerator was closed and she couldn't open it. She was angry because she was hungry. At last she opens it, with difficulty. Inside she found a very small frozen baby. She was desperate.*

---

[650] Barbara Hannah, Das Problem weiblicher Intrigen in „Der schlechte Weinberg", Jungiana Reihe A Band 4, 55ff.
[651] s. die Träume Nr. 13 und 158

Irmgard Bosch

Ihr Kühlschrank war geschlossen und sie konnte ihn nicht öffnen. Sie war ärgerlich, weil sie Hunger hatte. Schließlich öffnet sie ihn, was schwierig war. Drinnen fand sie ein sehr kleines, gefrorenes Baby. Sie war verzweifelt.

Ein „Hunger" im Traum stellt wie in der Biologie einen triebhaften, vorwärtsdrängenden Zustand dar, der vom tiefsten Instinkt, dem des Überlebens, gesteuert ist. Es ist recht eigentlich der Lebenstrieb selbst, der physisch als Bauchgrimmen, psychisch als Ärger spürbar wird. Die instinktiv davon angetriebene Handlung, hier das Öffnen des Kühlschranks, ist im Extremfall das Lebensrettende. Es gilt auch im übertragenen Sinn, für die Sprache des Traumes also, daß eine Bedrohung des Lebens die Instinkte wachruft.

Höchst deutlich zeigt dieser Traum, welcher Art die Bedrohung ist. Er zeigt im Bild des verschlossenen Kühlschranks, der die rettende Speise enthalten müßte, ein drastisch gezeichnetes Bild der Träumerin selbst: Als Schwangere ist sie ja selbst das Gefäß für das Kind, und wenn der Traum diesen Behälter des Kindes als Eisschrank darstellt, so kann die Folge nur sein Tod sein.

Aber, sie ist nun hungrig geworden. Das treibt sie an, etwas zum Sattwerden zu suchen. Ein starkes seelisches Unbefriedigtsein ist ausgedrückt. Es scheint, als ob etwas Wichtiges, sei es der Beruf, oder das Leben mit dem Partner, oder ihre ganze bisherige Lebenseinstellung ihr im Grunde nicht genug sind, sie reichen ihr nicht zum wirklichen Sattwerden. Der Hunger läßt sie den offenbar schwierigen Versuch machen, ihren Kühlschrank, also sich selbst, endlich zu öffnen. Daß sie selbst damit gemeint ist, wird zwingend durch das im Kühlschrank liegende Baby klar. Der Versuch, endlich etwas für sich zu tun, ist wahrscheinlich die Reaktion ihres Unbewußten, also ihrer Natur, auf die Tatsache der Schwangerschaft. Sie spürt erst jetzt, daß sie sich selbst öffnen und seelisch ernähren müßte, besser, als ihr dies in ihrem bisherigen Leben möglich war. Ein tiefer Lebensinstinkt ist also erwacht.

Der Traum zeigt aber nun unübersehbar, daß – im übertragenen Sinn – eine gewaltige Unterkühlung ihres Wesens etwas Lebendiges in ihr, in übertragenem Sinne ihre eigene Fruchtbarkeit, unerkannt absterben ließ. Im Traum sieht sie sofort, was geschehen ist, und verzweifelt darüber. In Wirklichkeit lebt der Fetus, war jedoch unerwünscht. Immerhin denkt sie, wie wir im Kommentar erfahren, darüber nach, daß dies vielleicht ihre letzte Chance sein könnte, ein Kind zu haben. Im Untergrund aber geht eine viel umfassendere, sie selbst im Innersten aufrührende Auseinandersetzung vor sich, für die der Traum dramatische Bilder heraufbringt.

Der Fetus lebt, aber der Eishauch der Gefühle und der Gedanke an Abtreibung hat ihn, bzw. dasjenige seelische Potential, das er für die Schwangere ist, in den Augen ihres Unbewußten schon getötet. Jedenfalls deutet der Traum dies als Gefahr unmißverständlich an. Die Figur des Kühlschranks zeigt, daß es sich um innere Kälte, d.h. um ein Fehlen der Wärme des Eros,

9. DIE MUTTER

handelt. Sprachlich sehr nahe steht dem Wort „Refrigerator" das Wort „frigid". Ob diese Frau im medizinischen Sinne frigid ist, läßt sich natürlich nicht so einfach herauslesen, sie scheint es im psychologischen Sinn jedoch in der Weise zu sein, daß sie unter einer allzu harten, fest verschlossenen Schale eine furchtbare innere Kälte hat.

Ein weiterer Aspekt: Es könnte sein, daß sie dieses „Kind", das wir psychologisch auch als einen lebendigen Impuls ihres Wesens interpretieren können, irgendwann einmal „auf Eis gelegt" hat, in der Absicht, ihn dann, wenn sie ihn gerade brauchen kann, für sich zu verwenden. Diese Einstellung zu sich selbst wäre aber allzu ichhaft, kein Kind und auch kein neuer Impuls, kann ohne Wärme und ohne seelische Zuwendung heranreifen.

Das Bild zeigt deshalb neben der Gefahr der Vereisung die des „Verschlingens" des Kindes auf: Die Träumerin hat zwar den Kühlschrank geöffnet, sie könnte, wörtlich genommen, zu einer Selbst-„Einsicht" kommen, die sie auf jeden Fall erschüttern wird. Aber die Gefahr ist deutlich, daß sie auch ihr wirkliches Kind als eigene Nahrung zu sehr „brauchen" würde, daß sie es seelisch auffressen müßte. Man sieht nur einen einzigen Ausweg, nämlich, den Hunger bewußt zu machen und mit ihm umzugehen.

Subjektiv gesprochen ist das Baby im Kühlschrank ein Stück von ihr, ist eine junge, aber unreife, liegengelassene und verkümmerte Seite in ihr selbst, die dringend Wärme bekommen und auch selbst Wärme entwickeln müßte, um zu leben. Es ist deshalb gut, daß die Lysis des Traumes ihre Verzweiflung herausbringt. Hier fängt die Seele an zu leben. Es besteht Hoffnung, daß Entsetzen und Trauer sie lebendiger machen. Ob sie ein Kind austragen kann, ist hier noch nicht sichtbar, aber wir haben einige weitere Träume dieser Frau erhalten, in denen eine innere Entwicklung wenigstens eingeleitet erscheint: Ihr übernächster Traum (hier nicht behandelt) stellt dar, daß sie eine „kleine Schachtel" unter ihrem Bett findet, sie neugierig auf das Bett legt und mit einem Leintuch zudeckt, „um sie zu schützen". In diesem Bild könnte keimhaft eine neue Einstellung dem Leben gegenüber sichtbar sein. Eine Schachtel, die neugierig heraufgehoben und mit einem schützenden Leintuch bedeckt wird, ist ein besseres Bilder als ein Kühlschrank mit einem erfrorenen Baby.

An dieser Stelle möchte ich ein Thema ansprechen, dem wir in unseren Untersuchungen oft begegnet sind. Träume zeigen, wie wir wissen, eine seelische Wirklichkeit in Bildern. Wenn darin Tod, Zerstückelung, Blut und Verwesung erscheinen, so darf man in der Regel davon ausgehen, daß sie symbolisch zu verstehen sind, wodurch diese Bilder zwar nicht harmloser werden, aber auf einer anderen als der konkreten Ebene zu deuten sind. Ich möchte dies deshalb ausdrücklich noch einmal erwähnen, weil Schwangere durch Todesträume, besonders solchen von Blut und Zerstückelung, furchtbar erschreckt und schlimmsten Ahnungen ausgeliefert sein können. Meistens geht es in solchen Bildern jedoch um eine Wandlung, um ein Ende von etwas

Überlebtem, das sterben muß, um einer neuen Einstellung Platz zu machen. – Dieser Aspekt ist sogar im zuletzt behandelten Traum enthalten: die Verzweiflung über das erfrorene Baby ist der äußerst schmerzliche Beginn einer neuen psychischen Einstellung, die Träumerin ist schon kein verschlossener Eisschrank mehr!

Traum Nr. 162. Erste, erwünschte Schwangerschaft, Geburt 5 W. zu früh, verheiratet, beide Eltern promovieren in dieser Zeit. Von dieser Frau stammen noch andere eindrucksvolle Träume, die in verschiedenen Kapiteln behandelt wurden[652]:

Immer wieder ging ich an eine unten zugemauerte Stelle und nahm die Steine dort fort und fand etwas. Ich beschwere mich darüber auch irgendwo. Wieder und wieder ging ich dorthin. Es war schon zugeteert. Zufällig zog ich den großen Stein doch wieder heraus und fand ein kleines Kind in den Armen einer umgestürzten Muttergottesstatue, die man aus der Kirche ausrangiert hatte. Ich zog das Kind von dort heraus in meine Arme und hielt es zärtlich. Es war ein Bübchen.
Ich empörte mich bei denen, die zugegen waren. Eine elegant gekleidete Frau leugnete ihr Mitwissen. Sie verriet sich aber, indem sie mir die Schinkenecke zeigte, in der Knaben für das Kind Speisen hinterlegen konnten. Ich sagte immer nur, indem ich hinter der Frau mit dem Kind herging: „Mörderin! Mörderin!"

Bei subjektiver Deutung scheint es so, daß die Träumerin, die ebenso wie ihr Mann in der Zeit der Schwangerschaft promovierte, daneben einen offenbar wichtigen seelischen Inhalt „ausrangiert", d.h. als nutzlos weggeschoben und vergessen hatte. Mehrmals träumt sie, daß etwas vergraben sei, aber doch noch irgendwie lebt, und es wird nachgegraben.[653]

Im jetzigen Traum ist es das Traum-Ich selbst, das ein beunruhigendes Nicht-Erledigt-Sein in der Tiefe verspürt und dem nachforscht, obwohl die zugemauerte Stelle, wie sie sagt, „schon zugeteert ist". Hier wird deutlich: Man (oder sie selbst) hat wohl einmal einen Schlußstrich unter etwas gezogen, ein Problem entschlossen zugedeckt, es „unter den Teppich gekehrt", wie man sagt, – aber nun, in den Träumen in der Schwangerschaft, läßt es ihr keine Ruhe. Wieder und wieder geht sie an eine bestimmte Stelle und zieht schließlich weg, was die Einsicht verhinderte, einen großen Stein.

Ihre Entdeckung ist erschütternd: Eine weggeworfene Muttergottes-Statue, die ein lebendiges Kind im Arm hält, liegt darunter! Sie holt empört das Kind hervor und nimmt es zärtlich in ihre eigenen Arme, beschwert sich auch

---

[652] Nr. 143 im Kap. Kind., Nr. 2 im Kap. Wasser, Nr. 85 im Kap Pferd Nr. 162 im Kap. Mutter, Nr. 151 im Kap. Zwillinge.
[653] Nr. 151, und im Gesamtverzeichnis Nr. 124

9. DIE MUTTER

bei denen, „die zugegen sind" – eine Gruppe, die weiter keine Rolle spielt, aber anzeigt, daß das Ganze auch ein kollektives Problem ist.

Es fällt ihr jedoch sogleich eine einzelne, „elegant gekleidete Dame" auf, weil diese ausdrücklich bestreitet, von der Sache etwas zu wissen. Aber umsonst, sie verrät sich selbst, indem sie auf eine „Schinkenecke" verweist, wo Knaben etwas zum Essen für das immer noch lebende Kind hinterlegen konnten. Vielleicht im Bemühen, sich zu rechtfertigen, verweist sie auf die geheime Überlebensmöglichkeit für das vergrabene Kind.

Subjektiv gedeutet, gab es also in der Träumerin immer noch heimliche, relativ kindliche Impulse (die Knaben), welche das Kind irgendwie zu retten, d.h. zu nähren und heimlich am Leben zu erhalten suchten. Es ist, als habe sich die Träumerin eine Art Kinderglauben an die Madonna mit dem Kind immer bewahrt, aber er war ihr unzugänglich geworden beim Aufbau eines wissenschaftlich-rationalen Weltbildes, und man (sie) hatte das Vergessen auch noch energisch unterstützt („die Stelle war zugeteert").

Erst in der Schwangerschaft wird durch Träume aufgedeckt, daß etwas nicht stimmt im seelischen Untergrund. Es war ihr vorher nie bewußt geworden, daß mit dem Vergraben und Vergessen auch ein zutiefst moralisches Problem entstanden war. Im Traum empfindet sie dieses aber nun wie einen Mord. Sie geht der eleganten Dame nach, verfolgt sie mit dem Ruf: „Mörderin! Mörderin!", um klarzumachen, daß sie die Schuldige ist. Aber wer ist diese Frau?

Subjektiv gedeutet ist sie niemand anderes als eine eigene Seite der Träumerin, eine Schattenfigur, die denjenigen Teil in ihr verkörpert, der mit dem Mutter-Kind-Problem absolut nichts zu tun haben wollte, sondern Eleganz, d.h. Erfolg und Ansehen suchte. Da die elegante Frau zu den herumstehenden Leuten gehörte, also zu einer Art Öffentlichkeit, kann man diese Seelenfigur sehr gut ihre „Persona" nennen, denn diese ist, wie Jung sagt, „ein Ausschnitt aus der Kollektiv-Psyche".[654] Hier bezeichnet sie etwa jene Einstellung, die sich um innere Reifung, um mütterliche Hingabe und Kinderbelastung nicht scheren will, sondern Ansehen und Anerkennung nach außen sucht.

Vermutlich ist diese ehrgeizige Seite der Träumerin nicht gänzlich unbewußt geblieben, aber sie hatte sie, vielleicht eher halbbewußt, nicht für sträflich gehalten. Mit der eleganten Dame könnte vielleicht auch die Art gemeint sein, wie die Träumerin ihre Doktorarbeit betreiben will, die sie so „elegant" mit der Schwangerschaft zu verbinden gedachte. Aber es meldet sich das Unbewußte mit Bildern, die kompensierend eine ganz andere Sicht der Dinge vorschlagen. Der Traum erfindet in der vergrabenen Muttergottes ein drastisches Bild, um ihre bewußte Haltung zu erweitern und zu korrigieren. Falls es der Träumerin gelingt, sich über die Einseitigkeit ihrer gegenwärtigen

---

[654] über den Begriff der Persona s. im Traum Nr. 20 im Kap. Erde

Einstellung bewußt zu werden, so könnte eine Vertiefung ihres Verständnisses der Schwangerschaft, aber auch ihres religiösen Glaubens die Folge sein.

Ein weiterer schlimmer Muttertraum wurde unmittelbar vor Eintritt der Schwangerschaft geträumt:

Traum Nr. 163

> *Two women were running, following me. I was also running, very frightened, got into a room and left for another one. Finally, I got into a room without exit. I sat down at the corner, on the floor, holding my knees. Then, I noticed that there were just one woman and she was my mother (who died 16 years ago). At first, I was surprised, but then I said: „Don't kill me, mother. I do not want to die yet." She answered that she did not want me, but the one I was carrying in my womb. I screamed „But I am not pregnant". – „Yes, you are – she told me – and I am going to put some little drops on you, so you are going to miscarry."*
> *I was desperate, and crying I screamed: „I do not want to be pregnant, but if it is true, no one will take off my son!"*

> *Zwei Frauen rannten hinter mir her. Ich rannte auch, voller Angst, durch ein Zimmer hindurch und in ein anderes hinein. Endlich kam ich in ein Zimmer ohne Ausgang. Ich setzte mich in eine Ecke auf den Boden und hielt die Knie umschlungen. Dann merkte ich, daß es nur eine Frau war, und es war meine Mutter (die vor 16 Jahren starb). Zuerst war ich ganz überrascht, aber dann sagte ich: „Töte mich nicht, Mutter. Ich will noch nicht sterben." Sie antwortete, daß sie nicht mich wolle, aber dasjenige, was ich in meinem Bauch hätte. Ich schrie: „Aber ich bin nicht schwanger!" „Doch, das bist du," sagte sie, „und jetzt werde ich einige kleine Tropfen auf dich träufeln, und so wirst du eine Fehlgeburt haben." Ich war verzweifelt, und weinend schrie ich: „Ich will nicht schwanger sein, aber wenn ich es doch bin, so wird niemand mir meinen Sohn wegnehmen!"*

Zu Beginn haben wir hier wieder das Verfolgungsmotiv durch eine böse Mutter, wie im Traum Nr. 160, aber die Bedrohung gilt dem Kind, von dessen Konzeption die Träumerin zu diesem Zeitpunkt noch nichts weiß. Die verfolgende Mutter, seit 16 Jahren tot, taucht also schon vor der Schwangerschaft wie ein böser Geist auf. Wir wissen nichts über sie, und wir wollen hier nicht der Frage nachgehen, ob die Erscheinung Verstorbener in Träumen mit diesen im eigentlichen, objektiven Sinn zu tun hat. Auf jeden Fall besteht der Zusammenhang auf der inneren subjektiven Ebene. Das, was die Träumerin von ihrer Mutter je im Unbewußten fürchtete, verfolgt sie noch immer. Zuerst wird sie zwar von zwei Frauen in die Enge getrieben, aber als sie nicht mehr weiterkann, wird sie gewahr, daß es allein ihre Mutter ist.

9. DIE MUTTER

Was heißt das? Zuerst ist es ein gedoppeltes, teils bewußtes, teils unbewußtes, eher allgemeines Frauenbild, das sie verfolgt, bis sie im Näherkommen darin ihre eigene, seit 16 Jahren verstorbene Mutter erkennt. Es war wohl immer die Mutter, die sie und ihr eigenes Wachstum bedrohte.

Ob eine Auseinandersetzung mit ihr jemals stattgefunden hatte oder nicht, ist nicht bekannt, eine solche könnte jedoch höchstens recht abgehoben im Bewußtsein stattgefunden haben, denn auf jeden Fall zeigt der Traum, daß im Unbewußten noch gänzlich unverarbeitete, bösartig bedrohliche Muttervorstellungen mächtig sind. Das Schlimme ist, daß die aggressive Mutter gerade das ungeborene Kind der Tochter töten will, was auf psychologischer Ebene heißt, daß sie mit jenen „kleinen Gifttropfen" – leisen scharfen Bemerkungen – dasjenige in der Tochter abtöten will, was wachsen soll.

Damit ist ein Bild des Unbewußten von einer Mutter gestaltet, die es (vielleicht aus Neid?) verstanden haben muß, unbemerkt die Tochter zu vergiften, indem sie all das Junge, Heranwachsende in der Tochter (das in ihrem Bauch befindliche „Kind"), also vermutlich das, was dieser am wichtigsten war, tröpfchenweise, leise schlechtmachte.

Es muß dahingestellt bleiben, ob hier ein negativer Aspekt des Mutter-Archetypus selbständig (autonom) wirksam wird und in Gestalt der persönlichen Mutter erscheint, oder ob es unbewußte Reminiszenzen an diese selbst sind, die das böse Bild heraufriefen. Im Effekt bleibt sich dies gleich. Wir erinnern uns an die unheimlichen Bilder der Lamien, der Hekate und anderer Schwangeren-Schrecken. Es ist, menschlich gedacht, zu vermuten, daß die gefürchtete und höchst reale Feindschaft bei Müttern gegenüber Tochter oder Schwiegertochter oft auf dem Neid der Älteren gegenüber der Jüngeren, Glücklicheren beruht.

Aber die Tochter weiß sich jetzt zu wehren, weinend schreit sie den wahren Sachverhalt heraus: „Ich will nicht schwanger werden, aber wenn es so ist, so wird niemand mir mein Kind nehmen!" – womit ihr Unbewußtes sich als der bösen Mutter überlegen erweist. Tatsächlich rang sich diese Träumerin in einer gesundheitlich nicht leichten Schwangerschaft bei schon zwei Kindern zu einer vollen Akzeptanz des dritten Kindes durch. Am Schluß dieser Schwangerschaft hatte sie den Traum Nr. 47, der ihr tiefstes Einverständnis mit den Naturvorgängen in ihrem Körper zum Ausdruck bringt.[655]

---

[655] im Schlangen-Kapitel behandelt

Bild 61 Mutter mit Kind (ital. 5.-6.- Jh.)

9.1. Brust, Milch und Stillen

Irmgard Bosch

Eine wichtige Rolle für das Wohlbefinden von Mutter und Kind spielt das Stillen. Wir schließen deshalb hier einige Träume von der Brust, vom Stillen und von der Muttermilch an, die eng zum Thema „Mutter" gehören.

Auch wenn wir als erwachsene Menschen in aller Regel keine Erinnerung mehr daran haben, daß und wie wir von der Mutter gestillt worden sind, so ruhen in der Tiefe unseres Lebensgefühls doch ohne Zweifel noch Ahnungen von der Wärme, vom seligen Wohlbehagen und der Stillung des Hungers, welche wir dort – und so nur dort – erfahren haben.

Nach der Zeitlosigkeit des völligen Umschlossenseins in ihrem Bauch, nach der erschreckenden und beängstigenden Austreibung durch die Enge des Geburtskanals und in der ungewohnten Kühle der Außenwelt sind die Zeiten des Trinkens an der warmen Mutterbrust wenigstens eine partielle Fortsetzung des Spürens ihrer Wärme. Diese vorbewußte Erfahrung – bzw. die Sehnsucht danach – schlummert in jedem Menschen und ist sicher eine der Grundbedingungen menschlicher Beziehungsfähigkeit. Das Gestilltwerden als zeitweilige Aufhebung der Trennung von der Mutter ist der Punkt des ersten Friedensschlusses mit der Welt: mit einer Welt, die zuerst wiederum nur das eine ist, eben Mutter, Amme oder Pflegeperson, eben jene Person, die nach der Austreibung aus dem Paradies uns nährt.

Betrachtet man die frühesten bekannten Darstellungen menschlicher Gestalt, so fallen die riesigen Brüste weiblicher Statuetten schon aus der Altsteinzeit auf.

Die Urerfahrung des Genährtwerdens aus der Brust führt zu den Vorstellungen der Welt als Mutter Erde, die aus Quellen, Bächen und Seen ihre Kinder tränkt. Über unabsehbare Zeiträume hinweg geschieht dies dem Menschen scheinbar aus unerschöpflicher Fülle, wie dem kleinen Kind, ohne Gegenleistung. Man findet an prähistorischen Bildwerken oft ein Halten der Brüste mit den Händen wie ein erstes Be-greifen der kostbaren Gefäße.

Frühe Ägypter stellten den Regen aus der Brust der Himmelsgöttin Nut strömend dar oder malten die Lebensquelle ins Geäst des Isis-Baumes, der den Pharao nährt. Artemis als Herrin der Natur wurde mit hundert Brüsten dargestellt. Selbstverständlich taucht immer wieder in den Bildern aller Kulturen des Bild der Mutter mit dem Kind an der Brust auf: Maria mit dem Jesuskind, aus der Antike am bekanntesten Isis mit dem Horusknaben oder als Demeter mit Kore.

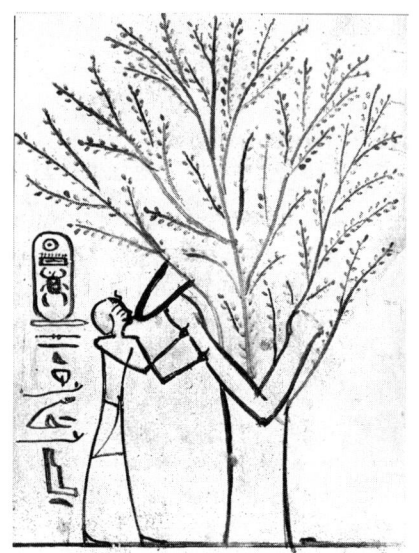

Bild 62 *Isis als Baumgöttin nährt den Pharao*

In Indien sind es die Wasser der als weiblich verehrten Flüsse, vor allem der großen Flüsse Ganga und Jamuna, die alles Volk, Hindu wie Moslems, heiligen, reinigen und nähren. Es gibt dortzulande unabsehbar viele Bezüge zur Milch, zur Kuh, und die Quintessenz der Milch, ghee (Butterschmalz), wird nur den Göttern dargebracht. Krishna, der noch heute vielleicht am lebhaftesten verehrte Hindu-Gott, entfaltet seinen schönsten Liebeszauber mit den Milchhirtinnen. Nach den heiligen Schriften der Inder, den Puranas, entstand sogar das ganze Universum aus der Quirlung des Milch-Ur-Ozeans Ksiroda, welcher anfänglich alles umschlossen hielt. In dem Milch-Ozean ruhte der Gott Vishnu in tiefstem, kontemplativen Schlaf.[656] In der Milch ruht demnach für den frommen Inder ein geistiger Gehalt.

So oder ähnlich fühlten auch die nachdenklichen Hebräer immer schon. Wenn sie ihr Gelobtes Land „Das Land, wo Milch und Honig fließt" nennen[657], so drücken sie damit zugleich die strömende göttliche Gnade aus, die ihnen mit diesem Land verheißen ist.

„Milch" steht in der Antike allgemein für die helle und trostvolle Seite Gottes, und wir dürfen dabei nicht außer acht lassen, daß den Menschen früherer Zeiten die Milch noch viel süßer schmeckte als uns zuckergewohnten modernen Menschen! So schreibt Marie-Louise von Franz in Aion[658]: „Die Milch spielt in den antiken Mysterien eine bedeutende Rolle als die Nahrung der geistig in novam infantiam Wiedergeborenen und auch der Toten. In den phrygischen Mysterien enthielt sich der Myste der Fleischnahrung und nährte sich von Milch als (geistlich) Neugeborener."[659]

Die Milch galt in der christlichen Antike symbolisch als das Medium geistlicher Belehrung, so z.B. in 1. Petr. II, 2: „Wie neugeborene Kinder habt ihr nach der den Logos enthaltenden sündelosen Milch begehrt, damit ihr in ihr gemehrt werdet zur Rettung, wenn ihr einmal gekostet habt, daß der Herr freundlich ist."

---

[656] Möller, Volker, Die Mythologie der vedischen Religion und des Hinduismus, in: H. W. Haussig, Wörterbuch der Mythologie, I, 135
[657] 2. Moses 3, 8
[658] Aion, S. 440, 457, in „Passio Perpetuae"
[659] Karl Wyss, Die Milch im Kultus der Griechen und Römer, Gießen 1914

9. DIE MUTTER: BRUST, MILCH UND STILLEN

„Daß der Herr freundlich ist" und mit unschuldiger (d.h. kindlicher) Liebe geliebt werden kann, dies ist „die Milch der frommen Denkungsart", nämlich die besondere Reinheit des auf einen guten Gott vertrauenden Herzens, wie sie immer deutlicher – mit allen Folgen von Einseitigkeit – zum Ziel christlichen Lebens und Denkens wird: „Selig sind, die reinen Herzens sind, denn sie werden Gott schauen."[660]

Aber wie alles Reine ist auch die Milch etwas hochgradig Gefährdetes. Besonders die „Hexen" haben es auf frische Milch gerade wegen ihrer Reinheit abgesehen. Es gab zahllose Rituale, um die kostbare Milch vor ihrem bösen Blick und anderem Schadenszauber zu bewahren, z.B. durch sofortiges Durchseihen, Abdecken, Bekreuzen, Besprechen.[661] Stillende Mütter mußten sorgfältig vor magischen Einwirkungen geschützt werden, denn die neidischen Geister und Dämoninnen – so wie Lilith im Vorderen Orient, wie Hekate und die Lamia der Griechen, wie unsere Hexen – sind auf Säuglinge, auf Wöchnerinnen und ihre Milch besonders scharf. Sie konnten nach dem Volksglauben Muttermilch in Blut oder Gift verwandeln[662] oder gar die Milch bei Frauen und beim Vieh ganz versiegen lassen. Stillende Mütter müssen besonders geschützt werden.

Frauenmilch spielte eine große Rolle auch im Liebeszauber, z.B. als Heilmittel bei Impotenz.[663] Nach dem Volksglauben wurde segenbringenden Tieren, die im und um das Haus lebten wie Schlange oder Kröte,[664] täglich ihr Milchschälchen hingestellt, um ihr und damit aller Hausbewohner Leben zu erhalten. Auch den Toten wurde vorzugsweise Milch geopfert – vielleicht, um auch sie zu „stillen".

Erfahrene Frauen, meist die Mutter, Hebamme oder Freundin, früher die Nachbarinnen, leisteten Hilfe zum ersten Stillen wie im Traum Nr. 155. Dennoch möchte ich an den Anfang der „Träume von Brust und Stillen" das seltene Bild eines helfenden Alten Mannes stellen, weil es ein höchst urtümliches Bild darzustellen scheint.

Das Unbewußte dieser Frau ist offensichtlich mit dem Thema der Fruchtbarkeit schon befaßt, obwohl laut Kommentar eine Schwangerschaft noch nicht sicher bestand, aber geplant war. Der Traum stammt aus Brasilien.

Traum Nr. 164

Ich bin nackt. Ich sitze auf einer schönen Wiese. Es ist Spätnachmittag, bald wird es dunkel sein.

Ein alter Mann mit grauen Haaren und Bart ist um mich. Er hat eine lange Nadel in der Hand. Er durchsticht meine Brüste rund um die Brustwarzen, nicht den roten Teil, sondern die weiße Haut.

---

[660] MT. 5, 8
[661] Bächtold-Stäubli, Handwörterbuch des deutschen Aberglaubens, Bd. 6, 243 ff.
[662] Bächtold-St., a.a.O., 293 ff
[663] ob der Werbespruch „Milch macht müde Männer munter" etwa daher stammt?
[664] KHM Nr. 105 nebst Anm.

*Da strömt Milch aus den Löchlein, die er machte.
Ich wache auf. Ich bin glücklich.*

Nach der klar umrissenen Exposition (Ort, Zeit, dramatis personae) erfolgt nach einer einfachen Peripetie die ebenso überzeugende Lysis. Es ist auffallend, daß die Einstiche nicht schmerzhaft sind. Man wird zunächst vielleicht an einen alten Arzt erinnert, der eine Spritze gibt oder Blut abnimmt. Bei näherer Betrachtung enthüllt sich eine archaische Situation.

Die Träumerin ist nackt, sie sitzt auf einer schönen Wiese: Sie befindet sich im Ursprungszustand, wie Eva im Paradies. Es wird dunkel – im Traum senkt sich Dämmerung, eine noch dunklere Schicht des Unbewußten, herab, und schafft einer sonst wahrscheinlich nicht möglichen, gleichsam paradiesischen Erfahrung Raum.

Wer ist der „Alte Mann mit grauem Haar und Bart" – ist er ein Bild Gottes als Vater und Schöpfer? Gott schafft hier, als sei es zum erstenmal, die Öffnungen der Brüste, und aus den Öffnungen strömt Milch.

Psychologisch ausgedrückt würde der Alte Mann als väterliche Gestalt den ersten Animus der Frau verkörpern. Das Glück, welches die Träumerin danach empfindet, läßt auf eine gute geistige Einstellung schließen, die einem positiven Animus entspricht. Dies wäre z.B. eine in der Tiefe ruhende natürliche Frömmigkeit, welche die Träumerin befähigen wird, sich dem Geschehen vertrauensvoll hinzugeben. Die Träumerin wacht glücklich auf: sie kann nun Mutter werden, ihre Brüste werden zu strömenden Brunnen.

So wird sie durch den Alten tatsächlich zu einer Eva, zu einer „Mutter des Lebens" – wie die Übersetzung aus dem Hebräischen lautet. Die blühende Wiese stellt dazu den gesunden vegetativen Boden dar, die Basis für Wachsen und Gedeihen vom Grunde auf.

Zugleich erinnert der Vorgang jedoch auch objektiv an die schmerzhaften Praktiken bei Einweihungen der Primitiven in Pubertäts- oder Fruchtbarkeitsriten, wie sie bei vielen Völkern häufig durch Einschnitte in die Haut vollzogen wurden (Beschneidungen, Tätowierungen, Cirkumcisionen gibt es heute noch in vielen Völkern). Der Alte Mann wäre dann etwas wie der Medizinmann oder Schamane.

Bemerkenswerterweise findet sich auch in unserer Sprache der „Einschnitt": wir nennen das Mutterwerden einen „tiefen Einschnitt im Leben einer Frau".

Das Unbewußte der Träumerin sagt hierzu: Ja, es ist ein Einschnitt, ein Einschnitt, der glücklich macht.

Wird nun Eva die „Mutter des Lebens" genannt, so dürfen wir die anderen Seiten des Weiblichen darüber nicht vergessen. Adam hatte ja nicht eine, sondern zwei Frauen! Nach dem Sohar und anderen mystischen jüdischen Schriften wurde zusammen mit Adam und gleichberechtigt mit ihm Lilith geschaffen, sein weibliches Mitgeschöpf. Es geschah nach diesen Traditionen erst später, nachdem diese Frau sich gegen ihre Rolle als die „Untenliegende"

9. DIE MUTTER: BRUST, MILCH UND STILLEN

empört hatte und vertrieben worden war, daß Gott ein Stück aus Adams Seite herausnahm und daraus Eva machte, die die Mutter der Menschen wurde.

Lilith aber, die alte Mondgöttin, die Wechselhaft-Weibliche, Ausgestoßene, wurde zur verführerisch-wilden Dämonin, die nun einsam umherschweift, in Höhlen am Roten Meere haust, den Männern auflauert und ihnen nächtlich als Alp aufsitzt. Ähnlich wie die Lamia, wie Hekate und die Harpyen der Griechen bedroht sie daneben vor allem kleine Kinder, Gebärende und stillende Mütter. Auf Männer hat sie eine besondere Wut: sie plagt sie mit unzüchtigen Gebärden, verführt sie und bringt sie danach erbarmungslos um. Gegen Lilith schützte man sich in Vorderasien mit magischen Sprüchen und Amuletten, welche man Schwangeren und Säuglingen um den Hals hängte.[665]

Das Bild einer furchterregenden Macht verkörpert auch die kretische Schlangengöttin, deren offene Brust im Verein mit den in Händen geschwungenen Schlangen alle Menschen gebannt haben muß. Bis vor wenigen Jahrzehnten wurde auch bei uns die offene Brust als ein Kennzeichen solcher Frauen angesehen, die magisch sind, nämlich der Hexen. Von einem Gewöhnungseffekt, wie er heute an Oben-Ohne-Stränden und durch die Mode eintritt, ist in den Traumbildern nichts zu merken. Hier herrschen archaische Zustände und es tobt ein unverhüllter Geschlechterkampf, wie wir ihn in mehreren Beispielen im Kapitel Mann sahen.

Aber jene Gegensätze, Erregungen und Provokationen, die u.a. durch das Signal der offenen weiblichen Brust entstehen, sind dann wie weggeblasen und besiegt, ja ein sanftes, liebevolles und warmes Gefühl ergreift alle beim Anblick einer stillenden Mutter. Tiefster Friede scheint von diesem Bild auszugehen, es scheint eine neue Unschuld sich auszubreiten und alle Menschen etwas von einem paradiesischen Urzustand ahnen zu lassen, der hier für eine kurze Zeitspanne wieder erreicht ist.

Ist die Geburt überstanden, so bedeutet das Stillen nicht nur für das Kind eine tröstliche Fortsetzung des körperlichen Zusammenhangs mit der Mutter, sondern es stellt auch für die Frau eine unverzichtbare stille Zeit des Zusammenseins mit dem Kind dar, in der sie sich mit ihrer Rolle als Mutter verbinden und mit der neuen Lebenslage versöhnen kann. Es können sich dabei in aller Ruhe die Liebesfäden anspinnen, die normalerweise ein Leben lang halten werden. Der Blickkontakt zwischen Mutter und Kind, der sich in wenigen Tagen oder sofort unwandelbar einstellt, ist die natürliche Bahn für das Gefühl in jener engen körperlich-seelischen Gemeinschaft, die jetzt zwischen Mutter und Kind für eine bestimmte Zeit bestehen muß. Im Blickkontakt beim Stillen lösen sich verbliebene Zweifel und Ängste der Mutter allmählich auf. Auch dort, wo die Milch im Fläschchen gereicht werden muß, stellt sich der Kontakt über die Augen in irgendeiner Form und Intensität schnell her.

---

[665] Alle Angaben über Lilith stammen aus Siegmund Hurwitz, Lilith, die erste Eva, und Barbara Koltuv, Das Geheimnis Lilith

Bild 63 Hathor mit dem Horuskind

Manchmal kann freilich das Stillen manchen Kummer machen und Mutter und Kind frustrieren. Trotzdem zeigt sich beim Thema „Stillen" in unserer Traumsammlung weit weniger Dramatik und Ambivalenz als sonst. Ist das Kind erst einmal gesund auf der Welt, so sind Schmerzen, Gefahren und Ängste meist bald vergessen. Das Stillen bildet im Allgemeinen eine Phase des Aufatmens und Loslassens, welche mit den zurückliegenden Strapazen versöhnt und die Frau in die neue Rolle als Mutter hineinwachsen läßt.

Auch ein altes indisches Märchen beleuchtet die besonderen Kräfte der Muttermilch: Eine Yakkhini, eine kinderfressende Dämonin, hatte einen neugeborenen Prinzen entführt, um ihn aufzufressen. Sie wird verfolgt und flüchtet sich in ein Wasserrohr. In der Enge des Rohres kriegte das Neugeborene in dem Glauben, daß sie seine Mutter sei, ihre Brustwarze zu fassen. „Da fühlte sie Mutterliebe in sich erwachen und zog den Knaben auf..." – Auch in einem arabischen Märchen ist eine Menschenfresserin deswegen außerstande, dem Helden Böses anzutun, weil er vorher heimlich an ihren Brüsten gesaugt hatte.[666]

Das Bildnis der Mutter mit dem Kind an der Brust konnte so aus menschlicher Urerfahrung heraus zu einem Symbol göttlichen Friedens werden. Man findet die Figur der Mutter mit dem Kind an der Brust schon lange vor dem Christentum im Mittelmeerraum.

Einen etwas anderen Akzent zeigt folgender Traum aus dem 3. Monat.

Traum Nr. 165:

Ich habe das zweite Kindlein bekommen, ein Mädchen. Ich bin traurig, hätte lieber ein Büblein gehabt. Ich weine nachts.
Einmal, wie ich es stille, ist es ein kleines Tigerkätzchen, wie ich es immer gerne schon gehabt hätte. Ich will vielleicht noch ein drittes Kind.

Nach der Enttäuschung, daß das Neugeborene kein Büblein ist, eröffnet erst das Stillen den inneren Bezug zum Kind: Wie die Mutter ihm im Traum die Brust gibt, ist das Kind verwandelt in ein von der Träumerin immer schon erwünschtes „Tigerkätzchen" – das bedeutet für sie selbst, daß ihre Instinkt-

---

[666] Buddhistische Märchen aus dem alten Indien, Nr. 4, und Arabische Märchen, S. 66

9. DIE MUTTER: BRUST, MILCH UND STILLEN

natur jetzt erwacht ist, ja, daß sie selbst gewissermaßen eine Tigermutter ist. Einer Tigerin ist es ja ganz gleichgültig, ob Mädchen oder Bub, Hauptsache, das Junge ist gesund und trinkt gut. Gleichzeitig wird das Bewußtsein einer fortdauernden Fruchtbarkeit geboren, und schon spielt sie mit dem Gedanken an ein weiteres Kind.

In den Schwangerenträumen vom Stillen ist oft die Verbindung zur eigenen Mutter oder zum Mütterlichen thematisiert. Dies zeigt auf der persönlichen Ebene, welche Chance gerade in der Schwangerschaft besteht, daß sich manche im Lauf der Entwicklungszeit (Pubertät) aufgetretenen Schwierigkeiten in der Mutter-Tochter-Beziehung lösen können. Es ist eine allgemein zu beobachtende Tatsache, daß Spannungen zwischen Müttern und Töchtern mit dem Kinderkriegen der Tochter sich abbauen, die Hilfe der Mutter wird wieder leichter akzeptiert, ja gebraucht, wie wir oben sahen (Nr. 155, 156).

Meist aber ist der Weg zur Versöhnung mit der eigenen Mutter heute nicht einfach. Dies kommt z.T. daher, daß in der Einstellung zum Frau-Sein eine tiefe Ambivalenz vorherrscht. Manchmal bleibt es lebenslang bei Spannungen. Gerade von der Mutter kann das Mädchen sich heute oft nicht mehr führen lassen angesichts der tiefgreifenden Umwandlung der Leitbilder und Ideale vom Frau-Sein. Man sollte darüber so bewußt wie möglich sein.

Der folgende Traum kam am 2./3. Tag nach der Geburt, die Träumerin war voller Ungeduld, ob es mit dem Stillen klappen würde. Als sie nun das erstemal gestillt hatte und etwas eingeschlummert war, träumte sie:

Traum Nr. 166:

Ich bin allein mit meiner Mutter, bin ich auf Besuch oder wohne ich bei ihr? Jedenfalls ist die Stimmung nicht gut. Ich komme mir als verwöhnte Tochter vor, bin hin und her gerissen zwischen Ärger auf mich bzw. meine Mutter und Mitleid. Irgendwann wird der Ärger so groß, daß ich meiner Mutter etwas „zu Leid werke", wie, weiß ich nicht mehr. Nun wächst die Unruhe, schlechtes Gewissen nimmt überhand.

Später lege ich mich auf ein Bett, ich möchte, daß diese innere Spannung etwas nachläßt. Gegen 11 Uhr kommt meine Mutter und deckt den Tisch. Nun beginnt wieder mein Ärger, auch Ungeduld. „Warum bringt die mir jetzt zu Essen, ich habe doch gar keinen Hunger, immer will sie mit Essen helfen, das hat sie auch früher schon gemacht, wenn ich bedrückt war, sie hat einfach den richtigen Ton nicht gefunden." Die Spannung in mir wächst ins Unerträgliche.

Nun kommt sie mit einer großen Pfanne Reis herein. Ich will mich noch wehren, aber plötzlich ist die ganze Spannung weg: Ich spüre, daß meine Mutter mir wirklich eine Freude machen wollte. Sie hat sich den Kopf zerbrochen, was sie mir kochen könnte: Sie tut, was in ihren Möglichkeiten liegt.

Das Leben ist merkwürdig, sage ich nur, immer wieder muß man von vorn anfangen.

Dieser Traum bezieht sich auf ein sehr verbreitetes Mutter-Tochter-Problem: Auch diese Mutter hat offenbar ihre Rolle auf jene häufige, etwas hilflose Weise über das Essenkochen, über die Ernährung, auszuüben nicht aufgehört. Es ist das Bild jener Mutter, die vom eigenen Stilltrieb nicht rechtzeitig losgekommen ist! Mindestens wurden ihre Ernährungs-Bemühungen von der Tochter als störend empfunden, die als Heranwachsende gerade damals die Unsicherheiten im Verhältnis zur eigenen weiblichen Körperlichkeit durchzustehen hatte. Zu diesem Mutter-Tochter-Kampf kommt es leicht und besonders dann, wenn die Mutter mit „Essen" helfen will, wenn eine Heranwachsende bedrückt ist, Probleme hat oder der Kontakt verlorenzugehen droht. Dahinter kann eigene Verlust-Angst der Mutter stecken: „Komm, iß wenigstens etwas (vielleicht kannst du mir dann etwas erzählen von deinem Kummer) ...".

Aber der Weg in die Selbständigkeit ist vom Jugendlichen sowieso schwer zu finden, gerade weil die eigenen regressiven Tendenzen oft sehr stark sind, die das Mädchen in die behütete Kindheit zurückziehen wollen. In der Adoleszenz aber nehmen sie die freie Luft zum Atmen. In diesem Kampf um die Freiheit muß die heranwachsende Tochter gleichzeitig die unabänderliche Existenz ihrer wachsenden Weiblichkeit akzeptieren, während sie nach Freiheit und Selbständigkeit, vor allem nach geistiger Nahrung, und nicht so sehr nach Suppe hungert. Ihr Animus regt sich in der Auseinandersetzung mit dem Mütterlichen innen und außen so sehr, daß es zu tiefen gegenseitigen Verletzungen kommen kann.

Die Mutter ist in Versuchung, in den hier entstehenden, tatsächlich manchmal lebensbedrohlichen Krisen (Anorexie, Körperfeindschaft, Fortlaufen) vor allem für ausreichendes Essen zu sorgen. Wenn sich ihre Fürsorge nur haarbreit über den von der Tochter tolerierten Grad erhebt, so ist gleich das Gefühl von Bevormundung und Machtausübung da, welches (gerade beim verdrängten Wissen, daß die Mutter es eigentlich gut meine) zu Ärger und giftiger Abwehr führt. Lieber hungern, als durch Essen klein beigeben!

Die Träumerin wird in diese Lage zurückversetzt, wie sie nach dem ersten richtigen Stillen ein wenig eingeschlummert ist. Es ist im Traum dann genau wie damals – ihr Ärger wächst in Unerträgliche. Weder konnte oder wollte die Mutter den unklaren Bedürfnissen der Tochter jemals wirklich entsprechen, sondern war stattdessen auf der biologischen Versorgungsebene stehengeblieben, noch war die Tochter bereit, einen Liebesimpuls bei der Mutter überhaupt wahrzunehmen, der sich auf der falschen Ebene äußerte.

Aber nun war in der Realität etwas Neues in das Leben der Träumerin eingetreten, sie war selbst Mutter geworden und hatte die uralte Aufgabe der Ernährung des Säuglings übernommen. Im unmittelbar darauffolgenden Traum kann sie blitzartig zum erstenmal spüren (nicht bloß wissen), daß ihre

9. DIE MUTTER: BRUST, MILCH UND STILLEN

Mutter ihr wirklich „eine Freude hatte machen wollen", d.h. sie kann sich plötzlich in die Mutter einfühlen: „Sie tut, was in ihren Möglichkeiten liegt". Dies läßt die ganze Spannung auf einen Schlag verschwinden. Ihr Unbewußtes hat die Lage begriffen, und die Versöhnung ist da.

Der Schluß des Traums bringt die Lysis in folgenden Stoßseufzer zum Ausdruck: „Immer wieder muß man von vorn anfangen" – aber es ist auch die große Chance dieses „merkwürdigen Lebens", wie sie es nennt, daß man immer wieder neue Chancen zur Lösung alter Probleme bekommt!

Traum Nr. 167, unmittelbar nach der Geburt geträumt:

It's summer in a public swimming pool, a big muddle. I've lost my bearings, there are many people and I know only my mother and Gregor. In order to collect myself I go to the WC, I squeeze my nipples, at first a little pre-milk comes but then little worms wriggle out of my breasts. Then I know that the right milk will flow. I feel very happy about this.

Es ist Sommer in einem öffentlichen Schwimmbad, ein großes Durcheinander. Ich habe meine Kleidung verloren, es gibt viele Leute und ich kenne nur meine Mutter und G. (Ehemann). Um mich ein wenig zu sammeln gehe ich auf das WC. Ich drücke meine Brustwarzen, zuerst kommt ein bißchen Vormilch, aber dann schlängeln sich kleine Würmchen aus meinen Brüsten. Da weiß ich, daß die richtige Milch kommen wird. Darüber bin ich sehr glücklich.

Die Geburt ist soeben überstanden. Der Traum führt vor, wie das Unbewußte der Träumerin die Vorgänge der Geburt wie ein großes öffentliches Schwimmbad wahrgenommen hat, wo sich viele unbekannte Leute tummeln, unter denen sie nur ihren Mann und ihre Mutter erkennen kann. Es herrscht ein großes Durcheinander, und sie hat ihre Kleider verloren.

Die Kleider sind mit der „Persona" eines Menschen vergleichbar. Jung bezeichnet als Persona[667] jene Seiten von uns, die wir im Zuge der notwendigen Anpassung an kollektive Erwartungen nach außen zeigen und die mehr oder weniger von unserer wahren Wesensart verschieden sein können.[668] Aber beim Gebären fallen diese Hüllen ab. Die bisher nach außen getragene Form oder Art dieser jungen Frau ist soeben – wie es wohl immer geschieht – im Vorgang des Gebärens zwangsweise einer viel urtümlicheren, auf Konventionen keine Rücksicht mehr nehmenden Haltung gewichen, in der sie völlig nackt zeigen mußte, wie es ist, einem übermächtigen Geschehen ausgeliefert zu sein. Wahrlich ist das Überwältigtwerden vom Geburtsgeschehen wie ein Eintauchen in das Element des Wassers, das ja in den Schwangerenträumen

---

[667] das Wort bedeutet eigentlich die Maske des Schauspielers in der altgriechischen Tragödie, durch die seine Stimme hindurch-tönte
[668] C.G. Jung, GW 6, § 781

überaus häufig vorkommt – oft mit Wellen, die den Wehen im Kommen und Gehen so ähnlich sind.

Diese Träumerin geht aber nicht darin unter. Die Kleider, die schützende Außenseite, sind von ihr abgefallen, sind jetzt nicht mehr wichtig, aber sie selbst kann sich in dem für die Geburt notwendigen Maß erhalten, wofür sie sich „sammeln" will, und zwar auf dem WC – jenem Örtchen, wo, wie jeder weiß, häufig der einzige ruhige Punkt ist, wo man zu sich selbst kommen kann. Das WC taucht häufig in Träumen auf und bedeutet dort meist einen geschützten Ort der Kreativität. Es wird etwas in der Stille „produziert", das auch von kleinen Kindern spontan als kreative Produktion gewertet wird. Die unmittelbare Nachbarschaft von Anus und Genitalien, die Ähnlichkeit des Herauspressens wie bei einer Geburt sowie die elementare Notwendigkeit des Zulassens dieses Vorgangs haben natürlich viele Analogien zur Folge.

Unsere Träumerin strebt aus dem Chaos des Schwimmbads an jenes stille Örtchen, „um sich zu finden". Sie spürt, daß es auf sie jetzt ganz allein ankommt, auch die Schmerzen mußte sie ja allein bewältigen.

Der Traum zeigt nun in einem eigenartigen Bild, wie sie selbst den produktiven Prozeß fördert: Sie drückt ihre Brustwarzen und sieht beglückt, wie sich, nach etwas Vormilch, „kleine Würmchen" aus den Brüsten schlängeln – fast eine Analogie zur Geburt! Da weiß sie in tiefer Beglückung, daß die richtige Milch bald fließen wird.

Die Würmchen sind ein urtümliches Bild des Lebens, so wie Würmer das Leben der Erde darstellen, das aus ihrer dunklen Tiefe hervorkommt: Aus dem Amorphen kommt plötzlich etwas Lebendiges. Wie ist es entstanden, etwa aus der Erde selbst, wie man früher meinte? Auch die Produktion von Nahrung aus der eigenen Brust ist eine solch „wunderbare" Leistung der Natur, und unsere Träumerin eröffnet dem Lebendigen auf höchst selbständige Weise den Weg.

Eine gänzlich andere Situation schildert folgender Traum vom Stillen.

Traum Nr. 168:

> *I'm already home with my baby. It's morning and I lay in bed with my husband. I wake up and notice disturbed it's already 11 h. I have slept too much and my baby probably didn't take the breast. I call the maid.*
> *She is a black woman. She brings the baby in and says she didn't wake me up because she thought I'd better rest. She tells me she gave him coffee in a nursery bottle. I get angry with her and take the baby in my arms. I start to nourish him.*
> *He sucks hungrily from my breast, while looking at me. His eyes are clear. He sucks so much he begins to regurgitate the milk.*
>
> *Ich bin mit meinem Baby schon wieder zu Hause. Es ist Morgen und ich liege im Bett mit meinem Mann. Ich wache auf und merke mit Schrecken,*

9. DIE MUTTER: BRUST, MILCH UND STILLEN

daß es schon 11 Uhr ist. Ich habe zu lange geschlafen und mein Baby hat wahrscheinlich die Brust nicht bekommen. Ich rufe dem Mädchen, es ist eine Schwarze. Sie bringt das Kind herein und sagt, sie habe mich nicht aufwecken wollen, weil sie dachte, ich sollte besser ruhen. Sie erzählt, daß sie ihm Kaffee in einem Fläschchen gegeben habe. Ich ärgere mich über sie und nehme das Baby in meine Arme. Ich beginne zu stillen. Es saugt hungrig und schaut mich mit klaren Augen an. Es trinkt so gierig, daß es die Milch wieder herauspuckt.

Hier scheint ein ungewöhnlicher „Rollentausch" vorzuliegen. Die ich-nähere Seite, das Traum-Ich, samt dem Ehemann, der hier keine Rolle zu spielen scheint, schläft zu lange und hat derweil das Kind vergessen. Dieses wird aber behütet von einer schwarzen Frau, in der wir eine Schattenfigur der Träumerin sehen können, eine dunkle unbewußte Figur. So herrscht hier die merkwürdige Situation vor, daß die unbewußtere Seite wach ist und für das Kind sorgt, während das Bewußtsein schläft. Sowie dieses aber seiner selbst wieder bewußt ist, wird die Schattenfigur ihrer unangemessenen Ernährungsweise wegen zurechtgewiesen und das Kind geradezu im Übermaß gesäugt.

Der Gegensatz des Traum-Ichs zum Schatten ist stark, vielleicht zu stark. Wir müssen in der Schwarzen jedoch nicht den Schatten der Träumerin im nur negativem Sinn sehen, sondern in diesem Fall offensichtlich ein positives Element des Mütterlichen, dessen sich die Träumerin aber nicht bewußt ist. Vielleicht bleibt das Kind deshalb hungrig? Es sollte die Mutter selbst sein, ihr volles Ich, welches das Kind seelisch ernährt.

Schwarze Frauen gelten als mütterlicher als weiße. Die schwarze „Aya" war in Übersee geradezu sprichwörtlich eine hingebungsvolle, instinktiv die Kinder verstehende Kinderfrau, war jedenfalls im Säuglings- und Kleinkindalter eine wahre Ersatzmutter. Eine ähnliche Rolle spielte früher in sozial gehobenen Familien oder bei Krankheit der Frau eine Amme, die oft unmittelbaren Kontakt zum Kind hatte, während die Mutter anderen Pflichten nachgehen mußte.

Heute gibt es diese Arbeitsteilung nicht mehr. Die Frau muß fast immer Beruf und Kinder irgendwie vereinen. Eine große Erweiterung der Anforderungen an die Frau hat stattgefunden.

In unserem Traum besteht ein Konflikt zwischen der Mutter, die den ich-näheren Anteil, und der schwarzen Helferin, die einen davon völlig verschiedenen Aspekt der Persönlichkeit dieser Frau verkörpert. Ist die schwarze vielleicht ein mütterliches, bisher nur allzu unbewußtes Element, welches die Mutter aber zur Realität aufwecken sollte? Offenbar gebrauchte sie, da gänzlich vom Bewußtsein getrennt, allzu drastische Mittel. Ein Gleichgewicht und ein vernünftiges Maß sind hier nicht erreicht, aber eine starke Tendenz zur Bewußtwerdung ist da.

Möglicherweise hat der Traum einer amerikanischen Ärztin, deren Mann ebenfalls Arzt ist, subjektiv verstanden eine ähnliche Tendenz. Sie träumte mehrmals während der erwünschten und gut verlaufenden Schwangerschaft folgenden, sie sehr erschreckenden Traum:

Traum Nr. 169:

> *I'm playing with my baby. Suddenly I realize with terror that he is silently dying in a corner, absolutely motionless! I had forgotten to nourish him!*
>
> *Ich spiele mit meinem Baby. Plötzlich realisiere ich mit Entsetzen, daß er still in einer Ecke stirbt, absolut bewegungslos! Ich hatte vergessen, ihn zu stillen!*

Das Unbewußte der Schwangeren meldet sich in einer tief beunruhigten Verfassung und erfindet dafür ein drastisches Bild, das wir zunächst objektiv deuten wollen: Guter Wille und eine gewisse Zuwendung sind vorhanden, aber das Kind verhungert trotzdem. Offenbar fehlt es am Elementaren, an der Ernährung, womit in der Sprache des Traums etwas Seelisches, z.B. Wärme, und das Fehlen des instinktiven Verstehens der Bedürfnisse, angedeutet ist. Dieses Kind verhungert seelisch, trotz bzw. wegen einer spielerischen Beschäftigung mit ihm, ehe die Grundbedürfnisse gestillt sind. Der Traum will wohl drastisch klarmachen, daß die Frau sich mehr dem Elementaren und Einfachen der neuen Lebenslage überlassen soll und muß. Kinderkriegen und Kinderhaben sind kein Kinderspiel.

Das verhungernde Kind könnte auf der subjektiven Ebene die vernachlässigte junge, kreative Seite in der Träumerin darstellen, die sie viel zu leicht, zu spielerisch nimmt und sie geradezu vergißt, vielleicht neben der strengen Rationalität wissenschaftlichen Arbeitens. Das Stillen und die Muttermilch stellen in Schwangerenträumen oft die Gesamtheit dessen dar, was die Mutter dem Kind geben kann oder möchte. So träumte eine Frau, sie mische der Muttermilch Ovomaltine bei, eine Kraftnahrung!

Manchmal stellen die Kinder in Träumen an ihre Nahrung erstaunliche Ansprüche. Eine Schwangere träumte am Ende eines ausführlichen Geburtstraums:

Traum Nr. 170:

> *... Much family around. My baby was hungry, but he didn't want to drink milk, he wants spirits.*
>
> *Viel Familie um mich herum. Mein Baby war hungrig, aber er wollte nicht Milch, er wollte Spirituosen.*

Neben der Deutung auf der Objektstufe: das Kind brauche in all dem Familientrubel auch geistige Nahrung, und das Muttersein bedeute mehr als Stillen und Breikochen, kommt hier eine subjektive Deutung in Frage: „My

9. DIE MUTTER: BRUST, MILCH UND STILLEN

baby" könnte sich auf einen neuen Impuls im seelischen Haushalt der Träumerin beziehen, den sie selbst dringend geistig ernähren müßte!

Die Träumerin des folgenden Traums hatte als dreijähriges Kind eine Kinderlähmung durchgemacht und hinkte seither auf der linken Seite. Ihre Schwangerschaft war von beiden Elternteilen gewünscht. Frühere Träume zeigten eine positive Einstellung zur Schwangerschaft.

Traum Nr. 171:

She gives birth to a baby ..., a small but well built child. She gives him suck from the right breast, since the left one produces a mixture of milk and blood.

Sie gebiert ein Baby ..., ein kleines, aber wohlgebildetes Kind. Sie gibt ihm die rechte Brust, weil die linke eine Mischung von Milch und Blut produziert.

Die Milch- und Blutmischung kann auf direktem Weg mit dem Schicksal der Träumerin zusammenhängen. Links ist ihre Leidens-Seite, dort hinkt sie. Das Unbewußte weist sie aber auf ihre rechte Brust hin, wo die normale Milch fließt. Für diese Träumerin ist offenbar „rechts" gleichbedeutend mit „richtig". Es ist richtig, dem kleinen Kind die „normale", weiße Milch zu geben und es die leidvoll „gemischte" linke Seite der Frau (noch) nicht schmecken zu lassen.

Das Gegensatzpaar Milch und Blut ist daneben auch ein altes Symbol. Es gibt viele Beispiele ihres gemeinsamen Vorkommens, wir nennen sprachlich z.B. ein rosiges und frisches Gesicht „ein Angesicht wie Milch und Blut", und meinen dabei seine Gesundheit, Frische und Unschuld auf dem Hintergrund von Vergänglichkeit und Tod. „Milch und Blut" sind besondere Gegensätze auch wegen ihrer Verwandtschaft: Beide sind Lebens- und Körpersäfte, aber wenn sie als Farben zusammen erscheinen, so haben sie mit einer Verwundung, oft mit Liebe und Leid zu tun. So schaute die Königin im „Schneewittchen" aus ihrem schwarzen Fensterrahmen auf die Blutstropfen draußen im Schnee und wünschte sich ein Kind in diesen Farben, aber sie starb bei der Geburt. Man könnte ihre Phantasien einen „Schwangerentraum" nennen. In Wolframs „Parzifal" lassen einige Blutstropfen im Schnee, die vom Tod einer Taube durch einen Falken herrühren, den Helden in Träumerei und Verzauberung fallen, denn er sah in ihnen die Liebe und das Leid seiner von ihm verlassenen fernen Frau, und zum ersten Mal stiegen Schuldgefühle in ihm auf.

Bezogen auf unseren Traum könnte man sagen: Für das kleine Kind gelten diese Ambivalenzen nicht, ihm ist reine weiße Milch angemessen, und es bekommt sie auch. Die Träumerin wird auf ihre gesunde und normale Seite hingewiesen, von der sie das Kind ernähren kann.

10. Schöpfungsmotive

Regina Abt

Die ganzen vorhergehenden Kapitel zeigen nicht nur den ungeheuren Reichtum von Themen in Schwangerschaftsträumen, sondern es wird auch deutlich, daß nicht nur die persönliche Herkunft des Kindes aus den persönlichen Eltern beschrieben wird, sondern eine *Rekapitulation der ganzen Entstehung des Lebens auf der Erde stattfindet.* So wie der konkrete Fetus im Mutterleib in verkürzter skizzierter Form die biologische Evolution des Menschen jedes Mal wiederholt, so beschreiben die Schwangerschaftsträume mythologisch eine psychische Evolution der Menschheit.

In dieser Sicht ist jedes Kind, das gezeugt wird, nicht nur eine statistische billionste Fortsetzung seiner Spezies, sondern jedes Mal wieder ein *kosmisches Urereignis.* Das hängt mit der von C.G. Jung beschriebenen kosmogonischen Bedeutung des menschlichen Bewußtseins zusammen.[669] In jedem neuen Menschen öffnet der unbewußte Weltgeist sein Auge und sieht sich zum ersten Mal selbst.[670] Ein Traum einer 20-jährigen Frau, der dies in eindrucksvoller Weise illustriert, lautet:

Traum Nr. 172:

> *Ich sitze mit einem Drachen auf der Weltkugel. Aus einem seiner Köpfe zaubert der Drache eine seidene Samtdecke mit Sonne, Mond und Sternen. Die Decke ist sehr weich und bewegt sich in leichten Wellen. Meine Haut wird zu Feuer und ist doch kühl wie Wasser. Der Drachen speit Sonne um Sonne in alle Himmelsrichtungen. Aus seiner Nase steigt Dampf auf und seine Augen werden rotglühend dabei. Seine Haut ist hart und rauh. Er scheint nichts zu spüren durch sie hindurch. Wo unsere Kugel uns hinträgt, stürmt es. Die Erdkugel dreht sich auf die andere Seite und Blitze fahren durch die Luft. Wenn ein anderer Planet uns zu nahe kommt, verschlingt ihn der Drache. Ich habe Angst um die Welt, weil das (Dra-*

---

[669] C.G. Jung, *Erinnerungen, Träume, Gedanken,* Rascher Verlag Zürich, 1962, 259f
[670] Mündliche Formulierung von Frau Dr. M.-L. von Franz

chen)-Ungeheuer in meiner Nähe derart wütet. Doch als ich genauer hinsehe, merke ich, daß der Drache Vögel aus einem seiner vier Augen schickt. Die Vögel halten Ausschau, was auf den anderen Erdkugeln noch fehlt. Er wird ihnen das Fehlende zukommen lassen. Den Bedürfnissen folgend, regnet er, speit Feuer oder läßt Felsbrocken wie Schuppen von seiner Hornhaut gleiten. Alles bewegt und verändert sich jeden Augenblick, unvorhersehbar, gärend, gegen- und zueinander. Während er das Treiben um uns her mit seinen Augen verfolgt, wendet sich der Drache jetzt auch mir zu und sagt, er möchte mich lieben. Und als er mich berührt, ist seine Haut nicht aus Horn, aber wie die Haare von tausend Früchten, und sein Atem ist der Atem von tausend Tieren. Er bewegt sich auf den Wellen unserer Decke nicht wie ein Koloß, gleitet durch die flüssige Luft überall zur gleichen Zeit. Seine Augen sind Lava, die sich in der Hitze gegeneinander verschiebt und neue Bilder in sich gestaltet. Er dringt durch all meine Poren und seine Berührung ist das Licht, das über mich hingleitet. Seine langen seidigen Haare decken mich zu bis weit über die Erde hinab. Es ist mir, als schliefe er in mir, wo er doch sonst nie schläft. Er schläft von Ewigkeit zu Ewigkeit. Im Schlaf bewegt er sich ihn meinem Bauch und träumt. Er wächst, dreht sich um und um. Er wird groß und rund, rollt aus meinem Bauch heraus, hinaus zu den anderen Welten. Erst zwischen ihnen rollt er sich auf und hüpft davon. Er kann gehen! Der Drache steht noch immer neben mir und erzählt mir seine Geschichten ins Ohr. Er fragt, ob er mir gefalle und regnet leise über meine Haut. Er wird Vogel, Stier, Katze und Laus, und ich weiß, daß mich noch niemand so schön werden ließ. Er zeigt auf den ehemaligen Bauch, der zwischen den anderen Welten herumspringt und sagt: Sieh da, mein Sohn!

Es handelt sich vermutlich nicht um einen reinen Traum, sondern mindestens teilweise um eine Imagination, eine Phantasie, welche aber doch auch ein Ausdruck des Unbewußten ist. Wir wollen hier nur den Drachen amplifizieren.

Im ersten Zeichen des *I Ging*, dem chinesischen „Buch der Wandlungen", stellt der Drache diejenige kosmische Energie dar, die hinter allen schöpferischen Vorgängen auf der Erde steht.[671] Er wurde vorgestellt als eine Art beweglich-elektrischer anregender Kraft, die sich im Gewitter, in Donner und Blitz zeigt. Im Winter zieht sich diese in die Erde zurück, im Frühsommer taucht sie wieder auf. Der Drache ist „Das Erregende", der Donner, der sich aus der Tiefe an den Gewitterhimmel emporschwingt. Es braucht den Drachen, das schöpferische Wirken der Gottheit, um gleichsam aus dem Anfang aller Dinge im Jenseits die Schöpfung zu gestalten. Dort, im Jenseits, liegt alles Zukünftige, noch in Form von Urbildern oder Ideen, denen die göttliche,

---

[671] *I Ging*. Das Buch der Wandlungen

schöpferische Kraft erst Gestalt verleihen muß. Sie bewirkt den Anfang und die Zeugung aller Wesen. Sie ist die Schöpferkraft der Natur, welche dauernde Entwicklung bedeutet. Das äußere Bild für das Schöpferische ist der Himmel. Der Drache ist die Kraft, die ihn unermüdlich fortdauernd bewegt. Er verkörpert die Stärke und Kraft, welche das Wesen des Schöpferischen ausmacht.

Im Sufismus des großen arabischen Mystikers Ibn Arabi, der im 12. Jahrhundert in Andalusien lebte, entsteht die Schöpfung durch eine göttliche kreative Imagination. Gott schuf das Universum, indem er es imaginierte. Dadurch aber manifestiert sich das Göttliche selber in seinen Kreaturen, das heißt, es spiegelt sich selber in ihnen. Jedes Geschöpf trägt einen der unendlich vielen Namen des ansonsten versteckten, unanschaulichen Göttlichen. Die menschliche Seele ist so die Form, durch die sich die Existenz des Göttlichen kundtut. Die vielen göttlichen Namen sind in sich reine Möglichkeiten ohne konkrete Existenz. Erst durch die Seele können sie „sein", das heißt gewußt werden. Im Menschen erscheint also die göttliche Essenz in einer individuellen Form, als einer der göttlichen Namen. Deshalb hat jedes Wesen seine göttliche Dimension, seinen eigenen Engel, wie Ibn Arabi sagt. Ohne diese Beziehung ist der Mensch in der religiösen oder sozialen Kollektivität verloren. Deshalb gibt es nicht einen Gott für alle, sondern nur den Menschen mit *seinem* Gott. Die Aktive Imagination des Menschen ist ein Moment der göttlichen Imagination, welche das Erscheinen der Gottheit im Kreatürlichen darstellt. Deshalb ist sie schöpferisch. In ihr wird sichtbar, daß Schöpfung ein kosmisches Geschehen ist.[672]

In solche kosmische Perspektiven weist die obige Phantasie. Sie kompensiert banale moderne Auffassungen von der Geburt eines neuen Menschen. Im Gegensatz zu dieser Phantasie handelt es sich im Folgenden um einen echten Traum.

Traum Nr. 173, einer 36 Jahre alten Frau im 2. Monat:

> *Ich bekomme die Menstruation. Ist es eine Fehlgeburt? Ich gebäre ein kleines Päckli, in Embryo-Form, eingehüllt in drei Hüllen. Ich entferne zwei davon, die dritte erst, als ich mit einem Freund – Urs – zusammen bin. Er umarmt mich. Es ist schön. Wir sind an einem Tisch. Auch Schülerinnen sind dabei. Nun packe ich auch die dritte Hülle aus und entfalte alles sorgfältig. Da kommen kleine Figürchen zum Vorschein. Jede Figur ist ein Typus des Menschlichen. Sie tragen alle ein Kainszeichen auf der Stirn. Am Schluß kommt die Mutter Maria. Sie ist rund, mütterlich (wie eine Italienerin), in sich ruhend, zufrieden. Nun sehe ich die Innenseite des Tuches (das nun sehr groß ist.) Der Garten Eden, das Paradies, mit zwei Flüssen, Menschen, Tieren, ist wie ein Mosaik wundervoll*

---

[672] Henry Corbin, Creative Imagination in the Sufism of Ibn Arabi

künstlerisch dargestellt. Urs versenkt sich tief hinein und erklärt uns die Bilder und Symbole. Wir alle staunen. Auf der Tuchrückseite sind ebenfalls Symbole eingewoben, u. a. ein Kreuz, das aber abgerundet ist.

Biologisch gesehen ist die Menstruation eine Art Frühgeburt. In der Menstruation geht die Gebärmutterschleimhaut, welche ein befruchtetes Ei aufnehmen würde, weg, weil kein befruchtetes Ei da ist, das sich eingenistet hätte. In diesem Sinne ist sie wie eine Art Fehlgeburt. Die Gebärmutterschleimhaut ist das, was noch vor dem Ei ist, die mütterliche Grundlage für den neuen Keim. Hier ist eine Art psychischer Frühgeburt gemeint, das was psychisch früher kommt, bevor der Mensch bewußt wird, ein psychisches Geheimnis, das sich erst langsam enthüllt. Urs, in Wirklichkeit Musiker und Theologe, stellt hier einen positiven Animus, eine geistige Seite der Träumerin dar, welche die Verbindung zum Unbewußten herstellen, die Bilder und Symbole erklären kann. Die kleinen Figürchen erinnern an die griechischen Kabiren, jene geheimen chthonischen Götter, die Söhne des Hephaistos, denen mächtige Wunderkraft zugetraut wurde. Sie sind schöpferische, zwergenhafte Götter, die im Verborgenen wirken wie unsere Däumlinge und Heinzelmännchen.[673] Sie sind die Archetypen, klein an Gestalt, groß an Gewalt, die großen Götter eines menschlichen Schicksals.

So wie die Gene den Typus eines Menschen prägen, so konstituieren die Archetypen in spezifischer Zusammensetzung die seelische Anlage eines Menschen. Das ist der Sinn eines Horoskops: Die Konstellation der Archetypen im Moment der Geburt. Die Astrologie geht von der Voraussetzung aus, daß im Zeitpunkt der Geburt, das heißt im Moment, wo das einzelne Schicksal sich in eine eigene äußere Welt, eine neue Ordnung hinein ablöst, noch eine Sinnentsprechung zwischen Makrokosmos, der Welt der Planeten und dem inneren Mikrokosmos des Menschen bestehe. Ein Horoskop enthalte symbolisch in der dargestellten Himmelskonstellation den Sinn des Augenblicks, in dem ein Mensch zur Welt kommt. Im äußeren Bild spiegle sich die innere Entsprechung.[674] Die Planeten sind dabei immer dieselben, aber ihre Stellung ändert sich. Die Eigenschaften der Planeten, ihre Eigentümlichkeiten der Erscheinung und Bewegung am Himmel, welche die Menschen seit mehr als 4000 Jahren beobachten, wurden schon früh mit Göttern in Verbindung gebracht, mit Mars, Jupiter, Pluto, Uranus etc. Sie entsprechen in der Mythologie den Archetypen und ihr Verhalten schildert eigentlich das, was in der menschlichen Seele geschieht.

Die Archetypen, gleichsam die anordnenden Faktoren des menschlichen Schicksals, sind nun in jeder Zeit anders „gemischt" (die veränderte Planetenstellung). Das macht den Zeitgeist aus, von dem jeder Mensch geprägt ist,

---

[673] C.G. Jung, Symbole der Wandlung, GW 5, § 180
[674] E. v. Xylander, Lehrgang der Astrologie, Origo Verlag, Zürich 1971, 32f

10. SCHÖPFUNGSMOTIVE

ähnlich wie der Geschmack des Weins geprägt ist vom Jahrgang mit seinen spezifischen Wetterverhältnissen.

Hier sollen zwei kleine Träume eingeschoben werden, weil sie zeigen, wie das Unbewußte die Entstehung eines neuen Kindes als einen Vorgang ansieht, der sich am Sternenhimmel darstellt, das heißt dem archetypischen Hintergrund der Psyche.

Traum Nr. 174 einer 36-jährigen Frau, seit 7 Jahren verheiratet, 10 Tage vor der Geburt des 6. Kindes:[675]

I am standing outside with my sister-in-law, looking up at the sky. The night is dark, so I can see hundreds of stars. Suddenly I see a shooting star. Then another and another and another ... They move across the sky and are magnificent to see! (I wake up remembering the Bushman belief that a shooting star announces the birth of a child.)

Ich stehe draußen mit meiner Schwägerin und schaue zum Himmel hinauf. Die Nacht ist dunkel, und ich kann Hunderte von Sternen sehen. Plötzlich sehe ich eine Sternschnuppe. Dann eine andere, und noch eine andere ... Sie bewegen sich über den Himmel und sind wunderbar anzusehen. (Ich wache auf indem ich mich an den Buschmann-Glauben erinnere, daß eine Sternschnuppe die Geburt eines Kindes ankünde.)

Traum Nr. 175, einer 29-jährigen Frau, erstes Kind, kurz vor der Empfängnis[676]:

In the countryside with her husband: It is night and she carefully observes the starry sky. The myriad of stars forming the milky Way have now produced an zodiacal constellation. She urges her husband to come and see the exceptional show: first the sign of Scorpio appears. It is followed by the image of the god Horus.

Auf dem Land mit ihrem Mann: Es ist Nacht, und sie beobachtet sorgfältig den Sternenhimmel. Die Myriaden von Sternen, welche die Milchstraße formen, haben sich jetzt in einer zodiakalen Konstellation angeordnet. Sie drängt ihren Mann, dieses außergewöhnliche Schauspiel anzusehen: Das erste Zeichen des Skorpion erscheint. Es folgt das Bild des Gottes Horus.

Und, ganz ähnlich, von einer anderen 29-jährigen, getrennt lebenden Rechtsstudentin, welche schon einen Abort hinter sich hatte, im 1. Monat: Sie war unsicher, ob sie das Kind behalten wollte, wegen ihrem Studium und ihrer beruflichen Karriere.

---

[675] Von ders. Tr: Nr. 131: Kap. Kind
[676] Von ders. Tr: Nr. 66: Kap. Vögel, Nr. 39: Kap. Baum, Nr. 171: Kap. Mutter

Traum Nr. 176:

> *I was a star in the sky. Suddenly, I fell from the sky down to the earth.*
>
> *Ich war ein Stern am Himmel. Plötzlich fiel ich auf die Erde hinunter.*

Das Kind wurde später abgetrieben. Der nächste kleine Traum stammt von einer 29-jährigen Mutter von zwei kleinen Buben, im 3. Monat, welche eine künstlerische Laufbahn zugunsten der Kinder aufgegeben hatte, und jetzt wieder daran dachte.

Traum Nr. 177:

> *A star in the sky falls down to the earth. It's exploding and very beautiful. An UFO is landing in X-town.*
>
> *Ein Stern am Himmel fällt hinunter auf die Erde. Er explodiert und ist sehr schön. Ein UFO landet in der Stadt X.*

Jung entdeckte anhand seiner Forschung zur Synchronizität, daß wenn in einem Leben ein Archetypus aktiviert war und infolgedessen ein Zustand starker emotionaler Spannung erzeugt wurde, symbolische Bilder und Träume seiner Patienten in seltsamer Weise mit äußeren Ereignissen in eins fielen. Solche Ereignisse, wie sich ein inneres Bild plötzlich in einem äußeren Erlebnis zu spiegeln scheint und umgekehrt, passiert jedem von uns manchmal und das ist dann meist von großer Eindrücklichkeit. Psyche und Materie scheinen dann nicht mehr getrennte Realitäten zu sein, sondern sich zu *einer* sinnvollen symbolischen Situation zusammenzuordnen. Für diese Einheitswirklichkeit, welche auch der Astrologie und dem *I Ging* zugrunde liegt, verwendete Jung den Begriff des „unus mundus", die „eine Welt".[677] Die Stellung der Sterne und die seelische Konstellation eines Kindes im Moment der Geburt sind im unus mundus durch ihre Sinngleichheit verbunden, welche seit Jahrtausenden Gegenstand der Beobachtung war und von der man immer schon annahm, daß sie ein „lesbares" oder verstehbares Bild biete.[678] Die obigen Sternenträume können den Träumerinnen vielleicht etwas wie ein Ahnung dieses unus mundus vermitteln, die Ahnung eines viel größeren Zusammenhanges, aus dem heraus ihr Kind geboren werden wird.

Aber nun zurück zu Traum 173.

Alle Figürchen tragen das Kainszeichen. Kain, der Sohn Adam und Evas, der seinen Bruder aus Neid erschlagen hatte, wurde von Gott zur Strafe verbannt und auf der Stirne gezeichnet, damit ihn kein anderer töte. Das Kainszeichen bedeutete seine Verfallenheit an Gott, an den Fluch seines Schicksals. Das Kainszeichen auf der Stirn der Figürchen zeigt, daß die Schicksalsgötter, obwohl den Menschen wohlgesinnt, sie auch töten können,

---

[677] M.-L. von Franz, Psyche und Materie, 130
[678] Ders., 129

10. SCHÖPFUNGSMOTIVE

sich als Schicksalsfluch auswirken können. Darum suchten die antiken Menschen Befreiung vom Gestirnszwang. Heute glaubt der Mensch, der an nichts mehr glaubt, in ichhafter Überheblichkeit, sein Schicksal weitgehend selber in der Hand zu haben. Dafür kommen unvermerkt die alten Abhängigkeiten zum Beispiel durch die Hintertüren der Zeitschriftenhoroskope, Wahrsagerei und alle möglichen Arten von Hellseherei wieder hinein. Die Befreiung ist eine illusorische. Hier im Traum kommt das Befreiende durch die Gnadenmutter Maria. In einem Traum einer Frau ist sie ein Bild des Selbst. Darum „rundum mütterlich", erdhafter als die katholischen Madonnen des Mittelalters. Für eine werdende Mutter, welche nicht weiß, in was für ein Schicksal sie ihr Kind hineingebären wird, ist dies ein trostvolles und beruhigendes Bild. Nur das Selbst kann uns auch helfen, das unausweichlich Schicksalhafte, welche aus unseren persönlichen Anlagen und aus unserem unbewußten Hintergrund unser Leben zu bestimmen scheint, zu überwinden. Nicht das Ich kann den Gestirnszwang, das durch Sterne angezeigte Schicksal abwenden, sondern es liegt letztlich in den Händen des Selbst. Daraufhin zielt auch die Fortsetzung des Traumes. Sie bringt in symbolischer Form eine Vertiefung dieser Aussage.

Es wird jetzt die Innenseite des Tuches ausgebreitet, das heißt, der innere geistige Aspekt der Zeugung und Geburt offenbar gemacht.

Wenn wir Schöpfungsmythen untersuchen, so wird manchmal die Welt auf einem Webstuhl gewoben, besonders dort, wo eine weibliche Naturgöttin an der Schöpfung beteiligt ist. In Indien ist es die Göttin Maya, deren riesiger farbiger Schleier die ganze Erscheinungswelt darstellt. In einem vorsokratischen Schöpfungsmythos webt der Himmelsgott, indem er sich mit der Erdgöttin verbindet, die Welt als großes Tuch, das er als Mantel über einen Weltenbaum ausbreitet.[679] Für viele Nomadenvölker bedeutet der eigene Teppich, der überall hin mitgeführt wird, die eigene Welt, den eigenen Mutterboden und ein Stück Heimat. Die Muster der orientalischen Teppiche stellen häufig in abstrakter Art das Paradies, den Lebensbaum, die Tierwelt dar, verschiedene Bilder, deren Symbolik auf den Ursprung der Schöpfung oder den Beginn des Schicksals mit seinem komplizierten Lebensmuster zielt.[680] Das individuelle Lebens- oder Schicksalsmuster ist dabei untrennbar verbunden mit der göttlichen Schöpfung. Kosmische Muttergöttinnen haben oft eine Spindel, mit der sie die Schicksalsfäden der Menschen spinnen. In Indien versteht man die Menschen als Teil des großen Gewebes der Gottheit, die im Ablauf der Wiedergeburten kommen und gehen, so wie der Faden im Gewebe immer wiederkehrt und verschwindet. Das dabei entstehende Muster würde der Tatsache entsprechen, daß das Werden jedes Kindes aus einer bestimmten Anordnung von psychischen und physischen ererbten Faktoren

---

[679] Vgl. M.-L. von Franz, Schöpfungsmythen, 114
[680] Vgl. M.-L. von Franz, Psychologische Märcheninterpretation, 69f. Und: H.U. Etter, Der Schöpfungsteppich von Girona, Jungiana, Reihe B, Bd. 1, 26ff

hervorgeht.[681] Aus dem geheimnisvollen Zusammenweben von „Ahnen-Fäden" entsteht ein neues Lebensmuster, die ewige Wiederholung eines einzigartigen Schöpfungsvorganges.

Auf dem „Schöpfungstuch" des Traumes ist der Garten Eden, das Paradies mit zwei Flüssen dargestellt. Dazu finden wir bei dem Gnostiker Simon Magus eine hilfreiche Amplifikation. Aus der urchristlichen Literatur wissen wir, daß Simon Magus ein Zeitgenosse Jesu war, der am Anfang der sogenannten häretischen Gnosis steht (Gnosis = Erkenntnis). Die Kirche verfolgte diese als ketzerisch, weil sie sich außerhalb der im offiziellen Christentum dogmatisch festgelegten Lehre bewegte. Ihre Denker gelangten durch intensive Introspektion zu Beobachtungen, die in symbolischen Bildern, wie Jung sagt, Erkenntnisse über die Psyche darstellten, die direkt dem Unbewußten entstammten.[682]

Bei Simon Magus wird nun der Mensch aus dem Pneuma geschaffen, das, wenn es nicht zum „Bilde" gemacht wird, nur in der Möglichkeit bleibt und mit dem Kosmos zugrunde geht, also nicht in das Werden eingeht.[683] Gott aber bildet den Menschen im Paradies, welches die Gebärmutter ist. Aus dem Lande Eden entsteht der Nabel, dieser teilt sich vorerst in je zwei Kanäle für Blut und für Pneuma, danach in die vier Ursprünge, d.h. die vier Paradiesströme, welche den Embryo ernähren. Daraus entstehen die vier Sinne des Kindes, das im Paradies gebildet ist: Gesicht, Geruch, Geschmack und Gefühl. Die vier Ströme haben mit den vier Bewußtseinsfunktionen des Menschen zu tun, mit denen er die Welt erfaßt: mit dem Denken, der Intuition, der Empfindung und dem Gefühl. Denn überall dort, wo psychische Inhalte in vier Aspekte aufgespalten werden, bedeutet das, daß sie einer Unterscheidung durch die vier Orientierungsfunktionen des Bewußtseins unterzogen wurden. In unserem Traum sind es zwei Ströme, was auf die zwei Einstellungstypen Extraversion und Introversion hinzudeuten scheint, die offenbar zuerst geschaffen oder aufgebaut werden, wie die gnostische Symbolik der Blut- und Pneuma-Kanäle zeigt. Blut wäre bildlich und vereinfacht gesprochen das Innere, Pneuma, der Geist, das Äußere.

Aus diesem Schöpfungsgeschehen geht nach Simon Magus der „Große Mensch" hervor, der Anthropos.[684] Damit spiegelt sich in jedem menschlichen Geburtsgeschehen eine göttliche Geburt. Der große Mensch oder der Anthropos ist ein Bild für die im Kosmos ausgebreitete Seele eines riesigen Men-

---

[681] M.-L. von Franz, Das Weibliche im Märchen, 42
[682] C.G. Jung, GW 9, II, § 350
[683] Nach gnostischer Vorstellung ist die Welt ein ewiger Kreislauf von Werden und Vergehen, ein in sich geschlossenes Kräftespiel. Aus einem geht alles hervor, und alles löst sich wieder in das Eine auf. Aus dem Ewigen wird das Zeitliche, aus dem Zeitlichen wieder das Ewige. Aus Gott wird der Kosmos, aus dem Kosmos wieder Gott. H. Leisegang, Die Gnosis, 75 und 98
[684] H. Leisegang, Die Gnosis, 75

10. SCHÖPFUNGSMOTIVE

schen. Dieser kosmische Mensch verkörpert die Ganzheit der unbewußten Seele, oder das Selbst, welches bei jeder Geburt geboren wird.[685]

Die Außenseite des Tuches hat das Kreuz als Hauptsymbol, denn es gibt kein menschliches Leben, das nicht eine Kreuzigung ist. Im Kreuz ist das menschheitserlösende Leiden der Gottheit, das Leiden Gottes an der Welt und sein unmittelbarer Zusammenstoß mit der Welt, bzw. dem Fürst dieser Welt, dem Teufel, symbolisiert. Zugleich ist das Kreuz eines der ursprünglichsten Ordnungssymbole.[686] Gegenüber dem ungeordneten Chaos bedeutet das Kreuz eine ordnende Strukturierung, ähnlich dem Fadenkreuz des Fernrohrs, und die Festlegung eines Mittelpunktes durch zwei sich kreuzende Gerade. Für die Gnostiker war die Hinwendung des Menschen zum Kreuz eine „Zusammensetzung des Unsteten", eine Ordnung im Chaos, eine Vereinigung der Disharmonien und eine Zentrierung im Mittelpunkt. Dieser war für sie nicht nur der Mittelpunkt des Menschen, sondern zugleich das Zentrum des Universums.

Wenn nach dieser Auffassung durch die Kreuzigung das Chaos geklärt wird, so treten Gegensätze wie diejenigen von Gut und Böse, von Oben und Unten, von geistiger und von materieller Welt, von Bewußtsein und Unbewußtem etc. hervor. Psychologisch geschieht durch diese Vierteilung, wie wir gesehen haben, eine Differenzierung des Bewußtseins. Dies bedeutet Erkenntnis der Widersprüche und damit Kreuzigung des Ich und qualvolle Suspension desselben zwischen den unvereinbaren Gegensätzen.[687] Zugleich aber hat das Kreuz im Bereich der psychischen Vorgänge die Funktion eines ordnungserzeugenden Mittelpunktes, in dem die Gegensätze vereinigt sind. Durch die Hinwendung auf das Kreuz sollte die Verbindung von Bewußtsein und Unbewußtem geschehen. Deshalb symbolisierte das Kreuz das Ziel und die Erlösung und Erhöhung des Menschen.[688] Das Kreuz ist aber auch wie der Kreis und die Vierheiten überhaupt ein Gottessymbol oder eines der Ganzheitssymbole, welche seit alters den Weltgrund und die Gottheit ausdrücken.[689]

In unserem Traum ist das Kreuz abgerundet. Das heißt offenbar dem Kreis angenähert. Außer dem Punkt ist der Kreis das einfachste Symbol der Ganzheit und auch das einfachste Gottesbild.[690] „Gott ist ein Kreis, dessen Mittelpunkt überall, dessen Umfang (oder Peripherie, lat. circumferentia) aber nirgends ist."[691] In Gott findet sich der Anfang und die Vollendung in vollkommenem Kreislauf. Nach alchemistischer Vorstellung sind im Kreis die Gegensätze gebannt und geeinigt.

---

[685] M.-L. von Franz, Die Suche nach dem Selbst, 104
[686] Vgl. C.G. Jung, GW 11, Das Wandlungssymbol in der Messe, § 250
[687] C.G. Jung, GW 9, II Aion, § 79
[688] Ders. GW 11, § 445
[689] Ebenda, § 285
[690] Ders. GW 13, § 455
[691] Ders. GW 9, II, Aion, § 237. Deus est circulus cuius centrum ubique circumferentia vero nusquam.

Bild 65 Keltisches Steinkreuz (Schottland)

Die tiefe Symbolik in unserem Traum führt uns aber noch weiter, nämlich zu einem der ältesten Symbole, dem Rad. Der Kreis als zirkuläre Bewegung nähert sich nämlich dem Rad, welches um eine Mitte rotiert. Auch unser astrologisches System besteht aus einem Rad, einer Kreisprozession von Göttern oder Archetypen, dem Geburtsrad. Ursprünglich lag diesem die Vorstellung des zentralen Himmelpols zugrunde, um den die sternengeschmückte Himmelsschale rotiert.[692] Auf der Beobachtung der regelmäßigen Kreisbewegungen der Gestirne beruht vermutlich die Tatsache, daß die Zeit in fast allen ursprünglichen Kulturen als kreisförmig empfunden wurde.[693] Daher die Vorstellung eines Zeitrades, welches das Schicksal alles Lebenden bestimmt.

Das Zeitrad gehört als Symbol des Lebens und Vergehens zu der Glücksgöttin Fortuna, aber auch zum griechischen Gott Kairos, dem Zeitmoment, welcher die zum Handeln günstigste Konstellation von Umständen personifizierte. In Indien ist es das Glücksrad, die Swastika, das umgekehrte Hakenkreuz. Der Ansatz des Kreuzes zum Kreis und zum Rad erinnert auch an Samsara, das Rad der Wiedergeburt in Indien, in das der Mensch eintritt. Auch das Horoskop ist ein Zeitrad. Die beiden erwähnten Sternen-Träume gehören in diese Zusammenhänge, denn die Astrologie, das Wissen von den Sternen, befaßt sich mit dem Eintritt des Menschen in die Zeit.[694] Wir kommen anhand zweier weiterer Träume auf diesen Aspekt der Zeit zurück.

Das abgerundete Kreuz bringt aber, indem es sozusagen auf ein viergeteiltes Rad tendiert, auch das Problem der Quadratur des Zirkels herauf. Diese beschäftigte den mittelalterlichen Geist und wir finden sie überall in den Gestaltungen unserer Träume und Phantasien. Sie gehört zu den ganz zentralen archetypischen Motiven. Die Paradiesdarstellungen der naassenischen Gnostik mit den vier Paradiesströmen sind auf einer solchen Quadratur des Zirkels aufgebaut. Dies gilt auch für den wunderschönen, über 800 Jahre alten

---

[692] C.G Jung, GW 9, II, § 352
[693] M.-L. von Franz, Psyche und Materie, 96
[694] Ders, 172

10. SCHÖPFUNGSMOTIVE

Schöpfungsteppich von Girona in Spanien, der heute noch ein berühmtes Pilgerziel ist.[695] Die Quadratur des Zirkels ist auch ein Symbol für das alchemistische Werk, indem sie die ursprünglich-chaotische Einheit in die vier Elemente auflöst und sie dann wieder zu höherer Einheit zusammensetzt. Gegenüber den durch die Kreuzigung aufgerissenen Gegensätzen betont der umfassende Kreis die Einigung und stellt die Vierheit als Einheit dar. Die östlichen Mandalas beruhen sehr oft auf der Quadratur des Zirkels. Die Meditation dieser Bilder soll die Konzentration auf das Zentrum der Persönlichkeit unterstützen. Aus diesem Zentrum manifestiert sich der Zwang und Drang, das zu werden, was man ist und die Form anzunehmen, die jedem Organismus wesenseigentümlich ist. Das wäre dann das vom Zentrum oder vom Selbst bestimmte Schicksal im Gegensatz zum „blinden Gestirnszwang", dem Zwang, welchen unsere unbewußten und in sich gegensätzlichen Komplexe auf unser Leben ausüben. Zu diesem Zentrum, welches das Selbst ist, gehört alles, was der Kreis umfaßt, nämlich eben diese Gegensatzpaare, die das Ganze der Persönlichkeit ausmachen.[696]

Bild 66 Das Lateran-Kreuz in Rom. Frühchristliches Mosaik mit dem Kreuz im Zentrum der Welt und den 4 Paradiesströmen

Wenn wir nun diese weit gefächerte Symbolik des abgerundeten Kreuzes unseres Traumes zusammenfassen wollen, so können wir sagen, daß damit die Geburt der potentiellen Ganzheit des neuen Kindes angetönt scheint, welche ein Leben der Kreuzigung und der unaufhörlich notwendigen Vereinigung der

---

[695] Siehe H.U. Etter, Der Schöpfungsteppich von Girona
[696] Vgl. C.G. Jung, GW. 9, I, § 634

Gegensätze bringen wird. Es ist das Selbst, welches die gegensätzlichen Schicksalskomponenten auf das Zentrum hin einigt. Der Traum deutet eigentlich darauf hin, daß in dieser Phase der Schwangerschaft die ganze Schicksalskonstellation des zukünftigen Menschen sich bereits auskristallisiert.

Indem die Träumerin das wunderbare Schöpfungstuch gebiert, kommt dieser ganze Sinngehalt ans Licht des Bewußtseins und etwas vom Mysterium des menschlichen Lebens wird für sie erahnbar. Da sie einen positiven Animus hat, der die Symbole versteht, findet sie Zugang zu dieser überpersönlichen Dimension ihrer Schwangerschaft. Es scheint auch, wie wenn etwas in ihr diese Zusammenhänge ins Bewußtsein bringen möchte, wie wenn jetzt der Moment dafür wäre.

Der folgende Traum wurde in der Narkose während eines Kaiserschnitts geträumt. Träume, welche unter chemischer Einwirkung entstanden sind, lassen manchmal, ähnlich wie Drogenträume, eine gewisse, ordnende Klarheit vermissen. Von der Träumerin, deren persönlichen Hintergrund wir etwas besser kennen, wurde dies nicht so empfunden. Er war für sie im Gegenteil von größter Bedeutung für ihr weiteres Leben. Wir werden gleich sehen warum.

Traum Nr. 178, in der Narkose eines Kaiserschnitts:

Ich befinde mich in einer großen, dunklen Halle. Darin stehen Schaukästen, runde Kugeln, in denen Gebilde zu sehen sind, die aussehen wie Molekülketten oder Atommodelle. Ich gehe von Kugel zu Kugel und schaue hinein. Bei jeder Kugel höre ich ein Murmeln. Z.B.: Beine zum Gehen, Beine zum Gehen. Oder: Arme zum Greifen, Arme zum Greifen ... o.ä. Fasziniert schlendere ich zwischen den Kugeln umher, bis ich merke, daß alle diese Kugeln sich in eine bestimmte Richtung bewegen, schweben. Ich lasse mich verwundert mittreiben. Es werden immer mehr Kugeln, der Strom wird größer und kompakter, die Geschwindigkeit steigt. Endlich schwebe ich über einem reißenden Strom von Kugeln hinaus zum Horizont. Das Gemurmel der Kugeln ist jetzt ein aufgeregtes Kichern und Schwatzen. Der Strom reißt mich in Ekstase mit in eine große Kugel / Höhle/ Loch. Eine riesige Kraft erfaßt mich, weitet mich aus, stülpt mich gewaltsam um und läßt mich auf der anderen Seite wieder zusammenziehen. Dieser Moment ist irgendwie schrecklich, ich gerate ganz nahe an meine Zerstörung, aber ich fasse mich wieder.
Jetzt stehe ich an einem riesigen Tor und schaue hinaus aus großer Höhe auf eine Voralpenlandschaft mit den Bergketten im Hintergrund. Es ist Morgen. Unter mir gewahre ich denselben Strom aus Kugeln, der sich hinaus in die Welt ergießt. Ich muß plötzlich lachen und rufe aus: Wenn die wüßten, daß hier alles genau gleich ist, nur spiegelbildlich! Ich lasse mich hinaustreiben. (Ich erwachte aus der Narkose und war davon

10. SCHÖPFUNGSMOTIVE

überzeugt, tot zu sein. Es war richtig schwierig für mich, mich selbst durch verschiedene Überlegungen davon zu überzeugen, daß dies nicht der Fall sein konnte. Noch lange später aber war ich manchmal nicht ganz sicher, ob ich nicht doch nur in der Spiegelbildwelt sei.)

Der Anfang des Traumes scheint die Zusammensetzung des Kindes aus den anfangs noch chaotischen Einzelteilen zu schildern. Der reißende Strom von Kugeln, der immer schneller fließt, erinnert an den Zeitstrom, und die Träumerin bezeichnete ihn in ihren Assoziationen auch so. Der Ablauf der Zeit wurde seit alters intuitiv als ein Strömen oder Fließen empfunden. Diese Intuition steht zum Beispiel hinter allen Geräten, welche die Zeit durch das Fließen einer Substanz messen, also Sanduhren, Wasseruhren, Quecksilberuhren etc.[697] Die Zeit war als lebendiger Strom von Werden und Vergehen im Gott Okeanos personifiziert. Dieser Fluß hieß auch Chronos, griechisch die Zeit. Der Zeitstrom wurde ursprünglich vom Menschen als das göttliche Geheimnis des Lebensstromes erlebt.[698] Der Strom der Kugeln oder der „Lebensbausteine", der sich im Traum in die Welt ergießt, hat vermutlich etwas mit dem Eintritt in die Zeit zu tun, der bei der Entstehung eines Menschenlebens stattfindet.

Die alten Ägypter hatten die Vorstellung eines jenseitigen Nil, dem Nun, dem Urgewässer, aus dem alles Leben kommt und in dem sich alles Leben erneuert. Nach einem Mythos entspringt der Nil bei Assuan einer Höhle und von dort kommt alles Leben. Dort ist gleichsam der geographische Übergang von der einen Welt in die andere Welt, denn tatsächlich bildete zu damaliger Zeit Assuan mit der ersten Kataraktschwelle, d.h. Stromschnelle im Nil, die natürliche Grenze zum fremden nubischen Süden. Diese fremde, andere Welt jenseits der Grenze war mythologisch ein Bild für die Spiegelbildwelt, welche den altägyptischen Jenseitsglauben ganz wesentlich prägte.[699]

In dieser Spiegelbildwelt ist nach ägyptischer Vorstellung alles umgekehrt. So floß auch der jenseitige Nil eben rückwärts zum Ursprung. Auf diesem Nil fährt der alt und müde gewordene Sonnengott Ra, wenn er am Abend untergeht, auf seiner Sonnenbarke „rückwärts" zum Ursprung. Indem er sich von diesem Fluß des Lebens tragen läßt, der auch der Fluß der Lebenserneuerung ist, verjüngt er sich, um am Ende wiedergeboren zu werden. Damit erklärte man sich die geheimnisvolle Erneuerung der Sonne während dieser Nachtmeerfahrt. Und so wird der Sonnengott aus dem jenseitigen Lebensfluß in der Gestalt eines kleinen Kindes durch den Skarabäus wieder über die Horizontlinie in den Tag hinein entlassen.[700]

---

[697] M.-L. von Franz, Psyche und Materie, 90
[698] Ders., 82
[699] Diese Ausführungen stammen aus dem noch unveröffentlichten Manuskript von Theodor Abt, Grundzüge der Alchemie, 1995
[700] Ders.

Für die Träumerin selber bedeutete der Traum einen ganz wesentlichen Schritt nicht nur in das Leben ihres Kindes, sondern auch in ihr eigenes. Sie hatte nämlich vor der Narkose und dem notfallsmäßig vorgenommenen Kaiserschnitt viele Stunden in den Wehen gelegen und war am Ende ihrer Kräfte, als sie folgendes Erlebnis hatte:

Traum Nr. 179:

Ich falle ins Schwarz. Zeit, Raum, alles hört auf zu existieren. Ich weiß nicht, wie lange dies dauert. Es scheint mir nur eine kurze Zeit (war aber, wie ich über ein Jahr später erfuhr, stundenlang). Nach und nach zeigt sich ein Licht, auf das ich zuschwebe. Es wird heller und heller, füllt alles aus. Glück durchströmt mich, wärmt mich. Ich erblicke jetzt vor mir eine blühende Wiese mit Obstbäumen. Alles ist goldener Glanz, Licht, Glückseligkeit. Die Wiese liegt vor mir und jubelnd möchte ich mich hineinstürzen. In diesem Moment höre ich eine männliche Stimme, die sagt: Halt, du mußt noch dein Kind zur Welt bringen! Ich werde zurückgerissen. Schwärze umfängt mich, ich stürze zurück ins Bewußtsein und weiß mit unsagbarem Entsetzen, daß ich um ein Haar mein Kind getötet hätte. Ich fühle mich wie eine Mörderin. (Ein Notkaiserschnitt wird vorgenommen). Mein einziger Wunsch ist noch, daß man mir mein Kind rettet. Ich selbst will sterben.

Dieser eindrückliche Todestraum zeigt, wie nahe die Träumerin tatsächlich an ihre eigene Zerstörung kam und damit ihr Kind. Nun wollte sie keinesfalls zur Mörderin ihres Kindes werden, aber den Mord an sich selber, bzw. an ihrer eigenen Zukunft und Individuation, den lehnte sie nicht ab. Die Verlockung des Todes war zu groß. Und da kam der Narkosetraum, den sie unmittelbar als Hinweis darauf verstand, daß der Tod keine „Lösung" darstelle, denn Diesseits und Jenseits seien ja Spiegelbilder. Es sei sinnlos, sich von der einen Seite in die andere flüchten zu wollen, denn die seelische Realität sei auf beiden Seiten dieselbe, und man könne seiner Aufgabe nicht entrinnen. In diesem Sinne wurde der Narkosetraum ein echter Geburtstraum nicht nur für ihr Kind, sondern auch für sie selber, eine Geburt ins Leben hinein. Aus der Lebensgeschichte der Träumerin geht hervor, daß ihre eigene Geburt auf den tragischen Abort eines Brüderchens hin folgte und sie infolgedessen ihr ganzes Leben hindurch das Gefühl nicht losgeworden war, eigentlich keine eigene Existenzberechtigung zu haben. Das Brüderchen hätte ja an ihrer Stelle geboren werden sollen. Diese unsichere Verankerung im Leben fand mit dem Narkosetraum und dem zweifachen Geburtserlebnis ein Ende, denn nun war es ihr ganz klar geworden, daß es einen Persönlichkeitskern gab, der im Diesseits wie im Jenseits derselbe war, gleichsam einen präexistenten Bewußtseinskern, der auch den Tod überdauerte. Denn nur so etwas wie ein solcher Bewußtseinskern, den sie später in der Symbolik des Selbst wiederfand, konnte ja so einen Überblick über die zwei Welten im Traum vermitteln. Sie empfand auch die Einsicht von höchster Bedeutung, daß das jetzige Leben nicht nur zufällig ist, sondern daß es sich im Jenseits spiegelt, und daß es ihre Aufgabe war, Verantwortung für ihr jetziges Leben zu übernehmen.

In diesem Sinne erlöste der Traum die junge Frau aus einem allzu engen, diesseitigen Weltbild, in dem sie sich nicht zu Hause fühlte, und vermittelte ihr die Ahnung einer überzeitlichen und überräumlichen Existenz, in der die Geburt in die Zeit nur eine Station im großen Kreislauf des überzeitlichen Lebens darstellt. Sie hatte eine „Nachtmeerfahrt" durchlaufen, an deren Ende nicht nur die Geburt eines neuen Kindes stand, sondern tatsächlich auch die Geburt einer neuen Sonne, eines neuen Lichts, eines eigenen neuen Lebens und Lebensgefühls. Das wäre gleichsam die Abrundung des Traums, der eventuell durch die Narkose irgendwie unvollständig gelassen worden war, denn die Träumerin findet sich ja am Schluß noch nicht ganz zurecht, in welcher Welt sie nun lebt. Der Traum deutet aber gleichsam einen Mythos der Menschheitsentstehung an. Nach diesem Erlebnis bemühte sich die Träumerin, ihre Verantwortung im Leben zu übernehmen. Sie beschäftigte sich ernsthaft mit ihren Träumen und so wurde allmählich klar, daß es dabei eigentlich um die potentielle Geburt des Selbst ging. So war die Geburt ihres Kindes zu einer eigentlichen Lebenswende für sie selber geworden.

Traum Nr. 180, einer 30-jährigen Träumerin, im 4. Monat:

I am sucked through the space as if in a time tunnel, to a place where there are many eggs. There are various stages of formation. Some have small chickens inside.

Ich werde durch den Raum gesogen wie durch einen Zeittunnel, an einen Ort wo es viele Eier hat. Es hat verschiedene Stadien der Entwicklung. Manche enthalten kleine Hühnchen.

In diesem klaren und schönen Traum durchläuft die Träumerin gleichsam selber einen Geburtsvorgang. Der Geburtsdurchgang ist ein „Zeittunnel", durch den sie aus dem Raum dorthin gezogen wird, wo die Eier sind. Jede Geburt ist, wie Marie-Louise von Franz zu diesem Traum sagte, ein Eintritt von der Ewigkeit in die Zeit. Tatsächlich hängt die subjektive Erfahrung eines Zeitablaufs vom Funktionieren eines Bewußtseins ab. Wenn uns jemand abrupt aus dem Schlaf reißt, so merken wir, daß wir wie aus der Zeit herausgefallen waren und uns erst wieder in der Zeit orientieren müssen. Viele Märchen und Legenden erzählen davon, wie einer in eine jenseitige Welt gerät, scheinbar nur einen Tag lang, aber wie er wieder nach Hause kommt, sind alle Leute, die er kannte, seit langem gestorben und er war über hundert Jahre lang weg. Solche Erzählungen zeigen, daß in der vorbewußten Welt die Zeit relativ ist oder gar inexistent.[701]

Der Eintritt in die Zeit bei der Geburt ist der Moment der Geburt des bewußten Geistes in keimhafter Form. Das sind in unserem Traum die Eier. In vielen Schöpfungsmythen sind die Eier die Keime, aus welchen ein schöpferischer Gott durch Bebrüten oder durch Teilung den Kosmos formt.[702] In Ägypten etwa beginnt der erste Schöpfungsakt mit der Schaffung eines riesigen Eis, welches von He und Hehet in ihren Händen gehalten wird. Diese verkörpern auch die ewigen und schöpferischen Aspekte des Zeitprinzips. Aus dem Ei entsteht der Sonnengott Ra, der dann alles Leben auf der Erde ermöglicht.[703] Das Huhn gebiert deshalb jeden Tag die Sonne neu. Die Geburt der Sonne aus dem Ei, das heißt die Geburt des Bewußtseins, ist in der Mythologie ein häufiges Motiv. Im Ei ist das zukünftige Lebewesen in seiner Ganzheit als Keim bereits enthalten. Im obigen Traum sind es zum Teil schon kleine Hühnchen in den Eiern, während andere offenbar noch reine Keime sind. Das sind die noch vorbewußten Seelenkeime oder die Archetypen, aus denen sich zuerst die Instinkte entwickeln.

Daß die Träumerin diesen Schöpfungsprozeß im Traum gleichsam selber erlebt, könnte darauf hinweisen, daß sie selber mit der Entstehung ihres Kindes einen Geburtsprozeß durchläuft, welcher die Entstehung eines neuen Bewußtseins zum Ziel hat. Die beiden Geburten sind aus der Sicht des Unbewußten identisch miteinander. Die Träume unserer Sammlung sagen nirgends mehr aus über die Herkunft des Kindes oder das Auftauchen des Bewußtseins aus dem Jenseits als hier in diesem kleinen Traum vom Zeit-Tunnel. Er ist vermutlich das Letzte, was wir wissen können, denn was jenseits des Zeittunnels im zeitlosen Raum ist, bleibt ein großes Geheimnis. Es ist die reine Nicht-Zeit, welche in China als die leere Radnabe dargestellt wurde, symbolisch das unbeschreibbare Zentrum des Selbst.[704]

(Frau Dr. Marie-Louise von Franz danke ich für ihre wesentliche Hilfe und Mitarbeit an diesem Kapitel)

[701] Vgl. M.-L. von Franz, Psyche und Materie, 366
[702] Ders., Schöpfungsmythen, 176
[703] Ders., 177
[704] Vgl. Ders. Psyche und Materie, 153f,

11. Zusammenfassung

Regina Abt

Durch die tiefenpsychologische Bearbeitung des vorliegenden Traummaterials von Schwangeren nach der Methode von C.G. Jung sind einige wichtige Punkte sehr deutlich hervorgetreten. Obwohl sich die Träume schwangerer Frauen auf den ersten Blick in Bildwahl und Aufbau nicht von den Träumen anderer Menschen zu unterscheiden scheinen, so tritt doch bei sorgfältiger Amplifikation der Sinnzusammenhang zur Schwangerschaft deutlich hervor. Die Ähnlichkeit kommt sehr stark daher, daß die Symbolik von Schwangerschaft und Geburt, und dies ist der erste wichtige Punkt unserer Schlußfolgerungen, mit der Symbolik des Individuationsprozesses sehr oft identisch ist. Das heißt, daß mit der Schwangerschaft ein Prozeß einsetzt, der nicht nur das Wachsen eines neuen Lebens im Mutterleib beinhaltet, sondern ebenso einen *seelischen Reifungsprozeß*, der letztlich ein *neues Bewußtsein* zum Ziele hat. Das wäre symbolisch das neue Kind, das in der Seele der Mutter ebenso geboren werden kann wie das reale Kind aus ihrem Körper. Deshalb finden wir in den Schwangerenträumen so viele Symbole des Selbst, vor allem auch das Kind selber. Als das „göttliche Kind" finden wir es in vielen Mythen und Religionen, nicht zuletzt in der christlichen, als ein Symbol für das werdende Selbst oder die potentielle Ganzheit.[705] Andere Aspekte des Selbst symbolisieren in unseren Träumen auch der Stein, die Blume, das Tier, die große Mutter und viele andere Bilder.

Auffallend war in unserem Material überhaupt die ungeheure *Vielfalt an Motiven und Themen*, vom Stein über die Kartoffel in der Erde, über die Spinne, die Schlange bis zum kosmischen Baum, den Sternen und der großen Muttergöttin. Es scheint, daß sich, so wie im Konkreten jeder Fetus im Mutterleib in verkürzter Form die biologische Evolution des Menschen durchläuft, in diesen Träumen symbolisch die seelische Entwicklung des Individuums, aber auch die psychische Evolution der ganzen Menschheit spiegeln würde. Marie-Louise von Franz sagte dazu, daß das mit der von Jung

---

[705] Vgl. C.G. Jung, Zur Psychologie des Kindarchetypus, GW 9, I, und Aion, GW 9, II

beschriebenen kosmogonischen Bedeutung des menschlichen Bewußtseins zusammenhängt[706], die ihm bei der Betrachtung der riesigen Wildtierherden in Afrika bewußt wurde. Jung schreibt: „Der Mensch ist unerläßlich zur Vollendung der Schöpfung, ja er ist der zweite Weltschöpfer selber, welcher der Welt erst das objektive Sein gibt, ohne das sie ungehört, ungesehen, lautlos fressend, gebärend, sterbend, köpfnickend durch Hunderte von Jahrmillionen in der tiefsten Nacht des Nicht-Seins zu einem unbestimmten Ende hin ablaufen würde. Menschliches Bewußtsein erst hat objektives Sein und den Sinn geschaffen, und dadurch hat der Mensch seine im großen Seinsprozeß unerläßliche Stellung gefunden."[707] Das ist, wie er sagt, unser eigener Mythos. welcher dem menschlichen Leben überhaupt Sinn verleiht. Denn ohne die Geburt des Bewußtseins wären wir gefangen in einer, wie Jung sagt, „trostlosen Uhrwerksphantasie", in der Leben und Sein eine einzige auskalkulierte Maschine ist, die sinnlos, mitsamt der menschlichen Psyche nach vorbekannten und -bestimmten Regeln weiterläuft. Nach einem solchen Weltbild wäre eine Frau nur eine Gebärmaschine, die durch die Vergrößerung der Bevölkerung zum Elend in der Welt beiträgt. Unsere Träume bestätigen aber diesen „Mythos", nach dem jeder neue Mensch, wie Marie-Louise von Franz oben formulierte, jedes Mal wieder ein kosmisches Urereignis darstellt[708], nämlich die Geburt des menschlichen Bewußtseins.

Die Frau ist dabei nicht nur Ausführende oder unbeteiligte Zuschauerin. So wie sich im Gefäß der Gebärmutter ein unsichtbarer Wandlungsprozeß vollzieht, so geschieht dies einer Vielzahl von Träumen zufolge in der Seele der Mutter. Das bedeutet natürlich im Leben einer jungen Frau, die zum ersten mal schwanger wird, einen Reifungsprozeß, der oft ein *Abschied vom Infantilen ist*, und den Eintritt in eine neue Lebensform, die sich grundsätzlich von der alten unterscheidet. Volkskundliche und ethnologische Studien aus aller Welt zeigen, daß dieser Übergang immer als äußerst wichtig angesehen wurde und durch entsprechende Riten gekennzeichnet und unterstützt werden mußte. Denn es ist ein schwerer Übergang, der auch seelisch ein deutliches Überschreiten einer Schwelle darstellt. Heute sind die Grenzen zwischen den Lebensstadien verschwommen. Es gibt keine sogenannten Initiationsriten mehr, welche der Frau helfen, diesen Übergang ins Mutterdasein seelisch zu bewältigen. Je jugendlicher sie sich auch als Mutter noch gibt, desto akzeptierter ist sie in einer Gesellschaft, in der jugendliche Dynamik bis ins hohe Alter als der höchste Wert erscheint.

Ungeachtet dieser modernen Strömungen an der Oberfläche unseres kollektiven Bewußtseins bringen die Träume aber wie eh und je in symbolischen Bildern instinktives Wissen aus dem kollektiven Erfahrungsschatz der

---

[706] Siehe Kapitel Schöpfungsträume
[707] C.G. Jung, Erinnerungen, Träume, Gedanken, 259f.
[708] Zit. M.-L. von Franz, siehe Kapitel Schöpfungsträume

11. ZUSAMMENFASSUNG

Menschheit herauf, welches in den Tiefen unserer Seele lagert. Wenn wir uns die Mühe nehmen, seine Sprache und symbolischen Bilder für unser heutiges Verständnis direkt zu „übersetzen", so übernehmen sie daher die Funktion der Initiationsriten, die ja aus derselben Grundlage entstanden sind.

Indem wir auf diese Weise auf das Wissen der unbewußten Instinktgrundlage zurückgreifen, werden, wie unser Material zeigt, *Hilfen und auch Gefahren* sichtbar, wie sie zu allen Zeiten und für alle Frauen wirksam waren. Sie haben sich so wenig verändert, wie sich der biologische Ablauf von Schwangerschaft und Geburt seit der Entstehung der Menschheit verändert hat. Deshalb ist es auch gerechtfertigt, Schwangerschaftsträume ohne persönliche Assoziationen der Träumerinnen zu deuten, wie wir es hier getan haben. Der persönliche Zugang muß dann noch in jedem einzelnen Fall auf Grund der individuellen Lebenssituation gefunden werden. Die allgemeinmenschliche Symbolik verbindet jedoch die Frau mit ihren instinktiven Schichten, woraus allein eine tiefere emotionale Wandlung geschehen kann.

Manche heutige junge Mütter sind zum Beispiel *weit weg von allem Instinktiven*, von der Natur mit ihren Gesetzmäßigkeiten. Daher die vielen Tiere – hilfreiche oder auch bedrohliche – in den Träumen. Sie spiegeln und kompensieren die Beziehung zum Tierinstinkt in der Frau und wirken damit als Hilfe für die Frau, ihre Schwangerschaft instinktmäßig richtiger zu leben. Außerdem ist eine Frau, welche Schwangerschaft und Geburt durchläuft, nicht nur den ganz großen Schöpfungskräften unterworfen, sondern ebenso den Gefahren von Tod und Auflösung, das heißt den Göttern in ihren hellen und dunkeln Seiten. Ihnen gegenüber kann sie sich nur instinktiv richtig oder falsch verhalten. Tut sie es richtig, so fühlt sie sich im Einklang mit dem Leben und mit sich selber. Ist sie unangepaßt an diese großen Lebenskräfte, so ist sie neurotisch, ohne Unterstützung von innen her, oft erschöpft und durch die Beschwerden der Schwangerschaft überfordert. Die Schwierigkeiten setzen sich dann fort, wenn das Kind da ist, weil der Schritt in die neue Lebensform nicht richtig vollzogen wurde.

Manche Träume vermittelten uns das Gefühl einer *geheimnisvollen, vom Selbst bestimmten Schicksalhaftigkeit*, wie wenn sich das Schicksal schon im Mutterleib entscheiden würde. Vom heiligen Niklaus von Flüe wird berichtet, daß er schon im Mutterleib die Vision eines Sterns, eines Steins und des heiligen Öls gehabt habe, und die Geschehnisse seiner Taufe gesehen habe. Marie-Louise von Franz vermutet, daß Bruder Klaus einen Traum über solche vorgeburtlichen Ereignisse und seine Taufe gehabt habe. Auch Johannes der Täufer „erkannte" nach biblischer Aussage Christum schon im Mutterleibe. Nach der Aussage vieler Mythen spricht der zukünftige Heilbringer und religiöse Führer schon im Mutterleib, was seine schicksalhafte Auserwähltheit versinnbildlicht.[709] Von Buddha wird berichtet, daß seine Mutter Maya, als sie

---

[709] M.-L. von Franz, Die Visionen des Niklaus von Flüe, S. 17 f.

11. ZUSAMMENFASSUNG

ihn unter ihrem Herzen trug, von einem weißen Elefanten träumte. Dieser versinnbildlicht durch seine Weisheit und Stärke vielerorts die individuierte Persönlichkeit und würde deshalb auch hier auf das besondere Schicksal des zukünftigen Religionsstifters hindeuten. Die religionsgeschichtlichen und mythologischen Parallelen zur vorgeburtlichen Schicksalhaftigkeit scheinen darauf hinzuweisen, daß diese auf einer archetypischen Grundlage beruht. Der Heilige oder Religionsstifter wäre das archetypische Vorbild für den „ganzen" Menschen, der als Möglichkeit in jedem Individuum angelegt ist.

Betrachten wir Schwangerschaft und Geburt in diesem Lichte, so wie es die Träume unserer Untersuchung nahezulegen scheinen, so erfährt beides eine ungeheure Aufwertung gegenüber der heutigen, rationalen Auffassung von der Manipulierbarkeit der elementaren Lebensvorgänge. Die Träume geben uns zwar keine allgemeinen Rezepte, zum Beispiel für oder gegen die Abtreibung. Allgemein ist aber die Aussage, daß das Unbewußte über die individuellen Träume in jedem Falle wichtige Hinweise dazu zu geben hätte, wenn das Bewußtsein sich überwinden könnte, solche Träume ernsthaft zu berücksichtigen.

Dies gilt auch für die äußeren Lebensumstände, in welche eine Frau hineingestellt ist und mit welchen sie fertig werden muß. Die Träume, denen unsere Aufmerksamkeit galt, spiegeln gleichsam eine „Antwort" auf diese äußeren Umstände wider. Insofern diese Antwort archetypischer Natur ist, geht es um Allgemeinmenschliches. Darauf haben wir uns in unserer Untersuchung konzentriert. Was diese Antwort genau für das persönliche Leben der Frau, welche ja den Traum geträumt hat, bedeutet, für ihr Leben, ihre Beziehungen, ihre Probleme, mußte, wie in der Einleitung schon voraus bemerkt, der persönlichen Bearbeitung überlassen bleiben. Auch die Väter, die Familienstrukturen, das soziale Umfeld, die Berufsproblematik und viele andere wichtige Bereiche des bewußten Lebens einer schwangeren Frau sind nur insofern zur Sprache gekommen, als sie möglicherweise von einer archetypischen „Antwort" berührt worden sind. Zu all diesen spezifischen Gebieten Träume in Hinblick auf die Stellungnahme des Unbewußten zu untersuchen, könnte ein Thema weiterer Forschung sein.

Wenn die Schwangerschaft als ganzheitliches Geschehen gesehen werden kann, welches die *kleinsten Lebensvorgänge sowie die großen kosmischen Abläufe* umfaßt, also nicht nur als eine Multiplikation der Menschheit, sondern ein kosmisches Ereignis, so erfährt sie eine viel umfassendere Bedeutung. Man könnte denken, dann wollen alle Frauen nur noch mehr Kinder haben, und wo würde das hinführen? Ich glaube nicht, daß das so ist. Viele Frauen haben heute noch Kinder, weil es sich so gehört oder weil sie sich nur als richtige Frau akzeptiert fühlen, wenn sie es auch noch schaffen, ein Kind zu gebären, sozusagen nebenbei neben Beruf oder Studium und allem, was die Männer auch machen. Oder weil ein Kind ihre Ehe kitten soll, oder weil man damit irgendwelchen anderen Lebensproblemen ausweichen will. Das sind

11. ZUSAMMENFASSUNG

ichhafte, egoistische Motivationen, welche bei einer tieferen Einstellung dahinfallen müßten. In diesem Falle könnte sogar der Instinkt selber die Zahl der Geburten regulieren. Dies gilt für den individuellen Bereich. Ob wir auch im Großen, beim Problem der Überbevölkerung unseres Planeten, noch einen Weg finden werden, die regulierenden Instinkthinweise aus dem kollektiven Unbewußten zu berücksichtigen, bevor es zu spät ist, oder ob die Natur selber regulierend eingreifen wird, steht noch in den Sternen. Es scheint jedoch, wie wenn jene innere höhere Instanz, welche den Traumsinn produziert (Jung nannte sie auch den uralten Mann, bzw. die uralte Frau in uns), der Traumgeist, an der Entwicklung des Bewußtseins nach wie vor interessiert wäre. Die Träume unserer Untersuchung bestätigen jedenfalls die Tatsache, daß es darauf ankommt, wie weit wir das Mysterium der Lebenserneuerung mit dem Gefühl erfassen und uns richtig darauf einstellen können.

Bibliographie

Aarne A. / Thompson St.: The types of the folklore. Helsinki 1981, 5
Abt Theodor: Forschungen von M.-L. von Franz und Th. Abt, noch unpubliziert
— Vorlesung über Bilderdeutung, unpubliziert
Abt Regina: Der Heilige und das Schwein. Daimon Zürich 1983
Ameisenowa Z.: Animal Headed Gods. Evangelists, Saints and Righteous Men. Journal of the Warburg. Courtauld Institutes, Vol. 12, University of London 1949
d'Ayzac Félicie: De l'une des exceptions mystiques de l'élevant, In: Revue archéologique, Paris 1853
Arabische Märchen, Fischer TB Nr. 480, Frankfurt 1977
Baumann C.: Seelische Erlebnisse im Zusammenhang mit der Geburt, Sonderdruck aus: Schweizerische Zeitschrift für Psychologie und ihre Anwendungen, Huber, Bern 1957
v. Beit H. / v. Franz: Symbolik des Märchens, Francke Verlag Bern 1952
v. Beit H.: Gegensatz und Erneuerung im Märchen, Francke Verlag, Bern 1957
Benz E.: Die heilige Höhle in der Ostkirche. In: Eranos Jahrbuch 1953, Bd. 22, Zürich 1957
v. Bingen Hildegard: Die Heilkraft der Edelsteine, Aschaffenburg 1990
— Scivias, Herder Verlag, Freiburg 1992
Birkhäuser-Oeri S.: Die Mutter im Märchen, Bonz Verlag, Stuttgart 1976
Black-Koltuv B.: Das Geheimnis der Lilith, Goldmann TB München 1988
Bolte J. / Polivka G: Anmerkungen zu den Kinder und Hausmärchen der Brüder Grimm. Olms 1963, Bd. 2, 4
Bonnet J.: La terre des femmes et ses magies, Edition Robert Laffont, Paris 1988
Bousset W.: Hauptprobleme der Gnosis, Göttingen und Zürich 1973
Bosch R.: Das Automobil als Selbst-Symbol. Vortrag unpubl., 1990
Brosse J.: Mythologie der Bäume, Walter Verlag, Olten 1990
Brunner H.: Die Geburt des Gottkönigs, Wiesbaden 1986
Buddhistische Märchen aus dem alten Indien, Leipzig 1961
Chevalier J./ Gheerbrant A.: Dictionnaire des Symboles, Seghers, Paris 1969, Bd. 1 – 4
Clarus I.: Keltische Mythen, Walter Verlag, Olten 1991
Corbin H.: Spiritual Body and Celestial Earth, Bollingen Series, Princeton University Press, 1977
— Creative Imagination in the Sufism of Ibn Arabi, Bollingen Series XCI, Princeton University Press, 1981
Cook R.: The tree of life, Avon Books, New York 1974
Creux René: Die Bilderwelt des Volkes. ExLibris, Zürich 1980
Dale-Green P.: The archetypal cat. Rupert Hart-Davis, London 1966

BIBLIOGRAPHIE

— The Dog, Rupert Hart-Davis, London 1966
Dawson M.M.: The Ethical Religion of Zoraster, A.M.S. Press, 1969
Derdez R.L.M.: Götter und Mythen der Germanen. Benziger, Zürich 1963
Dirlot J.E.: Dictionnary of Symbols, London 1978
Duby G.: Ritter, Frau und Priester, Suhrkamp, Frankfurt, 1986
Edinger Edward: Anatomy of the Psyche, Open Court 1985
Eliade M.: Die Religionen und das Heilige, Wiss. Buchgesellschaft, Darmstadt 1976
— Schmiede und Alchemisten, Stuttgart 1980
— Schamanismus und archaische Ekstasetechnik, Frankfurt 1989
Enzyklopädie des Märchens, Handwörterbuch zur historischen und vergleichenden Erzählforschung, Bd. 1 – 7, Walter de Gruyter, Berlin 1993
Etter H.U.: Der Schöpfungsteppich von Girona, Jungiana, Reihe B, Bd. 1
— Mensch, du Affe! Zur symbolischen Bedeutung unserer nächsten Tierischen Verwandten. In: Jungiana, Reihe A, Bd. 5
Freud S.: Die Traumdeutung, Jena 1900
von Franz, Marie-Louise: Bei der schwarzen Frau. In: Märchenforschung und Tiefenpsychologie, Hrsg. von W. Laiblin, Wiss. Buchgesellschaft, Darmstadt, 1965
— Zahl und Zeit, Klett Verlag, Stuttgard 1990
— C.G. Jung, Wirkung und Gestalt, Huber Verlag, Frauenfeld, 1972, 153
— Schöpfungsmythen, Kösel. München 1972
— Der Schatten und das Böse im Märchen, Kösel, München 1974
— Das Weibliche im Märchen, Bonz, Stuttgart, 1977
— Alchemy, An Introduction to the symbolism and the psychology, Inner city books, 1980
— Erlösungsmotive im Märchen, Kösel, München 1980
— Die Erlösung des Weiblichen im Manne, Insel Verlag, Frankfurt, 1980
— Die Visionen des Niklaus von Flüe, Daimon, Zürich 1980
— Traum und Tod, Kösel München 1984
— Die Suche nach dem Selbst, Kösel, München 1985
— Passio Perpetuae, Daimon Verlag 1982, 85
— Der ewige Jüngling, Kösel, München 1987
— Spiegelungen der Seele, 127, Kösel, München 1988
— Psyche und Materie, Daimon Verlag, Einsiedeln 1988
— Psychologische Märcheninterpretation, Kösel, München 1990
— C.G. Jung und die Probleme der modernen Frau, unpubliziertes Manuskript, In Vorbereitung bei Jungiana Reihe A
— Die Bremer Stadtmusikanten in tiefenpsychologischer Sicht. Zeitschrift für analytische Psychologie und ihre Grenzgebiete. Berlin
— C.G. Jungs Rehabilitation der Gefühlsfunktion in unserer Zivilisation. In: Jungiana, Reihe A, Bd. 3, Verlag Stiftung für Jung'sche Psychologie, Küsnacht 1991
— Der unbekannte Besucher in Märchen und Träumen. In: Archetypische Dimensionen der Seele, Einsiedeln 1994
Frazer J. G.: Der goldene Zweig, Kiepenheuer, Köln 1968
Geiger P. und Weiß R.: Atlas der schweizer Volkskunde, Basel 1949
Gélis J.: Die Geburt, Volksglaube, Rituale und Praktiken von 1500 – 1900. Diederichs, München 1989
Gennep A. van: The rites of Passage, The University of Chicago Press, 1980

BIBLIOGRAPHIE

Goethe J.W.: Faust I und II
Guntern J.: Volkerzählungen aus dem Oberwallis, Basel 1978
von Graevenitz, Jutta: Bedeutung und Deutung des Traumes in der Psychotherapie, Wiss. Buchgesellschaft, Darmstadt, 1990
Grimm, Brüder: Kinder- und Hausmärchen, Bd. 1 und 2, Manesse Verlag, Zürich
Griaule Marcel, Dieterlin G.: Le renard pale. Institute Ethnologie, Paris, 1965
Grzimek B.: Tierwelt, Neue Schweizer Bibliothek, Zürich 1979
Hannah B.: Der Animus im Buche Tobit, In: Jungiana, Reihe A, Bd. 1
— Das Problem weiblicher Intrigen in „Der schlechte Weinberg". In: Jungiana Reihe A, Bd. 4
— Das Problem der Beziehung zum Animus. In: Jungiana, Reihe A, Bd. 3
Harding E.: Frauenmysterien, Rascher Zürich, 1949
Harnik Ivo: Seele und Kristall, Diplomthesis am C.G. Jung-Institut, 1982
Hoerni-Jung H.: Maria, Bild des Weiblichen, Kösel 1991
Hoffmann-Krayer E. / Bächtold-Stäubli H.: Handwörterbuch des deutschen Aberglaubens, De Gruyter, Berlin und Leipzig, 1927, Bd. 1 – 10
Holmberg U.: Der Weltenbaum. In: Annales. Academiae scientiarum fennicae. B XVI, Helsinki 1922
Holm Erik: Tier und Gott, Schwabe & Co., Basel 1965
Hornung E. / Stahelin E.: Sethos, ein Pharaonengrab. Universität Basel 1991
Hornung E.: Geist der Pharaonenzeit, Artemis, 1989
— Die Nachmeerfahrt der Sonne, Artemis, Zürich 1991
— Das Totenbuch der Ägypter. Artemis 1979
Houlihan P.F.: Birds of ancient Egypt. Cario Press 1992
Huizinga J.: Homo ludens, Akademische Verlagsanstalt Pantheon, Köln
Hurwitz S.: Lilith, die erste Eva, Daimon Zürich 1980
I Ging. Das Buch der Wandlungen. Hrsg. von Richard Wilhelm, Diederichs Verlag, 1956
Isler G.: Die Sennenpuppe, Krebs Verlag, Basel 1971
— Die Überwindung der Hexe, Vortrag am 5. Symposium zur Volkserzählung, Brunnenburg, Tirol, 1988, unpubl.
— Das rätoromanische Margaretenlied – eine seelische Tragödie. In: Terra Plana, Vierteljahreszeitschrift für Kultur, Geschichte, Tourismus und Wirtschaft. Mels 1988, Heft 4
Jaffé A.: C.G. Jung in Bild und Wort. Walter Verlag, 1983
Jung C.G.: Kindertraumseminar 1939/ 40, Hrsg. von L. Jung u. M. Meier-Grass, Walter, Olten 1987
— The Vision Seminars, Book 1, Spring Publications, Zürich 1976
— Seminare Traumanalyse, Walter, Olten 1991
— Erinnerungen, Träume, Gedanken von C.G. Jung, Hrsg. u. aufgezeichnet von Aniela Jaffé, Rascher Verlag Zürich 1963
— Der Mensch und seine Symbole, Walter Verlag, Olten 1968
— Einführung zu Frances G. Wickes „Analyse der Kindesseele", GW 1
— Symbole der Wandlung, GW 5
— Definitionen, GW 6
— Über Synchronizität GW Bd. 8
— Die psychologischen Grundlagen des Geisterglaubens, GW 8

BIBLIOGRAPHIE

— Zur Psychologie des Kindarchetypus, GW 9 I
— Zur Phänomenologie des Geistes im Märchen, GW 9 I
— Über Mandalasymbolik, GW 9 I
— Aion, GW 9 II
— Das Wandlungssymbol in der Messe, GW 11
— Psychologie und Alchemie, GW 12
— Einleitung in die religionspsychologische Problematik der Alchemie, GW 12
— Der Geist Merkurius, GW 13
— Paracelsus als geistige Erscheinung, GW 13
— Mysterium coniunctionis, GW 13
— Beiträge zur Geschichte und Deutung des Baumsymbols, GW 13
— Von den Wurzeln des Bewußtsein, GW 13
— Der philosophische Baum, GW 13
— Mysterium coniunctionis, GW 14 II
— Paracelsus als Arzt, GW 15

Jung Emma / v. Franz, M.-L.: Die Gralslegende in psychologischer Sicht, Rascher Zürich 1960
Johnson B.: Die große Mutter in ihren Tieren, Walter Verlag, Olten und Freiburg 1988
Kerényi K.: Humanistische Seelenforschung, Langen u. Müller, München /Wien 1966
— Die Mythologie der Griechen, Bd. 1. Rhein Verlag 1964
König Marie: Unsere Vergangenheit ist älter. Höhlenkult Alteuropas, Krüger-Verlag, Frankfurt 1980
Laiblin W.: Märchenforschung und Tiefenpsychologie, Wiss. Buchgesellschaft, Darmstadt 1969
Leach Rutgers M.: God had a dog. University Press, 1960
Leisegang H.: Gnosis, Kröner Verlag, Leipzig 1924
— Das Mysterium der Schlange, Eranos Jahrbuch 1939, Rhein-Verlag, Zürich 1940
Lewandowski A.: The god image, source of evil, Diploma thesis, Jung-Institut, 1977
Lissner I. / Rauchwetter G.: Glaube, Mythus, Religion. Walter Verlag 1982
Lurker M.: Wörterbuch der Symbolik, Kröner Verlag Stuttgart 1991
— Lexikon der Götter und Dämonen, Kröner Verlag 1989
— Lexikon der Götter und Symbole der alten Ägypter, Scherz-Verlag, Bern 1995
Möller V.: Wörterbuch der Mythologie. Die Mythologie der vedischen Religion und des Hinduismus, Stuttgart 1969
Mann U.: Der Ernst d. hl. Spiels. Eranos Jahrbuch 1982, Insel Verlag 1983
Neumann E.: Ursprungsgeschichte des Bewußtseins, Rascher Verlag, Zürich 1949
— Die große Mutter, Walter Verlag, Olten und Freiburg i.B. 1996
Ninck M.: Die Bedeutung des Wassers im Kult und Leben der Alten, Wiss. Buchgesellschaft Darmstadt 1967
— Wotan und germanischer Schicksalsglaube, Diederichs, Jena 1935
Onians R.B.: The Origins of European Thought. In: Philosophy of Plato and Aristotle, Arno Press, New York 1973
Pattis E.: Abtreibung als Grenzerfahrung – Töten als Tubu und seine Seelische Bedeutung. In: Gorgo Heft 22, Zürich 1992
van der Post Laurens: Die verlorene Welt der Kalahari, Henssel Verlag, Berlin 1958 / Neuauflage Diogenes
Portmann A.: Die Erde als Heimat des Lebens, Eranos-Jahrbuch Bd. 22, Zürich 1954

BIBLIOGRAPHIE

Roscher W.H.: Lexikon der griech. und röm. Mythologie, Olms Verlag, Hildesheim, 1977

Rosenberg A.: Das Herzensgebet, Mystik und Yoga der Ostkirche, Barth. Verlag, München 1955

Rumänische Märchen, Märchen der Welt, Diederichs, Düsseldorf

Schottische Sagen von Elben und Zauber. Hrsg. von Christiane Aricola, Drei Lilien, Wiesbaden 1988

Schroer Th.: Archetypal dreams during the first pregnancy, in „Psychological Perspectives", Vol. 15, Nr. 1, 1984

Seligmann, Siegfried: Der böse Blick und Verwandtes, Berlin 1910

Shedid A.G.: Das Grab des Sennedjem. Verlag Ph. von Zabern, Mainz 1994

Spencer & Gillen: The Arunta, London 1927

Ström Ake v. / Biezais H.: Germanische und baltische Religion, Kohlhammer, Stuttgard/Berlin 1975

Teichmann F.: Der Mensch und sein Tempel, Megalithkultur in Irland, England und der Bretagne, Urachhaus, Stuttgard 1983

Tolkien: Der kleine Hobbit, Stuttgart

Wallis Budge, Sir E.A.: From Fetish to God in ancient Egypt. Oxford University Press, London 1934

Wertenschlag-Birkhäuser E.: Das Gespräch zwischen Khalid und Morienus über den Stein. In: Jungiana Reihe A Bd. 1

Widengren G.: Manichäismus, Wiss. Buchgesellschaft, Darmstadt, 1977
— The King and the Tree of Life in Ancient Near Eastern Religion, O. Harassowitz, Leipzig 1951

Wilke H.W.: On depressive Delusions. In: Analytische Psychologie B. 9, Basel 1978

Xylander E.V.: Lehrgang der Astrologie, Origo Verlag, Zürich 1971

Zimmer H.: Mythen und Symbole in indischer Kunst und Kultur, Rascher Zürich 1951
— Indische Mythen und Symbole. Ch. III. Die Wächter des Lebens. Diederichs Verlag, Düsseldorf 1972
— Der Weg zum Selbst. Leben und Lehre des Ramana Maharshi, München 1989

Verzeichnis der Träume

Nr. im Buch		Seite	Nr. Sammlung
3.1. Das Wasser und einige seiner Tiere			
1.	Der Urstrand	23	*517a*
2.	Hohe Wellen im Meer, Wind	25	*127*
3.	Wasser aus der Zimmerdecke	26	*131*
4.	Hohe Wellen am Strand	27	*71*
5.	Tochter von Wellen weggeschwemmt	27	*538*
6.	Gänse und hohe Wellen	28	*86*
7.	Spielende Dinosaurier	30	*102*
8.	Skelett eines prähistorischen Fisches	32	*96*
9.	Runder Sonnenfisch	32	*97*
10.	Küssender Fisch	41	*367*
11.	Heilender Frosch	42	*566*
3.2. Erde, Steine, Edelsteine			
12.	Die Kartoffelkinder	53	*1*
13.	Spiel mit den Lehmfiguren	55	*325b*
14.	Die enge Passage	57	*455*
15.	Das Felsen-WC	63	*338*
16.	Das Loch im Himmel	66	*340*
17.	Der Schatz, die Musik und der Stein	70	*61*
18.	Das blau-rote Würfelspiel	73	*316*
19.	Der runde Stein und das Gebet	75	*109*
20.	Der Räuber der Ringe	79	*364*
21.	Das Druidenherz	82	*221*
22.	Juwelen von der Parkuhr	84	*82*
23.	Diamant von der schwarzen Frau	86	*588*
24.	Der Ring mit rosenrotem Stein	90	*220*
3.3 Das Feuer			
25.	Das Haus brennt ab	101	*208*
26.	Das Haus bleibt erhalten	103	*358*
27.	Juwelen aus dem Feuer	104	*360*
28.	Der Vulkan auf Madagaskar	105	*198*
29.	Vulkan unter meiner Terrasse	108	*444*
30.	Die Feuermäuse	110	*479*
31.	Der Feuertod	114	*133*

VERZEICHNIS DER TRÄUME

		Seite	*Sammlung*
4.1. Die Pflanze			
32.	Weiße Chrysanthemen	120	*100*
33.	Vier Tulpen öffnen sich	126	*99*
34.	Die Kartoffelkinder	127	*1*
35.	Pflanze im Glasgefäß	129	*207*
36.	Pflanzen im Keller	131	*225*
4.2. Der Baum			
37.	Indische Frauen gebären unter einem Baum	141	*83b*
38.	100-jähriger Olivenbaum	142	*499*
39.	Ich bin ein Baum	144	*602*
40.	Der Pfirsichbaum	146	*300*
41.	Christbaum mit Äpfeln	148	*3*
42.	Alte Eiche in Gebäude	151	*217*
43.	Drei Bäume stützen ein Glasdach	155	*346*
44.	Aufstieg durch einen Baumstamm	159	*468*
45.	Baum als Kreuz mit Schlange	167	*63*
5.1. Die Schlange und die Schildkröte			
46.	Metallische Schlange	182	*428*
47.	Schlange auf dem Berg	184	*601*
48.	Schlange im Wasser	185	*333*
49.	Mysterium des Lebens	187	*322*
50.	Kampf mit Dinosaurier	188	*325a*
51.	Farbige Schlangen	189	*622*
52.	Schwangere Schlangen	194	*698*
53.	Schildkröten	199	*557*
5.2. Spinnen			
54.	Traum vom Plastiksack	203	*564*
55.	Traum vom Floh	206	*565*
56.	Tote Tiere in der Wohnung	211	*26*
57.	Spinnweben im Kellergewölbe	214	*617*
58.	Spinnenähnliche Gebilde	215	*139*
5.3. Vögel			
59.	Weiße Taube aus dem Himmel	223	*352a*
60.	Schwanjungfrau	225	*352*
61.	Gänse verfolgen uns	227	*86*
62.	Drei Pferde und drei Geier	227	*88*
63.	Kommunion ohne Kruzifix	229	*87*
64.	Quero-Queros	230	*292*
65.	Zwei Paradiesvögel	232	*223*
66.	Geburt eines Adlers	235	*497*

VERZEICHNIS DER TRÄUME

		Seite	*Sammlung*
5.4. Die Katze			
67.	Schwarze Katze	245	*558*
68.	Katze aus dem Wasser gefischt	246	*556*
69.	Katze frißt Salat	246	*555*
70.	Junge Katzen, Vater hinkt	246	*249*
71.	Katze rennt mit dem Baby weg	247	*552*
72.	Baby wird zur Katze	248	*551*
73.	Katze frißt Schokolade	249	*603*
74.	Würmer und Katzen	250	*604*
75.	Katze mit Blase am Hals	252	*605*
76.	Prähistorische Katze und Parkgarage	254	*417*
77.	Wildkatzen, leuchtender Baum, Mammut	257	*216*
5.5 Der Hund			
78.	Junger Hund und Pfau	268	*407*
79.	Neue Anstellung	268	*67*
80.	Baby wird zu einem Hund	272	*92*
81.	Abnormaler Hund	272	*130*
82.	Hundekampf	274	*205*
83.	Unheimliche Hütte	276	*133*
84.	Anubis	277	*467*
5.6. Das Pferd			
85.	Pferde aus dem Wasser	288	*128*
86.	Pferde und Riesen	292	*137*
87.	Drei Pferde und drei Geier	295	*88*
88.	Weißes Pferd, Tochter fällt ins Wasser	297	*417*
89.	Vom Adler und vom weißen Pferd	300	*603*
90.	Hungernde Mutter mit Kindern	304	*607*
91.	Geburt eines kleinen Pferdes	304	*608*
92.	Pferd mit wunderschönen Augen	305	*75*
93.	Zwei muntere Pferde	306	*230*
5.7. Das Schwein			
94.	Eber beißt meine Hand	311	*254*
95.	Eber greift an	311	*363*
96.	Reiten auf einem Eber	312	*366*
97.	Verrückte Frau verschlingt ein Schwein	314	*5*
5.8. Die Kuh			
98.	Der Tänzer und die dicken Kühe	320	*95*
99.	Die Löwenkuh	323	*365*
100.	Tierhochzeit	328	*227*
5.9. Das Einhorn			
101.	Einhorn im Wald, Affe im Käfig	334	*11*
102.	Der einhörnige Stier	337	*94*

VERZEICHNIS DER TRÄUME

		Seite	*Sammlung*
6. Der Mann – der Vater – der Alte Weise			
103.	Verfolgender Mann mit Pistole	344	*369*
104.	Blutpakt mit dem Mörder	346	*115*
105.	Schwarzer verfolgender Mann	349	*506*
106.	Mißhandelte Frau in fetaler Position	351	*489*
107.	Geburt hinter Glastüre	352	*21*
108.	Der runde Stein und das Gebet	355	*109*
109.	Verfolgende Männer und gestohlene Autos	357	*533*
110.	Verrückter Wissenschaftler	359	*381*
111.	Herztransplantation	363	*449*
112.	Der Teufel holt meine Mutter	366	*357*
113.	Gelbe Blumen	370	*226*
114.	Jüngling als Gespenst	374	*40*
115.	Lebens-Pilgerreise	376	*349*
116.	Hochzeit mit dem Prinzen	379	*355*
117.	Besuch des Prinzen	380	*356*
118.	Grab des Tutenchamon	382	*554*
119.	Mann mit Blumen auf dem Kopf	384	*68*
120.	Vererbte blaue Augen	389	*616*
121.	Der hl. Franz von Assisi segnet Mutter und Kind	389	*616a*
122.	Mephistopheles	390	*582*
7. Das Kind			
123.	Ein altes Schiff fährt herein	395	*235*
124.	Das ist das Kind!	399	*98*
124b	Sonnenstrahl	399	*103*
125.	Geburt aus dem Ohr	400	*547*
126.	„Kein Raum in der Herberge"	401	*468*
127.	Das kleine Mädchen liebt mich	403	*294a*
128.	Das Bettchen sieht wie Jesu Krippe aus	403	*294b*
129.	Der hl. Franz von Assisi segnet Mutter und Kind	404	*616a*
130.	Du bekommst ein Mädchen	405	*104*
131.	Das Gesicht des Babies auf meiner Haut	405	*492*
132.	Über Schwarz-Weiß Träume	406	*623*
133.	Das Waschen des Knochensäckchens	409	*618*
134.	Wölfe verschlingen mein Kind	410	*93*
135.	Vier Tulpen öffnen sich	414	*99*
136.	Kannibalentraum	415	*6a*
137.	Baden im Schlammteich	417	*6b*
138.	Das Wachskindchen	418	*40*
139.	Ein Kind am Bein	419	*212*
140.	Das Kind auf dem Boden	419	*575*
141.	Die Kinderparade	420	*480*
142.	Der Kopfgeist	422	*104*
143.	Die Wunde des Kindes	424	*123*

VERZEICHNIS DER TRÄUME

		Seite	*Sammlung*
8. Zwillingsmotive			
144.	Zwillinge, wie schön!	435	*348*
145.	Wir haben nur für eines vorbereitet	437	*597*
146.	Freude und Trauer im Wartezimmer	438	*323*
147.	Vor der Entbindung zum Friedhof gehen	439	*324*
148.	Einer ist tot	440	*9*
149.	Die Suche nach dem verlorenen Zwilling	441	*8*
150.	Das schöne Kind mit zwei Köpfen	441	*7*
151.	Die Kinder des Zauberers	442	*145*
9. Die Mutter			
152.	Muttergöttin im alten Turm	451	*548*
153.	Die Mutter als Zwerg	455	*369*
154.	Das Osternestchen	456	*570*
155.	Anna Selbdritt	457	*319*
156.	Mutter und Großmutter helfen	458	*495*
157.	Geburt aus der Bauchdecke	458	*43*
158.	Zeichen im Stein	459	*306*
159.	Frühling im Winter	461	*598*
160.	Eine Feuerhexe	467	*478*
161.	Das Baby im Kühlschrank	471	*105*
162.	Mörderin!	474	*140*
163.	Meine Mutter will mein Kind töten	476	*326*
164.	Die Öffnung der Brust	481	*91*
165.	Das Tigerkätzchen	484	*559*
166.	Versöhnung mit der Mutter	485	*621*
167.	Erlebnis auf dem WC	487	*620*
168.	Kaffee von der Negerin	488	*234*
169.	Die vergessene Muttermilch	490	*619*
170.	Das Baby will Alkohol	490	*252*
171.	Milch und Blut	491	*500*
10. Schöpfungsmotive			
172.	Der Schöpferdrachen	493	*14*
173.	Das Schöpfungstuch	495	*609*
174.	Sternschnuppen	497	*494*
175.	Die Milchstraße	497	*496*
176.	Ich war ein Stern am Himmel	498	*610*
177.	Stern und UFO	498	*611*
178.	Der Zeitstrom	504	*612*
179.	Paradies und Tod	506	*613*
180.	Der Zeittunnel	507	*614*

Verzeichnis der Bilder

Bild Seite
1 16 Isis als Fischgöttin mit dem Horusknaben. Ägypten 1580-1100 v.Chr.
2 29 Aphrodite reitet auf einer Gans. Rhodos, 470-460 v.Chr.
3 36 Lissner I.: Glaube, Mythos, Religion, S. 139
4 45 Wallis-Budge, E.A., From Fetish to God in Ancient Egypt, S. 97
5 45 Ders. S. 97
6 48 Museum Syracus. Photo Robert Bosch
7 50 Posener G.: Lexikon der äg. Kultur. R. Löwit, Wiesbaden 1960, S.93
8 60 Lissner I.: Glaube, Mythos, Religion, S. 51
9 62 Photo Robert Bosch
10 94 Creux, René, Die Bilderwelt des Volkes, S. 181
11 118 Shedid, A.G.: Das Grab des Sennejem, Abb. 84
12 134 Schale, Die Geburt des Adonis aus einem Baum. Urbino, 16. Jh.
13 137 Spencer & Gillen: The Arunta, London 1927
14 145 Hornung, Erik: Das Totenbuch der Ägypter, Abb. 31
15 157 Bonnefoy Y.: Mythologies 2, S. 686. Paris, Bibl. nationale Photo BN
16 163 Fludd, Robert: *Philosophorum sacra*. Der Sephiroth-Baum, 1626
17 170 Bonnefoy Y.: Mythologies, S. 209, Louvre, Paris
18 174 Ders. 254, Musée d'Albi, France, Photo Groc.
19 178 Ders. 467, Bas relief. Museo Modena, Photo Soprintendenza
20 192 Labyrinth auf dem Boden der Kathedrale in Chartres
21 197 Lissner I.: Glaube, Mythos und Religion, S. 143
22 210 Vignette vom Titelblatt einer brahmanischen Spruchsammlung: Maja, die ewige Weberin der täuschenden Sinnenwelt
23 220 P.F. Houlihan: Birds of ancient Egypt, Abb. 169
24 223 Wallis-Budge, E.A.: From Fetish to God, S. 332
25 228 Indische Göttin auf einer Gans, Indien, 19. Jh.v.Chr.
26 240 Ägypt. Museum Kairo, Katalog 1986
27 242 Wallis-Budge E.A.: From Fetish to God, S. 83
28 254 Ders. S. 81
29 264 Anubis, der Totengeleiter, auf dem Sarg von Tutenchamon
30 278 Shedid, A.G.: Das Grab d. Sennedjem, Abb. 74
31 282 Pferd trägt die sich um das Zentrum drehende Weltensäule mit dem Sonnenrad. Spanien, 1. Jh. v.Chr.
32 284 Peleus bringt Achilles zu Chiron
33 286 Bonnefoy Y.: Mythologies 1, S. 272, Saint-Germain-en-Laye, Musée des Antiquités, Photo Lauros Girandon
34 290 Fische und Pferde, auf einer griechischen Vase zwischen Rautenbändern, Symbole der Fruchtbarkeit. Griechenland, 1400 v.Chr.
35 293 Bonnefoy Y.: Mythologies 1, S. 283, Copenhagen Museum
36 308 Eberköpfige Muttergöttin sitzt auf einem Lotosthron. Indien, 7. Jh. n.Chr.
37 310 Terrakotta. Zeichnung aus Seligmann, Siegfried: Der böse Blick und Verwandtes, Bd. II, S. 293, Berlin 1910
38 315 Kali, auf Shiva tanzend (Indien 19. Jh.)

VERZEICHNIS DER BILDER

39 318 Postkarte, aus: Die großen Meister von Siena. Schroll Verlag Wien/ München
40 320 Hornung E. und Stähelin E.: Sethos, ein Pharaonengrab. Dokumentation zu einer Ausstellung des ägypt. Seminars, Basel 1992
41 328 Ägypt. Museum Kairo, Katalog, 1986, Abb. 252
42 330 La Dame à la Licorne. Editions de la Réunion des musées nationaux, Paris 1989
43 333 Colmar
44 340 Bonnefoy Y.: Mythologies 1, S. 228, Photo Boudot-Lamotte
45 368 Ders. S. 163, Assyr. Bronce. Musée du Louvre. Photo Chuzéville
46 379 Ders. Mythologies 2, S. 1128, Musée de l'homme collection, Photo Encyclopédie française/Danie
47 386 Wallis-Budge, E.A.: The gods of Ancient Egypt, S. 42
48 390 Musée du Louvre
49 392 Siena. Photo Robert Bosch
50 402 London, National Gallery
51 430 Krefeld H.: Res Romanae, Hirschgrabenverlag, Frankfurt 1972 Tafel 3
52 432 Derolez R.L. M. : Götter und Mythen der Germanen, S. 159
53 434 Bonnefoy Y.: Mythologies 1, S. 26, Paris/New York. H. Kramer collection. Photo I.P.N.
54 436 Brunner H.: Die Geburt des Gott Königs, Tafel 6
55 442 Bonnefoy Y.: Mythologies 1, S. 33. Private collection
56 448 Ders., Mythologies 1, S. 453, British Museum, London, Photo Girandon
57 453 Postkarte. Klosterkirche Sucevita. Raffael Verlag, Ittingen
58 457 Musée du Louvre
59 462 Bonnefoy Y.: Mythologies 1, S. 178
60 464 Syracus, Photo Robert Bosch
61 478 Bonnefoy Y.: Mythologies 1, S. 521, Capua, Museo Campano
62 480 Isis als Baumgöttin nährt den Pharao. Grab von Thutmosis III, Theben, 16.-14. Jh. v.Chr.
63 484 Brunner-Traut D.: Kleine Ägyptenkunde, S. 91
64 492 Lissner I.: Glaube, Mythos, Religion, S. 326
65 502 Keltisches Steinkreuz. Schottland, ca. 11. Jh., Zeichnung aus: Allen, John, *The Eraly Christian Monuments of Scotland*, Edinburgh, 1903
66 503 Das Lateran-Kreuz in Rom. Frühchristliches Mosaik mit dem Kreuz im Zentrum der Welt und den 4 Paradiesströmen. Mosaik S. Giovanni, Rom.

Register

Aberglauben 20, 33-35, 41, 43, 64, 122, 139, 156, 208-209, 217, 259, 291, 309, 368, 481
Abort 65, 120, 146, 184-185, 193, 205, 211, 406, 497, 506
Abtreibung 8, 55, 63, 65, 76, 126-127, 148, 186, 230-231, 304, 398-399, 403, 408-410, 413, 415, 472
Acheron 33
Achtbeinigkeit 208
Adler 146, 235-237, 301-303, 398
Adoleszenz 182, 190, 486
Affekt 98, 102, 294, 348, 354, 362, 466
Afrika 141, 208, 261, 421, 454, 510
Aggression 295, 316
Aggressivität 245
Ägypten 18, 44, 138, 143, 148, 177, 198, 222, 241, 243-244, 302, 310, 384, 445, 451, 508
ahnen 100, 108, 137, 154, 210, 259, 302, 323, 326-327, 483, 500
Ahnenseelen 259
Ahnung 9, 14, 51, 54-55, 195, 215, 218, 222, 225-226, 229, 234-235, 291, 339, 375, 404-405, 425, 428, 441, 467, 469, 473, 479, 498, 507
Aktive Imagination 256, 271, 273, 495
Albedo 47, 269, 275
Alchemie 38-39, 45, 78, 93, 139, 147-148, 150-151, 166, 169, 181, 232-233, 235-236, 250, 267, 270, 287, 302, 307, 398, 444-446, 505
Alte Frau 53-55, 79-81, 270-271, 323-324, 326-327, 374, 495
Alter Ego 434
Ambivalenz 70, 95, 100, 217, 323, 425, 466, 484-485, 491
Amduat 100
Ameise 204-205, 268
Amme 479, 489
Amplifikation 13, 25, 40, 144, 169, 181, 201, 234, 348, 500, 509
Analyse 77, 84, 87, 89, 125, 162, 337, 371, 381, 420

Anima 91, 243, 250, 277, 322, 342, 345, 348, 356, 372, 376, 378-379, 382, 428, 450
Animus 47, 74, 76, 80, 83, 85, 89, 149, 165, 185-186, 189, 194-195, 211, 213-215, 246, 260, 274-276, 278-279, 299, 311, 322-323, 338, 341-363, 365-367, 369-370, 372-376, 378-387, 391, 408, 416-417, 423, 440, 444, 447, 459-460, 465, 469, 482, 486, 496, 504
Animusbesessenheit 381, 422
Animusproblem 387
Anna 457-458
Anorexie 486
Anstrengung 109, 125, 196, 218, 234
Anthropos 145, 148, 236, 238, 500
Antike 49, 62, 83, 96, 143, 153, 302, 331, 432, 466, 479-480
Antiquitäten 322
Antonius 88, 310, 317
Apfel 116, 146-147, 150-151, 160-161
Apfelbaum 149-150, 258-259
Aphrodite 23-24, 28, 37, 149-150, 384
Apokryph 100
Apollo 113, 141, 181, 198-199, 275, 345
Apostel 68, 97, 99
Apotropäisch 367, 432
Archetypus 27, 47, 139, 262, 316, 345, 355, 362, 381, 388, 390, 465, 498
Ariadne 58
Arnim 217
Arzt 68, 85, 260, 303, 352, 382-383, 406, 440, 456, 482, 490
Aschenputtel 103, 147, 232, 342
Asien 197
Asklepios 181, 190, 283
Assoziation 43, 71, 109, 147, 200, 226, 245, 319, 378, 505, 511
Atargatis 37
Atem 207, 243, 494
Athene 144, 213, 400
Atmosphäre 111, 167, 189, 249-250, 320, 324, 385, 396-397

Auferstehung 45-46, 101, 123, 128, 232-233, 259, 269, 279, 302, 325, 445, 447, 461
Auseinandersetzung 57, 116, 212-213, 256, 275, 297, 323, 328, 362, 374, 378-379, 381, 387, 420, 471-472, 477, 486
Aushebung 209
Aussaugen 208
Auto 43-44, 85, 102-103, 297, 357-359, 401
Autorität 80, 326, 342, 373
Baden 383, 417-418
Bart 314, 316, 390, 481-482
Bastet 241-245, 248, 254, 256, 258, 260
Bauch 28, 53-54, 64-65, 72, 75, 164, 183, 185, 197, 227, 319, 355, 393-394, 405, 441, 458, 476-477, 479, 494
Baum 122, 129, 135-157, 160-169, 171-172, 190, 257-259, 261, 263, 300, 334-335, 337, 376, 400-401, 427, 434, 438, 459, 497
Ba-Vogel 42
Bedürfnis 64, 207, 265, 299, 373, 393, 418, 452
Begeisterung 320
Berg 30, 50, 52, 63, 109, 139, 184-185, 197, 221, 244, 300-301, 328-329, 382, 384, 390, 425, 462
Beruf 57, 76, 81, 238, 290, 342, 391, 404, 420, 422, 472, 489, 512
Bes 241
Besessenheit 287, 342, 347-348, 353, 358, 360, 370, 372, 375
Besucher 326
Bewußtwerdung 13, 24, 123-125, 145, 169, 171, 183, 234, 253, 337, 344, 446, 489
Bezogenheit 253, 261, 279, 369, 385
Bibel 56, 78, 96, 196, 224, 234, 431
Blasensprung 64
Blaubart 347-348
Blitz 68, 98, 105, 154, 156, 244, 286, 458, 493-494
Blume 23-24, 63, 92, 119, 121-124, 127, 131, 149, 210, 231, 324, 370-372, 384-385, 424, 426-428, 434, 509
Blut 92, 130, 233, 302, 314, 319, 346-347, 412, 416, 466, 473, 481-482, 491, 500
Blutegel 204-205
Bollingen 451
Böse, das 98-99, 114-115, 150-151, 168, 221, 244, 251, 262, 309, 367, 369, 373, 412, 432, 465-466, 484, 501
Botschaft 56, 69, 87, 91, 187, 200, 221, 224, 273, 326
Brauchtum 44, 156
Brettspiel 110, 112

Brontosaurus 30, 55
Brücke 69, 212, 266, 271-272, 277, 280, 292, 300, 459-460
Bruder 110-111, 154, 194-195, 281, 300-301, 423, 431, 498, 511
Brüllen 324
Buddha 96, 141, 191, 511
Burg 234, 451
Caduceus 190, 280
Cauda pavonis 41, 233, 269, 275
Cerberus 275
Chaos 44-47, 68, 123, 222, 231, 242, 267, 294, 414, 488, 501
China 197, 222, 232, 376-377, 508
Chiron 283
Chnum 26, 44, 436
Christbaum 101, 148-149, 151
Christus 35, 37, 96, 143, 168-169, 192, 460
Chronos 192, 231, 271, 505
Chthonisch 18, 44, 49, 51, 53-54, 83, 105, 110, 135, 181, 183, 190, 198, 274, 287, 295, 339, 418, 444, 452, 496
Clan 208, 455
Dämon 17, 37, 67, 88, 126, 258, 276-277, 310, 319, 343, 347, 361-362, 367-370
Dante 101
das Böse 269, 273, 275-276
das Schöpferische 14, 279
Delphin 24, 288-289
Demeter 122-123, 143, 259, 287, 310, 398, 418, 452, 479
Denkfunktion 124
Depression 9, 23, 25, 27, 45, 47, 88, 229-231, 234-235, 294, 297, 304, 314, 354, 357, 366
Derketo 37
Diesseits 33, 49, 292, 506
Dinosaurier 30-32, 179, 188
Distanz 67, 75-76, 108, 216, 352, 355, 419
Dodona 153
Dogma 164, 182, 306, 467
Doppelgänger 433-434, 443
Doppellöwe 279
Drachen 43, 164, 261, 298, 493-494
Drei 83, 105, 157, 181, 187, 194, 229, 253-254, 271, 292, 295
Dreizahl 102, 295
Druide 62, 84
Dualität 233, 327
Durchgang 57-59, 184
Dynamik 56, 111, 170, 263, 266, 407, 449, 510
Eber 18, 42, 150, 311-312
Edda 33, 135, 412

Edelstein 77-78, 82, 84, 87-89, 105, 190, 451
Ehe 24, 28, 56, 115, 123, 147, 161, 234, 241, 267, 301, 309, 326, 346-347, 351, 356, 358-359, 363, 415, 422-423, 425, 512
Ehemann 47, 108, 159, 186-187, 213-214, 234, 295, 346, 350, 352-353, 357-358, 372, 381, 401, 418, 442, 487, 489
Ehrfurcht 53, 59, 201, 391
Ehrgeiz 87, 213, 248, 290
Ei 18, 28, 132, 179, 189-190, 192-194, 196, 230-231, 236, 255, 269, 456, 459-461, 496, 507-508
Eiche 152-155
Eileythia 452
Einheit 51, 77, 92, 111, 139, 150, 164, 167, 187, 235, 266, 271, 329, 423, 434-435, 438, 456, 498, 503
Einsamkeit 18, 69, 209, 213, 235, 348, 356
Einsicht 21, 97, 136, 236, 242, 285, 292, 342, 346, 354, 382, 384, 423, 447, 473, 507
Einweihung 11, 72, 89, 98, 207, 339, 391, 417, 450-452, 482
Einzelkind 182
Eis 319, 473, 508
Ekel 204, 207, 215-217
Ekstase 98, 291, 504
Elefant 197, 261, 512
Elias 98
Eltern 25, 84, 119, 125-126, 140, 182, 194, 295, 359, 361-362, 369, 408, 413, 427, 474, 493
Emanzipation 299, 449
Emmental 209
Emotion 26, 35, 38, 47, 98, 100, 104, 108, 126, 128, 176, 180, 184, 199-200, 214, 217, 229, 233, 244, 294, 299, 316-317, 360, 444
Empfängnis 105-106, 119-121, 123, 125, 146, 148, 224, 232, 241, 270-271, 280, 301, 311, 384, 424-427, 459
Empfindungsfunktion 124
Energie 29, 31, 33-34, 71, 85, 96, 191, 193, 198, 200, 279, 285, 365, 374-376, 416, 494
Engel 69, 96, 221, 224, 232-233, 277, 355-356, 358, 367, 434, 495
Ente 225-226, 273
Entscheidung 58, 238, 388, 394, 399, 409-410, 414-415, 450
Epidaurus 181
Epiphanie 435
Erbe 144, 234, 272, 280, 310, 327
Erdgöttin 158, 165, 238, 314, 499
Erdhöhle 338
Erinnerung 55, 62, 73, 267, 280, 419, 443, 451, 454, 479, 493, 510
Erleuchtung 97, 104, 114, 190, 260, 291, 338, 372, 415
Erlösung 64-65, 130, 139, 143, 165, 168-169, 171-172, 236-237, 252, 343-344, 356, 501
Eros 41, 81, 96, 143, 147, 151, 157, 160, 165, 231, 266-267, 271, 273-277, 281, 309, 313, 370, 385, 472
ersticken 299
Ertrinken 19, 32
Eruption 106-108
Estrich 131, 443
Etrusker 53
Euter 319
Eva 12, 56, 138, 147, 150-151, 329, 337, 367, 409, 482-483, 498
Evolution, biologische 7, 493, 509
Evolution, psychische 493, 509
Ewige Gericht 115
Ewigkeit 70, 91, 192, 271, 279-280, 325, 494, 507
Extraversion 500
Falke 491
Familie 28-29, 63, 70, 79, 99-100, 102, 111, 114, 182-183, 195, 198, 211, 261, 313, 324, 342, 359, 362, 371, 375, 389, 393, 396, 403, 406, 409, 414, 421, 441, 456, 489-490
Farbe 41-42, 59, 63, 74, 86, 92, 109, 116, 123, 150, 187, 190, 193, 233, 258, 267, 269, 275, 298, 389, 406, 444-445, 447, 491
Faszination 52, 67, 69, 100, 107, 208, 210, 263, 302, 343-344, 381, 423-424
Fee 84, 141-142
Fegefeuer 99
Fehlgeburt 63, 70, 200, 232, 306, 352, 439, 495-496
Fetus 7, 19, 53-54, 119, 127, 268, 395, 406, 409, 472, 493, 509
Firmament 68
Fisch 19, 24, 32-35, 37, 39-43, 258, 289, 460
Fleisch 113, 131, 215-216, 246, 249, 276, 319, 360
Floh 203, 206
Fluß 19-20, 32-34, 37-38, 41, 43, 57, 84, 160, 197, 261, 395-396, 505
Fortschritt 7, 152, 272, 450
Franz von Assisi 389-390, 404
Frauenklöster 168, 333

Frauenrolle 324
Freiheit 9, 79, 90, 146, 164, 241, 311-312, 314, 335, 342, 358, 376, 404, 486
Freud, S. 36, 85, 87, 407, 450
Frigid 473
Frosch 43-46, 198
Früchte 128, 131, 135, 140-141, 146-151, 161, 291, 384, 494
Frühgeburt 145, 496
Fundament 443
Fürsorge 179, 183, 211, 265, 486
Fürst 114, 117, 501
Gaia 24, 49, 51, 54, 56, 181, 192, 394, 403-404, 408, 454
Ganga 480
Gans 28, 221
Ganzheit 14, 35, 40, 42, 59, 77, 81, 85, 89, 92, 111, 124-125, 127-128, 147, 150, 158, 166-167, 193, 208, 211-212, 231, 233-235, 250, 254, 271, 292, 423, 425, 427, 429, 441, 501, 503, 508-509
Gebärmutter 131, 236, 440, 496, 500, 510
Gebet 76-77, 355-357, 367
Geburt des Bewußtseins 31, 508, 510
Geburtskanal 50, 396, 479
Geburtsorakel 407
Geburtsstätte 394, 400
Geburtstermin 185, 273, 461
Gefängnis 70, 106, 145, 226, 324, 343, 345-346, 355-359, 451, 469
Gefäß 26-27, 41, 129-132, 158, 164, 226, 236, 421, 472, 479, 510
Gegensatznatur 92, 328
Geier 229, 295-297
Geistiges Leben 128, 233, 251, 380, 444
Geistwesen 218, 226
Gemüse 122, 127, 270, 324
Germanen 28, 136, 153-154, 177, 319, 412
Geschenk 89-90, 123-124, 143, 161, 197-198, 304, 315, 326-327
Geschlechtsverkehr 426
Gespenster 139, 374-375, 421
Gestirnszwang 499, 503
Gesundheit 33, 129-130, 242, 260, 295, 491
Gift 180, 232, 334, 470, 481
Gilgamesch 431
Glasberg 107, 353
Glasgefäß 41, 129-130, 158, 207, 443
Glaswand 353-354, 467-468, 471
Gleichnis 115
Glocke 95, 224-225, 310, 329
Glück 40, 58, 86, 112, 170-171, 199-200, 209, 254, 268-269, 309, 329, 347, 385, 407, 482, 506
Gnade 69, 105, 114, 260, 396, 480

Gnosis 169-170, 500
Gnostik 96, 170, 500-502
Goethe 91, 96-97, 99, 421, 441
Gold 45, 77, 84, 91, 126-127, 150-151, 166, 224, 232-233, 270, 279, 395, 397, 414, 447
Gorgo 51-52, 311, 314, 316, 409, 432
Gotik 165, 338
Gottesanbeterin 208
Gottesbild 39-40, 42, 332-333, 501
Gottesgeburt 148
Gotthelf 209
Göttliche Geburt 500
Göttliche Kind 18, 299, 509
Gottvater 150, 161, 356, 401
Grab 24, 42, 51, 54, 122, 132, 162, 180, 189, 353, 382-383, 442-446
Grabkammer 325
Gral 125, 306
Gras 154, 261, 301, 303, 328-329, 336, 384-385
Grenze 61, 70, 112, 139, 280, 360, 382, 418, 505, 510
Grimm 146, 181, 217
Großmutter 182-183, 296, 323, 367, 371, 373-374, 387, 389, 412, 458, 465
Großvater 388-389
Gruppenlibido 111
Haar 146, 248, 301, 303, 319, 384, 481-482, 494, 506
Hades 21, 122, 275
Hapi 384-385
Harmonie 171, 188, 199, 283-284, 329
Harpyen 483
Hathor 244, 319, 436
Hauch 56, 218, 336, 416
Hausfrau 371, 373-374
Hebamme 10, 58, 141-142, 248, 368, 467, 481
Heiliger Geist 96, 99, 333, 398, 401
Heilmittel 481
Heilung 20-21, 44, 46, 64, 172, 181, 186, 190, 333, 383, 428-429
Hekate 54, 157, 253, 369, 412, 466, 477, 481, 483
Heket 44, 47
Helferin 58, 204, 467, 489
Helio 98
Hemmung 322
Hera 218, 232, 287, 319, 408, 466
Heraklit 22, 96
Herkunft 11, 98, 262, 394-395, 397-398, 493, 508
Hermes 61, 83, 198, 279, 402
Herrin der Tiere 286, 313, 325, 327

REGISTER

Herz 84, 92, 97, 130, 175, 183, 279, 301, 364-365, 377, 423, 427, 438, 441, 512
Hestia 100
Hexe 43, 98-99, 114-117, 156, 182-183, 244-245, 258, 262, 269, 276, 288, 296, 310, 408, 412, 462, 465, 467, 469, 481, 483
Hierosgamos 267
Hilfen 10-11, 450, 511
Himmelsgewölbe 68, 136
Himmelsleiter 69, 137, 158
Himmelssäule 152
Hindernis 31, 65, 107, 321-323, 460
Hinduismus 480
Hirsch 334-335
Hirte 82-84
Hitler 105-106
Hobbit 209
Hochzeit 120-121, 208, 261, 329, 425, 447
Höhle 21, 50, 57-60, 62, 158, 165, 192, 301, 338, 353, 394, 403, 443, 452, 483, 504-505
Hölle 112, 277, 325, 412
Holocaust 99
Homosexualität 231, 298
Honig 269, 275, 480
Horizont 25, 117, 198, 325, 460
Hörner 319, 321
Horoskop 271, 496, 502
Horrorfilm 208
Horus 242, 431, 497
Hufe 319
Huhn 508
Hund 25, 107-108, 114, 129, 151-152, 161, 170, 177, 182, 204, 211-212, 214, 241-243, 257, 263, 265-281, 305, 360, 384
Hunger 210, 246, 297, 304, 315, 421, 472-473, 479, 485
I Ging 21, 31, 49, 54, 271, 410, 494, 498
Ibn Arabi 495
Identität 10, 62, 81, 116, 162, 190, 199, 423, 433, 439, 443
Iduna 259
Idylle 324
Individuationsprozeß 140, 191, 336
Individuum 46, 56, 70-71, 81, 87-88, 169, 180, 183, 205, 279, 302, 358, 417, 423, 512
Inferno 101
Inflation 67, 285, 294, 326, 432
Initiation 44, 47, 97, 177, 191, 275, 338, 378, 383, 418
Initiationsriten 72, 190, 383, 391, 510-511
Inkarnation 52, 124, 188, 238, 279
Insekten 205, 268

Inspiration 20, 222, 375
Instinkte 31, 46, 107, 175-177, 182-185, 189, 193, 195-196, 199, 201, 212-213, 245, 256, 265-266, 272, 275-276, 313, 329, 472, 508
Integration 422, 428
Intellektualismus 356
Intellektuell 116, 187, 218, 238, 248, 260, 290, 360, 363, 391, 442, 446
Introversion 9, 58, 132, 160, 162, 191, 270, 355-356, 405-406, 451, 453, 500
Intuition 13, 28, 107, 124, 161, 183, 223, 232, 235, 238, 285-286, 292, 500, 505
Irritation 103, 205
Ishtar 54, 149, 259, 289
Isis 60, 164, 190, 278, 280, 289, 319, 479
Isolation 106, 356
Jäger 175, 266, 332
Jahwe 97-98, 143, 296, 333
Jenseits 21, 33, 49, 66-67, 70, 123-124, 192-193, 275-277, 302, 379, 382-383, 434, 494, 506-508
Jesus 114-116, 168, 230, 276, 353, 403
Jude 51, 63, 99, 106, 230, 407
Jungfrau 116, 226, 243, 245, 250, 253, 262, 296-297, 332-334, 339
Jungsteinzeit 319
Juno 28, 41, 122, 227, 232, 269, 434
Juwel 85, 89, 104-105
Kabiren 83, 496
Kaffee 489
Kainszeichen 495, 498
Kaiserschnitt 146, 185-186, 193-194, 198, 200, 235, 248, 389, 403, 451, 504, 506
Kali 54, 311, 314-315, 408, 466
Karpfen 41
Karriere 260, 497
Kartoffel 53, 127, 131, 509
Kästchen 90-91, 104-105, 112
Katharer 99
Katze 129, 146-147, 161, 177, 207, 211-212, 223, 235, 241-260, 263, 265, 295, 305, 309, 325, 360, 382, 449, 466-467, 494
Kekulé 188
Kessel 291
Ketzer 99, 182
Kind, göttliches 18, 299, 509
Kinderaufzucht 260, 301, 303, 322
Kindererziehung 369
Kindermord 46, 407
Kinderteich 19, 289, 395
Kindheit 55, 102, 183, 204, 206, 275, 323, 351, 361, 407, 423-424, 427, 443, 486
Kindisch 184, 193, 276, 393, 422

Kindlibaum 139
Kindlich 28, 125, 183, 193, 195, 250, 299, 312, 393, 398, 418-419, 426, 428-429, 454, 470, 475, 481
Knabe 53, 57, 62, 64, 146, 194, 211, 235, 268, 272, 281, 319, 368, 399, 428, 436, 443, 456, 474-475, 484
Knochen 59, 319
Knossos 452
Kochen 247, 260, 405
kollektives Bewußtsein 39, 56, 74, 137, 147, 183
kollektives Unbewußtes 27, 31, 38, 41, 71, 84, 86-88, 116, 125, 160-162, 164, 180, 205, 262, 266-267, 277, 286, 348, 365, 367-368, 383, 417, 460, 513
Kollektiv-Psyche 475
Kompensation 14, 102, 281, 422
Komplex 13, 75, 183, 362, 368, 422, 433
Komplikationen 148, 211, 268, 440
Kompost 268, 270
Konflikt 80, 83, 115, 125, 144-145, 168-169, 183, 188, 213, 253, 276, 292-293, 300, 320, 322, 342, 356, 373, 381, 470, 489
Konkurrenz 213, 385
Kontakt 33, 47, 108, 182, 200, 217, 265, 271, 277, 280, 344, 354, 425, 483, 486, 489
Kontrolle 110, 182, 186, 188, 250, 266, 268, 274-275, 293, 322, 362
Konzentration 76-77, 90, 92-93, 451, 503
Konzeption 82, 214, 260, 391, 425, 476
Körperbeschwerden 46, 252, 290
Kosmische Baum 137, 139-140, 154-155, 160-161, 166, 509
Kosmos 135, 137, 139, 191, 208, 259, 460, 500, 508
Krankheit 9, 33, 209, 231, 243-244, 345, 411, 467, 489
Kräuter 148, 261, 324
Kreativität 57, 208, 408, 447, 488
Kreis 73, 76, 91, 110-111, 124, 166, 209, 261, 343, 372, 427, 501-503
Kreuz 90-92, 139, 166, 168-169, 171, 230, 285, 496, 501-503
Kreuzigung 145, 171, 501, 503
Krise 15, 58, 103, 447, 486
Krishna 319, 436, 480
Kristall 78-79, 82, 92, 210, 427, 453
Kristallgitter 210
Krokodile 31, 179
Küche 199, 224, 247, 323-324
Kugel 76-77, 90-92, 493, 504-505

Kuh 131, 177, 306, 319-323, 326-327, 329, 449, 480
Kundalini 191
Kybele 37, 298
Labyrinth 189, 191-192
Lamien 287, 477
Lapis 78, 93, 105, 181, 267
Lava 106, 109, 494
Lebensabschnitt 9, 102, 351, 453
Lebensaufgabe 350
Lebensbaum 138-139, 143, 147, 151, 160-161, 166, 168, 171, 438, 499
Lebensmuster 499-500
Lebensprozeß 95, 183
Lebensquelle 22, 170, 189, 479
Lebenssinn 40, 177
Lebensstufe 72, 439, 453
Lebenswasser 122, 138, 162-164, 397
Lebensziel 415
Leder 319
Lehm 50, 55, 130
Lehmfiguren 55-56
Leichentücher 215
Leichnam 99, 325
Leiptr 33
Leistenbruch 198
Lethestrom 33
Libido 95-96, 184, 263, 285, 295, 327, 378, 443
Licht 25, 39, 41, 54, 87, 95, 97-98, 101, 104, 110-111, 113-115, 127, 130, 143-144, 148-149, 151, 162, 183, 187, 190, 196, 199-200, 222, 233, 242-243, 258-261, 267, 276, 284, 302, 334, 338, 349, 367-370, 372, 400, 411, 414-415, 420, 433, 443, 461, 494, 504, 506-507, 512
Lilith 56, 367-369, 466, 481-483
Lingam 60
Logos 96, 192, 267, 279, 370, 381, 480
Loki 412
Lotos 19
Lourdes 452
Löwe 129, 165, 192, 279, 323-327
Luft 25-28, 47, 98, 158, 187, 196, 198, 213, 217, 224-225, 268, 273, 286-287, 299, 372, 398, 468, 486, 493-494
Lumen naturae 39, 210, 222, 259
Luna 267, 411
Lyra 198
Maat 279
Machtphantasie 303
Madagaskar 106
Maden 204
Madonna 20, 116, 475
Magie 58, 76, 112, 244, 267, 355, 433, 445

REGISTER

Magier 388
Mahabharata 281
Makrokosmos 193, 496
Mammut 129, 261-262
Mandala 111-112, 166, 187, 234, 415, 503
Manichäismus 168-169
Mantis 208
Maria 49, 116, 146-147, 164-165, 221, 234, 245, 250, 268, 276, 297, 334, 368, 398, 401, 403, 451, 466, 479, 495, 499
Masse 87-88, 172, 206, 292, 313
Materialismus 52
Materie 38, 44, 52, 168, 181, 187-188, 192-193, 199, 201, 222, 226, 236-237, 266, 271, 279, 302, 322-323, 365, 374, 445, 498, 502, 505, 508
Matriarchat 256
Maus 113, 211-212
Maya 116, 141, 208, 211, 499, 511
Medizin 190, 333, 364
Medizinmann 482
Meer 18-19, 22-25, 28, 37, 40-41, 43-44, 57-58, 96, 106, 125, 147, 156, 159-160, 164, 179, 191, 221, 227, 261, 284, 287, 289, 297-298, 382, 384, 390, 396, 460, 483
Menschheitsentstehung 507
Menstruation 226, 495-496
Mephistopheles 391
Mercurius 123, 181
Midgard 135, 181
Midgardschlange 412
Mikrokosmos 151, 193, 271, 496
Milch 268-269, 319-320, 368, 479-483, 487-491
Minnezeit 245
Mischwesen 217
Mißgeburt 442, 476
Mist 270, 319, 335-337
Mitte 43-44, 67, 70, 92, 111-112, 120, 124, 166, 192, 195, 210-211, 249, 328, 338, 442, 502
Mittelalter 49, 62, 114-115, 130, 135, 137, 163, 165, 234, 245, 261-262, 276, 331, 333, 408, 460, 499
Mobilität 145-146, 160, 376
Moderne Medizin 287
Mond 23-24, 41, 61, 107, 142-143, 147, 150, 157, 242-243, 253, 256, 258, 260, 267, 284, 289, 311, 370, 411, 459, 466, 493
Mondgöttin 23, 242-243, 248, 253, 256, 258, 289, 411, 483
Monolith 59, 459
Mörder 347
Mörderin 474-475, 506

Mörser 209
Moses 51, 54-55, 69, 96-99, 207, 331, 353, 394, 407, 431, 480
Müller 355-356
Mumie 42, 382-383
Musik 70, 72, 167, 198, 241, 301, 496
Mutterarchetypus 140, 172, 263
Muttergöttin 25, 27-28, 37, 122, 138, 147, 149, 151, 153, 157, 166, 227, 229-230, 232, 234, 241, 244, 258-259, 287, 311, 377, 451, 453, 509
Mutterinstinkt 313, 316
Mutterkomplex 189-190, 193, 200, 211, 213, 250, 298, 316, 384
Mutterliebe 408, 484
Mysterium 125, 140, 146, 150, 188, 191, 230, 251, 253, 263, 267, 279, 306, 370, 373, 383, 451, 504, 513
Mythen 12, 17, 33, 56, 61, 72, 124, 166, 191, 223, 266, 268, 306, 314, 343, 368, 371, 378, 400, 407, 509, 511
Nabel 61, 136, 288, 291, 500
Nabelschnur 185, 194, 291, 434
Nachtmeerfahrt 22, 100, 505, 507
Nahrung 17, 19, 34-35, 99, 124, 135, 144, 147, 153-154, 162-163, 189, 191, 198-199, 249, 265, 269, 275, 304, 309-310, 320, 336, 473, 480, 486, 488, 490
Name 83, 90, 106, 112, 153, 164, 194, 196, 217, 230, 242, 286, 355, 368-369, 406, 446, 458, 465, 495
Narkose 126, 414, 504, 506-507
Naturgeist 84, 388
Naturgeistigkeit 299, 303
Naturordnung 313
Naturweisheit 136, 195-196, 272, 342
Neid 211, 213, 248, 477, 498
Nervensystem 128, 180, 205, 251, 268
Niederkunft 141, 144, 150
Nietzsche 209
Nigredo 45, 47, 269
Niklaus von Flüe 73, 88, 389, 511
Nil 18-19, 61, 198, 384, 505
Nornen 136, 138, 142, 147, 157, 253
Numinosum 51, 97
Nut 128, 310, 382
Objektstufe 13, 29, 490
Odin 136, 154, 208, 221, 286
Odysseus 33, 321
Öffentlichkeit 76, 475
Ohr 321-323, 400-401, 494
Okeanos 18, 505
Öl 143-144
Olivenbaum 142-144

Opfer 11, 14, 43, 57, 63, 81, 85, 97-98, 103-104, 107, 110, 136-137, 260, 283, 287, 302-303, 314, 316, 346, 415-416, 424, 465
Opus 42, 105, 148, 269, 281, 445
Opus contra naturam 269
Orakel 74, 112-113, 153, 181, 197, 209, 407
Orientierung 10, 61, 75, 123, 215, 254, 450
Origines 100
Osiris 46, 233, 278-279, 382, 445
Ouroboros 169
Ovid 213
Paar 55, 129, 156, 214, 329, 333, 363, 371, 393, 431
Palast 152, 154-155, 250, 325
Panik 83, 184-186, 191, 194, 200, 212, 229, 285, 295-296, 298, 384
Paradies 138, 147-148, 150, 161, 169, 172, 175, 192, 251, 262, 277, 329, 394, 423, 479, 482, 495, 499-500
Paradiesbaum 138, 147, 150-151, 169
Paradiesströme 502
Parsi 98
Passivität 293, 303, 347, 350, 356
Patriarchal 99
Paulus 68, 97
Pegasus 208, 285
Persephone 150
Perseus 51, 407, 432
Persona 81, 84, 475, 487
Persönlichkeitskern 506
Pessimismus 190
Pfau 41, 182, 232-233, 268-269
Pfirsich 146-147
Pflanze 19, 23, 41, 106, 119, 122-123, 128-132, 143, 163, 207, 257, 306, 370, 377, 411, 414, 445
Pharao 319, 325, 382, 432, 436, 479
Phlegeton 100
Phönix 232, 236, 251
Planet 135, 150, 271, 493, 496, 513
Platon 163, 434
Pleroma 193
Pneuma 96, 500
Polarität 92, 233, 328, 439
Polizist 345-346, 353
Poseidon 284-286, 298
Prähistorisch 30, 32, 34, 37, 129, 188, 191, 199, 222, 255-256, 262, 467-468, 479
Pränatal 409
Priapus 384
Priesterin 452
Projektion 22, 29, 46, 80, 126, 180, 192, 236, 241, 275, 298, 302, 310, 342, 362, 375, 378, 446

Prometheus 97, 213
Prüfung 72, 270, 338, 406
Psychose 384
Pubertät 7, 19, 125, 323, 349, 482, 485
Puella 274
Puer-Animus 285
Puppe 53, 112, 127, 457
Quadratur des Zirkels 502-503
Quaternität 158
Quelle 13, 18, 20-23, 35, 135-136, 138, 143, 153-154, 161, 251, 259, 265, 285, 310, 319, 386, 394-395, 452, 479
Quetzalcoatl 191
Quintessenz 84, 92, 269, 480
Rad 232-233, 269, 502
Raserei 322
Ratte 208
Raub 97, 213
Räuber 80-82, 84, 97, 343, 346
Re 242, 505
Reflexion 231
Regenbogen 41, 97, 191
Regressiv 189, 195, 424, 486
Reifungsprozeß 88, 391, 440, 509-510
Reinigung 20, 204, 439
Rekrut 209
Religion 19, 21-22, 35-36, 64, 84, 92, 98, 136, 172, 182, 186, 259, 277, 296, 302, 306, 321, 367, 371, 373-374, 450, 480, 509
Religiöse Einstellung 158-159, 230, 246, 272
religiöses Weltbild 307
Renaissance 53
Reptilien 179-181, 200
Retorte 184, 236, 442, 444-445
Rhiannon 221
Rhinozeros 331
Riese 18, 68, 292-294, 467
Rind 319
Rückenschmerzen 198
Sabazius-Mysterien 190
Salat 246, 324
Salzwasser 267
Samen 19, 69, 119, 187-188, 398, 426
Samsara 502
Säugling 142, 409, 412, 418, 421, 456-457, 481, 483, 486, 489
Säule 154, 156, 166, 325
Schädel 314, 421
Schamane 78, 98, 136-137, 152, 191, 222-223, 236, 285, 378, 389, 417, 482

Schatten 39, 87, 89, 91, 145, 154, 164, 171-172, 186, 190, 193, 243, 269, 273, 284, 327, 336, 339, 367, 369, 411-412, 420, 422, 432-433, 438, 489
Schatz 70-71, 73, 85-87, 89, 105, 151, 190-191, 194-195, 310, 337
Scheidung 186
Scheune 115
Schicksalsgöttinnen 20, 136, 142, 157, 161, 170-171, 253
Schildkröte 179-180, 197-201
Schiller 95, 112, 418, 421
Schlange 31, 135, 138, 150, 153, 161, 166-172, 179-196, 200-201, 207-208, 232, 242, 244, 262, 283, 329, 481, 483, 509
Schlangengöttin 483
Schlangenträume 170, 183
Schleier 114-116, 208, 276, 304, 321, 397, 499
Schloß 109, 147, 249-250, 344
Schlüssel 13, 90-91, 131, 267
Schmied 59, 63-64, 95, 98-99, 445
Schmutz 112, 212, 309, 317, 399
Schöpfergott 35, 44, 56, 208, 271, 435, 445, 454
Schöpferische, das 31, 70, 72, 132, 231, 248, 260, 370, 451, 454, 495
Schöpfung 18-19, 25, 31-32, 35, 44-45, 47, 56, 68, 130, 143, 145, 153, 193, 196, 200-201, 221-222, 224-225, 231, 235, 250, 271, 292, 294, 313, 333, 373, 454, 458, 494-495, 499, 510
Schöpfungsmythen 124, 231, 233, 235, 292-293, 499, 508
Schoß 18, 22, 49, 60, 63, 111, 116, 119, 122, 132, 140, 147, 164, 333-334, 384, 394, 398, 438, 452, 456
Schrein 79, 104
Schuld 53, 99, 125
Schutzengel 434
Schwan 72-74, 84, 193, 225-226, 281, 291-292, 296, 298, 337, 381, 405-406, 440, 447, 472, 511
Schwangerschaftstest 189
Schwarze Frau 86, 88-89, 165, 245, 250, 351-352, 489
schwarzer Mann 349-351, 354, 377-378
Schwein 41-42, 177, 225, 309-310, 312-317, 415
Schwelle 37, 184, 370, 433, 446, 461, 510
Schwester 88, 111, 194, 204-205, 319, 382, 412, 423, 432, 456
Sechmet 243-245, 466
Seehund 204, 206
Seelenführer 279, 342, 378

Seelenvogel 42, 226
Seil 137, 273-274, 294
Sekten 169-170, 182, 192
Selbstbestimmung 11
Selbstfindung 11
Semele 99, 400
Sexualität 113, 234, 246, 287, 293, 309-310, 312, 335-337, 424, 426, 470
Shiva 56, 63, 72, 99, 168, 191
Simon Magus 96, 500
Sinnbild 60, 78, 91, 93, 101, 115, 208, 325, 331, 335, 399, 412, 434, 445
Sintflut 68
Sonnenbarke 383, 396, 505
Sophia 56
Spaltung 151, 172, 234-235, 256, 262, 329, 373, 434
Spiegel 413, 432
Spiegelung 38, 54, 60, 74, 188, 345, 360, 362, 370, 432-434
Spiel 30, 32, 55-56, 58, 70-71, 73-74, 111-114, 189, 241, 275, 313, 411, 443
Spirale 185-186, 189, 191, 193, 425
Spital 185-186, 437
Stall 320, 403
Stein 24, 39, 41, 45, 50, 58-70, 72-79, 86, 90-93, 98, 106-107, 112, 115, 131, 141, 155, 157, 160, 167, 188, 195, 223, 235, 267, 306, 337, 355-357, 370, 394, 409-410, 442-444, 447, 452-454, 459-460, 465, 474, 509, 511
Steinzeit 59, 142, 265
Stern 137-138, 140, 166, 427, 459, 493, 497-499, 502, 509, 511, 513
Stier 165, 192, 313, 329, 334, 339, 494
Stillen 211, 303, 344, 401, 457, 479, 481, 483-486, 488, 490
Stoiker 96
Storch 223, 395
Subjektstufe 13, 29, 75, 324, 419-420, 428, 458, 470
Tabu 34, 46, 97-98, 425
Tantrik 56
Taube 24, 153, 222, 224, 238, 333, 398, 401, 491
Teich 19, 35, 43-44, 417
Teppich 333, 474, 499
Teufel 75, 80, 113, 126, 209, 244-245, 248, 258, 269, 274, 288, 296, 341, 347, 355-356, 366-369, 465, 467, 501
Theseus 191
Tiergötter 245
Tierhochzeit 329, 339
Tierkreis 165, 192
Todesmutter 315, 453

Totemtier 262, 302-303
Totgeburt 130, 446
Tradition 38, 92, 97, 152, 177, 231, 307, 331, 367, 371, 394, 435, 467, 482
Tragödie 99, 172, 487
Trauma 471
Traumatisch 230, 415
Traumbuch 15
Traumvision 66
Trennung 300, 372-373, 479
Trieb 14, 35, 289, 293, 312-313, 329, 336, 413, 471
Trinität 295-296, 306
Troubadour 182
Tuch 495, 499, 501
Tulpe 122, 127, 414
Turm 250, 353, 451-452
Tut ench Amon 382-383
Überbevölkerung 513
Übergang 47, 107, 185, 193, 257, 266, 270, 275, 279, 325, 349, 351, 358, 367, 391, 396, 427, 451, 505, 510
Ultraschall-Untersuchung 440
umgekehrter Baum 163
Umwelt 81, 303, 446
Unabhängigkeit 221, 241, 243, 256
Ungeziefer 204, 212, 242
Unicornus 332, 334
Unkraut 114-115, 276, 470
Unsicherheit 9, 45, 52, 55, 349, 361, 486
Unsterblichkeit 147, 161, 279, 291, 372
Unus mundus 38, 74, 498
Unzufriedenheit 312, 386
Urangst 335
Urbilder 13, 257, 263, 494
Urfeuer 96
Urgott 18
Urmutter 50, 54, 155, 289
Ursprung 17-20, 23, 28, 84, 96, 105, 120, 136, 154-155, 261, 302, 319, 398, 400, 499, 505
Ursünde 150
Vampir 208, 248
Vas 119-121, 132, 158, 207
Vater 18, 50-51, 69, 81, 102, 108, 110-111, 119, 149, 192, 194-195, 211, 247, 255, 295, 301-303, 306, 332, 341-343, 349-350, 355-356, 387-390, 396, 400, 403, 406, 408, 413, 421, 446, 456, 482
Vedisch 208, 480
Vegetationsgott 445
Venus 23-25, 60
Verbrechen 126, 215, 413
Verdienst 39, 326
Verdoppelung 184, 190, 208

Verfolgung 245, 346, 434
Verkörperung 90, 122, 290, 325, 336, 341
Verletzung 350, 361, 426, 428
Verpflichtung 79-81, 263, 327
Verrückt 194, 222, 236, 296, 314, 316, 359-360, 362-364
Verwandlung 21, 45, 95, 203-204, 206-207, 252, 266, 439, 445, 447, 451
Vesta 100, 153
Vieh 83, 481
Vier 123-124, 158, 186, 208, 254
Viereck 127, 166, 414
Vierteilung 124, 254, 501
Vierzahl 111, 212
Viper 179, 184
Vishnu 18, 25, 35, 197, 480
Vision 66-67, 69, 73, 91, 158, 190, 195, 292, 299, 305, 404, 511
Vögel 28, 82, 131, 135, 155, 166, 206, 221-226, 230-233, 235-236, 238, 258-259, 263, 273, 302, 306, 356, 370, 376, 398, 438, 494, 497
Volksglauben 19, 33, 60, 64, 122, 244, 248, 258-259, 285, 287, 291, 310, 334, 347, 367, 481
Vollendung 41-42, 73, 158, 233, 333, 501, 510
Vollkommenheit 77, 92, 116, 225, 435
Vorbedeutung 217
Vorzeichen 229, 406
Vulkan 106, 109-110
Wächter 61, 198, 275, 279, 325
Wald 83-84, 86, 137, 149, 162, 334-335, 337, 355-356, 411-412, 465, 468-470
Wandlung 21-22, 26, 29, 41, 44-46, 58, 95-98, 100, 150, 168-172, 184, 196, 203, 223, 232, 236-238, 274, 287, 327, 333, 370, 377, 417, 423, 427-428, 443, 445-446, 449, 473, 494, 496, 511
Wärme 80, 96, 98, 156, 170, 200, 254, 265, 270, 301, 310, 320, 348, 400, 419, 456, 470, 472-473, 479, 490
Warnung 71, 185, 188, 312, 413
WC 64-65, 487-488
Weberin 208, 211
Webstuhl 499
Wechselbalg 247
Wehen 15, 31, 185-186, 194, 196, 200, 273, 488, 506
weibliche Wandlung 151
weibliches Prinzip 80, 132, 197, 272-273, 280, 315, 410
Weihnachten 101, 151, 334, 461
Weinen 65
Weise Frau 141-142

Weisheit 35, 37, 39, 41, 56, 78, 80, 136, 144, 162, 176, 181, 186, 195-196, 199, 261, 267, 271, 291, 324, 326-327, 357, 388, 391, 512
Weissagung 20, 221-222, 224, 309, 407
Weizen 114-115, 276
Weizenkorn 54
Weltachse 136, 138
Weltenberg 138
Weltgeist 493
Weltuntergang 67
Wiedergeburt 21, 123, 150, 172, 191, 223, 259, 277, 279, 315, 325, 377, 383, 417, 499, 502
Wildheit 324, 332, 335-336, 339
Wind 25-27, 31, 33, 96, 140, 243, 256, 286, 372, 398
Wissen, geheimes 58, 261, 467
Wissenschaftler 74, 338, 359, 363-364, 447
Wochenbett 217, 409, 466
Wohlbefinden 324, 479
Wohnung 90, 135, 211-212, 357, 413
Wolf 265, 275, 387, 411-412
Wotan 136, 221, 286, 348, 396
Wunde 38, 52, 156, 168, 210, 356, 427, 435
Würfelspiel 73-74, 112
Wurm 251
Wurzeln 21, 46, 50, 130, 135, 144-145, 163, 166, 170, 258, 309, 342, 372, 395, 401, 454
Wut 80, 109, 207, 233, 244, 347, 465, 483
Yggdrasil 20, 135-138, 153, 286

Zähne 129, 216, 245, 247-248, 314
Zarathustra 98, 209
Zauberer 98, 338, 343, 388, 442-447
Zauberin 210, 217, 465, 470
Zehen 215-217
Zeitgeist 10, 496
Zeitrad 502
Zeittunnel 507
Zentrum 14, 44-45, 59, 67-68, 70, 81, 89-91, 121, 124, 137-138, 140, 143, 152, 155, 160, 166-167, 191, 197, 199, 210, 230, 234-235, 328, 355, 400, 404, 415, 424, 451, 501, 503-504, 508
Zerstörung 66, 99, 102, 251, 300, 315, 358, 427, 504, 506
Zerstückelung 315, 473
Zeugung 26, 98, 333, 425, 495, 499
Zufriedenheit 324
Zukunft 20, 35, 74, 113, 139-140, 157, 171, 188, 193, 198, 253, 295-296, 323, 335, 393, 429, 449, 506
Zwei 55, 104, 127, 184, 229, 247, 270, 276, 292, 295-297, 325, 389, 404, 414, 438, 476
Zweifel 80-81, 83, 97, 103, 186, 189, 211, 218, 329, 339, 415, 424, 426, 428, 435, 461, 479, 483
Zweiheit 233, 431, 446
Zwilling 198, 431-433, 435, 437-438, 440-441, 443, 461, 474

Neuerscheinungen bei DAIMON:

Miguel Serrano
Meine Begegnungen mit C.G. Jung und Hermann Hesse in visionärer Schau

Der Autor, ein chilenischer Diplomat, der viele Jahre in Indien gelebt hat und sich dort eingehend mit östlicher Weisheit befaßte, schildert hier auf seine ganz eigene Art seine verschiedenen Begegnungen mit den beiden weltbekannten Persönlichkeiten: dem Dichter von Montagnola und dem großen Psychologen. Mit beiden verband ihn jahrelang eine Freundschaft die – von seiner dem Magisch-Mystischen zugewandten Geisteshaltung geprägt – in Gespräch und Briefen besondere Wege führte. Das Wesen und die Geheimnisse der menschlichen Seele, Meditation, das Leben nach dem Tode, die Beseeltheit der Dinge um uns, das Übersinnliche und ähnliche Themen kamen immer wieder zur Sprache und wurden aus der Sicht des Dichters und des Tiefenpsychologen gedeutet. Faszinierend sind vor allem einige Briefe C.G. Jungs, in denen er kurz vor seinem Tode seine Ideen darlegt. Es spricht in diesem Buch weniger der beobachtende Wissenschaftler als der Poet, der seiner Verehrung für zwei große Persönlichkeiten in dichterisch gestaltender Form Ausdruck gibt. (150 S., illustriert, ISBN 3-85630-559-9)

Hermann Hesse & C.G. Jung

Erna Ronca
FIS, Schätzchen!

Millionen von Menschen wurden als Kinder in die Klavierstunde geschickt. Wie war das für sie? Sind Erinnerungen geblieben? Die Pianistin Erna Ronca will es wissen: seit Jahren befragt sie die verschiedensten Leute nach den Erinnerungen an die Klaviere ihrer Kindheit und Jugend. Sechs von ihnen erzählen in diesem Buch in prägnanten Details von heiteren, traurigen, skurrilen und rührenden Begebenheiten am Klavier und gelangen zu einer Vielfalt von Einsichten. Diese werden witzig und differenziert kommentiert von einer Musikerin, der daran liegt, daß die Menschen ihren eigenen Umgang mit dem Grundnahrungsmittel Musik finden. (288 Seiten, broschiert, ISBN 3-85630-553-X)

Die Antwort der Engel

ein Dokument, aufgezeichnet von Gitta Mallasz

Budaliget 1943: Ein kleines Dorf am Rande von Budapest. Vier Künstler und enge Freunde treffen sich in den unsicheren Tagen, bevor Hitlers Armee die ihnen bekannte Welt zerstörte. Auf der Suche nach spirituellem Wissen und unter der Vorahnung des Nazi-Schreckens kommen sie siebzehn Monate lang jede Woche zusammen, um ihren eigenen inneren Weg zu entdecken. Während die äußere Welt in einem tödlichen Überlebenskampf gefangen war, begegneten die vier Freunde den spirituellen Wesen, die sie als „Engel" kennenlernten. Gitta Mallasz' Aufzeichnungen und Kommentare bilden dieses Buch. Die Botschaft der Engel führt auf den Weg zu sich selber und ist heute noch genauso bedeutsam und dringend, wie sie es für ihre ursprünglichen Empfänger vor einem halben Jahrhundert war.
(420 Seiten, 9. Auflage, ISBN 3-85630-007-4)

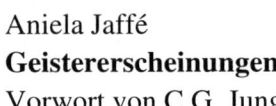

Aniela Jaffé
Geistererscheinungen
Vorwort von C.G. Jung

Aniela Jaffé ist als Herausgeberin der Biographie C.G. Jungs *Erinnerungen, Träume, Gedanken* einem großen Leserpublikum bekannt geworden. Sie hat mit ihren zahlreichen Publikationen maßgeblich dazu beigetragen, daß seine Psychologie einem breiteren Kreis näher gebracht wurde.

In diesem Buch greift die Autorin ein Thema auf, das die Menschen immer wieder beschäftigt: gibt es Geister? Erstmals wird die Frage nach dem archetypischen Charakter der Phänomene gestellt und Zusammenhänge zwischen Geistererscheinungen und den archaischen Bildern des kollektiven Unbewußten aufgezeigt. Ebenso wird nach dem Sinn der Erscheinungen und ihrer Bedeutung für den Menschen gefragt, dem sie widerfahren. (300 Seiten, broschiert, ISBN 3-85630-038-4)

Ausgewählte Schriften von Marie-Louise von Franz

Band 1
Träume
Neben prägnanten Ausführungen zur Traumdeutung und deren Bezug zum Alltagsleben deutet die Autorin Träume großer historischer Persönlichkeiten und Philosophen: Themistokles, Hannibal, Sokrates und Descartes. (230 Seiten, gebunden, ISBN 3-85630-023-6)

Band 2
Psyche und Materie
Berührungspunkte zwischen Physik und Psychologie
In zunehmendem Maße drängt sich heute die Frage auf, wie Seele und Körper im speziellen oder Psyche und Materie im allgemeinen miteinander verbunden sind. Die Autorin zeigt in eindrücklicher Art und Weise an den Phänomenen des sinnvollen „Zufalls" der Synchronizität und der Zeit, welcher Art dieser Zusammenhang sein könnte. (412 Seiten, gebunden, ISBN 3-85630-028-7)

Band 3
Psychotherapie
Erfahrungen aus der Praxis
Der besondere Wert dieser Aufsatz-Sammlung über die Psychotherapie liegt in ihrem praxisnahen, direkten Inhalt. Viele konkrete Beispiele veranschaulichen die theoretischen Grundlagen und geben Einblick in die Stationen einer psychotherapeutischen Behandlung. Marie-Louise von Franz geht zudem auf zentrale Fragen im Zusammenhang mit der Ausbildung angehender Therapeuten ein. (360 Seiten, gebunden, ISBN 3-85630-036-8)

Band 4
Archetypische Dimensionen der Seele
Seit alters her wurden menschliche Konflikt- und Krisensituationen in Märchen und Mythen bildhaft dargestellt. Sie dienen der Autorin als Spiegel für die verschiedenen Stadien, die auf dem Weg zur Selbstverwirklichung und Selbstfindung durchlaufen werden. Die reichhaltigen Beiträge bilden den vierten Band ihrer gesammelten Aufsätze. (452 Seiten, gebunden, ISBN 3-85630-040-6)

Die Passion der Perpetua
Eine Frau zwischen zwei Gottesbildern
Anhand der inneren Bilder einer jungen, römisch-afrikanischen Frau diskutiert Marie-Louise von Franz die Entstehung des christlichen Weltbildes als ein Phänomen unbewußter, spontaner Manifestation der Seele. (120 Seiten, 2. Auflage, ISBN 3-85630-011-2)

Die Visionen des Niklaus von Flüe
Eine tiefenpsychologische Deutung
In einer tiefenpsychologischen Studie der Visionen des Einsiedlers und Heiligen Niklaus von Flüe zeigt Marie-Louise von Franz deren überzeitliche, archetypische Bedeutung auf. (144 Seiten, 3. Auflage, ISBN 3-85630-001-5)

Deutsche Titel bei DAIMON:

Regina Abt-Baechi
- Der Heilige und das Schwein

R. Abt / I. Bosch / V. MacKrell
- Traum und Schwangerschaft

Susan Bach
- Das Leben malt seine eigene Wahrheit

Heinrich-Karl Fierz
- Die Psychologie C.G. Jungs und die Psychiatrie

Marie-Louise von Franz
- Träume
- Psyche und Materie
- Psychotherapie
- Archetypische Dimension der Seele
- Die Visionen des Niklaus von Flüe

von Franz / Frey-Rohn / Jaffé
- Im Umkreis des Todes

Liliane Frey-Rohn
- Von Freud zu Jung
- Nietzsche - Jenseits der Werte seiner Zeit

James Hillman
- Selbstmord & seelische Wandlung
- Suche nach Innen

Siegmund Hurwitz
- Lilith, die erste Eva
- Psyche und Erlösung

Aniela Jaffé
- Religiöser Wahn, Schwarze Magie
- Bilder und Symbole aus E.T.A. Hoffmanns „Der Goldne Topf"
- Mystik & Grenzen der Erkenntnis
- Der Mythus vom Sinn
- Parapsychologie, Individuation, Nationalsozialismus
- Aus C.G. Jungs letzten Jahren & andere Aufsätze
- Geistererscheinungen

Theodora Jenny-Kappers
- Muttergöttin in Ephesos

C.G. Jung
- C.G. Jung im Gespräch

Gitta Mallasz
- Die Antwort der Engel
- Die Engel Erlebt
- Weltenmorgen
- Sprung ins Unbekannte

C.A. Meier
- Der Traum als Medizin
- Die Empirie des Unbewußten
- Die Bedeutung des Traumes
- Bewußtsein
- Persönlichkeit

Erich Neumann
- Kunst & schöpferisches Unbewußtes

Angelika Reutter
- Rapunzel - eine Märchenmeditation

Erna Ronca
- FIS, Schätzchen!

Satprem
- Der kommende Atem
- Das Mental der Zellen
- Der Aufstand der Erde
- Evolution II

Miguel Serrano
- Begegnungen mit H. Hesse & C.G. Jung

Bani Shorter
- Frauen und Initiation

Heinz Westman / Paul Tillich
- Gestaltung der Erlösungsidee

Toni Wolff
- Studien zu Jungs Psychologie

Luigi Zoja
- Sehnsucht nach Wiedergeburt DAIMON Verlag

Fordern Sie unseren Gesamtkatalog an:
Daimon Verlag • Hauptstr. 85 • CH-8840 Einsiedeln
Tel. (055) 412 2266 • Fax 412 2231